Fernando Remírez de Estenoz

ZUFLUCHT HAVANNA

Fernando Remírez de Estenoz

ZUFLUCHT HAVANNA

Ein auf Tatsachen beruhender Roman
über die Irrfahrt der St. Louis

Aus dem Spanischen übersetzt von Manfred Schmitz
Herausgegeben und lektoriert von Camilla Seidelbach

Novitäten & Raritäten
NoRA

»Niemals aber möge die Mahnung vergessen werden, die das tragische Schicksal der schwergeprüften Passagiere des ›Emigrantenschiffes‹ für die gesamte Menschheit bedeutet, damit sich Grausamkeit und Unmenschlichkeit, wo es auch immer sei, nie wieder breit machen können.«

Gustav Schröder, Kapitän der St. Louis, in seinem Buch »Heimatlos auf hoher See«, 1949 Beckerdruck, Berlin.

1. KAPITEL

Mit einer gewissen Wehmut schaute sich Rebeca im Wohnzimmer des kleinen Appartements in der Kopernikusgasse um. Die wenigen in der Wohnung des Hauses in der Wiener Leopoldstadt verbliebenen Möbel und Schmuckgegenstände riefen Erinnerungen hervor.

Auf der Anrichte stand einsam die Menora, der siebenarmige jüdische Leuchter des Urgroßvaters, der den einstigen Glanz eingebüßt hatte, aber sie freute sich einmal mehr darüber, dass ihre Mutter ihn zurückbehalten hatte, als sie das Haus der Großeltern verkaufte. Die Gelmans waren keine besonders religiöse Familie, aber sie begingen gemeinsam die wichtigsten Feiertage, auch das Chanukka-Fest, das Rebeca, als sie noch Kind war, am meisten liebte, denn es fiel in die festliche Weihnachtszeit und bot die einzige Gelegenheit, zu der ihre Mutter ihr und ihrem Bruder erlaubte, ein Geldgeschenk des Großvaters anzunehmen. Was Rebeca nicht mochte, waren die Latkes, die aus Anlass des Festes gebraten wurden, aber sie genoss die mit Konfitüre gefüllten Kringel mit viel Puderzucker darauf, und an diesen Tagen durfte sie alles essen, worauf sie Appetit hatte.

Die Erinnerung an jene Jahre kehrte zurück. Trotz der Schwierigkeiten und der familiären Trennungen war es dank ihrer Mutter, die alles für ihr Glück und das ihres Bruders möglich machte, zweifellos eine wunderschöne Zeit gewesen. Wenn es Winter wurde und das acht Tage dauernde Chanukka-Fest nahte, vermochte Elisabeth bei den Gelmans eine Atmosphäre des Friedens und der Harmonie zu schaffen, und Jahr für Jahr träumte Rebeca davon, dass das Wunder des geweihten Öls die kurze Waffenruhe in der angespannten Beziehung zwischen ihrer Mutter und dem Großvater verlängern möge.

Sie betrachtete die verbliebenen Möbelstücke; das aus massivem Holz gefertigte, jetzt verwaiste Bücherregal, das die ganze Wand verdeckte und seinerzeit voller Romane war, die sie in ihrer Jugendzeit mit Begeisterung las; die alte Pendeluhr, die noch heute die Zeit mit beispielloser Präzision anzeigte, das einzige Familienerbstück ihres Vaters; und das alte Sofa aus rotem

Samt, auf dem alle Gäste, auch ihre wenigen Verehrer, Platz nahmen.

An der Wand hing noch immer einsam das Hochzeitsfoto ihrer Eltern. Sie musste es abnehmen und in ihrem Gepäck bewahren, es war das einzige verbliebene Stück aus der Sammlung der Familienporträts, zu der auch die Daguerrotypie eines Urgroßvaters gehörte. Zum Glück waren die meisten Fotos in der Wohnung ihrer Tante in Paris gut aufgehoben. Das Hochzeitsfoto hatte sie immer geliebt. Sie bewunderte einmal mehr die Schönheit ihrer Mutter und die gepflegte Haltung des Doktor Kreiner. Es war ein ganz besonderes Bild, beide lächelten, was zu jener Zeit, da man vor dem Fotografen möglichst feierlich posierte, nicht alltäglich war, unüblich auch bei Elisabeth, die nicht gerade verschwenderisch mit ihrem Lachen umging. Sie erinnerte sich, wie ihr Vater sie zu lachen aufforderte:

»Rebeca, es ist erwiesen, dass Leute, die lachen, länger leben. Außerdem siehst du viel schöner aus, wenn du lachst.«

Damals fragte sie sich, ob die wiederholten Bemerkungen ihres Vaters als Kritik gemeint waren. An sich lachte sie gern und war gern optimistisch, aber es gelang ihr nur selten, das zu zeigen, denn immer gab es ein Problem oder es fehlte etwas, nur bei wenigen Gelegenheiten fühlte sie sich völlig frei. Die Zeit, die sie in New York verbrachte, war eine Ausnahme, es war die beste Zeit ihres Lebens, allein Elisabeth hatte sie vermisst. Andererseits hatte sie eigentlich keine großen Probleme, es mangelte ihr an nichts, wenn man davon absah, dass sie ohne Vater aufgewachsen war. Zu Hause hatte man nie Geld im Überfluss gehabt, aber dank der Beflissenheit ihrer Mutter hatten sie und ihr Bruder sich stets sicher gefühlt, und immer, wenn sie der Hilfe oder eines Rats bedurfte, war Elisabeth zur Stelle.

Von klein auf war Rebecas Persönlichkeit Gegenstand einer Familienkontroverse. Sie war eine seltsame Mischung aus Furcht und Dreistigkeit, sie weinte nie, und nichts schien sie sonderlich zu berühren. Sie spielte gern mit den Jungen, ihr Körper war übersät mit blauen Flecken; solche Spiele gehörten sich nicht für ein Wiener Mädchen aus gutem Hause. Auch die Großmutter machte sich allmählich Gedanken über die sexuelle Orientierung des Mädchens, bis Margot ihr schließlich versicherte, sie habe keine Zweifel, dass Rebeca an den Jungen Gefallen fände, eine angesichts der reichen einschlägigen Erfahrungen der Tante unbestrittene Meinung.

Ihre Erziehung war ein weiterer Streitpunkt in der Familie. Der Großvater kritisierte Elisabeth, sie würde Rebeca zu viel Freiheit lassen, und obwohl ihre Mutter die Schelte stets ignorierte, verlor sie einmal in ihrer Gegenwart die Kontrolle und wies Stepan schroff zurecht, die Erziehung der Kinder sei Sache der Eltern und nicht der Großeltern.

Sie hatte viel von Elisabeths Charakter ererbt, denn die Mutter war stets sehr temperamentvoll gewesen. Obschon die Großmutter ihre eigene Theorie hatte, machte sie Rebecas Vater für alle Probleme und Zwistigkeiten in der Familie verantwortlich; nach Josefinas Auffassung war ihre Tochter anders gewesen, bevor sie den Doktor Kreiner kennenlernte, sie habe sich nach der Heirat verändert. Doch Rebeca glaubte nicht, dass die Mutter anders geworden war. Alles, was sie über Elisabeth gehört hatte, wies darauf hin, dass sie eine ernsthafte, lebenskluge Frau war, die sich von den Problemen nicht unterkriegen ließ. Nach der Heirat führte Frau Kreiner ein hartes, schwieriges Leben; da war zunächst die Katastrophe des Großen Krieges, und die Nachkriegsjahre in Wien waren nicht gerade leicht für eine alleinerziehende Frau, aber sie richtete den Blick stets nach vorn und meisterte alle Schwierigkeiten.

Rebeca hatte nie gewusst, ob ihre Eltern in den wenigen Jahren ihres Zusammenlebens glücklich waren. In New York gestand der Professor eines Abends, der Hochzeitstag sei der glücklichste Tag in seinem Leben gewesen. Elisabeth sprach dagegen nie von der Hochzeit, auch nicht vom Eheleben; von ihrem Ehemann redete sie nur, wenn es nötig war, wenngleich sie niemandem erlaubte, schlecht von ihm zu sprechen, zumindest nicht vor ihren Kindern.

Mit der Zeit gelangte Rebeca zu dem Schluss, dass ihre Mutter einfach ihrer Zeit voraus war. So sehr sie sich auch bemühte, sie wurde dieses Gefühl nicht los. Noch immer hatte sie Gewissensbisse, wenn sie daran dachte, wie erleichtert sie sich im Krankenhaus fühlte, als schließlich alles zu Ende ging. Sie wollte nicht so sein, noch weniger angesichts des Verlusts eines so sehr geliebten Menschen, dem sie alles verdankte. Aber wahrscheinlich war es so am besten gewesen, ihre Mutter hätte die lange Reise körperlich nicht verkraftet, und nun ruhte sie für immer in ihrem geliebten Wien.

Noch heute spürte sie die Erschöpfung der Tage und Nächte, die sie schlaflos am Krankenbett von Elisabeth zubrachte, die einmal mehr ihren eisernen Willen unter Beweis stellte. Während der ganzen Krankheit jammerte sie nicht ein einziges Mal. Eines Nachts, nach einem nicht enden wollenden Hustenanfall konnte Rebeca nicht an sich halten und fragte sie, wie sie die Schmerzen, ohne zu klagen, aushalten konnte. Elisabeth sah ihr in die Augen und gab zurück:

»Mein Kind, man muss alles im Leben mit Würde ertragen, besonders in schweren Momenten.«

Der Satz war an sie gerichtet, er war als Mahnung gedacht angesichts der Prüfungen, die schon bald auf sie zukommen würden. Sie fühlte sich verantwortlich für die Lage, in der sich Rebeca in dem von den Nazis besetzten Wien befinden würde. Seit dem ersten Tag des Anschlusses hatte Elisabeth ihr nahe gelegt, Österreich umgehend zu verlassen, aber Rebeca hatte entgegnet, sie würde nicht gehen, sie würden beide gemeinsam abreisen.

Die Vorbereitungen begannen, als die Massen den Führer bei dessen triumphalem Einzug in die alte Hauptstadt der Habsburger mit Blumen überschütteten und ihm wie wahnsinnig applaudierten. Der enthusiastische Empfang, den viele ihrer Mitbürger Hitler bereiteten, und die Ovationen, mit denen der große Führer bei seiner ersten Rede auf dem Heldenplatz bedacht wurde, waren ein Schock für Rebeca. Nie hatte sie das verstanden; es trübte das Bild, das sie von ihrem Land hatte. Für sie war es unbegreiflich, dass die mondänen Wiener bewundernd den erschreckenden Reden des Führers lauschten.

Vom ersten Tag an war klar, dass Juden im Dritten Reich unerwünscht waren. Österreich existierte nicht mehr, jetzt trug das Land den Namen Ostmark; es war ein Versuch, Jahrhunderte der Geschichte, Unabhängigkeit und Macht per Dekret auszulöschen. Der amtlichen Politik zufolge sollten die Juden zur Ausreise gezwungen werden, je früher, desto besser. Aber schon bald stießen sie auf die harte Realität, dass das Problem nicht die Ausreise war. Die Herausforderung bestand darin, einen Zufluchtsort zu finden, einen Ort, an dem man bereit war, sie aufzunehmen. 1939 war es für die hunderttausenden Deutschen und Österreicher, die noch der Verfolgung durch die Nazis entgehen wollten, äußerst schwierig, ein Einreisevisum in ein anderes Land zu bekommen.

Zuerst dachten sie an New York. Der Professor antwortete sofort und übernahm alle Formalitäten. Rebeca konnte problemlos in die Vereinigten Staaten zurückkehren, sobald die Einwanderung geklärt war, das Problem war Elisabeth. Die Warteliste für die USA war sehr lang, und die Nummer auf der Liste ließ vermuten, dass die Mutter mehrere Jahre lang warten musste, bis sie an der Reihe war. Man bemühte sich um andere Länder, zunächst um Frankreich, wo Tante Margot lebte, aber nach langem Warten und endlos dauernden Formalitäten kam von den Behörden ein Negativbescheid. Man erkundigte sich auch nach der Möglichkeit, nach Shanghai auszuwandern. Der chinesische Konsul in Wien bemühte sich, im Unterschied zu seinen westlichen Kollegen, den Verfolgten zu helfen, aber die Kosten einer Reise in den Fernen Osten schlossen diese Alternative, abgesehen von Elisabeths Gesundheitszustand, aus.

Es waren schreckliche Monate. Rebeca meinte zuweilen, es nicht verkraften zu können. Die Welt war zu einem Albtraum geworden, und es war schwer, jedwede Hoffnung lebendig zu halten. Außerdem kostete sie die Betreuung Elisabeths ohne jede andere Hilfe viel Kraft, und zudem litt sie unter den Diskriminierungen und Demütigungen, die die Nazis den Juden zufügten. Sie verließen das Haus nur selten; Besuch erhielten sie lediglich von einigen engen Freunden. Doch dank der Vorkehrungen, die Elisabeth traf, indem sie Margot den größten Teil des von den Großeltern geerbten Geldes übersandte und an Friedländer den Rest aushändigte, der das Geld in einem Bankschließfach aufbewahrte, kam man irgendwie zurecht.

Ungeachtet der Schwierigkeiten gaben sie nicht auf; sie verkauften so viel sie konnten, oft unter Wert, und warteten weiter sehnlich auf den Tag der Ausreise.

Rebeca war bemüht, die drohende Gefahr vor ihrer Mutter zu verbergen. Sie kaufte keine Zeitungen und Zeitschriften mehr und schaltete das Radio ab, wenn die ausführlichen Nachrichtensendungen liefen, die vom Propagandaministerium zusammengestellt und überwacht wurden und in denen es nicht um

Information, sondern um die Stützung des Regimes ging. In den Nachrichten war von der Krise, den Problemen und der Dekadenz in den anderen Ländern die Rede, während man herausstellte, dass das Dritte Reich der beste Ort und das deutsche Volk das glücklichste der Welt seien. Einen besonderen Platz nahmen alle mit dem Führer verbundenen Informationen ein; vor allem wurde auf seine Weisheit und sein stetes Streben, das Vaterland größer zu machen, verwiesen. Und die Juden wurden in den Nachrichtensendungen beschimpft und für alle Übel in der Welt verantwortlich gemacht.

Rebeca vermochte es, ihre Mutter von der Presse weitgehend fernzuhalten, aber auf Elisabeths Freundinnen hatte sie keinen Einfluss; diese fühlten sich bei jedem Besuch verpflichtet, die Kranke über die neuesten Ereignisse zu informieren und ihr Unglück zu beklagen, vor allem ihr jedes neue Verbot, das gegen die Juden verhängt worden war, mitzuteilen.

Während der Kristallnacht, als die Synagogen in Wien brannten, sah sie vom Wohnzimmerfenster aus mit Schrecken die Rauchwolken und wie die Nazis Juden festnahmen oder sie brutal schlugen, während man von weitem das Brüllen »Juden raus« vernahm. Als ein Schlägertrupp vor ihrem Haus haltmachte, erwog sie die möglichen Alternativen zu fliehen, doch begriff sie bald, dass ihnen, sollten die Barbaren bis zu ihrer Wohnungstür vordringen, kein Ausweg blieb; sie dachte, das Ende sei gekommen, und war vor Angst wie gelähmt. Nach einer Weile, die ihr wie eine Ewigkeit vorkam, entfernte sich die Horde auf der Jagd nach leichterer Beute.

Besonders schlimm war es, als sie erfuhr, dass sich viele Kommilitonen an der Universität und Mitschüler am Gymnasium am Pogrom beteiligten. Seit ihrer Rückkehr nach Wien hatte sie zu den meisten ihrer einstigen Freunde keinen Kontakt mehr, anfangs aus Zeitmangel wegen der Krankheit ihrer Mutter, und später schockierte sie die nazifreundliche Haltung einiger Bekannter. Auch verstand sie nicht, wie dieselben Menschen, die vormals ihre Bekannten und Freunde gewesen waren, sie jetzt, nur weil sie Jüdin war, abwiesen. Die einzige Ausnahme war Ingrid, die, als sie von Elisabeths Krankheit erfuhr, diese im Krankenhaus besuchte und nach dem Anschluss das Risiko auf sich nahm und weiterhin zu der Wohnung in der Leopoldstadt kam.

Für die anderen existierte sie einfach nicht mehr. Einzig und allein die Bücher waren ihr Refugium.

Der Winter 1939 zog sich lange hin, die Kälte wollte nicht weichen, die Dunkelheit hielt an, und die Türen blieben verschlossen. Doch als der Schnee endlich schmolz, ergab sich eine völlig unerwartete Möglichkeit, die ihr wie aus den Abenteuerromanen Salgaris zu stammen schien: ein Kreuzfahrtschiff sollte nach einer fernen Insel in der Karibik aufbrechen, wo man die Juden noch aufnehmen würde.

Die Ereignisse überschlugen sich. Die Ärzte hatten nichts dagegen, dass Elisabeth reisen würde, nicht weil sich ihr Zustand gebessert hätte, sondern weil sie die Ausreise der beiden unterstützten, und wie durch ein Wunder wurden die Formalitäten rasch erledigt, auch die Einreiseerlaubnis nach Kuba war Bestandteil des speziellen Pakets, das die Hamburg-Amerika-Linie dabei anbot. Die Tickets kosteten 830 Reichsmark pro Person, dazu kamen 230 Reichsmark als Garantie für eine mögliche Rückreise, ein Aufpreis, den nur die aus Deutschland fliehenden Juden zu zahlen hatten und der ein Extragewinn für die Schifffahrtsgesellschaft bedeutete, denn eine Rückreise würde es nie geben, und eine besondere Klausel besagte, die Kosten würden nur auf deutschem Territorium erstattet. Diese Ungerechtigkeit hielt Rebeca nur für eine neuerliche Maßnahme, um den Juden, die das Dritte Reich verließen, das Geld aus der Tasche zu ziehen, aber man bezahlte, ohne zu protestieren, auch für die Ausreisegenehmigungen und noch weitere Gebühren, die die Nazis von den Glücklichen, die ein Visum erhielten, verlangten – Formalitäten, die die Wiener Behörden mit prahlerischer Attitüde effizient und rasch in ein und demselben Gebäude abwickelten.

Als alles erledigt war und nur noch knapp zwei Wochen bis zur Abfahrt blieben, erlitt Elisabeth erneut eine Krise, und sie verstarb nach einem nur wenige Stunden dauernden Todeskampf. Das Ende war ein grausames Spiel des Schicksals, denn endlich war eine Fluchtmöglichkeit in Reichweite, und Rebeca fiel in eine ungeheure Leere. In jenen Tagen handelte sie wie automatisch und nahm die Beileidsbekundungen der wenigen Personen, die an der Beerdigung teilnahmen, emotionslos entgegen.

Karl nahm das Risiko auf sich und schaute kurz vorbei, ohne zu wissen, was er tun oder sagen könnte. Friedländer hatte sich um alles gekümmert. Trotz tiefer Trauer kam ihr keine Träne, die Situation erschien ihr unwirklich, als wäre das Unglück jemand anderem geschehen, nicht ihr; sie fühlte sich wie eine Außenstehende. Die einen dachten, es sei der Schock, andere meinten, die Zeit, die sie in New York gelebt hatte, habe sie »amerikanisiert«, dort würde man die Dinge anders sehen.

Nach der Beerdigung nahm sie ein Beruhigungsmittel und schlief bis zum nächsten Tag. Als sie aufgestanden war, verspürte sie eine große Einsamkeit und musste all ihren Willen aufbringen, um mit den Vorbereitungen auf die Reise fortzufahren. Sie stornierte das Ticket ihrer Mutter, obwohl man ihr das Geld nicht zurückgab; die Schiffsgesellschaft antwortete, es würde sich um eine Sonderpassage handeln, und in Fällen wie dem ihren sei eine Erstattung nicht vorgesehen. Und überhaupt sei es den Juden verboten, Geld oder Hab und Gut aus Deutschland mitzunehmen. Glücklicherweise kam Friedländer noch einmal und konnte ihrer Tante in Paris die Dinge und Erinnerungsstücke, an denen sie am meisten hing, zuschicken.

Behutsam griff Rebeca nach der Menora und dem Hochzeitsfoto ihrer Eltern und begab sich in das Zimmer, wo auf dem Bett die beiden halbvollen Koffer lagen. Durch das Fenster schien das helle Mailicht, es war angenehm warm. Sie erinnerte sich, wie sie und ihr Bruder in diesem Zimmer mit Freuden jeden Frühlingsanfang begrüßt hatten. Sie betrachtete das bescheidene Gepäck und versuchte, sich Mut zu machen. In wenigen Stunden würde es auf die Reise gehen, der Albtraum würde vorbei sein, und sie würde endlich ein neues Leben anfangen können. Es war kein neuerlicher Umzug, es war der Abschied von einer ganzen Lebensetappe und der Beginn einer neuen, völlig anderen. Noch schien es ihr unglaublich, dass sich das erste Kapitel ihres neuen Lebens in Havanna abspielen würde, wo – welch unerhörte Ironie des Schicksals, José Antonio lebte.

****

Achttausend Kilometer weit, in der Karibik, brach der Morgen an. Am Tag zuvor hatte in Havanna die größte antisemitische Kundgebung in der Geschichte des Landes und des ganzen Kontinents stattgefunden. Mehr als 40 000 Kubaner waren dem Aufruf des Führers der Partido Auténtico, des alten und voraussichtlich zukünftigen Präsidenten Dr. Grau San Marín, gefolgt, um gegen die bevorstehende vermeintliche Judenschwemme in Kuba zu protestieren.

Die Kundgebung war der Höhepunkt einer heftigen antisemitischen Pressekampagne und stellte einen Wandel ohnegleichen im Umgang mit den bislang nach Kuba eingewanderten Juden und anderen Migrantengruppen dar. Die Insel verzeichnete eine der höchsten Einwanderungsraten in der Welt, vergleichbar nur mit den Vereinigten Staaten, Kanada und Argentinien. Allein in Havanna war ein Viertel der Einwohner in einem anderen Land geboren, die meisten kamen aus Spanien, aber viele waren auch aus China, den karibischen Inseln, dem Nahen Osten und aus allen Ecken Europas gekommen. Die Juden waren in mehreren Wellen eingewandert, die erste Welle war mit den USA-Truppen während des Krieges von 1898 eingetroffen, und die jüngste Welle bildeten die Flüchtlinge aus Nazi-Deutschland.

Kuba war neuen Einwanderern gegenüber stets aufgeschlossen gewesen, das war bereits Tradition, und so hatte sich die Nation herausgebildet. Die Türen der Insel standen auch offen nach dem Ersten Weltkrieg, als die Vereinigten Staaten und andere Länder die Einwanderung allmählich beschränkten und internationale Richtlinien erließen, nach denen Reisepässe, Visa und Einreisegenehmigungen obligatorisch wurden. Die Politik der offenen Tür wurde auch nach dem ersten Schock der Großen Depression beibehalten, deren Auswirkungen die Insel mit großer Härte trafen. Aber mit der Vertiefung der Krise änderte sich die Situation zunehmend. Die Wirtschaft war von einer effizienten Zuckerproduktion abhängig, und die Preise dieser süßen Ware brachen erdrutschartig ein, was sich durch die neuen Zölle, die der nordamerikanische Markt verhängte, noch verschärfte.

Ein Land, dessen Einwohnerzahl gerade auf vier Millionen angewachsen war, hatte nun hunderttausende Arbeitslose, und deren Zahl erhöhte sich noch, als die Zafra zu Ende ging und die berüchtigte Saure-Gurken-Zeit anbrach. Die Arbeitslosigkeit wuchs sich zu einem schwerwiegenden Problem aus; für viele war es das größte, und einige gaben den Einwanderern die Schuld, die um die wenigen Arbeitsplätze konkurrierten.

Im März 1937 verfügte ein Dekret, dass jeder Ausländer, der nicht als Tourist einreiste, 500 Dollar als Garantie zu hinterlegen hatte, dass er der Insel wirtschaftlich nicht zur Last fallen würde. Dieses Erfordernis verhinderte nicht das Eintreffen weiterer Flüchtlinge, vor allem deutscher Juden, denen andere Länder die Einreise verweigert hatten. Später, als sich die Wirtschaft auf der Insel allmählich erholte, dachten die meisten, das Thema sei zweitrangig geworden, bis die Zeitungen Havannas Anfang 1939 begannen, Kritik an der Ankunft und Anwesenheit einer speziellen Gruppe von Einwanderern zu üben: den Juden.

Viele Einwohner von Havanna sahen die antisemitische Pressekampagne mit Befremden, auch der Generaldirektor der Einwanderungsbehörde der Republik Kuba, der sich fragte, was wohl der Hintergrund all dieser Beiträge und Leitartikel sein könnte. Seine Erfahrung sagte ihm, dass die Krise und die Arbeitslosigkeit kaum der Grund sein konnte, noch weitaus weniger konnten die deutschen Flüchtlinge damit in Verbindung gebracht werden. Die Verfolgten schufen keine Probleme, zumal ihr Ziel letztendlich die Vereinigten Staaten waren. Seine Intuition sagte ihm, dass es sich um irgendeinen Schweinehund handeln musste, der ihm das Geschäft vermasseln wollte.

Manuel Benítez Valdés hielt sich für einen ziemlich erfolgreichen Mann, dem es trotz geringer Bildung gelungen war, alle Gelegenheiten, die ihm das Leben bot, für sich zu nutzen. Er gab sich als General aus, der im Unabhängigkeitskrieg gekämpft hatte, obwohl sich niemand daran erinnerte, dass er eine solche Position innegehabt hatte, und bei der Polizei hatte er lediglich den Dienstgrad eines Oberst bekleidet. Während der Republik hatte er allen Regierungen gedient, hatte jede Stellung ausgenutzt und sich rücksichtslos bereichert, wo er nur konnte. Er hegte keine Bedenken, das Machado-Regime zu unterstützen, weshalb er nach dem Sturz der Diktatur 1933 inhaftiert wurde. Doch sein Sohn beteiligte sich, obwohl er Armeeoffizier war, an dem einem besten Schmierentheater würdigen Staatsstreich, dem Aufstand der Sergeanten im selben Jahr, und band sein Schicksal an Batista. Als sich alles beruhigt hatte, holte er Benítez aus dem Gefängnis La Cabaña, ohne dass dieser bestraft oder anderweitig belangt wurde. Der Oberst war unter den ersten der ehemaligen Funktionäre, die sich den neuen Machthabern anschlossen. Er fiel nach oben, wie man in Kuba sagt.

In den nachfolgenden turbulenten Jahren erklomm Benítez dank der Gunst des neuen starken Mannes im Lande Stufe für Stufe die Karriereleiter. Aber mit jeder Stufe gewann er auch neue Feinde.

Als Generaldirektor der Einwanderungsbehörde hatte er diese bürokratische Einrichtung mit all ihren Problemen in eine Geldfabrik verwandelt, an der er sich schonungslos bereicherte; nur das absolut unerlässliche Minimum gab er an seine Gefolgsleute und Komplizen weiter, sofern es sich nicht vermeiden ließ. In den letzten Jahren hatte er als oberster Herr über die Migrationspolitik die hervorragende Gelegenheit zu nutzen gewusst, die die Welle europäischer der Naziherrschaft und dem spanischen Bürgerkrieg sowie den drohenden neuerlichen Konflikten auf dem alten Kontinent entkommener Flüchtlinge bot, um sein Spezialgeschäft auszubauen. Außerdem hatte die traditionelle Einwanderungspolitik der Vereinigten Staaten nach 1924 einen entscheidenden Wandel erfahren, indem eine Reform verabschiedet wurde, die die Nationen des nördlichen Europas zum Nachteil der Einwanderer aus dem Süden und Osten des alten Kontinents begünstigte. Mit dem Gesetz wurden auch die Tore für Asiaten vollständig geschlossen, und die lateinamerikanischen Nachbarn wurden einfach ignoriert.

Die Einwanderungsquoten wurden verringert, so dass die große Nachfrage unvermittelt nicht mehr befriedigt werden konnte und die Wartelisten für die Quoten der Folgejahre immer länger wurden. Diese Änderungen hatten auch Folgen für Kuba, denn wegen der Nähe des Landes und vor allem wegen der Politik der offenen Tür wurde es zu einem Magnet für Einwanderungswillige, die sich zu dem neuen verheißenen Land aufgemacht hatten, namentlich für die Juden, die Havanna als Transitstation ansahen, in der sie warteten, bis sie an der Reihe waren, auf nordamerikanisches Territorium zu gelangen. Doch die Vereinigten Staaten waren beunruhigt durch die Konzentration von Flüchtlingen neunzig Meilen vor ihrer Küste und setzten die kubanische Regierung unter Druck. Havanna musste die Einreise von Ausländern beschränken. In einem neuen Dekret wurde verfügt, dass jeder neu Eingereiste neben den als Garantie für seinen Lebensunterhalt zu hinterlegenden 500 Dollar auch noch ein Einreisevisum benötigte, das nicht nur vom Direktor der Einwanderungsbehörde, sondern auch vom Arbeits- und vom Außenminister zu genehmigen war. Und diese Anforderung war angesichts der bürokratischen Wege und zudem wegen der schlechten persönlichen Beziehung zwischen diesen drei Verantwortlichen äußerst schwer zu erfüllen. Touristen, fast ausnahmslos Nordamerikaner, wurden weiterhin anders behandelt; sie benötigten weder ein Visum, noch mussten sie einen Geldbetrag hinterlegen. Man durfte die aufblühende Industrie der Vergnügungsreisenden nicht verschrecken.

Das Dekret änderte die Regelungen der Einreise in das Land, doch wo viele Hindernisse sahen, roch Benítez eine große Gelegenheit. Der Direktor der Einwanderungsbehörde machte es sich zunutze, dass die neue Verordnung keine Definition der Kategorie von Touristen enthielt, so dass er sich entschloss, sein persönliches Vermögen durch eine persönliche Initiative zu mehren: mittels des Verkaufs von Anlandungserlaubnissen zu je 150 Dollar. Jede Erlaubnis war ein amtliches Dokument, das zur Einreise nach Kuba für die Dauer eines gesetzlich geregelten Zeitraums berechtigte, um auf kubanischem Territorium ein Visum für Nordamerika zu beantragen und auf die Bewilligung zu warten, unter der Bedingung, dass der Inhaber dieser Erlaubnis keine Arbeit aufnahm. Die Dokumente wurden von Benítez persönlich unterschrieben, der sich ein Privatbüro im Hotel Plaza einrichtete, wo er jedem eine Einreiseerlaubnis anbot, der das nötige Geld hatte. Der emsige Unternehmer – ein Staatsbediensteter – verkaufte in weniger als zwei Jahren viertausend Einreiseerlaubnisse und erzielte damit 600 000 Dollar Gewinn, natürlich steuerfrei.

Nach den Dokumenten bestand eine riesige Nachfrage; einige Geflüchtete, die sich bereits in Havanna aufhielten, erwarben sie für ihre Angehörigen in Deutschland, während andere aus dem Wiederverkauf der Bewilligungen ein kleines Geschäft machten. Die Hamburg-Amerika-Linie wurde Benítez' bester Kunde und kaufte die Dokumente auf, um sie als Bestandteil ihres Reisepakets anzubieten, das die Beförderung und Einreiseerlaubnis nach Kuba einschloss.

Mehrere Monate lang funktionierte der Plan perfekt, und der Oberst wurde angesichts der zunehmenden Zahl von Passagieren nach Havanna in einer Zeit, da die meisten Transatlantikfahrten nur zu Hälfte ausgelastet waren, von der Schifffahrtsgesellschaft als Dank für die nicht unbeträchtlichen Einnahmen auch mit Geschenken bedacht.

Im Frühjahr 1939 bedeutete die Überfahrt von über eintausend Juden aus Deutschland und Österreich für den Chef der Einwanderungsbehörde eine ausnehmend willkommene Gelegenheit, die er sich als kluger Geschäftsmann auf keinen Fall entgehen lassen wollte. Das Geschäft brachte ihm 150 000 Dollar ein, die er als sein alleiniges Eigentum betrachtete. Er hielt es nicht für rechtens, den Ramsch mit anderen zu teilen, wo doch die ganze Operation das Ergebnis seiner persönlichen Schläue und Mühe war.

Doch Erfolg findet stets Neider, und der anwachsende Reichtum des Oberst hatte die Missgunst und den Groll von Funktionären und Politikern erzeugt. Benítez hatte nie dem engsten Kreis um den Präsidenten Laredo Brú angehört, der kürzlich von ihm eine Zuwendung für die nächsten Wahlen erbeten hatte, ein Ansinnen, auf das der Chef der Einwanderungsbehörde nicht reagiert hatte. Warum auch, dachte er, er setzte auf Batista, den eigentlichen starken Mann des Landes, einen Mulatten, der über Nacht vom Sergeanten in einer Schreibstube zum Oberst und zum Armeechef aufgestiegen war. Daher fühlte er sich sicher, wiewohl ihn die Pressekampagne gegen die Einreise der Flüchtlinge etwas beunruhigte. Er war von seiner Genialität und Dreistigkeit überzeugt, und vor allem dank Batista war er unangreifbar, und kein Arschloch konnte ihm das Geschäft vermasseln.

****

Tony erreichte sein Haus in der Straße San Lázaro, als die Sonnenhitze dem morgendlichen Havanna zuzusetzen begann; er hatte seinen ärztlichen Dienst in der Rettungsstation beendet, wo er die ganze Nacht mit Notfällen beschäftigt gewesen war, unter anderem mit einem Verrückten, dem eine seiner Nutten in einem Anfall von Hysterie ein Messer in den Hintern gejagt hatte. Nach so vielen Jahren des Studiums und so vielen Opfern, die er erbracht hatte, um sein Medizinstudium abzuschließen, hatte er lediglich eine miserabel bezahlte Aushilfsstelle ergattern können. Die Gewerkschaft der Filmvorführer hatte ihn zwar offiziell zu ihrem Arzt berufen, aber die Ernennung war eher symbolisch als alles andere; seine alten Freunde kamen niemals, um sich von ihm behandeln zu lassen – wahrscheinlich eher aus Geldmangel als aus gesundheitlichen Gründen.

Als er die Tür öffnete, hörte er seine Mutter von der Küche her, von wo er auch die Stimme des Chinesen Chan Li Po vernahm, des besten Detektivs in Kuba, der Tag für Tag im beliebtesten Rundfunkprogramm ein Rätsel entwirrte und einen bösen Verbrecher aufgriff.

»Bist du es, José Antonio?«

Wer sonst, fragte sich Tony.

»Ja, ich bin's, Mama. Wie geht es dir?« gab er zurück, betrat die Küche und drückte Eloísa einen Kuss auf.

»Gut, mein Sohn, gut. Wie war es auf der Station?«

»Schrecklich, kam keine Minute zur Ruhe. Gibt es Kaffee?«

»Willst du dich nicht erst einmal hinlegen?«

»Ja, wenn ich mich geduscht und gefrühstückt habe, aber jetzt ist mir nach einer Tasse Kaffee.«

»Wenn du schlafen willst, solltest du keinen Kaffee trinken.«

»Mama, ich brauche einen Kaffee. Wenn ich so kaputt bin, kann ich nicht einschlafen.«

»Gut, du musst es ja wissen. Heute bekommst du einen. Da ist ein Telegramm für dich.«

»Ein Telegramm? Von wem?«

»Weiß nicht, ich hab es nicht aufgemacht. Es liegt auf dem Tisch in deinem Zimmer.«

José Antonio wandte sich seiner winzigen Kammer zu, wo er den Umschlag sah. Das Telegramm bestand lediglich aus zwei Zeilen in Englisch, ausreichend, um ihm den Atem stocken zu lassen.

»José Antonio, Mutter verstorben stop Reise mit Kreuzfahrtschiff St. Louis von Hamburg stop Ankunft Havanna erste Juniwoche stop Würde mich freuen, dich zu sehen stop Rebeca.«

2. KAPITEL

An einem sonnigen Maimorgen begab sich Rebeca auf die erste Etappe ihrer Reise. Auf dem riesigen Westbahnhof konnte ihr niemand helfen, ihren Eisenbahnwagen zu finden; so stolperte sie mit den beiden Koffern den Bahnsteig entlang, bis sie schließlich das mit einem großen J an der Tür und am Fenster gekennzeichneten Abteil entdeckte. Beim Einsteigen richteten sich alle Blicke in peinlichem Schweigen auf sie; sie grüßte ihre Reisegefährten mit einem schüchternen »Guten Tag« und suchte, ohne eine Antwort abzuwarten, einen Platz für ihr Gepäck. Ein älterer Herr von kleiner Statur und mit starken Brillengläsern erhob sich von seinem Sitz und half ihr. Sie bedauerte, nicht früher gekommen zu sein; jetzt musste sie auf ihren Lieblingsplatz am Fenster verzichten, von dem aus sie die Landschaft hätte betrachten und den Fahrtwind spüren können.

Während sie versuchte, es sich zwischen dem älteren Herrn und einer fülligen Dame so gut es ging bequem zu machen, sah sie sich im Abteil um; der einzige Zugabschnitt, der den Juden vorbehalten war, befand sich in einem erbärmlichen Zustand, die Sitze waren abgewetzt und schmutzig. Das elegante Aussehen der Mitreisenden und die gute Qualität der Koffer passten so gar nicht zu dem Gefährt.

Bevor sie den Fahrschein kaufte, war sie sich nicht sicher, ob sie sich als Jüdin zu erkennen geben sollte. Sie konnte für eine Arierin durchgehen, ihre Gesichtszüge hätten es ihr erlaubt, das Risiko auf sich zu nehmen. Sie hatte es in Wien mehrmals getan und keine Probleme gehabt, auch nicht, als sie einmal in der Straßenbahn fuhr und eine Frau neben ihr eine despektierliche Bemerkung über einen orthodoxen Alten mit langem Bart von sich gab, der langsam auf dem Gehweg vorüberging. Damals war ihr erster Reflex gewesen, der Frau etwas zu erwidern, aber sie riss sich zusammen und schwieg; sie dachte, mit einem Protest würde sie die Situation nicht ändern, sie würde sich nur als Jüdin oder judenfreundlich mit absehbaren Folgen zu erkennen geben. Trotzdem ließ sie die Unzufriedenheit mit ihrer Passivität nicht los, und die Erinnerung daran quälte sie noch immer.

Eine Alternative wäre gewesen, Friedländer zu bitten, ihr das Billett zu kaufen, doch dann dachte sie, es würde keine Reise wie alle anderen sein, sondern die ersehnte Ausreise aus dem Dritten Reich; sie durfte sich keine Fehler erlauben und sich auch nicht unnötigen Gefahren aussetzen. Am Ende legte sie den Pass vor, den ihr die Nazi-Behörden für die Reise ausgestellt hatten und der auf jeder Seite mit einem übergroßen J bedruckt war; außerdem stand da als Zuname Sara. Der Schalterbeamte gab gequält zurück, er könne ihr keinen Platz in der ersten Klasse verkaufen, sie müsse in dem für Juden reservierten Zugabschnitt reisen. Sie nahm die Antwort so würdevoll wie möglich und ohne sich beeindrucken zu lassen entgegen und kaufte die Fahrkarte. Jetzt, da ihr der bedauernswerte Zustand des Abteils so recht bewusst wurde, kehrten die Zweifel zurück, doch sie wusste, sie hatte sich richtig verhalten, sie würde es nicht zulassen, dass die Umstände sie berührten. Diese Reise würde zu den letzten Demütigungen gehören, bald würde sie die Nazi-Hölle hinter sich gelassen haben, und sie könnte ein neues Leben beginnen. Sie versuchte sich Mut zu machen, sie war nicht die erste, die sich in solch einer Lage befand, die Weltgeschichte bestand aus einer endlosen Reihe von Konflikten, Kriegen und Bitternissen, und immer hatte es Menschen gegeben, die die Kraft besaßen, solche und schlimmere Situationen zu überstehen und gestärkt aus ihnen hervorzugehen.

Alsbald setzte sich der Zug langsam in Bewegung. Noch konnte sie es kaum glauben, dass es losging. Ihr war warm, und sie entschloss sich, den Mantel abzulegen. Jetzt bereute sie es fast, ihn mitgenommen zu haben, aber als sie Koffer packte, hatte sie befürchtet, während der Überfahrt könnte das Wetter auf dem Atlantik unangenehm werden, und außerdem war es ein guter Mantel, den sie in New York gekauft und nur drei Winter lang getragen hatte. Sie stand auf, und als sie ihn ausziehen wollte, bot der Mann gegenüber ihr seine Hilfe an und nahm höflich seinen dicken Mantel herunter, den er mit Mühe auf seinem Gepäck untergebracht hatte. Rebeca dankte ihm und setzte sich wieder; sie fühlte sich etwas befangen, wollte aber kein Gespräch beginnen. Friedländer hatte ihr eingeschärft, sich während der Reise mit keinem Unbekannten einzulassen, überall gäbe es Spitzel der Gestapo, und es wäre besser, ein Problem oder eine Provokation zu vermeiden.

Insgeheim beobachtete sie den Mann, der ihr geholfen hatte. Möglicherweise war er ein Spitzel, aber mit dieser ausgeprägten Nase, diesen dunklen Augen, diesem schwarzen, gewellten Haar musste er ein Jude sein. Unwillkürlich fragte sie sich, ob es wirklich einen charakteristischen jüdischen Biotyp gebe; Elisabeth hatte das einmal verneint. Sie wandte den Blick zu seiner eleganten Begleiterin; diese sah ganz anders aus, hatte kastanienbraunes Haar, und Rebeca war sich sicher, dass die Dame unschwer die lächerlichen Rasseprüfungen bestehen würde, die die Nazis in ganz Deutschland veranstalteten, um sich der Reinheit der arischen Rasse zu vergewissern. Sie erinnerte sich, dass ihr Vater einmal gesagt hatte, die Juden glichen in ihrem Äußeren der Bevölkerung, unter der sie lebten, sie hätten einen dunklen Teint in Indien, einen schwarzen in Abessinien, und es gebe sogar welche in China, die asiatische Gesichtszüge hätten, auch in New York, wo die zweite Generation eine andere Physiognomie aufweise als die aus den Shtetls des russischen Reiches eingewanderten Eltern.

Mit ihrer Abreise endete das Wiener Kapitel der Familiengeschichte. Die ersten, die sich in der Hauptstadt des habsburgischen Reiches niedergelassen hatten, waren ihre Urgroßeltern, Moshe Gelman und seine Ehefrau, die Mitte des 19. Jahrhunderts aus Mähren gekommen waren, um in der Hauptstadt der Habsburger ein Textilgeschäft zu gründen. Die Textilien führten sie aus ihrer Heimat ein, wo sie ein anderer, dort verbliebener Zweig der Gelmans herstellte. Wie viele andere jüdische Familien aus dem Osten und Norden des Reiches suchten sich die Neuankömmlinge eine Bleibe in dem historischen Stadtviertel Leopoldstadt; den Namen hatte das Viertel paradoxerweise von einem Kaiser, der die Juden nicht ertrug und sie vor zwei Jahrhunderten aus Wien vertrieben hatte, weshalb die dankbaren Verbliebenen den damaligen Vorort der Hauptstadt, praktisch eine Donauinsel, mit dem Namen des Souveräns ehrten.

Aber als die Gelmans eintrafen, war in die Gegend erneut eine zunehmende Zahl jüdischer Familien gezogen, die stets auf dem Nordbahnhof anlangten. Die Einwanderer störten sich nicht an dem Namen des Viertels und machten bald nahezu die Hälfte der Gesamtbevölkerung aus, was dazu führte, dass die Leopoldstadt auch als Mazzesinsel bekannt wurde. Es waren Zeiten des Wandels und der Entwicklung, die Stadt wuchs unaufhaltsam, und jeder Tag brachte neue Möglichkeiten. Es regierte der unsterbliche Franz Joseph, ein Wohltäter der Juden, denen er Rechte und Freiheiten einräumte und die er 1867 zu gleichberechtigten Bürgern machte.

Wien war durchaus nicht frei von Antisemitismus, dieses Übel war stets unterschwellig da. Die dreimal aufeinander folgende Wahl von Karl Lueger zum Bürgermeister war ein eindeutiges Beispiel für die Lebenskraft der Vorurteile und für die Ablehnung der Juden. Doch die Nachfahren Abrahams konnten unter der Herrschaft der Habsburger leben und sich entfalten.

Ihr Großvater Stepan wuchs in einer von deutscher Sprache und Kultur geprägten Welt auf, als die Integration der Juden in die österreichische Gesellschaft in voller Blüte stand und das Kaiserreich seine goldene Zeit erlebte. Wien hatte sich zur drittgrößten Stadt Europas entwickelt, mit breiten Boulevards und luxuriösen Palästen. Die Künste und die Wissenschaften erblühten, und jedes Jahr fanden mehr als zweihundert Galabälle statt, die stets ihren Höhepunkt in einem Walzer von Strauss fanden, dieses brillanten Komponisten, der beispielhaft dafür stand, was die Nachfahren der konvertierten Juden in Österreich zu erreichen vermochten. Es war eine Epoche der Stabilität, der Ordnung und Sicherheit, in der jeder den ihm gebührenden Platz einnahm und unternehmerische, arbeitsame Menschen stets triumphierten.

Ein Schaffner unterbrach Rebecas Erinnerungen und forderte die Fahrgäste mit mürrischem Gesicht auf, die Fahrkarten vorzuweisen. Alle leisteten der Aufforderung schweigend Folge und wandten ihre Blicke nicht von dem missmutigen Mann, der seiner Pflicht mit offenkundigem Unwillen und sichtlicher Unlust nachging.

Als Sohn eines jüdischen Kaufmanns heiratete ihr Großvater die Tochter eines anderen jüdischen Händlers, und die junge Ehe bescherte ihnen bald zwei hübsche Töchter. Als Stepan an der Reihe war, das Familiengeschäft zu übernehmen, beschränkte er sich nicht auf den Verkauf von Stoffen, die er aus Mähren importierte, sondern entschied sich nach gründlicher Erkundung des Marktes, die Gelegenheit zu nutzen und in einem Wiener Vorort eine Textilfabrik zu gründen. Den Normen und Gepflogenheiten der Zeit folgend, als sich verantwortungsbewusste Geschäftsleute von Finanzspekulationen fernhielten und die Hälfte des Gewinns beiseitelegten, widmete er sein Leben der Arbeit und dem Sparen. Sein Geschäft florierte, und die Kultur in Wien blühte auf, und so verließ der Großvater Leopoldstadt und kaufte ein Haus in der Stadtmitte innerhalb der Ringstraße. Von da an beteiligte er sich mit weiteren jüdischen Kaufleuten an der Förderung der Künste, und in diesem dem Leben zugewandten Umfeld wurden seine Töchter erzogen.

Rebecas Mutter, die jüngere der beiden Schwestern, die man zu Ehren der geliebten Kaiserin Elisabeth genannt hatte, wurde als Österreicherin in einer Familie geboren und erzogen, in der die Religion zweitrangig war; es war eine sich rasant entwickelnde Welt voller Entdeckungen, Erfindungen und Theorien.

Das 20. Jahrhundert brach an, und alles lief gut für die Gelmans, nur dass sich nach Elisabeth kein weiterer Nachwuchs einstellte und der ersehnte männliche Erbe ausblieb. Angesichts dieses Missgeschicks sah sich Stepan wider Willen gezwungen, seine ehrgeizigen väterlichen Pläne auf die beiden Töchter auszurichten. Aber mit den Jahren fühlte er sich mehr und mehr wie ein Gescheiterter, obwohl er alle seine in der Jugend angestrebten Ziele erreicht hatte. Das vom Vater ererbte Geschäft war gewachsen und prosperierte, er war zu einem geachteten Mitglied der Gemeinschaft der Unternehmer und Kaufleute der österreichischen Kapitale geworden, und das Familienleben hatte nach zwei Jahrzehnten des Ehelebens ein annehmbares Niveau erreicht. Doch Margot und Elisabeth waren eine ständige Quelle der Enttäuschung. Zuweilen fragte er sich, ob er vielleicht in seiner Begeisterung für das Moderne und für die Assimilation zu nachsichtig in der Erziehung seiner Töchter gewesen war oder ob er ihren Vorlieben und Wünschen zu sehr nachgegeben hatte. Manchmal dachte er, das sei lediglich das Ergebnis der Ermangelung einer strengeren religiösen Erziehung. Die Familie besuchte sehr selten die Synagoge und beschränkte sich auf die wesentlichen Feste.

Margot, die Ältere, war ein hübsches, extrovertiertes braunäugiges Mädchen mit kastanienbraunem Haar und einer Lebenslust, die die Jungen anzog wie der Honig die Bienen, und einem Lächeln, mit dem sie alles zu erreichen vermochte. Zuerst wollte sie Balletttänzerin werden, und sie nahm Unterricht bei einer Lehrerin, die den »Ballets Russes« von Djagilew angehört hatte. Später erfuhr Stepan, dass die Russin, abgesehen vom Tanzunterricht, seine Tochter mit dem Wunsch infiziert hatte, Paris kennenzulernen, indem sie ihr begeisternde Geschichten über die Stadt des Lichts und die Belle Époque erzählt hatte, wo alles möglich sei und wo es schmucke und leidenschaftliche Kavaliere in Überzahl gebe.

Als Nächstes fühlte sich Margot zur Malerei berufen. Stepan wurde einmal mehr schwach und bezahlte ihr das Studium bei einigen der besten Wiener Meister. Wenige Monate darauf wollte die Künstlerin nach Paris reisen und in die französische Kultur eintauchen. Zum ersten Mal blieb der Großvater hart; sein gewichtiges Argument war, dass ein braves Mädchen in dieser verderbten Stadt nichts zu suchen hätte. Margot ließ sich nicht einschüchtern und löste das Problem, indem sie in die Heirat mit einem ihrer zahlreichen Bewerber – einem Jüngling – einwilligte, der allen Anforderungen der Gelmans gerecht wurde, einschließlich der, dass er einmal das Geschäft einer jüdischen Kaufmannsfamilie erben würde. Es war eine zünftige Hochzeitsfeier, und die Jungvermählten begaben sich auf eine ausgedehnte Hochzeitsreise nach Frankreich, wie es der Wunsch der Braut gewesen war, die den Gatten leicht davon überzeugen konnte, dass es sich geziemte, das Eheleben mit einem Bummel über die Champs Elysée zu beginnen.

Der Pariser Aufenthalt war wundervoll, und Margot schob die Rückkehr nach Wien mehrmals hinaus, bis sie eines Tages ihrem Gatten eröffnete, sie würde noch eine Zeitlang auf dem Montmatre bleiben wollen, um noch mehr über die Gepflogenheiten der Franzosen zu erfahren, und ohne eine Antwort ihres verblüfften Ehemannes abzuwarten, verabschiedete sie ihn mit einem Kuss auf dem Gare du Nord und fragte nie wieder nach ihm.

Da nun Margot von ihrem Gatten getrennt und noch dazu im Ausland lebte, richtete Stepan alle seine Hoffnungen, unter zahlreichen Enkeln einen Nachfolger zu finden, auf seine jüngere Tochter. Elisabeth hatte sich zu einer intelligenten, auffallend hübschen Frau entwickelt; sie war groß, hatte eine schöne Figur, ganz weiße Haut, dunkles Haar und braune Augen und eine starke Persönlichkeit. Sie gehörte zu den ersten ihrer Generation, die entgegen dem Brauch jener Zeit das Gymnasium absolvierte und bewies von klein auf eine musikalische Begabung. Durchaus hätte aus ihr eine große Pianistin werden können, aber dieser Weg war den Mädchen damals versperrt; ihre einzige Alternative, im Leben etwas darzustellen, bestand in einer vorteilhaften Heirat.

Charakterlich unterschied sich Elisabeth erheblich von ihrer älteren Schwester. Sie war diskret und reserviert, ihre Persönlichkeit blieb für Stepan und Josefina stets ein Rätsel; ihnen fiel es sehr schwer, sich in ihre Gedankenwelt einzufinden. Nachdem sie ihren Klavierunterricht mit ausgezeichneten Ergebnissen abgeschlossen hatte, widersetzte sich der Großvater ihrem Wunsch, in Berlin oder Paris eine höhere Musikschule zu besuchen, und bestimmte, die Zukunft seiner Tochter würde davon abhängen, einen angemessenen Ehemann zu finden, einen Mann mit ausreichendem Vermögen, um ihre Zukunft abzusichern, so dass aus der Ehe Enkel hervorgehen würden; und er würde alle seine Kraft darauf verwenden, unter diesen den besten Nachfolger auszuwählen.

Ihre Mutter begehrte nicht auf gegen dieses ihr aufgezwungene Schicksal, gehorchte dem Großvater und erwählte einen jungen Mann jüdischer Abstammung. Das Problem war, dass der Auserwählte nicht unbedingt die Art Kandidat war, den sich die Großeltern vorgestellt hatten. Rebeca hatte sich ständig gefragt, was Elisabeth sich dabei gedacht hatte, als sie sich für ihren Vater entschied, der möglicherweise zu den ärmsten Jungen gehörte, die ihr in ihrer Jugend den Hof machten und unter denen einige gut situierte Burschen eine bessere Partie in der Wiener jüdischen Gemeinschaft gewesen wären.

Der Student war hoch gewachsen, gut aussehend, mit vollem braunem Haar und grünlich blauen Augen. Doch das war auch alles an dem Galan, der einer bescheidenen Familie entstammte. Schlimmer noch, man konnte dem Jungen mit seinen sozialistischen Ideen von Anfang an eine beschwerliche Zukunft prophezeien, denn Geld bedeutete ihm wenig, und ihm lag mehr an der Forschung als an der Einrichtung einer privaten Arztpraxis.

Die Kreiners kamen ursprünglich aus Galizien. Der Großvater väterlicherseits hatte als Anarchist im Gefängnis gesessen, ein Onkel war zum Katholizismus konvertiert, und entgegen allen Prognosen und trotz ärmlicher Familienverhältnisse schloss ihr Vater sein Studium ab, fand hier und da eine Beschäftigung, die ihm ein paar Kronen einbrachte und ihm ein nötiges Minimum an Zeit für sein Studium ließ. In vielerlei Hinsicht war er das genaue Gegenteil zu ihrer Mutter, er hatte ein fröhliches, sorgloses Gemüt wie alle galizischen Jungen, wie Stepan sagte, und zeichnete sich durch Optimismus, Redseligkeit, Genuss an Süßigkeiten und zuckerhaltigem Essen und eine große Begeisterung für die Wissenschaft aus, die seiner Meinung nach in absehbarer Zeit zu einer besseren Welt führen würde.

Der Entschluss, Kreiner zu heiraten, machte die Großeltern wütend; sie wollten keinen armen, atheistischen Schwiegersohn, der seltsamen Ideen anhing. Nach mehreren Monaten voller Diskussionen und Spannungen bekräftigte Elisabeth erneut mit ruhiger Gelassenheit, sie würde ihren Auserwählten mit oder ohne Zustimmung der Gelmans heiraten. Stepan gelangte zu dem Schluss, dass an der Entschlossenheit seiner Tochter kein Weg vorbei führte und dass es am besten wäre, den kürzlich graduierten Arzt zu akzeptieren; er tat es so widerwillig, dass in der Familie ein Zwiespalt blieb, der nie wieder überbrückt werden sollte.

Eines kalten Herbstnachmittags gestand Elisabeth in einem der besonderen intimen Gespräche, wie sie nur zwischen Mutter und Tochter möglich sind, dass ihre Entscheidung zwei Gründe gehabt hatte; erstens sei es eine Rebellion angesichts des von den Großeltern ausgeübten Drucks gewesen, und zweitens habe der junge Arzt sie stark beeindruckt, nicht so sehr wegen seines attraktiven Äußeren, sondern eher, weil er anders war als die übrigen Bewerber; er war der einzige, der sie stets zum Lachen brachte.

Die ersten Monate ihrer Ehe übertrafen die Erwartungen ihrer Mutter, wenngleich das Geld knapp war und sie bei dem alten Anarchisten wohnen mussten. Der junge Ehemann brachte Licht ins Leben und eröffnete ihr die Welt der geschlechtlichen Liebe mit der tiefen Leidenschaft Jungvermählter. Das Glücksgefühl steigerte sich noch, als Kreiner eine Stelle im Labor der

Wiener Universität erhielt und das Paar in eine kleine Wohnung in Leopoldstadt ziehen konnte, die Elisabeth nach ihrem Geschmack kunstvoll einrichtete; es waren ausgedehnte Flitterwochen, die schönste Zeit im Leben ihrer Mutter. Doch das währte nicht lange. Am Beginn des strahlend heißen Sommers des Jahres 1914 stand das Attentat in Sarajevo, das eine Katastrophe auslöste, die das Leben der Europäer für immer verändern sollte, auch das Leben des jungen Paares. Kreiner wurde während des Ersten Weltkriegs als Arzt in die kaiserliche Armee einberufen; zunächst diente er an der Ostfront, dann in Norditalien, wo er zum Leiter eines Feldlazaretts ernannt wurde.

Elisabeths erste Schwangerschaft verlief in einem Land, das ein Krieg erschüttert hatte, der von Tag zu Tag sinnloser wurde. Die Geburt von Rebeca, die ihren Namen in Erinnerung an die Großmutter väterlicherseits erhielt, machte die ganze Familie glücklich, auch Stepan, der diesmal nicht wegen des Geschlechts seiner Enkelin aufbegehrte. Das Neugeborene war vom ersten Tag an ein besonderes Kind; das Mädchen weinte kaum und sah alle mit einem so klaren, ja beinahe durchdringenden Blick an.

Ihr Vater blieb bis zum Ende des Weltenbrandes an der Front. Für den Arzt war es ein unglücklicher Zufall, dass Elisabeth an dem Tag, an dem die deutschsprachigen Abgeordneten des alten kaiserlichen Parlaments die erste österreichische Republik ausriefen, ein inbrünstiger Brief einer kroatischen Krankenschwester, zweifellos einer Geliebten ihres Gatten, in die Hände fiel. Für sie, die erneut schwanger war, bedeutete die Entdeckung einen harten Schlag. Nach so langen kummervollen Jahren, in denen sie auf die Rückkehr ihres Mannes gewartet hatte, fühlte sie sich verraten und hintergangen. Das Vorkommnis besiegelte die Zukunft ihrer Ehe, und Elisabeth verzieh ihm das nie.

Der Frieden war begleitet von einer schwerwiegenden Krise, die die Verlierer strafte. Die Österreicher litten an Hunger, Arbeitslosigkeit und einer Geldabwertung nie gekannten Ausmaßes; die Preise verdoppelten sich innerhalb einer Stunde. Die wirtschaftlichen Schwierigkeiten verschärften die ohnehin großen Probleme des Paares. Nach einer komplizierten Geburt brauchte Elisabeth Hilfe für ihr neues Baby, und so kehrte sie in die Wohnung der Eltern zurück. Kreiner durfte seine einstige Arbeit an der Universität wieder aufnehmen, aber das magere

Gehalt reicht nicht aus, um die elementaren Bedürfnisse der Familie zu befriedigen, weshalb er die eheliche Wohnung aufgab und zu einem Kollegen von der Fakultät zog.

Die Kreiners zogen nie wieder zusammen. Der Ehekonflikt fiel mit einem für Österreich entscheidenden Moment zusammen; damals zweifelten viele an der Lebensfähigkeit des neuen Landes, das den Siegermächten ausgeliefert war und das die riesigen multinationalen Gebiete verloren hatte, die Wien und dem alten Imperium zu ihrem Reichtum verholfen hatten. Viele meinten, eine Vereinigung mit Deutschland sei die beste Alternative für die Zukunft. Doch die Siegermächte widersetzten sich einer solchen Fusion und zwangen der kleinen Nation die Unabhängigkeit auf, um jeglicher Stärkung Deutschlands einen Riegel vorzuschieben.

Angesichts des Scheiterns seiner Ehe und der schwierigen Lage in Österreich entschied sich Kreiner, eine Stelle anzunehmen, die ihm ein alter Kollege an einer New Yorker Universität anbot, und so machte er sich für eine gewisse Zeit in die Vereinigten Staaten auf, wo auch Onkel und Tanten, Cousins und Cousinen lebten, die vor dem Krieg dorthin emigriert waren. Der Arzt kehrte niemals zurück, und seine Frau und die Kinder waren gezwungen, im Wien der Nachkriegszeit zu überleben. Elisabeth gab nicht auf und war entschlossen, alle Widrigkeiten auf sich zu nehmen. Sie gab zu Hause Klavierunterricht, und später nahm sie eine Arbeit als Sekretärin in einer Importfirma für deutsche Schallplatten an. Bei der ersten Gelegenheit mietete sie eine Wohnung in Leopoldstadt an und verließ das Haus der Großeltern, die auch diesmal nicht gegen den Willen ihrer Tochter ankamen. Rebeca wurde vorfristig in einem Kindergarten aufgenommen, und ihr Bruder wurde in einer Kinderkrippe untergebracht.

Lediglich das kollektive Chaos jener Jahre linderte die Scham, die die Gelmans angesichts der Tatsache empfanden, dass die beiden Töchter von ihren jeweiligen Ehemännern getrennt lebten. Bei Kriegsausbruch hatte Margot Paris verlassen müssen. Zu aller Erstaunen widmete sie sich der Veranstaltung von Aufführungen für die zahllosen Verwundeten, die bald die Wiener Hospitäler füllten. Der unglückliche Gatte versuchte die Beziehung wiederzubeleben, sie sei trotz allem die Frau seines Lebens, erreichte aber nur, dass seine Frau ihm lächelnd erklärte, sie habe keine Zeit für ihn. Später entdeckte ihre Tante ihre Leidenschaft für die Fotografie, und sie verlegte sich darauf, Bilder vom Chaos der Nachkriegszeit einzufangen.

Was Elisabeth betraf, so beabsichtigte Stepan, bei der Erziehung der Enkel die Zügel in der Hand zu haben, doch seine Tochter ließ das nicht zu, was erneut einen Konflikt in der Familie auslöste.

Während sich das Land Stück um Stück erholte und zu einer neuen Normalität fand, stand für Elisabeth die Erziehung Rebecas und des kleinen Emmanuel an erster Stelle. Abgesehen vom normalen Schulbesuch stellte sie ein spezielles Lehrprogramm auf, das einen weitreichenden Plan der Lektüre einschloss, ebenso das Erlernen der englischen und französischen Sprache und dank der Unterstützung, die sie durch Tante Margot erfuhr, Ballettunterricht für Rebeca bei der Professorin Wolodijewa, die vor den Bolschewiken geflohen und nach Österreich zurückgekehrt war.

Die Sonntage waren ein Fest. An diesen Tagen wurden keine Hausaufgaben erledigt, und nach dem besten Frühstück der Woche gingen die Drei in Museen, Ausstellungen, Galerien, machten Spaziergänge in Parks oder besuchten künstlerische oder wissenschaftliche Veranstaltungen, deren Eintritt möglichst kostenlos oder erschwinglich war, und da gab es in Wien reichlich Gelegenheit. Das Programm umfasste auch Bibliotheksbesuche, wo man in Neuerscheinungen blättern konnte, und im Winter brachte man lange in der öffentlichen Bibliothek zu, las zunächst Klassiker der Kinderliteratur, später Abenteuerromane und schließlich Werke der Weltliteratur, die Elisabeth zuvor ausgewählt hatte, und diese Gewohnheit entfachte in den Kindern die Leidenschaft für das Lesen, die das ganze Leben lang anhielt.

In den langen Sommerferien brachten Rebeca und ihr Bruder die meiste Zeit im Freien, in einem der zahlreichen Parks zu, wo sie am Ende mit den Jungs spielte. Sie war immer so, unabhängig und von starkem und zugleich etwas scheuem Charakter, eine seltene Kombination, wie gelegentlich die Großmutter bemerkte, die den Vater für das Temperament des Mädchens verantwortlich machte. Theater- und Opernbesuche kamen wegen der hohen Eintrittspreise nicht infrage. Aber da tauchte Hermann auf, ein Violinist bei den Wiener Philharmonikern, der Elisabeth auf alle nur erdenkliche Weise den Hof machte und die Familie zu den Orchesterproben einlud. So konnte Rebeca den Glanz des Theaters bewundern, wo man Beethoven, Haydn, Schubert, Brahms und Mahler spielte, und sie fand Freude an der klassischen Musik.

Stepan unternahm mehrere Versuche, um Elisabeth zu helfen, doch stets stieß er auf den zähen Widerstand seiner Tochter, die jederzeit ihre Unabhängigkeit im Unterhalt und in der Erziehung der Kinder verteidigte. Das einzige, was die Großeltern erreichten, war ein gemeinsames Abendessen mit der ganzen Familie an den Samstagen, an dem Margot nur widerwillig teilnahm, denn fast immer überkreuzte es sich mit den Einladungen ihrer jeweiligen Liebhaber.

In jenen Jahren war das Privatleben ihrer Mutter für Rebeca ein Geheimnis. Mutterschaft und Reife hatten bewirkt, dass ihr jugendlicher Charme einer sanften Anmut gewichen war. Trotz zahlreicher Verehrer blieben ihre Kinder oberste Priorität, und die Arbeit ließ ihr wenig freie Zeit. Rebeca mit ihrer besonderen Beobachtungsgabe und ihrem weiblichen Gespür vermutete, dass ihre Mutter eine Beziehung unterhielt, die ihr einen gewissen Ausgleich bot. Da Elisabeth die personifizierte Diskretion war, ließ sich schwer herausfinden, wem sie den Vorzug gab, und mitunter zweifelte sie auch, dass einer von ihnen sein Ziel erreichte. Doch mit der Zeit hatte sie Herrn Friedländer im Verdacht, einen wohlsituierten Vierziger, Leiter eines kleinen Verlags, verheiratet und Vater von zwei erwachsenen Kindern, der ausgesprochen höflich war und an beliebigen Tagen mit Geschenken aufwartete. Er war sehr nett. Jahre später, als Rebeca nach Wien zurückkehrte, bewahrheitete sich die Affäre. Friedländer, nunmehr Großvater, war eine ständige Hilfe, alle Tage besuchte er Elisabeth, und eines Nachmittags im Krankenhaus, als ihre Mutter unter dem Einfluss von Schlafmitteln fest schlief, gestand er, sie sei die Liebe seines Lebens gewesen, aber sie hätten nie geheiratet, weil Elisabeth sich nicht scheiden lassen wollte und auch nicht zuließ, dass er sich von seiner Familie trennte.

Ein Schaffner tauchte an der Tür des Waggons auf und kündigte schlechtgelaunt einen kurzen Halt in Salzburg an. Unvermittelt kam ihr die Erinnerung an einen strahlenden Sommertag, als die Familie auf Einladung Friedländers und als Auszeichnung für ihr glänzend bestandenes Abitur die Mozartstadt besuchte. Es war einer der schönsten Ausflüge ihrer Jugendzeit. Alle genossen ihn, vor allem ihre Mutter, die von Beginn an einen ungewöhnlich zufriedenen und heiteren Eindruck machte, ja, sie witzelte sogar angesichts der Umständlichkeit, mit der Friedländer einen geplatzten Reifen an seinem Mercedes wechselte. Genau dieses Bild von ihrer Mutter wollte sie sich bewahren, so selbstbewusst und fröhlich, wie der Fahrtwind ihr schönes Haar aufwirbelte und sie optimistisch von der Zukunft ihrer Kinder sprach.

So vergingen die Jahre ihrer Kindheit und Jugend. Ihr Vater war einfach nicht da. Kreiner bemühte sich von New York aus um eine regelmäßige Korrespondenz mit seinen Kindern, doch jahrelang erhielt er lediglich die kurzen Antwortbriefe, die Elisabeth dem kleinen Emmanuel diktierte. Rebeca weigerte sich, ohne eine Erklärung abzugeben, die Briefe zu beantworten, die aus Amerika eingingen, obwohl sie von ihrer Mutter und den Großeltern, die eine derartige Unnachgiebigkeit missbilligten, dazu gedrängt wurde.

Sie verstand die Abreise des Arztes nicht, umso weniger, als sie das einzige Mädchen in der Klasse war, dem der Vater fehlte. In der dritten Klasse, als eine ihrer Mitschülerinnen Waise wurde, erzählte Rebeca ihren Klassenkameradinnen, ihr Vater sei ebenfalls tot. Als Elisabeth davon erfuhr, blieb die erwartete Strafe aus; ihre Mutter nahm sie nur mit geröteten Augen in den Arm, und an jenem Tag begannen die langen Gespräche über die unterschiedlichsten Themen, bei denen Dr. Kreiner stets eine Rolle spielte. Mit der Zeit akzeptierte sie, dass sie einen Vater besaß, aber der war weit weg, sowohl physisch als auch gefühlsmäßig. Nach mehreren Jahren entschloss sie sich, ohne klares Motiv und ohne es mit Elisabeth zu besprechen, ihm zu schreiben, und allmählich ergab sich ein Briefwechsel mit ihrem Vater. Obwohl sie Mühe hatte, ihn anzuerkennen, weckten die Nachrichten und Anekdoten, mit denen Kreiner über New York berichtete, doch ihr Interesse, besonders die spaßigen Kommentare des Professors über seine Schwierigkeiten im Big Apple, wo die Straßen durchaus nicht mit Gold gepflastert waren, wie verschiedene Leute in Europa behaupteten.

****

Mit der Regenzeit des Jahres 1939 hatten in Kuba die Vorbereitungen zu den Wahlen einer Versammlung begonnen, die eine neue Verfassung ausarbeiten und bestätigen sollte; das war eine alte Forderung der Bevölkerung seit dem Sturz Machados, und die acht Präsidenten, die ihm in weniger als sechs Jahren nachfolgten, waren dieser Forderung nicht nachgekommen.

Pedro Sánchez de Fuentes, ein ehrgeiziger und sehr von sich eingenommener Politiker, meinte, für die Wahl als Mitglied der verfassunggebenden Versammlung bestens geeignet zu sein, vor allem aufgrund seiner langjährigen Freundschaft mit dem Präsidenten Laredo Brú. Die Wahl würde einen entscheidenden Schritt in seiner politischen Laufbahn bedeuten und ihm viele Möglichkeiten und Geschäftsbeziehungen eröffnen, mit denen seine Zukunft und die seiner Familie gesichert wären. Er brauchte nur eine Summe Geldes für den Einstieg in die Wahlkampagne. Die Konkurrenz war sehr groß; die Wahlen standen allen Parteien und Tendenzen offen, und ihre Verschiebung hatte ein Übriges getan, damit sich die Zahl der Kandidaten erhöhte. Daher entschloss sich Sánchez, sich an den Chef der Einwanderungsbehörde zu wenden und ihn um finanzielle Unterstützung zu bitten.

Solch ein Treffen ließ sich unschwer arrangieren; Sánchez kannte den Obristen seit der Machado-Zeit, und Benítez antwortete, er würde ihn in seinem Büro im Außenministerium empfangen. Der Ort des Treffens missfiel dem Politiker, der ein Restaurant, ein Café oder einen Ort von weniger offiziellem Charakter vorgezogen hätte, aber er entschloss sich, nicht zu feilschen, und an dem vereinbarten Tag begab er sich in das Einwanderungsamt. Bei seinem Eintreffen überraschte ihn die Ansammlung von Leuten in den Büros, die meisten von ihnen Ausländer, Europäer, die nicht Spanisch sprachen und die sich auf Englisch, Französisch oder Deutsch verständlich zu machen versuchten. Alle waren gut gekleidet. Einige Frauen waren recht attraktiv, aber alle blickten etwas ängstlich. Die Sekretärin erkannte ihn und ließ ihn umgehend in das Büro von Benítez ein, der mit einem Mitarbeiter Kaffee trank.

»Sánchez. Guten Tag. Kommen Sie, setzen Sie sich. Einen Kaffee?« begrüßte ihn der Chef der Einwanderungsbehörde.

»Guten Tag. Ja, Herr Oberst, sehr gern«, gab der Ankömmling zurück und fasste seinen Gastgeber ins Auge. Zweifellos war dieser ein Musterbeispiel der Neureichen; er trug einen blendend weißen Drillichanzug und einen Seidenschlips mit einer goldenen Krawattennadel. An seinem linken Handgelenk glänzte eine goldene Patek Philippe, und an der rechten Hand prangte ein Ring mit einem Riesenrubin. Die Erscheinung des Funktionärs stand in starkem Kontrast zu dem eher bescheidenen Büro: alte Möbel, ein unordentliches Büro mit Regalen aus Zedernholz, angefüllt mit Aktenordnern.

»Verzeihen Sie, dass ich Sie in mein Büro gebeten habe, aber wie Sie sehen, ertrinke ich in Arbeit.«

»Ja, ich sehe schon, draußen wartet eine riesige Menschenmenge. Was sind das für Leute?«

»Die übergroße Mehrheit sind deutsche Juden, die vor kurzem angekommen sind, und jetzt wollen sie ihre Familien nachholen. Auch Spanier sind unter ihnen. Der Sieg der Nationalisten hat eine Flüchtlingswelle ausgelöst. Die Verlierer ergreifen die Flucht.«

»Ich habe ein paar hübsche Frauen gesehen.«

»Ja, das ist wahr, es gibt sehr gut aussehende deutsche Frauen. Wenn Sie interessiert sind, kann ich es arrangieren, dass Sie eine kennenlernen, viele brauchen Geld und suchen verzweifelt Hilfe, um ihre Familien aus Europa holen zu können.«

»Vielen Dank, ich werd's mir überlegen.«

»Einverstanden. Geben Sie mir Bescheid, und wir regeln das. Es wird ihnen nicht schwer fallen, die Einladung eines wichtigen kubanischen Politikers anzunehmen.« Benítez beendete den Satz mit einem Lächeln. »Lassen Sie es mich wissen, Sánchez.«

»Sehen Sie, Herr Oberst, ich möchte nicht Ihre wertvolle Zeit in Anspruch nehmen, aber ich brauche Ihre Hilfe. Wie Sie wissen, haben die Vorbereitungen für die Wahl zur verfassunggebenden Versammlung bereits begonnen. Die soll ja die neue Verfassung ausarbeiten, und die Wahlkampagne wird sehr hart werden. Ich bewerbe mich, und ich denke, dass ich viele Möglichkeiten habe, aber ich brauche Unterstützung, es sind Mittel nötig, und deshalb komme ich zu Ihnen; ich glaube, auf Ihren Beistand hoffen zu können.«

»Natürlich. Welche Hilfe brauchen Sie?« fragte der Oberst langsam und kniff die Augen zusammen.

»Zwei Dinge sind entscheidend und absolut unerlässlich, um eine Wahlkampagne zu bestreiten. Das erste sind finanzielle Ressourcen, die Wählerstimmen sind sehr teuer geworden, und ohne Geld erreicht man nichts.«

»An welche Summe denken Sie?«

»Zehntausend Pesos. Ich gebe zu, das ist eine erhebliche Summe, aber ich werde am Tag nach meiner Wahl mit der Abzahlung beginnen.«

»Und Ihre zweite Bitte?«

»Ein paar meiner Männer auf Ihre Gehaltsliste zu setzen, damit sie ohne finanzielle Sorgen in der Kampagne arbeiten und ihren Lebensunterhalt bestreiten können.«

Benítez dachte nur kurz nach. Das war etwas viel verlangt, und wenn er dem nachgab, wäre das ein Präzedenzfall für andere Kandidaten, die ihn wie Fliegen überfallen und Ähnliches verlangen würden. Solchen Ansinnen konnte er einfach nicht nachkommen. Er dachte an eine ausweichende Antwort, aber das wäre keine Lösung, sondern würde das Problem nur aufschieben.

»Bedaure, mein lieber Freund. Ich kann Ihnen nicht helfen. Unmöglich. In dieser Höhe stehen mir keine Mittel zur Verfügung, und außerdem reicht meine Befugnis nicht aus.«

Sánchez erblasste. Er hatte Widerstand erwartet, ein Feilschen um eine Reduzierung der zweifellos hoch gegriffenen Zuwendung, aber er war nicht auf eine so eindeutige und unvermittelte Ablehnung vorbereitet. In dem komplexen Umfeld der kubanischen Politik wog die entschiedene Absage an eine Beihilfe schwer und konnte den Auftakt zu einem politischen Krieg bedeuten.

»Herr Oberst, Ihre Antwort überrascht mich. Vielleicht könnten Sie noch ein wenig darüber nachdenken und meiner Bitte auf andere Weise entsprechen. Ich bin sicher, dass mein Freund, der Präsident, Ihre Hilfe zu schätzen wüsste, er würde nichts anderes von Ihnen erwarten.«

Bei der Erwähnung Laredo Brús stieg in Benítez die Wut auf. Drohungen ertrug er nicht.

»Sánchez, der Präsident weiß, dass ich Ihnen nicht helfen kann.«

»Nein, er weiß nichts davon, und gewiss würde er sich da nicht einmischen«, erwiderte der Politiker, und seine Stimme wurde etwas lauter.

»Hören Sie, ich lasse mir keine Angst machen. Sie kommen in mein Büro mit der Bitte um Hilfe, und dann drohen Sie mir. Sie haben wohl vergessen, wer ich bin.«

»Nein, das habe ich nicht, im Gegenteil, ich bin mir dessen wohl bewusst. Sie sind es, der vergessen hat, mit wem Sie es zu tun haben.«

Benítez blickte seinem Gesprächspartner fest in die Augen und sprach langsam, mit ruhigem aber eindringlichen Tonfall: »Hören Sie, Sánchez, das eine sage ich Ihnen, hören Sie auf, mir zu drohen, denn ich habe größere Eier als Sie.«

Mit zornrotem Gesicht erhob sich der Kandidat und verließ ohne ein weiteres Wort das Büro.

****

Während Rebecas Zug die strengen Fahrpläne der deutschen Reichsbahn pünktlich einhielt, konnte José Antonio in Havanna trotz der schlimmen Nacht und der angestauten Müdigkeit nicht einschlafen. Seit er das Telegramm gelesen hatte, drehte sich alles in seinem Kopf. Zwei Jahre nach dem ungemütlichen Abschied hatte er die Österreicherin beinahe vergessen und alle Pläne, ihr noch einmal zu begegnen, aufgegeben.

Jetzt, da sein Leben endlich in geordneten Bahnen zu verlaufen schien, tauchte Rebeca mit einem schlichten Telegramm, in dem sie ihr baldiges Eintreffen in Havanna ankündigte, erneut auf. Einfach so, als seien nur wenige Tage vergangen, seit sie sich an der kalten New Yorker Mole verabschiedet hatten. Er fühlte sich eher unangenehm als freudig überrascht; das Wiederauftauchen war typisch für Rebeca, die immer so rational und pragmatisch gewesen war, als sei das Wiedersehen nach so langer Zeit die natürlichste Sache der Welt. Außerdem war die Nachricht sehr kurz und ohne Erklärung, sie sagte nichts über ihre private Situation, vielleicht war sie verheiratet, möglicherweise würde sie gar mit ihrem Ehemann kommen. Sie hatte auch nichts von ihren Absichten durchblicken lassen und was sie ausgerechnet nach Havanna führte. Und überhaupt, so viele Türen in der Welt standen offen, warum hatte sie gerade diese gewählt? Er fragte sich, wie es ihr gelungen war, aus Österreich zu entkommen. In Kuba erzählte man sich immer schrecklichere Geschichten über die Verfolgung, denen die deutschen Juden ausgesetzt waren. Vielleicht tat er Rebeca unrecht, vielleicht war sie gehetzt worden, und vielleicht, vielleicht gerade jetzt, nachdem sie vor den Nazis geflohen war, ersehnte sie sich ein Wiedersehen. Aber warum? Nur um die Beziehung mit dem Kubaner wieder aufzufrischen? Oder stand mehr dahinter? Er wusste es nicht. Im Telegramm hieß es lediglich, abgesehen von der Nachricht über ihre bevorstehende Ankunft, dass sie ihn zu sehen wünschte. Für einen Augenblick hielt er inne, erinnerte sich an ihren perlmuttfarbenen Körper, ihre vollkommenen Rundungen, den Blick ihrer grünen Augen, der alles zu durchdringen schien, die starke Persönlichkeit. Nie zuvor war er einer solchen Frau begegnet, auch danach nicht mehr. Sollte die Österreicherin ihrer New Yorker Novelle ein weiteres Kapitel hinzufügen wollen, dann lag der Ball bei ihr. Doch wie sollte er sich entscheiden?

Vieles hatte sich verändert, seit sie sich das letzte Mal gesehen hatten. Andererseits, vielleicht sah er zu schwarz. Auch konnte er nicht ausschließen, dass sie das Treffen nur wünschte, um Hilfe zu erbitten, die sie zweifellos brauchte, wenn sie in einer von Wien so verschiedenen Stadt eintraf. Er stellte sich Rebeca in Havanna vor, wie die elegante Europäerin mit der Hitze zurechtkommen würde, mit der Ungezwungenheit und dem Lärmen der Kubaner. Außerdem stürzte ihn die unverhoffte Ankunft Rebecas in einen Konflikt. Nach so langer Zeit, in der er sich als Don Juan gefühlt hatte, war er schließlich eine feste Beziehung eingegangen: Alicia, eine zwanzigjährige Blondine, die ihn auf der Hochzeitsfeier eines Studienkollegen von Anfang an mit ihrer kolossalen Figur beeindruckt hatte.

Tony hatte keinen Gefallen an Hochzeiten, er fand sie langweilig und hielt sie für Zeitverschwendung. Alle liefen sie ähnlich ab, folgten gleichen Riten, und man erzählte stets dieselben Witze. An jenem Nachmittag im Dezember wollte er die Feier in der großen Residenz von Santo Suárez, einem Stadtviertel im Stile Floridas, gerade verlassen, als er in zwei blaue Augen blickte, die auch ihn ansahen. In dem Moment stimmte das Orchester eine kreolische Version von »The Way You Look Tonight« an, und José Antonio nahm all seinen Mut zusammen und forderte das Mädchen zum Tanz auf.

Wie gewöhnlich stellte sich Tony in diesem ersten Gespräch recht ungeschickt an, er machte ein paar belanglose Bemerkungen und fragte zu viel. Die Blonde war die Cousine der Braut und die jüngere Tochter der Hausherrin, ihr Vater war Hauptbuchhalter in einer Papierfabrik. Alicia hatte gerade ihren Abschluss an einer Nonnenschule gemacht und wartete lediglich auf den Märchenprinzen, den sie mit Hilfe ihrer Eltern aus den zahlreichen Verehrern, alle aus guter Familie, die die tropische Schönheit allmählich belagerten, auswählen wollte. Tony wagte, sie um einen zweiten Tanz zu bitten, das höchste der Gefühle für ein anständiges Mädchen, das mit einem Unbekannten tanzte; sie erwiderte seinen Blick und willigte ein, aber kaum hatte die Musik eingesetzt, da rief man sie, um das Hochzeitspaar zu verabschieden.

José Antonio zog sich diskret zurück und ließ den Blick nicht von ihr. Die Figur war bewundernswert, das violette Kleid schmiegte sich perfekt an ihren wohlgeformten Körper an, die Schuhe mit den hohen Absätzen passten wie angegossen zu ihren aphrodisischen Beinen, das glänzende kastanienbraune Haar im kurzen Marcel-Schnitt harmonierte auf wundervolle Weise mit ihrem frischen Teint, und alles wurde gekrönt von einem unwiderstehlichen Lächeln. Während er sie betrachtete, bereitete er sich darauf vor, die Reiskörner über die Jungvermählten zu streuen, und fühlte sich unzufrieden mit seinen Avancen. Er meinte, wieder einmal eine Gelegenheit versäumt zu haben, die nie wiederkehren würde; nicht nur, dass er mit seiner banalen Unterhaltung zu einer erfolgreichen Annäherung unfähig gewesen war, sondern er hatte auch auf der Tanzfläche keine allzu gute Figur gemacht; Tanzen war nie seine Stärke gewesen, aber der Tag ging bereits zur Neige, und er hatte den Moment verpasst.

Er blieb noch eine Weile und mischte sich einsam unter die Hochzeitsgäste, die sich köstlich zu amüsieren schienen. Es fand sich keine weitere Gelegenheit, das Mädchen zum Tanz zu führen, sodass sich der Arme entschloss, zu gehen und sich von der Familie des Bräutigams zu verabschieden. Da bemerkte er, wie sie ihn beobachtete, und zum zweiten Mal an diesem Abend nahm er all seinen Mut zusammen und hoffte auf eine zweite Gelegenheit. Doch dann war es plötzlich nicht der geeignete Moment; Alicia war umringt von ihrer vermeintlichen Verwandtschaft, sodass er sich darauf beschränkte, sich zu verabschieden und die Gastgeber zu der gelungenen Feier zu beglückwünschen.

Frustriert über sein Versagen kehrte er nach Hause zurück. In der Einsamkeit seines engen Bettes wünschte er sich in jener Nacht mehr denn je, eine Frau an seiner Seite zu haben, nicht nur ein Mädchen, das ihn befriedigte, nein, ihn verlangte nach mehr.

An den folgenden Tagen war die Erinnerung an das Mädchen zweitrangig, der Druck, den die letzten Examensprüfungen auf José Antonio ausübten, war zu stark. Bis der von seiner Hochzeitsreise zurückgekehrte Jungvermählte ihm mitteilte, Alicia würde ihn anlässlich des Jahreswechsels zu einer kleinen Fiesta in ihrem Haus einladen.

Tony dachte nicht lange nach, eigentlich gab es für ihn nicht allzu viele andere Möglichkeiten, das Jahr 1939 zu begrüßen. Vor dem forschenden Blick seiner Mutter legte er seinen besten Anzug an, gab allen Frauen in der Familie einen Neujahrskuss und bestieg eine Straßenbahn zu der Haltestelle in La Víbora.

Auf der Fiesta wurde Tony in einer eisigen Atmosphäre willkommen geheißen, die nichts mit der an diesem Tag heraufziehenden Kaltfront zu tun hatte. Später erfuhr er, dass seine Einladung Gegenstand einer ausgedehnten Diskussion Alicias mit den Eltern gewesen war, denen die Einladung eines ärmlichen, aus einfachen Verhältnissen stammenden Studenten nicht genehm war. Doch sie ließ sich von der Familie nicht einschüchtern und behandelte ihn mit einer Zuvorkommenheit, die ihr Interesse an Tony deutlich erkennen ließ, obwohl ein junger Anwalt von mittlerer Statur, stämmig und mit akkurater Frisur, dem die Hausherren ohne Zweifel den Vorrang gaben, ihr unerbittlich auf den Fersen war.

Unter den abschätzenden Blicken mehrerer Anwesender tanzte er zweimal hintereinander mit dem Mädchen, immer auf angemessene Distanz, wie es die guten Sitten geboten. Diesmal klappte es besser mit dem Gespräch, er gab sich bescheiden und erzählte ohne Selbstbeschönigung und Prahlerei, was zu seinen Gunsten sprach: Medizinstudent kurz vor dem Abschluss, ledig und ohne feste Beziehung, anständige Familie und Vater Diplomat. Er fragte wenig und ließ sie sprechen. Die Blonde redete gern, und sie tat das mit großer Begeisterung. Zum Abschluss, als sie zu den »Lágrimas Negras« tanzten, glaubte José Antonio, ihre Hand würde die seine etwas kräftiger als notwendig drücken, und dieses Gefühl erregte ihn und ließ ihn das feindselige Umfeld vergessen.

Beim Abschied machte Alicia deutlich, dass sie ihn gern wieder in ihrem Haus empfangen würde. Auf der Heimfahrt in der Straßenbahn dachte Tony die ganze Zeit an die Einladung, während die Wanzen über die Korbsitze liefen und ein Betrunkener unbedingt mit allen Passagieren weiter das Neue Jahr feiern wollte. Er hatte seine Zweifel, ob er nochmal nach Santo Suárez fahren sollte, das war riskant, und ihm war klar, dass er nicht gern gesehen war. Ein weiterer Besuch wäre nur als Beginn einer längeren Anbahnung gerechtfertigt gewesen, was er bis dahin stets ausgeschlossen hatte. Überdies würde das im günstigsten Fall zu einer offiziellen Verlobung führen, ein Status, der alle sinnesfreudigen Avancen erschweren würde. Er wusste, dass es, unabhängig von den Gefühlen, die er in Alicia wecken könnte, mit einem solchen Mädchen schwierig sein würde, intim zu werden, ohne vorher vor dem Altar zu stehen.

Er war es überdrüssig, dass sich sein Sexualleben darauf beschränkte, einmal in der Woche ein Bordell aufzusuchen. Er war nun achtundzwanzig und brauchte das Zusammenleben mit einer Frau; bald würde er sein Studium abschließen, und es würde ein neues Leben beginnen, das er, wie er es immer erträumt hatte, mit einer Partnerin, einer wie Rebeca es war, teilen wollte. Nach fast zwei Jahren konnte er die Österreicherin nicht vergessen, vielleicht würde er es nie können, aber seine Erinnerungen verblassten immer mehr und wurden irrealer. Einmal mehr sagte er sich, sein Leben müsse weitergehen. Irgendwo in Kuba musste die Frau sein, die er suchte, er hatte sie nur noch nicht gefunden, und ihn beunruhigte, dass sie da war, er aber nicht darauf achtete und die Gelegenheit verstreichen ließ.

Vielleicht sollte es Alicia sein. Die Blonde war gut, sehr gut, war sympathisch und offenbar intelligent. Er fragte sich, was er zu verlieren hätte, wenn er es darauf ankommen ließe; eines Tages musste er den ersten Schritt tun. Gewiss würde er auf den hartnäckigen Widerstand der Eltern stoßen, aber er war es gewöhnt; nie hatte er für Familien der Mittelschicht als eine gute Partie gegolten. Die suchten für ihre Töchter einen Bewerber mit besseren finanziellen Möglichkeiten. Aber das war nicht sein Problem. Schließlich hatte er sich entschieden.

Alles spielte sich ab wie vorhergesehen. Bei seinen Besuchen wurde er mit einer Feindseligkeit empfangen, die jeden anderen erschreckt hätte. Nichts milderte diese Ablehnung, weder die gute Herkunft der Fernández noch der Diplomatenberuf seines Vaters und noch viel weniger José Antonios New Yorker Erfahrung, die sich am Ende als ein unerklärliches Abenteuer darstellte. Die einzigen Ausnahmen bildeten die fast achtzigjährige Großmutter, die den neuen Verehrer ihrer Enkelin nett fand, und die Hündin der Familie, die zum Beweis ihrer Zuneigung für den Neuling mehrmals seine Hosen anpinkelte.

Trotz aller Bedenken stürzte er sich in das Abenteuer. Alicia schenkte ihm Freude und Anregung; die Zeit, die sie gemeinsam verbrachten, verging wie im Fluge, und sobald sie sich verabschiedet hatten, empfand er schon wieder Sehnsucht nach ihr. In dem Mädchen entdeckte er eine hinreißende Mischung aus Naivität und Sinnlichkeit. Er genoss ihr dezentes Parfum, ihre vollkommene Haut und vor allem den Anblick ihrer kräftigen Beine.

Bei den für ihn unbehaglichen Besuchen gelangen ihm keine Fortschritte, außer dass er in Momenten, da sie sich von der wachsamen Mutter unbeobachtet fühlten, ihre Hand ergriff. Lediglich eines Abends lachte ihm das Glück, als die Aufseherin ihren Kaffee verschüttete und sie rasch die Toilette aufsuchen musste, nicht ohne den Besuch für beendet zu erklären und der Großmutter aufzutragen, die Verabschiedung zu überwachen. Als Alicia ihn zur Tür begleitete, ging die alte Dame in den Garten voraus und ließ die beiden eine Minute lang allein, und sie nutzten die Gelegenheit zu einem leidenschaftlichen Kuss. Es war nur ein kurzer Augenblick, aber er elektrisierte ihn so sehr, dass er noch lange die Umarmung ihres weiblichen Körpers spürte, bis sich die Spannung bei Lachi, einer der Prostituierten im Bordell von Doña Flor, löste.

Am Tag seiner Abschlussprüfung vermochte Alicia sich erneut durchzusetzen und erreichte nach einem weiteren energischen Wortgefecht, dass man ihr die Teilnahme an der Absolventenfeier erlaubte. Diesmal oblag die Aufsicht der misslaunigen älteren Schwester, die aus ihrer Abscheu gegenüber Eloísas Hautfarbe keinen Hehl machte und alle Liebenswürdigkeiten der Fernández-Familie abwies, der alle Bemühungen, die Anstandsdame für sich einzunehmen, misslangen. Als man an diesem Vormittag José Antonio auf die Bühne rief, damit er seinen Titel entgegennehme, fühlte er sich unglaublich stolz, während seine Mutter, seine Schwestern, Rosa und Onkel Paco wie wild applaudierten und Alicia ihn mit einer Intensität anschaute, die ihn begeisterte.

Der Tag seiner Graduierung gestaltete sich zu einem berauschenden Fest. Die Familie gab zu seinen Ehren ein Essen, an dem Alicia leider nicht teilnehmen konnte, und später holten ihn zwei weitere Absolventen ab, um mit ihm durch mehrere Bars auf dem Paseo del Prado zu ziehen, und schließlich landeten sie, wie bei solchen Gelegenheiten üblich, in einem Bordell der etwas höheren Kategorie.

Als er an jenem Abend heimkehrte und zu Bett ging, konnte er trotz der sexuellen Freuden und all der Drinks nicht in den Schlaf finden. Der Sommer kündigte seine Ankunft an, und er erhob sich, um das Fenster zu öffnen. Eine leichte Brise wehte in das Zimmer, und José Antonio dachte an die Zukunft. Vom Bett aus fiel sein Blick auf die Anstecknadel an seinem Sakko, die die Form einer Schildkröte hatte, das Symbol seines Kurses; nach zehn Jahren hatte er sein Studium endlich hinter sich gebracht, noch schien es ihm unwirklich, aber er hatte es geschafft, und mit dem anbrechenden Morgen würde eine neue Etappe in seinem Leben beginnen.

Zunächst musste er sich eine Anstellung als Arzt suchen. Er war optimistisch und meinte es bewerkstelligen zu können. Vielleicht war auch der Moment gekommen, sich einen Kopf zu machen und eine Familie zu gründen. Die meisten seiner Studienkameraden und Freunde hatten bereits geheiratet. Er war einer Ehe gegenüber nicht abgeneigt, sofern er die Frau seiner Träume finden und sich seine wirtschaftliche Situation verbessern würde. Letztere Bedingung musste sich bald erfüllen, und

Alicia war mittlerweile eine Kandidatin, die der erstgenannten genügte.

Zuweilen fragte er sich, ob die Blondine wirklich die ideale Partnerin war. Er vermied einen Vergleich mit Rebeca, aber die Erinnerungen wollten nicht verfliegen. Vor der Reise nach New York hatte er gedacht, sein Traum von einem weiblichen Wesen würde nicht existieren. Gewiss erfüllte die Österreicherin alle Bedingungen, aber leider war das Vergangenheit, und es war sinnlos, eine Verbindung zu erhoffen, der das Leben entgegenstand. Und er brauchte auch nicht nach einer gleichwertigen Frau Ausschau halten, denn er war zu dem Schluss gelangt, dass er nie eine finden würde, die Rebeca gleichkam.

Alicia wies genügend Eigenschaften auf, die es ihm ermöglichten, sein Glück zu versuchen und den Salto mortale zu vollziehen. Er fand sie jeden Tag anziehender; sie war stets elegant, perfekt frisiert und geschminkt, und sie hatte einen offenen, fröhlichen Charakter.

Ein mögliches Problem war die Leibesfülle der Mutter. Immer wenn er eine potenzielle Partnerin kennenlernte, erinnerte er sich an Cheito, einen Freund aus demselben Viertel, der allen sagte, sie sollten sich vor der Heirat die Schwiegermutter anschauen, um genau zu wissen, wie die Braut einmal aussehen würde. Aber Tony sah ein solches Omen mit gesundem Verstand; er wusste, es gibt Ausnahmen von der Regel, und sein Mädchen konnte zu diesen Ausnahmen gehören.

Da er keinen anderen Ausweg wusste, führten die jungen Leute beim nächsten Besuch in Santo Suárez, als der Himmel die Schleusen für den ersten Regenguss des Frühlings öffnete, flüsternd ein langes Gespräch, in dem José Antonio vorschlug, mit ihren Eltern zu sprechen und um ihre Hand anzuhalten. Keiner der beiden war sich über den Ausgang des Antrags sicher, aber die Freude des Mädchens war so groß, dass Tony mit der Zufriedenheit nach Hause zurückkehrte, die richtige Entscheidung getroffen zu haben. Sie vereinbarten, den geeigneten Moment für den Antrag abzuwarten, um auf diese Weise die Erfolgschancen zu verbessern.

Die Situation blieb unverändert, und bei jedem Besuch des nunmehrigen Doktors tuschelte Alicia fröhlich lächelnd von den Heiratsplänen. Beim letzten Treffen empfing das Mädchen ihn mit einem allerliebsten Lächeln und verkündete ihm, der erwartete Moment sei gekommen, der Buchhalter sei aufgestiegen, und ihre Schwester habe einen Hochzeitstermin festgelegt. In jener Nacht begleitete ihn Alicias Freude während des gesamten Dienstes auf der Notfallstation, bis er schließlich, als er am Morgen heimkehrte, das Telegramm vorfand, mit dem die Passagierin der St. Louis ihre Ankunft anzeigte.

3. KAPITEL

Rebeca traf einen Tag vor dem Ablegen des Kreuzfahrtschiffes in Hamburg ein. Die Reise war schlimm verlaufen; unangenehm war das Umsteigen auf dem Münchner Bahnhof, wo die Juden erst als letzte aussteigen durften und von der Polizei und Eisenbahnern malträtiert wurden. Das neue Abteil war so verschmutzt und überfüllt wie das vorherige, und auf dem letzten Abschnitt der langen Reise stieg ein Mann zu, der offenkundig kein Jude war und der ständig etwas in ein Notizbüchlein kritzelte.

Der Bahnhof in Hamburg war anlässlich des 750. Jahrestages der Stadt festlich geschmückt: Auf den Bahnsteigen und in den Wartesälen drängten sich die Menschenmassen, die von überall her angereist waren oder nach irgendwohin in Deutschland abfahren wollten. Als die jüdischen Passagiere ausstiegen, wahrte man einen gehörigen Abstand von den Neuankömmlingen, und die Kofferträger hielten sich fern. Rebeca trennte sich rasch von ihren Reisegefährten, und ungeachtet des Gewichts der beiden Koffer versuchte sie, in der Menge unterzutauchen.

Sie trat aus dem Bahnhofsgebäude heraus und ging unverzüglich zum Taxistand, um sich zu dem Haus der jüdischen Familie fahren zu lassen, die sich angeboten hatte, sie aufzunehmen. Eine Unterkunft zu finden, war für die deutschen Juden schwierig. Ihnen war es untersagt, die Hotels und Pensionen der Arier zu benutzen, und als Alternative gab es keine entsprechenden jüdischen Quartiere. Zum Glück hatte Friedländer wieder einmal mit Hilfe eines in Hamburg lebenden Freundes eine Lösung gefunden.

Diesmal gab sie sich als Arierin, und das Taxi fuhr sofort vor. Sie tat vornehm und gestattete einem Jungen, die Koffer einzuladen. Sie bedachte ihn mit einem generösen Trinkgeld. Selbstsicher nannte sie dem Chauffeur die Adresse und machte es sich auf dem geräumigen Rücksitz des Autos bequem.

Sie hatte keine Ahnung, wie das Viertel aussah, in das sie fuhr. Friedländer hatte ihr beim Abschied gesagt, die Hausherrin sei die Witwe eines jüdischen Bankiers, und sie solle sich keine

Gedanken über die Bezahlung machen. Während das Taxi eine breite Allee entlang fuhr, dachte sie an den Lebensgefährten ihrer Mutter; nie ließ er sie allein, und er löste alle Probleme. Elisabeth hatte ohne Zweifel eine gute Wahl getroffen. Er war ein außergewöhnlicher Mann, und man konnte stets auf ihn zählen, im Unterschied zu Karl.

Rebeca war nie in Hamburg gewesen. Die in der Stadt herrschende enorme Geschäftigkeit beeindruckte sie. In den Straßen wimmelte es von Menschen, die etwas zu feiern schienen; die Stadt war mit roten Fahnen geschmückt, auf denen ein schwarzes Hakenkreuz auf weißem Grund prangte. Nur wenige Minuten nachdem sie auf dem Hauptbahnhof eingestiegen war, stoppte ein Polizist das Auto, um einen Trupp der Hitlerjugend vorbeizulassen. Die Jungen trugen Nazifahnen über der Schulter und sangen die abschließenden Strophen des Horst-Wessel-Liedes. Als die letzte Strophe verklungen war, schrieen und lachten sie dreist. Einer von ihnen ging ganz nahe am Auto vorüber und musterte sie ungeniert beim Überqueren der Straße. Rebeca hielt seinem Blick gelassen stand; sie dachte, das Wichtigste sei, einen selbstsicheren Eindruck zu machen.

Nach einer fünfzehnminütigen Fahrt hielt das Auto vor einem eleganten zweistöckigen Haus. Sie bezahlte, stieg aus und betätigte die Klingel. Beim Warten warf sie einen Blick auf den vernachlässigten Vorgarten. Bald öffnete sich die schwere Holztür, und es erschien eine kleine Frau.

»Guten Tag. Ich bin Rebeca Kreiner aus Wien und möchte gern zu Frau Fischer.«

»Guten Tag, ich bin Frau Fischer, ich habe Sie schon erwartet.«

Die Hausherrin half ihr mit einem der Koffer, obwohl Rebeca protestierte und beide tragen wollte. Durch ein geräumiges Empfangszimmer gelangten sie in einen Salon, in dem eine kleine, sehr schmächtige alte Frau mit markanten, leicht geschminkten Gesichtszügen saß und Rebeca mit einem strahlenden Lächeln begrüßte.

»Mama, das ist Fräulein Kreiner, das Mädchen, auf das wir gewartet haben.«

Rebeca trat an die alte Dame heran und streckte die Hand aus.

»Vielleicht gehen wir zu Ihrem Zimmer hinauf, sodass Sie sich dort einrichten und bis zum Mittagessen ein wenig ausruhen können, wenn Sie es wünschen«, schlug Frau Fischer vor.

Sie stiegen eine weiße Marmortreppe hinauf, und über einen Korridor gelangten sie zu einem nicht gerade luxuriösen, aber mit allem Notwendigen ausgestatteten Zimmer.

»Hier können Sie wohnen. Das Bad befindet sich am Ende des Ganges, und in einer Stunde können wir zu Mittag essen. Fühlen Sie sich wie zu Hause.«

»Vielen Dank. Sie sind sehr liebenswürdig.«

Als sie allein war, schaute sie sich in dem Raum um, von dem ein ausgesprochen weibliches Flair ausging. Auf der Kommode standen ein paar Fotos; eins zeigte Frau Fischer vor zehn Jahren zusammen mit einem hübschen schlanken Mädchen mit üppigem schwarzem Haar. Sie suchte nach irgendetwas, was auf die Religion der Familie hindeutete, fand aber nichts. Auch im Salon war ihr nichts dergleichen aufgefallen. Sie packte nur das Nötigste für den Tag aus und entschloss sich, ein kurzes Bad zu nehmen.

Das Mittagessen wurde von einer untersetzten dunkelhaarigen Frau mit tiefschwarzen Augen serviert. Rebeca musterte Frau Fischer verstohlen; sie musste um die fünfzig sein, obwohl sie jünger wirkte. Sie sah noch gut aus, ihre hellbraunen Augen blickten lebhaft, ihr aschblond getöntes Haar war kurz geschnitten. Sowohl wegen ihrer eleganten Kleidung als auch wegen ihrer Gesten war sie die Vornehmheit in Person. Sie aß nur wenig, was auch ihrer Figur entsprach, im Unterschied zu der alten Dame, die alles verschlang, was aufgetischt wurde. Auch Rebeca hatte einen sichtlich guten Appetit, der noch durch das erzwungene Fasten im Zug, wo ihren Reisegefährten der Zutritt zum Bordrestaurant verwehrt war, verstärkt wurde.

»Benötigen Sie noch etwas im Zimmer?« fragte Frau Fischer.

»Nein, vielen Dank, es ist alles gut so.«

»Da freue ich mich. Es ist das Zimmer meiner Tochter, die sich im Ausland aufhält. Ich bitte Sie schon im Voraus um Verzeihung, sollten Sie irgendein Problem haben, aber wir sind ein wenig eingeschränkt, was die Bediensteten betrifft. Nur Deborah konnten wir halten. Sie ist auch Jüdin.«

»Machen Sie sich keine Sorgen, es ist alles gut.«

»Sie reisen also morgen ab?«

»Ja, mit dem Kreuzfahrtschiff St. Louis in die Karibik.«

»Wie schön, meinen Glückwunsch«, warf die alte Dame lächelnd ein.

»War es schwierig, die Ausreise genehmigt zu bekommen?« fragte die Hausherrin.

»Nicht eigentlich. Sie hatten in Wien ein zentrales Büro eingerichtet, das sich um alles kümmerte. Natürlich muss man genügend Geld für die vielen Behördenabläufe haben. Jedes Dokument, jede Genehmigung muss bezahlt werden. Auch muss man bereit sein, auf all sein Vermögen und all seine Habe, die man nicht mitnehmen kann, zu verzichten.«

Rebeca hielt mitten in ihrer Antwort inne und dachte daran, dass sie nicht alles ausplaudern durfte, denn schließlich waren ihr die Leute unbekannt; sie musste sich klug verhalten, wenngleich Friedländer gesagt hatte, dass Frau Fischer eine absolut vertrauenswürdige Person sei.

»Was die Juden angeht, ist die Ausreise aus Deutschland ein mühsamer Weg. Meine Kinder sind schon seit Jahren weg; sie konnten es nicht mehr aushalten.«

»Wo sind sie jetzt?«

»Der Große ist mit seiner Familie in Montreal und meine Tochter in Chicago bei meiner Schwester, die schon seit vielen Jahren in den Vereinigten Staaten lebt. Haben Sie Verwandte im Ausland?«

»Mein Vater und mein Bruder wohnen in New York, und ich habe eine Tante in Paris. Eigentlich habe ich in Wien keine Verwandten mehr.«

Die Frau tat einen tiefen Seufzer und sagte darauf:

»Es ist eine neue Diaspora entstanden. Es heißt, dass mehr als die Hälfte der deutschen Juden, fast eine Viertelmillion, fortgegangen sind.«

»Haben Sie außer Ihrer Mutter noch andere Familienangehörige in Hamburg?«

»Keine engen Verwandten.«

»Und haben Sie nicht daran gedacht zu gehen?«

»Ich habe lange darüber nachgedacht, als ich meinen Mann verlor und meine Kinder fortgingen, aber dann habe ich mich entschlossen zu bleiben. Ich hänge sehr an unseren Gewohnheiten, an der Kultur und Lebensweise. Immer wenn ich andere Länder bereiste, fühlte ich mich als Fremde und wollte so rasch wie möglich zurück. Ich bin in Frankfurt geboren, aber ich habe mein ganzes Leben hier verbracht, mich verbindet vieles mit Hamburg, vor allem hänge ich an diesem Haus, in dem ich meine Kinder aufgezogen habe und in dem ich mit meinem Mann sehr glücklich war. Mama wollte auch nicht weg.« Frau Fischer blickte die alte Dame an, die ihnen ein Lächeln schenkte.

Die Antwort überraschte Rebeca nicht; ähnliche Gründe dafür, nicht auszureisen, hatte sie schon von anderen Juden gehört.

»Wir werden hier bleiben und auf das Ende dieses Irrsinns warten. Früher oder später muss es vorbei sein, das kann nicht ewig so bleiben. Es ist nicht das erste Mal, dass so was geschieht, hoffentlich aber das letzte Mal. Und Sie, wohin soll es gehen? Werden Sie sich mit Ihrem Vater und Ihrem Bruder in New York treffen?«

Einen Moment lang dachte Rebeca über ihre Antwort nach.

»Das Schiff soll Havanna anlaufen, Kuba.« Sie machte eine kleine Pause und setzte hinzu: »Von dort aus werde ich nach New York weiterreisen.«

Die Frage und ihre Antwort beschäftigten sie noch weiter; kaum vermochte sie der Unterhaltung der beiden Damen zu folgen, die sie über Österreich befragten und des Langen und Breiten von den guten alten Zeiten sprachen, in denen sie an dem lebhaften gesellschaftlichen Leben in Hamburg teilnahmen.

Nach dem Essen entschloss sich Rebeca zu einem Mittagsschläfchen. Das Bett war schmal, aber bequem. Sie versuchte zu schlafen, wollte nicht grübeln und sich auch nicht an das Erlebte erinnern; einen Augenblick lang kam ihr der Gedanke, einen Spaziergang durch die Stadt zu machen, aber das Bild von den Trupps der Hitlerjugend ließ es nicht ratsam erscheinen, durch die Hamburger Straßen zu schlendern. Frau Fischers Frage ging ihr nicht aus dem Kopf. Wohin würde ihre Reise letztendlich gehen?

****

Mit hohem Tempo fuhr der Dienstwagen die Straße Unter den Linden in der Berliner Mitte entlang. Der Reichsminister für

Volksaufklärung und Propaganda brauchte etwas frische Luft, und entgegen den für die Würdenträger des Dritten Reiches geltenden Sicherheitsbestimmungen drehte er die Fensterscheibe des blitzblanken Mercedes herunter. Das sich ihm darbietende Schauspiel musste ihn begeistern; alles befand sich in wunderbarer Ordnung, und die Breite und Pracht der Allee war der größten Verkehrsader der Hauptstadt des Deutschen Reiches angemessen.

Goebbels verlangte es, den süßlichen Morgenduft zu atmen, er brauchte Entspannung; der Frühling zeigte sich in seiner ganzen Herrlichkeit; die Bäume grünten, in den Gärten blühte es, und in dieser Jahreszeit waren die Temperaturen am angenehmsten. Doch an diesem Tag spürte er nicht die Wiedergeburt der Natur, ihn plagten die Zweifel, sein Einfluss in der obersten Nazi-Ebene könnte schwinden. Er sah zwei junge Leute, die Arm in Arm vorübergingen und sich, für ihn hörbar, unterhielten. Einen Augenblick lang beneidete er das Paar, beide hatten noch das ganze Leben vor sich und konnten sich ungehindert und ohne Sorgen der Liebe hingeben. Er erinnerte sich an ähnliche Momente in seiner Jugendzeit, als sich alle Probleme angesichts des Lächelns eines Mädchens in Luft auflösten. Die Ankunft des Autos an seinem Ziel versetzte ihn in die Realität zurück.

Das Propagandaministerium war in einem herrschaftlichen Palais des 18. Jahrhunderts untergebracht, im so genannten Ordenspalais in der zentral gelegenen Wilhelmstraße gegenüber dem gerade eingeweihten protzigen Gebäude der Neuen Reichskanzlei. Schnellen Schritts – trotz seines Problems mit dem rechten Bein – ging Goebbels durch den Eingang und die breiten Gänge entlang, ohne die Haltung annehmenden Wachen und Beamten zu grüßen oder sie auch nur eines Blickes zu würdigen. Das Büro des Ministers war riesig – wie die Büros aller Nazigrößen. Der Führer hatte stets darauf bestanden, dass die Gebäude und Diensträume eine deutliche Demonstration der Macht des neuen Deutschlands darzustellen hatten.

Im Versammlungsraum erwarteten ihn mehrere Beamte, die offenkundig der höheren Führungsebene zuzurechnen waren. Mit Ausnahme eines breitschultrigen Dunkelhaarigen waren sie nordisch-blond. Der Nazi-Hierarch mit dunklem Haar und dunklen Augen, von niedrigem Wuchs, hässlich, schmächtig und lahm obendrein, war die Antithese des überlegenen Ariers; nie hatte er diese Unterlegenheit verwunden, einzig und allein die Ehe mit Magda, einer geschiedenen Frau aus der gehobenen Berliner Gesellschaft, eine wahre teutonische Schönheit, milderte sein Minderwertigkeitsgefühl.

Er begrüßte seine Untergebenen mit einer leichten Kopfbewegung und hieß sie am Versammlungstisch Platz nehmen. Ein Assistent legte ihm eine Ledermappe mit einem umfangreichen Dokument vor, das er rasch überflog; es war der Bericht über eine Operation, die sein Ministerium seit Monaten geplant hatte: die Ausreise einer zahlenmäßig großen Gruppe von Juden aus Deutschland. Aber der Wert des Vorhabens lag nicht in der Ausreise der dann Staatenlosen, sondern es ging darum, wie man diese Leute im Zielland empfangen würde, nämlich mit großer Feindseligkeit. Der Plan bestand darin, der Welt zu beweisen, dass die Nazis mit ihrer antisemitischen Politik keine Ausnahme bildeten, und nach innen würde man wieder einmal konstatieren können, dass sich die Deutschen auf dem richtigen Weg befänden.

Als mit den Vorbereitungen begonnen wurde, erkundigte sich Goebbels, warum seine Leute wohl Kuba als Ziel der Operation ausgewählt hatten; er hatte keinerlei Informationen über diese ferne Tropeninsel. Die ihm vorgetragenen Argumente reichten aus, um ihn zu überzeugen. Das Land wurde von den Nordamerikanern kontrolliert, viele betrachteten es als verlängerten Arm der Vereinigten Staaten, und was dort geschah, konnte man als eine Fortsetzung der Politik Washingtons betrachten. Außerdem liefen in Havanna regelmäßig europäische Kreuzfahrtschiffe ein, auch deutsche, und der Spionagedienst des Dritten Reiches unterhielt in der Region seine größte Operationsbasis. Der kosmopolitische und touristische Charakter der kubanischen Hauptstadt, dazu ihre Nähe zu den Vereinigten Staaten, garantierten eine umfassende Presseberichterstattung über die Operation. Schließlich lebten auf der Insel viele Ausländer, die mit den Kubanern um die in geringer Zahl vorhandenen Arbeitsplätze kämpften, und es würde leicht sein, die Juden angesichts der Flut deutscher Flüchtlinge, die sich in den letzten Jahren nach Kuba begeben hatten, um dort auf das Einreisevisum in den Norden zu warten, als Sündenböcke hinzustellen.

Zum Plan gehörte die Entsendung von vierzehn Agenten auf die Insel, die die öffentliche Meinung gegen die Flüchtlinge beeinflussen sollten. Jetzt war alles bereit für die Operation. Drei Schiffe, die regelmäßig Havanna anliefen, würden gleichzeitig ein großes Kontingent unliebsamer Personen aufnehmen: die Orduña der British Pacific Steamship Navigation Company, die Flandre, ein französisches Schiff, und die St. Louis, ein transatlantischer Luxus-Liner von 16 000 Bruttoregistertonnen, der der deutschen Hamburg-Amerika-Linie gehörte. Dieses Schiff gehörte zu den größten und schnellsten europäischen Kreuzfahrtschiffen, und mit ihm sollte die Mehrheit der Vertriebenen ausreisen. Alles war bis ins kleinste Detail koordiniert worden, und schon bald sollten die drei mit der menschlichen Fracht beladenen Schiffe auslaufen. Die Ankunft von mehr als eintausend Flüchtlingen innerhalb weniger Stunden in Havanna würde ein Ereignis sein, das die Leidenschaften hochkochen ließ, und ihre zu erwartende Abweisung würde von der internationalen Presse nicht unbeachtet bleiben.

Schließlich blickte Goebbels vom Dokument auf, schaute in die Runde und sagte:

»Der Bericht ist eindeutig. Noch Fragen?«

»Ja, Herr Minister. Obersturmbannführer Adolf Eichmann hat um eine Abschrift des Plans ersucht.«

»Wer ist das? Kenn' ich nicht.«

»Er ist von der Reichszentrale für Jüdische Auswanderung.«

In Goebbels stieg die Wut auf. Eine Operation, die sein Ministerium in monatelanger Arbeit erdacht hatte und die mit Sicherheit ein großer Propagandaerfolg werden und es ihm ermöglichen würde, Hitlers Gunst wiederzuerlangen, diese Operation wollten nun die opportunistischen Emporkömmlinge aus der SS an sich reißen. Ja, schlimmer noch, vielleicht wollten sie sie dem Führer als ihren Erfolg verkaufen und Rolle und Stellung des Propagandaministeriums einmal mehr ins Abseits drängen. Und obendrein war die bewusste Person ein Beamter niederen Ranges, gleichzusetzen mit einem Oberleutnant. Er konnte es nicht zulassen, dass sein Einfluss weiter abnahm.

»Ich sehe nicht ein, warum wir die SS informieren sollten«, gab der Minister zurück, bemüht, seinen Zorn im Zaum zu halten.

»Wenn Sie gestatten, Herr Minister ...« Der Leiter der mit dem Plan beauftragten Abteilung bat um das Wort. Goebbels gewährte es ihm mit leichtem Kopfnicken.

»Ich habe das RSHA angerufen und nach den Gründen für dieses Ersuchen gefragt. Man antwortete mir, die Reichszentrale müsse über alle mit den Juden zusammenhängenden Operationen informiert werden.«

Goebbels schaute seinem Untergebenen in die Augen und fragte sich, ob er ihm wohl vertrauen könne. In den Machtzirkeln des Dritten Reichs kam es nicht selten vor, dass die Beamten eines Ministeriums auch einer anderen Einrichtung gegenüber verantwortlich waren, namentlich dem Innenministerium oder der SS.

»Das Argument überzeugt mich nicht.«

»Gestatten Sie, Herr Minister.« Diesmal war es einer seiner engsten Mitarbeiter, zuständig für die Überwachung der Presse.

»Schießen Sie los.«

»Auch mich haben die von der SS angerufen und mir erläutert, dass sie ähnliche Operationen wie wir vorbereiten. Vorgesehen ist, zunächst eine Gruppe Wiener Juden über die Donau nach Palästina zu verfrachten. Man erwartet, dass die Reise große Aufmerksamkeit auf dem Balkan und in ganz Europa findet; deshalb wollen sie die Pressearbeit mit unserem Ministerium koordinieren und bitten um Informationen, um von unseren Erfahrungen zu lernen.«

Nun nahm Goebbels' Verärgerung noch mehr zu. In diesem Moment erfuhr er von einer parallelen Operation der SS, über die man ihn zuvor nicht unterrichtet hatte. Erneut war er außen vor geblieben – ein gefährliches Zeichen für seine Zukunft als führendes Mitglied der Nazi-Elite. Streng musterte er seine Mitarbeiter, einen nach dem anderen; bei niemandem regte sich auch nur ein Muskel. Blitzschnell wurde ihm klar, dass er dieses Mal nachgeben musste. Es war ihm unmöglich, ein Ersuchen seitens der SS zurückzuweisen; eine Absage konnte zu einer Konfrontation mit dem mächtigen Himmler führen.

»Einverstanden. Übersenden Sie eine Abschrift des Berichts. Sonst noch etwas? Wenn nicht, dann ist die Sitzung geschlossen. Ich gehe davon aus, dass alles bereit ist und die geplanten

Schritte eingeleitet wurden. Machen Sie weiter, die Operation hat für das Dritte Reich höchste Priorität.«

****

José Antonio Fernández Pardo, Sohn eines Diplomaten, der 1895 mit siebzehn Jahren als Guerillero im kubanischen Unabhängigkeitskrieg gekämpft hatte, und einer Mulattin mit einer der multinationalen Gesellschaft eigenen Genealogie, war ein gut aussehender, hoch gewachsener, schlanker Schwarzhaariger mit breiten Schultern und einer olivfarbenen Haut, die die schwarze Rosa als oriente-weiß beschrieb.

Sein Vater, Manuel Fernández Ramírez, war von mittlerer Statur, schlank und muskulös. Sein heller Teint bildete einen sichtlichen Kontrast zu seinen kaffeebraunen Augen und einem schwarzen Schnauzbart, der nie ergraute, im Unterschied zu seinem Kopfhaar, das bereits in seinen jungen Jahren vollkommen weiß wurde. Manuel begann den Tag jedes Mal mit einer halben Stunde Frühsport, woran sich ein ausgedehnter Spaziergang anschloss, um seine gute Figur beizubehalten und körperlich fit zu bleiben. Nach dem Abendessen genoss er in seinem Lieblingsschaukelstuhl gern eine Zigarre, trank einen Kaffee und las ein Buch. Er hatte einen starken Charakter, lehnte jeden Konventionalismus ab und hatte die schlechte Angewohnheit, immer zu sagen, was er dachte; schlimmer noch, er war stets bemüht, auch das zu tun, was er sagte. Er war einer jener Idealisten, die es immer gegeben hat und die in allen Epochen nur ihr Etikett gewechselt haben. Er meinte die Welt mit Rechtschaffenheit ändern zu können und träumte von Führerpersönlichkeiten, die mit gutem Beispiel vorangingen. Das Leben versetzte ihm den einen oder anderen Schlag, ständig stellte er seine Ideen infrage, aber niemals änderte er sich, er konnte einfach nicht anders. Deshalb zog er auch in den Krieg, als er beinahe noch ein Kind war, verzichtete auf alle Pfründe, die ihm die Republik bot, und erzog seine Kinder in diesem Sinne, ohne zu akzeptieren, dass sich die Zeiten geändert hatten.

Die Fernández waren eine alteingesessene kreolische Familie. Ihre Vorfahren waren Mitte des 18. Jahrhunderts von der iberischen Halbinsel ausgewandert. Zu jener Zeit waren zwei Brüder, die aus Navarra stammten, als Beamte der Krone zunächst nach Sizilien und dann nach Havanna beordert worden. In der kubanischen Hauptstadt trafen sie just zu dem Zeitpunkt ein, als sich die Stadt während des siebenjährigen Krieges den Engländern ergab, eine Episode, die für die Familie lange Zeit das wichtigste offizielle Ereignis sein sollte. Beide Brüder bekleideten verschiedene Ämter in der dritten Reihe der Kolonialverwaltung, heirateten und gründeten Familien, die weitere Familien im Laufe des 19. Jahrhunderts nach sich zogen. Nach einhundert Jahren in Kuba betrachteten sich die Fernández als treue Untertanen der spanischen Krone, bis der erste Unabhängigkeitskrieg die Insel erschütterte und die meisten Bewohner die Autonomie erstrebten. Der zweite Krieg im Jahr 1895 versetzte die Familie in Unruhe, und man beschloss, die Kinder zum Studium in die Vereinigten Staaten zu schicken, um sie von den Kämpfen und den Ideen der Separatisten fern zu halten.

Manuel, der an der Universität von Pennsylvania zu studieren vorgab, betätigte sich lieber sportlich, um seinen Körper zu stählen und sich als guter Packer verkaufen zu können. Alle paar Monate nahm er einen Zug nach New York, wo er sich unter Angabe eines falschen Alters unter die zahlreichen kubanischen Emigranten mischte, die es drängte, im Mambí-Heer zu kämpfen, und wider alle Prophezeiungen gelang es ihm, sich Anfang 1898 einer der letzten Expeditionen anzuschließen. Diese landete an der Nordküste von Las Villas, vereinte sich mit dem Befreiungsheer und kämpfte in der Truppe des Polen Roloff. Dieses Ereignis löste bei den Fernández eine Familienkrise aus; die meisten hielten die Entscheidung des jungen Burschen für eine Dummheit und änderten ihre Meinung erst mit dem Eintritt der Vereinigten Staaten in den Krieg und der Niederlage Spaniens. Da plötzlich posaunten alle großspurig hinaus, sie hätten einen Mambí in der Familie. Mit dem Dienstgrad eines Leutnants schied er aus der Armee aus und verkündete seiner verblüfften Familie seine Absicht, sich nicht in die Politik zu begeben, sondern an der Universität Havanna Rechtswissenschaften zu studieren. Er widmete sich seinem Studium, doch mit der Zeit nahm seine Enttäuschung über die ihn umgebende Wirklichkeit zu: Nach den langen Jahren des Krieges war das Land ausgezehrt, die Nordamerikaner hielten es militärisch besetzt, und bald begannen die politischen Auseinandersetzungen und Zwistigkeiten unter den Kubanern.

Als am 1. Januar 1899 um zwölf Uhr mittags auf dem Castillo del Morro die spanische Fahne eingeholt wurde, nahm eine höchst einzigartige Periode in der Geschichte Amerikas ihren Anfang. Kuba war nun keine Kolonie mehr, aber es hatte niemand eine klare Vorstellung davon, was Kuba von jetzt an eigentlich war. Die überwältigende Mehrheit der Kubaner wollte die Unabhängigkeit, doch herrschte große Verwirrung. Die an die koloniale Vergangenheit erinnernden Straßennamen wurden geändert, die Machtsymbole der kastilischen Krone entfernt, und es wurden wichtige Veränderungen eingeleitet, die die Insel radikal umgestalten sollten.

Als man den Plan des Senators Platt ankündigte, beteiligte sich Manuel an verschiedenen Kundgebungen gegen die so genannte Enmienda. Am Ende bekam er einen Riesenwutanfall, als bekannt wurde, dass die Verfassunggebende Versammlung sie angenommen hatte. Nie hat er verstanden, warum so viele Veteranen des Mambí-Heeres und untadelige Patrioten ihre Stimme dafür hergegeben hatten. Von da an spürte er zeit seines Lebens eine Aversion gegenüber der Politik.

Er verstand nicht, mit welcher Apathie viele Kubaner die Veränderungen im Lande betrachteten. Auf der einen Seite setzte die Okkupationsverwaltung ein umfassendes Hygieneprogramm um und trieb einen Plan im öffentlichen Bildungswesen voran. Andererseits verblieb die Isla de Pinos im Eigentum der Vereinigten Staaten, und nordamerikanische Unternehmen und Kolonisten brachen lawinenartig über das Land herein und kauften die besten Grundstücke zu Spottpreisen. Viele der anglophonen Einwanderer kamen, um auf der Insel den gleichen annexionistischen Plan zu verfolgen, wie man das mit Erfolg in Texas und anderen Gegenden getan hatte. Doch in Kuba ging der Plan nicht auf; sie begriffen bald, dass die Kubaner immer noch ihre Unabhängigkeit ersehnten. Außerdem hegten die Nordamerikaner seit dem Krieg eine Sympathie für die Mambises, weshalb die Demokraten auf ihrem Konvent in Kansas City die unverzügliche Unabhängigkeit der Insel forderten.

Die meisten Kolonisten aus dem Norden kehrten in die Vereinigten Staaten zurück. Viele gaben der drückenden Hitze während des langen Sommers die Schuld, andere den Moskitos, wieder andere fühlten sich von den vielen Schwarzen abgestoßen, die sich überdies noch mit den Weißen vermischten, und einige nahmen Anstoß an den zügellosen Sitten der Kubaner.

Wie viele Veteranen dachte auch Manuel damals, dass es anders aussehen würde, wenn Martí und Maceo nicht gefallen wären. Er trat für Máximo Gómez ein, und trotz des Streits mit der Asamblea del Cerro glaubte er, der abgesetzte Oberbefehlshaber des Befreiungsheeres habe getan, was er konnte, zumal er auch dazu aufgerufen hatte, das Werk zu Ende zu führen und sich von der ausländischen Macht zu verabschieden. Aber in seiner für ihn charakteristischen Bescheidenheit lehnte Gómez es ab, in den ersten Wahlen für die Präsidentschaft zu kandidieren; die Kubaner bewunderten ihn und streckten die Hände nach ihm aus, doch er starb, als sie ihn am meisten brauchten. Schließlich nahm man die Verfassung an, und es fanden die ersten Wahlen statt. Doch Manuel, enttäuscht vom Rücktritt Masós, seines Wunschkandidaten, wählte nicht. Für ihn waren Wahlen mit nur einem einzigen Kandidaten, den er überdies nicht mochte, nicht vorstellbar. Er konnte nicht glauben, dass die Kubaner keinen Kriegsveteranen als ersten Präsidenten der Republik wählen würden. Estrada Palma hatte Martí als Delegierter der Kubanischen Revolutionären Partei ersetzt, hatte in den letzten zwanzig Jahren in den Vereinigten Staaten gelebt, war US-Bürger, glaubte nicht an die Fähigkeit der Kubaner, sich selbst zu regieren, und stand in dem Ruf, ein Geizhals und Pfennigfuchser zu sein; es hieß, er sei zu seiner Amtsübernahme mit der Straßenbahn gefahren.

Manuel verstand zwar das Geschehen nicht, aber zumindest war er begeistert vom Ende der nordamerikanischen Okkupation. Am 20. Mai begab er sich mittags zur Esplanada de la Punta, und als er sah, dass auf dem Morro eine riesige kubanische Fahne gehisst wurde, kniete er mit tausenden anderen, die auch in die Hafengegend geeilt waren, nieder, bis der Jubel der Menge die feierliche Stille des Augenblicks durchbrach. Noch tränenden Auges stand er auf und fühlte sich von Dutzenden Unbekannten umarmt, und die Freude aller gab ihm die Gewissheit, dass das Opfer nicht umsonst gewesen war.

Allen Zweifeln jener zum Trotz, die ihm die Kraft absprachen, sich nach all den Wirrnissen wieder den Büchern zu widmen, schloss er sein Studium der Rechte mit ausgezeichneten Noten ab. Nach Beendigung des Studiums heiratete er die hübsche Lucía, und die Familie Fernández vernahm begeistert, dass das Mädchen zu den Erbinnen eines mit dem Einfuhrhandel angehäuften Vermögens zählte. Bei dem Handel war es zunächst um heimische Produkte gegangen, nunmehr waren es Waren aus Nordamerika.

Manuel hatte also seinen Plan, an der Universität zu studieren, wahr gemacht und war eine gute Ehe eingegangen. Dennoch befiel ihn eine zunehmende Frustration. Es waren die ersten Jahre der Republik, und der Verfall der Sitten und der sich ausbreitende Opportunismus verursachten ihm Qualen. Die Kubaner hatten Seite an Seite gekämpft und so viele Opfer für ihren gemeinsamen Traum gebracht, und nun stritten sie sich um alles Mögliche und ersuchten die Vereinigten Staaten um Intervention in allen Dingen.

Die Fernández wollten, dass der junge Anwalt in die Politik gehe, aber Manuel hielt nichts davon. Die angestrebte Wiederwahl Estrada Palmas, der Wahlbetrug im Jahr 1905 und die Ermordung des Obristen des Befreiungsheeres Enrique Villuendas – eines Führers der Liberalen in Las Villas und alten Kriegskameraden – in Cienfuegos verbitterten den Veteranen und nahmen ihn endgültig gegen die kreolische Politikasterei ein.

Die Liberalen forderten ihn auf, sich an dem bewaffneten Aufstand im August 1906 zu beteiligen, aber er vermochte sich mit dem Gedanken eines zwischen Kubanern geführten Kriegs nicht anzufreunden. So entschied er sich, am Rande des Geschehens zu bleiben, wenngleich ihm Zweifel kamen, als der General Quintín Banderas in Havanna den Macheten der ländlichen Garde zum Opfer fiel. Eine erneute Intervention und Okkupation durch die Nordamerikaner mit der Ernennung des dicken Taft, des künftigen Präsidenten der Vereinigten Staaten, zum Provisorischen Gouverneur der Insel, enttäuschte ihn noch mehr.

Als junger Anwalt, der gerade sein Studium abgeschlossen hatte, beabsichtigte Manuel, in eine Privatpraxis einzusteigen, doch der Erfolg blieb weitgehend aus. Dazu kam, dass Lucía eine schwierige Geburt nicht überlebte. Nun war er Witwer mit einer Tochter, deren Erziehung sein Schwager und seine Schwägerin übernahmen; er selbst wollte nach neuen Alternativen für sein Leben suchen. Doch in einem Umfeld, in dem die Korruption blühte und einer dem anderen nach dem von dem amerikanischen Gouverneur Charles Edward Magoon eingeführten System etwas zusteckte, schränkte sein Stolz die Möglichkeiten ein.

Damals trat Eloísa in sein Leben, eine recht hellhäutige sechzehnjährige Mulattin mit einer Figur, die den gesamten Verkehr in der Straße Lealtad, in der sie wohnte, zum Stehen brachte. Die Anziehung war beiderseits, und nach nur wenigen Monaten fand die Hochzeit statt. Manuels Familie war geschockt, die Eltern des Mädchens dagegen waren glücklich. Der Vater war ein Galizier aus Vigo, der in jungen Jahren allein nach Kuba ausgewandert war, wo er alle möglichen Gelegenheitsarbeiten verrichtete, bis er eine Anstellung in einer kubanisch-katalanischen Firma fand, in der man die besten Schokoladen Havannas anbot. Er war ein untersetzter, ernsthafter und stiller Mann, der sich mit Leib und Seele seiner Familie und seiner Arbeit hingab. Die Mutter, eine Mulattin mit chinesischen Gesichtszügen, sanft und liebenswürdig, war die Tochter eines Kulis aus Kanton, der im Mambí-Heer gekämpft hatte, und einer als Sklavin geborenen Schwarzen.

Viele sagten Manuel und Eloísa nur ein kurzes Eheleben voraus und hatten dabei sowohl die ethnischen Unterschiede und ihre soziale Herkunft im Sinn, obwohl es in Kuba schon immer solcherart Verbindungen gegebenen hatte, als auch den starken Charakter beider Eheleute. Doch die Jungvermählten straften alle Voraussagen Lügen, nahmen sich ein Zimmer im Stadtviertel Cerro, wo sie sich leidenschaftlich ihrer Liebe hingaben, und ihr Glück war grenzenlos, als binnen eines Jahres José Antonio geboren wurde, den man so nach Martí und Maceo nannte. Das einzige Problem bildete der Geldmangel, denn der Anwaltsberuf warf nichts ab, und ein Hilferuf an Manuels Familie, die ihn wegen der Heirat mit einer Mestizin praktisch exkommuniziert hatte, verklang ungehört.

Nachdem alle seine Bemühungen gescheitert waren und er die einzige Alternative darin sah, sein Glück in den Vereinigten Staaten zu suchen, rief ihn ein alter Freund der Familie an, der einen Posten im Außenministerium bekleidete, und schlug ihm vor, sich bei einem kleinen Auslandsdienst der Republik zu bewerben, wo ein Anwalt und noch dazu Kriegsveteran gute Chancen hätte, angenommen zu werden. Manuel sollte niemals erfahren, dass sein Vater das insgeheim vermittelt hatte, aber da er keine anderen Möglichkeiten sah, entschloss er sich, ein Bewerbungsschreiben zu verfassen und alle bürokratischen Verfahren und Prüfungen über sich ergehen zu lassen. Zu seiner Überraschung wurde er angenommen, doch die Anstellung ging mit einem Vorfall einher, der seine diplomatische Karriere beinahe beendet hätte, noch ehe sie begonnen hatte. Die Ernennung, die mit der Unterschrift des Präsidenten der Republik im Amtsblatt veröffentlicht wurde, schloss mit den Worten »Es lebe Kuba« und »Es leben die Vereinigten Staaten«. Diese gemeinsame Schlussformel brachte Manuel in Wut. Er hielt es für eine ausgemachte Lobhudelei seitens des Amtsträgers, dem Nachbarn im Norden in einem amtlichen Dokument um den Bart zu gehen; deshalb drohte er den Posten abzulehnen. Doch Eloísa und sein Bruder Paco beschwichtigten ihn, er möge sich die Sache nicht so zu Herzen nehmen.

Nach einer kurzen und intensiven zweiwöchigen Vorbereitungszeit, auf die ein fast einjähriges tatenloses Warten folgte, weil im Haushalt keine Mittel eingestellt waren, brach er mit einem Jahresgehalt von eintausend Pesos als Vizekonsul zur Stadt Mobile in Alabama auf. Da sich Eloísa noch von der Geburt Margaritas, des ersten Kindes, erholen musste, entschied man, dass Manuel vorausreisen und die Familie später nachkommen sollte. Manuel fand Gefallen am Leben in der Großstadt mit dem traditionellen Zentrum der amerikanischen Städte und den Stadtvierteln mit herrlichen Häusern und üppigen Bäumen. Mobile war der geschäftigste Golfhafen Nordamerikas, also würde Manuel aufgrund des lebhaften Handels mit Kuba viel zu tun haben. Es war ein perfekter Ort, mit der althergebrachten südländischen Gastlichkeit. Alles ging gut, bis er sich eines Problems bewusst wurde, der Hautfarbe seiner geliebten Ehefrau.

Mobile war vielleicht die liberalste Stadt in ganz Alabama. Einige führten das darauf zurück, dass die Stadt von den Franzosen gegründet worden war, andere schrieben es ihrem Status als Hafenstadt zu, aber sie gehörte zum alten Süden, in dem gemischtrassische Ehen verboten waren. Manuel war sich vor der Abreise im Klaren darüber gewesen, dass er gewisse Schwierigkeiten haben würde, aber er hatte darauf vertraut, dass er sie in seiner Eigenschaft als ausländischer Diplomat und überhaupt, wenn er sich zurückhielt, überstehen würde. Doch angekommen in Mobile, wurde er gewahr, dass er, selbst wenn er seine sozialen Aktivitäten weitgehend einschränkte, seine Familie nicht verbergen konnte, und das lag ihm auch fern. Außerdem musste José Antonio im nächsten Jahr eingeschult werden, und das stellte ein Problem dar, denn er sollte nicht auf die den Schwarzen vorbehaltenen Schulen gehen und konnte nicht das Risiko eingehen, von der Schule für Weiße abgelehnt zu werden, sobald man Eloísa zu Gesicht bekam.

So stand er vor einem Dilemma: Einerseits hatten ihn die Gemeinschaft und die lokalen Händler wohlwollend empfangen, und bei den in Mobile organisierten ausgelassenen Karnevalsfesten hatte er sich sogar auf eine kurze Liebschaft mit einer jungen Witwe eingelassen, doch konnte er es nicht ertragen, von seiner Familie getrennt zu sein. Und so entschloss er sich, um seine Versetzung zu ersuchen. Das war an einem 4. Juli, nachdem er an einem patriotischen Umzug durch die Hauptstraße der Stadt teilgenommen hatte. Angeführt hatten die Parade zwei alte Kämpfer, Veteranen des Bürgerkriegs, die stolz die grauen Uniformen der Rebellen trugen, während eine Musikkapelle Dixieland spielte und mehrere junge Leute die alte Fahne der Konföderierten schwangen.

Die Familie blieb in Havanna, indes Manuel in Mobile auf seinen neuen Bestimmungsort wartete, den man zum Jahresende bekannt gab. Der sollte Saint John sein, eine Hafenstadt in der Atlantikprovinz New Brunswick, in Kanada, der exilierte Nordamerikaner, die dem britischen Imperium treu ergeben waren, Ende des 18. Jahrhunderts zur Blüte verholfen hatten. In Havanna vermochte niemand so richtig zu erklären, warum Kuba in dieser kalten Stadt ein Konsulat unterhielt, doch Manuel fand bald heraus, dass sie für den Handel zwischen den beiden Ländern von großer Bedeutung war.

Der neu ernannte Vizekonsul reiste nach einem kurzen Zwischenaufenthalt in Havanna wieder allein. Der raue Winter hatte eingesetzt, und man hatte es vorgezogen, die Familie erst im Frühjahr nachkommen zu lassen, um so zu vermeiden, dass die Kinder unter dem plötzlichen Klimawechsel leiden würden. Eloísa und die Kinder trafen Anfang April ein, als der Frühling offiziell begonnen hatte, aber die Kälte, die sie erwartete, als sie an Land gingen, war schrecklich, und am zweiten Tag wurden sie vom Schneefall überrascht, was allerdings José Antonio und seine Schwestern bis zum Einbruch der Nacht genossen.

Zur Familie war Blanquita gestoßen, die Tochter aus Manuels erster Ehe. Ihre Großeltern waren verstorben, und Eloísa nahm sie wie ihre eigene Tochter auf. Das Mädchen fand sich rasch in die Familie ein, und mit ihrem schneeweißen Teint, dem Haar und den hellbraunen Augen, die einen Kontrast zu der goldbraunen Haut Tonys und Margaritas bildeten, verlieh sie der Familie einen Hauch von Vielfalt. Anfangs wurde ihnen mit Zurückhaltung begegnet, doch die Sympathie, die die Kinder ausstrahlten, und eine erneute Schwangerschaft Eloísas beschleunigten die Integration der Kubaner. Allein José Antonio wurde von den Jungen des Viertels nicht angenommen, und er hatte Probleme in der Schule, wo er mehrmals zum Direktor gerufen wurde, weil es am Ende des Unterrichts zum Streit mit Klassenkameraden gekommen war, auf deren Spöttereien und Knuffe er reagiert hatte. Tony hielt es bald nicht mehr aus, bis er schließlich eines Nachmittags am Winteranfang einem derer, die ihn am meisten geärgert hatten, unvermittelt mit der Faust ins Gesicht schlug und der Angegriffene Zeter und Mordio schrie. Von da an ließ man ihn in Ruhe.

In Saint John stellte Eloísas Hautfarbe kein unüberwindliches Hindernis dar, und die Kinder gingen gern zur Schule, wenngleich sie anfangs kein Wort verstanden. Aber dank der Geduld der Lehrerinnen und angesichts der Notwendigkeit, sich mit den neuen Freunden verständigen zu müssen, erlernten sie die englische Sprache binnen eines Jahres.

Die Stadt mit ihrem geschäftigen Hafen, dem unaufhörliche Ein- und Auslaufen von Schiffen und Fischerbooten, den großen Parks, Zuckerraffinerien, Fabriken und Warenlagern, war ein riesiger Spielplatz für José Antonio und seine Freunde, die meisten von ihnen Einwandererkinder, die Tony trotz seiner mangelnden Fähigkeiten mit der Zeit als einen der ihren ansahen. Der kleine Kubaner konnte nicht fischen, nicht schwimmen, jagen oder Fahrrad fahren. Ihn rettete das Pelota-Spiel, und bald gehörte er der Mannschaft des Stadtviertels an. Vom ersten Unterrichtstag an bildeten er, Brian, ein hochgewachsener Ire, und Abe, ein schmächtiger Jude mit Brille und Klassenbester, ein unzertrennliches Trio.

Der Erste Weltkrieg trat in sein viertes Jahr ein, und Kanada beteiligte sich an dem blutigen Konflikt auf Seiten der britischen Krone. Täglich trafen in Saint John schreckliche Nachrichten über von den U-Booten der verräterischen Hunnen mitten im Atlantik torpedierte und versenkte Schiffe ein. Die Ankunft der Fernández in New Brunswick fiel mit dem kürzlichen Eintritt Kubas in den Krieg zusammen; das geschah, nachdem die Vereinigten Staaten den Krieg erklärt hatten, und war eine Geste der Menocal-Regierung gegenüber den Nordamerikanern.

Mit der Geburt von Victoria wurde die Familie größer; man nannte das Baby so zu Ehren des bevorstehenden Sieges der Verbündeten, der schließlich um elf Uhr des elften Tages des elften Monats verkündet wurde, an einem Vormittag, an den sich Tony zeitlebens erinnern sollte, denn die Fabriken, die Schiffe und Lokomotiven ließen ihre Sirenen ertönen, und alle Menschen begrüßten freudig das Ende des, wie man sagte, allerletzten Krieges.

Die Kubaner vermochten sich mühelos an den friedlichen Rhythmus der Stadt anzupassen. Im Frühjahr und im milden Sommer unternahm man Spaziergänge und Ausflüge, und für den langen Winter verhängte Manuel ein Leseregime, das für José Antonio in Gesellschaft mit Salgari, Verne und Walter Scott bald zu einer Sucht ausartete.

Damals führten Manuel und Eloísa den heiligen Brauch des gemeinsamen sonntäglichen Mittagessens ein; das war jedesmal ein Ereignis, das unter keinen Umständen gestört oder unterbrochen werden durfte und das Gelegenheit bot, über alles zu sprechen. Und keiner durfte sich vom Tisch erheben, bevor die Tafel ausdrücklich aufgehoben wurde.

Allen Unkenrufen zum Trotz und ungeachtet nicht weniger Reibereien liebten seine Eltern sich auch noch nach zehn Jahren Ehe mit aller Leidenschaft, und oft schickten sie die Kinder schon vorzeitig zu Bett und schlossen sich in ihrem Schlafzimmer ein.

In Saint John hatte José Antonio seine ersten Liebesabenteuer. Mary Pickford, die Blonde mit dem langen lockigen Haar und einem engelsgleichen Gesicht wurde die Braut Amerikas genannt, obwohl sie eigentlich Kanadierin war. Seit Tony sie auf der Leinwand gesehen hatte, war er in sie verliebt, und des Nachts träumte er, er würde sie aus den Armen von Douglas Fairbanks retten, und sie würde ihn dankbar und zärtlich küssen. Realer war allerdings seine Liebe zu Dorothy, einem sommersprossigen Mädchen mit blauen Augen aus seiner Klasse, das ihm ständig hinterherlief, bis es sich ihm schließlich erklärte. Das war auf dem Klassenfest aus Anlass des Abschlusses der dritten Klasse, und sie hatte Angst, eine kokette Rothaarige könnte ihr bei dem kleinen Kreolen zuvorkommen. Nie wagte er, sie zu küssen, obwohl man sie in der vierten Klasse, einen Tag vor Weihnachten, erwischte, als sie sich beim Weihnachtsliedersingen an den Händen hielten und die Lehrerin Tony schließlich wegen seines falschen Singens des Chores verwies.

Es waren friedliche und glückliche Jahre, an die sich die Fernández stets gern erinnerten und die ihren Höhepunkt mit der ersehnten Rückkehr nach Kuba Ende 1923 fanden, als sie sich auf einem Frachtdampfer nach der Insel einschifften. José Antonio hat niemals den helllichten Morgen vergessen, da sein Vater ihn an Deck rief und ihm die spektakuläre Küste Havannas und das majestätisch aufragende Morro am Eingang zur Hafenbucht zeigte. Noch stärker waren die Emotionen, als sie langsam in die Bucht einliefen und zunächst die Festung San Salvador de la Punta und dann, zur anderen Seite hin, die Cabaña, die riesige Festungsanlage, passierten und Manuel sagte:

»Mein Sohn, dies ist der schönste Anblick auf der ganzen Welt. Wir sind in Kuba.«

4. KAPITEL

Am Tag ihrer Abreise wachte Rebeca zeitig auf; der Morgen dämmerte noch nicht, und das ganze Zimmer war in das ungewöhnliche Halbdunkel dieser frühen Stunde getaucht. Sie verspürte das eigentümliche Gefühl eines Menschen, der zum ersten Mal in einer fremden Wohnung die Augen aufschlägt. Sie schaltete die kleine Nachttischlampe ein und sah auf die Uhr. Es war kurz nach fünf Uhr, zu früh um aufzustehen, sie würde noch zwei Stunden schlafen können, denn sie brauchte sich nur anzuziehen und zu frühstücken. Die St. Louis sollte an diesem Tag, dem 13. Mai, um acht Uhr abends ablegen, und wenn sie irgendwann am Vormittag an der Mole war, hatte sie mehr als genug Zeit, an Bord zu gehen. Sie versuchte, noch einmal einzuschlafen, machte es sich, so gut es ging, in dem engen Bett bequem, doch der Schlaf wollte nicht kommen.

Sie rief sich den Vortag ins Gedächtnis und kam zu dem Schluss, dass alles gut gelaufen war, ja, besser als erwartet. Frau Fischer war sehr liebenswürdig gewesen, die Unterkunft war bequem und mit allem Notwendigen ausgestattet, und vor allem war sie hier sicher, ohne die Ungewissheiten und Ängste, die die Juden an unbekannten Orten verspürten. Nach dem Essen hatte sie ausgiebig Mittagsschlaf gehalten, sie hatte ein wenig gelesen, sich dann umgezogen und war zum Abendessen hinuntergegangen. Wieder sprachen die Gastgeberinnen ausführlich über die zahlreichen Feiern und Abendessen, zu denen sie in vergangenen Zeiten, als die Fischers noch zur Hamburger Oberschicht gehörten, eingeladen hatten. Die beiden Frauen hatten sich den ganzen Abend über recht redselig gezeigt; offenkundig genossen sie die Gelegenheit, eine neue Gesprächspartnerin zu haben, die ihren Bemerkungen und Anekdoten aufmerksam lauschte, denn für gewöhnlich aßen sie allein, und es vergingen Wochen ohne einen Besuch.

Das Menü war ausgezeichnet. Serviert wurde es auf auserlesenem Geschirr und mit allem, was ein Galadiner ausmacht. Nach dem Dessert nahm man sich Zeit für eine Tasse Kaffee und sogar für ein Gläschen Portwein, um den Gast zu verabschieden. Im gemütlichen Salon, in dem überall Fotos der Vorfahren und der Eltern hingen, musste Rebeca eine Welle von Fragen über ihre Familie, die Vereinigten Staaten und New York über sich ergehen lassen, bis Frau Fischer sie feinfühlig entließ, damit sie sich ausruhen konnte.

Sie war sofort eingeschlafen, doch jetzt konnte sie keinen Schlaf finden; zweifellos war es die Anspannung vor der Abreise. Sie versuchte, ihren Gedanken eine andere Richtung zu geben, um noch etwas schlummern zu können. Sie dachte an José Antonio und an ihr baldiges Wiedersehen und verspürte den Wunsch, ihn an ihrer Seite zu haben und ihn zu umarmen. Obschon der Gedanke daran angenehm war, wollte sie ihn nicht weiter verfolgen. Unwillkürlich kamen ihr die Geschehnisse und Erlebnisse der beiden letzten Jahre in den Sinn: ihre Ankunft in Österreich, die Krankheit ihrer Mutter und die Besetzung durch die Nazis. Sie hatte ungeheuren Schwierigkeiten getrotzt und überlebt; sie wunderte sich selbst darüber, dass sie in der Lage gewesen war, sich all diesen Problemen zu stellen und heil aus allem herauszukommen. Das, was ihr als unmöglich erschienen war, stand jetzt bevor: die Ausreise aus dem Dritten Reich. Allein Elisabeth fehlte ihr. Ihr Tod war ein schwerer Schlag gewesen, obwohl es sie tröstete, dass sie nach Wien zurückgekehrt war, als sie gebraucht wurde, und der Mutter in den schwierigsten Momenten beigestanden hatte. Diese Entscheidung, so sagte sie sich, würde sie nie bereuen.

Wieder öffnete sie die Augen; das schwache Licht der frühen Morgendämmerung erhellte allmählich das Zimmer. Sie mochte nicht weiter wach im Bett liegen, und noch weniger wollte sie sich mit den Gedanken an die jüngste Vergangenheit herumplagen. An Schlaf war nicht mehr zu denken. Sie schob ihre Schlaflosigkeit auf den langen Mittagsschlaf vom Vortag nach der beschwerlichen Bahnfahrt, auf der sie nur hin und wieder kurz eingenickt war. Sie wollte sich ausgeruht auf die Abreise vorbereiten. Vor allem musste sie auf etwas Unvorhergesehenes oder ein im letzten Moment auftretendes Hindernis gefasst sein. Nie wusste man, was den Nazi-Beamten einfallen konnte, und in Wien hatte sie von dramatischen Geschichten gehört, dass einem die Ausreise verweigert wurde, weil ein Dokument oder auch nur eine Unterschrift oder ein Stempel fehlten. Ihr war nicht bekannt, wie das Einschiffen im Einzelnen ablaufen würde, aber mit Sicherheit würde es nicht leicht und auch nicht angenehm sein. Das Auslaufen eines Kreuzfahrtschiffes voller Juden wäre bestimmt kein fröhliches Ereignis.

Angesichts des Morgenlichts entschloss sie sich, nicht länger mit dem Bett zu kämpfen, und sie stand auf, um sich dem vor dem Ausgehen üblichen längeren weiblichen Ritual hinzugeben. Und übrigens war dies ein besonderer Tag. Sie wollte einen möglichst eleganten Eindruck machen und ihre jugendliche Schönheit zur Schau stellen, auch als Waffe, die sie bei eventuell auftretenden Problemen nutzen konnte. Es war nicht das erste Mal, dass sie dieses Mittel einsetzte, und es hatte stets funktioniert. Sie suchte die Kleidung heraus, die sie für diesen Tag gewählt hatte, ihr bestes frühlinghaftes Kleid, einen kleinen Hut und die besterhaltenen Schuhe. In aller Ruhe kleidete sie sich an, kämmte und schminkte sich wie für ganz große Anlässe. Als sie fertig war und sich in dem kleinen Spiegel betrachtete, hatte sie nicht das Gefühl, sich zu gefallen. Das war nicht der Glanz, den sie erwartet hatte. Aber das war schon oft so gewesen, vor allem dann, wenn sie wirklich schön aussehen wollte. Die Unzufriedenheit mit ihrem Äußeren war einer der seltenen Momente, in denen sie ein Zeichen von Schwäche erkennen ließ. Auch wenn sie aus einem wichtigen Anlass das Haus verließ, zog sie sich mehrmals um; sie wollte perfekt aussehen.

Das Frühstück war reichhaltig, wie es sich für eine gute deutsche Mahlzeit gehörte, und diesmal hielten sich die Damen in ihrer Konversation zurück und beschränkten sich auf Erkundigungen über das Kreuzfahrtschiff. Als Rebeca nach der Bezahlung für ihren Aufenthalt fragte, gab Frau Fischer zurück, sie wünsche einzig und allein, dass sie sicher an ihr Ziel gelange. Punkt neun Uhr fuhr ein Auto vor, an dessen Steuer der alte Chauffeur der Familie saß, und Rebeca verabschiedete sich von den Gastgeberinnen.

Die ältere Dame mit der sanften, ruhigen Stimme sagte, sie habe sich gefreut, die Bekanntschaft gemacht zu haben, sie möge bei der Überfahrt gut auf sich aufpassen, und sie wünsche ihr eine baldige Heirat und viele Kinder. Dann küsste sie sie auf beide Wangen und wünschte ihr eine gute Reise.

Frau Fischer begleitete sie bis in den Garten, während das Dienstmädchen die Koffer im Auto verstaute.

»Ich wünsche Ihnen eine glückliche Reise und dass Sie bald wieder bei den Ihren sind.«

»Vielen Dank für alles. Ich hoffe, wir sehen uns eines Tages wieder.«

»Das hoffe ich auch. Wir werden hier sein. Hier in Hamburg werden Sie immer willkommen sein.«

»Ich weiß, und ich werde es nicht vergessen«, gab Rebeca zurück und umarmte ihre Gastgeberin, die diese Geste zwar etwas überraschte, gegen die sie sich aber nicht wehrte.

Sie stieg ins Auto mit dem Gedanken, dass es trotz allem in der Welt gütige Menschen gab. Sie fragte sich, welches Schicksal Frau Fischer und ihre Mutter wohl erwartete.

Als sie am Kai 76 des riesigen Hamburger Hafens anlangte, wartete dort schon eine unübersehbare Menschenschlange. Alle standen ordentlich in einer Reihe und harrten darauf, dass sie aufgerufen wurden, um ihre Reisepapiere vorzuzeigen und an Bord zu gehen. Auffällig waren die vielen Frauen und Kinder. Wie unterschiedlich die Leute doch waren: Da waren teuer und elegant gekleidete Damen, auch ein Paar in festlicher Kleidung, als würden sie in die Wiener Oper gehen. Andere standen da in abgetragenen Sachen, mehrere in bemitleidenswertem Zustand, schlecht angezogen und eines dringenden Bades bedürftig. Doch eins war allen gemeinsam: der ängstliche Gesichtsausdruck. Überall stand Polizei herum, und ein ganzes Kontingent von Männern, die sich wie Agenten der Gestapo benahmen, rief ein ironisches Lächeln auf Rebecas Gesicht hervor. Die aufwendigen Sicherheitsvorkehrungen waren absurd. Die Passagiere würden sich garantiert wohl verhalten. Sie wollten lediglich so rasch wie möglich fort.

Endlich war sie an der Reihe; sie betrat die Wartehalle und wandte sich zum Abfertigungsschalter. Sie fühlte Blicke auf sich gerichtet und dachte, sie würde keinen so schlechten Eindruck machen, wie sie geglaubt hatte. Es enttäuschte sie, dass ihr der sie abfertigende HAPAG-Beamte kein Lächeln schenkte und eilfertig, aber offensichtlich schlecht gelaunt, mit der Kontrolle begann. Die Ausreisekontrolle war streng, und der Beamte prüfte Rebecas Pass bis ins Kleinste. Schlimmer noch war allerdings die Zollkontrolle, bei der die Beamten ihre beiden Koffer leerten und jedes Kleidungsstück peinlich genau untersuchten. Rebeca war darauf vorbereitet, und die Inspektoren ärgerten sich, nichts Verbotenes gefunden zu haben, auch nicht eine einzige Mark mehr als die zehn erlaubten, die jeder Passagier mit sich führen durfte.

Nach der Durchsicht ihrer Habseligkeiten machte sich Rebeca daran, alle Sachen wieder mühevoll in den Koffern zu verstauen. Ein Angestellter befahl ihr, sich zu beeilen. Einen Moment lang war sie nahe daran, ihm zu antworten, dass die Schuld für die Verzögerung nicht bei ihr lag, doch sie behielt es lieber für sich. In diesem Augenblick fielen einem älteren Ehepaar, das gerade am Nachbartisch inspiziert wurde, mehrere Bücher auf den Boden, und ein Gestapo-Beamter begann die betretenen Passagiere zu beschimpfen. Rebeca half ihnen, die Bücher aufzusammeln und reichte sie der Frau, die sich leise bedankte.

»Was sind das für Bücher?« fragte einer der Inspektoren und nahm eins der heruntergefallenen in die Hand.

Nach längerem Schweigen antwortete der Alte:

»Es ist Literatur, einer der besten Romane in deutscher Sprache.«

»Das habe ich nicht gefragt. Sind es verbotene Bücher oder nicht?«

In diesem Moment trat ein anderer Mann, der wohl der Chef der Gruppe und in Zivil gekleidet war, hinzu, nahm dem Inspektor das Buch aus der Hand, schaute kurz darauf und reichte es der Frau zurück.

»Gehen Sie weiter und verschwenden Sie nicht noch mehr Zeit. Wir haben noch viel zu kontrollieren.«

Das Paar packte die Bücher in den Koffer und ging rasch weiter. Auch Rebeca wandte sich dem Einstieg zu, doch der Vorfall beschäftigte sie weiter. Der alte Mann hatte nicht übertrieben: Der Zauberberg gehörte zum Besten der deutschen Literatur, und delikat daran war, dass sein Verfasser tatsächlich auf dem Index stand. Die schlimmste Zeit, die der Bücherverbrennung, lag zwar schon einige Zeit zurück, doch die Verbote bestanden noch immer. Trotzdem hatte der Beamte den Roman nicht konfisziert. Was war geschehen? Sie würde es nie erfahren, möglicherweise bildete der Gestapo-Mann die Ausnahme von der Regel. In Wien war das Gerücht umgegangen, dass Freud dank der Hilfe eines Nazi-Beamten entkommen konnte.

Beim Verlassen der Abfertigungshalle schlug ihr der Geruch des Hafens entgegen; und eine Blaskapelle verabschiedete mit ihrer Musik den Passagierdampfer, wie es bei einem Luxuskreuzer üblich war. Die St. Louis bot einen umwerfenden Anblick. Sie war gigantisch, hatte fünf Stockwerke und mehrere Decks, war weiß gestrichen und hatte gewaltige Schornsteine. Allein die riesige Nazi-Fahne am Heck schockierte sie.

Niemand half ihr mit dem Gepäck. Also versuchte sie, das Gewicht ihrer Koffer zu ignorieren, und begab sich zu der entsprechenden Rampe. Urplötzlich tauchte ein Fotograf vor ihr auf, und ohne sie um Erlaubnis zu bitten, richtete er den Apparat auf sie. Rebeca schenkte ihm ein Lächeln, und da ließ der junge Mann die Kamera sinken, ohne auf den Auslöser zu drücken, und schaute sie an, bis hinter ihr ein ungekämmter, schweißüberströmter Mann herankam, der einen alten Schrankkoffer schleppte und sofort fotografiert wurde. Rebeca zuckte mit den Achseln, und in diesem Moment vernahm sie ein Lied, das ihr vertraut vorkam, und als sie die Melodie erkannte, blieb sie stehen. Die Kapelle intonierte »Wien, du Stadt meiner Träume«, und sofort stieg die Erinnerung an ihre Stadt in ihr auf. Sie setzte ihren Weg fort und wunderte sich über die Zufälle im Leben. Sollte das Lied ein gutes Omen sein? Sie stieg die Gangway nach oben, bis ein baumlanger Seemann auf sie zutrat und ihr mit Leichtigkeit die schweren Koffer abnahm.

»Willkommen auf der St. Louis, mein Fräulein, wir freuen uns, Sie an Bord zu haben.«

So ganz anders war das Auftreten dieses Mannes, dass Rebeca völlig überrascht war und nur ein schüchternes Danke stammeln konnte. Später bedauerte sie, dass sie dem ersten freundlichen Deutschen seit langer Zeit ihren Dank nicht deutlicher zum Ausdruck gebracht hatte.

****

Hermann Schmidt, Kurier bei der Abwehr und Blockleiter der Nazi-Partei auf der St. Louis, begab sich unmittelbar nach dem Einlaufen des Kreuzfahrtschiffs in den Hamburger Hafen an Land. Man hatte ihn zu einer dringenden Besprechung gerufen, aber er kannte den Grund nicht. Er ließ die Kais hinter sich und bedauerte, dass ihm wegen der Besprechung keine Zeit bleiben würde, eines der zahlreichen Bordelle der Stadt aufzusuchen. Seit dem Auslaufen aus eben diesem Hamburger Hafen waren vier Wochen vergangen, und auch während seines letzten Landgangs war ihm aufgrund des Drucks seitens des FBI ein Besuch der Puffs in Lower Manhattan verwehrt gewesen. Während der Reise davor hatte es ihm eine großbusige Farbige vom ersten Moment an, als sie sich im Saal des Etablissement entblößte, angetan. Noch auf seiner Rückreise dachte er an das Mädchen, das der Prostituierten ähnelte, der er in seiner Jugend im Berlin der zwanziger Jahre verfallen war. Susi war Halbjüdin und gehörte zu den Attraktionen im Bordell von Madame Mimi, die allerdings nicht Französin und nie über die Randbezirke der deutschen Hauptstadt hinaus gelangt war. Ungeachtet des hohen Preises verlangte Schmidt stets nach der Farbigen, die ihn voll befriedigte, ohne sich ihm ganz hinzugeben. Mehr als ein Jahr hatte sich bei ihm alles um den wöchentlichen Besuch in diesem Freudenhaus gedreht. Susi war nicht nur unglaublich im Bett, sie konnte ihm auch zuhören, ohne ihn zu unterbrechen, solange er nicht die vereinbarte Zeit überschritt. Und beim Abschied bat sie ihn liebenswürdig, er möge bald wieder einkehren. Eines Tages war sie nicht da, und niemand im Haus wusste etwas oder aber wollte ihm keine Auskunft geben. Er suchte sie in mehreren der bekanntesten Bordelle; alle abzugrasen war ihm unmöglich. Sie blieb spurlos verschwunden. In der Not ließ er sich gelegentlich mit irgendeiner Hure ein, die seinem Wahnbild zu gleichen schien, doch derer gab es wenige. Ja, er fragte mitunter ganz direkt nach jüdischen Mädchen und erntete sarkastische Blicke, und fast immer erhielt er eine Absage.

Mit der Machtergreifung der Nazis gelangte er zu dem Schluss, dass weitere Nachforschungen nicht ratsam seien, weshalb er sich darauf beschränkte, sich in jedem Bordell eine schlanke Dunkelhäutige mit schwarzen Augen und großem Busen zu bestellen. Aber keine gefiel ihm so wie Susi. Später hatte er, dank der St. Louis, die Möglichkeit, seine Sondierungen auf ausländische Hafenstädte auszuweiten, doch er machte sich stets allein auf die Suche, war aber auch darauf bedacht, gemeinsam mit seinen Kameraden auszugehen. Seine Arbeit und seine Pflichten gegenüber der Partei ließen einen Verstoß gegen die Rassengesetze des Dritten Reiches nicht zu. Nur wenige Jüdinnen begegneten ihm in den Freudenhäusern, die er in anderen Ländern aufsuchte, und er hatte kein Glück mit Huren anderer Rassen. Weder die Javanerin in Rotterdam noch die Senegalesin in Le Havre vermochten ihn zufrieden zu stellen.

Als er schon glaubte, niemals wieder den Genuss erfahren zu können, den ihm Susi gebracht hatte, fand er in New York das Ebenbild seines Ideals. Das Mädchen hatte den gleichen geheimnisvollen und verführerischen Blick; und im Bett war sie unübertrefflich. Schmidt, der es nie lange bei einer Prostituierten ausgehalten hatte, suchte sie Abend für Abend auf, hatte Sex mit ihr, biss ihr in die Brustwarzen und nannte sie eine jüdische Hündin. Sie bestritt, Jüdin zu sein, aber er war überzeugt, dass sie eine war, und diese Ahnung versetzte ihn wie nur selten in den letzten Jahren in höchste Erregung.

Er hatte kein Glück mit den Frauen. Er war zwar erst Mitte dreißig, aber durchaus nicht attraktiv. Er war von mittlerer Statur, mit Tendenz zur Fettleibigkeit, blassem Teint und dunkelblondem Haar, das auf bedrohliche Art spärlich wurde. Sein schlechter Charakter und der Mangel an Takt gegenüber anderen Menschen trugen ebenso wenig zu seiner Beliebtheit bei. Trotz der ständigen Vorwürfe seiner Mutter, die ihn dafür tadelte, dass er ihr keinen Enkel schenkte, hatte er nicht geheiratet. Schweigend hörte er sich ihre Vorhaltungen an, bis er ihrer überdrüssig war und sich damit rechtfertigte, dass seine Arbeit und seine Pflichten es ihm nicht erlauben würden, eine Familie zu gründen, und dass sie sich mit den Kindern seiner beiden Schwestern würde abfinden müssen. Doch sowohl er als auch seine Mutter wussten, dass diese Antwort einfach nur vorgetäuscht war. In Wirklichkeit hatte er nie eine Freundin gehabt. Die Frauen hatten ihn stets abgewiesen, und das war der Grund, weshalb er seit dem Eintritt in das Erwachsenenalter seine sexuellen Bedürfnisse in den Berliner Bordellen befriedigte. Diese Gewohnheit hatte er in all den Jahren beibehalten; sie war die einzige Abweichung von einem ansonsten planvollen und eintönigen Leben.

Ende der zwanziger Jahre fand er eine Anstellung bei der Berliner Polizei; dem waren mehrere gescheiterte Bemühungen vorausgegangen, und vom ersten Tag an gefiel ihm die Arbeit. In der Uniform fühlte er sich wichtig; er genoss es, die Ordnung und die Autorität in Person zu sein. Die Weimarer Republik versuchte, sich von der katastrophalen Nachkriegszeit zu erholen, und das größte Ärgernis in seinem Beruf war, dass er bei den die zahlreichen Straßenschlachten zwischen Kommunisten und Sozialdemokraten gegen die Nazis einschreiten musste. Niemals hatte er sich für Politik interessiert, die war für ihn zu kompliziert. Zu den Wahlen ging er unwillig; er konnte sich nur schwer für eine Partei oder einen Kandidaten entscheiden. Als sich Hitler der Reichskanzlei bemächtigte, ließ ihn das anfangs kalt. Das war eben eine Regierung wie jede andere, doch mit der Zeit fand er Gefallen an dem ständigen Ruf nach Disziplin und nach Wiedererlangung der deutschen Glorie, und er fühlte sich angezogen von den aus allen möglichen Anlässen organisierten Paraden und Umzügen. Als er von der Errichtung eines neuen Geheimdienstes erfuhr, beschloss er, sich zu bewerben, und trat in die Nationalsozialistische Arbeiterpartei ein, was seine Anstellung möglicherweise erleichtern würde. Nach einem Jahr langen Wartens durfte er endlich der Abwehr beitreten, wo er zunächst mehrere Vorbereitungskurse absolvierte, um dann Kurier zu werden. Es war nicht eigentlich die Richtung, die er im Sinn gehabt hatte. Er war auf einen Posten mit größerer Verantwortung und höherem Gehalt erpicht gewesen, aber er redete sich ein, dass das ja erst der Anfang in einer Institution war, deren Macht und Einfluss im Dritten Reich zunehmen würde. Und bald empfand er die neue Arbeit auch als befriedigend; er machte die Bekanntschaft höherer Beamter – harter, intelligenter Männer mit großer Lebenserfahrung –, und außerdem hatte er Freude am ständigen Umherreisen, zunächst durch mehrere europäische Länder und jetzt nach fernen Hafenstädten auf der St. Louis. Stets musste er einen glühenden Nazi vortäuschen, aber diese Rolle spielte er mühelos, und mit der Zeit genoss er sie sogar.

Er fragte sich nach dem Grund der dringenden Sitzung, zu der man ihn beordert hatte, ließ die jüngsten Ereignisse Revue passieren, fand aber nichts, was man an seinem Verhalten hätte aussetzen können. Seit er als vorgeblicher Kellner zur Besatzung der St. Louis gehörte, hatte er alle seine geheimen Kuriermissionen problemlos ausgeführt. In seiner Verantwortung als Parteichef genoss er eine gewisse Autonomie und Bewegungsfreiheit, und auch das war Teil der Maskerade.

Das Kellnern missfiel ihm, aber er hatte keine Alternative. Er hatte sich an die Schichtzeiten zu halten und seinen aufreibenden Dienst zu tun, um ja nicht aufzufallen. Eine andere Arbeit wäre ihm lieber gewesen, aber er hatte keine Ausbildung, und so waren die Möglichkeiten begrenzt. Doch seine Verantwortung gegenüber der Partei, die Autorität und die Macht, die dem Posten des Chefs der Nationalsozialisten auf der St. Louis innewohnte, glichen das aus. Viele Offiziere und Besatzungsmitglieder waren keine Nazis, aber zweifellos fürchteten sie ihn, und fast alle leisteten seinen Anweisungen Folge, ohne aufzubegehren.

Monate zuvor hatte er einen großen Erfolg für sich verbuchen können, als der damalige Kapitän des Überseedampfers aufgrund seines Berichts an die Gestapo, in dem er ihn als nicht vertrauenswürdig bezeichnet hatte, abgesetzt und verhaftet wurde. Der Arme, eifersüchtig auf seine Autorität bedacht, hatte lediglich zu verhindern versucht, dass sich über die Parteiorganisation eine parallele Befehlsstruktur aufbaute, aber da er kein Nazi war, geriet er zur leichten Beute für Schmidt, der einen kurzen Bericht über das vermeintliche illoyale Verhalten des Offiziers verfasste. Unschwer gelang es ihm, einige Halbwahrheiten mit Übertreibungen und beleidigenden Bemerkungen zu vermischen. Der Schachzug gelang ihm, und viele empfanden jetzt eine größere Angst vor Schmidt. Jetzt hatte er es mit dem neuen Kapitän zu tun, der vom ersten Tag an klargestellt hatte, dass auf dem Schiff allein er das Sagen hatte. Da entschloss er sich, zunächst nichts zu unternehmen, nichts zu übereilen; zuerst musste er über den anmaßenden Offizier ein Dossier anlegen. Früher oder später würde der einen Fehler machen, der es Schmidt ermöglichte, ihn aus dem Weg zu räumen.

Wie immer fühlte sich Schmidt unbehaglich inmitten so vieler Menschen, die sich ihren Weg ins Stadtzentrum bahnten. Besser, er ignorierte die Menschenmassen und konzentrierte sich auf die bevorstehende Besprechung. Sein Ziel war nicht ein Parteilokal der NSDAP, auch nicht das Gestapo-Hauptquartier, sondern die Amtsgruppe Auslandsnachrichten und Abwehr des Oberkommandos der deutschen Wehrmacht. Die Bezeichnung ABWEHR war ein Euphemismus, ein Erbe der vielen Auflagen, denen das besiegte Deutschland durch den Versailler Vertrag unterworfen war. Es handelte sich um den Nachrichtendienst des Dritten Reichs, den die Nazis zu einem der größten Spionagedienste der Welt umfunktioniert hatten. Aus zahlreichen Kolonien deutscher Auswanderer auf allen Kontinenten, vor allem in den Vereinigten Staaten mit einer zahlenmäßig starken Gemeinschaft deutschen Ursprungs, hatte man Agenten angeworben.

Auf seinen Überfahrten nach New York nahm Schmidt in den Bars oder Cafés von Yorkville, dem deutschen Viertel von Manhattan, Dokumente und Informationen der auf dem nordamerikanischen Territorium infiltrierten Spitzel entgegen, aber auf der letzten Reise war ihm befohlen worden, nicht an Land zu gehen. Das FBI hatte mehrere Spionagenetze der Nazis in den Vereinigten Staaten enttarnt und Dutzende Agenten verhaftet, darunter auch Kuriere anderer deutscher Schiffe.

Als er im Gebäude der Abwehr anlangte, verspürte er Stolz und kam sich wichtig vor. Die Sicherheitskontrollen passierte er mit einer gewissen Überheblichkeit und Selbstgewissheit. Er stieg die Treppe zum Büro seines Vorgesetzten hinauf, und die Sekretärin bedeutete ihm, unverzüglich in das Büro des Chefs einzutreten. Dieser empfing ihn in dem spartanisch eingerichteten Raum mit der gewohnten Kühle und verlangte vom ihm, über den Stand der Dinge auf der St. Louis zu berichten. Schmidt antwortete mit einer hochtrabenden Information über die jüngste Reise, wobei er die seiner Meinung nach positive politische Stimmung auf dem Schiff herausstellte. Der Beamte schenkte seinen Worten keine allzu große Aufmerksamkeit und fragte ihn lediglich nach der Lage in den Vereinigten Staaten. Kurz darauf beendete sein Chef die Unterredung und fügte hinzu, sie würden jetzt auf einer höheren Dienstebene erwartet, nämlich von einem nicht geringeren als dem für den gesamten amerikanischen Kontinent zuständigen Offizier der Abwehr, einer Person, die er nicht kannte und die wegen ihres hohen Dienstgrads weit über den Aufgaben stand, die man gewöhnlich Kurieren übertrug. Die Ankündigung ließ ihn leicht erzittern, und er wähnte jetzt endlich seine Stunde für gekommen; in Anerkennung seiner Bemühungen würde man ihn mit einer wichtigen Mission betrauen, und er würde die Weihen als führender Agent des deutschen Spionagedienstes empfangen.

****

Das Havanna, in das die Familie Fernández Ende 1923 zurückkehrte, war anders als die Stadt, die sie sechs Jahre zuvor hinter sich gelassen hatte. Infolge des wirtschaftlichen Aufschwungs und des Zuckerrohrbooms hatte sich die Innenstadt gewandelt; in rascher Folge waren neue Stadtteile entstanden, und die Einwohnerzahl näherte sich der halben Million. Elektrische Beleuchtung und Straßenbahnen waren an die Stelle der Gaslaternen und der Eselskarren getreten. Neue Straßen wurden gepflastert, auf denen tausende Autos fuhren, vor allem das Modell T von Ford, die »Blechliesel«, die aufgrund ihres Preises die anderen Marken, speziell die europäischen, die bis dahin den Markt beherrscht hatten, ablöste.

Auf dem Gebiet der Erfindungen, des Wandels und der Mode war Kuba weiterhin führend in Lateinamerika. Die Insel gehörte zu den ersten Ländern des Kontinents, in denen das Ehescheidungsrecht eingeführt wurde; dem war der aufsehenerregende Fall der bildschönen Catalina Lasa und der vom Zuckermagnaten Baró, ihrem reichen Geliebten, überall verteilten Geldsummen vorausgegangen. Die Frauen trugen ihre Röcke kurz, bis zum Knie, sie begannen sich zu schminken und trugen Bubikopf. Doch das Wahlrecht blieb ihnen verwehrt, und die Einschränkungen im gesellschaftlichen Leben blieben bestehen. Mädchen aus gutem Hause mussten ihre Hoffnung auf eine gute Partie setzen.

Trotz der schonungslosen Konkurrenz der neu entstehenden Kinos, in denen europäische und nordamerikanische Filme gezeigt wurden, waren die Leute in Havanna doch eher an Live-Aufführungen interessiert, und in acht Theatern hob sich Abend für Abend der Vorhang. Unter anderem im Teatro Nacional, im Payret, im Martí und im Alhambra traten mehrere der weltbesten Künstler auf, so der unvergleichliche Caruso, die Ballettkompanie der Anna Pawlowna, die göttliche Sarah Bernhardt mit ihrem Sarg, Titta Ruffo, der beste Bariton seiner Zeit, die

Tänzerin Pastora Imperio und die berühmten Pianisten Ignaz Paderewski und Artur Rubinstein.

Pelota etablierte sich als Nationalsport, insbesondere durch den Wettkampf zwischen den Roten von Havanna und den Blauen von Almendares, die bereits aus dem vorangegangenen Jahrhundert als Rivalen bekannt waren.

Präsident war Alfredo Zayas, die Kubaner nannten in durchweg El Chino oder El Pesetero, den Raffke. Lange Jahre hatte er für die Präsidentschaft kandidiert, aber mit den Liberalen hatte er keinen Erfolg. Zuerst verlor er 1908 die Nominierung in der Partei gegen José Miguel Gómez und errang nur die Vizepräsidentschaft. Dann zog er zweimal den Kürzeren gegen Menocal, das zweite Mal aufgrund eines riesigen Wahlbetrugs der Konservativen, der so dreist war, dass die Liberalen mit dem als »La Chambelona« bekannten Aufstand protestierten. Sie blieben erfolglos, denn Präsident Wilson bereitete sich auf den Eintritt in den Ersten Weltkrieg vor und wollte Ruhe auf der benachbarten Insel. Schließlich gründete Zayas 1920 in Komplizenschaft mit den Konservativen, seinen einstigen Rivalen, eine neue Partei, die vom Volk wegen ihrer mickrigen Mitgliederzahl »die vier Kater« genannt wurde, und indem er eine politische Pirouette drehte, dass seinen ehemaligen liberalen Glaubensbrüdern der Mund offen stehen blieb, zog er in den Präsidentenpalast ein.

El Chino trieb den Sittenverfall und die Korruption in schwindelnde Höhen. Ab dem Jahr 1922 widmete der Präsident einen großen Teil seiner Zeit dem Reagieren auf die berüchtigte Serie von Memoranden, die ihm der General Enoch H. Crowder, einst nordamerikanischer Wahlprüfer und nunmehr erster Botschafter der Vereinigten Staaten auf der Insel, übersandte und der über zwei Dinge verfügte: über Macht und über die Martini-Rechnungen des Hotels Sevilla.

Als die Fernández in Havanna eintrafen, erholte sich die Wirtschaft gerade von der Nachkriegskrise, die die Kubaner mit dem für sie charakteristischen Humor als die Krise »der mageren Kühe« bezeichneten. Die Familie richtete sich in einem Haus in der Straße San Lázaro ein und gewöhnte sich rasch an das kreolische Leben. Manuel nahm eine Tätigkeit in der Konsularabteilung des Außenministeriums auf, und die Kinder gingen weiter zur Schule. Blanquita besuchte die Normalschule, die beiden jüngeren Schwestern die staatliche Schule, und Tony bereitete sich auf das Abitur vor. Da ein Privatlehrer sehr teuer war, arbeitete Manuel für seinen Sohn einen speziellen Plan für ein Selbststudium aus; das Programm war thematisch weit gefächert und umfasste alle Lernfächer. Vor der Aufnahme im Institut musste er alle Prüfungen bestehen.

Eloísa verwandte all ihre Energie, die sie auszeichnete, auf die Eingewöhnung der Familie und auf das neue Heim. Sie hatte immer von einer Beschäftigung geträumt, am liebsten wäre ihr eine Schneiderei gewesen, für die sie alle ihre Kraft und ihre Fähigkeiten eingesetzt hätte, doch für eine verheiratete Frau mit Kindern war es schwer, außerhalb des Hauses eine Arbeit zu finden, geschweige denn ein Geschäft zu gründen.

Bald gesellte sich mit Rosa ein neues Mitglied zur Familie. Rosa war eine energische, aber gutherzige, beleibte Schwarze, die Tür an Tür mit den Fernández wohnte, als Magd in einer Villa in Miramar diente und ihren Verdienst als Heilerin aufbesserte. Sie besaß ein enzyklopädisches Wissen auf dem Gebiet der Kräuterheilkunde und verkaufte vom Madagaskar-Immergrün zum Auffrischen der Augen bis zur Purgiernuss für Herzensbrecher alle möglichen Mittel gegen körperliche und seelische Schmerzen.

José Antonio musste den größten Teil seiner Zeit dem Lernen widmen, was nur schwer mit seinem unruhigen Geist in Einklang zu bringen war. In Saint John hatte er, nachdem er die englische Sprache erlernt hatte, in jedem Fach stets zu den Besten gehört, ja in der fünften Klasse sogar zu den Besten in der Schule, wenngleich seine Eltern immer vermuteten, dass die Zuneigung und die Sympathie der Lehrerin Mildred zu dem kleinen Kubanerjungen entscheidend zu dessen Erfolgen beitrug. Jetzt, in Havanna, musste er sich mit den Büchern herumschlagen, und sie auf Spanisch zu lesen fiel ihm schwer. Im Großen und Ganzen lernte er rasch, und er las gern in den Schulbüchern für Geschichte, Erdkunde und Biologie – das waren seine Lieblingsfächer. Nur an den Wochenenden war er frei dank der Beharrlichkeit Eloísas, die mit Unterstützung von Onkel Paco diese zweitägige Ruhepause mit Manuel aushandelte und vereinbarte, wobei der der festen Überzeugung war, das Lernen sei der einzige Weg, um dem Jungen die Zukunft zu sichern.

Von Anfang an nannte man ihn nicht José Antonio. Erst riefen ihn die Jungen in der San Lázaro Pepito, was ihm missfiel und weshalb er gegen ihren Widerstand durchsetzte, dass man ihn Tony nannte. Wie in Saint John wurde er von den Jungen des Viertels nicht sofort akzeptiert, und es kam zu mehreren Streitereien; ein Mulatte verpasste ihm eine tüchtige Tracht Prügel und legte sich vom ersten Tag an mit ihm an. Tony versuchte, dem Streit aus dem Weg zu gehen, doch nachdem er es genau bedacht hatte, kam er eines Morgens auf der Promenade La Punta zu dem Schluss, dass ihm keine andere Möglichkeit blieb; nicht so sehr wegen der ständigen Spötteleien des Herausforderers, als vielmehr wegen der abfälligen Blicke der anderen Kinder. Er versuchte den Gegner mit einem anfänglichen Hieb gegen die Brust zu verunsichern, doch der Mulatte reagierte wutentbrannt, und auf Tony ging eine Lawine von Schlägen nieder, bis der schwarze Evaristo, unbestritten der Anführer im Viertel und von gleicher Statur wie der andere Bandit, dazwischen ging und sie trennte.

Zu Hause angekommen, verlangte Eloísa von ihm, als sie ihn so übel zugerichtet und mit zerrissener Kleidung sah, eine Erklärung, aber Tony gab sich einsilbig, ging nicht auf Einzelheiten ein und nannte keine Namen. Als seine Mutter ihn kräftig ausschelten wollte, schnitt Manuel ihr das Wort ab und bat sie, ihn mit seinem Sohn allein zu lassen. Zu José Antonios Überraschung belobigte ihn sein Vater, anstatt ihn zurechtzuweisen oder ihm die Leviten zu lesen, mit einer Peseta, weil er sich wie ein Mann verhalten hatte. So hatte er es von ihm erwartet.

In der Woche darauf provozierte ihn der Mulatte erneut vor der ganzen Gruppe. Und wieder dachte Tony, er würde keine Wahl haben, und ging langsam auf den Gegner zu, überzeugt, jetzt würde er auf der Schlachtbank landen, als Evaristo herbeitrat:

»Lass ihn in Ruhe.«

»Warum mischst du dich ein?« gab der Mulatte zurück.

»Weil es mir Spaß macht«, entschied der schwarze Hüne und stellte sich vor dem Streitsüchtigen auf, der binnen einer Sekunde ganz kleinlaut wurde.

»Schon gut, schon gut, wenn du meinst.«

Von Stund an wurde José Antonio Tony gerufen und von der Straßenclique der San Lázaro, zu der Jungen aller Hautfarben und Abstammungen gehörten, vorbehaltlos akzeptiert. Fortan ging er jeden Samstag und jeden Sonntag gemeinsam mit seinen neuen Freunden in der Stadt auf Entdeckungsreise. Für einen Jungen von zwölf Jahren war Havanna viel schöner und aufregender als die Stadt, von der seine Eltern während der langen kanadischen Winter erzählt hatten.

Der Paseo del Prado beeindruckte ihn mit seinen bronzenen Löwen, den großen Bäumen, dem regen Verkehr und vor allem den Frauen, die dort flanierten. Die wohlgeformten Hüften, die anmutigen Beine und der sinnliche Gang der Habaneras beschleunigten das Erwachen seiner Pubertät und ließen ihn von da an alle weiblichen Wesen, die ihm über den Weg liefen, mit unverhohlener Dreistigkeit betrachten.

An Habana Vieja, der Altstadt, fesselten ihn die engen Straßen und die Plätze, wo man sich traf, um etwas von den Straßenhändlern zu erbeuten und die Polen zu schikanieren, die alles Mögliche verramschten. Während sie an Nachmittagen durch die ältesten Straßen streiften, verhielt José Antonio vor den nun in Mietskasernen umgewandelten ehemaligen Residenzen oft den Schritt, um die aus anderen Breiten stammenden blassen Frauen zu betrachten, die an den Fenstern auf ihre Väter oder Ehemänner warteten, und er phantasierte sich die persönlichen Geschichten der Frauen zusammen, wenn sich ihre Blicke kreuzten.

Den größten Eindruck machte auf Tony der Lärm der Stadt im Unterschied zu dem stillen und beschaulichen Saint John. Es war eine brodelnde Mischung von Hupen, Rufen und Musik, gewürzt mit den unaufhörlichen lauten Stimmen der Kubaner. In den ersten Wochen konnte er nicht genug bekommen von den Verkäufern, die mit immer wiederkehrenden Sprüchen und kreolischen Späßen ihre Waren anpriesen. Es begann frühmorgens mit den Kohlenhändlern, dann kamen die Milchmänner, die Verkäufer von Erdnüssen und Maispasteten und viele andere mehr, die sich den lieben langen Tag die Kehle aus dem Halse schrieen. Aus den zahllosen Bars und Restaurants drang Musik nach draußen, und allenthalben spielte jemand auf der Gitarre.

Eine andere Überraschung waren die Gerüche. In der Straße atmete man den von den Bodegas und Gasthöfen verbreiteten Duft des Tabaks, des gerösteten Kaffees, der tropischen Früchte, der Tamales mit knusprigen Schweineschwarten, von Schweinebraten, Fritten, Gebäck und Süßigkeiten.

Die Abstecher ins Barrio Chino, ins Chinesenviertel, glichen einer Reise in die Welt rätselhafter Wunder, wo geheimnisvolle Personen eine fieberhafte Aktivität an den Tag legten und die unterschiedlichsten leiblichen Genüsse offerierten. Am ersten Sonntag im April, dem Totenfesttag, bestaunten José Antonio und seine Freunde die traditionelle Prozession der Chinesen, die sich in einer endlosen Schlange von mit Blumen, Weihrauch und köstlichen Speisen beladenen Maultierkarren zu ihrem Friedhof begab.

Er nahm an den Papierdrachen-Wettbewerben in der Avenida del Puerto teil, spielte Pelota vor dem Castillo de la Punta und badete dort, wo der Malecón auf die Belascoaín-Straße stieß.

Den Höhepunkt erreichte seine Begeisterung für Havanna beim Karneval. Die comparsas, Gruppen von Tänzern und Musikern, waren zwar seit der blutigen Schlacht zwischen den Anhängern der Alacranes aus dem Stadtviertel Jesús María und denen der Gavilanes von San Lázaro im Jahr 1912 immer noch verboten, aber trotz dieses Schönheitsfehlers war er gebannt von dem Spektakel und der Ausgelassenheit der Menschenmenge. Viele verkleideten sich, und alle Welt beteiligte sich auf diese oder jene Weise an den Umzügen und Feiern. Er spazierte durch das Stadtzentrum, warf mit Papierschlangen, und vor allem hatte er Augen für die Mädchen, die ihre besten Kleider zur Schau stellten, was das männliche Publikum mit anzüglichen Bemerkungen kommentierte. Tony und seine Freunde lauschten diesen Schmeicheleien mit Bewunderung und versuchten, sich die häufigsten zu merken, um sie zu gegebener Zeit selbst zu gebrauchen. Doch ihre Bemühungen scheiterten kläglich, denn immer wenn sie eine Gelegenheit gefunden zu haben meinten, klang es nicht echt genug, und sie verstummten schließlich.

Sie streiften durch die Straßen von Colón, dem berüchtigten und völlig anders gearteten Rotlichtviertel; vielleicht ergab es sich, dass eine Tür oder ein Fenster halb geöffnet war und sie die Prostituierten halbnackt sehen konnten. Eines Nachmittags hintertrug man es Eloísa, und es brachte ihm Schelte und dazu eine Strafe ein, doch nicht das Gebot, die Straßen, in denen die Sünde zu Hause war, forthin zu meiden.

Mary Pickford war weiterhin in seinen Fantasien gegenwärtig, doch bekam die goldgelockte Schauspielerin mit Jacinta, einer zutraulichen Mulattin mit einer umwerfenden Figur, eine Konkurrentin. Jacinta wohnte im selben Häuserblock, und ab und zu kam sie zu den Fernández, um etwas Zucker, Salz oder Öl zu erbitten, und dann unterhielt sie sich mit Eloísa, bis schließlich Manuel nach Hause kam und seine Mutter angesichts der möglichen Gefahren das Gespräch abbrach und die Besucherin in aller Eile verabschiedete. Sie ahnte nicht, welche Enttäuschung sie damit ihrem Sohn bereitete.

Das Havanna der zwanziger Jahre kämpfte noch immer damit, die provinziellen spanischen Traditionen hinter sich zu lassen. Für die Kubaner waren die Beziehungen zum anderen Geschlecht nach wie vor kompliziert. In der Praxis gab es nur zwei Möglichkeiten: entweder eine feste Verbindung in aller Förmlichkeit und mit dem ganzen damit verbundenen Zeremoniell, oder man suchte die Bordelle auf, die an Zahl weiter zunahmen und nunmehr von kubanischen Zuhältern kontrolliert wurden, die in den vergangenen zehn Jahren die Franzosen aus dem einträglichen Geschäft verdrängt hatten.

Tony und seine Freunde waren zu jung für den käuflichen Sex. Im ersten Jahr als Gymnasiast war es José Antonio lediglich vergönnt, den Geschichten der Jungen aus dem Viertel oder der Schule über angebliche Bordellbesuche zu lauschen. Für ihn war solch ein Abenteuer noch ein unerreichbares Ziel. Er besaß kein Geld, wusste nicht, wie man es anstellte, und fürchtete, wegen seines jugendlichen Alters abgewiesen zu werden. Angesichts dessen und gedrängt vom zunehmenden Aufbegehren seiner Hormone versuchte er, sich dem anderen Geschlecht auf anderen Wegen zu nähern.

An den Wochenenden verbrachte er die Nachmittage mit seinen Freunden aus dem Viertel auf der Suche nach Kontakt mit Mädchen, die in kleinen Grüppchen über den Paseo del Prado spazierten, natürlich nur am Tage und unter der Aufsicht einer oder zweier Anstandsdamen. Doch die Ergebnisse ihrer Bemühungen sahen schlecht aus; nie gelang ihm eine Unterhaltung, und nur bei wenigen Gelegenheiten wurden viel versprechende Blicke gewechselt, aber dabei blieb es auch. Den einzigen Erfolg konnte Tony an einem Sommernachmittag auf dem Malecón verbuchen, als er eine Madonna, eine temperamentvolle Mulattin, die zwei Querstraßen weiter wohnte, auf die Wange küssen durfte. Nach diesem überwältigenden Erfolg sah er sie nie wieder. Als er nach ihr suchte, sagte man ihm, man habe dem Mädchen verboten, aus dem Haus zu gehen. José Antonio sollte nie erfahren, ob es wegen des Kusses war.

5. KAPITEL

Rebeca war auf der St. Louis angenehm überrascht. Alles, was sie sah, nachdem sie das Kreuzfahrtschiff betreten hatte, beeindruckte sie: die weichen Teppichfußböden, leuchtende Kristallkandelaber, riesige Spiegel, blankpoliertes Holz, elegante Möbel. Und noch dazu die auffallende Zuvorkommenheit, mit der die Besatzungsmitglieder alle Passagiere behandelten, obwohl es Juden waren.

Nachdem sie sich in der Kabine eingerichtet hatte, ging sie hinaus an Deck und auf die Schiffsbalkone, wo sich ganze Familien in gespannter Erwartung eingefunden hatten. Dagegen war die Mole menschenleer, niemand verabschiedete die Passagiere, etwas Ungewöhnliches bei der Ausfahrt eines voll belegten gigantischen Luxuskreuzers. Das Orchester spielte noch immer fröhliche Melodien, die so gar nicht zu den Gesichtern und der Stille der Reisenden passen wollten.

Mittags speiste sie im Ess-Salon; mit ihrem stets guten Appetit ließ sie sich mehrere Gänge schmecken. Lediglich der Anblick des Führers störte sie, dessen übergroßes Porträt an einer Wand des Salons hing und alles zu dominieren schien.

Ein freundlich lächelnder Kellner wollte ihr unbedingt noch ein Dessert servieren, aber sie war satt, und die deutschen Süßigkeiten reichten ihr nicht an die Wiener Leckereien heran.

»Vielen Dank, ich möchte lieber einen Kaffee.«

»Sie können gern zu einem Nachmittagsimbiss wiederkommen.«

»Danke, nachmittags esse ich nie.«

»Wie Sie mögen; ich bin für diese Tische zuständig und stets zu Ihren Diensten. Sollten Sie einen Wunsch haben, brauchen Sie sich nur an mich zu wenden, und Sie werden bedient.« Die Antwort war von einem Lächeln begleitet.

»Danke.«

Als der junge Mann mit dem Kaffee zurückkam, musterte sie ihn etwas näher. Er sah gut aus, hatte sein Haar wie Valentino gekämmt, aber sonst sah er dem Schauspieler nicht ähnlich. Der Italiener war ihre erste Liebe gewesen. Sie erlag erst spät dem

Kult um den ersten Superstar des internationalen Films, der auf dem Höhepunkt seiner Karriere gestorben war. Sie war noch ein Kind, als sie »Der Sohn des Scheichs« sah, seinen letzten Film. Von jenem Tag an war sie dem Galan mit dem durchdringenden Blick und dem akkuraten Haarschnitt verfallen, dessen Attraktivität einen prägenden Einfluss auf die Heranwachsende ausübte.

Kein anderer Schauspieler beeindruckte sie so sehr wie Valentino, und seither träumte sie von Latino-Liebhabern, die exotisch und romantisch zugleich waren. Ihre ersten sexuellen Gefühle waren auf dieses männliche Ideal gerichtet, und dabei waren es von Anfang an nicht der etwas dunklere Teint und der maskuline Körper, sondern es verlangte sie auch danach, dass dieses Paradigma eines Mannes ihr mit stürmischer Leidenschaft und einer beinahe mittelalterlichen Ritterlichkeit begegnete. Ihrer Mutter hatte sie diese Vorliebe nie gestanden, und als sie sie ihren Klassenkameradinnen am Gymnasium andeutete, beschränkten sich alle darauf, einen tiefen Seufzer von sich zu geben, außer Ingrid, die ihr vom weiteren Träumen abriet; solche Männer würde es nicht geben, wenigstens nicht in Wien. Doch damit gab Rebeca ihre Hoffnung nicht auf; sie war sich sicher, früher oder später würde sie dem Mann ihrer Sehnsüchte begegnen.

Nach dem Kaffee begab sie sich wieder an Deck, das jetzt voller Menschen war. Sie kannte niemanden; und schon immer hatte sie Probleme gehabt, ein Gespräch mit fremden Menschen zu beginnen. Ihr war einsam und unbehaglich zumute, und so ging sie in ihre Kabine zurück, um in aller Ruhe und Zurückgezogenheit auf das Auslaufen des Kreuzfahrtschiffes zu warten.

Die Kabine war klein, aber mit allem Notwendigen ausgestattet und blitzblank. Noch als sie sich umschaute, öffnete sich auf einmal die Tür, und ihre Reisegefährtin, ein Mädchen aus Breslau, deren Eltern und jüngerer Bruder eine andere Kabine bezogen hatten, stürzte herein. Gretel war ein extrovertiertes, geschwätziges Mädchen mittlerer Statur, Haare und Augen kastanienbraun, schlanke Figur, Bubikopf, knielanger Rock – die ganze Erscheinung ähnelte den Flappers der zwanziger Jahre. Sie stellte sich vor und erzählte sofort freimütig ihre Geschichte, als würde sie Rebeca schon ihr Leben lang kennen.

Ihre Vorfahren hatten über mehrere Generationen hinweg in Schlesien gelebt, und ihr Vater war Literaturprofessor an der Universität Breslau gewesen, ehe er entlassen wurde, weil er Jude war. Aus dem gleichen Grund durfte sich Gretel, die das Gymnasium mit guten Noten abgeschlossen hatte, nicht an der Universität einschreiben, und sie hatte auch keine Anstellung gefunden.

Seit der Machtergreifung der Nazis hatten die Goldsteins gerätselt, ob es nicht vernünftiger sei, das Land zu verlassen. Der Professor wollte nicht, er hing an seinem Lehramt, und trotz allem, was geschehen war, hielt er Deutschland für das Land mit der höchsten Kultur und Bildung in Europa. Die Maßnahmen der Nazis würden lediglich von einer Gruppe von Fanatikern unterstützt; die Mehrheit der Deutschen würden nicht lange den Patriotismus und die großen Leistungen ihrer jüdischen Mitbürger ignorieren können. Deshalb war er sicher, dass die neue Welle des Antisemitismus von Hitler gewaltsam verordnet worden war und eher früher als später abebben würde, und dann würde alles wieder seinen normalen Gang gehen.

Gretels Mutter war vom Gegenteil überzeugt; bei der Judenverfolgung handele es sich nicht nur um einen weiteren Progrom, diesmal sei es anders, und sie ließ nicht von dem Gedanken ab, fortzugehen und irgendwo fern von Deutschland ein neues Leben zu beginnen.

Nach der Kristallnacht war für den Professor die Diskussion darüber beendet, und die Goldsteins bereiteten sich auf die Ausreise vor. Damals begriffen sie, dass das ein schwieriges Unterfangen sein würde, und ihnen wurde klar, dass es schon zu spät war. Alles schlug fehl, bis sich die Möglichkeit der St. Louis bot. Zu einem Bruchteil des realen Wertes verkauften sie den gesamten Familienbesitz, und unter Schwierigkeiten gelang es ihnen, die vier Tickets und die Einreisevisa nach Kuba zu erstehen, stets bangend, sie könnten die letzte Möglichkeit zur Flucht verpassen.

Rebeca war noch mit der Geschichte der Goldsteins beschäftigt, als das machtvolle Dröhnen der Schiffssirene ertönte. Beide verstummten, und in weniger als einer Minute durchfuhr sie ein unglaublich bewegendes Gefühl.

»Es ist wahr! Wir fahren«, sagte Gretel mit Tränen in den Augen. »Ich muss zu meinen Eltern. Entschuldige bitte, ich muss sie sehen.«

»Ja, geh zu ihnen«, gab Rebeca zurück.

Sie schaute auf die Uhr, es war Punkt acht Uhr abends.

****

Die Mittagshitze lastete schwer auf dem Präsidenten der Republik Kuba. Er schwitzte trotz des Ventilators und obwohl er sich in Hemdsärmeln befand. Er wies einen Mitarbeiter an, das Fenster zu öffnen, doch statt der frischen Meeresbrise drang eine Lichtflut in das geräumige Büro. In den Sommermonaten waren die Stunden nach dem Mittagessen im Präsidentenpalast, dem großartigen Bauwerk in der Avenida de las Misiones, kaum auszuhalten. Er war um seine gewohnte Siesta gebracht worden, was seine Übellaunigkeit noch verstärkte. Jetzt bereute er, dass er die Besprechung mit Sánchez für diese Uhrzeit angesetzt hatte. Außerdem würde der sicher kommen, um ihn um einen Gefallen zu bitten. So war es immer. Seit er nach dem Unabhängigkeitskrieg den Posten des Präsidenten des Provinzialgerichts von Santa Clara übernommen hatte, wollten ausnahmslos alle alten Bekannten, die ihn um eine Unterredung ersuchten, etwas von ihm; niemals boten sie ihm ihre ehrliche Hilfe an, ja sie interessierten sich eigentlich gar nicht für ihn. Sie traten in das Büro mit breitem Lachen, umarmten ihn oder begrüßten ihn mit übertriebener Vertrautheit, erkundigten sich nach seiner lieben Gattin, und dann gaben sie ihrer Überraschung darüber Ausdruck, wie gut sich der Präsident gehalten hatte. Einige hatten gar den Mut, ihn zu fragen, ob er irgendein Mittel einnehme oder ob er frisch verliebt sei und deshalb so chic und elegant aussehe. Solche Unterstellung machte ihn wütend, und er vermied es zu antworten.

Vorher, als er für anderes verantwortlich und nicht solchem Stress ausgesetzt gewesen war, fand er Vergnügen daran, insgeheim abzuschätzen, wie viel Zeit vergehen würde, bis sie ihn um den Gefallen baten. Doch jetzt, als Präsident, hatte er keine Zeit und noch weniger Geduld, um sich die für die kreolische Politik typischen langen Vorreden anzuhören, weshalb er sich im Besprechungen kurz fasste, um sie rasch hinter sich zu bringen.

Aber ausweichen konnte er ihnen nicht, und er durfte den Bekannten, die ihn sprechen wollten, auch nicht die Tür versperren.

Sánchez war ein Freund; in alten Zeiten hatten sie zusammengearbeitet. Sein Einfluss reichte in mehrere Bereiche der Politik hinein, und bald würde Laredo Brú jedwede mögliche Hilfe gebrauchen können. Bei den nächsten Wahlen wollte er zum Präsidenten gewählt werden und damit seine politische Laufbahn krönen, die vier Jahrzehnte zuvor begonnen hatte, nachdem er seinen Dienst in der Befreiungsarmee quittiert hatte. Nur so würde er sein Vermächtnis legitimieren und nicht mehr nur zufällig ein Präsident sein, der nach dem Willen Batistas an die Macht gelangt war.

Der bevorstehende Wahlkampf würde schwer werden, wenngleich aufgrund der Widerprüchlichkeiten der kubanischen Politik das Hauptproblem nicht die politischen Gegner waren. Er war sich sicher, sie problemlos schlagen zu können. Der Wichtigste war der Führer der Authentischen Partei, Dr. Grau, den man zweifellos als Rivalen ernst nehmen musste, doch der konnte nicht auf das Wohlwollen der Amerikaner zählen, und ein solches Hindernis ließ sich nur schwer überwinden.

Die größte Hürde, die bei der Wahl zum Präsidenten zu nehmen war, stellten nicht die Widersacher in den anderen Parteien dar. Batista war sein Pate, wie man in Kuba sagte, und dank dessen Intervention war er zur Präsidentschaft gelangt, als der Mulatte Batista im Verlauf einer phänomenalen politischen Auseinandersetzung Miguel Mariano Gómez niedermachte. Der Armeechef hatte die eigentliche Macht auf der Insel inne; er unterhielt gute Beziehungen zu den Amerikanern, aber drohte mit seiner Kandidatur für den höchsten Posten der Republik.

Laredo Brú fragte sich ein ums andere Mal, wie es möglich war, dass einer wie er, ein Rechtsanwalt, der als Oberst im Unabhängigkeitskrieg gekämpft hatte, ein Mann mit ausgezeichneten Voraussetzungen für Regierungsaufgaben aufgrund seiner umfangreichen Erfahrungen in verschiedenen Rechtsberufen und Regierungsämtern, einem Manne unterstellt war, der die Sprache nicht beherrschte und nicht einmal die Primarschule absolviert hatte. Ein Opportunist, der es, ohne einen Schuss abzufeuern, zum Oberst gebracht hatte. Ein Mann, aus unehelicher

Beziehung hervorgegangen, der überhaupt keine Geburtsurkunde vorweisen konnte und der, wie einige Leute behaupteten, einem Richter fünfzehntausend Pesos bezahlt haben soll, damit dieser einen Namen in das Standesamtsregister eintragen möge. Eine Person, die überdies noch ein Mulatte war.

Die Unterordnung unter Batista kränkte ihn unablässig. Es gab Momente, da bereute er seine Antwort an jenem Weihnachtstag, als er als Vizepräsident dem Drängen des Armeechefs, den Posten von Miguel Mariano zu übernehmen, nachgegeben hatte. An jenem Tag gelangte er ins Präsidentenamt, aber man sah ihn stets als einen Mann Batistas an. Seither war Laredo Brú davon besessen, öffentlich seine Unabhängigkeit zu demonstrieren. Jetzt war die Gelegenheit, den großen politischen Sieg zu erringen: die Wahl der Verfassunggebenden Versammlung, die eine neue Magna Charta ausarbeiten würde, die seit dem Sturz Machados anhängig war. Da würde er seine Qualitäten als Staatsmann mit Sicherheit herausstellen können, und die mangelhafte Bildung des einstigen Sergeanten würde offenkundig werden.

Er träumte von einer neuen, einer modernen und liberalen Verfassung, die dem noch ungenutzten enormen Potenzial des Landes gerecht werden und Kuba an den Platz stellen sollte, der dem Land als Avantgarde Lateinamerikas gebührte.

In diesem Moment unterbrach ein Mitarbeiter seine Gedankengänge und teilte ihm mit, dass Sánchez eingetroffen sei. Ungeachtet der Hitze zog er sich den DRIL-CIEN-Sakko über, legte die schwarze Schärpe um, die ihm an jenem Nachmittag als Krawatte diente, hieß den Besucher eintreten und konnte ein Lächeln nicht verbergen, als er seinen Freund mit ausgebreiteten Armen und den Worten auf ihn zukommen sah:

»Federico, mein Lieber, hast dich mit deinen fünfundsechzig verdammt gut gehalten.«

»Vierundsechzig. Gerade geworden«, gab Laredo Brú etwas schroff zurück, ohne das klassische Lächeln zu zeigen, das den kreolischen Kaziken zum Beginn einer politischen Verhandlung eigen ist.

»Womit habe ich die Ehre?«

»Die Ehre ist auf meiner Seite, Präsident, ganz auf meiner.«

Der Repräsentant des Staates hörte sich geduldig die üblichen Begrüßungsformeln und die lange Tirade gegen den Generaldirektor für Einwanderung an. Allmählich wehte eine leichte Brise durch das Fenster herein, und sein Blick fiel auf ein Kreuzfahrtschiff, das in die Bucht einlief, während sich Sánchez über die respektlose Reaktion von Benítez beschwerte und mit dem für die Kubaner typischen Ungestüm darlegte, warum man es dem selbstgefälligen Beamten zeigen sollte.

»Was schlägst du vor?« fragte Laredo Brú kurz angebunden.

»Ich denke, Benítez stellt deine Autorität infrage, und du müsstest ihn von diesem Posten abziehen. Außerdem hat er sich mit dem Verkauf von Einreisegenehmigungen viel Geld erschlichen, und das gibt ihm zu viel Macht. Er ist eine Bedrohung für dich und deine politische Karriere, vor allem bei den nächsten Präsidentschaftswahlen, wo jemand mit so viel Einfluss großen Schaden anrichten kann. Kurz, Federico, wir, die wir an dich glauben und daran, dass Kuba dich auch künftig als Präsidenten braucht, wir dürfen dieses Risiko nicht zulassen.«

Laredo Brú musste seinem Freund innerlich recht geben. Mit zuviel Unabhängigkeit war der Chef der Einwanderungsbehörde unberechenbar. Die Bestechungs- und Schmiergelder, die in seine Tasche wanderten, überstiegen alle tolerierbaren Grenzen, und die Beschwerden häuften sich, wenngleich einige aus purem Neid geäußert wurden. Aber die größte Gefahr hatte sein Freund noch nicht genannt: Benítez war einer von Batistas Männern und hatte sich eigentlich noch nie unterordnen können. Er meinte, vielleicht zu nachgiebig gewesen zu sein, dass die Haltung des Obersten ein schlechtes Vorzeichen war und seine Kandidatur gefährden könnte.

Einen Augenblick lang erwog er, ihn abzusetzen. Doch dann gelangte er zu dem Schluss, dass es eine extreme Maßnahme wäre, dem Direktor der Einwanderungsbehörde den Laufpass zu geben. Außerdem wäre es aus politischer Sicht heikel, da gerade die Vorbereitungen auf die Verfassunggebende Versammlung begonnen hatten. Zweifellos war Benítez' Verhalten nicht hinnehmbar, und in der komplizierten Balance seiner Regierung durfte er eine solch offene Herausforderung nicht dulden. Auch konnte er nicht vergessen, dass der Oberst, als er ihn um eine Spende für seine politische Kampagne gebeten hatte, so unverfroren gewesen war, auf die Bitte überhaupt nicht zu reagieren.

Der Präsident erinnerte sich an die Beschwerden über die Genehmigungen zum Anlandgehen, die der Chef der Einwanderungsbehörde eigenmächtig unterschrieben hatte und die er dann an Einwanderer und Flüchtlinge, speziell an deutsche Juden, verkauft hatte. Sánchez redete ununterbrochen, und verärgert über dessen Litanei, schaute er wieder aus dem Fenster, wo sich ihm eine imposante Aussicht bot, und dann auf den Berg von Dokumenten, die er noch durchsehen musste. Obenauf lag die jüngste Ausgabe des Diario de La Marina. In einer hervorgehobenen Schlagzeige wurde ein Stopp der jüdischen Invasion gefordert.

Die beiden Themen verschmolzen im Präsidentenhirn zu einem einzigen Problem. Eine Verschärfung der Migrationspolitik wäre ein harter Schlag für Benítez. Die Maßnahme würde auf die Zustimmung der Rechten stoßen, die in den letzten Wochen lautstark gegen die Ankunft der ungebetenen Vertriebenen aus Europa protestiert hatten. Auch könnte er mit der Unterstützung einiger linker Kreise rechnen. Vor allem die Gewerkschaften würden es gewiss gutheißen, wenn man die Einwanderung neuer Arbeitskräfte in einer Zeit beschränkte, da die Arbeitslosigkeit noch immer ein ernstes Problem darstellte. Man könnte die Entscheidung auch in der Presse veröffentlichen, um so die Entschlossenheit der Regierung zu demonstrieren, die Verteidigung der Souveränität des Landes zu stärken. Vor allem wäre es eine Initiative, die von ihm, dem Präsidenten der Republik, ausginge, und kein Diktat Batistas. Während Sánchez weiter redete, wog er kurz das Pro und Kontra ab, erinnerte sich, dass bereits mehrere Mitglieder der Regierung eine Begrenzung der Einwanderung vorgeschlagen hatten, und auch, dass das Thema in einer Kabinettssitzung, praktisch ohne Opposition, eine Rolle gespielt hatte.

Und die Amerikaner? Wie würden sie reagieren?, fragte sich Laredo Brú. Seine Regierung hatte unterschiedliche, ja widersprüchliche Signale von der Roosevelt-Administration hinsichtlich der massiven Aufnahme von Juden, die vor den Nazis geflohen waren, erhalten. Anfangs sandte sie verhaltene, aber deutliche Botschaften; man befürwortete, dass Kuba die Flüchtlinge aufnahm, aber dann änderte sich das, und man äußerte seine Besorgnis über die zunehmende Zahl von Neuankömmlingen auf der Insel, deren letztendliches Ziel das nordamerikanische Territorium war. Ihm war auch bekannt, dass der einstige Vertraute der Kubaner und jetzige stellvertretende Außenminister Sumner Welles Ende letzten Jahres den jüdischen Organisationen geraten hatte, nicht so viele Flüchtlinge nach Kuba zu schicken.

Der Regent schnitt seinem Freund das Wort ab.

»Keine Sorge, Sánchez, Benítez' Anmaßung wird nicht ungestraft bleiben. Ich verspreche dir, er wird die Antwort bekommen, die er verdient hat.«

****

José Antonio wusste nicht, wie er Rebeca empfangen sollte. Er kannte ihre Absichten nicht und wollte sie lieber nicht enttäuschen. Die unerwartete Ankunft des Mädchens verwirrte ihn, und alle Alternativen weckten in ihm mehr Zweifel als Lösungen. Solche Gefühle mochte er nicht. Von Kind auf hatte man ihm eingetrichtert, Männer müssten in der Lage sein, ihre eigenen Probleme zu lösen, dafür seien sie Männer. Er mochte seine Zweifel und Intimitäten auch nicht anderen mitteilen, aber das Wiedersehen mit Rebeca war etwas so Bedeutendes, dass er mit einem Vertrauten reden musste, einem, der ihm raten konnte. Der ideale Gesprächspartner war Manuel, der Rebeca außerdem kannte, aber noch in New York lebte. Er ging die Liste seiner Freunde durch, keiner von ihnen wusste um die Existenz der Österreicherin, wodurch er sich zu einer längeren Einführung mit Erklärungen und Motivationen bemüßigt fühlen würde, die sich schwer schildern ließen. Überdies hatten diese Freunde nicht die nötige Erfahrung, um ihm in einem solchen Fall mit einem Rat zur Seite stehen zu können. Wie immer blieb als Einziger Paco übrig.

Es war noch früh, und die Sonne brannte noch nicht so erbarmungslos, so dass er sich entschloss, zu Fuß bis zum Büro seines Onkels im Hafen zu laufen. Während er die San Lázaro hinunter ging, erinnerte er sich, wie er zum Institut gewandert war. Er ging am Denkmal für die Medizinstudenten vorüber und überquerte die Avenida del Malecón in Richtung Castillo de la Punta. Genussvoll atmete er die Meeresluft ein, die den Morgen noch erfrischte, und beinahe wäre er über eine Frau gestolpert, die mit einem Baby im Arm auf dem Gehsteig der Avenida del

Puerto hockte. Sie war jung, trug zerschlissene Kleidung, und ihr Blick ging ins Leere. Als er sie ansah, streckte sie wortlos ihre Hand aus. Tony tat, als sehe er sie nicht und beschleunigte seinen Schritt. Ich hätte ihr etwas geben müssen, sagte er sich.

Er ging weiter die Bucht entlang, bis er an der Festung, dem Castillo de la Fuerza, anlangte, betrachtete einen Moment lang die Figur der Giraldilla und erinnerte sich an die Legende von Isabel de Bobadilla, der einzigen Frau, die auf der Insel regiert hatte. Ein Lehrer am Gymnasium hatte seine Schüler motivieren wollen und gab zum Unterrichtsschluss stets Geschichten wie diese zum Besten. Er erzählte von den Erfolgen des Hernando de Soto bei der Eroberung Nicaraguas und später Perus. Dieser heiratete in Spanien die schöne Isabel, und der König ernannte ihn zum Lohn für seine Dienste zum Gouverneur von Kuba. Er hatte alles, was sich ein Mann wünschen konnte, aber er gab sich damit nicht zufrieden. Es war die Zeit großer Entdeckungen und Möglichkeiten. Der Durst nach Abenteuern und Ruhm war größer. Er brach auf, um Florida zu erobern, wo es große Reichtümer geben sollte, und ließ seine Frau als Gouverneurin auf der Insel zurück.

De Soto eroberte nichts und fand auch nicht die Schätze, die er suchte, doch ohne es beabsichtigt zu haben, entdeckte er den Mississippi und fand während der Expedition den Tod. Der Legende nach suchte Isabel Tag für Tag von der Festungsmauer aus den Horizont ab, wartend auf die Rückkehr ihres Geliebten. Und so wurde sie zum Modell für die Statue der Giraldilla. Die Legende wurde Teil der Geschichte Havannas, und der Lehrer zog damit alle Schüler im Klassenzimmer in seinen Bann, die Mädchen konnten sogar einige Tränen nicht verbergen. Aber der Pole Isidoro, der eigentlich Türke war, unterbrach den Lehrer und warf ein, die einzige Gouverneurin, die auf Kuba regierte, sei jüdischer Herkunft gewesen, und der Unterricht endete in großem Tumult.

Tony entschloss sich, eine schattige Straße zu suchen, und überquerte die Avenida del Puerto und auch die ehemalige Plaza de Armas, jetzt die Plaza Carlos Manuel de Céspedes, mit ihren von Kolonialbauten umstandenen hohen Bäumen und Gärten. Er fragte sich, wie viel Geld wohl noch fehlte, um endlich die schon lange angekündigte Statue des Patrioten zu errichten.

Die Calle Oficios empfing ihn jäh mit lautem Geschrei, Hupen und Losverkäufern, die die Zahlen verkündeten, mit denen man den nächsten Jackpot mit Sicherheit gewinnen würde. An der Plaza de San Francisco angelangt, wandte er sich zur Lonja del Comercio, dem herrlichen fünfstöckigen Gebäude mit seiner Renaissance-Fassade und der Terrakotta-Kuppel, die ein geflügelter Merkur krönte, der jedes Mal, wenn ein Hurrikan durch Havanna peitschte, auf und davon flog. Die Lonja war ein Mehrzweckkomplex mit Geschäften, einer Handelsbank und Büros, in denen unter anderen das nordamerikanische Unternehmen seinen Sitz hatte, in dem sein Onkel arbeitete. Tony wartete nicht auf den Lift, sondern stieg über die elegante Treppe hoch in die vierte Etage. Er traf Paco schon auf dem Flur, und nach der Umarmung bat dieser ihn, einen Augenblick in seinem Büro auf ihn zu warten. José Antonio trat ein; am Fenster hatte er einen schönen Ausblick auf den Hafen, auch auf das Zollgebäude, wo Rebeca ankommen würde. In diesem Moment lief ein Segelschiff aus der Bucht aus, das dem Schiff glich, auf dem er einmal mit seinem Vater nach Florida übergesetzt war. Das war im ersten Sommer nach seiner Rückkehr aus Kanada gewesen. Manuel hatte man mit einer zeitlich befristeten Mission in Tampa betraut, und da die Überfahrt nicht viel kostete, hatte er José Antonio mitgenommen. Zunächst waren sie mit dem Schiff bis Cayo Hueso gesegelt, und dann ging es weiter mit der Eisenbahn bis Miami, wo sie in einen anderen Zug umstiegen, der sie nach Tampa brachte.

Die Reise hatte auf Tony einen starken Eindruck gemacht. Zum ersten Mal genoss er es, auf eine ganz besondere, völlig andere Art und Weise mit seinem Vater zusammen zu sein. Dieser behandelte ihn sofort wie einen Erwachsenen, als sei er ein Arbeitskollege, ein Freund. Die ganze Zeit über zeigte er sich außergewöhnlich gesprächig, erzählte er Anekdoten aus seiner Jugendzeit und aus dem Krieg im Busch. Die meisten Geschichten kannte José Antonio schon, aber er tat so, als höre er sie zum ersten Mal, und er freute sich über die Aufmerksamkeit, die ihm von seinem Vater zuteil wurde, über die Gesellschaft mit ihm.

Während er auf seinen Onkel wartete, sah er sich ein wenig im Büro um. Auf dem Schreibtisch standen zwei Fotos, das größere von beiden zeigte einen Jungen mit sehr ernstem Gesichtsausdruck und traurigem Blick: Pacos Sohn. Das andere war auf dem Malecón aufgenommen worden, wo die drei und Tony zusammen mit seinem damals noch kleinen, lächelnden Cousin posierten. Tony erinnerte sich noch genau an jenen Tag, als sein Onkel sie in den Vergnügungspark nahe der Casa de Beneficiencia, dem Obdachlosenasyl, ausführte. Es war, als sie sich von Francisquito verabschiedeten, der mit seiner Mutter nach Baltimore ging.

Auf einmal erinnerte sich José Antonio, dass er ja noch mit Alicias Vater sprechen wollte. Der Gedanke daran, dass er um ihre Hand anzuhalten beabsichtigte, war in den beiden letzten Tagen völlig verflogen. Es passierte ihm nicht zu ersten Mal. Wenn ein wichtiges Ereignis heranrückte, stellte sich plötzlich und unerwartet ein anderes ein, das das erste in den Hintergrund treten ließ oder die Situation völlig veränderte. Heute kam alles auf einmal. Er fragte sich, ob er an dem Plan, sich mit der Blondine zu verloben, festhalten müsste, denn nunmehr zweifelte er, dass ein solcher Schritt ratsam wäre. Da betrat Paco das Büro.

»Tut mir leid, dass du warten musstest, aber morgen kommt eine wichtige Lieferung, und ich musste mich noch um die letzten Formalitäten kümmern. Wie geht's?«

»Gut, Onkel Paco. Ich wollte nur deinen Rat in einer Sache.«

»Hast du dich endlich entschieden, ich meine, mit Alicia?«

»Nein, das heißt, ja. Aber das ist es nicht, worüber ich mit dir sprechen wollte.«

Paco sah ihn argwöhnisch an.

»Eloísa hat mir gesagt, dass die Polin bald nach Havanna kommt. Geht es darum?«

»Ja, darum. Aber sie ist nicht Polin, sondern Österreicherin.«

»Ja, ich weiß, aber das ist doch mehr oder weniger dasselbe. Und wann kommt sie?«

»In der ersten Juniwoche«, gab José Antonio zurück.

»Und was wirst du tun?«

»Na ja, zunächst mal werde ich sie empfangen, dann will ich sehen, wie ich ihr helfen kann, und ich werde mir anhören, welche Pläne sie hat. Es ist immerhin zwei Jahre her, dass wir uns in New York verabschiedet haben.«

»Und du, was hast du vor?«

»Die Wahrheit ist, ich habe keinen Plan. Das Telegramm, mit dem sie mir ihre Ankunft mitgeteilt hat, hat mich überrascht. Ich hatte nicht gehofft, sie wiederzusehen. Hat mich richtig umgehauen.«

»Aber was willst du? Wenn ich mich recht entsinne, hat es dich bei der Polin wie bei keiner anderen gepackt.«

»Onkel Paco, ich hab dir gesagt, sie ist Österreicherin. Ja, ich hatte mich in sie verknallt.«

»Also, was ist das Problem. Demnach scheint mir, dass du noch immer an dem Mädchen hängst, und wenn sie jetzt zu dir zurückkommt, sehe ich keinen Konflikt.«

»Das Problem ist, dass ich nicht weiß, weshalb sie in Wirklichkeit kommt. Über ein Jahr habe ich nichts von ihr gehört, und im Telegramm heißt es lediglich, dass sie kommt, nichts weiter. Und außerdem habe ich gerade etwas mit Alicia.«

»Das ist nicht schlimm. Du bist nicht der erste, der sich zwischen zwei Frauen entscheiden muss. Jeder hat das schon erlebt. Ich schon mehrmals. Alles hängt von dir und deinem Geschick ab. Das Wichtigste zuerst. Wenn die Polin dir ein Telegramm geschickt hat, dann, weil sie dich sehen will. Das ist erst einmal klar. Hat dein Vater sie in New York kennen gelernt?«

»Ja, wir waren ein paar Mal zusammen, und Rebeca hat ihm gefallen, obwohl es für ihn natürlich nur ein New Yorker Abenteuer war, eine kurze Affäre.«

»Und Eloísa, was sagt sie?«

»Nichts, nichts sagt sie. Sie ist in die Kirche gegangen, die Iglesia de la Merced, und hat für die Jungfrau Maria eine Kerze angezündet, aber sie hat mir nicht gesagt, wofür. Eigentlich war meine Mutter nie begeistert über meine Beziehung zu Rebeca; sie hatte Angst, Rebeca würde mich von Kuba wegholen, und ich wäre dann nicht mehr für sie da.«

»Hat deine Mutter dir das gesagt?«

»Nein, Rosa, meine Mutter hat ihr gegenüber mal eine Bemerkung gemacht, als aus Wien keine Briefe mehr kamen. Und jetzt, seit sie von Rebecas Ankunft weiß, ist sie wie geistesabwesend. Allerdings sagte mir die Schwarze, als sie das erfuhr, sie würde für ihre Heiligen eine Opfergabe vorbereiten, damit Rebeca keine Probleme bei der Überfahrt hat und alle Türen für sie offen stehen, wenn sie hier ankommt.«

»Nun gut, Rosas Heilige sind nie am Ende. Das Problem ist nicht die Überfahrt des Mädchens. Ich freue mich, dass sie es geschafft hat, Europa zu verlassen. Was mir Sorgen bereitet, ist die feindliche Atmosphäre, die man hier gegen die Leute erzeugt hat. So etwas habe ich in Kuba noch nie erlebt. Letztens habe ich im Rundfunk eine Erklärung von Grau gehört, in der er sich gegen die Einreise weiterer Juden ausgesprochen hat. Der Professor war ziemlich hart, und das, wenn man den Authentischen unterstellt, sie seien fortschrittlich«, gab der Onkel zu bedenken und zündete sich eine Chesterfield an.

»Ja, die Atmosphäre ist aufgeheizt, und jeden Tag steht in den Zeitungen etwas gegen die Einreise von noch mehr Juden«, stimmte Tony zu.

»Ich weiß wirklich nicht, was los ist. Es stimmt natürlich, dass die Zeiten hart sind und dass es nicht leicht fällt, eine Arbeit zu finden, aber das war schon immer so. Ausgenommen in der Zeit der fetten Kühe, an die ich mich schon nicht mehr erinnere, ist es hier nie leicht gewesen, aber Einwanderern standen die Türen immer offen. Selbst als die Spanier nach dem Krieg in Massen kamen, hat niemand protestiert. Außerdem sind die Juden gebildete Leute, und da ist immer Geld mit im Spiel. Die haben noch nie Probleme gemacht. Ich vertrage mich gut mit den Polen in der Calle Muralla. Mein Schneider ist auch einer von denen, ungemein sympathisch, hat ganz schnell Spanisch gelernt. Und? Ist deine Polin hübsch?«

»Ja, ist sie.«

»Hör zu, Tony, als erstes solltest du dem Mädchen ein Telegramm schicken und ihr bestätigen, dass du ihre Nachricht erhalten hast und dass du auf sie wartest. Und wenn sie da ist, wirst du schon sehen, was sie vorhat. Natürlich darf Alicia nichts davon erfahren. Du hast ihr doch noch nichts von der Polin erzählt, oder? Das wäre ein Fehler gewesen.«

»Nein, natürlich nicht.«

»Kann ich sonst noch was für dich tun?«

»Ja, ich muss wissen, an welchem Tag das Schiff einläuft, es ist die St. Louis von der Hamburg-Amerika-Linie.«

»Kein Problem, ich kümmere mich darum.«

6. KAPITEL

Am ersten Abend der Überfahrt der St. Louis zog es Rebeca vor, nichts zu essen. Die Anspannung am Tag und die Schiffsbewegung hatten sie ermüdet, und sie fühlte sich nicht wohl, also legte sie sich früh schlafen. Das Bett in der kleinen Kabine war nicht allzu geräumig und beinahe auf ihre Größe abgestimmt, aber das Kissen war weich und bequem. Als sie gerade einschlafen wollte, kam Gretel und knipste das Licht an, ohne zu bemerken, dass Rebeca bereits im Bett war, doch als sie das sah, entschuldigte sie sich und schaltete rasch das Licht aus.

»Macht nichts. Wenn du Licht brauchst, kannst du es wieder einschalten. Hast du deine Eltern gesehen?« fragte Rebeca.

»Meine Eltern sind zufrieden. Endlich konnten wir raus aus Deutschland. Na ja, richtig zufrieden ist eigentlich nur meine Mutter, mein Vater ist ein bisschen traurig. Er wollte nicht gehen und hat sich auf die Ausreise nur eingelassen, weil wir darauf bestanden haben«, erwiderte Gretel.

»Was haben sie für Pläne?«

»Wir werden in Havanna auf die Visa für Nordamerika warten. Wir haben zwar noch keine Nummer auf der Einreiseliste, aber früher oder später werden wir schon an die Reihe kommen. Wir wollen erstmal nach New York und von dort aus sehen, ob wir irgendwo eine Arbeit finden. Wir haben kein Geld und kennen auch niemanden in Havanna, aber ich glaube, es ist nicht so schwer, in einem tropischen Land zu leben, vor allem ohne Nazis.«

Rebeca wollte den Optimismus des Mädchens nicht dämpfen. Sie wusste, dass die Einreise in die Vereinigten Staaten alles andere als einfach sein würde, erst in New York und dann in Wien hörte sie von Familien, die jahrelang auf der Warteliste für ein USA-Visum standen. Aber auf keinen Fall wollte sie in diesem Moment Gretels Freude trüben. Außerdem hatte sie Recht: am wichtigsten war, dass sie Deutschland hinter sich lassen konnten, und die Goldsteins hatten es geschafft.

»Und du, wohin gehst du?« fragte Gretel.

Frau Fischer hatte das Gleiche gefragt, aber sie wich einer eindeutigen Antwort aus. Wer weiß, ob sie in Havanna bleiben würde. Möglicherweise gehörte sie zu den wenigen Passagieren auf der St. Louis, die keine Probleme mit der Einreise in die Vereinigten Staaten haben würden. Jeder Geflüchtete würde an ihrer Stelle sofort weiterreisen. Aber da war José Antonio.

»Ich werde ein paar Tage in Havanna bleiben. Danach will ich nach New York, zu meinem Vater«, erwiderte Rebeca.

»Ist dein Vater US-Bürger?«

»Ja.«

»Dann hast du ja keine Probleme, kannst ganz schnell in die Staaten einreisen.«

»Ja, meine Einreise ist bereits genehmigt. Ich habe zwei Jahre lang in New York gelebt.«

»Und bist nach Deutschland zurückgekehrt?« fragte Gretel erstaunt.

»Ich bin nach Österreich zurück. Meine Mutter war erkrankt, und ich musste mich um sie kümmern.«

»Ah ja, das musstest du schon. Bist du verheiratet?«

»Nein.«

»Hast du einen Freund? Stört es dich wirklich nicht, wenn ich das Licht anschalte?«

An Schlafen war wohl nicht mehr zu denken; Gretel wollte die Abreise offenbar mit einem Gespräch feiern. Rebeca nahm sich vor, die Situation positiv zu sehen, also setzte sie sich in der Koje auf, bereit, auf die Frage des Mädchens zu antworten. Beiläufig dachte sie daran, ihr von José Antonio und dem wahrscheinlichen Treffen zu erzählen, aber sie kannte Gretel nicht, sie mochte ihr persönliches Leben nicht vor Fremden ausbreiten, und überdies war sie sich nicht sicher, wie es mit Tony werden würde.

»Nein, ich habe keinen Freund, und ja, du kannst das Licht anmachen. Und du, hast du einen Freund in Breslau zurückgelassen?«

»Ja, das weiß aber niemand, manchmal denke ich, er weiß es selbst nicht.« Gretel lachte halb unschuldig, halb scherzhaft, was Rebeca neugierig machte.

»Wie das?«

»Na ja, eigentlich bin ich eher in ihn verliebt, als dass wir befreundet sind. Johann ist ein Klassenkamerad vom Gymnasium. Wir sind ein paarmal ausgegangen, aber es ist nichts Ernstes. Er will auch weg von Deutschland. Warum hast du keinen Freund? Kommt selten vor, dass so ein hübsches Mädchen wie du keinen hat.«

****

Pepe Hakim konnte nicht genug staunen über die Kampagne der kubanischen Presse gegen die Juden. Niemand, auch nicht die ältesten Einwohner, konnte sich erinnern, etwas Derartiges auf der Insel erlebt zu haben, und das Schlimmste war, dass die Angriffe kurz nach seiner Wahl in den Vorstand des Gemeinsamen Ausschusses zur Bekämpfung des Antisemitismus in Kuba begannen. Seine Großmutter, die die Sterne deutete und die Zukunft voraussagte, dort in Kirklareli, im fernen Ostthrakien, hätte gesagt, das sei Pepes Schicksal, und niemand könne es ändern. Isaac, der ihn am meisten gedrängt hatte, zum ersten Mal in seinem Leben eine gesellschaftliche Verpflichtung einzugehen, erklärte lächelnd, das alles sei ein glücklicher Umstand, während seine Frau ihn ein ums andere Mal gewarnt hatte, er hätte da nichts zu suchen.

Anfangs versuchte er, Sara zu erläutern, dass er die Ernennung nicht erstrebt habe und es nicht richtig sei, sie in einem so schwierigen Augenblick abzulehnen, da die Juden in Mitteleuropa von einer neuen Verfolgungswelle heimgesucht würden. Die Hakims hatten es in Kuba zu etwas gebracht, und Pepe meinte, dass es an der Zeit sei, denen, die jetzt schwere Zeiten durchmachten, etwas zurückzugeben.

Aber seine Frau hatte kein Verständnis dafür und schimpfte, er würde sich in Probleme einmischen, die ihn nichts angingen, während sie in der Familie selbst noch genug zu klären hätten. Saras Problem waren nicht seine Auffassungen, sondern wie er sie vertrat. Sie war unausstehlich, stets sah sie ein Unheil voraus, und am Ende hörte sie nicht auf, die ganze Menschheit zu verunglimpfen. Wenn sie sich stritten, dachte er immer daran, was ihm seine Mutter geantwortet hatte, als er ihr sagte, er wolle Sara heiraten.

»Sie ist bitter wie eine Limone und zu stark für dich. Diese Frau passt nicht zu dir.«

Hakim ärgerte sich und suchte Beistand bei seinem Vater, aber der alte David verharrte in Schweigen und äußerte sich nicht. Später half er Pepe auf dessen Drängen hin, die Schwierigkeit zu überwinden, dass Saras Familie angesichts der spärlichen Mittel, über die der Bewerber verfügte, in die Heirat einwilligte. Diesmal schwieg seine Mutter. Nie wieder sprach sie das Thema an.

Trotz der Armut und des schwierigen Charakters seiner Frau war Pepe in den ersten Jahren ihrer Ehe glücklich. Er hatte sich nie erklären können, warum Sara ihn als Ehemann akzeptiert hatte. Für sie bedeutete der Wechsel in eine andere Familie ein Abstieg im sozialen Gefüge der türkischen Sepharden. Sie war ein attraktives Mädchen mit dunklem Teint, strammem Körper und, zur Überraschung des noch unerfahrenen Ehemanns, leidenschaftlich in der Intimsphäre. Zweifellos fühlte sich Hakim in jenen Jahren wohl, und er glaubte, seiner Frau würde es ebenso gehen, aber jetzt zweifelte er daran, dass sie glücklich war.

Damals erlernte Pepe die Kunst des Handels, indem er im kleinen Stoffgeschäft der Familie in Istanbul aushalf. Die Lage im Land verschlechterte sich aber mit den Balkankriegen, und zum ersten Mal seit über vierhundert Jahren, als die Sepharden ins Osmanische Reich gelangten, wurde das Dekret erlassen, dass die Juden in der türkischen Armee zu dienen hatten.

Damals setzte eine neue Migrationswelle ein; verschiedene seiner Freunde wanderten nach den Vereinigten Staaten oder nach Argentinien aus, wo man, wie es hieß, leicht reich werden konnte. Viele aus der sephardischen Gemeinschaft wollten fort, und einige waren besessen davon.

Seine Frau stillte noch den kleinen David, den sie in sephardischer Tradition so nach dem Großvater väterlicherseits genannt hatten, als Hakim eines Abends unvermittelt verkündete:

»Sara, wir müssen gehen.«

»Warum?«

»Hier haben unsere Kinder keine Zukunft. Ich möchte nicht, dass sie am Ende unseres Lebens so dastehen wie wir heute.«

»Wohin können wir gehen?«

»Irgendwohin jenseits des Ozeans, je weiter weg desto besser.«

Zu Pepes Überraschung hatte seine Frau keine Einwände und sprach auch nicht von den Gefahren und Widrigkeiten der langen Reise; sie schwieg einfach. Einen Monat zuvor war ein Brief vom Cousin Anton eingetroffen, der schon vor mehreren Jahren fortgegangen war und von einer wunderschönen Karibikinsel schrieb, wo man leicht zu Geld kommen konnte, einer Insel, auf der das ganze Jahr über Sommer war und die von den freundlichsten Menschen der Welt bewohnt war, denen die Religion oder die Herkunft eines Neuankömmlings egal waren. Einmal mehr half ihm sein Vater. Der Alte tat etwas, was er immer von der Hand gewiesen hatte: Er bot das Geschäft als Garantie für ein Darlehen, das ihm ein Wucherer gewährte, damit er drei Billets für die Überfahrt nach Santiago de Cuba kaufen konnte.

Die ersten Jahre in der neuen Welt waren sehr hart. Den immerwährenden Sommer gab es, insofern stimmte die Propaganda, aber niemand hatte erläutert, dass es sich um einen Sommer in den Tropen handeln würde, mit einer unerträglichen Hitze und Feuchtigkeit, so dass man sich unentwegt nach der angenehmen Brise des Bosporus sehnte. Die Hitzewelle, die Santiago de Cuba in den ersten Wochen heimsuchte, war so groß, dass Sara davon sprach, zurückzugehen, aber Hakim wollte nicht einmal die Möglichkeit in Betracht ziehen.

José war fest entschlossen, um jeden Preis seinen Weg zu machen und arbeitete in allen möglichen Berufen: er begann als Straßenverkäufer in kleinen Orten im Osten, später als Reinigungskraft in einem Laden in Banes und als Milchmann in Camagüey. Er siedelte nach Havanna über und arbeitete als Angestellter in einem Geschäft eines anderen Sepharden. Er sparte jeden Centavo, und während der Zeit des Wirtschaftswunders Anfang der zwanziger Jahre konnte er sein eigenes Stoffgeschäft in de Calle Muralla eröffnen. So kehrte er zum alten Gewerbe der Familie zurück. Mit viel Geduld und 16 Stunden dauernden Arbeitstagen schaffte er es, dass sein Geschäft die Krise der mageren Kühe überstand.

Abgesehen von der Hitze ging die Anpassung an das Leben im neuen Land gut voran; der freundliche, aufgeschlossene Charakter der Kubaner war echt, und in dem Umfeld, in dem José sich bewegte, fühlte er sich nie diskriminiert. Bald nannte er sich Pepe, aber man rief ihn auch »Türke«, »Maure«, ja sogar

»Araber«. Als er aufzuklären versuchte, dass er Jude sei, lachten die Kubaner bloß, und nach kurzer Zeit nannten sie ihn wieder, wie sie wollten. Die Sprache war kein Problem wegen der großen Ähnlichkeit des Ladino mit dem Spanischen.

In den zwanziger Jahren erweiterte Pepe sein Geschäftsprofil um die eigene Herstellung einiger Produkte in seinem Angebot. Im Wohnzimmer seines Quartier in Habana Vieja nahm er die Fertigung von Krawatten auf einer alten Nähmaschine auf, und dann tat er sich mit Isaac zusammen, der gerade aus den Vereinigten Staaten gekommen war, und sie bauten ein altes Haus in der Calle San José zu einer Textilwerkstatt um, wo fünf jüngst angelandete Polen Arbeit fanden.

Isaac war das genaue Gegenteil von Pepe. Er war Aschkenasi und stammte aus einem kleinen Dorf in Weißrussland; in seiner Jugendzeit hatte er sozialistische Ideen vertreten und nie die Synagoge aufgesucht. Noch immer sprach er nicht davon, dass sein Vater als Mitglied der Hramada, des Weißrussischen Sozialistischen Bundes, nach Sibirien deportiert worden war. Drei lange Jahre hatte er in den zaristischen Gefängnissen zugebracht. Dank der Revolution von 1905 wurde der alte Abramowitsch befreit, und später, als Nikolaus II Potemkin vergessen hatte, entschloss er sich, mit seiner Familie nach New York zu emigrieren.

Isaac wuchs in der Lower East Side zum Mann heran. Er war Boxer, Hafenarbeiter und Gewerkschaftsaktivist, bis man ihm Anfang der zwanziger androhte, ihn als Roten aus den Vereinigten Staaten auszuweisen. Angesichts dieser Warnung suchte er nach neuen Möglichkeiten und heuerte auf einem Frachter an, der in der Karibik unterwegs war. So gelangte er nach Kuba, und das war wie eine Liebe auf den ersten Blick. Er blieb auf der Insel, heiratete eine Kubanerin und wurde Geschäftsmann.

Trotz der Unterschiede zwischen den beiden und trotz des Argwohns, den Sara gegen den Polen hegte, schmiedeten Hakim und Isaac eine enge, lebenslange Freundschaft. Die Werkstatt und der Laden überlebten die Krise der Machado-Diktatur, und als die Regierung Grau verordnete, dass in allen in ausländischer Hand befindlichen Unternehmen fünfzig Prozent der Belegschaft Kubaner zu sein hatten, sahen sie eine Chance im System der Untervergabe von Aufträgen, und entgegen mehrfachem Rat bauten sie die Werkstatt aus und boten kubanischen Arbeitern eine Beschäftigung an.

Die letzten Jahre verliefen gut; für Pepe ausgenommen in der Ehe, in der seine Frau die ganze Zeit klagte und ihn wegen aller möglichen Dinge beschimpfte, und zu allem Überdruss verweigerte seine einst so glühende Gattin jetzt den Sex mit dem Argument, sie seien zu alt für solchen Unsinn. Sara, obwohl an Gewicht zugenommen, hatte ihre ansehnliche Figur bewahrt, die in Pepe immer noch die Leidenschaft aufblitzen ließ. Pepe war nach wie vor stark wie eine Eiche, doch angesichts der Unnachgiebigkeit seiner Frau zog er es vor, gelegentlich eine Luxusprostituierte aufzusuchen, die ein eigenes Appartement nahe der Avenida de Carlos III hatte und deren Körper und Aussehen ihn an die junge Sara erinnerte.

Als er endlich die Stabilität erreichte, die er immer erstrebt hatte, begannen die Probleme mit den Kindern. Als erster weigerte sich David, Hakim im Familiengeschäft nachzufolgen; nicht einen Millimeter wich er von seinem Wunsch ab, Medizin zu studieren. Die Diskussionen zogen sich über ein ganzes Jahr hin, bis Pepe begriff, dass er an der Entscheidung seines Erstgeborenen nichts würde ändern können, und so gab er einer Einschreibung an der Universität widerwillig seine Zustimmung.

Dann tröstete er sich mit dem Gedanken, dass sein jüngerer Sohn die Familientradition im Laden und in der Werkstatt fort setzen würde, obwohl ihm das Vergeistigte an Samuelito störte, der, solange er zurückdenken konnte, am Klavier saß. Aber er sah keine Alternative und bemühte sich, ihn als seinen Nachfolger zu unterweisen. Anfangs äußerte sich der Junge nicht zu seiner Ernennung und ließ sich in aller Stille auf die Einführung in die Labyrinthe des Geschäftlichen ein, aber als mit der kürzlichen Heirat seiner Tochter und dem erfolgreichen Abschluss des ersten Jahres von Davids Medizinstudium alles seine geordneten Wege zu gehen schien, brach eine neue Krise aus. Am Morgen nach dem großen Festmahl aus Anlass des Pessachfestes verkündete der neue Erbe, er würde das Familiengeschäft nicht weiterführen. Er habe sich für eine Laufbahn als Pianist entschieden und wolle sein Musikstudium abschließen. Zur Überraschung seiner Eltern fügte Sammy hinzu, man habe ihn in ein Orchester für kubanische Musik aufgenommen, und er habe einen Son komponiert, der bald während einer Matinée an der Playa von Marianao uraufgeführt würde.

Das Gefühl einer Niederlage machte Pepe fassungslos. Obendrein musste er nach Santiago de Cuba reisen. Antón war einem Infarkt erlegen, und er musste dorthin, um der Familie seines Cousins in dieser so schweren Zeit beizustehen. Damals schlug Isaac ihm vor, in der Leitung des Komitees mitzuarbeiten.

Zu Anfang gedachte Pepe das Anliegen abzulehnen. Er brauchte keine Verantwortung, in der er sich nur mit Kompromissen und Problemen herumschlagen müsste, noch weniger jetzt, da niemand da war, der ihn im Geschäft ersetzen und die wirtschaftliche Sicherheit garantieren könnte, von der er sein ganzes Leben geträumt hatte und die der Grund für die Reise über das Mittelmeer und den Atlantik gewesen war. Aber er erinnerte sich an seinen Vater und seinen Großvater; beide hatten immer wieder betont, dass es eine Pflicht sei, denen zu helfen, die Hilfe benötigen. In der Türkei waren die Hakims stets mit gutem Beispiel vorangegangen, und so kam er trotz Saras Widerstand zu dem Schluss, nicht anders handeln zu können. Seine Frau bekam einen Wutanfall, als sie erfuhr, dass er das Amt angenommen hatte. Sie hielt es für Ungehorsam und für einen Fehler und warf ihm vor, mit den Aschkenasen gemeinsame Sache zu machen. Pepe versuchte ihr zu erklären, dass das auch Isaacs Hauptargument gewesen sei, nach dessen Überzeugung ein Sepharde einen wertvollen Beitrag zur Herbeiführung eines Konsenses in einer so verschiedenartigen Gemeinschaft leisten könnte. Es war das erste Mal, dass man neunzehn Gruppen von Juden in einer gemeinsamen Anstrengung vereinen konnte. Aber Sara hörte nicht. Nie hatte sie auf ihn gehört.

****

Als José Antonio auf die Plaza de San Francisco hinaustrat, war die Mittagshitze zu drückend, so dass er sich entschied, die Straßenbahn nach Hause zu nehmen. Die Räder des Straßenbahnwagens knirschten in den Schienen, und er ließ noch einmal das Gespräch mit Paco Revue passieren. Zwar war ihm der Grund für Rebecas Reise noch immer nicht klar, aber er fühlte sich ruhiger, vielleicht war das die seelische Läuterung. Es war nicht das erste Mal, dass er seinen Onkel aufsuchte. Manuel war oft abwesend, und Paco war stets für ihn da, wenn er ihn brauchte.

Paco, zehn Jahre jünger als Tonys Vater, wuchs mit der Nachsicht auf, die gewöhnlich dem Kleinsten in jeder Familie entgegengebracht wird. Er schaffte es nicht auf die Universität, lernte Buchführung in Philadelphia, und nach seiner Rückkehr schlug er nicht die Laufbahn eines Geschäftsmanns ein, sondern zog es vor, in einer nordamerikanischen Importfirma zu arbeiten, in der er sich, ohne sich groß zu verausgaben, Stück um Stück nach oben arbeitete. Er führte ein Leben ohne Luxus, aber ein bequemes und sicheres Leben, und er genoss es, so gut er konnte. Für die Fernández war er ein Versager und vom Leben und den sozialen Aktivitäten der Familie ausgeschlossen, es sei denn, ein Kontakt war unumgänglich. Politik hatte ihn nie interessiert; er sagte, er habe viel Demagogie und Opportunismus mit angesehen, und alle Politiker würden am Ende zu Banditen. Er teilte Manuels Frustration über die Situation des Landes, aber er ging anders damit um. Als guter kreolischer Schalk konnte er jeder Krise oder jedem Vorkommnis eine humorvolle Seite abgewinnen. Er bewunderte die Vereinigten Staaten und glaubte, alle Übel in Kuba könne man lösen, wenn man das nordamerikanische Modell übernähme.

Francisco war der einzige Verwandte, der zu Manuel Kontakt hatte, der wegen seiner Heirat vom Fernández-Clan exkommuniziert blieb. Außerdem behandelte er Eloísa mit Achtung und Zuvorkommenheit, und für José Antonio und seine Schwestern war er stets der liebevolle, lebenslustige Onkel, der ihnen gefallen wollte.

In seiner Jugend war er ein ansehnlicher Bursche gewesen; hochgewachsen, mit hellbraunen Augen und Haaren und einer Eleganz, die zuweilen im Widerspruch zu seinem Einkommen stand. Doch jetzt war Paco dick und kahlköpfig. Hartnäckig rauchte er die Chesterfield-Zigaretten, und er galt als großer Schürzenjäger, ein Kubaner vom echten Schlag, der es als seine Pflicht ansah, sich in jedes vorübergehende menschliche Wesen, das einen Rock trug, egal welcher Hautfarbe und mit welchen weiblichen Attributen ausgestattet, zu verlieben. Unaufhörlich machte er Komplimente, raspelte er Süßholz, ging er sofort zum Angriff über, wenn sich ihm eine Gelegenheit bot. Frühzeitig heiratete er eine Schönheit aus der hauptstädtischen Gesellschaft; er hatte einen Sohn, Paquito, aber seine Frau wurde seiner ständigen Untreue überdrüssig und verließ ihn. Kurze Zeit darauf heiratete sie wieder und ging mit einem nordamerikanischen Geschäftsmann, den sie über Paco kennengelernt hatte, nach Baltimore. Den Jungen nahm sie mit und löste unter den Fernández den schlimmsten Skandal seit Manuels Heirat aus.

So fühlte sich der kreolische Don Juan im Stich gelassen: der einzige Grund für die Abneigung des Onkels gegenüber den Vereinigten Staaten. Paco war eine Zeit lang deprimiert, was das Mitleid der jüngst aus Saint John zurückgekehrten Truppe von Manuel erregte, die, Eloísa und Blanquita zufolge, den Onkel vor dem Abgrund bewahrte. Andere schrieben das Verdienst eher der Beziehung zwischen Paco und Loli zu, einem Revuegirl der Alhambra, das eigentlich Leovigilda hieß und dem er über ein Jahr lang nachgestiegen war. Aus irgendwelchen Fügungen des Schicksals hatte sie damals den Avancen des Onkels nachgegeben.

Tony war sich über die Folgen der Trennung nicht im Klaren, und der Beginn der Romanze seiner Tante mit dem Yankee war zu Hause ein Tabuthema; nur nebenbei wurde erwähnt, dass sein Cousin ja so fern war. Das einzige Mal, dass Manuel über den Vorfall sprach, war auf einer Reise nach Tampa, als er ihm fest in die Augen sah und mit allergrößtem Ernst sagte:

»Hör mal, mein Sohn, man ist für alles im Leben voll verantwortlich, auch für die Vergnügungen und für die Affären mit anderen Frauen.« Er machte eine Pause, nahm einen tiefen Zug aus seiner Zigarre und fuhr fort: »Lass dir das eine Lehre sein; gib gegenüber einer Frau, noch weniger deiner eigenen Frau, niemals zu, dass da noch eine andere Frau ist. Selbst wenn sie dich nackt im Bett erwischen, nimm es nicht hin. Denk dir etwas aus.«

An jenem Nachmittag begriff José Antonio nicht, was sein Vater damit sagen wollte, aber die Worte gruben sich in sein Hirn ein, und mit der Zeit fand er seine eigene Interpretation der Empfehlungen Manuels.

Die Rückkehr der Familie seines Bruders nach Havanna war zweifellos ein Ansporn für Paco, der es plötzlich mit vier Neffen und Nichten zu tun hatte, zu deren Lieblingsonkel er wurde. An mehreren Wochenenden besuchte er mit Tony und dessen

Schwestern den Zirkus oder den Vergnügungspark. Am schönsten aber war es, wenn Manuel, Paco und José Antonio zum Almendares-Park zogen, um die Rojos del Habana anzufeuern. Dieser Ausflug war stets mit einer Fortsetzung am folgenden Tag zu Hause verbunden, denn einerlei, ob die Mannschaft gewann oder verlor, wurde das Spiel mit Eloísa und Rosa heiß diskutiert. Die beiden waren glühende »Almendaristas«, die zwar nicht ins Stadion gingen, aber genauso viel Ahnung von Pelota hatten wie sie selbst.

Es war Paco, der José Antonio zu einer entscheidenden Entdeckung verhalf: Frauen. Jenen Abend würde er nie vergessen. Es war sein fünfzehnter Geburtstag. Manuel befand sich gerade nicht in Kuba, man hatte ihn vorübergehend an die Botschaft Kubas in Washington versetzt. Nachdem er ihn beglückwünscht hatte, sagte er ihm, anstatt ihm ein Geschenk zu übereichen, er würde am nächsten Freitag früh zu Abend essen und ihn um sieben Uhr abends abholen. Er würde ihn mit einer Freundin bekannt machen. Tony hatte eine Ahnung, und er konnte die achtundvierzig Stunden bis zu der Begegnung kaum erwarten. Es wurde der längste Freitag seines Lebens. Dem Unterricht am Institut vermochte er nicht zu folgen; er verstand nichts, und als er nach Hause kam, duschte er sich und aß beinahe wortlos.

Paco kam eine halbe Stunde später als vereinbart, während José Antonio vor Ungeduld fast platzte und schon dachte, man hätte ihn versetzt. Und dann gingen sie noch nicht einmal sofort los, sondern der Onkel scherzte noch eine Weile mit jedem der Mädchen und wartete mit seinem unaufhörlichen Lächeln auf einen Kaffee, den ihm Eloísa bereitete.

Als sie endlich auf der Straße waren, begann Paco in einem für ihn ungewöhnlichen gemäßigten Tonfall:

»Tony, wir gehen jetzt zu einer Señora; sie ist eine Freundin von mir. Dem Haus kann man vertrauen, es ist dort vor allem hygienisch und sehr sauber. Da wirst du eine Frau kennenlernen; du hast zwar solch eine Erfahrung noch nicht gemacht, aber es ist an der Zeit. Du brauchst dich um nichts zu kümmern, ich habe alles arrangiert. Lass sie alles machen, und du wirst ein himmlisches Erlebnis haben, das du im Leben nicht vergessen wirst.«

José Antonio sprach kein Wort, zitternd vor Erwartung ging er still vor sich hin. Die Dunkelheit senkte sich herab, und die neuartige Leuchtreklame, die allmählich in ganz Havanna um sich griff, begann die Straßen zu erhellen. Plötzlich änderte sich das Ambiente, und Tony begriff, dass sie nun im Colón-Viertel waren. Er verschlang die Frauen, die sich ihm in den Weg stellten, mit seinen Blicken, und sie wurden mit Worten zum Eintreten eingeladen, die er nicht immer verstand. Überall hing irgendwo an der Tür ein Schild mit der Aufschrift: »Bitte nicht stören. Dies ist ein anständiges Haus.« Sein Onkel klärte ihn auf, dass in dem Viertel auch Familien wohnten.

Dann standen sie vor einem Gebäude, das dringend eines neuen Farbanstrichs bedurfte. Die Tür war verschlossen, im Unterschied zu den meisten Häusern, an denen sie vorübergegangen waren. Paco klopfte sacht. Eine Frau von kleiner Statur öffnete ihnen; im Halbdunkel konnte man sie nicht gut erkennen. Die Gastgeberin küsste seinen Onkel auf die Wange und bat sie in einen kleinen, nur von einer Tischlampe erleuchteten Salon, hieß sie sich setzen und fragte, ob sie ihnen etwas zu trinken anbieten könne.

»Nein, danke, Tina, wie wir besprochen haben, bringe ich dir hier meinen Neffen. Ich glaube, ich gehe jetzt besser, ich habe noch etwas zu erledigen. Ich hole ihn um zehn ab. Geht das in Ordnung?«

»Ja, gewiss, alles in Ordnung.«

»Also, Tony, ich lasse dich in guten Händen. Viel Spaß.«

Als Paco gegangen war, schloss die Frau die Tür und schob den Riegel vor. Dann konnte Tony sie betrachten: Sie war nicht ganz jung, hatte die dreißig zweifellos überschritten, obwohl schwer auszumachen war, um wie viele Jahre. Sie hatte einen langen roten Morgenrock angelegt, ihr langes, schwarzes Haar trug sie offen, ihre dunklen Augen bildeten einen starken Kontrast zu ihrer hellen, weißen Haut. Sie war weder dick noch dünn, obwohl man das unter ihrem Morgenmantel nicht so gut erkennen konnte. Zwar zeigten sich bereits ein paar Fältchen um die Augen herum, die die kräftige Schminke nicht zu verbergen vermochte, doch musste ihr Gesicht, als sie noch jünger war, attraktiv ausgesehen haben.

Tina lächelte ihn an: »Ich denke, wir sollten ins Zimmer gehen. Komm.« Sie löschte das Licht im Raum und bedeutete ihm, ihr zu folgen.

Sie führte Tony in ein ebenfalls kleines Zimmer, dessen Einrichtung ein Bett, ein Sessel und zwei Tischchen umfasste. Auf dem einen stand ein Waschbecken, daneben auf dem Boden ein voller Wassereimer. Die Frau trat nahe an ihn heran, strich ihm über das Haar und fuhr ihm mit dem Finger über die Lippen. Er nahm den durchdringenden Duft eines billigen Parfums wahr.

»Hab keine Angst, alles wird gut gehen. Zieh dich aus und leg die Sachen auf dem Sessel ab.«

Tina streifte ihren Morgenmantel ab, unter dem sie ebenfalls rote Reizwäsche trug, die ihre weiße Haut noch weißer erscheinen ließ. Ihr Körper war noch fest, mit ansehnlichen Rundungen, nur am Bauch war sie nicht mehr ganz so schlank.

»Soll ich dich ausziehen, oder machst du es selber?«

Voller Erregung entledigte sich Tony in aller Eile seiner Kleidung und blieb, nur in Unterhosen und Strümpfen, in der Zimmermitte stehen.

Tina legte sich aufs Bett, lächelte ihn prüfend an und sagte: »Zieh dich ganz aus und komm zu mir.«

Tony zog die Strümpfe aus und legte sich neben sie.

»Ich habe gesagt, du sollst dich ganz ausziehen.«

Die Frau legte ihren Büstenhalter ab, unter dem zwei kleine Brüste mit hellbraunen Brustwarzen zum Vorschein kamen. José Antonio wusste nicht, was er tun oder sagen sollte, er blieb liegen, ohne einen Muskel zu rühren, nur seine staunenden Augen betrachteten den weiblichen Körper.

»Keine Angst, ich fresse dich nicht. Dann ziehe ich dir eben die Unterhosen aus.«

Tony reagierte mit einer kurzen abwehrenden Bewegung, aber dann ließ er es geschehen. Sein Herz schien auf einmal still zu stehen, als er merkte, dass er gar nicht erregt war. Die Gastgeberin betrachtete sein schlaffes Glied, dann sah sie ihm in die Augen und sagte: »Keine Sorge, das ist oft so beim ersten Mal. Ich kümmere mich schon darum; entspann dich, und überlass alles andere mir.«

Die Kurtisane öffnete die Beine des verschüchterten Jungen und begann José Antonios Schamgegend sanft und zielgerichtet zu küssen und zu streicheln. Das Gefühl, das sie bei ihm auslöste, hatte er sich nie erträumt. Er schloss die Augen, und Tina fuhr langsam fort, bis das ersehnte männliche Erwachen eintrat.

Tony hatte diesen Abend nie vergessen.

7. KAPITEL

Am Sonntagmorgen wachte Rebeca erst spät auf. Die Müdigkeit und die zurückliegende Anspannung bei der Abreise hatten ihr zu einem tiefen Schlaf verholfen, so dass sie das Schlingern des Schiffes erst nach dem Aufstehen wahrnahm. Am Abend zuvor hatte sie lange mit Gretel gesprochen, das heißt, sie hatte mehr zugehört, als dass sie selber geredet hätte. Ihre Kabinengefährtin hatte unablässig vom schönen Breslau, vom Leben ihrer Familie und vor allem von ihrem geliebten Johann erzählt, der, wenn er auch nur halb so viel Qualitäten aufweisen sollte, wie Gretel ihm beimaß, der attraktivste Jude in ganz Deutschland sein musste.

Beim Frühstück gehörte sie zu den letzten Passagieren, sie fühlte sich nicht wohl und nahm nur einen Milchkaffee zu sich. Ihr war nach frischer Luft, und so ging sie auf das Deck hinaus, wo eine kalte Brise wehte, wenngleich der Morgen hell und sonnig war.

Das Schiff machte rasche Fahrt durch die Nordsee. Sie und auch die übrigen Passagiere konnten nicht wissen, dass der Kapitän eine Stunde nach dem Ablegen, als sich die St. Louis noch in der breiten Elbemündung befand, die rätselhafte Anweisung erhalten hatte, die Geschwindigkeit maximal zu erhöhen, um in Havanna noch vor zwei weiteren Schiffen mit jüdischen Flüchtlingen einzutreffen.

Sie verweilte einen Moment an der Reling, um an der frischen Luft einen klaren Kopf zu bekommen, aber nach wenigen Minuten wurde ihr wieder übel. Sie ließ sich auf einem Liegestuhl nieder, schloss die Augen und versuchte, gegen die Übelkeit anzukämpfen. Das Gespräch vom Vorabend ging ihr wieder durch den Kopf. Sie hatte sich Gretel nicht anvertraut und ihre gegenüber Fremden gewohnte Zurückhaltung an den Tag gelegt, aber die Neugier des Mädchens zu erfahren, weshalb sie mit 23 Jahren noch keinen Geliebten hatte, rief trotz ihres Unwohlseins ein Lächeln auf ihren Lippen hervor.

Das Werben der Jungen setzte schon im ersten Jahr auf dem Gymnasium ein. Mehrere Mitschüler – Juden wie Heiden – luden sie in eines der zahlreichen Cafés im Stadtzentrum ein. Hinter riesigen Eisbechern und beim Verzehr köstlichen Gebäcks lauschte sie zweifelhaften Schmeicheleien bis hin zu gefühlvoll vorgetragenen Liebeserklärungen, die in ihr eher ein Lächeln als Leidenschaft hervorriefen. Wagemutigere luden sie ins Kino ein und versuchten, sie im Dunkeln zu küssen, doch ohne Erfolg. Kein Junge weckte ihr Interesse, alle hatten sie einen Mangel, der sie disqualifizierte, und waren weit von ihrem Ideal entfernt. Er sollte nicht nur gut aussehen, sondern auch eine starke, anziehende Persönlichkeit haben.

Mit dem Eintritt ins Erwachsenenalter wandelte sie sich zu einem attraktiven Fräulein mit einem hübschen Gesicht und wunderschönen hellgrünen Augen, mit vollem, schulterlangem, kastanienbraunem Haar und einer durch die Ballettstunden wohlgeformten Figur, die im Gegensatz stand zu den sinnlich ausladenden Hüften und den für eine Ballerina etwas zu makellosen Beinen. Von klein auf hatte sie sich durch eine hohe Intelligenz ausgezeichnet, die durch die Bildung, die ihr Elisabeth angedeihen ließ, weiter ausgeprägt wurde. Diese Vorzüge wirkten wie ein Magnet auf das andere Geschlecht.

Das Problem war ihr Wesen; Rebeca war zu spröde für eine junge Frau, der das Leben bevorstand. Sie hatte durchaus keinen üblen Charakter, war gütig und stets bemüht, das Richtige zu tun, aber ihre geistige Wendigkeit und die raschen Antworten, die sie gab, verwirrten ihre Gesprächspartner, die nicht wussten, wie sie sich gegenüber einer jungen Dame verhalten sollten, die rundheraus sagte, was sie dachte, und in vielen Fällen Recht hatte. Überdies war sie für ihr Alter sehr zurückhaltend; es war eine Mischung aus Reife und Schüchternheit, die nicht zu der jugendlichen Frische passen wollte und die den Umgang mit Verehrern, die von ihrer Ernsthaftigkeit nachgerade verunsichert waren, nicht unbedingt leicht machte.

In jeder Klasse auf dem Gymnasium gingen ihre Schulfreundinnen reale oder imaginäre Liebesabenteuer ein, allen voran Ingrid, eine lebhafte Blondine, die ihre beste Freundin wurde und die mit jeder Jahreszeit ihren Liebhaber wechselte. Die Großeltern waren der Ansicht, es sei allmählich Zeit, ans Heiraten zu denken, und bei den wöchentlichen Abendessen ließen sie stets, wie beiläufig, fallen, sie hätten einen alten Bekannten getroffen, der sich zu einem hervorragenden Ehekandidaten entwickelt habe.

Elisabeth indes riet ihr von allzu großer Eile ab und meinte, sie habe alle Zeit der Welt, und früher oder später würde ihr der Richtige über den Weg laufen, und sie würde sich verlieben. Bis dahin sollte sie ihre Jugend genießen und sich nach Belieben einladen lassen. Ihre Mutter vermied es, die Totalkontrolle über sie auszuüben; sie waren so vertraut, dass es Rebeca leicht fiel, von jedem Spaziergang zu erzählen und miteinander die Vor- und Nachteile derer, die ihr den Hof zu machen wagten, abzuwägen.

Die Großeltern aber waren beharrlich und traten in eine neue Phase ein. Nach dem Krieg und dem Ende des Kaiserreiches erfuhr Stepan eine religiöse Wiedergeburt, und zum Erstaunen der Familie wurde der Gang zur Synagoge zur unbedingten Priorität. Zum Wiederfinden seiner Wurzeln gehörte, dass er sich der Suche nach einem guten jüdischen Jungen für seine Enkelin widmete, und dieser musste vor allem aus der richtigen Familie stammen. Rebeca ging auf keinen seiner Vorschläge ein, und mit Elisabeths Unterstützung lehnte sie alle Empfehlungen des Großvaters ab.

Angesichts dieser Misserfolge dehnten die Gelmans ihre Nachforschungen aus und erbaten diskrete Hilfe von allen, die einen möglichen Kandidaten kannten, der ihre Anforderungen an Klasse und Herkunft erfüllte. Diesmal wollten sie in der Sache mit Besonnenheit vorgehen, um nicht denselben Fehler zu begehen wie bei Elisabeth, als sie sich gegen den Doktor Kreiner ausgesprochen hatten, doch mit der Zeit wurde die Enttäuschung der Großeltern über das Desinteresse der Enkelin an Bewerbern, die die Herausforderung annahmen, immer offenkundiger.

Seit früher Jugend hatte Rebeca zu einer Systematik in ihrem Leben gefunden, die unter den Jugendlichen ihres Alters sehr selten war. Sie kam mühelos allen ihren Aufgaben am Gymnasium nach, erzielte stets gute Noten, ohne jemals zu den Klassenbesten zu gehören, weil sie einfach kein Interesse daran hatte, sich hervorzutun. Ihr Verhalten war beispielhaft; es kam lediglich vor, dass sie an schönen Frühlingstagen ohne jeden Vorwand den Klassenraum verließ und nicht zurückkehrte, sondern in der Stadt spazieren ging oder sich in einem der zahlreichen Wiener Parks zum Lesen auf eine Bank setzte. Obwohl seit ihrer Pubertät klar war, dass sie mit ihrer Figur im Tanz keine Zukunft haben würde, versäumte sie nie die Ballettstunden, in denen sie ihren Körper trainierte und einen Teil der reichlichen jugendlichen Energie verbrannte. Nebenbei lernte sie weiter Englisch und Französisch, ging regelmäßig zu den Premieren der wichtigsten Filme und widmete sich in der verbleibenden Freizeit dem Lesen. Es war ein Lebensabschnitt, in dem ihr Intellekt erwachte und in dem sie ihre Ferien damit zubrachte, die vielen Bücher der Bibliothek ihres Großvaters zu verschlingen: Stepans einziger Trost und Beitrag zur Bildung seiner Enkelin.

Österreich hatte die schreckliche Krise der Nachkriegszeit hinter sich gelassen, und die Wiener Bevölkerung hatte sich an die neue Rolle der Stadt als Hauptstadt eines kleinen mitteleuropäischen Landes gewöhnt. Einige trauerten noch dem Kaiserreich nach, aber für die meisten waren das vergangene Zeiten, die nie wiederkehren würden und auch nicht zu den aufregenden zwanziger Jahren und ihren stürmischen Veränderungen passten.

Am Beginn der vierten Klasse auf dem Gymnasium freundete sich Rebeca mit einem neuen Mitschüler an. Die Familie des Jungen stammte aus Ungarn; es war eine der wenigen nach dem Krieg in Österreich verbliebenen ungarischen Familien und sie hatte seit dem Beginn der nicht enden wollenden Herrschaft des Kaisers Franz Joseph, dem der Junge seinen Namen verdankte, in Wien gelebt. Franz war ein ansehnlicher Junge, mittelgroß und kräftig gewachsen, mit braunem Haar und braunen Augen. Bei den Schülern wurde er rasch beliebt. Zu Rebecas Überraschung und von ihren Klassenkameradinnen eifersüchtig beobachtet, näherte er sich ihr mit großer Beharrlichkeit. Anfangs waren es kurze Gespräche in den Pausen, später begleitete er sie nach Hause. Die Wegstrecken durch die Straßen der Wiener Mitte wurden immer länger, während die Tage immer kürzer wurden, das Licht sich in Gold tauchte und die Welt ihre Farben änderte.

Im Winter entwickelte sich die Freundschaft zu einer zaghaften Beziehung. Rebeca empfand ihr Mädchensein zum ersten Mal auf andere Weise, und sie hatte einen Geliebten wie viele ihrer Mitschülerinnen. Außerdem war er nicht irgendein Junge. Die Beziehung nahm einen höheren Stellenwert an, wenngleich sie sich von der der anderen Mädchen unterschied, die alles ausplauderten. Sie selbst verlor kein Wort über das, was auf ihren Spaziergängen geschah. Zum ersten Mal küsste er sie, streichelte er sie. Es war eine angenehme Erfahrung, doch war sie nicht so intensiv, wie sie sie aus einigen Romanen oder aus den Erzählungen ihrer Freundinnen kannte. Sie hatte das Gefühl, dass irgendetwas nicht richtig funktionierte; vielleicht lag es an ihr, möglicherweise mangelte es ihr an Erfahrung, oder aber sie war anders geartet. Dennoch vermittelte Franz ihr ein Wohlgefühl, und mit jedem Treffen drängte er auf mehr beiderseitige Liebkosungen.

Im Frühjahr trafen sie sich wöchentlich. Rebeca liebte die alten Gebäude, vor allem die Museen, und spazierte mit Vorliebe durch die Stadtmitte, vor allem entlang der Ringstraße. Doch Franz langweilten diese Ausflüge zunehmend; er zog die dunklen Kinosäle oder die weniger frequentierten Wiener Gärten vor. Irgendwann fühlte sich Rebeca in der Beziehung unwohl, und sie fragte sich, warum sie noch weiter mit dem Jungen ausging. Täglich fand sie weniger Gemeinsamkeiten, und es verdross sie, dass sie sich von der Begeisterung ihrer Klassenkameradinnen und von der Eitelkeit, eine Auserwählte zu sein, hatte mitziehen lassen.

Der Wendepunkt war zum Ende des Frühjahrs während eines Besuchs des Stephansdoms, eines monumentalen romanisch-gotischen Bauwerks und Wahrzeichens Wiens, erreicht. Seit Tagen hatte es Franz dorthin gezogen; er drängte begierig zur Eile, bis sie schließlich vor den sogenannten Heidentürmen standen. Unterhalb der Uhren sahen sie zwei Statuen: die eine, zur Linken, stellte einen großen Penis, die andere, zur Rechten, eine Vulva dar.

»Gefällt's dir?«, fragte er, und ein Lächeln huschte über sein Gesicht.

Rebeca errötete jäh und wusste nichts zu sagen. Sie fühlte sich gekränkt, und das eher von Franz' mittelschwerer Dummheit als von den Darstellungen auf den Säulen, die sie als ein heidnisches Fruchtbarkeitssymbol kannte. In der Bibliothek hatte Rebeca Abbildungen der Geschlechtsteile und Darstellungen von

Geschlechtsakten gesehen, auch Ingrid hatte ihr einmal heimlich mehrere pornografische Postkarten gezeigt, die sie ihrem älteren Bruder entwendet hatte. Schockiert war sie aber vom infantilen Gehabe ihres Freundes. Sie schaute kurz auf die Statuen und gab zurück:

»Nichts Besonderes.« Sie dreht sich langsam um und ging seelenruhig weiter. Jetzt war die Überraschung an ihm; er wollte sie zurückhalten.

»Sei nicht beleidigt. War nur ein Scherz, ich dachte, es wäre lustig, wenn wir beide uns das ansehen.«

Gelassen und doch bestimmt setzte sie wortlos ihren Weg fort, während sich der Junge auf dem Rückweg vergeblich um ein Gespräch bemühte.

Der Vorfall wirkte sich nachteilig auf das Bild aus, das sie von Franz hatte und das von Tag zu Tag weiter von den Eigenschaften abwich, die Rebeca gesucht hatte. Er war oberflächlich, ihre Konversation blieb auf läppische Themen beschränkt; er teilte nicht Rebecas Liebe zur Literatur und zur Musik. Außerdem war er überheblich, und immer wenn sie allein waren, wollte er mit ihr ins Bett gehen. Auch Elisabeth gefiel er nicht, als sie ihn kennenlernte, er schien ihr eingebildet und eitel. Sie ließ aber nur eine kurze abfällige Bemerkung fallen, und dann enthielt sie sich jeder weiteren Kritik. Zu allem Überfluss sympathisierte Franz mit den Nazi-Gruppen, die sich überall in Österreich zusammenfanden, und damit kollidierte er ständig mit Rebecas liberaleren Vorstellungen. Es kamen die Sommerferien, und sie sahen sich einfach nicht wieder.

Es gab dann noch weitere Verehrer, aber keiner machte auf sie genügend Eindruck. Nur zweimal hielt das Spiel noch etwas länger an. Erst war es Walter, der Enkel eines Freundes ihrer Großeltern, schlank und hochgewachsen, mit der Anmut eines melancholischen Poeten, der Rebecas Neugier von dem Tag an geweckt hatte, da sie ihn bei einer Hochzeit kennenlernte. Seine Großeltern vermochten ihre Freude nicht zu verbergen, wenn die beiden jungen Leute ausgingen, aber Walter konnte seine Schüchternheit nicht überwinden, nie versuchte er, sie zu küssen, und bei jeder Begegnung war sie es, die ein Gespräch beginnen musste. Nach mehreren Treffen, bei denen der Junge kaum Avancen machte und noch weniger redete, entschloss sich Rebeca, einen Schlussstrich zu ziehen, und sie sah ihn nie wieder.

Der andere war Heinrich, ein Lebenskünstler aus demselben Viertel, stämmig und mit gelblicher Hautfarbe und von einem völlig anderen Charakter als dem des in sich gekehrten Walter. Er hatte sie immer, wenn sie sich sahen, mit Blicken verfolgt, und zum Ende des letzten Schuljahres lud er sie ins Theater und zum Abendessen ein. Sie zeigte eine gewisse Neugier für reifere Männer und willigte ein, aber Elisabeth bestand zum ersten Mal darauf, sie zu begleiten, und der Abend wurde für die drei recht unangenehm. Entgegen allem Widerstand seitens ihrer Mutter gingen sie noch einmal aus. Rebeca fühlte sich angezogen von Heinrichs Erfahrung und seinem ungezwungenen Charakter; er war zehn Jahre älter und meinte ständig, er wolle nur, dass sie sich amüsiere.

Als die Großeltern davon erfuhren, leiteten sie eine zügellose Kampagne gegen Heinrich ein, den Gelman einer zweifelhaften Moral beschuldigte und dem er Probleme mit dem Gesetz gehabt zu haben vorwarf. Ein Widerstand, der zum ersten Mal mit Elisabeths Abneigung einher ging. Diese setzte sich eines Nachmittags zu ihrer Tochter und erklärte ihr rundheraus, dass ihr der Mann missfalle, dass er keinen ehrlichen Eindruck mache und nur mit ihr ins Bett wolle. Die einvernehmliche Haltung der Familie sowie das von Heinrich beim zweiten Treffen offenbarte übermäßige sexuelle Verlangen bewogen Rebeca, nicht erneut mit ihm auszugehen.

Danach bleib sie ohne jede Bindung, während alle ihre Freundinnen einen Geliebten hatten, und ohne es zu wollen, ergab sich das Bild von einem unnahbaren Mädchen.

»Darf ich mich zu Ihnen setzen?« Die Kinderstimme kam von einem blonden Mädchen von fünf oder sechs Jahren mit sehr ernst dreinschauenden hellblauen Augen.

»Selbstverständlich kannst du dich zu mir setzen. Warte, ich rück dir den Stuhl zurecht.«

Das Mädchen machte es sich bequem und schaute auf den Ozean hinaus. Rebeca war etwas unschlüssig und sah sich nach allen Seiten nach einer Begleitperson um, entdeckte aber niemanden.

»Wo sind deine Eltern?«

»Mein Papa trinkt gerade Kaffee, und meine Mama konnte nicht mitkommen, sie ist daheim geblieben, aber sie hat mir einen Abschiedskuss gegeben.«

Die Antwort überraschte Rebeca, und als sie noch überlegte, was sie mit ihrer neuen Freundin anfangen sollte, näherte sich langsamen Schrittes ein Herr.

»Guten Tag. Belästigt Sie meine Tochter?«

»Nein, ganz und gar nicht. Guten Tag auch.«

»Darf ich mich vorstellen? Gustav Ackermann. Leni ist meine Tochter.«

»Sehr erfreut. Ich bin Rebeca Kreiner.«

»Die Freude ist ganz meinerseits. Ich will Sie nicht stören.«

»Keine Sorge, ich habe nur aufs Meer geschaut und versucht, etwas gegen meine Übelkeit zu tun.«

»Haben Sie etwas eingenommen? In der Kabine habe ich ein paar Tabletten, die Ihnen helfen könnten. Ich bin zwar kein Arzt, aber ich habe mich auf die Überfahrt vorbereitet und ein Medikament gegen Seekrankheit gekauft.«

»Nein, vielen Dank. Ich möchte lieber nichts einnehmen.«

Rebeca fixierte ihr Gegenüber und war angenehm beeindruckt. Ackermann schien knapp über dreißig zu sein, bräunlicher Teint, dunkles Haar, mittlere Statur, kräftig gebaut, freundliches, männliches Gesicht mit einem leichten Lächeln und kaffebraunen Augen, die trotz der Brille lebhaft blitzten. Eine ganze Weile unterhielten sie sich auf angenehm leichte Art. Bald stellten sie gemeinsame Auffassungen zu Kunst und Literatur fest.

»Gut, Leni, jetzt lassen wir Fräulein Kreiner mal in Ruhe und gehen in den Spielsalon, wo sicher auch andere Kinder sind. Verabschiede dich.«

Das Mädchen erhob sich wortlos und streckte die Hand aus, die Rebeca umgehend ergriff.

»War schön, dich kennenzulernen, Leni; ich hoffe, wir sehen uns bald wieder.«

Ackermann verabschiedete sich und zog sich ins Schiffsinnere zurück, indes Rebeca sich fragte, welche Geschichte sich wohl hinter diesem Vater verbarg, der ganz allein mit seinem Töchterchen reiste.

****

Mit verlorenem Blick auf die Wellen verweilte Schmidt eine Zeit lang an Deck der St. Louis. Eigentlich mochte er das Meer nicht; er fand die Liebe vieler Besatzungsmitglieder zum Meer lächerlich und machte sich lustig, wenn er sie bei jeder Überfahrt lauthals die Schönheit des Ozeans preisen hörte.

Er war gebannt von der Priorität seines Auftrags. In Wahrheit war an der Aufgabe nichts Besonderes, seine Arbeit beschränkte sich auf die Übermittlung geheimer Informationen, und Havanna galt als ein sicherer Hafen mit einer stabilen Einrichtung des deutschen Geheimdienstes. Doch die Nachrichten, die er dieses Mal entgegennehmen sollte, waren den Worten des hohen Beamten der Abwehr zufolge von größter Wichtigkeit. Wie gewöhnlich hatte man ihn nicht über die Art der zu übermittelnden Dokumente und noch viel weniger über deren Inhalt unterrichtet, aber es stand fest, dass es sich um eine Operation von höchster Priorität handelte und er alles für eine erfolgreiche Erledigung unternehmen müsse. Die Sendung sollte er in den wenigen Stunden, die das Schiff im Hafen vor Anker lag, in Empfang nehmen, ehe es direkt nach Hamburg zurückging. Die Kürze des Aufenthalts war der Dringlichkeit geschuldet, mit der Berlin die Informationen benötigte. Sein Kontaktmann in der kubanischen Hauptstadt würde der deutsche Konsul sein.

Über Kuba wusste er nichts; er hielt das Land für eine tropische Insel unter vielen. Arm, voller Indios oder Neger, mit tausend Gefahren und Krankheiten. Doch diese Risiken waren nicht von Bedeutung, der Auftrag war ein Beweis für die Anerkennung seiner Arbeit, die zweifellos in den oberen Etagen des Dienstes, der ihn auserwählt hatte, geschätzt wurde. Die Entscheidung erfüllte ihn mit Befriedigung, und er war sicher, dass zukünftigen Beförderungen nichts mehr im Wege stand. Es war der Moment, auf den er jahrelang gewartet hatte.

Die Überfahrt war mit einer Schwierigkeit verbunden: Die Passagiere des Transatlantikschiffes würden Juden sein, aber diese Besonderheit durfte seinen Auftrag nicht gefährden; sie war lediglich eine Unannehmlichkeit, die er in Kauf nehmen musste. Die Herausforderung bestand darin, die Erfüllung der Mission zu gewährleisten, ohne dabei seine Parteipflichten als Chef der Parteizelle auf dem Schiff zu vernachlässigen.

Die Besonderheit der Passagiere zwang ihn, eine eiserne Kontrolle über die Disziplin und das Verhalten der Besatzung auszuüben, die sich weder unter die Passagiere mischen noch die Gesellschaft der Unerwünschten pflegen durften. Das war nicht leicht angesichts des umfangreichen Unterhaltungsprogramms auf dem Kreuzfahrtschiff, wo tagtäglich anderthalbtausend Menschen, Passagiere und Besatzung, miteinander zu tun hatten. Er wusste, er konnte sich nicht einmal auf die Parteimitglieder verlassen. Unter denen waren viele Opportunisten, die in Wahrheit nicht an die Nazi-Ideologie glaubten und nur in die Partei eingetreten waren, damit sie ein gutes Leben hatten oder die Karriereleiter aufsteigen konnten. Außerdem gab es unter den Vertriebenen viele Frauen und zu seinem Verdruss sogar nicht wenige Schönheiten. Er hatte sie beim Einsteigen beobachtet und sich dabei ertappt, dass auch er unter denen, die an Bord gingen, jemanden wie Susi suchte. Er fand keine und fühlte sich erleichtert; so musste er nicht der Versuchung widerstehen, gegen die während der Reise geltenden strengen Normen des Zusammenlebens zu verstoßen. Lieber wollte er seine Wut beibehalten, die die Eleganz und die guten Manieren der Reisenden der ersten Klasse in ihm auslösten. Zweifellos waren die Leute reich und gebildet, der Typ Juden, die vor der Machtergreifung der Nazis viel Macht inne hatten und auch jetzt noch die Unverschämtheit besaßen, sich wie Angehörige einer höheren Klasse zu benehmen. Wenn er daran dachte, drehte sich ihm der Magen um. Die Allüren dieses Abschaums, der keinerlei Recht hatte, vermochte er nicht zu ertragen. Er entschloss sich, das Verhalten des Personals nur allgemein zu überwachen. Anstatt sich mit der Beaufsichtigung von hunderten Besatzungsmitgliedern zu belasten, würde er sich auf die Gruppe der Gestapo-Leute stützen, die man unter dem Vorwand, sie gehörten zur Feuerwehr, auf dem Kreuzfahrtschiff untergebracht hatte. So würde er sich auf die Erfüllung des Auftrags der Abwehr konzentrieren können, der wichtigsten Mission seiner Kurierlaufbahn, die ihm, wenn sie denn erfolgreich verlief, die Tür in ein neues Leben öffnen würde.

****

Im Jahr 1925 erfüllte sich für Gerardo Machado ein lange gehegter Traum: er durfte auf dem Präsidentensessel Platz nehmen. Dem neuen Machthaber gefiel es, »El Egregio«, der Erlauchte, genannt zu werden, wenngleich er unter dem Namen »El Mocho«, der Verstümmelte, bekannter war. Dank einer Spende von fünf Millionen Pesos, die einige der reichsten Männer Kubas zusammentrugen, konnte er von der Liberalen Partei nominiert werden. Machado hatte ein enormes Ego, öffentlich bewunderte er Mussolini, und er liebte es, auf öffentlichen Veranstaltungen aufzutreten, wo er große Versprechungen machte. Wenige Monate nach seinem Amtsantritt brachte eine Zeitung in Havanna eine Karikatur, auf der seine sexuelle Potenz infrage gestellt wurde, und Machado ließ den Chefredakteur, den Comandante Armando André, ermorden. Dies war der Beginn einer wilden Repression gegen jene, die den Mut aufbrachten, gegen den »Ersten Arbeiter Kubas« aufzubegehren, der sich Machado nannte (im Spanischen auch »die Axt«).

In der Anfangszeit seiner Regierung entwickelte er ein ehrgeiziges Bauprogramm, das den Bau der Carretera Central, der das ganze Land verbindenden Fernverkehrsstraße, und die Errichtung des nationalen Kapitols umfasste, eines Bauwerks, das etwas höher ist das gleichnamige Gebäude in Washington. Auch wahrte er den Schutz nationaler Interessen mit der Ausweisung einiger französischer Prostituierter, die die einheimischen Huren verdrängten, und er setzte sich dafür ein, dass ein Tag in der Woche der kubanischen Küche vorbehalten war, an dem alle Familien kreolische Gerichte zu essen hatten, vor allem den »ajíaco«, einen ländlichen Eintopf.

Zwar war es für die Wirtschaft des Landes eine gute Zeit, doch Tonys Familie spürte nichts davon. Eloísa hatte wenig Erfolg bei ihrem Versuch, für die Leute auf der Straße zu nähen, und so bildete Manuels bescheidenes Salär die einzige Einnahmequelle der Fernández. Als erste meldete sich Blanquita zu Wort. Sie hatte gerade die Normalschule abgeschlossen, hatte ihren Wunsch, an der Universität Pädagogik zu studieren, hintangesetzt und wollte sich eine Anstellung suchen. Damit löste sie eine Familienkrise aus; vor allem Eloísa wollte den Verzicht des Mädchens nicht annehmen.

Auch Tony fühlte sich genötigt, zum knapp bemessenen Familienhaushalt beizutragen. Seine Eltern hatten ihn nie darum gebeten, und trotz aller Schwierigkeiten kämpften sie gegen Wind und Wetter an, damit sowohl er als auch seine Schwestern ihre Ausbildung fortsetzen konnten. Aber José Antonio war der einzige andere Mann im Hause, und ihm blieben noch zwei Jahre bis zum Abitur. Eines Sonntags nach dem Mittagessen teilte er Manuel und Eloísa seine Entscheidung mit; diese waren aufgebracht und lehnten die Idee rundweg ab. Tony hatte diese Reaktion erwartet und ließ schweigend die Predigt über eine düstere Zukunft und ewige Armut derer, die nicht studierten, über sich ergehen. Am darauf folgenden Tag bekräftigte er allem Widerspruch zum Trotz seine Entscheidung und machte sich auf die Suche nach einer Arbeit, was eine erneute Familienkrise auslöste, bis schließlich Paco eine Kompromisslösung fand. Es wurde vereinbart, dass Tony bis zu seinem Abitur eine Abendschule besuchen sollte.

Mit seiner Schulbildung und seinen Englisch-Kenntnissen fand José Antonio bald einen Posten als Praktikant in einer Anwaltsfirma in Alt-Havanna, in der er für fünfzehn Pesos monatlich, die er samt und sonders an Eloísa ablieferte, alle erdenklichen Arbeiten zu erledigen hatte. Das Schlimmste an der Anstellung war für ihn, dass er eine Krawatte tragen musste, so dass er in dem vom Vater geliehenen Kordsakko wie ein Schwein schwitzte. Nach wenigen Monaten fand er etwas Besseres: eine Arbeit als Botenjunge für Western Union, mit der er beinahe doppelt so viel verdiente; er konnte ein kurzärmeliges Hemd anziehen und mit dem Fahrrad durch ganz Havanna touren.

Des Tags arbeiten und des Abends lernen – so wuchs Tony vom Kind zum Erwachsenen heran. Er war ein gut aussehender schwarzhaariger Typ, schlank und hochgewachsen, der mit der Kombination von freundlichem Wesen, kreolischem Feuer und guten Manieren die Aufmerksamkeit auf sich zog.

Indes, seine körperlichen Attribute und sein Arbeitswille brachten ihm nicht mehr Glück mit dem anderen Geschlecht ein. Er träumte weiter von seinem Frauenideal, einer schlanken Blonden, leidenschaftlich und sinnlich, mit wohlgeformten Hüften und vor allem langen, schönen Beinen wie die Modelle von Massaguer auf den Titelseiten der Zeitschrift »Bohemia«. Auf seinen ausgedehnten Fahrradtouren durch die Straßen Havannas war er ständig auf der Suche nach ihr. Zuweilen schien er sie von Weitem zu sehen, und er vollführte schwierige Fahrmanöver, um ihr näher zu kommen, bis er eines Tages in der Calle Belascoaín fast mit einer Straßenbahn zusammenstieß, als er gerade eine große Schönheit mit goldenem Haar verfolgte. Aber der Erfolg blieb aus, sein Traum verlor sich stets in der Menge, oder das Mädchen, auf das er traf, entsprach nicht der Vorstellung, die er sich ausgemalt hatte. Im Kino hatte er mehr Glück. An einem Sonntagnachmittag entdeckte er Greta Garbo in »Dämon Weib«, und fortan nahm die göttliche Schwedin in seiner Zuneigung den Platz von Mary Pickford ein und wurde zu seiner neuen Leidenschaft.

Im fünften Jahr am Institut gab es eine Woche, in der er mit Florinda einen Kinobesuch plante. Florinda war eine kleine, gut gebaute Mulattin, die in der Calle Escobar wohnte. Sie hatten sich im Manzana de Gómez, dem riesigen Geschäftshaus, kennengelernt, als Tony in den Kolonnaden mit seinem Fahrrad auf ein Ende des Platzregens wartete. Sie hatte ihn mit Blicken verschlungen, er hatte etwas über den Regen gesagt und schließlich ein Gespräch angefangen. Nach einem intensiven Hin und Her heimlicher Botschaften und einer großen Dosis Sehnsucht erschien sie wie vereinbart an dem bezeichneten Nachmittag. Sie verabschiedete sich von einem kleinen Bruder und zwei Cousinen, mit denen sie gekommen war, und setzte sich mit ihm in die letzte Reihe des Kinos. Tony küsste das Mädchen ein ums andere Mal, konnte aber lediglich ihre kräftigen Schenkel streicheln. Immer wenn er es woanders versuchte, stieß er auf den Widerstand von Florindas abwehrenden Händen. Dennoch fühlte sich José Antonio bestätigt und bemühte sich noch mehrere Sonntage, und eines Nachmittags gelang es ihm, bis zu Florindas mächtigem Busen vorzudringen – ein Erfolg, der aber auch die unüberwindbare Grenze dieser Filmnachmittage darstellte.

Nach der Erfahrung mit Tina begann José Antonio mit seinen Freunden aus dem Stadtviertel durch die Bordelle von Colón zu ziehen. Er war nicht so eifrig dabei wie die anderen Jungen, die ihre spärlichen Mittel für das florierende Geschäft mit den sinnlichen Freuden ausgaben. Er ging nur sporadisch mit – nicht weil er knapp bei Kasse war, sondern auch weil er sich vor den

Krankheiten fürchtete. Bei seiner Ankunft in Havanna hatte ihn eine im Circo Pubillones ausgestellte Wachsstatue beeindruckt, die alle Gebrechen und Symptome der Syphilis aufwies. Mit der Zeit gesellte sich auch eine gewisse Unzufriedenheit hinzu. Vor dem Geschlechtsakt war er voller Verlangen, und er genoss den Augenblick, doch als die Trance vorbei war, überkam ihn ein Gefühl der Leere, das alsbald den dringenden Wunsch auslöste, den Ort des Geschehens schnellstmöglich zu verlassen.

Niemals wieder kehrte er in Tinas Haus ein. Eines Morgens meinte er sie vom Fahrrad aus zu sehen, wie sie in einem roten Kleid durch die Zanja spazierte. Als er Paco davon erzählte, gestand ihm dieser, er habe Tonys Initiation aus Liebe zu ihm und auch Manuel zuliebe organisiert, der als älterer Bruder Anfang des Jahrhunderts mit ihm dasselbe gemacht habe. Obwohl Tina, nach Pacos Meinung, besser war als die kleine Französin, mit der er seine Unschuld verlor.

Zum Sommeranfang seines letzten Abiturjahres gingen im Viertel San Lázaro Gerüchte über »La Bomba«, eine reife Nutte, um, die auf dem Malecón ihrer Arbeit nachging und im Nachtleben von Havanna wegen ihres gekonnten Oralsexes berühmt war. Sie hatte keinen Zahn mehr im Mund, und zum Arbeiten nahm sie ihre Zahnprothese heraus. Als Tonys Freunde hörten, mit welchen Superlativen die Tätigkeit der Professionellen bedacht wurde, debattierten sie mehrere Abende lang an der Ecke der Bodega, wie sie an sie herankommen könnten. Es gab zwei Probleme: erstens war da der Preis. Angesichts der explodierenden Nachfrage war das Honorar um drei Pesos gestiegen, eine Summe, die in keinem Verhältnis zu dieser Art Dienstleistung stand. Zweitens musste man ein Taxi mieten; um ihre Produktivität zu erhöhen, verkaufte die Dame ihre Gunst in den Fahrzeugen, die auf dem nächtlichen Malecón eine von einem Polizisten bewachte Schlange bildeten. Dieser achtete auf einen ordentlichen Ablauf und war an dem Ganzen beteiligt. Also musste man noch mindestens zwei Pesos für das Taxi rechnen, nicht wegen des Fahrtwegs, denn der war minimal, sondern wegen der Wartezeit, die bis zu einer Stunde betragen konnte.

Fünf Pesos – diese Summe war für die Gruppe unerreichbar. Die Hälfte hatte keine Arbeit, und die anderen waren als Kellner in einer Bodega, als Apothekengehilfe und Elektrikerlehrling angestellt, und alle, wie auch Tony, mussten mit dem Großteil ihres Verdienstes ihre jeweiligen Familien unterstützen. Für die meisten bedeutete es Luxus, am ersten Samstag eines jeden Monats einen Peso für billige Huren auszugeben. Eines Abends, als José Antonio sich bemühte, die Rätsel der Geometrie zu entziffern, erschien Evaristo im Haus. Tony war etwas verwirrt, als der Schwarze ihn bat, ihn auf der Straße allein sprechen zu dürfen. Unwillig trat er vor die Tür, machte seinen Freund aber darauf aufmerksam, dass er kein Geld habe.

»Ich bin nicht gekommen, um dich um Geld anzugehen; ich bin hier, um dich einzuladen, dein Glück zu versuchen«, erwiderte Evaristo.

»Wovon redest du?«

»Weißt du, wer ›La Bomba‹ ist?«

»Die Nutte vom Malecón?«

»Ja. Um die geht's. Wir wollen alle zu ihr, aber weil man mindestens fünf Pesos braucht, ist ›Astilla‹ eine Idee gekommen.«

»Was für eine Idee?«

»Eine Verlosung, Bruder, eine Verlosung, mit fünfzig Centavos pro Kopf können wir das Geld zusammenlegen.«

José Antonio wollte nicht glauben, was er vernommen hatte. Der Erfindergeist der Kumpel aus dem Viertel kannte keine Grenzen.

»Evaristo, ich weiß nicht, ich bin gerade beim Lernen.«

»Du brauchst nicht mitzukommen, das Papier mit deiner Nummer kann auch ich ziehen. Das Problem ist nur, dass wir die Verlosung heute Abend machen müssen, heute haben wir alle Geld, und mit dir sind wir komplett.«

Tony sah das hellweiße Lachen auf dem dunklen Gesicht seines Freundes und ging ins Haus, Geld zu holen. Nach einer Weile, als er sich gerade auf ein besonders schwieriges Theorem konzentrieren musste, unterbrach ihn Eloísa, die sich beklagte, dass Evaristo und noch ein anderer ihn schon wieder sprechen wollten. Verärgert meinte sie, so könne man nicht studieren, und sie würde nicht erlauben, dass diese Faulpelze, die nichts weiter zu tun wüssten, als stundenlang an der Ecke zu schwatzen, ihn vom Lernen abhalten. Doch trotz des Protestes seiner Mutter ging José Antonio auf den Bürgersteig zu dem Schwarzen und ›Astilla‹ hinaus.

»Und? Was gibt's?«

»Mensch Tony, du hast mehr Glück als Lindbergh, du hast das Los gewonnen. Der Dünne wollte dich austricksen, weil du nicht dabei warst, aber Evaristo und ich haben das nicht zugelassen.«

Am folgenden Abend nahm José Antonio auf dem Malecón seinen Preis entgegen. Er fand keinen Gefallen daran, aber er schwindelte, als er an der Ecke der Bodega davon berichtete.

8. KAPITEL

Am Nachmittag des ersten Tages der Überfahrt verspürte Rebeca noch immer Übelkeit, weshalb sie sich auf den Rat eines Kellners hin auf eines der Schiffsdecks setzte, wo eine kräftige Brise wehte. Die Luft war kalt, gar nicht frühlingshaft. Sie versuchte sich abzulenken, um ihr Übelsein zu vergessen, indem sie die Passagiere beobachtete, die in Grüppchen zusammenstanden oder gemächlich über das Deck spazierten. Zum ersten Mal sah sie eine Gruppe orthodoxer Juden mit langen Bärten, Hüten und schwarzen Mänteln; sie inspizierten nach dem Sabbath das Schiff, zwei von ihnen hielten neben einem nach der letzten Mode gekleideten Paar mittleren Alters inne und schauten auf das Meer hinaus. Über den Kontrast musste sie unwillkürlich lächeln.

In diesem Moment ging eine Gruppe Jugendlicher vorüber. Sie lachten, schwatzten und strahlten Energie aus. Die Mädchen waren stark geschminkt, in kurzen Röcken und mit offenem Haar; die Jungen langhaarig und in der für die Swing-Generation typischen Kleidung. Einer von ihnen trug an seinem Sakko sogar eine Anstecknadel mit der britischen Fahne. Sie bewunderte die jungen Leute, die trotz ihrer offenkundigen Ungezügeltheit mit ihrer Kleidung und ihrer Leidenschaft für den Jazz so im Gegensatz zur Hitler-Jugend standen und sich dem Bestreben des Staates widersetzten, den neuen Generationen eine der Nazi-Ideologie entsprechende Mode und einen ihr gemäßen Musikgeschmack zu verordnen.

Die Buntheit ihrer Reisegefährten und die Fröhlichkeit der jungen Leute erinnerten Rebeca an die Spaziergänge mit Tony im Central Park zum Sommeranfang, wenn die New Yorker ausgingen oder der Hitze entkommen wollten und sich beide im Spiel das Leben der vorübergehenden Leute vorstellten. José Antonio wollte zuerst nicht mitmachen, aber als sie ihn drängte, begann er, verrückte Geschichten über die Nachfahren der Piraten der Karibik, über die Chefs der Mafia und über russische Prinzessinnen zu erzählen, so dass Rebeca vor Lachen über die Phantasie des Kubaners fast platzte.

»Ist der hier frei?« Die Frage brachte sie mit einem Schlag auf die St. Louis zurück. Es war ein dunkelhäutiger, nicht allzu großer, schlanker junger Mann. Sein Kopf war beinahe kahl geschoren, er trug einen eleganten, etwas zu großen Anzug und rauchte unablässig und nervös.

»Ja«, gab Rebeca zurück. Sie war verärgert über die Unterbrechung einer angenehmen Erinnerung. Am wenigsten wollte sie sich in diesem Moment auf einen Flirt einlassen. Der Junge setzte sich neben sie und begann ohne jede Vorrede, sein Leben auszubreiten.

Er hieß Max, stammte aus Dresden, hatte in Berlin Kunst studiert, bis er als Jude der Universität verwiesen wurde. Er blieb in der Hauptstadt, wo er meinte, sich unbemerkt durchschlagen zu können, nahm verschiedene mit dem Theater verbundene Jobs an, bis er am Tag nach der Kristallnacht festgenommen und in Buchenwald interniert wurde, wo er alle erdenklichen Demütigungen, Folter und Prügel über sich ergehen lassen musste. Als er schon alle Hoffnung verloren hatte und Selbstmord für die einzige Alternative hielt, holte man ihn eines Morgens ohne weitere Erklärung aus dem Konzentrationslager mit der Bemerkung, ihm blieben zwei Wochen, um Deutschland auf einem aus Hamburg auslaufenden Kreuzfahrtschiff zu verlassen, andernfalls würde er für immer nach Buchenwald zurückkehren. Seiner Familie gelang es, das Geld für die Überfahrt auf der St. Louis zusammenzukratzen, und unversehens sah er sich unterwegs in die Karibik.

Der Junge war ganz aufgeregt, gestikulierte die ganze Zeit und redete unablässig. Noch glaubte er nicht an sein Glück, den Schrecken des Lagers und einem sicheren Tod entkommen zu sein und sich auf einem Luxuskreuzer zu befinden, der auf ein herrliches Land in den Tropen zusteuerte. Er reiste in Begleitung eines Freundes. In seinen langen Ausführungen ging er nicht im Einzelnen auf die Leiden und Schikanen im Lager ein, sondern philosophierte lieber über das Schicksal und die Möglichkeiten, die das Leben bereit hält und die man nicht nutzt.

Am Abend fühlte Rebeca sich besser und nahm die Einladung von Gretels Eltern zum Abendessen an, allerdings unter der Voraussetzung, dass es eine Ausnahme sein würde; sie wollte mit ihrer ständigen Anwesenheit nicht die Intimität der Familie stören. Herr Goldstein war ein liebenswürdiger Literaturprofessor, der an der Breslauer Universität gelehrt hatte, und sein freundlicher Charakter, seine Bildung und die kurzweilige Unterhaltung erinnerten sie an Dr. Kreiner. Klaus war ein schüchterner Junge, der nur sprach, wenn er aufgefordert wurde, und die Mutter war die Autorität in der Familie.

Die Eingeladene stand im Mittelpunkt der Aufmerksamkeit der Goldsteins. Angeregt vom Zusammensein mit einer Kollegin begann der Professor mit Fragen nach verschiedenen zeitgenössischen österreichischen Schriftstellern. Rebeca beschränkte sich auf kurze Antworten und lenkte bei nächster Gelegenheit das Gespräch auf Wien, Breslau und die Familien, um zu vermeiden, dass der Abend in eine Literaturdebatte ausuferte. Zum Schluss riss Frau Goldstein das Gespräch an sich und fragte Rebeca eingehend über New York und das Leben in den Vereinigten Staaten aus.

Der Abend mit den Goldsteins rief Erinnerungen an die Abendessen mit ihrer Mutter und ihrem Bruder in Wien wach. Unter den Dreien hatten sich ein Vertrauensverhältnis und eine Kameradschaft entwickelt, was nicht gegen Elisabeths Autorität verstieß; diese hörte sich stets interessiert die Bemerkungen und Erzählungen ihrer Kinder an. Mit der Zeit behielt Rebeca zwar einige Details aus ihrem Intimleben für sich, doch die Gespräche mit ihrer Mutter waren in ihrer Kindheit und in ihrer Jugend ganz wichtig für sie.

Nach dem Abschluss des Gymnasiums unterzog sich Rebeca der Reifeprüfung, auch als Matura bekannt, in der sie hervorragende Noten erzielte, die ihr die Aufnahme an der Universität Wien ermöglichten. Nach langem Überlegen schrieb sie sich für deutsche Sprache und Literatur ein. Eigentlich hatte sie sich beruflich noch nicht entschieden, hatte sie noch keinen festen Lebensplan, außer dass sie nicht zu Hause bleiben und auf den blauen Prinzen warten wollte. Sie wusste lediglich, was sie nicht wollte, also wählte sie etwas, was ihr Spaß machte und womit ihr verschiedene Wege in die Zukunft offen stehen würden.

Der Beginn ihrer studentischen Laufbahn fiel in eine Zeit häufiger Auseinandersetzungen, Streiks und Zusammenstöße unter den unterschiedlichen politischen Gruppierungen angehörenden Studenten. Vor allem die Nazis und die Sozialisten lieferten sich Woche für Woche Schlachten um die Oberhand an der jeweiligen Fakultät.

Im Jahr 1933 litt das Land noch immer an den Auswirkungen der Großen Depression, die vor allem für Österreich verhängnisvoll waren. Die von Dollfuß angeführten Christlichsozialen beseitigten im Verein mit anderen konservativen Parteien das Parlament und installierten ein spezielles diktatorisches Regime, das einige als Austrofaschismus bezeichneten und das andere einfach nie verstanden. Kennzeichnend für dieses Regime waren die Ablehnung des liberalen Kapitalismus und des Sozialismus sowie eine blutige Unterdrückung der Opposition sowohl von links als auch seitens der Nazis. Um alles noch komplizierter zu machen, erhöhte Hitler den Druck in Richtung eines Anschlusses Österreichs an das Dritte Reich.

Der Austrofaschismus verfolgte nicht die Juden; es gab zwar Diskriminierungen, aber im Allgemeinen waren Juden nicht wegen ihrer jüdischen Abstammung, sondern eher aufgrund ihrer Mitgliedschaft in der sozialdemokratischen oder kommunistischen Partei geächtet. In jenen Jahren kehrten tausende Juden – österreichische wie deutsche –, vor allem Künstler und Intellektuelle, die in Deutschland gearbeitet oder studiert hatten und vor den antisemitischen Maßnahmen der Nazis geflohen waren, nach Wien zurück oder ließen sich dort nieder.

Rebeca sympathisierte zwar mit liberalem Gedankengut, hielt sich aber in der politischen Betätigung zurück und widmete sich ihrem Studium. Bald zog sie die Aufmerksamkeit mehrerer Bewunderer auf sich, die es reizte, ein scheinbar unerreichbares hübsches Mädchen zu erobern. Wenn sie guter Laune war und Zeit hatte, nahm sie eine Einladung ins Kino oder Theater an, aber da den Bewerbern ein Ergebnis ihrer Bemühungen versagt blieb, ja, sie nicht einmal mit einem Kuss belohnt wurden, zogen sie sich nach zwei oder drei Begegnungen zurück.

Nur einer bewies genügend Geduld, in seinen Bemühungen fortzufahren: Karl, ein ruhiger und feinfühliger dunkelhäutiger Junge. Er war nett, studierte Recht und entstammte einer alten Kaufmanns- und Akademikerfamilie. Als er von Rebecas Liebe zur klassischen Musik erfuhr, lud er sie mehrmals zu Konzerten der Wiener Philharmoniker mit anschließendem Abendessen in Restaurants im Zentrum der Stadt ein, wo sie lange Gespräche über Musik und Kunst führten. Ihre Treffen wurden allmählich planvoller, und zwischen den beiden entwickelte sich eine Zuneigung, aus der im Winter eine Romanze wurde, die Rebecas geordnetes Leben vervollkommnete.

Elisabeth akzeptierte Karl mit der Bemerkung, dass sich die Welt geändert habe und die Religion des Jungen kein Problem darstellen dürfte, stellte aber klar, dass für Rebeca das Studium Priorität habe, und dann war das Thema für sie beendet, womit sie deutlich machte, dass sie dem Verehrer zwar nicht gerade den Vorzug gab, sich aber der Beziehung auch nicht aktiv widersetzte. Das Problem waren die Großeltern, die von Karl nichts wissen wollten und ihre Suche nach jüdischen Jungen für ihre Enkelin intensivierten. Zum Sabbathfestmahl luden sie neue Kandidaten ein und erzeugten damit unangenehme, ja komische Situationen. Elisabeth stoppte die Freierparade, indem sie drohte, sie und ihre Tochter würden nie wieder in das Haus ihrer Familie kommen, wenn es so weiterginge.

Obwohl die Gelmans die Beziehung ablehnten, traf sich Rebeca weiter mit Karl. Sie glaubte, ein nahezu perfektes Gleichgewicht erreicht zu haben, und fühlte sich wohl und zufrieden. Im ersten Jahr an der Universität erzielte sie gute Noten, nahm weiterhin Ballettstunden, in denen sie ihre Energie freisetzen konnte, und sie hatte einen Geliebten, um den ihre Freundinnen sie beneideten. In Karl trafen zwei Erfordernisse zusammen: er war nett, gebildet, entgegenkommend, und er verfügte dank seiner Familie über die Mittel, sie an jedem Wochenende ins Theater und zum Abendessen einladen zu können. Sie schrieb ihrem Vater und erzählte ihm von Karl und wie gut alles lief. Der Professor beglückwünschte sie und fragte, ob sie verliebt sei. Rebeca ließ die Frage unbeantwortet; sie wollte nicht lügen, und die Wahrheit war kompliziert. Zweifellos fühlte sie sich wohl, und in den vorangegangenen Monaten hatte sie die Spaziergänge, Konzerte, Tanzveranstaltungen und Restaurantbesuche mit Karl genossen, aber wenn sie spätabends zu Bett ging und die Ereignisse des Tages Revue passieren ließ, fragte sie sich, warum sie nicht die leidenschaftlichen Gefühle aufbrachte, von denen ihre Freundinnen sprachen. Sie konnte

Dr. Kreiner ihre Situation nicht in einem Brief schildern; es war ihr peinlich, und sie hatte nicht ausreichend Vertrauen zu ihm, um die Frage zu beantworten oder ihm ihre Zweifel zu offenbaren.

So entschied sie sich abzuwarten, bis sich eine Gelegenheit ergeben würde. Die Beziehung dauerte an, und Karl versuchte diese mit seinen Bemühungen, mit Rebeca zu schlafen, auf eine neue Stufe zu heben. Eines Nachmittags befanden sie sich allein in der großen Wohnung der Familie, und fast wäre es ihm gelungen, doch sie verweigerte sich in letzter Minute. Von da an vermied Rebeca ähnliche Situationen, nicht um ihre Keuschheit bis zum Letzten zu verteidigen, sondern einfach weil sie sich von ihm nicht genügend erregt fühlte. Jungfräulichkeit war für sie kein Mythos, sie hatte darüber mit Elisabeth gesprochen, die ihr geraten hatte, wenn sie sich dafür entscheiden sollte, dann müsse sie sich sicher sein, dass das der richtige Augenblick mit dem richtigen Menschen sei, denn das würde es nur einmal im Leben geben. Damals hatte sie diese ausführliche Erklärung ihrer Mutter überrascht.

Im Februar 1934 brach in Österreich ein Aufstand der Sozialisten aus, der von der Regierung brutal niedergeschlagen wurde. Die heftigsten Kämpfe entwickelten sich in den Wiener Vorstädten, der traditionellen Hochburg der Sozialdemokraten. Es waren chaotische Tage voller Gewalt; die Stadt war wie paralysiert, und stündlich waren Schüsse zu hören. Die Großeltern bestanden darauf, dass Elisabeth und die Kinder bei ihnen zu Hause Schutz suchten, und schickten ein Auto, um sie abzuholen. Während der Fahrt wurde der Wagen von einer Patrouille der Regierungstruppen angehalten, und die Soldaten wollten ihre Namen aufschreiben. In diesem Moment durchfuhr Rebeca ein lähmender Schauder, aber wie eine Furie stieg Elisabeth aus und trat dem die Truppe befehligenden Leutnant mit solch einer Entschiedenheit entgegen, dass dieser sie nach einigen Sekunden, die wie eine Ewigkeit anmuteten, weiterfahren ließ. Dieses Bild von ihrer Mutter hatte sich Rebeca eingeprägt, und seitdem fragte sie sich, ob auch sie eines Tages diese Selbstsicherheit und Charakterstärke haben würde.

Als Professor Kreiner von den Ereignissen erfuhr, bekräftigte er seine Einladung an Rebeca und ihren Bruder, für einige

Zeit nach New York zu kommen, wo sie ihre Studien fortsetzen, das Erlernen der englischen Sprache abschließen und abwarten könnten, bis sich die Lage in Österreich beruhigt hätte. Als US-Bürger hatte er Einreisevisa für seine Kinder erstehen können, aber er vermochte Elisabeth nicht zu überzeugen, die sich von den Kindern nicht trennen wollte.

Zum Ende des Winters hin verstarb Josefina urplötzlich infolge eines Infarkts; der Verlust traf Stepan hart, er erkrankte und starb ebenfalls kurz darauf. Der Tod der Großeltern war ein schwerer Schlag. Elisabeth versuchte, damit fertig zu werden, indem sie sich ganz auf die Erziehung ihrer Kinder konzentrierte. Margot zog es vor, noch für eine weitere Spielzeit in Paris zu bleiben. Nicht nur, dass sie gern in ihre Lieblingsstadt zurückkehrte, sondern sie wollte auch den Unruhen und dem Antisemitismus in Mitteleuropa entgehen. Sie bemühte sich, ihre Schwester dazu zu bringen, sie zu begleiten, aber Elisabeth weigerte sich, Wien zu verlassen. Sie war davon überzeugt, dass die Gelmans Österreicher wie alle anderen waren und dass ihre Eingliederung in die Gesellschaft und die Annahme der Wiener Sitten und Gebräuche sie vor den vereinzelten antijüdischen Ausschreitungen schützen würden.

Rebeca schloss das erste Jahr an der Universität mit ausgezeichneten Noten ab, doch während der Sommerferien putschten die Nazis, und der Kanzler wurde ermordet. Dank des Widerstands Mussolinis, den der Prominentenmord seines Freundes Dollfuß empörte, und aufgrund des Einschreitens Hitlers, den er für einen Emporkömmling und Opportunisten hielt, der die Prinzipien des Faschismus mit einem von Rassenreinheit besessenen Regime deformierte, wurde Österreich von Deutschland nicht annektiert. Der Duce sagte der österreichischen Regierung militärische Hilfe zu, sollte das Dritte Reich das Land überfallen, und entsandte vier Divisionen an die Grenze, um zu demonstrieren, dass er es ernst meinte. Das veranlasste den Führer, den Anschluss aufzuschieben.

In den Folgemonaten blieb die Lage in Wien kompliziert und verwirrend, und die Drohungen von deutscher Seite nahmen zu. In Deutschland waren die antisemitischen Maßnahmen der Nazis eskaliert. Angesichts solcher Spannungen nahm Elisabeth letzten Endes Dr. Kreiners Einladung an, und noch im Winter begannen Rebeca und ihr Bruder mit den Vorbereitungen auf die Reise in die Vereinigten Staaten.

****

Als Benítez von einem Beamten des Außenministeriums die alarmierende Mitteilung über die Verabschiedung des Dekrets 937 erhielt, sah er sie zunächst nur als eins der vielen Gerüchte an, die in Havanna systematisch gestreut wurden; er glaubte nicht, dass es wahr sein könnte. Aber ein Anruf seines Sohnes, der dasselbe berichtete, beunruhigte ihn dann doch. Am nächsten Morgen stand er früher auf, und nach einem raschen Frühstück begab er sich in sein Büro. Sein Adjutant war eben eingetroffen, und ohne ihn zu begrüßen, befahl er ihm, die Richtigkeit der Information zu überprüfen.

Das nahm fast den ganzen Vormittag in Anspruch, was Benítez, der sich nicht selbst nach der neuen Gesetzgebung erkundigen wollte, noch misslauniger machte. Eine persönliche Nachfrage, so dachte er, wäre demütigend und kontraproduktiv, denn daraus würde ersichtlich, dass man ihn aus dem Spiel gelassen hatte. Seine Meinungsverschiedenheiten mit dem Präsidenten waren bekannt, aber eine so öffentliche Missachtung seiner Autorität konnte seinem Ruhm als einflussreiche Persönlichkeit und Oberherr der Einwanderungspolitik den Todesstoß versetzen, und eine solche Situation konnte er nicht zulassen.

In den Machtkreisen der Insel war der Schein mehr als wichtig, und sein Mangel an Autorität würde als Vorspiel seiner Absetzung als Generaldirektor für Einwanderung ausgelegt werden und das Todesurteil für alle von diesem Posten abhängenden Geschäfte bedeuten. Schließlich kam sein Adjutant bleich und schwitzend mit einigen Papieren in der Hand zurück.

»Es stimmt, Chef, hier habe ich das Dekret.«

»Legen Sie es auf meinen Schreibtisch, und lassen Sie mich allein.«

Benítez holte tief Luft, um sich zu beruhigen und setzte sich mit überbordender Neugier an die Durchsicht des Dokuments. Mit der neuen Gesetzgebung wandte sich die kubanische Regierung grundsätzlich von der bisherigen Politik der offenen Tür ab. Sie stellte an alle Ausländer, die nach Kuba einreisen wollten, überaus strenge Bedingungen. Jeder Einreisende – egal, aus welchem Land – war gezwungen, eine Garantiesumme von 500 Pesos zu hinterlegen, und musste darüber hinaus die ausdrückliche Genehmigung des Außen- und des Arbeitsministeriums vorweisen können.

Er fühlte sich gekränkt. Das Dekret war über seinen Kopf als Einwanderungschef hinweg erlassen worden, es entmachtete ihn sozusagen und richtete sich zweifellos gegen ihn. Er suchte im Text nach etwas, das es ihm gestatten würde, die Einreise der Flüchtlinge nach Kuba anders zu organisieren, aber er fand nichts; das neue Gesetz bot ihm keinerlei legales Schlupfloch und galt ausnahmslos für alle Ausländer, Touristen wie Einwanderer. Es schloss die Lücke im Vorgängergesetz, die Benítez ein einträgliches Geschäft mit den Einreisegenehmigungen ermöglicht hatte. Einzige Ausnahme blieben die US-Bürger, die weiterhin frei und ungehindert ins Land einreisen durften.

Doch das Dokument beschränkte sich nicht auf die Änderung der Spielregeln, es hatte auch rückwirkenden Charakter, indem es die in der Vergangenheit ausgestellten Bewilligungen und die von Benítez auf eigene Rechnung an die Passagiere der St. Louis verkauften Genehmigungen ungültig machte, was eine Krise unkalkulierbaren Ausmaßes auslösen konnte.

Als der Einwanderungsdirektor das Dokument durchgelesen hatte, verlangte es ihn nach einem Kaffee, und während er aus der dampfenden Tasse schlürfte, versuchte er, seine Optionen einzuschätzen. Noch hatte er unklare Vorstellungen, aber er war entschlossen, nicht klein beizugeben. Es hatte schlimmere Probleme gegeben, und alle hatte er überwinden können. In vielen Fällen war die Lage danach besser gewesen als vorher. Rasch ersann er einen neuen Plan. Zunächst würde er in Havanna das Gerücht verbreiten, man könne das Dekret umgehen, wenn man bereit wäre, einen guten Preis zu zahlen; es gäbe immer noch die Möglichkeit einer Alternative für die Einreise nach Kuba. Dieses Gerücht sollte glauben machen, die Entscheidung des Präsidenten sei nur ein weiterer Schachzug gewesen, um Geld aus den Flüchtlingen zu erpressen. Außerdem würde er den Chef des Büros der Hamburg-Amerika-Linie um einen weiteren Geldbetrag angehen, damit die kubanische Regierung das Gesetz nicht auf die demnächst zu erwartenden fast eintausend Flüchtlinge anwendete. So würde er neues Geld erhalten und mit Laredo Brú verhandeln können, um ihn mittels eines gewissen Betrags zu erweichen. Keinesfalls würde er das mit dem Verkauf von Genehmigungen bereits eingenommene Geld anrühren; das war bereits Teil seines wohlverdienten Privatvermögens.

Mit der ihm eigenen Energie nahm er Verbindung zum Vertreter des Büros der Hamburg-Amerika-Linie auf und bat ihn dringend um eine Unterredung. Man vereinbarte, noch am selben Tag im Hotel Plaza zu Mittag zu essen. Benítez stellte bei dem Treffen seine gewohnte Frische und Selbstsicherheit zur Schau. Überschwänglich umarmte er ein paar Bekannte, die sich gerade im Lokal befanden, und bedachte den Deutschen, der ihn kühl und förmlich begrüßte, mit einem strahlenden Lächeln. Während des Essens sprach Benítez lediglich triviale Themen an und verwendete seine Aufmerksamkeit auf seine mit spanischem Wein benetzte schmackhafte Paella, ohne den reservierten Gesichtsausdruck des Teutonen, der kaum einen Bissen zu sich nahm, zur Kenntnis zu nehmen. Beim Dessert schließlich kam der Einwanderungschef auf den Anlass dieser Begegnung zu sprechen. Zunächst spielte er die Bedeutung des Dekrets 937 herunter, um dann mit der den Kubanern eigenen Eloquenz und der Selbstgewissheit derer, die lange Zeit von den Machtspielchen profitiert haben, zu erläutern, dass die Schifffahrtsgesellschaft eine weitere Summe Geldes erübrigen müsse, einen für ein Unternehmen wie die Hamburg-Amerika-Linie vergleichsweise geringen Betrag, nur zweihunderttausend Dollar. Damit wäre dann das Problem der Einreise der Flüchtlinge nach Kuba gelöst. Nachdem sein Redeschwall versiegt war, bestellte er ein Gläschen Cognac und harrte der Antwort seines Gesprächspartners.

Der Widerstand war größer, als Benítez erwartet hatte. Der Mann wies das Ansinnen, einen weiteren Betrag für die Anlandung der Passagiere der St. Louis auszuzahlen, energisch zurück und forderte die Einhaltung der vom Oberst beim Verkauf der Genehmigungen gemachten Zusagen. Nachdem er das Essen bezahlt hatte, entschuldigte sich der Vertreter der Schifffahrtsgesellschaft und erklärte die Unterredung für beendet.

Angesichts dessen, dass sein Plan gescheitert war, gedachte Benítez, sich an die örtliche jüdische Gemeinde zu wenden. Aber er verwarf diese Möglichkeit schon bald, weil es dieser stets an Geld mangelte und weil die jüdischen Organisationen bekanntermaßen ziemlich zerstritten waren. Er befand sich in einer Sackgasse, doch das ließ ihn nicht verzweifeln: er fand immer einen Ausweg. Er entschloss sich, den Stier bei den Hörnern zu packen und um eine Unterredung mit dem Präsidenten der Republik zu ersuchen, um mit diesem direkt zu verhandeln. Außerdem hatte er noch ein As im Ärmel, das er noch nicht ausgespielt hatte: seine Verbindung zu Batista, dem starken Mann im Lande. Der Mulatte hatte ihn auf diesen Posten gesetzt, und er hatte ihm immer geholfen. Nach Einschätzung der Lage gelangte er zu dem Schluss, dass er sich, wenn er seine Karten geschickt einsetzte, mit Laredo Brú würde einigen können. Zu diesem Zeitpunkt käme dem Machthaber ein erneuter Konflikt mit dem Armeechef höchst ungelegen. Er beschloss, noch am selben Nachmittag den Büroleiter des Präsidenten anzurufen.

****

Dank intensiven Lernens und nach beharrlichem In-die-Pedale-Treten bestand José Antonio erfolgreich seine Abiturprüfung. Er beschloss, Medizin zu studieren, was die Familie sehr begrüßte, besonders die schwarze Rosa, die hoffte, mit dem Rat eines Experten ihr Kräutergeschäft ausbauen zu können. Nachdem er sich an der Universität von Havanna eingeschrieben hatte, wurde er sich eines ernsten Konflikts bewusst: er musste seine Botendienste für die Western Union aufgeben. Die Arbeit kollidierte mit dem Stundenplan seines Studiengangs, also musste er eine andere Möglichkeit suchen, um seine Ausgaben bestreiten und zum Haushalt der Familie beitragen zu können. Den Sommer über war er auf der Suche nach einer Anstellung, konnte aber keine finden, und so beschloss er, sich nicht weiter herumzuquälen. Voller Optimismus begab er sich eines stillen Morgens Anfang Oktober 1928 zu der auf einem Hügel, La Colina, gelegenen Universität.

Stolz stieg er die ein Jahr zuvor während des Baubooms der ersten Jahre der Machado-Regierung eingeweihte große Freitreppe empor. Sie war aus Anlass der Panamerikanischen Konferenz errichtet worden und sollte den stillen Coolidge beeindrucken, der bei diesem einzigen Besuch eines Präsidenten der

Vereinigten Staaten die US-Delegation leitete und in Einhaltung des Alkoholverbots in seinem Land, der sogenannten Prohibition, nach dem offiziellen Trinkspruch Machados mit einem Glas Wasser anstieß. Tonys freudige Erregung konnte auch nicht durch die spöttischen Bemerkungen eines Dicken und eines Blonden mit Schildpattbrille getrübt werden, die gemeinsam mit ihm die Stufen erklommen. Während Tony die Statue der Alma Mater betrachtete, meinte der Dicke, bestimmt habe eine Kubanerin Modell gestanden.

»Ich habe gehört, es ist die Tochter eines Ministers der Menocal-Regierung. Aber ich neige zu einer anderen Version«, sagte der Blonde.

»Und die wäre?«, fragte der Dicke.

»Es sind eigentlich zwei Kubanerinnen, das Gesicht gehört der Tochter eines Universitätsprofessors und der Körper einer phänomenalen Mulattin aus Habana Vieja, die den Tschechen fast umgehauen hat, als der sie sah.«

»Welchen Tschechen?«

»Sei nicht doof, Dicker, den Bildhauer natürlich.«

José Antonio sagte nichts dazu; er wusste auch nichts dazu zu sagen, und so stieg er weiter die Treppe empor und dachte, wie viel er doch noch zu lernen hatte, und vor allem, wie viel ihm noch zum Leben fehlte. Doch selbstsicher und erfahren, wie er zu sein vorgab, wandte er sich zum Audimax, wo die Begrüßungsfeier für die neuen Studenten stattfinden sollte. Beim Betreten des Saals fühlte er sich angesichts des festlichen Anlasses allein und fehl am Platz, außerdem kannte er niemanden der lachenden und untereinander tuschelnden Jugendlichen. Er versuchte, sich Mut zu machen. Das Wichtigste war, dabei zu sein, und er hatte es geschafft. Während er die großen Fresken betrachtete, tippte ihm jemand auf die Schulter, und als er sich umdrehte, standen da zwei ehemalige Schulkameraden aus dem Gymnasium, die ihn erstaunt begrüßten und fragten, wie er es bewerkstelligt hatte, das Abitur auf der Abendschule zu bestehen. In diesem Moment ertönte eine Glocke, und alle nahmen zur offiziellen Eröffnung des Studienjahres Platz.

Die Universität, an der José Antonio nun studieren durfte, hatte gerade ihr zweihundertjähriges Bestehen gefeiert, aber viele ihrer Gebäude befanden sich noch im Bau, und in ihnen wurde

Munition gelagert. Im vorangegangenen Studienjahr war sie das Zentrum der Opposition gegen die Machado-Regierung gewesen, die sich zunächst gegen die Verlängerung der Regierungszeit und dann gegen die Wiederwahl des Präsidenten gewandt hatte. An dem Tag, da Tony die große Freitreppe emporstieg, war der Campus von Militär besetzt. Der Studentenbund an der Universität war verboten und die meisten Studentenführer, die die Proteste gegen das Regime angeführt hatten, waren exmatrikuliert worden. An der Medizinischen Fakultät gab es noch einen weiteren Konflikt: die Studenten hatten mehrere Professoren abgelehnt, die die jungen Leute für inkompetent und korrupt hielten. Seine künftigen Kommilitonen waren bekannt für ihr aufrührerisches, streitbares, keinem Skandal ausweichendes Verhalten. Die gegen sie verhängten Strafen hatten Aufsehen erregt, doch in diesem Jahr fielen sie für die Studienanfänger auf Grund der Situation an der Universität nicht besonders hart aus.

Das aufgewühlte politische Klima bereitete José Antonio keine Sorgen; mit dem Studium hatte er seinen Traum verwirklicht, und er nahm sich vor, das Beste aus seinem neuen Status zu machen. Auf dem Universitätshügel brodelte es in jeder Hinsicht, und jeder Tag konnte ein neues Abenteuer bringen. Er wurde Mitglied der Pelota-Mannschaft des ersten Studienjahres und beteiligte sich, mehr aus Gaudi als aus Überzeugung, an verschiedenen Tumulten und Kundgebungen gegen die Regierung. Die einzige Enttäuschung war die geringe Zahl weiblicher Studierender und Universitätsangestellter. Vom ersten Tag an wollte er mit einer Kommilitonin, einer Sekretärin, einer Krankenschwester oder irgendeinem ihm auffallenden weiblichen Wesen anbändeln, aber die Medizinstudentinnen konnte man an den Fingern einer Hand abzählen, und im Krankenhaus betrachteten ihn die Frauen als das, was er war: einen einfachen Schüler im ersten Studienjahr, von dem niemand wusste, ob er dem Druck des Studiums standhalten würde.

Mangels Möglichkeiten verlegte er sein Operationsgebiet an aussichtsreichere Orte, und in der wenigen freien Zeit setzte er sich gemeinsam mit anderen Schürzenjägern auf eine der Bänke der späteren Plaza Cadenas, um in der vom Baugeschehen etwas staubigen Luft den Mädchen der pädagogischen, philosophischen und pharmazeutischen Fakultät nachzuschauen. Nachdem mehrere seiner Annäherungsversuche auf diese oder jene Weise gescheitert waren, entschloss er sich, den universitären Bereich aufzugeben und seine Suche auf andere Gegenden auszuweiten. Mit seinem neuen Status dachte er mehr Glück in dem Viertel zu haben, wo, wie er von seinen Kumpels an der Ecke erfuhr, drei Querstraßen von seinem eigenen Haus entfernt eine geschiedene Frau zu haben sein sollte. Zweimal versuchte er, ein Gespräch zu beginnen, aber die Dame würdigte ihn keines Blickes. Die glücklose Phase dauerte an, und so musste er an den Wochenenden wieder die Bordelle von Havanna aufsuchen, obwohl er, nachdem er einen Vortrag über die Ausbreitung von Geschlechtskrankheiten gehört hatte, noch wählerischer geworden war. Er war vorsichtig, doch diese Vorsicht bewahrte ihn nicht davor, dass er sich von einem jungen Mädchen mit zartem, unschuldigen Gesicht, das es dem Angebot der Puffmutter zufolge mit ihm das erste Mal trieb, ein paar unangenehme Filzläuse einfing.

Nach mehreren gescheiterten Bemühungen landete er schließlich bei einem Mädchen, das einer Geliebten nahe kam: Magdalena, einer kleinen, schlanken Chinesin mit herrlichem schwarzen Haar, das ihr bis zur Taille reichte. Sie war die Tochter eines Kanton-Chinesen und einer Kubanerin und ging auf eine Normalschule. Die die Welt in den zwanziger Jahren erschütternden Veränderungen erreichten allmählich auch Kuba. Zum ersten erlangten die Frauen einige, wenn auch bescheidene, Freiheiten. Magdalena durfte an den Wochenenden abends mit ihren Freundinnen ausgehen, was es dem Paar ermöglichte, das Kino zu besuchen, wo man sich leidenschaftlich küsste. Er streichelte die zarten Wangen und das lange Haar des Mädchens, und sie wehrte auf zärtliche Weise ab, sobald er zu den strategischen Zonen vordringen wollte, die jedoch für ihn tabu blieben.

Sein romantisches Idol, Greta Garbo, geriet ins Wanken, als Jean Harlow, die atemberaubende Platinblonde, die Szene betrat. Aber nachdem er drei Mal »Es war« gesehen hatte, gewann die Schwedin wieder die Oberhand und blieb weiter die Frau seiner Träume.

Für die Fernández ergaben sich keine großen Veränderungen. Sein Vater war weiterhin im Ausland tätig, ohne dass er groß aufstieg oder neue Aufgaben übernahm. Dies nicht nur, weil es ihm an politischen Beziehungen mangelte, sondern auch, weil die Vorgesetzten ihn wegen seiner poltischen Haltung argwöhnisch beobachteten. Manuel war ein erklärter Kritiker der Machado-Regierung, doch aufgrund seiner Vergangenheit und seiner effizienten Arbeit konnte man ihn schlecht loswerden. Als sich der Präsident um die Wiederwahl bewarb, dachte sein Vater an eine vorzeitige Pensionierung, aber das knapp bemessene Budget der Familie ließ das nicht zu. Mit Eloísas Schneiderei ging es noch immer nicht voran. Blanquita, die ein Jahr lang stundenweise als Aushilfslehrerin in Bauta gearbeitet hatte, wo man sie nur selten brauchte und wo sie wenig verdiente, entschied sich, an der Universität Pädagogik zu studieren, Margarita nahm eine Lehre als Sekretärin auf, und Victoria bereitete sich auf den Besuch des Gymnasiums von Havanna vor.

Angesichts der wirtschaftlichen Misere der Familie erwog Tony, sein Studium aufzugeben und sich eine Arbeit zu suchen. Er machte sich die Entscheidung sehr schwer. Sein Studium gefiel ihm von Tag zu Tag mehr, und er fühlte sich glücklich an der Universität, aber ihm schien, dass er keine Wahl habe. An einem Palmsonntag sprach er das Thema an. Troja stand in Flammen, und er stieß auf den einhelligen Widerstand aller Familienmitglieder. Manuel verweigerte jede Diskussion darüber; Blanquita sagte, wenn ihr Bruder die Universität verlasse, würde sie nicht Pädagogik studieren und allein in Bauta leben; Victoria versicherte, sie würde sich irgendeine Arbeit suchen, und sei es als Kellnerin in einer Bar. Eloísa schnitt den beiden das Wort ab, sie sollten nicht solch einen Mist reden, und Margarita fing an zu weinen, während die schwarze Rosa mit den Worten von dannen zog, sie wolle den Heiligen eine Opfergabe darbringen. Aber am schlimmsten war, dass seine Mutter ihn am darauf folgenden Tag so heftig tadelte, dass alle fürchteten, Eloísas Blutdruck würde so sehr steigen, dass ihr etwas Ernstes widerfahren könnte.

Trotz dieser Zurechtweisung blieb José Antonio bei seiner Haltung. Er willigte lediglich ein, das erste Studienjahr zu Ende zu bringen, ehe er verstärkt nach einer Arbeit Ausschau halten würde, und er versprach, an die Universität zurückzukehren, sobald die wirtschaftliche Lage der Familie es erlaubte. Es folgten mehrere spannungsgeladene Wochen, bis am Nachmittag des ersten Platzregens im Mai Paco mit einer Alternative auftauchte. Ein Arbeitsplatz sei frei geworden, der nicht mit dem Stundenplan in Konflikt geriet: Filmvorführer im Kino Fausto, zunächst als Aushilfskraft, aber wenn er sich den Sommer über als gelehrig erwies, könnte er sich um eine Festanstellung bewerben. Die Vorstellungen würden um fünf Uhr nachmittags beginnen, außer an den Wochenenden, an denen es bereits mittags losging. Tony sagte unverzüglich zu. Niemand glaubte, er würde diesen Wechsel zwischen Studium und Arbeit aushalten; es würden harte Tage werden, und jegliches Vergnügen, jede gesellschaftliche Verpflichtung wären ausgeschlossen.

Doch allen negativen Prophezeiungen zum Trotz schloss Tony sein erstes Jahr als Medizinstudent mit guten Noten ab und wechselte ins zweite Studienjahr. Weil seine Tage so vollgepackt waren, achtete er nicht auf die Nachrichten über den Börsenkrach in New York, bis die Große Depression auch Kuba erreichte, der Zuckerpreis abstürzte und die Wirtschaft der Insel kollabierte. Die Krise war schrecklich, und Tausende verloren ihren Arbeitsplatz. Glücklicherweise wurde Manuel nicht entlassen, und José Antonio durfte als Filmvorführer weiterarbeiten. Trotz aller Probleme war das Kino zunehmend beliebt. In den harten Zeiten brauchte man mehr denn je eine Zuflucht, um der schwierigen Wirklichkeit zu entkommen, und die Filme waren eine echte Möglichkeit, Träume am Leben zu erhalten.

Seit Tony in Kanada gelebt hatte, war er dem Kino verfallen, und wenn er in Havanna ausging, war das Kino sein bevorzugtes Ziel. Eine Matinee konnte bis zu fünf Centavos kosten. Deshalb gefiel ihm die Arbeit im Fausto trotz der Anstrengungen des Tages. Er genoss die Premieren und sah sich die Filme zwei, ja drei Mal an, und in den Pausen vertiefte er sich in die langen Medizintexte, wobei er auf den Austausch der Filmrollen und anderes zu achten hatte. Mitunter verpasste er ihn, und dann brüllte das aufgebrachte Publikum den klassischen Satz: »Hinkebein, setz die Flasche ab!« Das war eine ewige Anspielung auf einen der ersten Filmvorführer in Havanna, dessen eines Bein kürzer war als das andere und der dem Schnaps ergeben war, so dass ihm bei seinen Saufexzessen immer wieder Fehler unterliefen.

Am unangenehmsten war die unerträgliche Hitze in der Kabine während des Sommers, aber er war stets in Hemdsärmeln, und mit dem ihm eigenen Humor bemühte er sich, die Stunden auf der Arbeit möglichst angenehm zu gestalten. Er erwarb eine umfassende kinematografische Bildung und wurde zu einem Experten für Schauspieler, Regisseure, Musiker und alles, was mit dem Kino zusammenhing, vor allem für das nordamerikanische Kino, das damals bereits die europäische Konkurrenz überflügelt hatte und das den Geschmack des kubanischen Publikums prägte.

Er hatte das Privileg, in seinem Kino den ersten Tonfilm vorzuführen, »Der Jazzsänger«. Als Al Jolson in der Synagoge sang, wusste er, dass eine neue Ära begonnen hatte. Diese Neuerung wurde anfangs nicht von allen angenommen, und es gab welche, die sie einfach als Kuriosum oder Extravaganz ansahen, aber die Leute sahen mit Vorliebe Tonfilme und stürmten die Kinos wie nie zuvor. Die Argentinier nutzten die neue Technologie, um den Tango international zu verbreiten. Zu seinen prägenden Erinnerungen gehörte, wie er zum ersten Mal Carlos Gardel hörte, und er wurde zu einem treuen Fan der Filme des »Morocho del Abasto«. Die Arbeit im Fausto festigte seine Treue zu Greta Garbo. Erneut faszinierte ihn die Skandinavierin mit ihrer Darstellung in »Der Kuss«, des letzten Stummfilms des Filmstars, in dem die Diva einmal mehr als Herzensbrecherin auftrat und das Leben der Männer zerstörte.

José Antonios Absage an eine förmliche Verbindung mit Magdalena beschloss das Schicksal des Paares. Die kleine Chinesin widerstand nicht dem Druck ihrer Eltern, die sich, als sie von Tonys Existenz und von seiner Weigerung, eine Verlobung einzugehen, erfuhren, vehement der Beziehung widersetzten. Sie waren sich sicher, dass der Junge keine Zukunft hatte und sich nur mit ihrer angebeteten Tochter ins Bett legen wollte. Mit Letzterem hatten sie Recht, und damit war José Antonio wieder einmal gescheitert. Magdalena hatte sich in ihn verliebt, verteidigte aber ihre Jungfräulichkeit bis zum Letzten und weigerte sich rundheraus, mit ihm in eine Absteige oder ein Hotel zu gehen; sein einziger Trost blieben die dunklen Kinosäle an den Montagabenden, an denen es im Fausto keine Vorstellung gab. Jedes Treffen war minutiös vorbereitet, von der Suche nach einem Film mit wenigen Zuschauern bis zum Beschwören der Chinesin, dass sie Unterricht ausfallen lassen oder eine Unterrichtsstunde vortäuschen möge. Es waren heiße Begegnungen für José Antonio mit Küssen und unglaublich erregenden Liebkosungen, aber am Ende schieden sie doch nur schweißüberströmt und unbefriedigt voneinander.

Die Enttäuschung darüber und die Tatsache, dass Magdalena eigentlich nicht die Frau seiner Träume war, versetzten ihn in eine ausweglose Lage. Als sie ihm daher ein Ultimatum zu stellen versuchte und von ihm verlangte, sie zu Hause aufzusuchen, um die Verlobung amtlich zu machen, hielt es José Antonio für das Beste, die Romanze zu beenden. Eines wolkenverhangenen, heißen Nachmittags bestellte er sie in den Prado und machte Schluss mit ihr, nicht ohne ihr alles Gute für ihr weiteres Leben zu wünschen. Einen Moment lang schwankte er angesichts der Tränen, die über das Gesicht des süßen Mädchens liefen, aber er bewahrte Haltung und verabschiedete sich von ihr für immer.

In rasendem Wechsel zwischen der Universität und dem Fausto endete für José Antonio das Jahr 1929. Eines Nachmittags während der Weihnachtsferien, kurz vor Schichtbeginn im Kino, entschloss er sich, seinem Großvater mütterlicherseits einen Besuch abzustatten. Dieser arbeitete trotz seines Alters noch immer als Angestellter bei Cuba-Cataluña. Mit diesem Besuch sollte er finden, was er schon lange gesucht hatte.

9. KAPITEL

Am Montag, dem 15. Mai 1939, ging die St. Louis in der Frühe vor der normannischen Hafenstadt Cherbourg vor Anker. Viele Passagiere versammelten sich auf dem Schiffsdeck, um etwas von der Stadt zu sehen, unter ihnen auch Rebeca, die die Zeit totzuschlagen versuchte, indem sie den Booten zwischen der Mole und dem Kreuzfahrtschiff nachschaute. Nach einer Weile wurde es ihr allmählich langweilig, und da sah sie die kleine Leni mit ihrem Vater auf sich zukommen.

»Guten Tag, Fräulein Kreiner. Wie haben Sie geschlafen?«

»Besser, vielen Dank. Wie geht es Ihnen?«

»Danke, gut«, erwiderte Ackermann, während seine Tochter Rebeca wortlos anschaute.

In diesem Moment gingen zwei Kinder vorüber und luden Leni in den Spielsaal ein, aber die schüttelte nur verneinend den Kopf und drückte die Hand ihres Vaters. Ackermann versuchte erfolgslos, sie zu überreden mitzugehen, bis schließlich eine Frau mit einem weiteren Mädchen in Richtung Spielsaal vorbeikam, und unter großen Anstrengungen konnten sie Leni überreden, sich den beiden anzuschließen.

»Sie hat die Trennung von ihrer Mutter noch nicht verwunden«, klärte Ackermann sie auf.

Rebeca verharrte in Schweigen.

»Die Mutter zog es vor, in Deutschland zu bleiben. Sie ist keine Jüdin und sagte, sie sehe keinen Grund zu gehen.«

»Ihr muss die Trennung sehr schwer fallen.«

»Ja, sie leidet darunter.« Ackermann hielt inne und putzte seine Brille. »Sie ist ein sensibles Mädchen. Immer war sie um die Zuneigung ihrer Mutter bemüht. Ihre Geburt fiel mit der Ernennung Hitlers zum Reichskanzler und den ersten Maßnahmen gegen die Juden zusammen. Seitdem hat Helga, so heißt ihre Mutter, etwas gegen sie. Ich bin Journalist und Schriftsteller. Als ich heiratete, hatte ich eine gute Anstellung, aber mit den Nazis an der Regierung hat sich alles geändert.«

Rebeca empfand die Situation als unangenehm. An diesem Morgen war sie aufgewacht, ohne dass ihr übel war, und sie wollte den Tag genießen. Jetzt fragte sie sich, warum sie sich diese Beichte anhören musste. In dem Augenblick kam ein schlanker Herr von mittlerer Statur, mit kleinem schwarzem Schnauzer und in tadellos sitzendem grauem Anzug, auf sie zu.

»Guten Tag, Ackermann. Guten Tag, mein Fräulein.«

»Rebeca, gestatten Sie mir, dass ich Sie mit Professor Finstein bekannt mache. Er ist einer der besten Augenärzte Berlins.«

»Halb so wild. Übertreiben Sie bloß nicht, es gibt sehr gute Augenärzte in unserem Land. Nun, Ackermann, endlich konnten wir ausreisen.«

»Lieber Professor, ich fühle mich erst sicher, wenn wir an unserem Ziel angelangt sind.«

»Nach Ihren Worten zu urteilen, wollen Sie nicht nur das Dritte Reich, sondern auch den Kontinent hinter sich lassen. Dem gebe ich nicht die Schuld, das wäre wohl ungerecht. Frankreich zum Beispiel ist ein wunderschönes Land. Ich konnte mich da zwar nicht niederlassen, aber man lebt dort sehr gut.«

»Wie lange haben Sie in Frankreich gelebt?«, fragte Ackermann.

»Fast zwei Jahre. Waren Sie schon mal in Frankreich?«, wandte sich der Professor an Rebeca.

»Ich hatte nie die Möglichkeit. Aber ich weiß einiges von meiner Tante, die dort schon seit mehreren Jahren lebt. Sie war da auf Hochzeitsreise, und seitdem ist sie verliebt in Paris. Nach dem Tod der Großeltern kehrte sie dorthin zurück, und jetzt lebt sie in Montmartre; das ist ihr liebstes Viertel.«

»Ja, da lebt es sich sehr angenehm. Wenn man auf den Treppen vor Sacré-Cœur steht, hat man einen der schönsten Ausblicke über Paris. Die Stadt ist etwas ganz Besonderes, man kann sich auch wunderbar amüsieren, für die einen ist sie die Hauptstadt Europas, für andere der Mittelpunkt der Welt. Sie ist nicht wie unsere Städte, alle zu deutsch.« Die Drei mussten lachen, und der Professor fuhr fort: »Paris ist Vielfalt. Da leben Leute aus allen Ecken der Welt, dazu kommen tausende Touristen. Stets gibt es einen neuen Ort, den man kennenlernen muss. Ich habe versucht, mich dort niederzulassen, aber es war nicht möglich. Mit dem Attentat des Studenten auf den deutschen Diplomaten wurde dann die Lage für die geflüchteten Juden noch komplizierter; es ist wirklich schwierig geworden, sich für immer auf französischem Territorium einzurichten.«

Rebeca erinnerte sich an den Vorfall. Bei all der Propaganda um den Fall in Deutschland und Österreich, die ihn als Beweis für die Bösartigkeit der Juden hinstellte, konnte man ihn unmöglich vergessen. Jener 7. November 1938 markierte ein Davor und ein Danach, jener Tag, an dem Herschel Grynszpan, ein junger Jude, der in Paris studierte, mit mehreren Schüssen in der Botschaft des Dritten Reichs einen Diplomaten tötete. Der Junge wollte die Vertreibung seiner Eltern nach Polen rächen, nachdem diese mehrere Jahrzehnte in Deutschland gelebt hatten. Der Vorfall bildete einen ausgezeichneten Vorwand für die von den Nazi-Behörden veranlasste Kristallnacht.

»Aber verzeihen Sie, Sie kommen aus Frankreich?«, fragte Rebeca.

»Ja. Vor vielen Jahren, noch vor dem Krieg, habe ich eine Zeit lang in Paris mein Fach studiert; ich spreche französisch, und als ich aus Deutschland fortging, wollte ich eigentlich nicht weit weg. Ich dachte, wir könnten bald zurück. Hatte geglaubt, dieser Alptraum könnte nicht lange dauern. Aber in Frankreich konnte ich in meinem Fach nicht arbeiten, und ich hatte auch nicht die nötigen Mittel, um meine Familie zu ernähren. Außerdem hatten wir nur Papiere für einen zeitweiligen Aufenthalt, also haben wir uns entschlossen, mit dem verbleibenden Geld die Möglichkeit zu nutzen, mit diesem Kreuzfahrtschiff nach den Vereinigten Staaten aufzubrechen. Wir haben Verwandte in Chicago und hoffen auf ein Visum für die USA.«

»Ich bin sicher, dass Sie eins bekommen. Ich wusste nicht, dass auf diesem Schiff auch Reisende aus anderen Ländern sind; ich dachte, wir kommen alle aus Deutschland.«

»Nein, ich kenne noch zwei Familien, die auch aus Frankreich kommen, und eine stammt aus Belgien. Es ist nicht leicht, sich in einem anderen Land niederzulassen, zumindest nicht in Europa. Es sind schwierige Zeiten. Wir sind Ausländer und die letzten, die eine Arbeit finden; Arbeitsplätze gibt es ohnehin nicht besonders viele, und obendrein sind wir Juden.«

In dieser Minute legte ein Boot mit weiteren Passagieren am Kreuzfahrtschiff an. Eine kurze Weile wendeten alle Leute an Deck ihre Aufmerksamkeit den neuen Reisegefährten zu, unter ihnen viele Kinder. Als alle an Bord waren, entfernte sich das Boot wieder in Richtung Mole, und die Schiffssirene kündigte die Abfahrt an. Mehrere Personen gaben hörbar ihrer Erleichterung Ausdruck, dass sie sich nun an Bord befanden.

»Sie wollen schnell weg«, sagte Finstein.

»Ja, es drängt sie, rasch den Atlantik zu überqueren und ans Ziel zu kommen«, erwiderte Rebeca.

Weder sie noch die übrigen Passagiere wussten, dass die Kürze des Aufenthalts in Cherbourg mit den neuen Anweisungen, die Abfertigung im Hafen zu beschleunigen, im Zusammenhang stand.

»Es scheint, es geht los«, bemerkte Ackermann. »Bitte, entschuldigen Sie mich, ich will nach Leni sehen.«

Auch Rebeca verabschiedete sich und suchte ihre Kabine auf. Im Kopf klangen noch Ackermanns Worte nach. Obwohl er nur von der Trennung der Tochter von ihrer Mutter gesprochen hatte, musste die Entscheidung der Frau auch das Ende ihrer Ehe bedeuten.

Trotz der unerwarteten Beichte gefiel ihr Ackermann; seine Männlichkeit, seine Reife, sein offenkundiges Weltwissen machten ihn zu einem attraktiven Mann; außerdem schien er ein guter Vater zu sein. Sie wollte nicht glauben, dass man einen Mann mit diesen Eigenschaften aufgeben konnte, nur weil er Jude war.

Leni tat ihr Leid; sogar ihre Mutter hatte sie von sich gewiesen, weil sie nach der strengen Rasseneinteilung des Dritten Reichs ein Mischling war. Rebeca wusste, was es bedeutete, ohne ein Elternteil aufzuwachsen, und wie das Fehlen dieses Elternteils ein Kind prägen konnte. Sie selber hatte schließlich wieder zu ihrem Vater gefunden, und jetzt, nachdem sie Elisabeth verloren hatte, freute sie sich, wieder bei ihm zu sein. Zumindest war dieses Problem in ihrem Leben gelöst, als einziges; die anderen lagen noch vor ihr.

****

Als Goebbels die Nachricht vom Ablegen der St. Louis erhielt, empfand er nicht die erhoffte Befriedigung. Sie war der Beginn einer Operation, die man mit der gewohnte Energie und Effizienz seines Ministeriums im Einklang mit den elf von ihm aufgestellten Propagandagrundsätzen der Nazis vorbereitet hatte.

Er zweifelte nicht daran, dass dieser Operation sowohl national als auch international ein großer Erfolg beschieden sein würde. Doch die Ungewissheit und die Besorgnis, die ihn in jüngster Zeit befallen hatten, wollten nicht weichen, und seine Position schien weiterhin gefährdet.

Die persönliche Krise, die sich auf die missgünstigen Kreise der Macht im Dritten Reich übertrug, blieb auch dem Führer nicht verborgen, was für jeden Nazi-Oberen eine enorme Gefahr bedeutete. In ganz Berlin klatschte und tratschte man über das Gerücht, dass seine Frau Magda von Hitler die Einwilligung erbeten hatte, sich scheiden zu lassen, nachdem ihr Goebbels' Affäre mit Lida zu Ohren gekommen war, eine Affäre, deren Heftigkeit die ansonsten häufigen Liebschaften des Ministers übertraf.

Seit dem Aufkommen des Nationalsozialismus buhlten die Nazi-Führer wie wild um die Gunst Hitlers und um die mächtigsten Posten. Es war keine saubere Karriere und noch weniger ein Wettstreit der Tugenden und Talente. Überall lauerten Fallen, überall herrschte Lobhudelei vor, und Goebbels befand sich von Anfang an in einer ungünstigen Situation. Trotz seines frühzeitigen Eintritts in die Partei gehörte er nicht zu der Gruppe der Auserwählten, die sich von München aus gemeinsam mit Hitler auf den historischen Marsch begeben hatten und die in der komplexen Hierarchie des Regimes bevorzugt behandelt wurden. Gegen ihn sprach auch, dass er aus dem linken Flügel des Nationalsozialismus kam, dem jene angehörten, die anfangs glaubten, die sozialistische Komponente würde im Parteinamen mehr als die Hälfte ausmachen. Auch seine akademische Ausbildung an einigen der besten deutschen Universitäten sowie sein Doktorhut waren ihm keine Hilfe, ja sie konnten sich in einem Umfeld, in dem höhere Bildung eher selten war und in der das Zurschaustellen reputabler Fähigkeiten anstelle von Bewunderung unter einigen seiner Kollegen eher Spott hervorrief, sogar nachteilig auswirken.

Diese Faktoren waren ihm hinderlich auf seinem politischen Weg, aber er ließ sich nicht entmutigen und kämpfte um die höchsten Weihen der Macht. Mit großem Eifer und mit Effizienz erledigte er die ihm von Hitler übertragenen Aufgaben, zunächst als Gauleiter in Berlin, dann als Reichspropagandaleiter der

NSDAP. Auf diesem Posten machte er sich unentbehrlich und glänzte als Organisator der Wahlkampagnen der Nazis. Als Erster in Deutschland setzte er das Kino, den raschen Flugverkehr und die orchestrierten Massenkundgebungen, die dem Führer so sehr gefielen, als Mittel des politischen Kampfes ein. Sein ungezwungener, sarkastischer Redestil machte ihn zu einem Lieblingsredner der Massen, den allein Hitler übertraf, was ihm nicht wenig Neid und Missgunst bescherte.

Er befand sich auf dem Höhepunkt seiner Glanzzeit, als mit dem Eintritt in die Regierung sein Einfluss langsam, aber kontinuierlich abnahm. Wie in jeder Diktatur ist das Propagandaministerium eine der Säulen, auf denen das Regime ruht, doch mit den Kriegs- und Revanscheplänen des Führers zählte sein Aufgabenbereich nicht mehr zu den wichtigsten. Das Hauptaugenmerk richtete sich auf die Wiederbewaffnung Deutschlands und auf die Außenpolitik des Reiches, und daran war er nur begrenzt beteiligt. Er beschloss, seine ganze Kraft der Steuerung der Propaganda und aller Kommunikationsmedien zu widmen, und tat sich wieder einmal als Neuerer hervor, insbesondere beim Verbot und bei der Verbrennung von Büchern und Werken, die nach Meinung der modernen Inquisitoren dem neuen Deutschland nicht gerecht wurden. Einmal geriet er ins Straucheln mit seinem Vorschlag, die Vorführung ausländischer Filme wegen ihres negativen Einflusses auf die Moral des deutschen Volkes einzuschränken. Aber Hitler liebte die Mickey-Mouse-Püppchen, und so korrigierte er rasch seinen Fehler und sicherte, dass der Führer trotz des Verbots die Kurzfilme von Walt Disney nicht missen musste.

Jedenfalls untersagte er die Aufführung solch dekadenter Filme wie »Der blaue Engel« und förderte mit patriotischem Eifer die nationale Filmproduktion. Um das deutsche Filmwesen zu entwickeln, verwendete er einen großen Teil seiner Arbeitszeit auf die Auswahl und Entdeckung neuer weiblicher Talente, was ihm die Möglichkeit bot, die Kollektion seiner Geliebten zu erweitern. Zu ihnen gehörten einige der schönsten Künstlerinnen Europas, und vor allem die Anfängerinnen suchten ihre Chance und den kürzesten Weg zum Ruhm als Filmstar. So geschah es, dass er sich in eine Liebschaft mit der Baarová verstrickte, die wegen ihrer Schönheit und ihres Talents von den größten deutschen Filmstudios unter Vertrag genommen wurde und die ihn mit ihrem bildschönen Körper und ihren sexuellen Talenten verrückt machte. Die Romanze wuchs sich zu einer solchen Intensität aus, dass er zum ersten Mal daran dachte, seine Frau zu verlassen und die Geliebte mit nach Tokio zu nehmen, wo Hitler ihn zum Botschafter ernennen sollte, um die Verbindung mit dem Reich der aufgehenden Sonne zu festigen. Goebbels war sich bewusst, dass eine solche Entscheidung den Verlust seines Status als führende Persönlichkeit auf höchster Ebene bedeuten würde, doch die Anziehungskraft, die die Tschechin auf ihn ausübte, war zu stark, und die Befriedigung, die sie ihm bereitete, übertraf alles, was er mit seinen vorangegangenen Geliebten erfahren hatte.

Als Magda von den Plänen ihres Ehemannes erfuhr, unternahm sie tatsächlich einen kühnen Schritt: sie wandte sich an Hitler persönlich. Dieser bekam einen Wutanfall. Der Führer sympathisierte mit der Frau des Ministers, die er als Vorzeigemutter des Dritten Reiches lobte, und wollte keine Symbolfigur verlieren, die die Nazipropaganda zu einem Musterbeispiel für ganz Deutschland hochstilisiert hatte. Die Goebbels waren eine exemplarische Familie mit sechs blonden Kindern, deren Vornamen zu Ehren Hitlers alle mit H begannen. Der Führer antwortete der gekränkten Ehefrau, er werde das Problem lösen. Er wischte die vage ins Auge gefasste Ernennung zum Diplomaten in Japan vom Tisch, übersandte Goebbels eine schroffe Nachricht, in der er ein Ende der Affäre verlangte, und er befahl Himmler, die Ausländerin, die so viele Probleme verursacht hatte, des Landes zu verweisen. Der Minister gestand sein Fehlverhalten ein und hielt sich an die Anordnung, wiewohl er auf seine Eroberung mit Stolz zurückblickte; sie war die Nummer dreißig auf einer in einem Schließfach streng bewachten Liste. Das Abenteuer festigte seinen Ruf als Frauenheld und sollte beweisen, dass sich seine Fähigkeiten nicht auf die Politik und das Reden beschränkten. Sein Selbstbewusstsein wuchs aufgrund der unbestreitbaren Tatsache, dass er trotz seiner dürftigen physischen Attribute für Frauen attraktiv war. Doch jetzt begriff er, dass er zu weit gegangen war und dass der zweifelhafte Ruf eines Casanovas nicht gut für eine Nazihierarchie war, denn man konnte das als Schwäche auslegen.

Der Führer war in sexuellen Fragen ein unbeschriebenes Blatt. Er war nicht verheiratet und hatte keine Kinder. Von Zeit zu Zeit traf er sich mit gut ausgewählten Anhängerinnen, aber niemand wusste wirklich, wie intim diese Beziehungen waren. Man konnte seine obsessive und zur Hysterie neigende Persönlichkeit nicht ohne Weiteres enträtseln. Andererseits gab es da eine verworrene Beziehung zu seiner Nichte, für die er eine Schwäche hatte und auf die er krankhaft eifersüchtig war, bis das arme Mädchen angeblich Selbstmord beging. Nirgends fand sich eine überzeugende Erklärung des Geschehens. Hitler war völlig der Sache Deutschlands ergeben, und er verabscheute es, wenn sich seine Untergebenen irdischen Freuden hingaben, die er sich versagte. Allerdings schritt er auch nicht ein, es sei denn, das Verhalten eines seiner Leute stand im krassen Gegensatz zur grandiosen Zukunft seines Volkes.

Goebbels überdachte seine Lage und fragte sich, ob sein persönliches Verhalten, noch dazu die skandalöse Liebschaft mit der Schauspielerin, Pardon finden würde. Als die Vorbereitungen für die St. Louis begannen, meinte er, eine Operation dieser Tragweite könnte seine Trumpfkarte sein, um Hitlers Vertrauen und seinen Einfluss in dieser rasch näher rückenden entscheidenden Etappe für Deutschland und für Europa wiederzugewinnen. Doch jetzt kamen ihm Zweifel, ob eine Operation, die einzig und allein bestätigen sollte, dass man die Juden in aller Welt abwies, für die triumphale Rückkehr des Propagandaministers an die Spitze des Dritten Reichs ausreichen würde.

****

Als José Antonio dort anlangte, wo sein Großvater arbeitete, bediente der gerade eine sehr elegante Dame. Luisa war eine kleine Frau in den Dreißigern mit pechschwarzem über die Schultern fallendem Haar, sehr heller Haut und einer Figur, der die Schwangerschaften und die Reife nur zuträglich waren. Ihre Eltern stammten von den Kanaren und hatten sich in Pinar del Río niedergelassen, um gegen die Armut anzukämpfen, und sie waren bestrebt, ihre drei Töchter möglichst gut zu verheiraten. Luisa war noch ein junges Mädchen von 17 Jahren, als sie einen fast zwanzig Jahre älteren Zahnarzt aus Havanna heiratete.

Dr. Pérez war ein kleiner, hagerer, unansehnlicher Mann mit pomadigem Haar und einem schlechten Charakter. Nie hatte er Glück bei den Frauen gehabt. Seine erste Jugendliebe ließ ihn im Stich, um sich mit einem reichen Burschen aus Pinar del Río zu verheiraten. Dann, nach dem Abschluss seines Studiums in Havanna, machte er einer hübschen Mulattin aus der Calle Manrique den Hof, wo er von den Eltern des Mädchens liebenswürdig, ja begeistert aufgenommen wurde. Die offizielle Verlobung bedeutete, dass er ein Jahr im Schaukelstuhl verbringen musste, bis die Liebe ein Ende fand, als jemand ihm zutrug, dass das Mädchen sich an den besuchsfreien Tagen beim Tanzen im Centro Gallego vergnügte.

Der Zahnarzt beschloss, die Suche nach der besseren Hälfte aufzuschieben und sich seinem Beruf zu widmen. Bald eröffnete er eine Praxis in der Calle Belascoaín, wo er eine Nachbarin kennenlernte, Petronila. Ihr Gesicht war eher hässlich, aber ihr Körper sehr ansehnlich, und zu seiner Überraschung ließ sie sich auf ein Gespräch mit ihm ein und lehnte einen Blumenstrauß nicht ab. Alles ging gut, bis eine Patientin ihm zusteckte, Petra sei zuerst die Geliebte eines Rechtsanwalts und dann die eines liberalen Politikers gewesen, der ihr die Wohnung, in der sie lebte, gemietet hatte. Diese Information bedeutete das Ende der Romanze.

Irgendwann zu Weihnachten, als er in seinem Heimatort seine Mutter besuchte, lernte er Luisa kennen, ein keusches und zartes Mädchen, das auf einen Geliebten wartete. Wichtiger war ihr, dass er ihr eine Zukunft bot, als dass er gut aussehen musste. Nach langem Nachdenken entschied sich der Zahnarzt, um ihre Hand anzuhalten, die ihm auch sofort gereicht wurde. Die Eltern beschleunigten die Hochzeit und brachen auf der Hochzeitsfeier, die allen Erwartungen und Förmlichkeiten gerecht wurde, in Tränen aus.

Die Jungvermählten bezogen eine Wohnung in der Calle Reina, wo die junge Gattin klösterlich eingeschlossen lebte. Er selbst hatte kein Interesse an Spaziergängen, Theater, Kino oder auch Besuchen. Luisa hatte nicht aus Liebe geheiratet, und es war auch nicht so, dass ihr Pérez gefiel. Sie hatte ihn auf den Druck ihrer Eltern hin akzeptiert und die Hoffnung gehegt, bald ihr Zuhause verlassen und ein anderes Leben führen zu können.

Anfangs dachte sie, das Leben in der Hauptstadt mit gewissen Annehmlichkeiten würde sie für die mangelnde Zuneigung entschädigen, aber so war es nicht. Schon mit dem ersten Tag hatte sie das Gefühl, in ein tiefes Loch gefallen zu sein, das noch tiefer wurde, je mehr sie sich der Unzulänglichkeiten ihres Mannes bewusst wurde.

In rascher Folge stellten sich zwei Kinder ein, was die Probleme der jungen Frau aber nicht löste, sondern ihre Unzufriedenheit mit der Situation angesichts der Fülle an Mutterpflichten nur vorübergehend linderte. Die Kinder wuchsen heran und lernten auf einer Privatschule, an der sie fast den ganzen Tag zubrachten, während sie den größten Teil des Tages eher untätig war. Ein Dienstmädchen kümmerte sich um den Haushalt, so dass Luisa begann, nach Möglichkeiten zu suchen, die sie zu etwas motivieren oder die ihr zumindest einen Zeitvertreib bringen würden.

Es war um das Ende der zwanziger Jahre. Sitten und Gebräuche waren im fortwährenden Wandel begriffen. Sie dachte daran zu arbeiten, doch ihr Ehemann lehnte das ab. Sie versuchte, neue Freundschaften zu schließen; in Havanna hatte sie weder Verwandte noch Bekannte. Aber sie hatte wenig Erfolg, die Möglichkeiten waren begrenzt, nur gelegentlich traf sie sich mit Fina, einer Witwe in den Fünfzigern, die in einem Nachbarhaus wohnte und mit der sie zuweilen Kaffee trank, die sie aber mit Ihren Geschichten von Tragödien und Krankheiten zur Weißglut brachte. Einen Monat lang ging sie jeden Tag zur Morgenmesse in die herrliche Iglesia de Reina, aber auch in der Religiosität fand sie keine Motivation. Sie kaufte sich ein Radio, aber das fand sie nur interessant, solange es neu war; schon bald schaltete sie es immer seltener ein, und sie verlor die Lust daran.

Der Mangel an Beschäftigung war nicht das einzige Problem. Ein unerklärliches Verlangen befiel sie am Tage, das des Nachts angesichts der totalen Gleichgültigkeit ihres Ehegatten unerträglich wurde. Sie erinnerte sich an die Geschichten ihrer Schwestern, die unter Seufzern erzählten, was sie bei den heimlichen Treffen mit ihren Geliebten empfanden. Solche Gefühle hatte sie nie gehabt. Ihr erster Liebhaber und einziger Mann war Pérez gewesen; nicht nur, dass dessen Äußeres zu wünschen übrig ließ, er war auch nicht gut im Bett, wo er sich Samstagabends lediglich abreagierte, ohne das geringste Interesse an den Wünschen und Begehrlichkeiten seiner Frau zu zeigen.

Einmal stieß sie am Hauseingang auf einen stämmigen Blondschopf, der gerade aus seiner Wohnung im Erdgeschoss trat. Der Mann war tadellos gekleidet; als er sie sah, trat er höflich zur Seite, um sie vorbei zu lassen, und warf ihr einen glühenden Blick zu. Sie errötete und wusste nichts anderes zu tun, als ihre Schritte zu beschleunigen und schnell auf die Treppe zuzugehen. Während sie die Stufen emporstieg, vermochte sie sich nicht zu beherrschen und wandte sich um. Zu ihrer Überraschung stand auch er noch da und schaute ihr nach, was sie noch mehr verwirrte, und so beeilte sie sich, in die Wohnung zu gelangen.

Das Bild des Mannes verfolgte Luisa für den Rest des Tages und in der Nacht. Als sie am nächsten Morgen einen Vorwand suchte, um aus dem Haus zu gehen, vernahm sie die Türklingel, und als das Dienstmädchen den Neffen der Nachbarin aus dem unteren Stockwerk ankündigte, der sie zu sprechen wünschte, verspürte sie ein Kloß im Hals. Sie machte sich schnell zurecht, und da stand der Blonde vom Vortag. Der Unbekannte benahm sich wie ein Gentleman und bedankte sich, dass ihn die Dame des Hauses ohne vorherige Ankündigung einließ.

Eulalio war ein Anwalt von etwa dreißig Jahren, arbeitete in einer Anwaltskanzlei in der Calle Obispo, redete ununterbrochen, wenngleich ruhig und gebildet. Er gab eine Kurzfassung seines Lebens, breitete sich traurig über seine glücklose Ehe und über eine kleine, kränkliche Tochter aus, die er abgöttisch liebte. Nach zwei Tassen Kaffee schloss er zusammenfassend mit dem schlechten Gesundheitszustand seiner geliebten Tante, die in der unteren Etage wohnte und viel Aufmerksamkeit und Fürsorge bedurfte, weshalb er die Hilfe der liebenswerten und schönen Nachbarin für den Fall erbat, dass eine Notsituation eintreten könnte. Während des langen Gesprächs war Luisa bemüht, eine gewisse Distanz zu wahren, vermochte aber nicht, ihre Augen von Eulalio zu wenden.

In der darauf folgenden Woche stellte sich die Tante des Anwalts in ihrer Wohnung vor; sie war eine rundliche Frau um die Fünfzig, die ganz und gar keinen kranken Eindruck machte, und nach einem kurzen Gespräch lud sie Luisa zu sich ein, um einen Boniatillo, eine Speise aus Süßkartoffeln, zu kosten, den sie gerade zubereitet hatte. Luisa nahm die Einladung dankend an, und unten begrüßte sie schon der Neffe mit einem strahlenden Lachen und einem Vortrag über die Kochkünste der Hausherrin. Die Unterhaltung dauerte den halben Nachmittag und wurde lediglich unterbrochen, sobald sich die Blicke und die Gedanken der Beiden trafen. Zwei Tage später lud die Nachbarin sie erneut zu einem Dessert ein. An der Tür wurde Luisa von dem Anwalt erwartet, der ihr einen kleinen Veilchenstrauß überreichte. Sein längerer Handkuss ließ sie erbeben. Als die Süßspeise gegessen war, entschuldigte sich die Tante, sie müsse in dem Geschäft an der Ecke noch etwas besorgen, und entfernte sich für den Rest des Vormittags.

Allein in der Wohnung, setzte sich Eulalio neben sie, seine Stimme wurde leiser, und sein Gesicht näherte sich dem ihren. Luisa atmete den kräftigen Duft nach Eau de Cologne, was sie noch mehr erregte, so dass ihr fast schwarz vor Augen wurde. Er begann, ihre Schönheit zu bewundern, säuselte Liebesschwüre und erklärte wiederholt seine Absicht, ihr alles Glück und alle Freuden zu bereiten, derer eine Frau ihres Ranges bedürfe. Die männliche Stimme geriet zu einem angenehmen Flüstern, bis Eulalio schließlich ihre Hand ergreifen wollte, die sie rasch, in einem letzten Akt des Widerstands, zurückzog.

Er hob sie vom Sessel auf, fasste sie um die Taille und küsste sie auf den Mund. Luisa gab sich willenlos hin; Eulalio streifte ihr Kleid hoch und liebkoste sie, wie sie es noch erlebt hatte. An jenem Vormittag liebten sie sich auf dem Sofa, und zum ersten Mal in ihrem Leben begriff Luisa die wahre Bedeutung von Sex.

Das war der Beginn der Affäre. Man traf sich am Tage, vorzugsweise vormittags, immer in der Wohnung der Tante, die anfangs nach draußen ging, wenn Luisa herunterkam, aber später setzte sie sich aus Gründen der Sicherheit und der Diskretion ans Radio im Wohnzimmer und beschäftigte sich mit Nähen, während sich die Liebenden im Schlafzimmer der ungezügelten Lust hingaben.

Für Luisa bedeuteten die Verabredungen in der ersten Etage die Entdeckung einer neuen Welt, in der sie sich völlig fallen ließ und alle Konventionen und Vorbehalte beiseiteschob. Eulalio war ein erfahrener, feuriger Liebhaber, der sie auf eine Weise und mit Stellungen verführte, die für sie fern jeder Vorstellung waren. Das Abenteuer war in den ersten Monaten ungeheuer intensiv; man war ein oder zwei Mal die Woche beieinander. Dann wurden die Treffen spärlicher, bis der Anwalt schließlich ohne weitere Erklärung und ohne sich zu verabschieden, die Besuche in der Calle Reina einstellte und Pérez' Frau ihn nie wieder sah. Einige Zeit später erfuhr sie, dass er sich mit einer Künstlerin des Teatro Martí eingelassen hatte.

Das Ende der Treffen mit Eulalio war für Luisa zugleich der Beginn eines harten Lebensabschnitts. Nach zwei Monaten ohne ihren Geliebten war sie untröstlich vor Verlangen, und sie wusste es nicht zu stillen. Angesichts der Gefühlskälte ihres Ehemanns ging sie mehrmals unter dem Vorwand, durch die Geschäfte zu bummeln, allein aus dem Haus, aber sie fürchtete sich, auf die Anmache der unzähligen Unbekannten, die an den Straßenecken im Zentrum der Stadt herumlungerten, einzugehen. Ihre Beklemmung nahm noch zu in einer Elternversammlung in der Schule ihrer Kinder, in der sie sich die ganze Zeit vorstellte, wie ihr der gut aussehende Priester, der über die Wichtigkeit des Betens vor dem Zubettgehen sprach, die Kleider vom Leib riss und sie auf dem Fußboden vergewaltigte, während sie unaufhörlich stöhnte.

An einem jener Tage begab sie sich in ein Geschäft in der Calle Galiano, um für den Geburtstag des älteren Sohns eine Schokoladentorte zu bestellen. Sie entschloss sich, zu Fuß zu gehen, um ein wenig frische Luft zu atmen. Auf dem ganzen Weg vernahm sie Komplimente und Pfiffe, was ihr Verlangen nur noch verstärkte. Plötzlich sah sie an der Ecke Galiano und Zanja einen Mann, der seiner Figur und seinem Gang nach Eulalio sein musste. Ihr ganzer Körper bebte, und sie beschleunigte ihren Schritt, um ihn einzuholen, aber es war nicht ihr einstiger Liebhaber. Sie zitterte noch, als sie das Geschäft erreichte. Ein Galizier bediente sie, ein kräftiger, freundlicher Mann, der die Sechzig hinter sich hatte. Beim Bezahlen fiel die Geldbörse auf den Boden, und eine jugendliche Hand mit langen, schlanken Fingern hob sie auf. Die Hand gehörte einem hochgewachsenen jungen Mann mit bräunlicher Hautfarbe, gekleidet in Anzug und Krawatte, was sie noch verlegener machte.

»Fühlen Sie sich nicht gut? Meine Dame oder mein Fräulein?«. Dabei blickte er sie mit seinen dunklen Augen an, und es kam ihr vor, als blickten sie noch durchdringender als die von Rodolfo Valentino.

»Nein, nein, vielen Dank, die Hitze und der lange Weg haben mich wohl etwas erschöpft.« Eine jähe Röte überzog ihr Gesicht.

»Es geht Ihnen nicht gut. Bitte, setzen Sie sich auf diesen Stuhl. Großvater, kannst du mir ein Glas Wasser für die Dame reichen?«

Luisa nahm das freundliche Angebot dankend an und bemerkte, dass der Verkäufer den Jungen wohlgefällig ansah, als er ihm das Wasser reichte.

»Leiden Sie an einer Krankheit? Bluthochdruck?«

»Nein, ich hatte nie hohen Blutdruck«, erwiderte Luisa.

»Oder sind Sie Diabetikerin?«

»Auch nicht, aber für einen Arzt sind Sie sehr jung.«

»Verzeihen Sie, darf ich mich vorstellen? Ich bin José Antonio Fernández Pardo, Student der Medizin, und dieser Herr ist mein Großvater.«

Luisa musterte erneut ihr Gegenüber; er sah gut aus und war offensichtlich ein netter und gebildeter junger Mann, also stellte auch sie sich vor:

»Ich bin die Frau von Dr. Pérez. Danke für Ihre Aufmerksamkeit, aber ich muss gehen. Ich brauche den Kuchen zu morgen Mittag. Können Sie ihn an diese Adresse liefern?«, fragte sie zu Pardo gewandt.

»Aber ja, meine Dame, er wird pünktlich da sein«, gab der Galizier zurück.

In diesem Moment erhob sich der junge Mann und sagte beinahe tollkühn:

»Ich selbst werden ihn Ihnen morgen bringen. So kann ich gleich sehen, ob es Ihnen gesundheitlich besser geht. Das heißt, sofern Sie nichts dagegen haben.«

Luisa sah ihn verwirrt an; sie antwortete nicht auf sein Anerbieten, bedankte sich lediglich, ohne sich weiter darauf einzulassen, und ging hinaus.

Der junge Mann, der sie mit solcher Zuvorkommenheit und Liebenswürdigkeit behandelt hatte, ging ihr nicht aus dem Kopf. Vor dem Einschlafen malte sie sich aus, wie es am nächsten Tag sein würde, wenn er wirklich mit dem Kuchen bei ihr zu Hause auftauchte. Sie schlief schlecht und hatte einen tiefen erotischen Traum mit einem Mann, dessen Gesicht unscharf blieb. Sie stand frühzeitig auf, um die Geburtstagsfeier vorzubereiten. Obwohl es Samstag war, sagte Pérez, er habe noch zwei Fälle in die Praxis bestellt, würde zum Mittagessen zurück sein und ging.

Vor Herzklopfen frühstückte Luisa nur wenig. Sie half dem Dienstmädchen bei den Geburtstagsvorbereitungen, aber so viel war nicht zu tun, also leistete sie den Kindern beim Frühstück Gesellschaft. Auf einmal klingelte es, und sie erstarrte. Fefita ging in den Vorraum, öffnete die Tür und sprach mit einem Mann, der sich als der Eismann herausstellte. Die Kinder baten um die Erlaubnis, nach unten zu gehen, und sie willigte ein. Als die Kinder gegangen waren, zog sie sich um und schminkte sich. Gerade hatte sie die Lippen nachgezogen, als es erneut klingelte, und Sekunden später klopfte Fefita an ihre Tür und sagte, die Torte sei da, und der junge Mann, der sie geliefert habe, der aber nicht wie ein Bote aussehe, wünsche sie zu sehen, um ihr das Angebot des Tages von Cuba-Cataluña zu erläutern.

Im Vorzimmer wartete José Antonio, der Luisa mit einem entwaffnenden Lächeln begrüßte.

»Guten Tag, meine Dame, ich habe die Geburtstagstorte für Ihren Sohn gebracht und möchte Sie bei dieser Gelegenheit auf das Sonderangebot unseres Hauses aufmerksam machen: Schokoladeneis zum halben Preis. Cuba-Cataluña hat nämlich das beste Schokoeis von ganz Havanna. Sie haben die Wahl.«

Fefita war im Vorzimmer geblieben. Aber Luisa bedeutete ihr, sie möge die Torte in die Küche tragen.

»Und das Angebot ist echt?«, fragte Luisa.

»Ja, obwohl es eigentlich für die Kunden gedacht ist, die zwei Kugeln Eis essen, und wenn sie eine dritte haben wollen, dann ist diese zum halben Preis.«

»Ist ja ungewöhnlich. Und Sie? Sie arbeiten in dem Geschäft neben Ihrem Studium?«

»Nein, ich studiere tagsüber und arbeite abends im Kino Fausto. Jetzt, da wir allein sind, möchte ich Ihnen dies hier verehren, natürlich nur wenn Sie gestatten.«

Da Luisa nicht antwortete, zog er aus seiner Jackentasche eine sorgsam eingewickelte rote Rose hervor und übergab sie der Señora.

»Danke, vielen Dank.« Dabei schaute sie Tony in die Augen, und sie spürte ihr Gesicht heiß werden.

»Ihr Gesicht rötet sich schon wieder. Sind Sie sicher, dass Sie nicht doch erhöhten Blutdruck haben? Möchten Sie, dass ich Sie ins Krankenhaus begleite, damit Sie Ihren Blutdruck messen lassen?«

»Nein, auf keinen Fall. Ich habe nur einen ziemlich aufregenden Tag mit dem Geburtstag meines Sohnes. Danke, dass Sie die Torte gebracht haben.«

»Aber nein, ich bin es, der Ihnen für die Gelegenheit, Sie wiederzusehen, danken muss. Ich wollte Sie sehr gern wiedersehen. Seit ich Sie gestern kennenlernte, habe ich die ganze Zeit an Sie gedacht.« Da er auf keine Zurückweisung stieß, meinte Tony, mutiger werden zu können. »Sie sind eine sehr schöne Frau.«

Sie schwieg weiter, die Augen auf José Antonio gerichtet, der sich angesichts des weiblichen Blicks veranlasst sah, in die Offensive zu gehen.

»Wann darf ich Sie wiedersehen? Darf ich am Montag wiederkommen und Ihren Blutdruck messen?« Kaum hatte er das gesagt, hielt Tony diesen Vorwand für recht lächerlich.

Luisa dachte nur eine Sekunde lang nach. Montag war Fefitas freier Tag, und die Kinder würden in der Schule sein.

»Einverstanden. Kommen Sie am Montag früh um neun, und jetzt entschuldigen Sie mich bitte.«

José Antonio lächelte, nahm die Hand der zitternden Frau und drückte einen leichten Kuss darauf.

»Wir sehen uns ganz bestimmt«, versetzte der Junge und wandte sich zur Tür, die während der kurzen Begegnung, wie es sich in einem anständigen Hause gehörte, offen gestanden hatte.

José Antonio konnte sich nicht erinnern, dass ein Wochenende jemals langsamer vergangen wäre. Die Zahnarztfrau ging ihm nicht aus dem Kopf. Auch für sie zogen sich die beiden Tage endlos hin; am Samstag war es wegen der ganzen Aufregung um den Geburtstag etwas leichter, aber der Sonntag war unerträglich – sie zählte die Stunden. Noch konnte sie nicht glauben, was geschehen war: sie hatte sich mit einem Fremden in ihrer eigenen Wohnung verabredet. Das Risiko war erheblich, irgendetwas Unvorhergesehenes konnte eintreten, aber so wie sie es sah, war es schließlich der einzige Tag, der ihr einen gewissen Spielraum bot. Fefita verließ das Haus immer sonntags nach dem Mittagessen und kehrte erst Dienstag früh zurück. Die Kinder mussten schon zeitig in der Schule sein. Eine Gefahr bildete der Ehemann, der unerwartet nach Hause kommen konnte, aber sie erinnerte sich nicht, dass das schon einmal vorgekommen wäre. Pérez' Leben war seine Praxis. Und überhaupt, die Würfel waren gefallen, und sie hätte nicht gewusst, wie sie José Antonio im Falle einer Absage hätte benachrichtigen sollen. Luisa fragte sich, ob sie sich wohl auf die Diskretion des Studenten verlassen konnte, aber irgendetwas am Verhalten des jungen Mannes gab ihr eine gewisse Sicherheit, vielleicht war es die Höflichkeit, die Freundlichkeit, die er ihr entgegengebracht hatte.

Am Montag war Tony eine halbe Stunde früher in der Calle Reina. Er war sich nicht sicher, ob es angebracht war, früher zu kommen, also entschloss er sich, zu warten und die Zeit auf der Plaza de Vapor totzuschlagen, indem er zusah, wie die vielen kleinen Geschäfte auf dem belebten Markt öffneten.

Auf die Minute genau war er dann zur Stelle, klopfte leise an die Tür, um den lauten Klingelton zu vermeiden, und nach wenigen Augenblicken, die ihm wie Stunden vorkamen, öffnete sich die Tür, und Luisa erschien in einem rosafarbenen Kleid, das ihre wohlgeformten Hüften und ihren ansehnlichen Busen wunderbar zur Geltung brachte. José Antonio trat ein, sie schob den Riegel vor, und wortlos fielen sie einander in wildem Verlangen in die Arme. Sie begann sofort, ihn auszuziehen, schleifte den überraschten Jungen ins Zimmer und stieß ihn auf das Bett. Augenblicklich entledigte sie sich ihres Kleides und ihrer Unterwäsche, griff nach dem männlichen Glied und führte es mit einem Schmerzensschrei in sich ein, der Tony erschrecken ließ, weil er dachte, er habe ihr weh getan. Die Frau begann sich zu bewegen und zu stöhnen, wie er es noch nie erlebt hatte. José Antonio bemühte sich, es hinauszuzögern, bis er nicht mehr konnte und der Samen sich explosionsartig ergoss. Sie indes keuchte noch eine Weile, was dem überraschten José Antonio Sorge bereitete.

Seit seinem Eintreffen waren nur wenige Minuten vergangen, und Tony hatte dieser heiße Empfang völlig sprachlos gemacht; alle seine Erwartungen waren übertroffen worden, obwohl er sich eigentlich mehr als passiv verhalten hatte. Jetzt wusste er nicht, was er tun sollte, er wollte seinen Körper von dem ihren lösen, aber sie ließ es nicht zu, umarmte ihn mit aller Kraft und bat ihn, nicht aufzustehen, sie wolle ihn auf ihrem Körper spüren.

Nach einigen Minuten, die Tony zu lang vorkamen, entließ sie ihn aus ihren Armen und ging ins Bad. Als sie zurückkam, tat er ein Gleiches, wusch sich und trat wieder ins Zimmer. Und da sah er die Frau in ihrer ganzen Schönheit nackt ausgestreckt auf dem Bett, mit weißer Haut, breitem Schoß und sinnlicher Figur.

»Wie verrückt wir uns benehmen! Und wenn mein Mann kommt?«

»Kein Problem, du versteckst mich im Schrank oder unter dem Bett.«

»Dir ist offenbar nicht bewusst, in welcher Gefahr wir uns befinden.«

»Doch, dessen bin ich mir völlig bewusst. Aber niemals hat sich ein Risiko so sehr gelohnt.«

Luisa bewunderte still den männlichen Körper des Jungen, lächelte und zog ihn zu sich herab. Sie küsste und liebkoste ihn, während er es mit sich geschehen ließ. Binnen kurzem reagierte Tony mit der Kraft seiner zwanzig Jahre, und Luisa genoss noch einmal, was sie monatelang so sehr ersehnt hatte.

10. KAPITEL

Nach dem kurzen Aufenthalt in Cherbourg wiederholte der Kapitän der St. Louis die Anweisung, dass die Passagiere, obwohl Juden, so aufmerksam und zuvorkommend zu behandeln seien, wie es auf einem Luxus-Kreuzfahrtschiff üblich ist. Die meisten Besatzungsmitglieder akzeptierten die Anweisung ohne zu murren und widmeten sich ihren Pflichten mit der ihnen eigenen Disziplin und Effizienz, wenngleich die Anweisung einen flagranten Verstoß gegen die Gesetze des Dritten Reiches darstellte. Ein umfangreiches Programm von Spielen, Konzerten und Tanzveranstaltungen zur Unterhaltung und Entspannung der Reisenden nahm seinen Anfang, was viele Flüchtlinge zunächst irritierte. Sie hatten nicht erwartet, so behandelt zu werden, und konnten sich nicht erinnern, von Menschen, die sie noch dazu anlachten, jemals mit solcher Freundlichkeit bedacht worden zu sein. Auch die Menge und die Vielfalt der Speisen, das große Sortiment an deutschen Weinen und Bieren überraschte die Passagiere, die mit Erstaunen verfolgten, wie die eleganten Kellner Gerichte servierten, die man infolge der Rationierung in Deutschland kaum noch kannte. Auf dem Schiff gab es auch einen Kindermädchendienst für Familien mit Kindern, sodass die Eltern in Ruhe ihr Essen genießen konnten.

Auf der Fahrt durch den Golf von Biskaya blieb die See bewegt, weshalb viele Reisende erneut seekrank wurden. Aber ihr Unwohlsein hatte keinen Einfluss auf die Atmosphäre an Bord; die Passagiere gaben sich entspannt und begannen, die Annehmlichkeiten, die Möglichkeiten der Unterhaltung zu nutzen, ihren Lieblingsbeschäftigungen nachzugehen, die sie bereits aufgegeben oder die die ganz jungen nie gekannt hatten. Als sie die iberische Küste hinter sich ließen, besserte sich das Wetter und man versammelte sich am Swimming-Pool, zuerst die Kinder, dann aber auch Leute jeden Alters, die badeten oder aber sich friedlich sonnten.

Rebeca zog es vor, sich auszuruhen, um sich endgültig von der Seekrankheit zu erholen. Zum ersten Mal seit langer Zeit war sie frei von jeder Verantwortung, hatte sie keine Pflichten zu erfüllen, bedrückten sie keine Probleme oder dringend zu erledigende Aufgaben. Das einzige Problem war José Antonio; die Ungewissheit über das mögliche Wiedersehen war ständig präsent. Die Erinnerung an den Kubaner kam erneut mit einer Heftigkeit hoch, die sie nicht für möglich gehalten hätte. In Wien hatte sie sich mit der Zeit an den Gedanken gewöhnt, ihn nie wiederzusehen, und mit dem Anschluss hatte sie ihn völlig aufgegeben. Und jetzt, auf einmal, nahm sie Kurs auf Tonys Stadt, doch anstatt sich zu freuen, kamen ihr immer mehr Zweifel.

Wieder einmal wäre sie lieber ein anderer Mensch gewesen, hätte sie gern ihre analytische, rationale Persönlichkeit, die sie geprägt hatte, ausradiert und sich ihren Stimmungen und Gefühlen hingegeben. Aber sie war nicht so, und vor ihrem geistigen Auge zeichnete sich stets die schlechtere Variante ab. Deshalb nahm sie sich vor, sich nicht mehr mit dem Gedanken daran zu quälen, was am Kai von Havanna sein würde; sie konnte ohnehin nichts tun. Also würde sie die Zeit nutzen, um sich zu unterhalten und die Überfahrt so recht zu genießen.

Am Morgen des vierten Tages nahm sie ein bescheidenes Frühstück ein und begab sich auf eine der Deckterrassen, um einen Liegestuhl zu finden. Es war noch recht frisch am Morgen, und es wehte ein kräftiger Wind. Sie versuchte, in einem der Bücher zu lesen, die sie sich für die Reise ausgesucht hatte, aber dann legte sie es beiseite und schaute aufs Meer, dessen Blaufärbung zunahm, je weiter der Tag fortschritt. Nach einer Weile spürte sie jemanden neben sich, und als sie aufschaute, war es die kleine Leni, die sie still beobachtet hatte. Rebeca grüßte sie, erhielt aber nur eine schüchterne Erwiderung, und da gesellte sich auch Ackermann zu ihnen. Sie wusste nicht, ob es Zufall war oder ob der Journalist sie gesucht hatte.

»Guten Morgen, Fräulein Kreiner.«

»Guten Morgen.«

»Ist Ihnen noch immer übel?«

»Ja, aber es ist nicht so schlimm, ich hoffe, der Wind vertreibt das Übelsein.«

»Denken Sie daran, ich habe ein Mittel dagegen, das Ihnen helfen kann, und wenn Sie noch etwas benötigen, stehe ich gern zu Ihrer Verfügung. Störe ich Sie?«

»Nein, keineswegs.«

»Sie entschuldigen, ich sehe, Sie haben den Johann Christof, ein ausgezeichnetes Buch. Welcher Band ist das?«

»Der letzte. Ich habe das Buch vor einiger Zeit gelesen, wollte es aber noch einmal lesen.«

»Rolland gehört zu meinen Lieblingsschriftstellern.«

Rebeca merkte auf. Noch ein Zufall?

»Ich konnte meine Bücher nicht mitbringen, es ging alles zu schnell mit der Abreise. Außerdem konnte ich mich nicht mit viel Gepäck belasten. Aber ich will mich nicht weiter beklagen, wichtig ist, dass wir fort konnten. Jetzt, da wir Europa hinter uns lassen, müssen wir Optimisten sein; wir haben das ganze Leben vor uns«, fuhr Ackermann fort.

»Was für Pläne haben Sie?«, fragte Rebeca.

»Ich würde mich gern in den Vereinigten Staaten niederlassen, wo ich hoffe, auf irgendeine Weise meinen Lebensunterhalt bestreiten zu können. Ich spreche zwar Englisch, aber ich glaube nicht, dass es einfach sein wird, eine Arbeit als Journalist zu finden, viel weniger als Schriftsteller. Eine Alternative wäre die Werbebranche, aber ich weiß nicht wirklich. Ich habe dort weder Verwandte noch Bekannte. Doch wenn es Millionen Einwanderer geschafft haben, in Nordamerika heimisch zu werden, und ihr Auskommen haben, sehe ich nicht ein, warum ich das nicht auch schaffen sollte.«

Rebeca gefielen Ackermanns Optimismus und Zuversicht.

»Wo werden Sie wohnen wollen?«

»Ich habe mich noch nicht entschieden; vielleicht ist das ein Vorteil, so kann ich in die Stadt gehen, die die besten Chancen bietet. In jedem Fall muss ich auf einen längeren Aufenthalt in Havanna gefasst sein. Ich bin einer der wenigen auf diesem Schiff, die nicht auf der Warteliste für die Einreise in die Vereinigten Staaten stehen. Das wird meine nächste Herausforderung sein: Überleben in Kuba, bis man mich nach Nordamerika einreisen lässt.«

»Hatten Sie keine Zeit, Ihre Ausreise zu planen?«

Ackermann antwortete nicht sofort. Er rückte mit beiden Händen die Brille zurecht und schaute auf den Ozean hinaus. Dann wandte er sich wieder Rebeca zu und begann, in einem veränderten Tonfall, etwas stockend, zu sprechen.

»Schon vergangenes Jahr wollte ich ausreisen, aber die Formalitäten waren so kompliziert, vor allem für Lenis Ausreise.«

Ackermann hielt inne, als sich ein Paar mittleren Alters auf zwei benachbarten Liegestühlen niederließ. Die Ankömmlinge grüßten, und einen Moment lang herrschte Schweigen, bis sich die Frau an sie wandte.

»Herrlich, das Meer.«

»Ja, gewaltig und herrlich«, gab Rebeca zurück.

»Verzeihen Sie, dass ich Sie ansprach, ohne uns vorgestellt zu haben, ich wollte nicht unhöflich sein. Wir sind Emil und Eva Weiner aus Königsberg.«

Trotz ihrer Herkunft vermittelten sie den Eindruck preußischer Aristokraten. Sie entstammten jüdischen Familien, die seit Jahrhunderten in Ostpreußen ansässig gewesen waren. Der Mann, der sich an der Unterhaltung nicht beteiligte, war gut aussehend, ein nordischer Typ, hochgewachsen, blond, blauäugig, und trug an seinem Jackett ein Eisernes Kreuz. Sie war das genaue Gegenteil: dunkles Haar und braune Augen, eine Schönheit im reiferen Alter mit freundlichen Umgangsformen. Als die Frau erfuhr, dass Rebeca aus Wien kam, wollte sie mehr über die Sehenswürdigkeiten der Stadt erfahren, vor allem über die Schlösser der Habsburger. Dann aber gab sie stolz ihre Familiengeschichte zum Besten. Sie erzählte von ihrem älteren Bruder, der im Großen Krieg als Pilot in der Jagdstaffel des Roten Barons gedient hatte und in einem Duell mit französischen Jagdfliegern den Heldentod gestorben war. Sie hob die Verdienste ihres Gatten an der Ostfront hervor, wo er zweimal verwundet worden war, erzählte von ihrem ruhigen, geordneten Leben in Königsberg, bis ihr Mann Ende 1935 nicht mehr seinem Anwaltsberuf nachgehen konnte. Sie siedelten nach Berlin über, wo ein Teil der Familie lebte, konnten aber nicht Fuß fassen. Eine Arbeit zu finden, blieb ihnen versagt, so dass sie nur unter großen Schwierigkeiten ihr Dasein fristen konnten, bis es ihnen gelang, sich auf der St. Louis einzuschiffen.

Rebeca und Ackermann hörten sich die lange Geschichte an, bis sich Frau und Herr Weiner nach einer Weile verabschiedeten.

»Irgendetwas haben die Seereisen so an sich: Unbekannte kommen leichter ins Gespräch. Ich hatte gehört, dass das auf

Kreuzfahrtschiffen so ist und hatte es nicht geglaubt, aber jetzt haben wir den Beweis«, bemerkte Ackermann.

»Mich hat überrascht, dass während der ganzen Unterhaltung keiner der beiden etwas gegen die Nazis gesagt hat.«, sagte Rebeca.

»Im Gegenteil, sie zeigten sich stolz, Deutsche zu sein. Ihnen erschien es als selbstverständlich, dass sie nur zeitweilig fort sein würden, und sie hofften, eines Tages nach Königsberg zurückkehren zu können«, ergänzte Ackermann. »Ich habe in Berlin Juden kennengelernt, die ähnlich dachten, aber dieses Paar ist etwas Besonderes; es macht solchen preußischen Eindruck in seinem ganzen Verhalten, dass Friedrich der Große stolz auf die Beiden gewesen wäre.«

»Aber sie sind Juden. Wenn ich in einem Buch oder in einem Film auf Menschen mit solchen Eigenschaften stieße, würde ich das für übertrieben halten.«

»Grau ist alle Theorie und grün des Lebens goldner Baum«, sagte Ackermann.

»Goethe im ›Faust‹«, erwiderte Rebeca.

»Marx zitiert ihn im ›Kapital‹.«

Rebeca war überrascht von der Bemerkung und schickte sich an, sich zu verabschieden.

Am späten Nachmittag fühlte sie sich besser und ging mit Gretel zum Abendessen. Kaum waren sie im Speisesaal angekommen, als Max sie bat, ihnen zusammen mit einem Jungen, der rein äußerlich das Gegenteil des Sachsen zu sein schien, Gesellschaft leisten zu dürfen. Jürgen war blond, mittelgroß, mit breiten Schultern, gut aussehend und nach der letzten Mode gekleidet. Max stellte ihn als einen Freund aus Berlin vor.

Jürgen war, wie Leni, ein Mischling. Nach den Rassengesetzen der Nazis waren alle Personen, die auch nur einen jüdischen Großeltern-Teil besaßen, nicht würdig, als Deutsche behandelt zu werden. Von ihnen gab es Hunderttausende – niemand kannte ihre genaue Zahl –, viele waren sich ihrer Vorfahren gar nicht bewusst, und einige erfuhren erst von ihrem Status, als die Gesetze des Dritten Reiches sie verpflichteten, ihre rassische Herkunft nachzuweisen, und erst dann von ihrer Familiengeschichte Kenntnis erhielten. Als Hitler an die Macht kam, bekleideten viele von ihnen Posten in der Regierung und in der

Armee, unter ihnen eine Obristengruppe und sogar ein General. Sie waren einfach Deutsche, gute Staatsbürger und Patrioten. Einige waren sogar Nazis.

Jürgens Vater war Jude, und die Mutter entstammte einer lutherischen Familie aus Stettin. Anfangs glaubten er und seine Eltern, ihr nordisches Profil, das blonde Haar und die blauen Augen würden sie vor der Verfolgung durch die Nazis bewahren, aber sie irrten sich. Als man von ihrer Abstammung erfuhr, musste er die Universität verlassen. Er wandte sich der Welt des Theaters zu, wo er ebenfalls versuchte, seine Herkunft zu verbergen, und schlug eine Laufbahn als Schauspieler ein. Man dachte ihm mehrere kleine Rollen zu, bis er 1938 denunziert wurde und keine Angebote mehr erhielt. Da entschied sich die Mutter zu einem Rechtsstreit um die Rassenreinheit ihrer Familie mit dem Argument, dass Jürgen und seine Schwester nicht die Kinder ihres Mannes seien, sondern die eines arischen Geliebten. Sie habe die Vaterschaft natürlich geheim gehalten, um ihrem Ehemann nicht weh zu tun.

Als Jürgen davon erfuhr, hielt er das für abscheulich und für eine Beleidigung der ganzen Familie, war aber fassungslos, als er mitbekam, dass das die Idee seines Vaters gewesen war, der die Mutter zu diesem Schritt gedrängt hatte. Es war nicht die erste Familie, die diesen Versuch unternahm; andere hatten das ebenfalls getan. Die Formalitäten waren kompliziert und zogen sich hin, aber es war eine Option, um eine Zukunft als vollwertige deutsche Staatsbürger zu haben. Jürgen versuchte, die Eltern von ihrer Entscheidung abzubringen, vermochte sie aber nicht zu überzeugen. Beide bestanden darauf, dass das die beste Möglichkeit sei und man den Gerichtsbeschluss über ihren Antrag abzuwarten habe. Da tauchte Max wieder auf, der ihn dazu überredete, gemeinsam mit ihm auf die St. Louis zu gehen.

An jenem Tag fühlten sich die Vier vollkommen frei und verbrachten einen vergnüglichen Abend mit reichlich Rheinwein. Sie erzählten und lachten wie lange nicht mehr. Jürgen war noch gesprächiger als Max, er hatte eine fröhliche und unbeschwerte Art und war sehr von sich eingenommen. Während des ganzen Abends war er damit beschäftigt, einige der Passagiere nachzuahmen und sie zu veralbern, und jedes Mal mussten die Mädchen herzhaft lachen.

Max war jetzt ein ganz anderer Mensch geworden. Kein einziges Mal erwähnte er das Konzentrationslager, sondern erzählte Geschichten, die er angeblich auf seinen Reisen jenseits der Ozeane erlebt hatte und in denen auf rätselhafte Weise der Eros und die Emotionen viele Reisegefährten zu Liebesabenteuern verleiteten, auf die sie sich unter normalen Bedingungen nie eingelassen hätten. Während seine Tischgenossen aufmerksam lauschten, deutete Max wiederholt an, dass die St. Louis eine besondere Gelegenheit für Romanzen zwischen Passagieren und Besatzungsmitgliedern bot und alle auf solche Gelegenheit vorbereitet sein sollten. Rebeca hielt sich diskret zurück, aber Gretel zeigte sich von der Ungezwungenheit und der vorgeblichen Weltläufigkeit der beiden jungen Burschen zutiefst beeindruckt. Nach dem Kaffee entschuldigte sich Rebeca und zog sich in ihre Kabine zurück, während Gretel die Jungen lieber zu der gerade beginnenden Tanzveranstaltung begleitete.

Beim Zubettgehen mischten sich in Rebecas Kopf die Erlebnisse des Tages mit den Unwägbarkeiten, die sie auf der anderen Seite des Atlantiks erwarteten. Die Reise bedeutete das Ende eines ganzen Lebensabschnitts. Sie ging, um nie wiederzukehren. Nichts hielt sie in Wien zurück. Mit Elisabeths Tod war das letzte familiäre Band mit ihrem Land zerschnitten, und die Besetzung durch die Nazis hatte die Erinnerung an das Österreich ihrer Kindheit und ihrer Jugend ausgelöscht.

Sie entsann sich der Abreise nach Amerika mit ihrem Bruder vor vier Jahren. Nach dem Plan ihrer Eltern sollten sie lediglich eine Zeitlang in New York bleiben, bis sich die Lage in Österreich beruhigt hätte. Ihre Mutter hatte die Reise bis ins Einzelne vorbereitet und in ihnen eine freudige Stimmung zu erzeugen versucht, die sie angesichts der Perspektive, ins Ausland aufzubrechen, auch brauchten, und nur um Elisabeths willen täuschten sie Begeisterung über die Möglichkeit vor, eine Weile in einem anderen Land, noch dazu in New York, zu leben.

Da war Karl, aber mit der Zeit war Rebeca zu dem Schluss gelangt, dass er nicht der Mann war, den sie für sich ersehnt hatte. Sie zog es vor, mit ihm zu brechen und ihn freizugeben, doch er wollte sich mit dieser Alternative nicht abfinden. Zuerst bot er ihr die Heirat an, wofür sich Rebeca zwar bedankte, was sie aber sogleich ablehnte. Dann versprach er, auf sie zu warten, während er sie mit Aufmerksamkeiten überhäufte und alle möglichen Vorwände suchte, um mit ihr allein zu sein. Eines Abends lud er sie in ein Hotel ein, aber sie lehnte ab. Dann nahm er sie einmal in seine Wohnung mit, als die Familie außer Haus war; anfangs küssten sie sich und tauschten Zärtlichkeiten aus, aber als er sie ausziehen wollte, weigerte sie sich. Karl konnte nicht mehr an sich halten und schrie sie an, wann sie ihn endlich an sie heranließe. Rebeca war schockiert von der so lauthals gestellten Frage; sie erschien ihr wie die Reaktion eines Kindes, dessen Laune nicht nachgegeben wurde. Mit ihm ins Bett zu steigen, gehörte nicht zu ihren Plänen, noch weniger in dieser Situation, in der sich ein bevorstehender Abschied abzeichnete.

Ihre Erfahrung mit dem anderen Geschlecht beschränkte sich auf Josef, Karl und die wenigen Begegnungen, die sie in der Zwischenzeit mit anderen Bewerbern hatte. Auf dem Gymnasium sprachen ihre Mitschülerinnen ständig von leidenschaftlichen Romanzen, spekulierten über mögliche Kandidaten und phantasierten sich romantische Abenteuer zurecht, aber keine hatte echte Erfahrungen mit Männern gemacht. Als sie an die Universität kam, unterhielt sie sich ausgiebig mit ihren Freundinnen Ingrid und Maria über ihre jugendlichen Träume und Sehnsüchte. Erstere verzehrte sich vor Verlangen, mit ihrem Auserwählten zu schlafen, und der Bericht über jedes Stelldichein war eine leidenschaftliche Geschichte über den Widerstreit zwischen Begehren und Tugend, in dem die Tugend die Oberhand gewann, obwohl es stets den Anschein hatte, als hätte sie am Ende Erfüllung gefunden.

Maria war anders. Zu Beginn ihres Studiums an der Universität brach sie mit ihrem ihr von den Eltern aufgezwungenen Verlobten und ließ sich auf einen zweitrangigen Sänger ein, dem sie bereits am zweiten Abend ihrer Bekanntschaft gern ihre Jungfräulichkeit opferte. Das Abenteuer setzte sich mit höchst leidenschaftlichen Treffen fort, worüber sie danach ihren beiden Vertrauten ausführlich berichtete; das erweckte Neid in Ingrid und Sehnsüchte in Rebeca.

Die Lektüre einiger Arbeiten Freuds war ihr bei der Erweiterung ihrer Kenntnisse über den Sex nicht hilfreich. Im Gegenteil, die Vielschichtigkeit der Freudschen Theorie stiftete eher Verwirrung, und so ließ sie vom Studium des Werks des großen

Wieners ab. Wer ihr wirklich half, war Elisabeth, die den Takt und die Fähigkeit besaß, in aller Vertraulichkeit über das Thema zu sprechen, ihr den Unterschied zwischen Sex und Liebe und beider Bedeutung klar aufzuzeigen.

Von da an beschloss Rebeca, dass sie es sein würde, die den Mann und den richtigen Zeitpunkt auswählte, und beides musste möglichst perfekt sein. So verlangte ihr Körper bereits etwas mehr als die Küsse und die Zärtlichkeiten, mit denen Karl sie bedachte; etwas fehlte in ihrer Beziehung, etwas, was sie nicht genau zu definieren wusste, aber zweifellos vermisste. Anfangs war sie von ihrem Geliebten sehr angetan; auch danach fühlte sie sich wohl in seiner Gesellschaft, doch nie vermochte er, in ihr die nötige Leidenschaft für den Schritt zu wecken, den er vor ihrer Abreise so beharrlich einforderte. Außerdem schreckte sie eine gewisse Charakterschwäche des Jungen ab, und mit der Zeit fand sie ihn zu sehr in sein geordnetes Leben eingebunden, das ohne Überraschungen oder Aufregungen verlief. Sie suchte und brauchte mehr.

Schließlich war sie reisefertig. Elisabeth blieb bis zum letzten Augenblick gefasst. Am Morgen der Abreise, als sie sich auf dem Bahnsteig umarmten, lief eine Träne über das Gesicht ihrer Mutter. Es war das einzige Mal, dass sie sie weinen sah, und es war nur ein flüchtiger Moment. Elisabeth hatte sich rasch unter Kontrolle und gab ihren Kindern wieder Hinweise und Ratschläge mit auf den Weg. Dann kamen Rebeca Zweifel, ob das wirklich geschehen oder nur eine Illusion in dem bewegenden Moment des Abschieds gewesen war.

Die lange, eintönige Zugfahrt durch deutsches Gebiet verlief problemlos, man erkannte sie nicht als Juden, und niemand belästigte sie. Auf dem Frankfurter Bahnhof wurden sie auf einen Tumult auf dem Bahnsteig aufmerksam, und als sie sich erkundigten, was dort los sei, klärte eine Frau sie mit Verachtung in der Stimme auf, es handele sich lediglich um einen Juden, der versucht hatte, als normaler Bürger durchzugehen, und enttarnt worden war. Diese Antwort brachte die Geschwister für den Rest der Fahrt bis zur holländischen Grenze zum Verstummen.

In Rotterdam erwartete sie eine Oase der Ruhe und Friedlichkeit. Die liebliche Landschaft harmonierte mit der für die Holländer typischen Gelassenheit. Noch am Tag ihrer Ankunft bestiegen sie das Schiff, das ihnen trotz der Enge der Kabine, die sie teilten, großartig vorkam. Zu ihrer Überraschung war das Schiff voller deutscher Juden; die meisten waren reiche Leute oder Akademiker, die bereits ein Einreisevisum für die Vereinigten Staaten in der Tasche hatten. Rebeca ließ sich nicht mit ihnen ein; sie fühlte sich unwohl und wegen ihrer bescheidenen Ausstattung, die sich mit der Eleganz der in der ersten Klasse reisenden Mädchen nicht vergleichen ließ, als nicht zugehörig. Sie zog Wandas Gesellschaft vor. Wanda war eine gleichaltrige Warschauerin, die ihre Mutter verloren hatte und nun allein zu ihrem Vater nach Detroit reiste.

In den ersten Tagen hatte die Seekrankheit sie voll im Griff. Als sie sich besser fühlte, gab sie sich mit ihrer polnischen Freundin mehr und mehr den möglichen Aktivitäten und Annehmlichkeiten hin. Für ihren fünfzehnjährigen Bruder bedeutete die Überfahrt eine Befreiung und ein großes Abenteuer. Entgegen den Empfehlungen Elisabeths unterließ sie es am dritten Tag der Schiffsreise, Emmanuel weiter zu beaufsichtigen, der ohnehin nicht auf sie hörte. Er schloss sich einer Gruppe Jugendlicher an und beteiligte sich am Programm und den Angeboten auf dem Kreuzfahrtschiff, darunter auch an Veranstaltungen, die nur für Passagiere der ersten Klasse vorgesehen waren und in die er sich fast immer einschmuggeln konnte.

An den drei verbleibenden Reisetagen lernte Rebeca einen kräftigen blonden Mann aus Amsterdam kennen, der sie zu Tanzveranstaltungen und Konzerten ausführte und mit allen möglichen Mitteln versuchte, ihre Liebe zu gewinnen. Er erzählte ihr von seinen großartigen Plänen in den Vereinigten Staaten und versicherte ihr, in fünf Jahren würde er Millionär sein und in dem Sonnenstaat Kalifornien leben.

****

Benítez hatte noch keine Lösung für die Einreise der Flüchtlinge nach Kuba, entschloss sich aber, guten Mutes zu sein. Auf dem Weg zum Büro in seinem blitzenden Dienstwagen überdachte er die Situation. Zwei Tage zuvor, als er vom Büro des Präsidenten eine rasche Antwort mit der Gesprächszusage erhielt, hatte er das für ein günstiges Zeichen gehalten, aber die Unterredung hätte nicht schlimmer ausfallen können. Der Präsident ließ ihn praktisch überhaupt nicht zu Wort kommen und weigerte sich, für die Passagiere der St. Louis eine Ausnahme vom Dekret 937 zu diskutieren.

Am darauf folgenden Tag hatte er eine weitere, vielleicht sogar schlimmere Niederlage erlitten. Er hatte sich zur Columbia-Kaserne begeben, um mit Batista, seinem Freund und Gönner, zu reden. Er war in Begleitung seines gleichnamigen Sohnes, den allerdings jeder nur unter dem Spitznamen El Bonito kannte. Der stammte aus seinen Tagen als junger drittklassiger Galan in Hollywood. Nach den unerlässlichen Höflichkeiten und Schmeicheleien erläuterte der Chef der Einwanderungsbehörde die Situation mit der St. Louis und die nachteiligen Folgen, die eine Zurückweisung der Passagiere nach sich ziehen könnte. Er begründete das so: Die rückwirkende Anwendung der neuen Verordnung würde der Glaubwürdigkeit der kubanischen Behörden und vor allem des Chefs der Einwanderungsbehörde schweren Schaden zufügen. Und er hob hervor, dass das wegen ihrer engen Bekanntschaft auch ein Schlag gegen Batista wäre, also wäre damit ein hinreichender Grund für ein rasches Handeln des Armeechefs gegeben. Ein solch respektloses Verhalten Laredo Brús könne man nicht hinnehmen.

Der Oberkommandierende hörte sich die Darlegungen an und fragte, wie die Amerikaner dazu ständen. Benítez war auf diese Frage vorbereitet und erwiderte, Washington sei im Bilde und hatte nie etwas an seiner Einwanderungspolitik, namentlich an der Einreise der europäischen Flüchtlinge nach Kuba, auszusetzen gehabt. Es sei bekannt, dass die übergroße Mehrheit dieser Menschen weiter in die Vereinigten Staaten wollte. Benítez fügte hinzu, dass in den letzten Jahren fast zehntausend Immigranten aus dem alten Kontinent auf die Insel gekommen seien; diese Zahl würde nicht die Spanier einschließen, das stünde auf einem anderen Blatt.

Die Antwort des Chefs der Einwanderungsbehörde war bestenfalls die halbe Wahrheit. Es stimmte, dass die Roosevelt-Administration anfangs nichts gegen die Einreise der Juden nach Kuba einzuwenden hatte, doch Benítez verschwieg, dass das State Department später seine Besorgnis über die zunehmende Zahl von Flüchtlingen auf der Insel geäußert hatte. Auch erwähnte er nicht, dass sich die Nordamerikaner bei den kubanischen Behörden offiziell darüber beschwert hatten, dass diese Emigranten auf illegalem Wege nordamerikanisches Territorium zu erreichen versuchten, indem sie heimlich mit Booten über die Meerenge von Florida, in der es von Haien nur so wimmelte, oder in Schiffen und Flugzeugen als blinde Passagiere oder mit gefälschten Papieren in die Vereinigten Staaten übersetzten.

Da sein Gesprächspartner schwieg, überkamen Benítez Zweifel, dass dem Mulatten die veränderte Haltung der Regierung Roosevelt vielleicht bekannt war. Man wusste von den regelmäßigen Treffen Batistas mit dem amerikanischen Botschafter. Der Armeechef war daran interessiert, dass das weithin bekannt war, als Beweis für die guten Beziehungen zu Washington. Er dachte, möglicherweise wollte Batista ihn einmal mehr auf die Probe stellen; der überprüfte nämlich in regelmäßigen Abständen die persönliche Loyalität seiner Untergebenen und Getreuen, indem er ihnen Fragen stellte, deren Antwort er bereits wusste.

Nach einer Pause, die Benítez recht lang vorkam, beschränkte sich Batista darauf, schlecht von Laredo Brú zu sprechen und ihm zuzustimmen, dass man dieses Vorgehen des Präsidenten nicht billigen könne. Allerdings machte er keine Zusage, was für jemanden, der den alten Sergeanten kannte, gleichbedeutend mit einem Nein war. Mit diesen Befürchtungen langte Benítez im Gebäude des Außenministeriums, in dem sich sein Büro befand, an und stieß auf eine unübliche Armeewache. Er stieg aus dem Auto, und als er im Begriff war, das Gebäude zu betreten, salutierte ein Leutnant vor ihm und versperrte ihm den Weg.

»Herr Oberst, ich bedaure sehr, aber ich habe Befehl, Ihnen den Zutritt zu diesem Büro nicht zu gestatten.«

****

José Antonio befand sich auf dem Rückweg zu seiner Wohnung, als ihm einfiel, dass er ja an diesem Tag Nachtdienst in der Rettungsstation hatte, und er wünschte sich für dieses Mal mehr Glück als beim vorigen Nachtdienst. Er überquerte die Straße vor dem Kino Campoamor, wo es gerade »Jezebel – Die boshafte Lady« mit Betty Davis und Henry Fonda gab. Im Fausto hatte Tony nur wenige Filme mit dieser Schauspielerin vorgeführt, deren Karriere gerade erst begann, aber ihre meisterhaften Auftritte beeindruckten ihn. Ihm kamen noch weitere Schauspieler aus Hollywood und Europa in den Sinn; viele kannte er aus dem Vorführraum, in dem er zwischendurch immer wieder in Testuts umfangreichen Anatomiebüchern blätterte. Er dachte an die Zeit zurück, da er ein Gleichgewicht zwischen Studium und Arbeit angestrebt hatte. Luisa erschwerte die Herstellung dieses Gleichgewichts.

Tony begab sich am folgenden Montag wieder in die Calle Reina, und die Begegnung verlief ebenso leidenschaftlich wie beim ersten Mal. Zweifellos stellte seine Eroberung einen Erfolg dar, der ihn mit Stolz erfüllte. Endlich war er ein gestandener Mann, und er war in einen höheren Lebensabschnitt eingetreten. Er hatte es geschafft, dass eine Frau aus Verlangen nach ihm mit ihm ins Bett ging und nicht, weil er sie bezahlte. Dennoch, wenn er darüber nachdachte, war er sich nicht sicher, wer hier den Takt angab. Zwar hatte er in der Bäckerei die Initiative ergriffen, doch war er sich bewusst, dass er ohne Luisas provozierenden Blick nicht den Mut aufgebracht hätte. Dann wiederholte sich alles in ihrer Wohnung: er hatte die Kühnheit, um ein neues Treffen zu bitten, aber nur, weil die Augen der Frau ihn dazu bewogen. Sie verschlang ihn mit Blicken auf eine Weise, die keinen Zweifel am Verlangen der Señora ließ. Eigentlich hatte die Schwierigkeit nur darin bestanden, seinen Großvater zu überzeugen, dass er ihn die Torte abliefern ließ. Pardo fürchtete, etwas könnte schief laufen, und er könnte wegen seiner Eigenmächtigkeit die Anstellung bei Cuba-Cataluña verlieren.

Nach mehreren Montagen mit der Lady aus Pinar del Río erzählte Tony voller Stolz Paco von Luisa. Der Onkel lächelte, lobte seine Errungenschaft, sagte, er habe von seinem Neffen nichts anderes erwartet und gab ihm aufgrund seiner langjährigen Erfahrung einige Empfehlungen mit auf den Weg. Aber Francisco wiederum erzählte es Manuel, der einen Schreck bekam, als er hörte, dass José Antonio eine Affäre mit einer verheirateten Frau hatte, noch dazu in deren eigenem Haus. In Havanna häuften sich die Geschichten über Liebende, die in flagranti erwischt wurden, und in denen die gedemütigten Ehemänner blutige Rache übten.

Manuel knöpfte sich seinen Sohn vor und untersagte ihm, Luisa wiederzusehen, was eine heftige Diskussion auslöste, in der Tony klarstellte, er sei volljährig und würde sich weiter mit seiner Geliebten treffen. Sein Misserfolg veranlasste Manuel, Paco um Hilfe zu bitten, und die beiden kamen überein, Tony die mit einem Abenteuer mit einer verheirateten Frau verbundenen Gefahren und Risiken bewusst zu machen. Aber sie bemühten sich vergeblich. Für José Antonio war das Festhalten an seiner Eroberung eine prinzipielle Frage. Er erwog als Alternative, die Einhaltung von Manuels Verbot vorzutäuschen und sich mit der Frau des Zahnarztes heimlich weiter zu treffen, aber seinen Vater konnte er nicht belügen. Zum ersten Mal in seinem Leben war er Manuel gegenüber ungehorsam und verweigerte sich einer weiteren Diskussion über das Thema. So schlug Paco eine Zwischenlösung vor: Tony würde nie wieder in die Calle Reina gehen, man würde sich unter Einhaltung einiger Sicherheitsvorkehrungen und mit größerer Diskretion in der kleinen Wohnung des Onkels treffen.

Luisa willigte freudig in diese Änderung ein, die die Möglichkeit bot, dass sich die leidenschaftlichen Begegnungen mehrten. Sie bat lediglich darum, die Besuche für den Vormittag einzuplanen, um sich bei Dr. Pérez ein leichteres Alibi zu verschaffen. Das wäre eher eine Vorsichtsmaßnahme, als dass der Zahnarzt eines verlangte, denn dieser interessierte sich nicht wirklich für die jüngsten Abwesenheiten seiner Frau von Zuhause. Die Vorbereitungen waren unkompliziert, Tony würde als Erster in der Wohnung sein und dort auf sie warten.

Die Treffen des Pärchens im neuen Liebesnest waren von einer Intensität, die hemmungsloser Wildheit nahekam. Luisa war unersättlich und gestattete dem jungen Liebhaber nur kurze Verschnaufpausen zwischen einem Koitus und dem nächsten. Er kam schnell beim ersten Mal, bemühte sich auch nicht um Hinauszögerung, aber die nächsten Male zog er den Orgasmus hin, und sie bebte, stöhnte und schrie so sehr, dass Tony sie anfangs mehrmals naiv fragte, ob sie sich unwohl fühlte oder ein Problem hätte. Mitunter bekam José Antonio nicht mit, ob sie einen Orgasmus hatte oder nicht, weil sie sich in ständiger Erregung befand. Er probierte neue Techniken und Stellungen aus, von denen er gehört oder in pornografischen Büchern gelesen hatte. Luisa erfüllte ihm jeden Wunsch und genoss offensichtlich alles. Obwohl sich Tony bei allen Gelegenheiten mächtig anstrengte, wollte seine Geliebte immer mehr, besonders wenn der Moment des Abschiednehmens nahte.

In den ersten Monaten des Jahres 1930 fand Tony Erfüllung in seiner Affäre. Aber die Intensität der Treffen strengte ihn allmählich so sehr an, dass er sich entschloss, die zeitlichen Abstände zu vergrößern und die Dauer der Besuche unter dem Vorwand zu begrenzen, dass er Unterricht habe oder zu einem unumgänglichen Notdienst ins Krankenhaus gerufen wurde. Da sie so miteinander vertraut waren, begann er Details an Luisas Körper festzustellen, die er nicht so attraktiv fand. Er stellte Falten am Bauch fest, die Beine waren nicht so geformt und gekrümmt, wie er es am liebsten gehabt hätte, und beim genauen Hinsehen war der Leib auch nicht mehr so verführerisch fest. Aber vor allem nervten ihn bei jedem neuen Besuch in Pacos Wohnung immer mehr die »Zwischenspiele«. Es war schwierig, mit der Geliebten ein Gespräch zu führen, es gab wenige gemeinsame Themen, und sie war für seinen Geschmack ein wenig zu aufdringlich. Ständig fragte sie ihn, ob er sie liebe, und nie gab sie sich mit Antworten zufrieden, wenn José Antonio nicht seine ganze Begeisterung in sie hineinlegte.

Es blieb ihr nicht verborgen, dass ihr junger Liebhaber immer spärlicher mit der Zeit umging und seine Lust nachließ, und so stellten sich Eifersüchteleien ein, die für José Antonio immer unerträglicher wurden. Also dehnte er die Zeiten von Treffen zu Treffen immer weiter aus, bis er es schließlich ganz aufgab, das Ausleben ihrer Leidenschaften zu planen, und seine Kraft auf den Abschluss des zweiten Studienjahres konzentrierte. Außerdem hatte er ja noch seine mitunter anstrengende Arbeit im Fausto. In den Ferien war er versucht, das Geplänkel mit Luisa neu zu beleben; ja, an einem Montagvormittag wagte er sich sogar in die Calle Reina, doch als er die Kinder auf dem Balkon sah, wandte er sich ab und kam nie mehr zurück. Von da an war er entschlossen, die Suche nach dem idealen Mädchen wieder aufzunehmen, die Suche nach einer Frau, die allen seinen Erwartungen entsprach. Irgendwo in Havanna musste sie sein, er musste sie nur finden und durfte die Gelegenheit, wenn sie sich ihm bot, nicht verpassen.

Als der Sommer zu Ende ging, verschob die Machado-Regierung in dem Versuch, das Zentrum der Opposition lahmzulegen, den Beginn des neuen Studienjahres bis nach den Nachwahlen im November. Die Studenten reagierten darauf mit einem Aufruf zu einem Massenprotest am 30. September und forderten den Rücktritt Machados. José Antonio erfuhr von der Protestaktion durch einen Kommilitonen, als er an der Ecke Infanta und San Lázaro auf Beatriz wartete, eine Blondine, die im zweiten Jahr Pharmazie studierte. Ihre Figur und ihre schönen Beine hatten es ihm vom ersten Tag an, da er sie sah, angetan. Das Mädchen war attraktiv und konnte die sein, die er schon immer gesucht hatte. Tony hatte nur einmal, zum Ende des vorangegangenen Studienjahres, auf dem Patio de los Laureles vor der Universität, mit ihr gesprochen. Beatriz hatte erzählt, dass sie, um ihrer Mutter einen Gefallen zu tun, jeden Sonntagvormittag mit einer Freundin in der Iglesia del Carmen die zweite Messe besuchte, während sich ihre Eltern, die zum ersten Gottesdienst gingen, in der Zwischenzeit um die Großmutter kümmerten.

José Antonio war diese Information im Gedächtnis geblieben, und wenn er es recht bedachte, hatte er nichts zu verlieren, wenn er eine rein zufällige Begegnung mit dem Mädchen plante. Also postierte er sich an jenem Sonntag vor der Kirche. Vielleicht würde er sie sehen, den Überraschten spielen, um dann ein Gespräch über die langen Ferien und den Aufschub des Studienanfangs zu beginnen. Wenn alles gut ging, würde er sie zu einem Cocktail in eine Cafeteria in der Calle Infanta einladen.

Im Unterschied zu seinen Freunden hatte Tony keinen Gefallen an sehr ausgeklügelten Verführungsplänen, aber in diesem Fall gestaltete sich das Unterfangen einfach, und man brauchte keine Komplizen. Also würde ein Nichtgelingen keine großen Folgen haben. Außerdem war die Blonde sehr hübsch, und ein Versuch lohnte sich immer.

Beim Warten schaute er sich ein wenig um. Zwei Jahrzehnte zuvor war die Infanta eine der Grenzen gewesen, die die Stadt vom Land trennte, aber innerhalb weniger Jahre hatte sie sich zu einer der belebtesten und verkehrsreichsten Straßen Havannas voller Personenkraftwagen, Lastkraftwagen und Straßenbahnen entwickelt. Auf den Gehsteigen flanierten Menschen aller Art. Trotz der Hitze waren die meisten Männer mit Schlips und Kragen unterwegs. Die Messe war zu Ende, und die Gemeindemitglieder, mehrheitlich Frauen aller Altersgruppen, traten ins Freie. Die meisten Frauen waren schon im reiferen Alter, einige ältere Frauen waren unter ihnen, fast alle in Festtagskleidung. Als er Beatriz auszumachen versuchte, sprach ihn jemand von hinten an.

»Tony, was für ein Glück, dich hier zu treffen.«

Es war Baldomero, ein Kommilitone von der Medizinischen Fakultät, den man wegen seines Körperumfangs »El Bola«, die Kugel, nannte. Er war gutmütig, hatte stets ein Lächeln auf den Lippen und brachte immer die neuesten Nachrichten mit.

»Bola, ich habe gerade keine Zeit.«

»Was, bist du auf Jagd nach neuem Material?«

José Antonio fragte sich, ob man es ihm ansah, was er gerade vorhatte, oder ob der Dicke nur einen Zufallstreffer gelandet hatte. Er versuchte, sein Zielobjekt in der Ansammlung von Menschen auf dem gegenüber liegenden Bürgersteig auszumachen, aber das Mädchen war nicht zu entdecken.

»Dicker, du gehst mir auf den Docht.«

»Keine Sorge, nur ganz kurz. Ich muss dir was Wichtiges sagen. Würde es mir nicht verzeihen, wenn nicht. Man organisiert gerade eine Demo für den dreißigsten früh morgens.«

Tony wandte seinen Blick von der Kirche ab.

»Worum geht's?«

»Wir treffen uns erst einmal auf dem Patio de los Laureles zu einer Kundgebung, dann marschieren wir zum Haus von Professor Varona zu Ehren des fünfzigsten Jahrestages seiner ersten Philosophie-Vorlesung. Das wird natürlich eine Demo für den Prof und gegen die Regierung mit ihrer Kampagne gegen Varona wegen seiner Anti-Machado-Haltung. Bist du im Bilde? Hast du seinen Artikel in der Presse gelesen?«

Tony hatte natürlich nichts gelesen und war auch nicht im Bilde, aber er wollte das Ganze abkürzen.

»Um wie viel Uhr geht es los?«

»Früh am Morgen, ganz früh. Ich glaube, das wird lustig.«

Es war nicht nötig, weitere Fragen zu stellen. Tony verabschiedete Bola und versuchte, sich wieder dem eigentlichen Zweck seines Kommens zu widmen. Er schaute wieder zur Kirche hinüber, aber da waren nur noch zwei alte Frauen, die angeregt schwatzten. Er kehrte wieder nach Hause zurück und verwünschte den Dicken, die Kundgebung, Machado und sein Missgeschick.

Im vorangegangenen Studienjahr hatte sich José Antonio nur sehr selten an Kundgebungen und Studentenkrawallen gegen die Regierung beteiligt – nicht aus mangelndem Interesse, sondern einfach, weil er keine Zeit hatte. Seine Tage verliefen in einem ständigen Hin und Her zwischen den Vorlesungen und dem Fausto. Die wichtigste Aktion seiner Vorgeschichte war an einem Samstagvormittag gewesen, als er gemeinsam mit einer Gruppe von Studenten Plakate gegen Machado malte und die Straßenbahnschienen mit Seife einschmierte, um zu verhindern, dass die Wagen es auf den Universitätshügel schafften, sondern vor den verblüfft dreinschauenden Vorübergehenden unkontrolliert bergab rutschten. Aber an diesem letzten Septembertag musste er unbedingt früher aufstehen als gewöhnlich, um sich mit den ersten Strahlen des Tageslichts zur Universität aufzumachen. Er nahm den üblichen Weg, die San Lázaro hinauf, doch bald fiel ihm auf, dass die Atmosphäre an diesem Morgen eine ganz andere war. Der Himmel war ganz und gar wolkenverhangen, aber das war nicht der Grund, weshalb die Gesichter der wenigen Leute, die es übrigens eilig hatten, so ernst und besorgt aussahen.

Nahe der großen Treppe traf er auf mehrere Gruppen von Studenten, mehr als bei sonstigen Protestaktionen, aber am beeindruckendsten war das Polizeiaufgebot, das die Universität völlig abgeriegelt hatte. Es waren normale und berittene Polizisten, die den Zugang zum Universitätsgelände versperrten und wie nie zuvor in Havanna ihre Macht demonstrierten.

José Antonio schloss sich mehreren Kommilitonen der Medizinischen Fakultät an, und nach einer Weile hörten sie, wie ein Student von den Rechtswissenschaften mit lauter Stimme verkündete, man solle sich, bevor die Polizei aufmarschierte, im nahe gelegenen Parque Alfaro sammeln, um von dort aus zum Präsidentenpalast zu marschieren und den Rücktritt Machados zu fordern. Alle zogen zum Park, wo sie von berittener Polizei umringt wurden. Die Polizisten stiegen ab und schickten sich an, die Jugendlichen nach vermeintlichen Waffen zu durchsuchen, die aber niemand bei sich trug. Einige Jungen widersetzten sich, einer entfaltete eine kubanische Fahne, und ein anderer blies in ein

Horn. Und dann nahm die Katastrophe ihren Lauf: die Polizisten begannen, mit ihren Schlagstöcken brutal auf die Studenten einzuschlagen, und die reagierten darauf mit Schlägen und Steinwürfen, bis Schüsse zu hören waren und man auseinander lief.

Tony schloss sich einer kleine Gruppe an, die die San Lázaro hinunter bis zur Calle Belascoaín rannte, wo sie mit Schüssen aus Richtung des Fünften Bahnhofs empfangen wurde, die die Studenten zwangen, umzukehren und nach links in die zum Malecón führenden engen Gassen auszuweichen. Zusammen mit den anderen Studenten fand er Schutz im Haus von Chela, einer seiner Mutter bekannten stattlichen Schwarzen, die plötzlich die Tür öffnete und sie mit ihren mächtigen Armen hineinbugsierte. Tony setzte sich auf einen Schemel, und auf einmal verspürte er einen heftigen Schmerz im Rücken. Er erinnerte sich daran, dass ein Polizist ihm einen Schlag versetzt hatte, den er mit einem Fausthieb zu beantworten versucht hatte, der aber ins Leere ging.

Chela schimpfte unaufhörlich über die Brutalität der Polizei und bot allen einen Kaffee an. In Gesellschaft der Hausherrin und der beiden kleinen Enkelkinder, die ihre unerwarteten Gäste bestaunten, brachten die drei Jugendlichen den ganzen Vormittag in dem heißen Wohnzimmerchen zu, während draußen der Himmel seine Schleusen öffnete und der Regen sich über die Stadt ergoss. Zunächst drehte sich das Gespräch um die Ereignisse am Morgen, dann redete man über die jeweiligen Familien, dann aber wandte man sich rasch den Mädchen auf dem Universitätshügel zu. Dabei bewiesen die Jungen ein beinahe enzyklopädisches Wissen und stellten ihre verschiedenen Eroberungen vor dem schweigenden José Antonio heraus.

Tony kannte die mit ihm untergeschlüpften Kommilitonen nicht. Einer von ihnen, ein mittelgroßer, dunkelhäutiger, korpulenter Junge stellte sich als Elías vor. Später erfuhr er, dass er der Sohn eines Palästinensers war, dem ein kleiner Juwelierladen in der Calle Obispo gehörte. Der andere, groß, schlank und dunkelhaarig mit braunen Augen, war Tomás, der einer alten Großgrundbesitzerfamilie aus Las Villas entstammte, die während des letzten Unabhängigkeitskrieges ihr gesamtes Vermögen verloren hatte. Ihre Fincas waren niedergebrannt und verwüstet worden, sie mussten ihr Land zu einem Spottpreis verkaufen und nach Havanna ziehen, wo ihnen auch kein Glück beschieden war. Tomás war in Armut aufgewachsen und hatte in seiner Kindheit von den verlorenen Reichtümern seines Großvaters und den Entbehrungen seiner Eltern, damit der Junge studieren konnte, erzählen gehört. Die Beiden studierten Rechtswissenschaften im dritten Studienjahr, waren eng befreundet und wetteiferten untereinander, wer sich bei den Studentenkrawallen und Kundgebungen am besten gegen die Polizei wehrte.

Punkt zwölf Uhr mittags, als er zu Hause anlangte, warteten seine Eltern bereits ungeduldig und verzweifelt auf ihn. Eloísa wollte ihn ausschimpfen, doch Manuel unterbrach sie und forderte seinen Sohn auf, zu erzählen, was geschehen war. Tony berichtete von den Ereignissen des Vormittags, vermied es aber zu dramatisieren, und schloss mit einer Darlegung der Gründe für seine Teilnahme an der Protestaktion. Sein Vater hörte geduldig zu, während ihn Eloísa streng anschaute. Als Tony geendet hatte, begann sie von neuem zu schimpfen, aber Manuel schnitt ihr das Wort ab:

»Ich habe von meinem Sohn nichts anderes erwartet; aber, Tony, du musst aufpassen und Auseinandersetzungen mit der Polizei vermeiden.«

»Bist du fertig?«, fragte seine Mutter.

»Ja.«

»Ist das alles, was du zu sagen hast?« fragte Eloísa von neuem. Sie wollte sich mit der Antwort ihres Gatten nicht zufrieden geben und fuhr wie eine Furie fort, die schlecht an sich halten konnte. »Hör mal, Manuel, ich habe diesen Jungen nicht geboren und mühevoll aufgezogen, damit ihn irgendein Sauhund an einer Straßenecke erschießt.«

»Eloísa, Tony hat das Richtige getan.«

»Ja, sag nicht sowas. Erkläre mir, verdammt nochmal, warum gerade sie es sein müssen, die Machado stürzen. Warum? Sag mir einen Grund, warum nicht andere das tun können? Wo waren heute morgen die Oppositionspolitiker?«

»Du solltest stolz sein auf deinen Sohn.«

»Ja, natürlich bin ich stolz, aber es macht mich fertig, wenn er so sein Leben riskiert.«

»Schau, meine Liebe, Tony ist ein Mann, und so muss er sich auch verhalten.«

»Scheiße, geh mir weg mit deinem Machotum.«

José Antonio hatte von seiner Mutter noch nie solche Kraftausdrücke gehört; ihn beunruhigte die Heftigkeit der Diskussion.

»Wir müssen mal das Radio anmachen.« Es war Paco, der sich einmischte und die Spannung aufzulösen versuchte. »Sie informieren gerade über die Kundgebung.«

Tony schaltete das Radio ein, in dem in diesem Moment eine Sondersendung mit der amtlichen Version der Ereignisse übertragen wurde. Die Regierung machte die Studenten für die Übergriffe verantwortlich und bekräftigte, dass es nicht die Polizei gewesen sei, die zuerst geschossen hatte. José Antonio war empört, während seine Eltern schwiegen.

»Auf der Straße heißt es, mehrere Studenten seien schwerverletzt in die Notfallklinik eingeliefert worden und Machado habe persönlich den Befehl für das gewaltsame Einschreiten gegeben.« Blanquita war gerade hereingekommen.

Die ganze Familie hörte für den Rest des Nachmittags die Nachrichten im Rundfunk. Die brachten aber nichts Neues, und die zahlreichen Berichte, die von den Nachbarn kamen, waren fast alle recht realitätsfern.

Am darauf folgenden Morgen vermeldete man den Tod des Studenten Rafael Trejo, und am 2. Oktober nahm José Antonio trotz des Protests Eloísas, die drohte, ihn nicht gehen zu lassen, an der Beerdigung teil. Sie wurde zur bis dahin größten Demonstration gegen das Machado-Regime. Der Diktator reagierte mit der Aussetzung der verfassungsrechtlichen Garantien und der Schließung der Universität.

Wenige Tage später rief Manuel die gesamte Familie zusammen und verkündete den Rücktritt von seinem Posten im Auswärtigen Amt. Eloísa sah ihren Mann wütend an, sagte aber kein Wort; sie erhob sich von ihrem Sessel, murmelte etwas vor sich hin und zog sich in die Küche zurück. Ihre Schwestern verharrten in Schweigen und sahen abwechselnd zu den drei Männern hinüber. Nur Paco sagte etwas.

»Ist noch jemand zurückgetreten?«

»Bis jetzt noch nicht, aber ich bin sicher, dass sich noch andere zu dem Schritt entschließen werden.«

Niemand sagte noch etwas, und damit war das Thema erledigt.

Im Außenministerium gab es keine weiteren Rücktritte, und von da an wurde die Situation für die Fernández sehr kompliziert. Manuels Demission bedeutete, dass Tony mit seinem bescheidenen Verdienst die Hauptstütze der Familie war. Die Pension, die sein Vater als Kriegsveteran bezog, war dürftig, und oft war der Staat mit den Zahlungen im Rückstand. Eloísa verordnete der Familie einen strengen Sparplan und bemühte sich erneut, für die Leute auf der Straße zu nähen, aber es gab nur wenige Aufträge. Blanquita kehrte an ihre Schule in Bauta zurück; Margarita suchte eine Anstellung, die sie nicht fand, und gedachte in die Vereinigten Staaten zu gehen, um dort eine Gelegenheitsarbeit anzunehmen, aber Eloísa lehnte das kategorisch ab, und so sprach man nicht mehr über das Thema. Die Probleme der Familie fielen mit dem schlimmsten Moment der Wirtschaftskrise im Lande als Folge der Großen Depression zusammen. Der Zuckerpreis stürzte auf einen Centavo pro Pfund ab, die Zafra wurde um sechzig Tage verkürzt, und in den meisten Häusern Kubas herrschte die Armut. In einigen Einrichtungen Havannas konnte man eine Tasse Kaffee für einen Centavo bekommen.

Eines sonnigen Nachmittags zu Wintersanfang traf Tony Luisa, die am Eingang zum Fausto auf ihn wartete. Das Schlimmste ahnend, fasste er sie am Arm und führte sie zu dem kleinen Park vor dem Hotel Sevilla. Auf dem ganzen Weg musste er sich Vorwürfe anhören, bis er schließlich versprach, dass sie sich am folgenden Tag in Pacos Wohnung sehen würden.

Obwohl sich José Antonio so kraftvoll wie immer gab, fand keiner der beiden Befriedigung. Tony ertrug nur mit Mühe die geballten Kritiken und Vorhaltungen. Sie, mal in Tränen, mal in Wut ausbrechend, vermochte es nicht, ihrem Geliebten die Zusage zu einem erneuten Treffen abzuringen. Als sie getrennt aus dem Haus gingen, wussten beide, dass sich der Zauber der Liebe unwiederbringlich erschöpft hatte.

11. KAPITEL

Nach einer Woche auf hoher See unterschied sich die St. Louis von keinem anderen Luxuskreuzer: Entspannung und Unterhaltung der Passagiere waren oberste Priorität. Zum ersten Mal seit zwei Jahren kehrte für Rebeca allmählich wieder Frieden ein. Die letzten Nächte konnte sie gut schlafen und wetteiferte mit Gretel, wer später aufstand, um sich dann zu beeilen, damit sie noch rechtzeitig in den Frühstückssalon kamen. Das war einer der vielen Augenblicke am Tage, in denen sie an José Antonio dachte, der immer scherzte, sie würde die Zeit verschlafen. Von der Seekrankheit fühlte sie sich geheilt, und ihr Körper verlangte nach mehr physischer Aktivität. Seit Jahren hatte sie keine Ballettstunden mehr genommen, also dachte sie sich ein spezielles Programm mit rhythmischen Bewegungsübungen aus und versuchte, tagsüber meist an Deck zu sein und umherzuwandern.

Ihre Kabinengefährtin brachte von Tag zu Tag mehr Zeit mit Jürgen und Max zu. Rebeca bemerkte, dass der Berliner eine zunehmende Anziehungskraft auf Gretel ausübte, und nahm sich vor, angesichts der ständigen Fragen und Kommentare Gretels in Bezug auf Jürgen mit ihrer Meinung möglichst zurückhaltend zu sein. Die drei neuen Freunde luden sie immer wieder ein, sich ihrem intensiven Programm voll anzuschließen; sie gaben sich in einem Ausmaß und mit einer Sucht den Spielen und Vergnügungen des Kreuzfahrtschiffes hin, als hätten sie nur noch einen Tag zu leben. In dieser Hinsicht waren sie nicht die einzigen, viele Passagiere taten es ihnen gleich, vor allem die Jugendlichen und die Kinder, die zum ersten Mal eine faszinierende Welt erlebten, die ihnen noch vor einer Woche als unerreichbar in ihrem Leben erschienen war und von der sie nicht einmal geträumt hatten.

Rebeca brauchte dieses ungezügelte Leben nicht, sie wollte sich lieber ausruhen und alles, was ihr in Wien begegnet war, hinter sich lassen. Wenn sie sich dann doch für irgendeine Aktivität interessierte, schloss sie sich Gretel oder dem von Max angeführten Trio an. Eines Abends gingen die Vier in den Kinosaal, aber die Vorstellung begann mit üblen Propagandanachrichten, unter anderen mit einer Szene, die Hitler mit dem Prototyp des ersten Volkswagens zeigte. Der Tonfall des Sprechers hatte etwas Triumphalistisches an sich, und wie in allen vom Propagandaministerium zensierten Nachrichten wurde nur von den Erfolgen und Fortschritten der großen Nation berichtet.

Rebeca fand diese Szenen lächerlich und das neue Auto hässlich, aber sie blieb sitzen. Dagegen verließen mehrere Passagiere den Saal. Max wollte sich anfangs über die Situation lustig machen, konnte es aber nicht aushalten und stand ebenfalls auf. In den Nachrichten wurden ferner Aufnahmen gebracht, in denen Hitler eine vierspurige Autobahn eröffnete. Der Sprecher betonte, dass das Projekt auf einen Vorschlag Hitlers zurückging, wie überhaupt alle genialen Ideen vom Führer stammten, und hob hervor, dass Deutschland als erstes Land in Europa und in der Welt über ein modernes Straßennetz verfügen würde. Jetzt vermochte auch Rebeca es nicht mehr zu ertragen, und zusammen mit Gretel und Jürgen wandte sie sich zum Ausgang. Da sie noch nicht müde war, schlug sie ihren Begleitern vor, sich noch ein Weilchen auf eine der Terrassen zu setzen, aber diese wollten lieber tanzen gehen.

Ein wenig genoss sie die Einsamkeit im frischen Meereswind, dann schickte sie sich an, in ihre Kabine zurückzukehren. Sie konnte nicht einschlafen, musste unablässig an José Antonio und ihr bevorstehendes Treffen denken. Nach über einem Jahr ohne Nachricht wusste sie nicht einmal, ob er sein Medizinstudium abgeschlossen hatte. Vor allem aber bedrückte es sie, nicht zu wissen, was sich in seinem persönlichen Leben ereignet hatte. War er verheiratet oder verlobt? Sie war sich auch nicht sicher, ob er ihr Telegramm erhalten hatte; vielleicht war er umgezogen und wusste nichts von ihrer nahen Ankunft mit der St. Louis.

Beim Abschied in New York hatten sie einander versprochen, sich so oft wie möglich zu schreiben. Anfangs hielt sie sich streng an die Vereinbarung, obwohl sie auf ihre ersten Briefe keine Antwort erhielt. Doch dann, nach langen Wochen, trafen zu Rebecas Überraschung in Wien regelmäßig seitenlange Briefe aus Kuba ein, in denen José von der Wiederaufnahme seines Studiums berichtete und ihr von Havanna erzählte. Sein Schreibstil war klar und direkt, mit einem Anflug von Humor und erfüllt von der ihm eigenen guten Laune. Im Frühjahr und im Sommer bildeten die Briefsendungen aus der Karibik für Rebeca den einzigen Lebensquell. Doch entgegen ihren eigenen Erwartungen war sie es jetzt, die Schwierigkeiten mit der Beantwortung der unterhaltsamen Briefe des Kubaners hatte.

Bei ihrer Ankunft in Wien befand sich Elisabeth bereits im Krankenhaus, und vom ersten Tag an hatte Rebeca Aufgaben und Pflichten, die sie voll in Anspruch nahmen. Später, als ihre Mutter nach Hause verlegt werden konnte, kündigte Margot ihre Rückkehr nach Frankreich an. Sie ertrug die politischen Spannungen in Wien nicht und erklärte klar und deutlich, dass sie den Rest ihres Lebens lieber in Paris zubringen wolle. Am Vorabend ihrer Abreise, als ihre Mutter bereits schlief, öffnete sie eine Flasche alten, vom Großvater ererbten Portweins und gestand, dass in der Stadt des Lichts ein neuer Geliebter auf sie warte, ein junger katalanischer Künstler – zehn Jahre jünger als sie –, für den sie entflammt war und ohne den sie nicht leben konnte.

Mit Margots Weggang fiel die gesamte Last der Betreuung der Kranken auf sie. Da ihre Mutter nur über bescheidene Ersparnisse verfügte und Elisabeth das, was vom Erbe des Großvaters verblieben war, unbedingt für schwierigere Zeit aufheben wollte, schloss das auch eine sorgsame Planung der Ausgaben ein. Unter diesen Umständen wurde es von Tag zu Tag mühsamer, an José Antonio zu schreiben. Wenn sie ihren Pflichten nachgekommen war, die sie vom frühen Morgen bis zum späten Abend beanspruchten, fühlte sie sich zu erschöpft und gleichzeitig unbefriedigt, um José Antonios Briefe zu beantworten. Sie hätten eine Antwort zweifellos verdient. Außerdem aber wollte sie ihm nichts von ihrer schwierigen Situation erzählen. Sie hatte Leute, die ihre Zeit damit vertun, nur von ihren Problemen und Schwierigkeiten zu sprechen, immer abgelehnt; es fiel ihr auch nicht leicht, über ihre Gefühle und Empfindungen zu schreiben, und nie hatte sie gern gelogen. Mit der Zeit also wurden ihre Briefe immer spärlicher, und ähnlich erging es José Antonio. Dann kamen die Besetzung durch die Nazis und die Anwendung der Nürnberger Gesetze auch in Österreich, was das Leben der österreichischen Juden sehr erschwerte und eine Ungewissheit hervorrief, die Rebeca nicht auf José Antonio übertragen wollte.

Außerdem beeinträchtigten die Zensur und die Kontrollen des Dritten Reiches die Korrespondenz mit dem Ausland, und so brach die Kommunikation zwischen ihnen ab.

Und jetzt reiste sie nach Havanna. Sie war sich darüber im Klaren, dass es nichts nützen würde, sich Gedanken über den mangelnden Kontakt zu Tony zu machen. Das hätte keinen Sinn; was geschehen war, ließ sich nicht rückgängig machen. Sie hatte Europa für immer hinter sich gelassen, ihr stand ein mögliches Treffen mit ihm bevor, also würde das Leben über die Zukunft entscheiden. Nun aber wollte sie sich angenehmeren Themen widmen. Sie erinnerte sich an ihren Vater und wie er sie und ihren Bruder in den Vereinigten Staaten empfangen hatte. Ihre Ankunft in New York war so beeindruckend, wie man es ihnen vorhergesagt hatte. Es war an einem warmen Frühlingsmorgen des Jahres 1935. Bei Sonnenaufgang konnten die Passagiere, die sich an Deck drängten, durch den leichten Nebel hindurch den bläulichen Küstenstreifen von Long Island ausmachen. Während sich das Schiff langsam dem Hafen näherte, nahm dieser Streifen eine grünliche Färbung an; man konnte allmählich Bäume und weiße Häuser erkennen. Nach einer guten Weile wurde die Ankunft angekündigt, man passierte Brooklyn und Staten Island, das rasch in die Küste von New Jersey überging, während man auf der anderen Seite in der Ferne Brooklyn Bridge sehen konnte.

Dann lichtete sich der Nebel, und während sie an der imponierenden Freiheitsstatue vorüberglitten, kam auf einmal Manhattan in Sicht mit seiner übermäßigen Konzentration von Wolkenkratzern; es war ein Spektakel, das die Passagiere, die nie etwas Vergleichbares gesehen hatten, mit offenen Mündern bestaunten. Das strahlende Empire State Building überragte alle anderen Gebäude, die Sonnenstrahlen wurden von dem grünen Kupferdach des Woolworth Building reflektiert. Auf den Straßen drängten sich tausende Autos in einer Art spektakulärer Choreografie, und in der Bucht tummelte sich eine Vielfalt von Booten und Schiffen unterschiedlicher Größe und unterschiedlicher Beflaggung.

Rebeca war enttäuscht, dass sie nicht in Ellis Island an Land gingen, sondern den riesigen aus roten Ziegeln und Kalkstein bestehenden Baukomplex ohne Halt passierten. Sie hatte von der Welle europäischer Einwanderer gehört, die das größte Einwanderungszentrum der Welt als Eingangstor nach Nordamerika ansahen. Auf dem kleinen Eiland prüfte, klassifizierte, akzeptierte oder wies man jene ab, die sich dem Abenteuer ausgesetzt hatten, auf der anderen Seite des Atlantiks ein neues Lebensglück zu suchen.

Seitdem zog jener Ort ihre Aufmerksamkeit auf sich, an dem über das Schicksal von Millionen Menschen entschieden wurde, und sie hatte sich darauf gefreut, ihren Vater am »Kissing Post« zu treffen, der Säule, an der Angehörige und Freunde die Ankömmlinge begrüßten. Aber mit der Einführung des Pass- und Visasystems wurde über die Einreise von Ausländern in die Vereinigten Staaten bereits im Vorfeld entschieden, und die Einrichtung hatte jetzt einen anderen Charakter: Ellis Island war zu einem Internierungslager für Reisende mit Problemen umgestaltet worden. Rebeca und ihr Bruder besaßen US-Visa ebenso wie die übrigen Passagiere, und so setzte das Schiff seine Fahrt durch den Hudson fort, bis es an einer Mole für Kreuzfahrtschiffe in Manhattan festmachte.

Am Kai hatten bereits Dutzende Menschen auf das Anlegen des Schiffes gewartet, aber Dr. Kreiner war nirgends zu erblicken. Schon bald ließ man die Reisenden an Land, und die Geschwister mussten die Einreise- und Zollformalitäten über sich ergehen lassen. Zu ihrer Überraschung nahmen die amerikanischen Beamten nicht sonderlich Notiz von ihnen; ihr Desinteresse löste in ihnen eine tiefe Befangenheit in Bezug auf ihre äußere Erscheinung aus. Nach der Kontrolle nahmen sie ihr Gepäck und gingen in einen Saal hinaus, wo viele der Passagiere von den wartenden Verwandten und Freunden unter Küssen und Umarmungen willkommen geheißen wurden. Nur, ihr Vater war nicht unter ihnen. Sie kämpften sich mit ihren Koffern durch den Strom der die Empfangshalle verlassenden Reisenden und fanden irgendwo an einer Seite einen Platz, wo sie den Menschenmassen nicht im Wege standen, und Rebeca versuchte sich zu erinnern, was sie mit dem Professor ausgemacht hatte. Dieser hatte sie eindeutig wissen lassen, dass sie sich an der Hafenmole treffen würden. Sie hatte keinen Plan B vorgesehen, das Geld zwar eingesteckt und die Adresse ihres Vaters in Brooklyn notiert, aber sie entschied sich zu warten.

Emmanuel begann zu maulen; er wollte nicht mehr ausharren und hatte Hunger. Seit dem Frühstück hatten sie nichts mehr gegessen, und es war schon um die Mittagszeit, doch Rebeca wollte sich noch nicht vom Fleck rühren. Während sie warteten, kamen zwei Herren getrennt auf sie zu und boten lächelnd ihre Hilfe an, einer in Englisch; der andere brachte Rebeca zum Lachen, als er versuchte, zu ihr in Deutsch, Holländisch, Französisch und Jiddisch zu reden. Sie wimmelte die Beiden aber rasch ab, ohne Gelegenheit zu einem Gespräch zu geben. So warteten sie weiter. Nach einigen Minuten, die ihnen wie Stunden vorkamen, tauchte Kreiners Gestalt von fern auf, die eilig auf sie zu kam. Als er sie erreichte, nahm er sie so fest wie nie in seine Arme. Dann schenkte er ihr eine Rose, und für Emmanuel hatte er eine Tüte Bonbons mitgebracht.

Seit zehn Jahren hatten sie sich nicht gesehen, und obwohl sie nie den Kontakt verloren hatten, war dieses Wiedersehen für die Drei wie eine Wiederentdeckung. Der Professor hatte sich gut gehalten, und wenn er sich nicht bückte, war er hochgewachsen; er hatte zwar etwas zugenommen, war aber immer noch schlank. Sein ansonsten dunkelbraunes Haar war schon etwas ergraut, vor allem an den Schläfen, aber seine grünen Augen blitzten noch immer lebhaft trotz der Brille, die er jetzt ständig trug. Er hatte sich ein Bärtchen stehen lassen, das ihn zwar nicht älter erscheinen ließ, ihm aber eine Reife verlieh, die seiner akademischen Tätigkeit entsprach. Seit er nach New York gekommen war, hatte er an der Universität Karriere gemacht und sich aus der bescheidenen Position eines Gehilfen im Physiologie-Labor zum Assistenz-Professor an der Medizinischen Fakultät hochgearbeitet. Diese Arbeit war mit wissenschaftlicher Forschungstätigkeit verbunden, so dass er weiter seiner eigentlichen Passion nachgehen konnte.

Rebeca hatte wenige Erinnerungen an ihren Vater, dafür umso mehr von ihm erzählen gehört, doch sie war überrascht von seinem Enthusiasmus und seinem unerschütterlichen Optimismus. Man konnte sich mit ihm ungezwungen unterhalten, und er vermittelte einem ein Gefühl von Sicherheit und Vertrautheit, das Türen und Herzen öffnete. Stets hatte er etwas zu erzählen, und er hörte auch gern zu. Im Taxi beantwortete Rebeca die Fragen ihres Vaters über die Familie und die Reise und versuchte gleichzeitig, durch das kleine Autofenster möglichst viel zu sehen. Sie fuhren langsam über eine breite Allee voller Fahrzeuge; auf den Bürgersteigen wimmelte es von Hunderten von Leuten. Der starke Verkehr veranlasste sie, vor der Auffahrt auf eine gigantische Brücke anzuhalten.

»Das ist Brooklyn Bridge«, erklärte der Professor.

In diesem Moment erklang eine heisere, aber fröhliche Stimme mit starkem italienischem Akzent.

»Warum sprechen Sie nicht Englisch? Sie sind doch in Amerika.« Der Taxifahrer schaute sie durch den Rückspiegel an.

Dr. Kreiner lächelte und antwortete in perfektem Englisch mit leichtem deutschem Akzent.

»Sie haben Recht. Dies sind meine Kinder. Sie sind gerade aus Wien angekommen.«

»Ah, aus dem Lande Mozarts. Ich dachte, es seien Deutsche. Die Österreicher sind die Einzigen, mal abgesehen von den Italienern, die was von Musik verstehen und eine gute Oper schätzen können«, gab der Chauffeur zurück, nunmehr mit breitem Grinsen. »Meine Familie ist vor dreißig Jahren aus Neapel hierher gekommen.«

Jetzt konnten sie die Brücke überqueren, und Rebeca hörte dem Gespräch zwischen ihrem Vater und dem Taxifahrer über die Veränderungen in der Stadt zu und genoss das beeindruckende städtische Panorama. Es hatte ihre Erwartungen übertroffen, und sie spürte, dass sie an einem völlig anderen Ort, in einer anderen Welt angekommen war.

****

Wilhelm Krüger stand misslaunig auf. Trotz der zwei Ventilatoren im Zimmer war es unerträglich heiß gewesen. In der Wohnung im zweiten Sock des Hauses an der Plaza del Cristo war es im Sommer für den deutschen Konsul in Havanna viel zu warm. An diesen Nachteil hatten seine Vorgesetzten in Berlin nicht gedacht, und deshalb hatte er seiner Meinung nach Anspruch auf eine Zusatzvergütung. Einmal mehr bedauerte er, dass er seine bequeme Suite im Hotel Pasaje nahe dem zentral gelegenen Prado, mit einem einfachen Notausgang zur Calle Zulueta hinaus, gegen eine Mietwohnung eingetauscht hatte. Aber er hatte die Anweisung auszuführen, und die besagte, er habe eine diskrete Wohnung im Zentrum der Stadt zu beziehen, als Anlaufstelle für einen Agenten, der in Kürze eintreffen würde. Als er die Wohnung mietete, glaubte er, sie würde allen Anforderungen gerecht, wäre angenehm kühl, aber die Tropen hatten ihm einen Streich gespielt: Er war im Dezember eingezogen, und jetzt, da der Sommer begonnen hatte, war die Hitze kaum auszuhalten. Noch halb im Schlaf versuchte er, sich die am Vortag empfangene dringende Nachricht über die Bedeutung des bevorstehenden Einlaufens eines Kreuzfahrtschiffes der Hamburg-Amerika-Linie ins Gedächtnis zu rufen.

Der Posten im Konsulat diente nur als Vorwand. Seine Mission in Havanna war die des Chefs der dortigen Abwehraußenstelle, einer der wichtigsten Niederlassungen des deutschen Spionagedienstes außerhalb Europas. Insgesamt unterstanden seiner Verantwortung mehr als fünfzig Agenten mit sehr unterschiedlichen Tarnungen; mehrere gaben sich sogar als vor den Nazis geflüchtete Juden aus. Die Bedeutung dieser Nebenstelle hatte in den letzten Monaten zugenommen, nachdem das FBI mehrere Netze der Abwehr in den Vereinigten Staaten enttarnt hatte. Die so entstandene Krise hatte dazu geführt, dass Kuba zur ersten Alternative für die Aufrechterhaltung der Kommunikation zwischen den noch auf nordamerikanischem Territorium verbliebenen Spionen und den aus Deutschland eintreffenden Kurieren wurde. Havanna war ideal als Spionagezentrum. Die Stadt war kosmopolitisch, voller Ausländer, mit einer zunehmenden Zahl nordamerikanischer Touristen, mit korrupten und trägen Behörden, hunderten Hotels, Gästehäusern, Restaurants, Nachtklubs und Amüsierlokalen. Im Unterschied zu anderen Hauptstädten hatte Havanna jedoch den Nachteil, dass man sich nicht auf eine deutsche Kolonie stützen konnte; die Landsleute des Konsuls hatten in ihren Migrationswellen die Karibik gemieden, aber dieser Mangel wurde durch die große Zahl spanischer Falangisten wettgemacht, die stets bereit waren, ihren Freunden aus dem Dritten Reich beizustehen.

Das Hauptproblem in Havanna bestand in der Beschattung durch die lokalen Dienststellen der nordamerikanischen Geheimdienste, die ganz ungehindert mit der Unterstützung ihrer mächtigen Botschaft agierten. Dank ihrer Ressourcen und ihrem Einfluss auf die kubanischen Behörden hatten die US-Agenten das Netz des deutschen Geheimdienstes unter permanenter Kontrolle, doch nachteilig für sie war der Umstand, dass sich ihre Tätigkeit auf vier unterschiedliche Dienste verteilte, was die Koordination zwischen ihnen erschwerte. Außerdem standen sie in einer gewissen Konkurrenz zueinander, was sich nach Krügers Meinung ungesund auf die geheimdienstliche Arbeit auswirkte und im Vergleich mit der deutschen Effizienz eher gleichbedeutend war mit Desorganisation, Mittelvergeudung und Dekadenz seitens der Vereinigten Staaten.

Der Chef der Abwehrnebenstelle war zufrieden mit seiner Arbeit. Anfang des Jahres hatten ihn seine Vorgesetzten in Berlin zur erfolgreichen Erfüllung einer wichtigen Mission beglückwünscht: Er hatte im Zentrum des Landes an der Nordküste eine Stelle ausfindig gemacht, die den Besatzungen der deutschen Unterseeboote, die im bevorstehenden Krieg im Atlantik zum Einsatz kommen sollten, als Stützpunkt dienen würde. Für diese Aufgabe musste er durch Kuba reisen, und dabei hatten ihn die Schönheit der Landschaft und die Fruchtbarkeit des Bodens überwältigt. Dazu im Widerspruch stand die Armut, der er hier und da begegnete. Dieses Paradox hatte er noch immer nicht verstanden. Der Geschäftsträger der Botschaft meinte mit der ihm eigenen Arroganz, die Ursache des Problems liege in der Vermischung der Rassen auf der Insel, ein Argument, das Krüger angesichts der Dynamik und des Fleißes, die er bei Kubanern aller Hautfarben festgestellt hatte, nicht überzeugte.

Wilhelm freute sich, in Kuba arbeiten zu können, im ersten Land jenseits des Ozeans, das kennenzulernen ihm vergönnt war. Seine bisherigen Arbeitsstellen waren immer in Europa gewesen, und mit der Ankunft auf der Insel entdeckte er eine neue Welt. Da er die englische Sprache beherrschte und Spanisch-Kenntnisse besaß, hatte er keine Schwierigkeiten mit der Ausübung seiner Tätigkeit. Das einzige Problem war die Hitze während des langen Sommers. Er konnte sich nicht an die hohen Temperaturen und die große Luftfeuchtigkeit gewöhnen, die ab dem Monat Mai, der gerade begonnen hatte, vorherrschten.

Bereits zu früher Stunde war die Wohnung vom kraftvollen Licht des tropischen Morgens erhellt. Er liebte dieses Licht; es hellte seine Stimmung auf. Er öffnete das Zimmerfenster und steckte diskret den Kopf hinaus, um ein wenig frische Luft zu atmen und die Umgebung zu betrachten. Im Haus gegenüber säuberte eine schmalbrüstige Mulattin mit weißem Kopftuch ein Zimmer; dabei sang sie und tanzte mit dem Besen. In der Nachbarwohnung spielten zwei Kinder auf dem Fußboden, und in einer Wohnung, deren Fenster weit offen standen, küsste sich ein Pärchen leidenschaftlich im Bett.

Trotz der Hitze war Kuba ein wundervolles Land. Bald entdeckte er Vorzüge, die in den Resümees der Abwehr keine Rolle spielten. Während der winterlichen Hälfte des Jahres war das Klima ein Segen; die Temperaturen waren angenehm frisch, die Feuchtigkeit war nicht so hoch, ohne dass das kräftige Licht und die intensiven Farben der Karibik an Pracht verloren. Noch überraschten ihn die Schönheit der Stadt, die verschiedenartige, herrliche Architektur, die üppige Natur sowie die Sitten und Gebräuche der Kubaner. Überdies hatte Havanna das Meer, das ausschweifende Nachtleben und vor allem die Frauen, die für ihn eine ständige Provokation darstellten.

Der Konsul hatte es geschafft, die Kompliziertheit der Kubanerinnen zu begreifen, zumindest was ihn selbst anging. Obwohl er mit über einem Meter achtzig, dunkelbraunem Haar und hellblauen Augen eine attraktive Erscheinung abgab, war er nie ein Frauenheld gewesen, und nach seiner Heirat war eine Stabilität in sein Leben eingezogen, zu der auch gehörte, dass er seine Frau sehr anziehend fand. Er war ein diskreter Mensch, und als er noch in Deutschland war, zog er es vor, möglichst viel Zeit mit seiner Familie zuzubringen, vor allem mit seinen beiden Kindern. Die Abwesenheit von seinem Zuhause war der einzige Nachteil an seiner Arbeit, die ihm Spaß machte und in der er sich mit der Erfüllung seiner Missionen in Deutschland und im Ausland hervortun konnte.

Indes, das Alleinsein war ein schlechter Ratgeber, vor allem an einem Ort voller Versuchungen wie Havanna. So geschah es mehrere Monate nach seinem Eintreffen auf der Insel, dass er alle zwei Wochen eine diskrete Séance zur Befriedigung seiner fleischlichen Gelüste einplante. Stets besuchte er dasselbe Luxusbordell in der Calle Colón, das ihm ein spanischer Falangist empfohlen hatte und in dem die Huren wechselten, so dass er sich jedes Mal eine andere aussuchte. Dabei hatte er keinerlei Präferenzen, und er ging auch jenseits des bezahlten Sexes keine

Beziehung ein. In Bezug auf die Sicherheit waren es Mindeststandards, die er mit der ihn kennzeichnenden strengen Disziplin einzuhalten hatte. Er wusste sich von der Polizei Havannas und vor allem von den nordamerikanischen Diensten beobachtet, die wirklich alle seine Aktivitäten eisern verfolgten. Außerdem musste er seinen Untergebenen in einem von Attraktionen und Vergnügungen strotzenden Umfeld, das seine Agenten leicht ablenken und vom Weg abbringen konnte, ein Vorbild sein.

Er lebte nun seit über einem Jahr in Havanna und vermisste Berlin. Aber er tröstete sich mit dem Gedanken, dass seine Arbeit Teil der Bemühungen um die Wiedererlangung des Ruhms seines geliebten Deutschlands war. Er wurde Mitglied der Nazi-Partei, nachdem Hitler an die Macht gelangt war. Er war der Partei nicht aus ideologischen oder politischen Gründen beigetreten, sondern weil er sich nicht mit dem Chaos der Weimarer Republik und der Unfähigkeit der herkömmlichen Parteien abfinden wollte. Er war zu der Überzeugung gelangt, dass Hitler die Alternative für die Wiedererstarkung eines neuen Deutschlands war, das stolz auf seine Vergangenheit sein konnte und endlich die Niederlage und die Schmach des Versailler Vertrags hinter sich lassen würde.

Bis heute hatte ihn die Regierung des Führers nicht enttäuscht: Er hatte das Land früher aus der Wirtschaftskrise geführt, als das die anderen westlichen Nationen schafften, hatte mit der Arbeitslosigkeit Schluss gemacht, einen umfassenden Plan für das öffentliche Bauwesen eingeleitet. Ohne dass ein Schuss gefallen war, hatte er das entmilitarisierte Rheinland besetzt, mit der Annexion des Sudetenlandes die Grenzen ausgedehnt, eine Vereinigung mit Österreich zustande gebracht und vor allem Ordnung in Deutschland geschaffen. Für Krüger war die Rassenpolitik der Nazis kein Thema, nie hatte er jüdische Freunde besessen, und in jedem Fall waren es ein annehmbarer Preis für eine ansonsten positive Bilanz.

Mit dem Eintreffen der beiden Agenten aus den Vereinigten Staaten und Panama stand ihm jetzt eine weitere wichtige Aufgabe bevor. Jeder brachte Informationen von höchster Priorität, die er für einen Sonderkurier aufbereiten musste, der, wie es in einem Telegramm seiner vorgesetzten Dienststelle hieß, mit einem deutschen Kreuzfahrtschiff ankommen würde. Später kam dann eine zweite Nachricht mit der Anweisung, alles mit der St. Louis im Zusammenhang Stehende aufmerksam zu verfolgen. Er fragte sich, ob die beiden Anweisungen Teil desselben Plans waren oder ob es sich um zwei separate Operationen handelte, die nur zufällig zur gleichen Zeit abliefen. Nach seiner Erfahrung war beides möglich, aber er ließ den Zweifel lieber weiter bestehen; es stand ihm nicht zu, das herauszufinden.

Schließlich erhob er sich und machte sich, pedantisch wie immer, zurecht. Nach dem Ankleiden und Frühstücken ging er aus dem Haus, um ein Taxi zur Gesandtschaft aufzutreiben, die sich in Vedado befand. Er beschloss, zu Fuß zum Hafen zu gehen, wo stets viele Taxis warteten. Die Gebäude boten Schutz vor der Sonne, zumal zu dieser Tageszeit die Hitze noch nicht so unerträglich war. Ihm wurde bewusst, wie weise die Anordnung der spanischen Krone gewesen war, in ihren tropischen Kolonien enge Straßen zum Schutz vor der Sonne vorzusehen. Ein Gang durch die Straßen Havannas war immer ein Erlebnis. Ein stämmiger Mulatte mit Strohhut und in kurzärmeligem Hemd bot ihm plötzlich in gebrochenem Englisch Frauen jeder Hautfarbe und pornografische Postkarten an, alles zu einem guten Preis und in bester Qualität. Er reagierte nicht, und daraufhin fragte der Straßenhändler:

»Amerikaner? Möchtest du lieber einen Jungen?«

Wilhelm fühlte sich beleidigt, zuerst von dem Angebot und dann, weil man ihn für einen Amerikaner hielt. Zwei Beleidigungen in einem einzigen Satz. Er hätte gern etwas darauf erwidert, aber er ließ es bleiben und setzte seinen Weg fort, als hätte er nichts verstanden. Diskretion und Zurückhaltung waren in seiner Arbeit Schlüssel zum Erfolg. Ohne von dem Mulatten weiter Notiz zu nehmen, zog er weiter durch die Teniente Rey, auch Avenida del Brasil genannt. Die Straßennamen Havannas bereiteten ihm noch Kopfzerbrechen. Zu allem Überfluss trugen viele Straßen zwei Namen, den ersten aus der Kolonialzeit, den zweiten hatten sie nach der Unabhängigkeit erhalten. Die Leute nannten sie mal so und mal so, obwohl man meist die alten Namen benutzte: eine der vielen Widersprüchlichkeiten der Kubaner, die wohl zu den am wenigsten durchschaubaren Wesen auf dem Planeten gehören. Zwei Kinder folgten ihm und bettelten um Geld, aber mit einer brüsken Geste wies er sie ab und beschleunigte nunmehr seinen Gang, angeregt von dem kräftigen Duft gerösteten Kaffees, der aus einer der vielen Cafeterías auf die belebte Straße drang.

Kaum hatte er in der Avenida del Puerto die Hand gehoben, hielt auch schon ein Taxi, das ihn in schneller Fahrt über den Malecón brachte. Diesen Moment genoss er jeden Morgen. Die Allee entlang des Ozeans war einfach spektakulär; etwas Vergleichbares hatte er nie gesehen.

In der Gesandtschaft angelangt, wartete sein Besuch bereits auf ihn, angeblich ein Geschäftsmann, der sich auf einer Rundreise durch die Karibik auf der Suche nach neuen Märkten für die deutschen Produkte befand. In Wahrheit war er der Chef einer Gruppe von vierzehn Agenten, die das Propagandaministerium der Nazis mit dem Auftrag entsandt hatte, in der kubanischen Presse eine antisemitische Kampagne zu befördern.

Die Betreuung der jüngst in Havanna eingetroffenen Agenten sollte für ihn als Chef der Abwehrnebenstelle zu einer der lästigsten Aufgaben werden. Da den meisten die landesspezifischen Besonderheiten nicht geläufig waren, stellten sie zunächst Fragen zu den auf sie zukommenden Arbeitsmethoden. Denjenigen, die nur kurze Zeit blieben, hörte Krüger nur schweigend zu, ehe er sie erleichtert verabschiedete. Das Problem waren die, die länger blieben. Diese unterteilten sich in zwei Gruppen: in eine Minderheit, die sich nicht an die Hitze, die Luftfeuchtigkeit und die Eigenheiten der Kubaner gewöhnen konnte, die ganze Zeit an allem herumkrittelte und so rasch wie möglich wieder nach Hause wollte. Die zweite Gruppe, die Mehrheit, war die schwierigste. Die dieser Gruppe Angehörenden waren anfangs negativ eingestellt und machten dann eine eigentümliche Wandlung durch; nicht nur, dass sie sich an das Leben auf der Insel anpassten, sondern sie fanden auch allmählich Gefallen an den zahlreichen Vergnügungen und Freuden, die sich ihnen boten.

Einer der Agenten, der den Auftrag hatte, die Abendblätter zu unterwandern, hatte schließlich so hohe Spielschulden angehäuft, dass er umgehend nach Berlin zurückgeschickt werden musste. Einer Spionin, die sich in Buenos Aires niederlassen sollte, gefielen die Strände östlich von Havanna so sehr, dass ihr ein Ultimatum gestellt werden musste, damit sie weiterreiste. Am schlimmsten aber waren die Männer, die verrückt nach den Prostituierten der Stadt waren. Es gab extreme Situationen wie die mit dem Universitätsprofessor, einem Experten für vier Sprachen, der sich hoffnungslos in eine Kubanerin verliebte und darauf bestand, sie mit zurück nach Deutschland zu nehmen. Krüger war sprachlos, als er das Mädchen kennenlernte, denn anstelle einer bildschönen Mulattin oder einer üppigen Negerin handelte es sich um eine sehr dünne Schwarzhaarige mit großen dunklen Augen und ohne auffällige körperliche Attribute.

Sein Besucher redete unterdessen weiter und stellte einmal mehr seinen entscheidenden persönlichen Beitrag an der Erledigung der von Berlin zugewiesenen Aufgabe heraus. Einen Monat zuvor, als derselbe Mann ihm seine Mission dargelegt hatte, waren Krüger Zweifel an einem möglichen Erfolg gekommen. Er hatte es für schwierig angesehen, in so kurzer Zeit in Kuba eine Pressekampagne zu koordinieren. Die zahlreichen Zeitungen und Rundfunkstationen kamen unterschiedlichsten Interessen nach und verbreiteten gelegentlich abweichende oder auch übereinstimmende politische Positionen, ohne ihren eigenen ideologischen Ausrichtungen zu folgen oder sie zu beachten. Mit anderen Worten, die Presse bildete ein weiteres Chaos.

Er erinnerte sich daran, dass er bei seiner Ankunft in Havanna mit Hilfe der Medien versucht hatte, etwas über die Lage im Lande zu erfahren. Aber für einen Ausländer stellte es schon eine Herausforderung dar, die Botschaften so vieler Journalisten zu entziffern und die Spreu vom Weizen zu trennen. Bei ihrem ersten Treffen war Krüger klug genug, dem gerade Angekommenen seine Vorbehalte zu verschweigen. Doch zu seinem Erstaunen äußerte man sich bereits wenige Tage nach dem Eintreffen der Gruppe in Leitartikeln und Beiträgen ablehnend zur Anwesenheit der Juden in Kuba.

In dem ihm eigenen selbstgefälligen Tonfall setzte ihm der Agent auseinander, dass den Anweisungen zufolge, die man ihm in Berlin persönlich erteilt hatte, der Zeitpunkt gekommen sei, in eine neue Phase einzutreten. Jetzt sollten sich die Angriffe auf die bevorstehende Ankunft eines zahlenmäßig großen Kontingents von Juden konzentrieren. Dabei sollte man hervorheben, dass sie unerwünscht seien, man sollte auf ihre

Mittellosigkeit und auf bolschewistische Tendenzen unter den Reisenden aufmerksam machen, die überdies nach ihrer Ankunft den Kubanern die wenigen Arbeitsplätze streitig machen würden.

Krüger begriff, dass er am Ende eine Information besaß, die seinem Gesprächspartner nicht bekannt war. Er lächelte und zeigte ihm die Nachricht vom Vortag, in der das Auslaufen der St. Louis bestätigt und die bevorstehende Übersendung mehrerer in Deutschland und in anderen Ländern veröffentlichter Presseartikel angekündigt worden war. Die Artikel – mit Fotos –, hieß es, würden den bedauernswerten Zustand der Reisenden eingehend beschreiben, viele von ihnen seien vorbestraft – alles Materialien, die den kubanischen Medien zwecks Veröffentlichung zuzuspielen seien.

Nachdem der Agent das Telegramm gelesen hatte, riss er erneut das Wort an sich, dieses Mal, um sich in einer antisemitischen Hetztirade zu ergehen, gefolgt von einem weiteren langen Monolog über die schwierigen Bedingungen, unter denen seine Gruppe in einem feindseligen Umfeld, in einem schrecklichen Klima und von den feindlichen Geheimdiensten belauert zu arbeiten hatte. Krüger hörte einfach nicht mehr zu und schaute durch das Fenster auf die perfekte Baumreihe zu beiden Seiten der Straße.

****

Tonys Dienst in der Notfallstation verlief ruhiger als das Mal davor, wenngleich er sich gewünscht hätte, die ganze Nacht lang beschäftigt zu sein, um nicht immer wieder an Rebeca denken zu müssen. Als das Leben wieder seinen normalen Gang ging und er die Affäre von New York überwunden zu haben meinte, brach die Österreicherin erneut in sein Dasein ein. Er dachte daran, dass er noch nichts vorbereitet hatte. Nun fragte er sich, ob er wohl für ihren Aufenthalt in Kuba sorgen müsse; er wusste nicht, ob sie über Geldmittel verfügte, und vielleicht würde er ihr mit einer Unterkunft helfen müssen. Einen Moment lang erwog er die Möglichkeit, sie mit zu sich nach Hause zu nehmen, er könnte ihr durchaus sein Zimmer überlassen und im Wohnzimmer schlafen. Aber sofort verwarf er diese Möglichkeit wieder. Eloísa würde das niemals erlauben. Seine Mutter hatte nie von Rebeca erfahren, sie hätte gefürchtet, das Mädchen würde sich an ihn klammern, so dass er in den Vereinigten Staaten bleiben würde.

Das Beste wäre es, so dachte er, ein Zimmer in einem Hotel zu reservieren und darauf vorbereitet zu sein, dass bei der Ankunft irgendein Problem auftauchen könnte, vor allem angesichts der antisemitischen Kampagne der letzten Tage. Auch wusste er nicht, ob Rebeca ordnungsgemäße Papiere haben würde, und wenn nicht, was er dann tun könnte, an wen er sich um Hilfe wenden könnte. Er kannte keinen Politiker, keine einflussreiche Person, obwohl vielleicht Elías ihm helfen konnte. Der Moro hatte sein Anwaltsstudium abgeschlossen und arbeitete nun in einer nicht ganz unbedeutenden Kanzlei.

Zu Beginn seiner Freundschaft mit Elías, nachdem Machado die Universität geschlossen hatte, waren sie mehrmals gemeinsam losgezogen, um Nutten aufzugabeln. Für José Antonio war es eine trostlose Zeit; er hatte keine Vorlesungen, er war wie immer knapp bei Kasse, und der zweiwöchentliche Bordellbesuch bildete die einzige Zerstreuung. Ein paar Tage lang spielte er mit dem Gedanken, Luisa anzurufen, aber als er an die Eifersüchteleien und die Obsessionen der Frau aus Pinar del Río dachte, gab er ihn auf. Angesichts des Übermaßes an Freizeit und Energie widmete er sich in einem von den Freunden des Viertels provisorisch eingerichteten Fitnesszentrum seiner körperlichen Ertüchtigung und brachte den Rest des Tages mit der Lektüre von Büchern zu, die ihm gerade in die Hände fielen. Des Nachts musste er arbeiten.

Er fühlte sich unzufrieden mit seinem Leben. Es war ein Punkt erreicht, an dem er nicht wusste, ob er sein Studium trotz größter Anstrengungen würde abschließen können. Seine Anstellung bot ihm keinerlei Zukunftsperspektive und erlaubte ihm nicht, sich selbstständig zu machen. Die Frau seiner Träume hatte er noch nicht gefunden; sie war ihm noch nicht begegnet. Er träumte weiter von Greta Garbo, der der Übergang in die Tonfilmära gelungen war. »Anna Christie« war ein Kinoereignis, das es auf die Titelseiten der Zeitungen schaffte, die hervorhoben, dass die wunderbare Schwedin ja auch sprechen konnte. Seine alte Liebe, Mary Pickford, überlebte den Fortschritt nicht.

In diesen Tagen lernte er Lucrecia kennen, eine hoch aufgeschossene Mulattin, die in sehr jungen Jahren aus Jovellanos nach Havanna gezogen war, wo sie als Wäscherin in einem Haushalt arbeitete und einer Tante half, bis sie mit sechzehn Jahren mit einem riesigen Schwarzen zusammen lebte, der im Hafen arbeitete, den sie liebte und dem sie zwei Jungen gebar. Aber der Arme starb, als ihn ein Buick, der im Hafen entladen wurde, unter sich begrub.

Das junge Mädchen wies alle möglichen Bewerber zurück, die ihr bereits auf der Beerdigung des Vaters ihrer Söhne den Hof machten. Sie bezog keine Witwenrente, so dass sie es wieder bei ihrer Tante mit dem Wäschewaschen versuchte. Aber die Zeiten waren ungünstig, und der geringe Verdienst reichte nicht aus, um drei Münder zu stopfen. Sie lehnte auch die Vorschläge ab, in Bars oder Bordellen zu arbeiten, ebenso die Einladungen von Männern, die sie aushalten wollten. Sie versuchte es als Kindermädchen in zwei Haushalten, aber in beiden hielt sie es nicht lange aus. In der ersten Familie packte sie der Sohn eines Tages von hinten und scheuerte seinen Unterleib an ihrem Hinterteil. Doch sie stieß ihn von sich, versetzte dem Waghals eine kräftige Ohrfeige und kündigte noch am selben Tage. Bei der zweiten Familie war es der Hausherr selber, der sie, als sie allein waren, beim Arm packte und sie ins Schlafzimmer zitierte, worauf sie drohte, ihm mit einem Küchenmesser das Glied abzuschneiden. Auch dieses Erlebnis führte zur umgehenden Beendigung ihrer Tätigkeit.

Nachdem sie mehrmals auf der Suche nach einer Arbeitsstelle durch Havanna gestreift war, stellte man sie schließlich in einem Kolleg nordamerikanischer Nonnen in Vedado auf Probe als Küchenhilfe ein. Nach mehreren Monaten erschöpfender Tätigkeit wurde sie schließlich übernommen. Die Arbeit war recht anstrengend und der Verdienst gering, aber sie frühstückte und aß zu Mittag in der Schule, und man gestattete ihr, Essen für die Jungen mit nach Hause zu nehmen, und das half ihr, mit dem wenigen Geld auszukommen.

Ein Jahr nach dem Tod ihres Ehemannes gewährte sie Jesús Einlass, einem gut aussehenden Maurer, der sie monatelang belagerte. Aber alles in allem ließ die Beziehung viel zu wünschen übrig; bald entdeckte sie, dass Chucho noch eine andere Frau in Marianao hatte. Aber was ihr, abgesehen davon, überhaupt nicht gefiel, war, wie er die Kinder behandelte. Außerdem war der Mulatte dem Schnaps ergeben, weshalb sie ihn nach einem übermäßigen Rausch der Wohnung verwies und ihm verbot, wiederzukommen.

Von da an schwor sie, dass kein anderer Mann sie oder ihre Kinder mehr schlecht behandeln dürfe, so dass sie jeden ablehnte, der mit ihr zusammen leben wollte, und lediglich Rubén gelegentliche Besuche gestattete. Rubén war ein netter Mulatte, der als Schaffner bei der Eisenbahn arbeitete, eine Frau und Kinder in Santiago hatte, und der immer, wenn er nach Havanna kam, Piononos, süße Küchlein, so genannt nach Pius IX, mitbrachte. Niemand vermochte zu erklären, weshalb die Leute in Oriente einen Papst immer noch mit einem mit Creme gefüllten Gebäck ehrten.

Lucrecia wohnte in einem Mietshaus in Cayo Hueso und war eine alte Bekannte von Rosa, die bei einem Besuch ihrer Freundin erfuhr, dass eines der Kinder krank war. Sogleich dachte sie an José Antonio, den sie bat, dorthin zu fahren und den Kleinen zu untersuchen. So machte Tony ihre Bekanntschaft, und er war beeindruckt vom Aussehen der Mulattin. Größer als die meisten Kubanerinnen, freundliches Gesicht, kurzes Kraushaar, was damals unüblich war, und ein schlanker, biegsamer Körper, der unter ihren langen Baumwollkleidern unentdeckt blieb. Der angehende Arzt diagnostizierte Röteln und kam am nächsten Tag geflissentlich noch einmal, um den Krankheitsverlauf zu prüfen und um Lucrecia wiederzusehen, die mehr und mehr seine Aufmerksamkeit erregte – nicht nur wegen ihres Äußeren, sondern auch, weil er sich davon angesprochen fühlte, mit welcher Würde sie ihre schwierigen Verhältnisse meisterte. Außerdem war es ihr direkter, fester, nichts fordernder, aber alles erhoffender Blick. Zumindest fasste Tony ihn so auf.

Die Besuche hielten an; die Mulata ging ihm nicht aus dem Kopf, und da er tagsüber alle Zeit der Welt hatte, zeigte er sich als beispielhafter Arzt, der sich rasch mit den Kindern anfreundete. Der Kleinere steckte sich an, was weitere Visiten rechtfertigte, die Tony unter allen möglichen Vorwänden auszudehnen suchte. Lucrecias Verhalten machte ihn unsicher. Zweifellos war er gern gesehen, aber von ihr ging keinerlei Signal aus, das ihm einen Frontalangriff erlaubt hätte. Dank ihrer guten Konstitution erholten sich die Kinder recht rasch, und José Antonio fand bald keinen Vorwand mehr, sie aufzusuchen. Zu allem Unglück blieb die Tür an einem Samstagnachmittag, als er bei Lucrecia anklopfte, verschlossen, und eine Nachbarin sagte ihm mit hintergründigem Lächeln, die Mulata sei zwar zu Hause, habe aber Besuch.

Tony dachte, er hätte sich eine weitere Niederlage eingehandelt, aber in der darauf folgenden Woche brachte ihm Rosa eine Nachricht von Lucrecia mit, sie bitte noch einmal um einen Arztbesuch, er möge doch Freitag nach dem Mittagessen vorbeikommen. José Antonio, beunruhigt und neugierig zugleich, erschien mit mehreren Probepackungen von Vitaminen für die Kinder, und an der Eingangstür traf er auf Lucrecia, die gerade von der Arbeit kam. Die Mulata ließ ihn ein und bat ihn zu warten, bis sie geduscht hätte. Tony stammelte ein Ja und blieb allein in dem bescheidenen Zimmer. Seine Unruhe nahm zu, als er feststellte, dass die Kinder nicht zu Hause waren.

Als die Hausherrin aus dem Bad kam, fand er sie anziehender denn je; sie trug einen langen Morgenrock, der den ganzen Körper verhüllte und ihre wohlgestalte Figur nur erahnen ließ. Lucrecia räumte rasch ein wenig auf und setzte sich zu ihm aufs Bett, schaute Tony fest in die Augen, und ohne ein Wort zu verlieren, lagen sie sich in den Armen und küssten sich. Sie zogen sich aus und liebten sich, sie mit aller Ungehemmtheit, er eher verzagt. Nach einer kurzen Pause hatte sich Tony gefasst, und dieses Mal führten sie es zu beider glücklichem Ende, eine neue Erfahrung für ihn. Lucrecia hatte einen heftigen Orgasmus, der ihren ganzen Körper erbeben ließ, und sie verlangte den seinen so begehrlich, wie José Antonio es noch nie erlebt hatte. Die Entladung war von einem Schrei begleitet, den sie mit einem leichten Biss auf den Mund erstickte.

José Antonio war völlig erschöpft; er konnte nicht glauben, was geschehen war, noch musste er sich der Tragweite der Begegnung bewusst werden. Am wenigsten wollte er in diesem Moment aufstehen, doch er musste ins Fausto.

»Ich muss zur Arbeit.« Sie antwortete nicht, und Tony begann sich anzukleiden. Einen Augenblick lang dachte er nach, ehe er die ihm auf der Seele liegende Frage stellte.

»Wann darf ich wiederkommen?«

»Komm Sonntag zum Mittagessen.«

Tony überraschte diese klare Antwort, mehr noch der unkomplizierte Abschied; anstelle leidenschaftlicher Hingabe nur ein Kuss auf die Lippen und ein Satz:

»Ich warte auf dich.«

Von da an trafen sie sich immer in dem kleinen Zimmer des Mietshauses und folgten demselben Prozedere: José Antonio kam, und kaum hatte er die Tür hinter sich geschlossen, warf er sich auf sie und entkleidete sie hastig. Sie liebten sich mehrmals, aber während der ersten Runde ließ der unerfahrene Liebhaber Lucrecia nicht genügend Zeit, um zum Höhepunkt zu kommen. Sie nahm es ihm nie übel, sondern ließ ihn im Halbschlaf eine angemessene Zeitlang ausruhen. Dann begann sie, ihn mit den Händen und mit dem Mund zu liebkosen, bis das Glied des Jungen erneut erigiert war und sie es in sich einführte. Und dann bewegte sie sich mit einem Gleichtakt, einem Rhythmus, dass er dem Wahnsinn nahekam und beide zu einem Orgasmus gelangten, der wie ein Erdbeben anmutete.

Die Mulattin hatte einen kräftigen, schlanken, wohlproportionierten Körper, den José Antonio zu bewundern nicht müde wurde. Als sie nach dem Sex noch ein wenig liegen blieben, geriet Tony in Verzückung über ihre breiten Hüften, die kräftigen runden Pobacken, die langen Beine, die dunklen Schenkel, die er stets zuerst küsste, um dann den ganzen Körper zu liebkosen, bis sie einen weiteren Höhepunkt hatte und ihn zitternd aufforderte, sie erneut zu nehmen, was den Jungen noch mehr erregte; er drang in den feurigen weiblichen Körper ein, um sich wieder mit einer aus Begierde und Jugendlichkeit gepaarten Kraft dem Geschlechtsakt hinzugeben.

Die Treffen bei ihr gerieten zu einem Lernprozess. Lucrecia unterwies Tony taktvoll und mit Klugheit in der Kunst der Geduld. Sie zeigte ihm die sensibelsten Stellen der weiblichen Natur, insbesondere lehrte sie ihn ihre eigenen Vorlieben, doch vor allem bewies sie ihm, wie wichtig es sei, dass beide Freude am Liebesakt haben und dass die größte Befriedigung nicht im individuellen, sondern im gemeinsamen Genuss, in beider Befriedigung liege.

Vom ersten Tag an bestimmte Lucrecia, dass man sich nur an den Wochenenden sehen würde, wenn sich die Kinder im Hause ihrer Tante aufhielten. Den Bemerkungen der Nachbarn im Haus schenkte sie keine Beachtung, und überdies wurden viele zu José Antonios Patienten. Wenn er die Frau aus Matanzas besuchte, hatte sie stets das Mittagessen bereitet und freute sich über Tonys Appetit. Im Unterschied zu Luisa stellte sie keine Forderungen, machte keine Schuldzuweisungen oder zeigte sich eifersüchtig. Die Kommunikation mit der Mulata war mühelos; sie sprach nicht viel und fragte noch weniger. Die Themen waren das tägliche Leben, ohne Klagen und Jammern, zuweilen mit einem Schuss Humor und stets geistvoll und realistisch. Im Bett gab sich Lucrecia völlig natürlich, ganz unverstellt und bereitwillig; sie nahm und gab gleichermaßen, der Genuss war beiderseitig. Mit ihrem hochgewachsenen, gewandten Körper bewegte sie sich so geschwind, wie Tony es noch nie erlebt hatte, und alles in der einzigen, einfachen Absicht, die Lust zu teilen. José Antonio vermochte sich an keine Geschichte zu erinnern, in der eine Frau so beschrieben wurde. Er verbrachte den größten Teil des Jahres 1931 damit, dass er seine Zeit zwischen dem Fausto, den Hanteln, dem Lesen und den herrlichen Wochenenden mit Lucrecia aufteilte. Zwar hatte er noch für keines der Probleme, die ihm in seinem Leben Sorgen bereiteten, eine Lösung gefunden, aber dank der Mulata hatte er wenigstens das Gefühl, in der schwierigen Kunst des Verstehens des weiblichen Wesens Fortschritte erzielt zu haben.

Im folgenden Jahr brach eine Welle von Protesten gegen die Machado-Diktatur los, und das Regime griff zu brutalen Unterdrückungsmaßnahmen. Eines Morgens wurde Tony von einem Studienkameraden in der San Lázaro abgeholt. Dieser wollte ihn dazu bewegen, der ABC beizutreten, einer Anti-Machado-Organisation, die die einen der extremen Linken, die anderen den Faschisten zurechneten. Anfangs hatte José Antonio Zweifel, er war nie aktives Mitglied in einer Organisation gewesen, und seine Eltern hatten die kreolische Politik immer abgelehnt. In diesem Umfeld war er aufgewachsen. Doch jetzt war eine besondere Zeit, es ging um den Kampf gegen Machado, weshalb er schließlich einwilligte und auf Anweisungen wartete. Die erste kam zwei Wochen später. Zusammen mit einer Gruppe Jugendlicher war er in einem Haus in Vedado einquartiert, um eine Aktion gegen einen hohen Polizeibeamten vorzubereiten. Er bat im

Fausto um einen freien Tag und begab sich diszipliniert zum Versammlungspunkt. Das Ambiente in der luxuriösen Villa schien einem Film entnommen; in einem diskreten Raum im hinteren Teil des Hauses hielt sich ein Dutzend Jugendlicher auf, die kein Wort sprachen, keinen Ton von sich gaben. Sie spielten Karten und tranken Milchkaffee, aber es geschah nichts. Als der Befehl nach mehreren Stunden noch immer nicht kam, löste sich die Gruppe auf. Tony hatte nie Einzelheiten dieser Aktion erfahren und ärgerte sich über die vergeudete Zeit und darüber, dass er beim Spiel stets verlor, sowohl beim Canasta als auch bei einer lächerlichen Poker-Version.

Es gab eine zweite Einberufung, aber José Antonio beschloss, nicht hinzugehen. Er konnte es sich nicht erlauben, noch einmal einen Tag frei zu nehmen, und außerdem gefiel ihm die Gruppe vom letzten Mal nicht. An jenem endlosen Nachmittag hatte er sie als arrogant und angeberisch empfunden und sich fehl am Platz gefühlt.

Als Tony Elías und Tomás von seinem vergeblichen Versuch, Machado zu stürzen, erzählte, bekamen seine Freunde einen Wutanfall, nannten ihn einen Armleuchter und wetterten gegen die ABC-Reaktionäre. Tony fand das übertrieben, denn die Gruppe kämpfte wirklich gegen den Tyrannen, aber seine Kameraden blieben bei ihrer Meinung und rieten ihm, sich an keinem weiteren Vorhaben dieser Organisation zu beteiligen; sie würden ihn in ihre, dem Directorio Estudiantil angehörende Gruppe aufnehmen und ihn bald anrufen.

In den folgenden Monaten zog Elías ihn mehrmals hinzu, das erste Mal sollte er an einer Kundgebung teilnehmen, die aber nicht stattfand, weil einer nicht dicht hielt und die Polizei ihnen zuvorkam und den Platz bereits besetzt hatte. Beim zweiten Mal handelte es sich um eine ganz wichtige Aktion: er sollte bei sich zu Hause in Bereitschaft abwarten, aber auch diesmal blieb die endgültige Benachrichtigung aus, und das war es dann mit seiner Teilnahme am Kampf gegen die Diktatur.

Später erfuhr er von Elías, dass an jenem Tag geplant war, sich einer Unterstützungsgruppe anzuschließen, um beim Begräbnis von Clemente Vázquez Bello, dem Senatspräsidenten der Republik und Intimfreund von Machado, auf dem Friedhof von Colón einen Anschlag auszuführen. Vázquez war am helllichten

Tag beim Verlassen eines der exklusivsten Clubs von Miramar in einen Hinterhalt geraten und durch mehr als fünfzig Schüsse getötet worden. An der Beerdigung sollten Machado selbst und die gesamte Regierungsspitze teilnehmen. Eine andere Gruppe des Directorio hatte unter dem Grab einen tiefen Tunnel gegraben und ihn mit über vierhundert Pfund Dynamit gefüllt, die während der Trauerfeier explodieren sollten, um so die Diktatur ihrer wichtigsten Köpfe zu berauben.

José Antonio und seinen Kommilitonen war die Aufgabe zugeteilt worden, am Friedhofsausgang jenen Vertretern des Regimes den Garaus zu machen, die das Attentat überlebt hatten. Der Plan war ausgezeichnet und hätte trotz seines phantastisch anmutenden Charakters perfekt funktioniert. Ein einziges Detail stand dem entgegen: Die Frau von Vázquez Bello entschloss sich in letzter Minute, das Begräbnis nach Stadt Santa Clara, die Geburtsstadt des Machado-Politikers, zu verlegen.

Danach gab es keine Treffen mehr, und die Langeweile setzte wieder ein. Dank der vielen freien Zeit intensivierte Tony sein Fitness-Training, nunmehr in einem Studio in Vedado, das dem Vater eines Kommilitonen gehörte, der den Freunden seines Sohnes freien Eintritt gewährte, sofern sie früh am Morgen kamen. Der Besitzer war ein Ire, der sich in Havanna verliebt und dort Wurzeln geschlagen hatte. Er war gern mit den Studienkameraden seines Sohnes zusammen und sagte ihnen immer wieder, Kuba und sein Heimatland hätten drei wichtige Dinge gemeinsam: sie seien von Wasser umgeben, hätten mächtige Nachbarn, und in ihren Ländern seien Musik und Tanz zu Hause.

Die übrige Zeit brachte Tony damit zu, alle Bücher zu verschlingen, die ihm in die Hände gerieten, Bücher in spanischer wie in englischer Sprache. Rasch war die kleine Bibliothek seines Vaters ausgelesen, also machte er sich an den besser sortierten Bücherschrank seines Onkels, der ebenfalls ein Büchernarr war. Abends nahmen die Filmvorführungen im Fausto seine Zeit in Anspruch; seine Lieblingsfilme kannte er bereits in- und auswendig; so setzte er seine Lektüre im Schein des Kabinenlichts fort. In jenem Sommer sah er seine Lieblingsschauspielerin mehr als zehn Mal in »Mata Hari«, wo die Garbo mit ihrer Schönheit und ihren Verführungskünsten beinahe alle verbündeten Armeen besiegte.

An den Wochenenden traf er sich weiter mit Lucrecia, von der er lernte und mit der er sich jugendlicher Wollust hingab. Allein Rubén hatte Vorrang vor ihm, wenn er sich in Havanna aufhielt. Die Lehrstunden im Mietshaus ließen Tony als Liebhaber reifer werden. Er genoss die Mulata, wie er sich noch nie zuvor dem Genuss einer Frau hingegeben hatte. Ihm war es wichtig, dass seine Partnerin sexuelle Befriedigung fand; dieses Unterrichtsfach hatte ihm noch gefehlt, seit ihm bewusst geworden war, dass die schnellen Orgasmen der Huren oft nur vorgespielt und Teil ihrer bezahlten Dienstleistung waren. Auch die Beziehung zu Luisa hatte ihm nicht die ersehnte Befriedigung gebracht. Lucrecia dagegen nahm ihn als Mann wahr. Ihm kam sogar in den Sinn, dass die Mulata, wären ihre persönlichen Umstände anders gewesen, eine Frau fürs Leben hätte sein können. Nie bekam er genug von ihr und ihrer Glut im Bett. Er suchte keine Bordelle mehr auf, was für ihn angesichts seiner chronischen Geldknappheit auch ein Problem löste.

Sein einziges Problem war eine unerwartete Schwangerschaft. Diese kleine Krise veränderte Lucrecia indes nicht. Sie stellte keinerlei Ansprüche, sondern fragte nur, ob er ihr bei der Suche nach einem Ort helfen könne, wo ein Schwangerschaftsabbruch möglich wäre. Tony war sich nie sicher, ob das Kind von ihm oder von Rubén war, aber er nahm es auf sich und sprach kurzentschlossen mit einem Arzt, den er aus der Straße Calixto García kannte. Eines Abends tat dieser ihm den Gefallen in einer Privatklinik in Vedado, wo er arbeitete.

Nach diesem Vorfall gab sich das Paar wieder mit dem gewohnten Heißhunger seinen Liebestreffs in Lucrecias Bleibe hin. Als Tony seinem Onkel von seiner Eroberung erzählte, meinte dieser mit einem Anflug von Philosophie, diese Erfahrung müsste als verpflichtend für die gesamte Gesellschaft eingeführt werden, woraufhin Tony laut auflachte.

»Mein lieber Neffe, solche Affären zwischen jungen Männern und reiferen Frauen tun beiden gut. Sie sind für beide lehrreich und etwas, woran sie sich ein Leben lang erinnern werden. Den Frauen bringen sie eine tiefe Befriedigung, sowohl in erotischer Hinsicht, wegen des Ungestüms ihrer Liebhaber, als auch seelisch, weil sie für das genommen werden, was sie sind.«

»Woher hast du das, Onkel? Hast du dir das jetzt selbst ausgedacht?«

»Nein, ehrlich gesagt, ich habe das irgendwo gelesen, kann mich aber nicht erinnern, wo.«!

»Hast du diese Erfahrung auch gemacht?«

»Na klar. Glaubst du, du hast etwas völlig Neues entdeckt? In der Liebe und im Verlangen kann man nur schwerlich etwas Neues erfinden. Ich habe einen Freund, der in Pompeji war und der in den Ruinen eines Badehauses eine Sammlung von Mosaiken mit erotischen Szenen sah, in denen die Kunst der Fleischeslust der Römer dargestellt wird.«

»Und?«

»Nichts und. Mein Freund hat herausgefunden, dass die Menschheit in zweitausend Jahren nichts Neues mehr zu dem Thema beizutragen wusste. Alles, was wir tun, alles, was uns Genuss bereitet, wurde bereits vor über zwei Jahrtausenden erfunden.«

José Antonios Mund verzog sich erneut zu einem Lächeln.

»Wann war deine Erfahrung mit einer älteren Frau?«

»Ich war noch jung, sehr jung.«

»Und wer war die Frau?«

»Sie war eine Dame von Welt und im Bett der reine Wahnsinn. Ich erzähle dir ein andermal von ihr.«

12. KAPITEL

In New York angekommen, verbrachte Rebeca viel Zeit in Gesprächen mit ihrem Vater. Dieser gab sich zu ihrer freudigen Überraschung sehr aufgeschlossen und unterhaltsam – für sie das genaue Gegenteil zur Ernsthaftigkeit Elisabeths und zur Strenge der Großeltern. Kreiner bombardierte die Ankömmlinge mit Fragen über die Familie, die Freunde, Leopoldstadt, Wien und Österreich. Emmanuel langweilten bald die vielen alten Geschichten; er überließ die Antworten seiner Schwester und schlich sich aus der kleinen Wohnung nach draußen, um die Neue Welt auf eigene Faust zu entdecken.

Der Professor bestimmte, dass die Wochenenden dem Kennenlernen der Stadt vorbehalten sein sollten. Zuerst wanderten sie durch Brooklyn, das die jungen Leute jedoch nicht so sehr beeindruckte; sie wollten lieber über die Brücke und Manhattan erkunden; aber sie hielten sich angesichts der Begeisterung, mit der der Professor von seinen Erlebnissen in Amerika berichtete, etwas zurück.

Am folgenden Sonntag überquerten sie zu Fuß die Brooklyn Bridge und gelangten in die Lower East Side, das größte jüdische Viertel der Welt, in dem es von Einwanderern aus Osteuropa nur so wimmelte. Mit staunenden Augen nahmen sie die vielen in Jiddisch und Englisch beschilderten Läden und Einrichtungen wahr; so viele orthodoxe Juden auf einmal hatten sie in Leopoldstadt nie gesehen. Sie durchwanderten das winzige Chinatown, und nachdem sie eine Straße überquert hatten, befanden sie sich in Little Italy. Die Beiden waren überrascht, wie anders ihnen die Welt urplötzlich vorkam. Rebeca gefiel dieses Viertel sehr, hatte sie sich doch immer nach Italien gesehnt. Auf dem Broadway studierten sie die Veranstaltungsprogramme der Theater, bis sie schließlich bei Einbruch der Dunkelheit staunend auf dem Times Square standen, wie geblendet von dem spektakulären Lichtermeer und den vielen Leuchtreklamen.

Einen ganzen Vormittag lang spazierten sie durch den Central Park, und am folgenden Tag lernten sie die Universität kennen, an der der Professor seine Kinder stolz dem Laborleiter, der sie nur kurz begrüßte, und zwei schwarzen Assistenten vorstellte, die Rebeca mit strahlendem Lächeln empfingen. Emmanuel wollte Harlem besuchen, aber sein Vater redete ihm das aus; das sei keine schöne Gegend, und es sei davon abzuraten.

In jenen Tagen interessierten sich die Geschwister für alles. Emmanuel fand New York wunderschön, viel schöner als Wien. Anfangs meinte Rebeca, die österreichische Hauptstadt wegen ihrer Sauberkeit und ihres majestätischen Charakters verteidigen zu müssen, aber sie begriff bald, dass das zwei unterschiedliche Welten waren. New York war bombastisch und besaß eine Dynamik und einen Rhythmus ganz besonderer Art; hier kamen Extreme zusammen, ohne dass sich die Ordnung in diesem riesigen Bienenstock änderte, ein Ort der tausend Möglichkeiten. Es gab keine vergleichbare Stadt in der Welt, und offenbar stimmte, was die New Yorker behaupteten: Was man dort nicht finden konnte, das gab es nicht.

Rebeca nahm wahr, dass viele Leute New York nicht als repräsentativ für die Vereinigten Staaten ansahen; einigen war die Stadt zu verschiedenartig, den Konservativen war sie politisch zu liberal, den Idealisten allein dem Gott des Geldes ergeben, und fast allen erschien sie zügellos bis ins Extrem; eine Stadt mit der höchsten Anzahl Juden in der Welt, mit mehr Italienern als in Rom, mehr Iren als in Dublin. Beeindruckt von New York, schrieb Rebeca ausführliche Briefe an Elisabeth, in denen sie das Wichtigste kurz zusammenzufassen versuchte, doch immer hatte sie das Gefühl, ihrer Mutter nicht alles mitgeteilt zu haben, was sie jeden Tag erlebte. Eines Abends nach dem Essen bat der Professor die Beiden zu sich, um ihnen seine Pläne zu erläutern:

»Emmanuel, dein Weg ist klar: du gehst auf die High School, und wenn du dein Abitur hast, wollen wir sehen, ob es möglich ist, dass du ein College besuchst und nebenbei arbeitest. Das wird nicht leicht sein, aber es ist nicht unmöglich.« Kreiner machte eine Pause, zog an seiner Tabakspfeife und richtete seine leuchtenden Augen auf Rebeca. »In deinem Fall ist es komplizierter. Bevor ihr ankamt, hatte ich versucht, für dich ein Stipendium an der Universität zu bekommen, doch bisher hatte ich keinen Erfolg. Ich werde mich weiter darum kümmern, aber ich denke, wir müssten auch Alternativen ins Auge fassen.«

Rebeca war überrascht über solch langfristige Planung.

»Papa, dies hier ist nur ein vorübergehender Aufenthalt, bis sich die Lage in Wien stabilisiert. Ich bin dir dankbar, dass du dich um uns sorgst, aber ich halte es für unnötig, so langfristig zu denken. Vielleicht ist es besser, wenn ich eine Arbeit suche, um dich, solange wir hier sind, bei den Haushaltskosten zu unterstützen.«

»Bis jetzt ist es nicht nötig, dass du arbeitest, ich habe etwas gespart, und mit meinem Gehalt können wir eine Weile auskommen. Lieber solltest du die Zeit nutzen. Hier zu sein ist eine große Chance, es ist an Euch, sie zu nutzen«

Rebeca war etwas verwirrt darüber, dass sich die Pläne nun ändern sollten, aber ihr Vater hatte Recht; sie hatte immer vorgehabt, ihr Universitätsstudium zum Abschluss zu bringen. Außerdem hatte ihnen Elisabeth vor der Abreise geraten, weiter zu lernen und zu studieren, wenn sie die Möglichkeit dazu haben würden.

»Was kann ich also tun?«

»Erst einmal nimmst du als Gasthörerin an einem der Englisch-Kurse teil, die die Universität kostenlos anbietet. Das ist am sinnvollsten, um die Sprache besser zu beherrschen. Danach musst du dich auf die Aufnahmeprüfungen für das College vorbereiten, und zwischendurch kannst du mir auch hier und da im Labor zur Hand gehen; bei uns herrscht stets Personalmangel. Leider wäre das ohne Bezahlung.«

»Einverstanden.«

»Absolut vorrangig ist die Beherrschung der Sprache. Ich hatte zwar nicht erwartet, dass ihr so viel Englisch sprecht, aber ihr müsst die Sprache vervollkommnen. Alle Wege zum Erfolg führen nur über das Englische. Von heute an werden wir zu Hause nur Englisch sprechen und uns jeden Tag gemeinsam verschiedene Rundfunkprogramme anhören.«

»Yes, Sir«, stimmte Emmanuel lächelnd zu.

****

Hakim war missmutig, sehr missmutig. Tags zuvor hatte er an einer Zusammenkunft mit einem hohen Repräsentanten der Authentischen Partei teilgenommen; der Mann wollte unbedingt über die Frage der deutschen Flüchtlinge diskutieren. Hakim fiel aus allen Wolken, als dieser Politisierer, einer der Organisatoren des Meetings gegen die Einreise weiterer Juden in Kuba, fünfzigtausend Pesos als Entschädigung verlangte, damit seine Partei die antisemitischen Angriffe einstellte. Als er das hörte, musste er sich sehr beherrschen, um seinen Gesprächspartner nicht zum Teufel zu wünschen. Mit der größtmöglichen Kaltschnäuzigkeit erwiderte er, er würde die anderen Leitungsmitglieder konsultieren, hielt aber mit seiner Meinung nicht hinter dem Berg; er sei gegen jegliche Entschädigung für die Einstellung einer schändlichen und unbegründeten Kampagne. Außerdem seien solche Zahlungen in seiner Organisation unüblich, und ihr fehle auch das Geld.

Nach einer Sondersitzung der Leitung des Ausschusses schlug Hakim vor, diesen Erpressungsversuch zurückzuweisen. Zunächst würde es aus Prinzip und auch in Anbetracht des gesunden Menschenverstands unmöglich sein, die Gier der kubanischen Politiker zu befriedigen, wenn sie mitbekämen, dass die jüdischen Organisationen bereit sind, diejenigen zu honorieren, die sie in aller Öffentlichkeit angriffen. Nachdem Hakim geendet hatte, herrschte peinliches Schweigen im Versammlungsraum; seine Kollegen wie auch die gesamte Gemeinde waren bestürzt über die antisemitische Pressekampagne und wussten nicht, was zu tun sei. Bis dahin waren ihre Leserbriefe von den Zeitungen zurückgewiesen worden, und auch den Petitionen, mit denen man an Parteien und Politiker in Kuba herangetreten war, damit diese sich öffentlich gegen die Angriffe wenden mögen, war kein Erfolg beschieden. Niemand hatte eine überzeugende Erklärung für den so radikalen Sinneswandel im Lande. In der Vergangenheit hatten tausende Juden auf der Insel eine Heimstatt zum Leben oder eine sichere Zuflucht gefunden, wo sie ausharren konnten, bis sie an der Reihe waren, in die Vereinigten Staaten weiterzureisen. Keiner der Anwesenden konnte sich an eine antisemitische Kundgebung in Kuba erinnern, und es war höchst selten vorgekommen, dass eine Zeitung einen judenfeindlichen Artikel veröffentlichte.

Natürlich ergriff man angesichts der Krise Anfang der dreißiger Jahre Maßnahmen gegen ausländische Arbeitskräfte, aber diese richteten sich gegen alle, vor allem gegen die zahlreichen Spanier und nicht gegen die Juden im Besonderen. Dann nahm der Flüchtlingsstrom aus dem Dritten Reich seinen Anfang, aber alle Welt wusste, sie kamen nur nach Kuba, um dort zu warten, bis sie in die Vereinigten Staaten einreisen durften. Sicherlich versuchten die meisten eine Arbeit zu finden, um während der Wartezeit zu überleben, aber sie verursachten keinerlei Probleme. Selbst als die kubanische Regierung ein Jahr zuvor verfügte, dass die nicht als Touristen ins Land kommenden Ausländer fünfhundert Dollar zu hinterlegen hätten, fand man Kompromisse, um den Flüchtlingsstrom nicht abzuwürgen. Und obwohl es den meisten Flüchtlingen an Geld mangelte und sich der Aufenthalt in Havanna in die Länge zog, gab es keine Zwischenfälle oder Komplikationen. Die neu Angekommenen wollten lediglich überleben, auf Unvorhergesehenes vorbereitet sein, und möglichst rasch nordamerikanisches Territorium erreichen.

Die Stille in der Versammlung dauerte an, und Pepe verspürte eine unerträgliche Hitze. Er gedachte, sein Jackett auszuziehen und die Krawatte zu lösen, aber er unterließ es. Er forschte in den Gesichtern der Leitungsmitglieder: keiner von ihnen war in Kuba geboren, alle hatten ein ganz unterschiedliches Aussehen, wenige besaßen klassische semitische Gesichtszüge. Sie alle schauten ernst drein und machten nicht den Eindruck, dass die Hitze ihnen lästig war. Schließlich brach jemand das Schweigen und fragte, ob man den Leitartikel im Diario de la Marina gelesen habe, in dem alle Juden als Kommunisten verunglimpft wurden. Der Mann zog eine Zeitung aus dem Aktenkoffer hervor und las den erstaunten Anwesenden daraus vor. Hakim lief ein Schauder den Rücken hinunter, als er die hochtrabenden Worte und die Aufrufe zur Verteidigung des heiligen Bodens des Vaterlandes vernahm. Genauso klangen Hitlers Beschuldigungen. Als der Mann geendet hatte, herrschte erneut eisiges Schweigen, das erst von Isaacs derber Stimme durchbrochen wurde, in der noch immer ein jiddischer Akzent anklang:

»Das gleiche Argument hat man in den zwanziger Jahren in den Vereinigten Staaten benutzt, um Juden während der Massendeportationen ›roter‹ Ausländer auszuweisen.«

»Isaac, fang nicht wieder mit deiner Imperialismuskritik an. An allen Problemen in der Welt sind die Amerikaner schuld.« Es war der alte Adler, der einzige Anwesende, der Anfang des

Jahrhunderts aus den Vereinigten Staaten nach Kuba gekommen war.

»Hört auf, ihr Beiden«, mischte sich Hakim ein. »Wir müssen uns auf das Flüchtlingsthema konzentrieren. Gestern habe ich mich mit Oberst Benítez getroffen, und dem stand Schaum vor dem Mund. Er sagte plötzlich, wenn die jüdischen Organisationen nicht auf die Angriffe der Presse reagierten, stünden die Einreise weiterer Flüchtlinge und die Sicherheit der Gemeinde auf dem Spiel.«

Niemand entgegnete etwas; erneut breitete sich ein lähmendes Schweigen im Versammlungslokal aus. Hakim verstand nicht, was da vor sich ging, und weigerte sich zu akzeptieren, dass die jahrtausendelange Verfolgung seines Volkes nun auch die Karibikinsel erreicht hatte.

****

Im Verlauf des Jahres 1933 geschah alles Mögliche in Kuba: die Insel wurde von zehn Orkanen heimgesucht, und Machado wurde gestürzt. In jenem Sommer weitete sich der Ausstand der Omnibusfahrer Havannas wegen der Fahrpreiserhöhung auf andere Sektoren und das ganze Land aus. Die Losung lautete: Der Tyrann muss abtreten. Überrascht waren zunächst die Parteien und Politiker der Opposition, die den Zeitpunkt zum Sturz der Diktatur noch nicht für gekommen hielten. Aber die Menschen auf der Straße dachten anders, und binnen weniger Tage war das Land durch einen Generalstreik lahmgelegt, mit dem der Rücktritt Machados gefordert wurde.

Am Nachmittag des 7. August stürmte Rosa in das Wohnzimmer der Fernández und verkündete in großer Erregung, der Rundfunk habe soeben den Rücktritt Machados bekannt gegeben. Tony schaltete den alten RCA Victor ein, fand aber nur das übliche Programm. So ging er auf die Straße hinaus und stieß fast mit Evaristo zusammen, der ganz aufgeregt vorbeilief und ihn mit lauter Stimme aufforderte, sich den Gruppen anzuschließen, die zum Capitolio unterwegs waren. Ohne lange zu überlegen, verabschiedete er sich von seiner Mutter, die sich zu protestieren anschickte, und folgte dem Freund. In diesem Moment wollten auch seine Schwestern mitgehen, aber Eloísa versperrte ihnen den Weg; nur über ihre Leiche würden die Mädchen das Haus verlassen können.

Dutzende Menschen gingen die San Lázaro in Richtung Prado hinunter, einige stießen Schlachtrufe gegen Machado aus, andere liefen schweigend und mit angespannten Gesichtern, aus denen auch Angst sprach. José Antonio sah auf dem ganzen Weg keinen einzigen Polizisten, und als sie den Prado erreichten, schlossen sich weitere Gruppen an, die über den Paseo ebenfalls zum Capitolio zogen. Fast alle waren sie jung und in Hochstimmung. Tony kannte niemanden und dachte schon, er habe einen Fehler begangen und sich auf etwas Schlimmes eingelassen. Er schaute um sich und erwog schon, sich zurückfallen zu lassen oder in einer Nebenstraße des Prado zu verschwinden, da stieß Evaristo ihn mit dem Ellenbogen an und zeigte auf einen Balkon, über den sich zwei hübsche Mädchen beugten und den Demonstranten begeistert zuwinkten. Das beruhigte ihn etwas, und er beschloss weiterzumarschieren, bis sie schließlich am Hotel Inglaterra anlangten. Völlig unvermittelt wurden die Demonstranten von einem Kugelhagel überrascht. In dem Moment wusste niemand, von welcher Seite der Angriff kam. José Antonio sah unmittelbar vor sich einen stämmigen Mulatten fallen, dem unverzüglich zwei Jugendliche zu Hilfe eilten, die ihn in einen Hausflur zerrten, während die Menge auseinanderstob. Da geschah mit ihm etwas Seltsames: Er blieb wie gelähmt stehen, und vor seinen Augen schien ein Film in Zeitlupe abzulaufen. Einen Moment verharrte er in dieser Lethargie, bis ihn jemand so sehr am Jackett zerrte, dass es beinahe zerriss.

»Scheiße. Los, weg hier, die schießen auf uns«, schrie ihm Evaristo zu.

Sie wandten sich auf der Stelle um und hörten erst auf zu rennen, als sie vor Tonys Haus anlangten, wo Eloísa sie vor einem schweigenden Manuel mit einer furchtbaren Schimpfkanonade empfing, während Rosa von Dutzenden Toten und Verletzten sprach. Am Nachmittag erfuhren sie, dass die Schüsse von der Polizei und von Agenten der berüchtigten Terrororganisation »Porra« gekommen waren, die vor dem Teatro Payret auf die Demonstranten gewartet hatten. Später wurde verbreitet, die Nachricht über den Rücktritt Machados sei eine Falschmeldung gewesen und von einem Geheimsender ausgestrahlt worden. Nie wurde aufgeklärt, ob es sich um einen Irrtum oder ein von der Regierung in letzter Minute veranstaltetes Täuschungsmanöver gehandelt hatte. Doch das Massaker konnte den Widerstand gegen die Diktatur nicht eindämmen; sie dauerte nur noch fünf Tage. Als das Gerücht vom Sturz Machados erneut das Haus der Fernández erreichte, lief José Antonio nicht gleich los, aber die Freunde im Stadtviertel behaupteten, ja, diesmal sei es wahr, und Tony beschloss, mit ihnen zum Präsidentenpalast zu ziehen, wieder gegen den wütenden Protest Eloísas, die ihm, als er sich verabschieden wollte, die Tür vor der Nase zuschlug.

Am Palast angekommen, sahen die jungen Leute vor dem unbewachten Prachtbau eine riesige Menschenmenge. Sie fielen in das allgemeine Gelächter mit ein, als ein freudetrunkener Demonstrant ein von einem benachbarten Haus abgerissenes Schild an das Tor hängte, worauf stand: »Zu vermieten.« In diesem Moment entstand ein Tumult, und man sah von Weitem mehrere Männer mit Papieren in der Hand aus dem Präsidentenpalast kommen, die laut die Abdankung Machados verkündeten, woraufhin die Menge in einen Freudentaumel ausbrach. Die Menschen jubelten lauthals, einige weinten, und andere umarmten sich wie Astilla, ein Freund aus dem Viertel, der auf einmal eine Frau in den Armen hielt, während ein Kahlkopf, der vorgab, der Ehemann zu sein, verlangte, er solle sie sofort loslassen.

José Antonio kehrte nach Hause zurück, um der Familie die großartige Nachricht zu bestätigen. Seine Schwestern fingen an zu kreischen, und alle fielen sich erregt in die Arme, ausgenommen Rosa, die gelassen blieb und mit leiser Stimme sagte, alles sei Ergebnis ihrer Arbeit mit den Heiligen, die sie endlich erhört hätten. Dann vernahm man einige Schüsse, und ein Nachbar kam und teilte ihnen mit, die Studenten würden sich vor der Universität versammeln. Tony ignorierte einmal mehr Einwände seiner Mutter und Manuels ernsten Blick und begab sich zum Universitätshügel.

Auf dem Platz vor dem Rektorat wimmelte es von euphorischen Jugendlichen; einige waren bewaffnet und schickten sich an, sich zu organisieren, um Jagd auf die Machado-Schergen zu machen. Tony fragte nach Moro und Tomás, und man antwortete ihm, sie würden gerade Orestes Ferrara gefangen nehmen wollen, den Neapolitaner, der einst gemeinsam mit den Mambises gekämpft hatte und unter Machado bis zum Außenminister aufgestiegen war. Tony blieb noch eine Weile und unterhielt sich mit verschiedenen Studenten, bis sich ein Unbekannter dazugesellte und von seiner heldenhaften Teilnahme am Kampf gegen Machado zu prahlen begann. Nach einer Weile, als ihn so viele Heldentaten allmählich langweilten, sah er, wie Elías und der Junge aus Las Villas zusammen mit weiteren schwerbewaffneten Jugendlichen aus zwei Autos ausstiegen. Er ging auf seine Freunde zu, umarmte und beglückwünschte sie, aber zu seiner Überraschung war Moro wütend.

»Was ist los mit dir? Bist du nicht froh?«, fragte Tony.

»Scheiße, wie kann ich froh sein? Ferrara, dieser Hurensohn ist uns entwischt. Wir kamen eine Minute zu spät.«

Tomás entfernte sich wortlos und gesellte sich einer Gruppe von Studenten zu, unter denen sich ein entzückend aussehendes Mädchen befand, die den Jungen aus Las Villas mit den Augen verschlang, als dieser von seinen Großtaten während des Tages zu berichten anhub.

»Was war los?«, fragte José Antonio und schaute die Schwarzhaarige von der Seite an.

»Nichts. Als wir zum Hafen kamen, waren Ferrara und seine Frau schon in das Wasserflugzeug aus Miami gestiegen. Wir haben zwar geschossen, aber der Pilot, dieser Sauhund, hat trotzdem abgehoben. Nur die Koffer haben wir erbeutet.«

»Keine Sorge, früher oder später wird dieses Schwein schon draufgehen. Moro, was kann ich machen?«

»Schließ dich einer der Gruppen an. Zuerst müssen wir die Schergen fassen, ehe sie entkommen. Wir müssen auch Ordnung schaffen und verhindern, dass die Lage außer Kontrolle gerät. Bei den Menschen hat sich viel Wut angestaut, und es gibt Opportunisten, die jetzt aus den Löchern kommen und Selbstjustiz üben.«

An diesem Nachmittag wurde José Antonio Mitglied einer der Gruppen des Directorio, des Studentenrats, der versuchte, das explosionsartige Aufbegehren der Kubaner in diesem historischen August voller Hoffnungen und Wirrungen in geordnete Bahnen zu lenken. Tony beteiligte sich an diesem Aufbegehren, bis der Generalstreik zu Ende war und er wieder ins Fausto zurück musste. Dort überraschte ihn am 4. September der Aufstand der Unteroffiziere.

Niemand hatte etwas von Batista gehört, der nicht von Anfang an der Führer war, aber mit einem Gespür, das ihn zu allem befähigte, sich wie ein Aal wand und zum starken Mann in der Armee wurde. Der Studentenrat der Universität unterstützte ihn, und man organisierte die Pentarquía, die Herrschaft der Fünf, eine Übergangsregierung, heterogen zusammengesetzt und sehr authentisch, die kaum eine Woche im Amt war und sogar den USA-Botschafter irritierte, der Washington irrtümlich die Nachricht zukommen ließ, es handele sich um ein kommunistisches Manöver.

Kuba befand sich in einem Strudel, und die Lage im Lande schien sich in frenetischer Geschwindigkeit mal hierhin, mal dorthin zu drehen, ohne dass eine klare Richtung erkennbar gewesen wäre. Die Veränderungen erreichten auch die Fernández. Manuel wurde wieder auf seinen alten Posten im Außenministerium gesetzt, wo ihn seine Kollegen mit stürmischem Applaus begrüßten. Jetzt konnten sie sich selbst als lebenslange Gegner Machados bezeichnen.

Die Universität öffnete nach über drei Jahren wieder ihre Pforten, und José Antonio konnte sich erneut der Medizin zuwenden. Seine Eltern redeten ihm zu, das Fausto aufzugeben und sich auf den Abschluss seines Studiums zu konzentrieren, doch Tony war überzeugt, dass die Familie nicht auf sein Einkommen verzichten könne, und arbeitete weiter dort. Die Rückkehr zum Studium war schwierig, und nicht alle schafften es. Zu Anfang gab es Momente, in denen er beinahe das Handtuch geworfen hätte. Nach so langer Zeit fiel es ihm nicht leicht, sich wieder in die dicken Bücher über Prophylaxe und Innere Medizin zu vertiefen, aber er wusste, dass dies seine Chance war und dass es, wenn er sie vergab, sehr schwer sein würde, etwas anderes zu finden. Außerdem sah er eine echte Befriedigung darin, Patienten zu betreuen. Peu à peu fand er wieder zu seinem alten Rhythmus und stellte ein neues Gleichgewicht her zwischen den beiden Beschäftigungen, die seine Zeit voll in Anspruch nahmen.

Der Sturz Machados beeinträchtigte nicht die Treffen mit Lucrecia an den Wochenenden; sie verliefen so intensiv wie eh und je. Tony genoss weiterhin den Sex mit der Mulata, aber nachdem seine Libido gestillt war, wurde ihm das Zimmer in dem Mietshaus immer enger, und es kostete ihn immer mehr Anstrengung, an den Nachmittagen noch bei seiner Geliebten zu verweilen, weil es wenige gemeinsame Gesprächsthemen gab und Lucrecia ohnehin recht wortkarg war.

Eigentlich fühlte er sich einsam. Zwar hatte er in seinem Studiengang hervorragende Kommilitonen, aber er fand nie Gelegenheit, sich näher mit ihnen anzufreunden oder mit ihnen auszugehen; er war der einzige mit einer festen Anstellung und hatte sich an einen anderen Zeitplan zu halten. Die Gruppe in der San Lázaro war im Zerfall begriffen, und jeder seiner Freunde nahm einen anderen Weg. Er fragte sich, wie es möglich war, dass er keine Frau finden konnte, die seinen Wünschen und Erwartungen entsprach.

Zu allem Überdruss musste er das Zusammensein mit Lucrecia unterbrechen, weil sich Rubén eine Weile in Havanna aufhielt und sich in der Wohnung einquartiert hatte. Er versuchte sich mit der Garbo in »Menschen im Hotel« zu trösten; in ihrer Rolle als russische Tänzerin fand er sie wunderbar, besonders in der Szene, in der die Schauspielerin ihren berühmten Satz spricht: »Ich will allein sein.«

Für José Antonio endete das Jahr mit anstrengenden täglichen Fitness-Übungen; eingehüllt in ein offensichtliches Gefühl der Einsamkeit, dass er seinen Eltern Sorge bereitete. Sie kannten die Ursache seiner Schwermut nicht und dachten, eine schöne Fiesta zum Jahresausklang würde das Problem lösen. Doch zu aller Überraschung entschied sich Tony dafür, zu Silvester im Fausto zu arbeiten.

Paco versuchte es auf andere Weise und schenkte ihm zum Dreikönigstag zehn Pesos für den Besuch eines Luxusbordells, das jüngst in der Avenida de las Misiones, zwei Querstraßen vom Präsidentenpalast entfernt, eröffnet hatte. Tony nahm die Einladung seines Onkels an und suchte sich für den Abend eine Nordamerikanerin aus, die, ebenso wie einige Balljungen aus dem Norden, während der winterlichen Jahreszeit in Havanna arbeitete. Aber die Profi-Nutte hatte kein naturblondes Haar, und Tony blieb auch nicht den ganzen Abend über im Bordell, obwohl er den vollen Preis bezahlt und das Yankee-Mädchen, das auf Spanisch radebrechte, Tony sei das Größte, dass ihr jemals in den Tropen begegnet sei, einen dramatischen Orgasmus vorgetäuscht hatte.

In den ersten Januartagen traf er auf Gertrudis, eine Schwarzhaarige mit ansehnlichen Kurven, die er über seine Schwester Victoria kennengelernt hatte. Es war in einer Matinee mit Tanz in den Jardines de la Tropical, an einem freien Tag ohne Arbeit im Fausto. An dem Mädchen beeindruckte ihn die kreolische Schönheit und ihr Esprit, der ihn beim Tanzen zur Musik der Band Sonora Matancera mehrmals zum Lachen brachte.

Gertrudis nahm seine Einladungen an, und am Valentinstag fand so etwas Ähnliches wie ein Verlöbnis statt. Das Mädchen war für ihn etwas Neues, Erfrischendes; es strahlte Optimismus aus, hatte einen guten Charakter und erfreute sich einer Unabhängigkeit, die Tony überraschte. Ihre Eltern ließen sie zu besonderen Anlässen mit ihren Freundinnen ausgehen und hatten nichts dagegen, dass sie sich nach Abschluss ihrer Ausbildung zur Sekretärin nach einer Arbeitsstelle umsah. Wie gewohnt, unterlag José Antonio wegen der Universität und dem Fausto ernsthaften zeitlichen Beschränkungen, aber er nutzte die wenigen freien Momente auf kreative Weise, um das junge Mädchen am Malecón oder in einer der neuen Cafeterias in Vedado zu treffen. Und dabei lachte Gertrudis unaufhörlich und erzählte mit beeindruckender Sprechgeschwindigkeit von den letzten Ereignissen des Tages.

Anfang 1935 wurde sein Vater in das New Yorker Konsulat versetzt; Manuel sah diese Mission als die letzte vor seiner Pensionierung an. Eloísa begleitete ihn nicht, weil sie nicht noch einmal die nördlichen Winter erleben wollte und weil sie in Havanna zurückbleiben musste, um auf die Schwestern aufzupassen. Blanquita hatte sich bereits verlobt und gedachte im nächsten Jahr zu heiraten.

Für José Antonio und die Fernández ergab sich erneut eine andere Situation, als das Land im März 1935 von einem Generalstreik erschüttert wurde, der von den Gewerkschaften und dem Hochschul-Streikkomitee ausgerufen worden war. Der Streik sollte einem umfangreichen Bündel politischer und die Arbeitswelt betreffender Forderungen Nachdruck verleihen. Die Regierung und die von Batista befehligte Armee reagierten mit brutalen Mitteln, unter anderem mit der Besetzung und der

Schließung der Universität. Für viele bedeutete die Niederschlagung des Streiks das Ende der Revolution von 1933, und auch José Antonio empfand sie als einen harten Schlag. Eine erneute Unterbrechung seines Studiums kam ihm höchst ungelegen. In wenigen Monaten würde er fünfundzwanzig sein, und er hatte sein Studium noch immer nicht abgeschlossen. Er verbrachte den Rest der Tage mit einer schlecht bezahlten Arbeit, die ihm nicht einmal genügend Freizeit ließ, um seine Jugend zu genießen. Niemand vermochte vorherzusehen, wie lange die Universität geschlossen bleiben würde. Deshalb besprach er die Lage mit seinem Onkel, seiner Mutter und den Freunden. Alle waren sich der schwierigen Situation bewusst, doch niemand hatte eine Alternative zur Hand, außer Moro, dessen Besuche unter Eloísas wachsamen Blicken immer häufiger wurden und der mit ihm auf höchst mysteriöse Weise über neue konspirative Pläne gegen die Regierung sprach. Es war gerade zu dieser Zeit, als Manuel ihn in einem Brief zu sich nach New York einlud.

13. KAPITEL

Eines hellen Sonntagmorgens während des Indian Summer in Nordamerika, als der Herbst eine letzte Gelegenheit bot, die warme Jahreszeit zu genießen, trat Rebeca ins Wohnzimmer, wo ihr Vater wie abwesend vor dem Radio saß.

»Was ist los, Papa?«

»Eine Tragödie. Die Nazis haben Gesetze gegen die Juden verabschiedet. Das eine ist eine Missgeburt, dieses Reichsbürgergesetz, das den Juden die deutsche Staatsbürgerschaft aberkennt, und das andere Gesetz ist ausgemachter Irrsinn; es nennt sich Gesetz zum Schutze des deutschen Blutes und der deutschen Ehre und verbietet den Juden, Deutschblütige zu heiraten, sich einzulassen oder Geschlechtsverkehr zu haben.«

»Und was wird jetzt?«

»Weiß nicht. Europa müsste reagieren, aber ich fürchte, jede Regierung hat ihre eigenen Probleme, anstatt sich um die deutschen Juden zu kümmern. Nur wenige Politiker sind bereit, antisemitische Gesetze zu verurteilen.«

»Und die Amerikaner?«

»Auch die werden nichts unternehmen, glaube ich. Hier will niemand etwas von den Konflikten in Europa wissen, geschweige denn sich einmischen.« Der Professor unterbrach seine Rede und erhob sich.

»Lassen wir das Thema. Wir machen uns einen Kaffee und unterhalten uns in Ruhe. Dein Bruder ist zum Prospect Park gegangen, um sich ein Pelota-Spiel anzusehen, so sind wir mal allein und können miteinander reden, nur du und ich.«

Kreiner schickte sich an, Kaffee zu kochen. Er wandte sich zu ihr in seinem üblichen Tonfall, ruhig und mit Pausen nach jedem beendeten Gedanken.

»Rebeca, du weißt, dass deine Mutter und ich seit über zehn Jahren getrennt leben. Die Trennung war für beide schmerzhaft, aber da war nichts zu machen. Kurze Zeit später kam ich nach New York, ich weiß, ich habe euch allein gelassen, aber ich dachte, das sei besser so. Vielleicht habe ich mich geirrt, ich weiß nicht. Jedenfalls habe ich nach einem Jahr, das ich hier war, deiner Mutter einen Brief geschrieben und ihr die Scheidung vorgeschlagen.«

»Und was hat sie geantwortet?«

»Sie hat nicht geantwortet. Ein halbes Jahr später habe ich einen zweiten Brief geschrieben, in dem ich ihr erklärte, dass eine Scheidung für beide das Beste sei, aber auch darauf hat sie nicht geantwortet, und so habe ich mich entschieden, nicht weiter darauf zu bestehen. Ich habe deine Mutter sehr geliebt, und ihr weh zu tun oder sie gar zu beleidigen, lag mir fern.«

»Und nun?«, fragte Rebeca.

»Das Wichtigste in meinem Leben seid ihr, du und Emmanuel. Danach kommt meine Arbeit, die ich gern mache und die mir einen Ausgleich verschafft. Aber Alleinsein ist nicht gut.« Kreiner machte eine Pause, goss den Kaffee ein, schaute seiner Tochter einen Moment lang in die Augen und fuhr fort: »Ich hatte das Glück, einer Frau begegnet zu sein, mit der ich viele Gemeinsamkeiten habe.«

Der Professor hielt erneut inne und erwartete eine Reaktion seitens seiner Tochter, aber Rebeca blieb reglos, den Blick starr auf ihren Vater gerichtet. Sie sprach kein Wort. Kreiner nahm noch einen Schluck aus seiner Tasse.

»Sie heißt Johanna Möller, obwohl sie sich lieber Ann nennen lässt, und arbeitet als Sekretärin an der Fakultät. Sie ist geschieden und hat zwei Töchter. Wir sehen uns nicht oft, wir haben beide wenig Freizeit, aber wir treffen uns an den Wochenenden. Das Wichtigste ist, dass wir uns sehr wohl fühlen, wenn wir beieinander sind. Das wollte ich dir sagen, zuerst dir als der Älteren, und dann werde ich das auch deinem Bruder erklären.«

Rebeca schwieg lange, dann stand sie auf, ging auf ihren Vater zu und küsste ihn auf die Wange.

»Sei unbesorgt, ich hoffe, Ann eines Tages kennenzulernen.«

In der darauf folgenden Woche sprach der Professor während des samstäglichen Abendessens mit Emmanuel. Als Kreiner geendet hatte, saß der Junge stumm da, es entstand ein peinliches Schweigen, bis Rebeca schließlich das Wort nahm und sagte, sie sei sicher, dass ihr Bruder Verständnis für die Situation habe. Dann schaute sie Emmanuel tief in die Augen, und der reagierte mit mehrmaligem Kopfnicken.

Nachdem der Professor mit seinen Kindern gesprochen hatte, wurde das Thema einen ganzen Monat lang nicht berührt, bis sie an einem Sonntag von Ann zum Mittagessen in ihr kleines Apartment in der Bronx eingeladen wurden. Dort empfing sie eine hochgewachsene Frau mit guter Figur und schmalem Gesicht, kastanienbraunem Haar und bernsteinfarbenen Augen. Ann behandelte sie mit ausgesuchter Freundlichkeit. Sie war gebildet, intelligent und, was am Wichtigsten war, sie schien ihren Vater zu lieben.

Der Professor hatte ein gutes Gespür dafür, nichts zu übereilen, und so beschränkte er sich darauf, ein zweiwöchentliches Mittagessen in der Wohnung von Ann zu organisieren, die anfangs allein war. Erst zu Wintersanfang lud sie ihre Töchter mit ein, zwei Mädchen, die ihrer Mutter sehr ähnlich sahen und die von da an rücksichtsvoll, aber auch leidenschaftslos an den Treffen der beiden Familien teilnahmen.

Ann entstammte einer lutherischen Familie aus Germantown, einem Vorort von Milwaukee, und war in sehr jungen Jahren, Anfang der zwanziger Jahre, auf der Suche nach Arbeit nach New York gekommen. Eine Versicherungsagentur stellte sie als Schreibkraft ein, und abends begann sie zu studieren. Bald verliebte sie sich, heiratete und gebar nach kurzer Zeit zwei Töchter, doch die Ehe scheiterte nach wenigen Jahren, weil der Mann sie schlecht behandelte. Der hatte begonnen, die »Speakeasys«, die Flüster- oder Mondscheinkneipen, zu besuchen, übermäßig zu trinken und sie in seiner Trunkenheit zu schlagen. Sie ertrug das eine Weile, bis es ihr aber zu viel wurde und sie sich scheiden ließ. Es fiel ihr sehr schwer, allein zurechtzukommen; ja, sie schickte die Mädchen sogar für einige Zeit zu ihren Eltern. Sie fand lediglich eine Anstellung als Kellnerin in einer Cafeteria, suchte aber weiter nach einer besser bezahlten Arbeit, und nach einem Jahr nahm man sie als Sekretärin an der Universität unter Vertrag, wo sie Dr. Kreiner kennenlernte. Ann wandte ihren ganzen Charme auf und erreichte, dass der Professor sie einlud. Dieser war ein ganz anderer Mensch. Der Österreicher war liebenswürdig und gab sich als Kavalier, sie hatten gemeinsame Interessen, zum Beispiel klassische Musik, und er drängte sie nicht zum Sex, was im positiven Gegensatz stand zu den Männern, die sie bei vorhergehenden Gelegenheiten umworben hatten. Als sie ihn kennenlernte, hatte sie schon nicht mehr geglaubt, jemals einen Partner zu finden, der ihren Wünschen und Vorstellungen entsprechen würde. Und so ignorierte sie die Regel, dass man sich nie mit einem Arbeitskollegen einlassen sollte, und versuchte ein weiteres Mal, ihr Glück zu finden.

****

Der Propagandaminister ging in Gedanken die Themen durch, die in der nächsten Besprechung mit seinem unergründlichen Chef auf der Tagesordnung stehen könnten. Der Führer hatte sie einberufen, ohne einen Anlass zu nennen. Bei Hitler konnte man sich nie sicher sein; ständig wechselten die Aufgaben und Prioritäten. Das einzig Beständige und Unwandelbare waren die Verherrlichung Deutschlands und der Hass auf die Juden. Nie kannte man seine neueste Passion oder seine jüngste Tollheit. Goebbels versuchte, sich mit dem Gedanken zu beruhigen, dass er – wiewohl er in der letzten Zeit an Geltung und Einfluss verloren hatte – immer noch zu den Amtsträgern der obersten Ebene gehörte. Aber er war beunruhigt; im Dritten Reich konnte eine Vorladung in die Reichskanzlei ohne vorher angekündigten Gesprächsgegenstand das Ende der vielversprechendsten Karriere bedeuten. Wenn in der Nazi-Elite Probleme oder Differenzen auftauchten, fand keine kollektive Debatte in den Gliederungen der Partei oder der Regierung statt, auch wurde kein persönliches Gespräch geführt, sondern man wartete einfach die Meinung des höchsten Chefs ab, und dessen Entscheidung war unwiderruflich.

Seine Beunruhigung war nicht gewichen, als Goebbels die strahlende Reichskanzlei am Wilhelmplatz betrat. Der von Bismarck gekaufte alte Rokoko-Palast in der Wilhelmstraße 77 war durch einen neuen Gebäudekomplex ersetzt worden, der die Macht der Nazis symbolisieren sollte. Der Bau war zwei Tage vor Jahresende innerhalb der vom Führer befohlenen Zeit fertiggestellt worden. Viertausend Arbeiter, perfekt organisiert, waren rund um die Uhr beschäftigt, um einer der Obsessionen Hitlers Genüge zu tun, der für alle seine Pläne und Vorhaben enge Termine setzte und erwartete, dass sie unterboten wurden. Es spielte keine Rolle, wieviel es kostete, wie viele Ressourcen eingesetzt oder ob andere Arbeiten hintangesetzt wurden, sofern man die dem Führer gemachte Zusage einhielt. In der Nazi-Spitze erinnerten sich alle noch an die Kabinettsitzung, in der Hitler einen Minister zurechtwies, der den unverzeihlichen Fauxpas begangen hatte, nach den Kosten für die Neue Reichskanzlei zu fragen.

Goebbels stieg rasch aus dem Auto und mit einer für seinen Klumpfuß erstaunlichen Behendigkeit betrat er das Gebäude durch das imposante Portal im Ehrenhof mit den großen Skulpturen zu beiden Seiten, die die Wehrmacht und die Partei symbolisierten. Unmittelbar dahinter befand sich eine Vorhalle mit über fünf Meter hohen Doppeltüren, die sich zu dem gewaltigen Mosaiksaal hin öffneten. Danach ging es weiter durch den Runden Saal, der nach oben in einer Kuppel endete, ehe man in die mehr als einhundertfünfzig Meter lange Marmorgalerie gelangte, auf die Hitler besonders stolz war und von der er stets prahlte, sie sei doppelt so lang wie der Spiegelsaal von Versailles, womit er seine Verachtung für den Ort bekräftigte, an dem Deutschlands Ehre befleckt worden war. Die Raumflucht war so konzipiert, dass sich Besucher in den riesigen Räumlichkeiten winzig vorkommen mussten. So hatte es der Führer höchstselbst in seinem Eifer bestimmt, um allen gegenüber, die das kürzlich eingeweihte Gebäude betraten, das Machtstreben Deutschlands und die Allgegenwart seiner Führerschaft zu demonstrieren.

Am Arbeitszimmer des Kanzlers angekommen, stand eine der Sekretärinnen auf und bat ihn, Platz zu nehmen. Goebbels vergegenwärtigte sich noch einmal die möglichen anhängigen Themen. Das Propagandaministerium hatte die Anweisungen Hitlers zur Indoktrination der deutschen Bevölkerung problemlos umgesetzt. Die Propagandamaschinerie des Dritten Reiches hatte sich zu einem effizienten Mechanismus der Neuen Ordnung entwickelt. Die gesamte Presse, das Kino, der Rundfunk, staatliche wie private Verlage – alle wurden von seinen Beamten überwacht, und kein Wort wurde veröffentlicht, das nicht der offiziellen Linie entsprach. Die Hauptnachrichten und die Leitartikel unterstützten uneingeschränkt die Maßnahmen der Nazis, und die Mechanismen zur Zensur und Kontrolle der Informationen funktionierten perfekt. Im Vormonat hatten seine Untergebenen und er persönlich alle Aufgaben zur würdigen Feier des fünfzigsten Geburtstags des Führers erfüllt. Der Tag wurde ganz groß gefeiert, und der Führer schien zufrieden. Eigentlich hatte es in letzter Zeit keine nennenswerten Klagen oder Kritiken an der Arbeitsweise des Ministeriums gegeben, also konnten die Ergebnisse seiner Arbeit nicht der Anlass der Unterredung sein.

Er dachte an die Sache mit Marlene Dietrich. Natürlich hatte er erfolglos versucht, den Star zu überreden, nach Deutschland zurückzukehren, aber die antipatriotische Frechheit einer Schauspielerin, an die sich nur wenige in Deutschland erinnerten, hatte keine große Bedeutung; dem standen das bemerkenswerte Wachstum und die Popularität der Filmindustrie in den letzten Jahren gegenüber. Die UFA-Studios, die in seinen Zuständigkeitsbereich fielen, zeichneten sich durch Effizienz in der Produktion von Filmen aus, die die Wiedergeburt der Nation verherrlichten; sie waren ganz anders als die Filme des dekadenten deutschen Surrealismus des vorangegangenen Jahrzehnts, die in ihrer Mehrheit von Juden gedreht worden waren und die lediglich eine degenerierte, pessimistische Welt widerspiegelten.

Doch diese Themen interessierten den Führer nicht so sehr. Goebbels war sich im Klaren, dass sein Ministerium keine wichtige Rolle bei den Erfolgen des Vorjahres mit dem Anschluss Österreichs, dem Münchner Abkommen und der Besetzung des größten Teils der Tschechoslowakei gespielt hatte. In allen Fällen hatte Hitlers Meinung gegenüber dem Standpunkt der Skeptiker, die eine solche aggressive Politik für zu gewagt hielten, die Oberhand behalten.

Ja, seine Arbeit hatte entscheidend dazu beigetragen, dass die Deutschen dem Regime ihre breite Unterstützung gaben. Aber dazu hatte ihn niemand beglückwünscht. Die Nazi-Oberen wussten seinen Beitrag nicht zu schätzen; sie dachten, die Unterstützung durch das Volk käme spontan, und murmelten hinter vorgehaltener Hand, die Deutschen brauchten keinen Goebbels, um von den Wohltaten der Naziherrschaft überzeugt zu sein.

Angesichts der Furcht vor neuer Kritik an seinem Verhalten zog sich ihm der Magen zusammen; die Baarová hatte er nicht wieder gesehen, obgleich er sich nach ihr sehnte, aber es war schwierig, dem Klatsch und den Intrigen in einem Fall, in dem ein führendes Mitglied der höchsten Ebene die Hauptrolle spielte, Einhalt zu gebieten. Auch in der Partei gab es alle Gemeinheiten, derer der Mensch fähig war, und einige Führer waren nicht auf Goebbels' Seite, vor allem Göring nicht, dieser arrogante, windige Fettwanst, den Hitler zum zweiten Mann im Staate berufen hatte. Allein seinem eigenen Instinkt war es zu verdanken, dass er sich 1934 in der Nacht der Langen Messer hatte retten können, als nämlich der Führer mehr als hundert SA-Führer erschießen ließ und viele offene Rechnungen beglichen wurden. Er war klug genug gewesen, jene lange Nacht zusammen mit Hitler zu verbringen, so dass ihn Göring nicht auf die Liste der zu Eliminierenden setzen konnte.

Seine Achillesferse war sein zweifelhafter Ruf als Frauenheld, den er im Verlaufe seines Aufstiegs zur Macht erworben hatte. Ganz Berlin wusste, dass zahlreiche Geliebte ihren Weg durch seine Büros im Ministerium gemacht hatten, auch die Tschechin, die seine Ehe gefährdet und seinem Bild in der Öffentlichkeit Schaden zugefügt hatte. Seit mit diesem allem Schluss war, hatte er sich in mehr Zurückhaltung geübt und das Bild der Goebbels als deutscher Vorzeigefamilie hochgehalten. Letzteres war eine amtliche Kategorie, die von Hitler persönlich gefördert wurde; im ganzen Land sah man Fotos und Filme über die Familie Goebbels, in denen für die nationalsozialistische Erziehung geworben wurde, die die Kinder der Familie von klein auf genossen hatten.

Vielleicht brauchte er sich gar keine Sorgen zu machen und wurde nur wegen einer neuen Aufgabe vorgeladen, mit der ihn der Führer wegen ihrer Bedeutung direkt beauftragen wollte. Es könnte sich um eine Initiative im Zusammenhang mit der Rassenpolitik des Dritten Reiches handeln, die für seinen Chef absolute Priorität hatte. Anfangs wollte er das Thema für sich monopolisieren, es seiner Zuständigkeit unterstellen, aber es gab viele Häupter, die daran interessiert waren, und mit jedem Tag hatte er gegenüber Himmler immer mehr Terrain eingebüßt. Der Antisemitismus war ein sicherer Weg, um Zugang zum Führer zu haben und sich seiner Gunst zu vergewissern. Deshalb versuchten alle Nazi-Größen, sich in der Frage der Judenverfolgung hervorzutun. Vor seinem Eintritt in die Partei hatte er niemals Probleme mit den Juden gehabt, und eigentlich entbehrte diese Politik jeglicher Grundlage, aber wie viele andere hatte er die persönlichen Beziehungen, die er zu anderen Zeiten mit vielen

Juden pflegte, abgebrochen und begraben, wie die Verbindungen zu dem Betreuer seiner Doktorarbeit an der Heidelberger Universität oder zu der schönen Rachel, mit der er in seiner Studentenzeit eine leidenschaftliche Affäre hatte. Magda hatte es ihm gleich getan, hatte die Beziehungen zu ihrem jüdischen Stiefvater abgebrochen. Goebbels hatte seine ganze Macht eingesetzt, um gegen die Juden vorzugehen, und erreicht, dass man ihn als den judenfeindlichsten Naziführer bezeichnete. Dank seiner persönlichen Bemühungen war es ihm gelungen, die Filmindustrie, den Rundfunk und die Verlage von Juden zu säubern, obwohl einige anfangs dachten, das wäre unmöglich wegen der großen Zahl von jüdischen Künstlern und Fachleuten, die in den drei Bereichen arbeiteten und sich einen Namen gemacht hatten. Er dachte, die Unterredung könnte mit einer neuen Phase in dieser Kampagne zu tun haben, die sich nach der Kristallnacht verschärft hatte. Die war für ihn ein ruhmreicher Moment gewesen, denn er hatte Hitler die Information persönlich zukommen lassen und den Befehl für dan größten Pogrom in der Geschichte Deutschlands erteilt. Jetzt hatte er mit der St. Louis wieder eine Trumpfkarte in der Hand. Die Operation würde großen Widerhall finden, und er würde dann wieder zu den besonderen Günstlingen des Führers gehören. Er überdachte noch einmal alle Einzelheiten; der Plan lief wie vorgesehen ab, und er würde seinem Chef versichern können, dass man die Flüchtlinge sowohl in Kuba als auch in den Vereinigten Staaten abweisen würde.

Goebbels war noch in Gedanken versunken, als sich die Bürotüren öffneten und Hitler heraustrat, der laut mit Speer sprach.

»Das Projekt ist außergewöhnlich, und wir werden es bauen – trotz der bedeutsamen Aufgaben, die in den nächsten Monaten vor uns stehen. Das deutsche Volk und das Dritte Reich verdienen eine Hauptstadt, die tausend Jahre dauert. Goebbels, du bist schon da.« Der große Führer gab dem Minister ein fast unmerkliches Zeichen. Dieser hatte sich eiligst in Hab-Acht-Stellung erhoben und streckte seinen rechten Arm aus.

»Speer, du musst Goebbels unser Projekt für die Berliner Mitte zeigen. Wir werden die beeindruckendsten Bauten Europas errichten. Die Kuppel des Reichstags wird die größte in der Welt sein. Im Vergleich dazu wird sich der Petersdom in Rom wie eine Dorfkirche ausnehmen. Und wir werden auch einen Triumphbogen bauen, größer als der in Paris, und in seinem Innern werden die Namen aller im Großen Krieg gefallenen Deutschen eingraviert sein.«

Mit diesen Worten verabschiedete Hitler kurz angebunden seinen Hauptarchitekten und trat rasch wieder in sein riesiges Arbeitszimmer. Goebbels entschloss sich, ihm unaufgefordert zu folgen. Er tat es etwas zögernd, denn nie war man sich sicher, was der Führer gerade wollte. Ohne ihn anzusehen und ohne ihm einen Platz anzubieten, begann Hitler zu sprechen und zu gestikulieren, als würde er eine Rede halten. Alle Sinne des Ministers befanden sich in Alarmbereitschaft; er verfolgte jede Bewegung, jeden Satz des Chefs. Der Führer verlangte von seinen Gefolgsleuten und Untergebenen stets höchste Aufmerksamkeit, und in den Kreisen der Macht galt es als Todsünde, den Eindruck zu erwecken, als höre man dem Führer nicht angemessen zu.

»Wir haben gerade erst angefangen, aber niemand wird Deutschland aufhalten können, umso weniger jetzt, da wir das Judenproblem so angepackt haben, wie es sich gehört.« Hitler hielt so plötzlich inne, wie er begonnen hatte.

Es entstand ein tiefes Schweigen, so dass Goebbels sich zu sprechen entschloss.

»Mein Führer, aus eben diesem Grund kann ich Sie heute im Einzelnen über die Operation des Kreuzfahrtschiffes St. Louis informieren.«

Hitler schaute seinen Minister mit einem so fahrigen Gesichtsausdruck an, dass Goebbels glaubte, er habe ihn nicht verstanden; unmöglich, dass er sich nicht an die Sache erinnerte. Er hatte keine Gelegenheit, seinen Zweifel aufzuklären; sein Chef betrachtete einen enormen Globus, der auf seinem riesigen Schreibtisch stand, und setzte seinen Monolog fort.

»Wir müssen in eine neue Etappe einsteigen, man muss das deutsche Volk auf die bevorstehende Eroberung Europas einstellen. Dazu müssen wir vorher einen Schritt tun, wir brauchen einen Pakt mit Stalin. Wir hatten schon erste Kontakte, und auch wenn die Verhandlungen noch geheim sind, musst du umgehend einen Propagandaplan ausarbeiten und bereithalten, um die Deutschen über den Sinn des Vertrags mit den Russen zu informieren, ohne dass das unserem historischen Kampf gegen den Bolschewismus zuwiderläuft.«

Goebbels glaubte, nicht richtig gehört zu haben. Nein, das konnte nicht sein, er musste sich verhört haben. Ein Abkommen mit Stalin, wo doch der Kampf gegen die deutschen Kommunisten und die Komintern von Anfang an zu den Grundsätzen der Nationalsozialisten gezählt hatte. Der Führer fuhr mit dem ihm eigenen Eifer fort.

»Als Geste gegenüber Deutschland hat Stalin für die Verhandlungen mit uns den Juden, den er als Außenminister hatte, gegen Molotow ausgetauscht. Wenn das alles bereit liegt, schicke ich Ribbentrop nach Moskau, um einen Nichtangriffspakt zu unterzeichnen. Haben wir erst diesen Vertrag, wird uns nichts und niemand aufhalten.«

Goebbels vermochte immer noch nicht zu glauben, was er da hörte; es war eine völlige Kehrtwende in der nationalsozialistischen Politik. Er wusste nicht, ob er das für genial oder für verrückt halten sollte. Aber der Führer hatte es gesagt, und der Führer irrte nie.

****

Die Einladung nach New York war Ergebnis eines Familienkomplotts. Es war Eloísa, die die Initiative ergriff und ihrem Ehemann schrieb, sie mache sich Sorgen, dass Tony angesichts der Lage im Land und der erneuten Schließung der Universität in revolutionäre Gewohnheiten zurückfallen könnte. Außerdem habe sie eine Veränderung im Seelenleben ihres Sohnes bemerkt; er scheine Liebeskummer zu haben. Also, meinte sie, könnte eine vorübergehende Abwesenheit von Havanna beide Probleme lösen. Den Ausschlag für den dringenden Brief an Manuel gab ein Besuch von Elías, denn Tony empfing ihn in seinem Zimmer und verschloss die Tür. Diese Geheimnistuerei weckte Eloísas Argwohn, zumal sie sich noch an Moros konspiratives Verhalten in der Vergangenheit erinnerte.

Manuel war sich anfangs unschlüssig. José Antonio nach New York zu holen, war eine Variante, die in seinen Plänen nie vorgekommen war. Als man ihm den Posten eines Vizekonsuls im Big Apple vorschlug, hatte er das für einen guten Abschluss seiner diplomatischen Laufbahn gehalten, einerseits weil es verlockend erschien, in dieser Stadt zu leben, andererseits weil er dann die Möglichkeit hätte, etwas für sein bevorstehendes Pensionärsleben zu sparen. Mit Tony würde das Sparen schwierig werden, obwohl man immer noch eine Arbeit für den Jungen suchen könnte. Im vorangegangenen Jahr hatte sich die Lage in den Vereinigten Staaten allmählich etwas gebessert, und eine Anstellung war kein unerreichbares Ziel mehr.

Er teilte nicht alle Argumente Eloísas. Eigentlich bereitete ihm lediglich die Repression in Kuba einige Sorge, nicht José Antonios Seelenzustand. Der würde sich früher oder später wieder bessern. Doch seine Vaterpflichten ließen ihm keine andere Wahl, und außerdem würde es angenehm sein, ein paar Monate mit seinem Sohn zu verbringen, so ganz in männlicher Zweisamkeit, zu der er so wenig Gelegenheit gehabt hatte, weil in der Familie die Frauen dominierten. Theoretisch wäre es auch möglich, dass José Antonio sein Medizinstudium in den Vereinigten Staaten fortsetzte, aber allen war klar, dass ein solches Vorhaben angesichts des Geldmangels ein gewaltiges Unterfangen wäre.

Auch Tony zögerte anfangs. Er machte sich keine falschen Hoffnungen auf ein Studium im Norden und wäre lieber in Kuba geblieben. Er versuchte, eine andere Arbeit zu finden, hatte aber kein Glück. Bald war er überzeugt, dass er in Havanna nicht viel tun konnte, dass eine radikale Veränderung und ein neues Umfeld besser wären. Außerdem wäre er nur für einige Monate auf Reisen, und wenn die Universität wieder ihre Pforten öffnete, würde er unverzüglich zurückkehren.

Dank Manuels Diplomatenstatus waren die Ausreiseformalitäten rasch erledigt. Als es an der Zeit war, Abschied zu nehmen, fühlte er sich eher aufgekratzt als traurig. Eloísa blieb die ganze Zeit über ernst, während seine drei Schwestern je nach Charakter weinten: Blanquita diskret, Victoria laut jammernd, und Margaritas Tränen waren von Protest und Fluchen begleitet, weil sie sich diskriminiert fühlte; man hatte sie von der Reise ausgeschlossen, obwohl sie sich seit langem danach gesehnt hatte, nach Norden auszuwandern. Paco erteilte ausführliche Ratschläge und gab detaillierte Empfehlungen in jeder Hinsicht. Rosa wollte eine religiöse Zeremonie veranstalten, damit die Reise erfolgreich verlaufe, aber José Antonio lehnte das ab.

Zu seiner Überraschung bat ihn El Moro, ihm in New York einen Schlafplatz zu reservieren. Ein Denunziant hatte die Revolutionspläne den Bach hinuntergehen lassen; die meisten Verschwörer waren verhaftet worden, und ein Polizeileutnant warnte sie, wenn sie weiter konspirierten, würden sie auf dem Friedhof enden.

Im Wohnviertel war Tonys Abreise ein Großereignis. Astilla prophezeite, die Reise sei zum Scheitern verurteilt, obwohl Tony von vielen gebeten wurde, rasch Informationen über die Lage in den Staaten zu schicken, um selbst dorthin auszureisen. So bat Elpidio seinen Freund, sich zu vergewissern, wie es wirklich um die Schwarzen in New York stünde, denn Kid Chocolate sei in dieser Stadt doch unglaublich berühmt geworden. Alle aber wollten unbedingt mehr über die Amerikanerinnen erfahren.

Am schwierigsten war es mit Gertrudis, die zu José Antonios Verwunderung nicht begreifen konnte, dass er sie zurückließ. Ihre Beziehung hatte zwar noch nicht lange angedauert, und José Antonio hatte sie nie offiziell gemacht, aber das Mädchen schlug ihm vor, zu heiraten und dann gemeinsam nach New York auszureisen. Tony versuchte, ihr das mit allen möglichen Begründungen auszureden, was aber lediglich zu einem recht bitteren Abschied führte.

Nach all dieser Hektik begab er sich an einem warmen Sommerabend auf die Fähre nach Cayo Hueso. Trotz der ruhigen See und dem sanften Plätschern der Wellen konnte er während der gesamten Überfahrt kein Auge zutun. Die Sitze waren unbequem, und die mit der Reise verbundene Ungewissheit rief in ihm eine Art Beklemmung hervor. Im Morgengrauen konnte er die Cayos, die kleinen Inseln, ausmachen, und eine knappe Stunde später legten sie an der Mole an. Die Ausschiffung lief problemlos ab, und so konnte er schnell in einen Bus nach Miami steigen, damals ein kleines, verschlafenes Städtchen. Ohne das Busterminal zu verlassen, wartete er darauf, nach New York weiterfahren zu können; er dachte an den Scherz seines Onkels, dass man in Miami aufpassen müsse, um nicht Machado in die Arme zu laufen. Bei Einbruch der Dunkelheit schließlich ging es weiter, und zum Glück konnte er zu Beginn seiner nicht enden wollenden Reise nach Norden tief schlafen.

Am nächsten Morgen wachte er an der nächsten Haltestelle auf der langen Fahrtroute auf. Es war noch früh in der Morgendämmerung, draußen war es warm und feucht wie in Kuba. Beim Aussteigen fragte er den Chauffeur, wo sie waren.

»Jacksonville.« Der Mann bedachte ihn mit einem abschätzigen Lächeln.

Tony betrat die Cafeteria, vor der der Omnibus geparkt hatte, und suchte zunächst die Toilette auf, wo ein junger Schwarzer, der ihn nicht anschaute, gerade beim Saubermachen war. Nachdem er sich notdürftig gewaschen hatte, nahm er am Tresen Platz und bestellte sich ein großes Frühstück. Das Gesicht des Mannes hinter der Theke war schweißgebadet und gerötet, als würde es jeden Moment platzen. Eine einzelne blonde Haarsträhne hing ihm über der breiten Stirn, darunter zwei blaue Augen. Der Mann schaute Tony griesgrämig an und gab zurück, er habe nicht verstanden. Missvergnügt verlangte er, der Gast möge seine Bestellung wiederholen.

Tony verschlang sein Rührei und die mit Butter bestrichenen Toastscheiben und schlürfte langsam das wässrige Gesöff, das man ihm als Kaffee serviert hatte. Er zahlte und ging zum Omnibus zurück, vorbei an dem Jungen, den er auf der Toilette gesehen hatte und der jetzt lustlos den Parkplatz kehrte. Zum ersten Mal nahm er wahr, dass alle Mitreisenden Weiße waren; der einzige, der wie ein Latino aussah, war er selbst, so dass er sich an die Ratschläge seines Onkels zur Frage der Rassen und an einige Anekdoten erinnerte, die Manuel über seinen Aufenthalt in Mobile zum Besten gegeben hatte. Niemand setzte sich zu ihm, im ganzen Bus gab es nur zwei freie Plätze, einer war sein Nachbarsitz. Er dachte, das sei auch besser so für ihn, und schlug eines der beiden Bücher auf, die er sich aus Pacos Bibliothek für die Reise ausgesucht hatte: »Manhattan Transfer«. Sein Onkel hatte es ihm empfohlen, es sei einer der besten Romane über New York.

Fast zwei Stunden hatte er gelesen, und nun schaute er eine Weile in die Natur hiaus, die getreue Widerspiegelung einer südlichen Cowboy-Landschaft. Gern hätte er sich unterhalten, aber neben ihm saß niemand, und er traute sich nicht aufzustehen und jemanden anzusprechen. Er wollte sich in der Sprache üben, fragte sich, wie viel Englisch wohl in seinem Gedächtnis haften geblieben war, nachdem er die Sprache zwölf Jahre lang nicht gesprochen hatte. Ihn beunruhigte, dass es ihm seit seiner

Ankunft ungeheuer schwer gefallen war, die Südländer, die so schnell und so anders sprachen, zu verstehen, und er fragte sich, wie das in New York sein würde.

Er schlief die Nacht durch und wachte in Washington auf, wo er wieder einen Schwarzen die Toilette säubern sah, der dem Jungen in Jacksonville wie ein Zwilling glich. Er variierte sein Frühstück ein wenig, doch der Kaffee hatte denselben wässrigen Geschmack. Er entschloss sich, etwas anderes zu lesen und kaufte sich die Washington Post. Eine der Hauptüberschriften vermeldete den Vormarsch der Mussolini-Truppen in Äthiopien; in dem Artikel wurde beklagt, dass die vom Völkerbund gegen den Aggressor verhängten Sanktionen von mehreren Staaten, allen voran Deutschland und die Vereinigten Staaten, missachtet wurden. Tony dachte dabei, dass die Welt doch eigentlich eine Scheißwelt war. Er schlug die Seite um und sah eine Überschrift, aus der hervorging, dass der US-Kongress endlich das vom Präsidenten vorgeschlagene Gesetz über die Sozialversicherung verabschiedet hatte. Er erinnerte sich an das Diario de la Marina – das Blatt hatte Roosevelt seinerzeit bezichtigt, dem Bolschewismus anzuhängen.

Fast wäre er eingeschlafen, da wurde auf einer Tafel Baltimore angekündigt. Das einzige, was ihm dabei in den Sinn kam, war Babe Ruth. Mehrere Sommer lang hatte Tony Tag für Tag die Anzahl der Home Runs verfolgt, die der »Bambino« geschlagen hatte, und an einem Vormittag harrte er über eine Stunde am Eingang des Hotels Plaza aus, um den Baseballspieler während eines Besuchs in Havanna zu sehen. Vom Omnibus aus sah man nur unzählige Lagerhallen und Fabriken. Später erinnerte er sich, dass in dieser Stadt auch sein Cousin lebte, den er seit mehr als vier Jahren nicht mehr gesehen hatte, und er beschloss, einen Besuch zu planen, um sich mit Paquito zu treffen. Schließlich schlief er doch noch ein. Nach fast zweitägiger ermüdender Busfahrt war er dann endlich am Ziel. Er war noch im Halbschlaf, als der Chauffeur die Geschwindigkeit drosselte, um unter mehreren Brücken hindurchzufahren, in einem Tunnel den Hudson River zu unterqueren und schließlich in Manhattan zu halten.

Der Busbahnhof war überfüllt. Vorsichtig stieg er aus; sein Körper hatte sich während der langen Fahrt verkrampft. Er trat aus dem Bahnhof hinaus, und was sich seinen Augen bot, ließ ihn schlagartig wach werden. Er hatte gemeint, auf die große Metropole vorbereitet zu sein, hatte viel gelesen und im Fausto mehrere Filme vorgeführt, die dort spielten, aber alles blieb hinter der Wirklichkeit zurück. Tausende Menschen eilten auf den Gehsteigen vorüber, vermischten und trennten sich, je nachdem, welche Richtung sie einschlugen, während sich auf den Straßen endlose Schlangen von Autos stauten, die immer nur wenige Meter vorankamen.

Er schaute nach oben, und die Reihe von Wolkenkratzern schien kein Ende zu nehmen. Er schickte sich an, ein wenig herumzuwandern, ehe er sich nach Queens begeben würde, wo Manuel wohnte. Völlig orientierungslos wandte er sich nach Süden. Er lief staunend ein paar Straßen weiter, fragte einen Dicken, der sich eine Zigarre zwischen die Zähne geklemmt hatte, wo er ein Taxi nach Queens fände, aber er verstand die Antwort nicht, also wanderte er noch ein Stück und ergötzte sich an dem Schauspiel. Die frenetische Hast und die Verschiedenheit der Menschen überraschten ihn. Er fragte sich, wo es hier eine Krise gäbe. Die Menschenmenge bewegte sich in beiden Richtungen, Männer mit gut geschneiderten Anzügen und viele Frauen in Kleidern und eleganten Hüten. Er musterte sie und fand, dass die meisten nicht so schlank waren wie die Hollywood-Stereotypen, sah zahllose schöne, anziehende Gesichter, kam aber zu dem Schluss, dass die Kubanerinnen eine schönere Figur hatten. In der Menge konnte er ein paar Schwarze ausmachen, aber die übergroße Mehrheit der Fußgänger war weiß; nicht alle entsprachen dem angelsächsischen Prototyp, viele hatten dunkles Haar und dunkle Augen, und nicht wenige fielen durch eine etwas dunklere Hautfarbe auf, so wie seine.

Er überquerte einen breiten Boulevard und stieß mit einer Frau zusammen, die ihr volles rotes Haar offen trug, und für einen Sekundenbruchteil kreuzten sich ihre Blicke, und Tony meinte, auf ihrem Antlitz ein Lächeln zu bemerken. Er erinnerte sich, dass Paco ihm einmal gesagt hatte, die Rothaarigen hätten den Ruf, ganz heiß zu sein, obwohl sein Onkel nie gesagt hatte, ob er persönlich die Erfahrung genossen hätte.

Ein durchdringender Pfiff und dann das Rufen eines hünenhaften Polizisten ermahnten ihn, die Straße schneller zu überqueren, ehe die Ampel auf Rot schaltete. Ihm missfiel der Blick des Beamten, der irgendetwas in einem unverständlichen Englisch murmelte, und so schlich er sich trotz des Gewichts seines Koffers rasch und unauffällig davon. Einer der Menschenströme zog ihn in östlicher Richtung mit sich fort, durch eine Einkaufsstraße, in der die Ladeninhaber ihre Auslagen auf dem Bürgersteig aufgestellt hatten und alle möglichen Dinge zu vermeintlich sensationellen Rabatten anboten. Eine Querstraße weiter stand er plötzlich vor Macy's, dem riesigen Kaufhaus.

Er überquerte noch einen Boulevard, und als er aufschaute, sah er vor sich ein Gebäude, dessen Höhe endlos schien, das Empire State Building, den höchsten Wolkenkratzer der Welt. Den Straßenschildern an der Ecke zufolge befand er sich in der Fifth Avenue. Er stieß einen leichten Schrei der Bewunderung aus und beschloss, noch ein kleines Stück weiterzuwandern. Er hatte über diese Avenue als Symbol des Reichtums in der luxuriösesten Stadt der Welt so viel gelesen und gehört. Tony wartete an der 34. Straße auf die Ampelschaltung, um dann langsam in Richtung Norden zu schlendern, gebannt von den Luxusläden und den eleganten Frauen. Zwei Straßen weiter wurde ihm das Gewicht des Koffers zu viel. Er bog nach rechts ab, und als er die Park Avenue erreichte, war er erneut beeindruckt von der Breite der Avenue und dem Verkehr. Eine Zeitlang verweilte sein Blick auf dem Gebäude der Grand Central Station, dann suchte er die Metro nach Queens.

14. KAPITEL

Zum Ende des Sommers hin widmete sich Rebeca mit gewohnter Disziplin und Systematik dem Englisch-Kurs. Der Unterricht fand an zwei Nachmittagen in der Woche statt, und die Schüler waren Einwanderer aus allen Ecken Europas, die mit einer besseren Sprachkenntnis ihre Chancen erhöhen wollten. Die meisten waren schon etwas älter, verheiratet und mit Familie; sie waren in den vorangegangenen zehn Jahren oder noch früher in die Vereinigten Staaten gekommen. Rebeca empfand sich als dieser Gruppe nicht zugehörig und knüpfte keine neuen Freundschaften an. Mit ihren Vorkenntnissen der englischen Sprache ordnete man sie bald der abschließenden Stufe zu, und schließlich empfahl ihr eine Lehrerin, den Kurs ganz abzubrechen, denn sie würde lediglich noch ihre Aussprache verbessern und etwas mehr Grammatik lernen müssen.

So entschloss sie sich, auf eigene Faust weiterzumachen, denn sie hoffte auf eine mögliche Immatrikulation an der Universität. Lange Stunden brachte sie damit zu, alle möglichen Rundfunkprogramme zu hören und in der öffentlichen Bibliothek nordamerikanische Literatur zu lesen. In ihrer reichlichen Freizeit half sie ihrem Vater im Labor. Das war nicht gerade der Ort, an dem man Freundschaften schließen konnte; die anderen Professoren und die übrigen Lehrkräfte nahmen sie nicht zur Kenntnis. Nur ein paar Meerschweinchen im Labor schenkten ihr eine gewisse Aufmerksamkeit. Allerdings auch die beiden Gehilfen, die sauber machten und die Tiere betreuten und die sie mit ihren Blicken verschlangen und sie jede Woche zum Tanzen in Harlem einluden, was Rebeca aber höflich ablehnte, denn Kreiner hatte es nicht gern, dass sich seine Tochter mit ihnen einließ.

Emmanuel dagegen schloss sich von Anfang an schnell einer Gruppe von Mitschülern an seiner High School an und fand bald Freunde. Am engsten befreundet war er mit Bertie, einem Kind ukrainischer Juden, der ihn wie einen jüngeren Bruder behandelte und ihn mit den Gefahren der Neuen Welt vertraut machen sollte, und mit Lisa, einer energischen Sizilianerin mit langem, seidigem, schwarzem Haar und dunklen, sinnlichen Augen, die zur Patin des Neuankömmlings wurde und ihn in Sitten und Gebräuchen der New Yorker unterwies. Rebecas Bruder passte sich rasch an, und schon nach wenigen Unterrichtswochen war er lediglich ein Teenager mehr in Brooklyn, der sich von seinen Klassenkameraden nur durch seinen deutschen Akzent unterschied, den er trotz aller Bemühungen nicht ablegen konnte.

Kreiner, der den Anpassungsprozess seiner Kinder beschleunigen wollte, drängte sie, alle Möglichkeiten zu nutzen, sich in die Gesellschaft einzufinden und die New Yorker kennenzulernen. Rebecas Vater bestand auch darauf, dass seine Tochter an einer Party an der Universität teilnahm, auf der sie die Bekanntschaft mehrerer junger Leute machte und ihr klar wurde, dass sie den Swing erlernen musste. Einige Tage danach willigte sie ein, sich von Jimmy, einem hünenhaften Medizinstudenten aus Minnesota mit safranrotem Haar, zum Tanzen nahe dem Times Square ausführen zu lassen. Es war ein riesiger Tanzsaal, voller Pärchen, die sich begeistert der Musik und dem Tanz hingaben. Der Abend war ein ständiger Kampf, Körper an Körper, denn ohne weiter zu fragen, versuchte Jimmy bei allen langsamen Schlagern, sie möglichst eng an sich zu pressen. Rebeca wehrte sich dagegen und zog dann doch den schnelleren Swing vor. Der Rotschopf verhielt sich auf dem Rückweg nach Brooklyn normal, aber als sie an ihrem Haus anlangten, versuchte er sie zu küssen, was sie ihm trotz seiner mächtigen Arme, die sie umschlangen, verwehrte. Einen Moment lang dachte Rebeca, sie würde nicht heil aus der Situation herauskommen. Doch dann forderte sie den Jungen energisch auf, er möge sich beruhigen und sie loslassen, so dass dieser vernünftig wurde und sie in die Wohnung hinauf konnte, fest entschlossen, von Jimmy keine Einladungen mehr anzunehmen.

Mit Earl, einem Jura-Studenten, war es anders. Erst gingen sie ins Kino und sahen sich einen Film an, anschließend aßen sie in einem Restaurant zu Abend. Es war eine lockere, angenehme Begegnung; Earl erwies sich als guter Unterhalter, und mit seinen Anekdoten aus seinem Studentenleben brachte er sie mehr als einmal zum Lachen.

Ein andermal besuchten sie ein Tanzlokal der Oberklasse. Den ganzen Abend über fühlte Rebeca sich wohl, und auf den Swing war sie schon besser eingestellt, nachdem sie ihn mit Emmanuel geübt hatte, der selber ganz verrückt nach diesem Tanz war. Zum Abschluss des Abends versuchte Earl, sie zu küssen, aber sie vermochte der Versuchung ohne größere Schwierigkeiten zu widerstehen. Earl kam aus einer Familie von Anwälten und Geschäftsleuten in Connecticut; er sah gut aus, war etwa einsachtzig groß, schlank, mit dunkelbraunem Haar und ebensolchen Augen, sehr selbstbewusst und – was am Wichtigsten war – intelligent und unterhaltsam. Rebeca fühlte sich von ihm angezogen und ließ es zu, dass er sie beim dritten Stelldichein küsste.

Eines Nachmittags gingen sie ins Yankee-Stadion, damit sie, wie Earl es nannte, eine wesentliche nordamerikanische Erfahrung mache: den Baseball. Das Team der Bronx empfing die Tigers aus Detroit. Obwohl sich Earl alle Mühe gab, ihr die Grundregeln des Spiels zu erläutern, verstand sie nichts, und sie fand es lächerlich, dass es nur darum ging, den kleinen Ball mit einem Schläger zu treffen. Für Rebeca war es ein recht langweiliger Nachmittag; sie war abwesend, als ihr Begleiter eine Bemerkung fallen ließ, die sie in die Wirklichkeit zurückholte.

»Der Spieler, der jetzt für die Tigers schlägt, ist der einzige Jude, der dieses Ballspiel gelernt hat.«

Der ironische Unterton missfiel Rebeca. Viel mehr noch die Bemerkung über die Minderwertigkeit der Juden. Zwar hatten sie noch nie über das Thema gesprochen, doch Earl musste von ihrer Herkunft wissen, und deshalb entschloss sie sich, in die Offensive zu gehen.

»In Wien sind einige der besten Sportler Juden.«

Earl antwortete nicht sogleich; es gab einen Abgang, der noch potenziert wurde durch einen Strike, so dass es im Stadion ganz still wurde, während der Spieler, der das verursacht hatte, gemächlich über den Rasen trottete.

»Ja, der ist gut, kein Zweifel. Guck mal, was er jetzt gemacht hat.«

»Was war los?«

»Das erkläre ich dir ein andermal. Wir werden jetzt schön essen gehen, denn das Spiel ist sowieso bald vorbei, und für die Yankees ist heute nicht der beste Tag. Außerdem scheint mir, dass du dich gelangweilt hast.«

Earl kam nicht wieder darauf zu sprechen. Sie gingen mehrmals aus, bis er nach East Hampton fuhr, um ein paar Tage mit seiner Familie zu verbringen. Rebeca bezweifelte, dass sie ihn je wiedersehen würde, und mit dem Beginn des Studienjahres widmete sie wieder einen Teil ihrer Zeit der Arbeit im Labor ihres Vaters. Mitte Oktober tauchte Earl doch wieder auf und lud sie ein, das Wochenende gemeinsam mit ihm in seinem Haus in Connecticut zu verbringen. Als er sie fragte, sagte er freimütig, dass sie allein sein würden. Rebeca hatte Bedenken; sie mochte Earl, er war nett, aber er legte eine gewisse Arroganz an den Tag, an der sie sich störte. Außerdem hatte eine Affäre solchen Ausmaßes in diesem Moment für sie keine Priorität, so dass sie sich entschloss, die Einladung abzulehnen. Sie wollte allerdings die Beziehung zu dem Yankee aufrechterhalten, der anfangs Verständnis für ihre Absage aufzubringen schien, dann aber doch verschwand.

Dann war Tom an der Reihe, ein Literaturprofessor; er war um die dreißig, mittlerer Statur, blond. Er lud sie zur Premiere eines neuen Werkes am Broadway ein, »Porgy und Bess«, das recht kontrovers diskutiert wurde, weil es das erste Musical war, das vom Problem der Schwarzen handelte, mit afroamerikanischen Sängern, eine ungewöhnliche Mischung von Jazz, Soul und Oper. Rebeca gefiel das Stück, vor allem die Musik, aber der Professor fand die Handlung schwach. Danach wurde sie noch mehrmals ins Theater oder ins Kino eingeladen, und ein paarmal suchten sie ein Tanzlokal in Harlem auf, wo sie, anstatt selber zu tanzen, lieber den anderen Paaren zuschauten, die mit einer Leidenschaft an einem Tanzwettstreit teilzunehmen schienen, als ginge es um ihr Leben.

Obwohl Tom offensichtlich Interesse an ihr hatte, machte er ihr keine amourösen Avancen, und in den Gesprächen wurden persönliche Dinge nie berührt. Rebeca fühlte sich geschmeichelt davon, dass ihr ein solch gebildeter Mann so viel Aufmerksamkeit schenkte. Reifere Männer hatten schon immer eine gewisse Anziehungskraft auf sie ausgeübt, obwohl sie nach jedem Stelldichein den Eindruck hatte, dass der Professor besonderen Gefallen daran fand, wenn man ihm zuhörte. Rebeca ging gelegentlich noch mit Tom aus, bis ihr Vater ihr eines Morgens, es war Ende Oktober, einen neuen Assistenten vorstellte.

****

Vom Fenster seiner Suite genoss Meyer Lansky das herrliche Panorama des Meeres und der strahlend hellen Uferpromenade Havannas. Er atmete tief ein und erfreute sich an dem Anblick. Zweifellos war seine Entscheidung, das Hotel Nacional zu seinem Hauptquartier zu machen, richtig gewesen. Einmal mehr war er sehr stolz auf sich. Er war es, der die Geschäftschancen in Kuba gewittert hatte, in diesem tropischen Garten Eden, nur neunzig Meilen von Key West entfernt.

Die Insel wollte er zu einer Hochburg von Spielcasinos und Hotels machen, wo die Nordamerikaner alle Freuden würden genießen können, die zu Hause verboten waren. Es brauchte nur jemanden, der die nötige Intelligenz und Fähigkeit besaß, die Operation zu leiten, jemanden, der über die nötige Tatkraft und Ausdauer verfügte, mit Blick auf die Konkurrenz und angesichts des auf der Insel herrschenden Chaos' Ordnung zu schaffen.

In den turbulenten Jahren der Prohibition war er ein enges Bündnis mit Lucky Luciano eingegangen, der damit, dass er eine Verbindung mit einem Juden eingegangen war, in der Mafia einen Präzedenzfall geschaffen hatte. Gemeinsam gelang es ihnen, dass sich im Krieg von Catellamare die Waage zu Gunsten von Salvatore Maranzano neigte, und sie beendeten damit den blutigen Konflikt, der einen schlechten Ruf eingebracht und dem Geschäft geschadet hatte. Danach ernannte sich Maranzano selbst zum »Capo di tutti i capi«, zum Boss aller Bosse, aber die Tage seiner Herrschaft waren gezählt; er wurde in seinem Büro in Manhattan erschossen, wodurch ein Machtvakuum entstand, das Luciano die Möglichkeit bot, in der Rangliste aufzusteigen. Auf Lanskys Rat hin rief Lucky die »Kommission« ins Leben, wobei unter dieser Bezeichnung die Neuordnung der Regeln zu verstehen war, nach denen die Macht unter den fünf bedeutendsten Familien von New York aufgeteilt wurde. Die Mafia modernisierte sich, und es setzte eine Zeit des Friedens und des Wohlstands ein, in der die Institution – trotz der Beteuerungen des FBI-Direktors vor der Presse, die Mafia sei lediglich eine Erfindung Hollywoods – in ein machtvolles Konglomerat illegaler Geschäfte umgestaltet wurde.

Das Klingeln des Telefons erinnerte ihn daran, dass er in Kuba war. Die Rezeption kündigte ihm das Eintreffen der Vertreter der örtlichen jüdischen Organisation an; sie würden ihn in der Empfangshalle des Hotels erwarten. Lansky antwortete, seine sprichwörtliche Pünktlichkeit bekräftigend, er werde in fünf Minuten unten sein, und fragte sich, warum zum Teufel man in den letzten Tagen so nachdrücklich um ein Gespräch mit ihm nachgesucht hatte. Einmal mehr prüfte er sein Äußeres, zog den Schlipsknoten zurecht und streifte das Jackett über. Ein letztes Mal schaute er in den Spiegel, fand, dass er ordentlich aussah, trotz seiner geringen Körpergröße Stil bewahrte und der Anzug tadellos saß. Er fuhr in die luxuriöse Hotelhalle hinunter, wo zwei Männer, die die fünfzig überschritten hatten, der eine schlank und der andere von kräftiger Statur, auf ihn warteten.

»Guten Tag, Mister Lansky. Verzeihen Sie, dass wir Sie heute Vormittag belästigen, aber es handelt sich um eine Angelegenheit von einiger Dringlichkeit. Mein Name ist Isaac Kaplan, und dieser Herr ist José Hakim, wir sind vom »Gemeinsamen Ausschuss zur Bekämpfung des Antisemitismus in Kuba«, stellte sich der Stämmigere in fast perfektem Englisch vor, wäre da nicht der leicht jiddische Akzent gewesen. Typisch für die Lower East Side, dachte Lansky bei sich.

»Sie sind Nordamerikaner?«

»Ja, nun, eigentlich nicht, ich bin in Weißrussland geboren und habe viele Jahre in Kuba zugebracht, aber aufgewachsen bin ich in New York.«

Noch ein Landsmann, folgerte Lansky, streckte die Hand zum Gruß aus und lud die Beiden zu einem Kaffee auf der Hotelterrasse ein. Nachdem man sich im Schatten eines Sonnenschirms niedergelassen hatte, bemerkte er, dass seine Besucher wie abwesend den spektakulären Meerblick und den herrlichen Garten mit den zahlreichen Gästen genossen, zumeist sommerlich-hell gekleidete Nordamerikaner, die Frauen mit Florentinerhüten. Die Kellner in ihren eleganten schneeweißen Anzügen nahmen flink die Bestellungen entgegen.

»Herrlicher Blick«, sagte Lansky.

»Ja, so ist es«, erwiderte Hakim, der sich nicht erinnern konnte, jemals einen Ort gesehen zu haben, an dem es mehr nach so viel Geld und Macht roch. Er war zum ersten Mal in diesem Hotel, dem besten in der gesamten Karibik.

Hakim vergegenwärtigte sich, dass diese Terrasse sehr weit von Kirklareli entfernt war, dem kleinen Ort in Ostthrakien, den er vor drei Jahrzehnten mit seiner jungen Frau und seinem kleinen Sohn auf der Suche nach einem neuen Leben hinter sich gelassen hatte. Wenn er mit nordamerikanischen Juden zusammentraf, hatten die ihn oft gefragt, warum er in Kuba blieb und nicht in die Vereinigten Staaten weiterzog, und immer hatte er mit einer Gegenfrage geantwortet: Warum sollte ich? Ihm und vielen anderen Juden war es eigentlich richtig gut gegangen auf der Insel, und insgesamt konnte man ihn als einen Erfolgsmenschen bezeichnen. Aber die Besucher aus dem Norden wollten diese Realität nicht hinnehmen und stellten immer wieder dieselbe Frage.

Ein Kellner unterbrach seinen Gedankengang und servierte den Kaffee.

»Sehr freundlich von Ihnen, dass Sie uns empfangen«, sagte Isaac mit einem irgendwie beklommenen Blick zu Pepe hinüber.

Hakim war von Anfang an gegen das Treffen gewesen; sein Freund hatte vorgeschlagen, mit Lansky zu sprechen, und das damit begründet, dass dieser einer der Nordamerikaner mit dem größten Einfluss in Kuba war; er stand Batista nahe und hatte viel Geld. Doch Pepe wollte nicht in den Kopf, dass von solch einem Mann etwas Gutes kommen sollte.

»Ich stehe zu Ihrer Verfügung«, sagte Lansky, ohne dass sich in seinem Gesicht auch nur ein einziger Muskel bewegte.

Hakim schaute noch immer aufs Meer hinaus, so dass Isaac ihm einen kräftigen Stoß mit dem Ellenbogen versetzte und mit einer leichten Kopfbewegung auf den Gastgeber deutete.

»Vielen Dank, dass Sie uns empfangen, Mister Lansky; ich verstehe zwar Englisch, spreche es aber nicht gut, so dass mein Freund Isaac meine Worte übersetzen wird. Es geht um die St. Louis, das Kreuzfahrtschiff, das zusammen mit zwei weiteren Schiffen mehr als eintausend deutsche Juden nach Kuba bringen wird, und wir brauchen jede mögliche Hilfe, um sie hier in Havanna zu empfangen.«

»Was für Hilfe benötigen Sie konkret?«, fragte Lansky.

»Zunächst geht es darum, die Einreise der Flüchtlinge nach Kuba zu gewährleisten. Und dann brauchen wir Geld für ihren Aufenthalt hier, aber Vorrang hat ihre Einreise ins Land.«

»Was heißt das? Haben die Passagiere keine Einreiseerlaubnis?«

»Alle Reisenden haben eine Einreisegenehmigung«, entgegnete Isaac.

»Und wie haben sie die bekommen bei dieser Kampagne gegen die Ankunft weiterer Immigranten, speziell von Juden?«, wiederholte Lansky seine Frage.

»Es war schwierig, aber sie haben es geschafft. Jeder Reisende hat für die Genehmigung mindestens 150 Dollar bezahlt, musste aber noch weitere Schwierigkeiten überwinden. In diesem Fall kooperiert die deutsche Regierung; wie Sie wissen, werden weiterhin die Juden ausgewiesen, die sich die Ausreise finanziell leisten können. Das Hauptproblem besteht darin, ein Land zu finden, das sie aufnimmt. Deshalb ist es so wichtig, dass die Passagiere auf diesen Schiffen nach Kuba hereingelassen werden.«

»Aber wenn alles so gut koordiniert ist, worin liegt dann das Problem?«, fragte Lansky.

Hakim wurde langsam unruhig; es war die vierte Frage nacheinander, immer dieselbe. Er verfluchte sich, dass er Isaacs Drängen, mit dem Nordamerikaner zu sprechen, nachgegeben hatte, aber mit der für ihn typischen Geduld erwiderte er:

»Die Regierung hat gerade neue Einreisevorschriften erlassen und die davor ausgestellten Visa und Genehmigungen für ungültig erklärt. Alles scheint darauf hinzudeuten, dass dieser Politikwechsel auf einen Kampf zwischen dem Präsidenten und dem Direktor der Einwanderungsbehörde zurückzuführen ist. Wir waren mit Letzterem im Kontakt, und er hat uns versichert, er könne das Problem lösen, brauche aber mehr Geld. Kurz, die Einreise nach Kuba ist nicht genehmigt, und die Schiffe haben schon in Europa abgelegt.«

Es entstand ein unangenehmes Schweigen. Lanskys Blick konnten dessen Gäste nicht enträtseln, so dass Hakim nachlegte.

»Eine Zurückweisung würde die deutschen Juden und die Juden aus aller Welt hart treffen. Das wäre schrecklich und außerdem ein Erfolg für die Nazis. Uns ist bekannt, dass Sie gute Verbindungen zu wichtigen Leuten in der kubanischen Regierung haben, vor allem zu Oberst Batista. Deshalb würden wir Sie um Ihre wertvolle Hilfe bitten, damit diese Gruppe von Flüchtlingen ins Land gelassen wird«, fügte Hakim hinzu.

»Wie steht die hiesige jüdische Gemeinde dazu?«, fragte Lansky.

»Die hilft. In diesem Fall können wir tatsächlich auf die Hilfe aller zählen.« Hakim fühlte sich unwohl bei dieser Antwort; er hatte übertrieben.

»Wie setzt sich denn die Gemeinde zusammen?«

Hakim wäre lieber aufgestanden und gegangen, die ganze Zeit hatte der Nordamerikaner nur Fragen gestellt. Besonders diese letzte erschien ihm seltsam. Lansky, der schon seit so vielen Jahren nach Havanna reiste, sollte die Zusammensetzung der jüdischen Gemeinde auf der Insel mehr als gut kennen. Er zwang sich zu mehr Geduld, schluckte und antwortete noch einmal.

»Die Gemeinde setzt sich aus vier großen Gruppen zusammen. Sie wissen, dass Kuba als spanische Besitzung für uns verboten war. Die ersten, die nach dem spanisch-amerikanischen Krieg hier eintrafen, waren Ihre Landsleute, die sich hier als Geschäftsleute niederließen und auch erfolgreich waren.« Hakim unterbrach hier und schaute seinen Gesprächspartner an, der immer noch gleichmütig dreinblickte. Er entschied sich, die Erklärung abzukürzen.

»Dann gibt es die Türken, wie sie von den Kubanern genannt werden; wir Sephardim sind schon vor Jahrzehnten aus der Türkei und dem Mittelmeerraum hierher eingewandert. Die dritte Gruppe sind die so genannten Polen, Ashkenazim aus Osteuropa. Die kamen nach dem Großen Krieg, meist alleinstehende Männer, die eigentlich über Kuba weiter nach den Vereinigten Staaten wollten. Und dann sind da schließlich die deutschen Flüchtlinge. Das sind alles unterschiedliche Gruppen, und es ist mitunter nicht leicht, einen Konsens zu erreichen, aber alle sind wir uns einig, dass Kuba die Juden immer gut aufgenommen hat, bis zur jüngsten Pressekampagne. So etwas hat es hier bisher noch nie gegeben.«

»Ihre Beschreibung erinnert mich etwas an New York.« Diese Worte überraschten die Kubaner, die jetzt ihre ganze Aufmerksamkeit auf Lansky richteten. »Mein Vater erzählte mir von der großen Welle russischer Einwanderer. Als die begann, haben einige deutsche Juden, die schon vorher da waren, die neuen Einwanderer nicht besonders wohlwollend aufgenommen, und einige wollten sie auch wieder abschieben. Glücklicherweise sind sie nicht wieder umgekehrt, meine Eltern auch nicht«, fügte Lansky lächelnd hinzu.

Hakim fragte sich nach dem Sinn der Bemerkung, aber er ignorierte sie und entgegnete nichts. Die Fragen und die Bemerkung des Gastgebers verunsicherten ihn immer mehr.

»Ich werde Ihnen heute einen finanziellen Beitrag übergeben. Wie machen wir das?« fragte Lansky.

»Den Scheck können Sie an das Büro des Ausschusses schicken, ich schreibe Ihnen die Adresse auf«, erwiderte Hakim.

»Nein, nein, kein Scheck, es ist in bar, und ich schicke das Geld dahin, wo Sie es sagen.«

»Gut, gut, einverstanden, in jedem Fall ist das das Büro des Ausschusses«, und er fragte sich, wie er auf den Gedanken kommen konnte, dass Lansky einen Scheck ausstellen würde.

»Können Sie irgendetwas für die Einreise der Flüchtlinge tun?«, fragte Isaac.

»Wollen sehen.«

»Einverstanden. Wir setzen unsere Hoffnung in Sie. Wir haben von Ihren Auseinandersetzungen mit den Nazi-Gruppen in New York gehört«, sagte Isaac.

Lansky antwortete nicht darauf. Er sprach ungern über seine Vergangenheit und beschränkte sich darauf, zustimmend zu nicken, während er wieder die Bilder von Yorkville vor sich sah, dem deutschen Viertel von Manhattan, wo er und seine Gang gewaltsam eine Naziversammlung aufgelöst hatten. Das Einzige, was sie respektierten, war ein riesiges Porträt von Washington, das über der Veranstaltung thronte. Obwohl sie nur wenige waren, zerschlugen sie ansonsten alles in dem Lokal und warfen die Teilnehmer an der Versammlung hinaus.

»Ich danke Ihnen. Das Geld bekommen Sie heute Nachmittag. Jetzt bitte ich Sie um Entschuldigung, ich habe noch ein paar Dinge zu erledigen.«

»Wir danken Ihnen sehr und wissen Ihre Hilfe zu schätzen; hier, dies sind meine Anschrift und meine Telefonnummer.«

Lanskys Besucher konnten nicht viele Informationen über ihn haben. Denn allen in seinem Umfeld war bekannt, dass er aus Sicherheitsgründen für seine Geschäfte niemals das Telefon benutzte.

Beim Verlassen des Hotels wussten die beiden Kubaner nicht, wie sie das Ergebnis des Treffens bewerten sollten. Lansky hatte nichts über die Höhe des Geldbetrags verlauten lassen, und sie hatten natürlich auch nicht danach gefragt. Und in der wichtigsten Frage, nämlich, ob er bei den kubanischen Behörden etwas für die Einreise der Passagiere der St. Louis tun könne, hatte der Nordamerikaner keinerlei Zusagen gemacht.

****

Als José Antonio in dem Haus in Queens, wo sein Vater wohnte, anlangte, stand er vor verschlossener Tür und musste sich unter den misstrauischen Blicken der von der Arbeit heimkehrenden Nachbarn auf die Treppe setzen und warten. Mehr als eine Stunde verging, ehe Manuel kam, der ihn fest umarmte und ihn über Eloísa, die Mädchen, Paco, die San Lázaro und Havanna auszufragen begann.

Sein Vater war derselbe geblieben, er sah jünger aus, als er war, legte die gewohnte Selbstsicherheit an den Tag, sah einfach gut aus. Manuel empfing ihn mit einer Kollegialität, die neu war für Tony und die ihn überraschte, und er fragte sich, wie lange das andauern würde. Während der Vater mit der Fragerei fortfuhr, sah sich José Antonio in der Wohnung um; sie war klein, außer dem Bad und der winzigen Küche waren da noch zwei Zimmer, aber das Haus selbst war gut erhalten und hatte den Vorteil, dass es nicht weit bis zur Metro war.

»Was denn? Kommt sie dir zu klein vor?«, fragte Manuel. »Wohnraum ist hier sehr teuer, teurer als in Havanna. Aber die Miete ist angemessen, und ich denke, der Platz reicht für uns beide. Ich werde wohl nicht lange in New York bleiben, du erst recht nicht. Wenn sich die Lage in Kuba beruhigt hat und die Vorlesungen an der Universität wieder aufgenommen werden, wirst du zurückkehren.«

Manuel erklärte ihm, dass es im Konsulat nicht so ruhig zuging wie in Saint John. Es gebe viel zu tun, und sein Chef, der Konsul, sei selbstgefällig und unausstehlich und selten im Büro. Deshalb habe er als Vizekonsul die meiste Arbeit zu erledigen und sei praktisch für alles zuständig. Zu allem Überfluss müsse er den geflohenen Schergen und Anhängern Machados zu Diensten sein, obwohl einige schon wieder nach Kuba zurückkehrten.

Am nächsten Tag fuhren sie ins Konsulat. Außer dem Konsul und Manuel arbeiteten dort nur noch zwei Amerikanerinnen als Sekretärinnen, die Tony mit ausdruckslosem Gesicht in einer Weise prüfend ansahen, die er nicht zu interpretieren wusste. Am späten Vormittag traf der Konsul ein, der ihn bei der Vorstellung kaum ansah und seinen Vater ohne Vorrede nach einem ausstehenden Bericht fragte. Manuel indes störte sich nicht an der mangelnden Begeisterung; allen, die das Büro betraten, präsentierte er stolz seinen Sohn, den Medizinstudenten und Veteranen der Kämpfe der Universitätsstudenten gegen Machado. Zu Mittag aßen sie gemeinsam in einem kleinen italienischen Restaurant in der Lexington Avenue, und danach eröffnete ihm sein Vater, dass er nicht wieder ins Konsulat mit zurück müsse, sondern den Nachmittag nutzen solle, um durch Manhattan zu wandern. Den ganzen Nachmittag über genoss Tony, was er sah: die Schaufensterauslagen mit unvorstellbaren Angeboten, die Wolkenkratzer, die große Central Station, die eleganten Frauen. Als es zu dunkeln begann, suchte er die nächste Metrostation und machte sich auf den Rückweg nach Queens.

Den größten Teil des Herbstes brachte José Antonio damit zu, seinem Vater im Konsulat zur Hand zu gehen. Er konnte keinen Medizinkurs als Gasthörer belegen, und eine Immatrikulation an der Universität stellte sich als sehr schwierig heraus. Auch eine Arbeit konnte er nicht finden, das einzige in Manhattan wäre ein Job als Tellerwäscher in einem Restaurant gewesen. In Brooklyn gab es mehr Möglichkeiten, aber Manuel riet ihm abzuwarten, bis sich etwas Besseres bieten würde. Da er nichts anderes zu tun hatte, verbrachte er seine Zeit mit Spaziergängen in der Stadt. Man konnte wunderbar herumwandern; die Umgebung konnte sich von einer Querstraße bis zur nächsten radikal ändern, und immer fand man etwas Interessantes. Bald lebte auch sein Englisch wieder auf, und sein Ohr passte sich mit der Zeit an die schnelle Sprechweise der New Yorker an, obwohl er doch mitunter einen Fauxpas beging oder irgendeinen regionalen Ausdruck nicht kannte.

Schon bald bekam er mit, dass Kuba vielen New Yorkern nicht unbekannt war; mitunter bedachte man ihn auch mit einem wohlwollenden Lächeln, wenn er sich zu erkennen gab. Die Älteren erinnerten sich an den spanisch-amerikanischen Krieg, die Jüngeren kannten Kid Chocolate, das beste Federgewicht in der Geschichte des Boxsports und elegantesten Schwarzen in der Stadt. Nach mehreren Wochen begann Tony sich allerdings zu langweilen. Er vermisste seine Freunde, die Familie und vor allem Havanna, die Geräusche, die Gerüche seiner Heimatstadt, die Leute dort.

Einen Monat nach seiner Ankunft trafen allmählich Briefe von Gertrudis ein, die ersten zeugten von ihrem Kummer über Tonys Abreise, aber mit der Zeit schien sie ihre Einstellung zu ändern, und das Mädchen schien entschlossen, auf ihn zu warten. Er antwortete nicht, er schrieb nicht gern, und er wollte in ihr auch keine Hoffnungen wecken.

Als er bereits an seine Rückreise nach Havanna dachte, machte ihn ein Freund Manuels darauf aufmerksam, dass man in einer Universitätsklinik in Upper Manhattan Spanisch-Übersetzer für die Mitarbeit an einem wissenschaftlichen Projekt suche, und obwohl José Antonio nie übersetzt hatte, entschloss er sich, sich dort vorzustellen. Die Dame, an die er sich gewandt hatte, teilte ihm bedauernd mit, dass die einzige Übersetzerstelle bereits vergeben sei; als sie aber erfuhr, dass er Medizinstudent sei, empfahl sie ihm, im Labor nachzufragen; dort könnte man Gehilfen gebrauchen. Tony begab sich unverzüglich dorthin, und zu seiner freudigen Überraschung nahm man ihn unter Vertrag mit der Aufgabe, sich um die für die Experimente benutzten Tiere zu kümmern.

15. KAPITEL

Am Mittwoch, dem 18. Mai, änderte die St. Louis nördlich der Azoren ihren Kurs und erhöhte ihre Fahrtgeschwindigkeit, um den Vorsprung vor der Flandre und der Orduña zu vergrößern. Der Atlantik war sehr bewegt; die hohen Wellen zwangen die Flüchtlinge, sich in ihre Kabinen zu begeben. Viele wurden erneut seekrank. Als man den portugiesischen Archipel passiert hatte, beruhigte sich das Meer ein wenig, und die Passagiere konnten sich erholen. Das Lachen auf ihren Gesichtern kehrte zurück, die Tage waren heller, und Heiterkeit und Optimismus breiteten sich aus; man sprach über die Zukunft und vermied die Erwähnung von Vergangenem, das man ebenso wie die Küsten Europas hinter sich lassen wollte. Die Kinder verbreiteten eine Freude und ein Gefühl des Lebenshungers, die auf die Älteren ansteckend wirkte, und viele Menschen waren im Vergleich zu denen, die in Hamburg an Bord gegangenen waren, nicht wiederzuerkennen.

Jeden Abend nahm die Zahl der Pärchen zu, die an weniger belebten Stellen ein wenig Intimität zu finden hofften. Mehrere Besatzungsmitglieder beteiligten sich an den Vergnügungen, was Schmidt wütend machte, denn seine Absicht als Verantwortlicher der Partei war es, zu verhindern, dass sich Kellner und Seeleute mit den Flüchtlingen verbrüderten, geschweige denn, dass sie Beziehungen miteinander eingingen, ein Verhalten, das gegen die Gesetze des Dritten Reiches verstieß. Doch er scheiterte völlig mit seinem Versuch, gegen den Eros der Besatzung die Ideologie durchzusetzen.

Rebeca hatte die mitgebrachten Bücher ausgelesen. Sie ging in die Schiffsbibliothek, um sich eine neue Lektüre auszusuchen, fand aber keinen Titel, der ihr interessant genug erschien, also hielt sie es für das Beste, einfach das Erlebnis der Transatlantikfahrt zu genießen. Sie war gut gelaunt, und ihr war so leicht zumute wie lange nicht mehr. Sie fand einen Platz auf Deck, setzte sich und schaute wie entrückt auf den Ozean hinaus. Das schöne Wetter und das Nachlassen des Seegangs forderten zu mehr körperlicher Betätigung heraus, und so schloss sie sich einer Gruppe an, die sich in rhythmischer Gymnastik versuchte und in der sie die Jüngste war.

Gretel drängte Rebeca, sie zu allen Unterhaltungsprogrammen zu begleiten. Die beiden Mädchen wurden unter den Jugendlichen beliebt und wurden häufig eingeladen, vor allem zu den Tanzabenden, auf denen Gretel keinen Tanz ausließ, während Rebeca, obwohl sie gern tanzte, etwas wählerischer zu sein versuchte, denn eigentlich fühlte sie sich von keinem der jugendlichen Liebhaber angezogen, und sie wollte nicht diejenigen ermutigen, die offenkundig auf etwas anderes erpicht waren als auf einen Tanz. Stets beendete sie eine Tanzveranstaltung mit Max oder Jürgen, die sie zu Gretels Freude jeden Abend begleiteten. Und mit Friedrich, einem jungen Anwalt aus Düsseldorf, der beim Tanzen unersättlich war und sich in alle Mädchen auf dem Schiff gleichzeitig verlieben wollte.

Ackermann ging nicht zu den Tanzveranstaltungen, aber Rebeca traf sich mit ihm alle Tage auf einer der Terrassen oder in einem Salon zum Kaffee, wobei sie sich ausgiebig über Literatur und Musik unterhielten. Jedesmal ging es um Autoren, Komponisten, Stile und Werke, über die sie entweder einer Meinung waren oder aber länger diskutierten. Rebeca fühlte sich wohl mit einem gebildeten, unterhaltsamen Gesprächspartner. Er plauderte gern, konnte aber auch geduldig zuhören.

Eines Nachmittags kam der Journalist auf seine persönliche Situation zu sprechen; er sorgte sich um Leni und darum, wie sich die Trennung von der Mutter auf das Mädchen auswirken würde. Rebeca sagte nichts dazu. Ackermann erzählte weiter von der Scheidung, von den zunehmenden Differenzen zwischen ihm und seiner Gattin und von der Verschlechterung der Lage der Juden. Rebeca hörte seiner Beichte zu, ohne ihre eigene Meinung dazu zu äußern, und am Ende bot sie lediglich an, Leni, wenn nötig, Gesellschaft zu leisten. Seine unbeholfene Reaktion ließ erkennen, dass es nicht das war, was Ackermann erwartet hatte, und sie fragte sich, ob er sich mit dieser Vertraulichkeit nur innerlich befreien oder um ihre Zuneigung werben wollte.

Am nächsten Morgen beobachtete sie zusammen mit Leni gerade eine Gruppe Delphine, die den Kreuzer eskortierte, als sich ihnen ein lahmender junger Mann näherte, der das Mädchen auf Französisch ansprach. Die Kleine, die Ausländern gewöhnlich zurückhaltend begegnete, gab keine Antwort und beobachtete weiter das Schauspiel im Wasser.

»Sie spricht kein Französisch«, antwortete Rebeca an ihrer Stelle.

»Aber Sie. Wunderbar, dass ich jemanden getroffen habe, mit dem ich reden kann. Sie sind zu jung, um ihre Mutter zu sein. Ist sie Ihre Schwester? Entschuldigen Sie, dass ich mich nicht gleich vorgestellt habe. Ich heiße Armando Martínez Mulet und komme aus Madrid.«

Rebeca fixierte den Jungen. Er war schlank, mittelgroß, hatte dunkelbraunes Haar und strahlend schwarze Augen. Das Französische sprach er mit einem starken Akzent und hastig. Zweifellos war er begierig darauf, zu sprechen.

»Das freut mich, ich bin Rebeca Kreiner aus Wien. Leni ist eine Freundin. Ich dachte, alle Passagiere seien Deutsche oder Österreicher.«

»Nein, hier sind auch Spanier. Wir sind eine kleine Gruppe, die in Cherbourg an Bord gegangen ist. Sie sind also Wienerin. Ohne Österreich wäre die Geschichte Spaniens anders verlaufen.« Die Bemerkung des Madriders war von einem Lächeln begleitet, das hier fehl am Platz war.

Am wenigsten wollte Rebeca einen Vortrag über das spanische Imperium hören, weshalb sie sich abwandte.

»Gut, sehr erfreut, aber ich muss das Mädchen wieder zu seinem Vater bringen.«

»Bitte, gehen Sie noch nicht. Wenn man nicht Deutsch spricht, ist es nicht leicht, sich mit jemandem auf diesem Schiff zu unterhalten. Außerdem sprechen Sie sehr gut Französisch. Das Mädchen ist also nicht Ihre Schwester?«

»Nein, ist sie nicht.«

»Sie ist sehr hübsch. Sie auch. Obwohl Sie sich wirklich nicht ähnlich sehen. Darf ich Sie einladen, etwas zu trinken? Das heißt, die Hamburg-Amerika bezahlt es ja.«

»Nein, vielen Dank, aber ich kann nicht. Ich muss Leni zurückbringen.«

»Ich werde Sie nicht weiter drängen, wenn Sie mir versprechen, dass wir am Nachmittag einen Kaffee trinken. Ich warte hier auf Sie.«

»Ich glaube nicht, dass ich kann. Auf Wiedersehen.«

Am nächsten Morgen traf sie sich mit den Ackermanns im Frühstücksraum. Gustav hatte bereits mitbekommen, dass Rebeca nach dem Frühstück noch gern einen zweiten Kaffee zu sich nahm, und lud sie dazu auf Deck ein. Kaum saßen sie, da tauchte der Spanier auf.

»Bon jour. Gestern habe ich auf Sie gewartet, Fräulein Kreiner.«

»Bon jour«, grüßte Ackermann etwas überrascht zurück, während Rebeca schwieg.

»Wie schön, noch jemand, der Französisch spricht. Irgendwie sind die Deutschen berühmt für ihre Bildung.«

»Und wo sehen Sie die Österreicher?«, fragte Rebeca, ohne zunächst Einspruch zu erheben.

»Verzeihen Sie, mein Fräulein. Seien Sie nachsichtig mit diesem armen Madrilenen, der nicht viel von der Welt weiß. Die Österreicher sind wunderbar. Ausgenommen natürlich die Habsburger. Als guter Republikaner hasse ich die Monarchie bis ins Mark.«

Angesichts dieser verbalen Breitseite fühlte sich Rebeca unwohl. Ackermann wusste nicht, wie er auf den neuen, unerwarteten Gesprächspartner reagieren sollte. Armando löste das Problem, indem er sich Gustav vorstellte, und setzte sich unaufgefordert. Zu beider Verwunderung begann der Spanier ohne Unterlass zu reden. Er hielt nur inne, als Gustav eine Frage stellte. Er sprach über alles. Zuerst über Spanien und Madrid, über Stiere und Rioja-Weine, über Velásquez und Blasco Ibáñez, über Zigeuner und Kathedralen, über die Republik und den Bürgerkrieg. Und er erzählte von seiner eigenen Geschichte, bis der Tag sich neigte und der Wind nachließ.

Er war der Sohn eines Madrider Postbeamten und einer katalanischen Lehrerin. In seiner Familie gab es sowohl Republikaner als auch Falangisten, Anarchisten wie auch katalanische Nationalisten. Ein Onkel war Priester, ein anderer Gewerkschaftsführer. Als der Bürgerkrieg ausbrach, gab er sein Studium der Rechtswissenschaften auf und schrieb sich in die Reihen der Republikaner ein. Ein Jahr lang kämpfte er an der Madrider Front, bis er in der Offensive von Guadarrama bei einem Bombenangriff deutscher Junkers-Maschinen schwer verwundet wurde. Er kam zuerst in ein hauptstädtisches Krankenhaus, dann evakuierte man ihn nach Valencia. Er hinkte auf einem Bein und konnte nicht mehr zur Truppe zurück. Als das Ende der Republik nahe war, überquerte er die Pyrenäen. Er wurde verhaftet und in ein Gefangenenlager gesteckt, wo er trotz unmenschlicher Bedingungen und Misshandlungen durch senegalesische Soldaten überlebte. Da er ein Visum für Kuba hatte, wurde er nach mehreren Monaten unter der Voraussetzung entlassen, dass er unverzüglich ausreise.

»Und Ihre Familie?«, fragte Rebeca.

»Die ist in Madrid gefangen. Seit Jahresanfang habe ich keine Nachricht von ihr.«

»Sie haben viel erlebt, aber das Schlimmste liegt hinter Ihnen. Sie sollten immer daran denken, dass Ihre Familie auch ausreisen kann. Früher oder später werden Sie wieder zusammen sein«, sagte Ackermann.

»Gern würde ich Ihren Optimismus teilen. Aber ich habe die Vorahnung, dass ihr etwas zugestoßen ist.« Armando hielt inne, und zum ersten Mal während seines langen Monologs verdüsterte sich sein Gesicht. »Manchmal frage ich mich, ob so viel Blutvergießen, so viele Opfer der Mühe wert waren. An der Front habe ich viele Freunde und Genossen verloren, auch einen Cousin, der in Barcelona in einer Auseinandersetzung mit den Anarchisten gefallen ist. Während die Faschisten vereint kämpften, sowohl Falangisten, als auch Monarchisten oder Carlisten, fanden die Linken nie richtig zueinander. Am Ende war alles ›merde‹, Scheiße. Entschuldigen Sie den Ausdruck, aber ich finde keinen besseren auf Französisch.«

»Keine Sorge, General Cambronne hat dieses Wort in Waterloo verewigt«, warf Rebeca ein.

Armando schaute sie einen Augenblick lang an und fuhr mit seiner Lebensbeichte fort.

»Franco hat jede nötige Hilfe von Hitler und Mussolini bekommen, während die westlichen Demokratien die Republik abblockten. Nur die Russen und die Mexikaner haben uns geholfen, und zu allem Überfluss waren wir so genial, einen Aufruf zum Abzug aller ausländischen Truppen zu erlassen und die Internationalen Brigaden zurückzuschicken. Natürlich zogen weder die Italiener, noch die Deutschen und noch viel weniger die Moros ab.«

Rebeca wusste nicht, was sie sagen sollte; einen Moment lang dachte sie daran, von dem Drama der aus dem Dritten Reich geflohenen Passagiere zu erzählen, doch hielt sie sich zurück. Sie zog es vor, nicht auch noch deren Probleme zur Sprache zu bringen. Außerdem machte es eine Tragödie nicht erträglicher, wenn man von einer anderen berichtete. Sie versuchte es auf andere Weise.

»Was wollen Sie in Havanna machen?«

Armandos Gesicht hellte sich auf.

»Ich habe einen Onkel, der schon lange dort lebt; er ist schon in jungen Jahren dorthin ausgewandert, und es geht ihm nicht schlecht. Er betreibt dort ein Geschäft. Seit Kriegsbeginn hat er uns zu sich eingeladen. Als er erfuhr, dass ich verwundet wurde, hat er das Unmögliche geschafft, mir ein Einreisevisum zu besorgen, und mir Geld für die Reise geschickt.« Nach einer kurzen Pause fuhr er fort. »Aber ich habe Ihre Frage nicht beantwortet. Mein Onkel hat mir angeboten, in seinem Geschäft zu arbeiten; ich habe nicht die geringste Ahnung, wie das gehen soll, aber ich glaube nicht, dass es schwierig sein wird, das zu erlernen. Wenn es mir nicht zusagt oder mich nicht ausfüllt, kann ich immer noch etwas anderes versuchen. Er sagt, in Kuba findet man immer eine Lösung, das einzige unlösbare Problem ist die Hitze. Immerhin ist Havanna nicht die Madrider Front und auch nicht das Konzentrationslager von Argeles-sur-Mer.« Armando schaute Rebeca verschmitzt an. »Außerdem höre ich immer, dass die Kubanerinnen besonders hübsch sind. Vielleicht kann ich eine heiraten. Wir Spanier verlieben uns leicht.«

»Ihre Geschichte ist beeindruckend«, bemerkte Ackermann, da Rebeca schwieg. »Zum ersten Mal höre ich eine andere Version der Ereignisse. In Deutschland gingen alle Nachrichten über den Bürgerkrieg durch den gründlichen Filter des Propagandaministeriums. Man hörte immer nur vom heroischen und patriotischen Kampf des spanischen Volkes unter Franco gegen die nicht anerkannte jüdisch-kommunistische Regierung in Madrid, die nur von Stalin Rückendeckung erhielt. Ich möchte Ihnen eine Frage stellen. Warum haben die Nationalisten Ende des Sommers 1936 nicht ihre Offensive gegen Madrid fortgesetzt. Stimmt es, dass der Krieg damals hätte beendet werden können?«

»Mein lieber Freund. Die Antwort ist der Alcázar, die Festung von Toledo. Wenn Sie Zeit haben, erkläre ich Ihnen das sehr gern.«

»Gern, wir hören zu.«

»Es tut mir leid, ich kann nicht länger bleiben; ich muss zurück in die Kabine. Bitte entschuldigen Sie mich.« Rebeca sah ihre Gesprächspartner an, die zustimmend nickten. »Gestatten Sie? Ich wünsche Ihnen noch einen angenehmen Tag.«

Sie war an diesem Thema nicht interessiert. Am wenigsten wollte sie in diesem Moment Geschichten über Kriege oder Kämpfe hören. Die Welt war reich an Tragödien aller Art, und gerade jetzt, da sie begann, die Überfahrt zu genießen, wollte sie ihre Zeit nicht damit zubringen, noch von einer weiteren Tragödie zu hören.

****

Krüger empfand an diesem Nachmittag die Hitze als unerträglich. Er war in der Teniente Rey unterwegs zur Bar des Hotels Ambos Mundos, wo er einen seiner wichtigsten Agenten treffen würde. Der Schweiß rann ihm den Rücken und an den Armen hinunter, Hemd und Sakko waren völlig durchnässt. Er erinnerte sich, wie er sich auf seine Mission in Havanna minutiös, wie es sich für ihn gehörte, vorbereitet hatte, aber mit diesen Temperaturen, dieser Feuchtigkeit, dieser unerbittlichen karibischen Sonne hatte er nicht gerechnet.

An der Ecke Compostela angekommen, wurde er auf das Gebäude der Sarrá-Apotheke aufmerksam. Das Schild über dem Haupteingang verkündete, das Geschäft sei die zweitgrößte Drogerie in der Welt. Eine weitere Manie der Kubaner. Das kleine Land musste jede Sache aufblasen. Die Apotheke war groß und gut sortiert, sie mochte zweifellos die größte auf der Insel sein, vielleicht der Karibik, aber zu behaupten, sie sei die Nummer zwei weltweit, erschien ihm erneut als eine typische Übertreibung der Kubaner. Bevor er in die Nebenstraße einbog, vergewisserte er sich, dass ihm niemand folgte; er konnte niemanden entdecken, also ging er langsam weiter und bemühte sich, unter den vielen Fußgängern nicht aufzufallen. Die meisten Männer waren mit Jackett und Schlips unterwegs, was er bei diesem Klima nicht begreifen konnte.

Er überquerte die Calle Armargura und fragte sich, warum diese Straße wohl diesen so tristen Namen, die Betrübnis, trug. Er war missgelaunt, die Hitze belastete ihn, ließ ihn nicht richtig denken, auch war sie dem Treffen an jenem Vormittag hinderlich. Der Chef der Gruppe von Agenten, die nach Kuba gereist waren, um das Land gegen die Juden aufzuhetzen, war nicht nur unsympathisch, sondern auch in höchstem Maße selbstgefällig. Der Beamte lehnte jede Kritik an dem Vorfall ab, an dem einer seiner Untergebenen schuldig war. Nach außen hin gaben sich die meisten Angehörigen der Gruppe als jüdische Flüchtlinge, die dem Dritten Reich entkommen waren, und so konnten sie auch leichter einer zweiten Aufgabe nachkommen: sich in die lokale jüdische Gemeinschaft einzuschleusen, zu der in den letzten Jahren viele Tausend Deutsche gestoßen waren. Aber am vergangenen Samstag hatte es in der Synagoge von Althavanna einen Skandal gegeben. Einer der Agenten, der an dem Gottesdienst teilnahm, wurde von einem Flüchtling, den man ins Konzentrationslager Buchenwald verschleppt hatte, als ehemaliger Wachmann wiedererkannt. Als Krüger davon hörte, rief er Werner zu sich und kritisierte ihn wegen der Pfuscherei, jemanden mit solch einer Vergangenheit nach Kuba zu schicken. Aber der Beamte spielte den Zwischenfall mit der Bemerkung herunter, dass er den Erfolg der Operation seiner Leute nicht beeinträchtigen würde, und kanzelte den Konsul damit ab, die Gesandtschaft habe es an Unterstützung für seine Gruppe mangeln lassen. Da man so aneinander vorbeiredete, beendete Krüger die Besprechung mit den Worten, er werde Berlin über das Problem in Kenntnis setzen.

Angesichts des Vorfalls und der nachfolgenden Diskussion betrachtete er diesen Tag als verloren, und dazu kam die unerträgliche Hitze. An der Calle Obispo wandte er sich wieder zum Hafen. Die Straße war gepfropft voll: eine vielfarbige Menschenmenge. In Europa hatte er nie eine so lebendige und vielfältige Stadt erlebt, wo Weiße, Schwarze, Chinesen, Araber und die allen möglichen Kombinationen entstammenden Mischlinge gleichzeitig miteinander verkehrten.

Am Hotel angekommen, begab er sich umgehend zur Bar und wählte einen diskreten Tisch, von dem aus er den Eingangsbereich überblicken konnte. Gern hätte er sich das Sakko ausgezogen, aber er unterließ es; trotz der hohen Temperaturen tat das niemand an öffentlichen Orten. Er bestellte ein Bier und wartete auf seine Verabredung. Diszipliniert, wie er war, ließ er seinen Blick über die anwesenden Gäste gleiten, um zu prüfen, ob alles in Ordnung war. Da waren zwei Tische, an denen Ausländer saßen, die Englisch mit nordamerikanischem Akzent sprachen, ein älteres Paar, das sich auf Spanisch unterhielt, und eine attraktive Dunkelhäutige ohne Begleitung, die ein Erfrischungsgetränk zu sich nahm.

Als das Bier serviert wurde, sah Krüger seinen Kontaktmann kommen.

»Guten Tag, mein lieber Herr Konsul. Ich freue mich, Sie zu sehen.«

Der hochtrabende Tonfall, gepaart mit kriecherischer Schmeichelei, war eines der Probleme des gerade Eingetroffenen: Juan Prohias Figueredo, Journalist aus Cienfuegos, der der kubanischen Nazi-Partei vorstand. Prohias war ebenfalls Gegenstand des Disputs mit Werner gewesen. Bei seiner Ankunft hatte der direkten Kontakt mit dem kreolischen Nationalsozialisten aufnehmen wollen, doch der Chef der Abwehrzentrale hatte es ihm nicht erlaubt; er hatte keinen diesbezüglichen Hinweis bekommen, und er würde seine Agenten nicht an den Erstbesten, der auftaucht, verschenken. Krüger schaute den Mann an und fragte sich einmal mehr, was einem Menschen wohl durch den Kopf ging, der die Nazi-Ideologie in einem Land durchzusetzen bemüht war, in dem völlige Unordnung herrschte und in dem sich die Weißen von Tag zu Tag mehr mit den anderen Rassen vermischten.

»Herr Prohias. Wie geht es Ihnen?«

»Gut, Exzellenz, etwas verärgert über die Aktivitäten der Grüppchen, die unseren Platz einnehmen wollen, aber die Geschichte wird eindeutig und überzeugend zeigen, wer die wahren und einzigen Nationalsozialisten in Kuba waren und sind.«

Krüger musste ein Lächeln unterdrücken. Die mit dem Nationalsozialismus auf der Tropeninsel sympathisierten – es waren ohnehin wenige –, waren gespalten, und ihre Bemühungen waren größtenteils darauf gerichtet, neue Organisationen ins Leben zu rufen, wie die Nationalrevolutionäre Gewerkschaftslegion oder die Studentenlegion Kubas, die sich einen wilden

Kampf um die finanzielle Unterstützung durch die deutsche Gesandtschaft lieferten. Aber die Kubaner trugen nicht die alleinige Schuld an dieser Zersplitterung. Über das Iberoamerikanische Institut in Berlin förderte man die Entstehung neuer Organisationen in Lateinamerika, eine Ausweitung, die man in Deutschland als Beweis für das weltweite Voranschreiten des Nationalsozialismus deutete, anstatt dass man sich auf die Stärkung einer einzigen Organisation konzentrierte, die alle Sympathisanten der Neuen Ordnung in sich vereinen würde.

»Seien Sie unbesorgt, Sie wissen, dass für uns die Nationalsozialistische Partei diejenige Organisation ist, die unser eigentliches Gedankengut in Kuba vertritt. Deshalb hat man Sie auch mit der Aufgabe betraut, mit der Presse gegen die Einreise von Juden zusammenzuarbeiten. Worüber können Sie mich informieren?«

»Die Kampagne war ein großer Erfolg und hat alle unsere Erwartungen übertroffen. Es steht außer Zweifel, dass das kubanische Volk dagegen ist, dass noch mehr Juden kommen, und dass es für die Ausweisung der im Land verbliebenen Juden ist.«

»Ich stimme Ihrer Einschätzung zu. Die Ergebnisse sind positiv, und man wird das in Berlin mit Sicherheit anerkennen. Jetzt steht uns eine neue Etappe bevor. Es geht darum, zu verhindern, dass die Passagiere mehrerer Schiffe voller Juden hier in Havanna an Land gehen können. Am wichtigsten ist dabei die St. Louis mit fast eintausend Juden an Bord.«

Krüger erläuterte Prohias die letzten aus Berlin eingegangenen Anweisungen, und dann musste er fast eine Stunde lang den üblichen und unendlichen Redefluss seines Gesprächspartners über sich ergehen lassen, der, wenngleich Nazi, auch Kubaner war und der es genoss, wenn andere ihm zuhörten. Der Diplomat beendete das Gespräch mit der Übergabe eines Exemplars der Zeitschrift Life, in das er auf einer Innenseite einen Umschlag mit zweihundert Pesos angeheftet hatte, um damit die Veröffentlichung von Beiträgen und Leitartikeln gegen die Flüchtlinge zu bezahlen. Außerdem sollte die Presse über angebliche Vorfälle auf den mit den Untermenschen beladenen Schiffen während der Überfahrt berichten.

Krüger bezahlte die Rechnung, verabschiedete sich von seinem Agenten und verließ das Hotel. Er vergewisserte sich, dass ihm niemand folgte, und begab sich auf den Weg ins Büro. Vor dem Feierabend musste er noch den Bericht über das Treffen niederschreiben und verschlüsseln, um ihn dann nach Berlin zu funken. Er meinte es noch vor dem Abend zu schaffen; immer verschlüsselte er seine Berichte noch am selben Tag, nie blieb Arbeit liegen. Und weil es so heiß und der Arbeitstag noch lang war, entschloss er sich, in einer ruhigen Bar noch ein Bier zu trinken, nachdem er sich noch einmal umgesehen hatte, ob ihm auch kein verdächtiger Kubaner oder Nordamerikaner folgte. Er war in Schweiß gebadet und durstig vom Laufen. Die Markisen, unter denen er die Calle Obispo in Richtung Parque Central entlang ging, halfen nicht gegen die Hitze. Er dachte daran, dass er kommende Besprechungen nie wieder zu dieser Tageszeit ansetzen würde, eher am Nachmittag oder am Abend, nach dem nachmittäglichen Regen, wenn der Wind auffrischte und die schwüle Hitze nachließ.

Auf dem Rückweg traf er allenthalben auf kubanische Folklore. Aus allen Bars klang Live-Musik, meistens waren es Duos oder Trios, die traditionelle Songs sangen; Straßenhändler jeglichen Alters und jeglicher Hautfarbe überboten einander, indem sie laut rufend ihre Waren anpriesen; der angenehme Duft kreolischer Kochkunst, die er anfangs abgelehnt hatte, an der er jetzt aber zunehmend Geschmack fand, und vor allem die Frauen, die ganz seriös, aber mit einem wiegenden Gang spazierten, den man unmöglich ignorieren konnte. Der Chef der deutschen Spionage in Havanna dachte, womöglich sei eine Vermischung der Rassen am Ende doch nicht so schlecht.

****

Anfang Dezember 1935 waren in New York die ersten Vorboten des nahenden Winters zu spüren. Der Tag war noch nicht angebrochen, als Tony in Queens in die Metro stieg. Zu dieser Stunde war der Waggon bereits voller Menschen, die sich, eingepackt in schwere Mäntel, mit Mützen, Schals und Handschuhen, schweigend an ihre jeweiligen Arbeitsplätze begaben. Einmal mehr überraschte ihn die in dem übervollen Wagen herrschende Wortlosigkeit. Für jemanden, der aus der Karibik kam, war es ungewohnt, dass so viele Menschen in ein und demselben Raum zusammen waren, ohne miteinander zu reden.

Er musste sich entscheiden, was er in den nächsten Tagen unternehmen würde. Er konnte den Sonntag damit zubringen, durch Manhattan zu wandern und sich die Weihnachtsdekorationen anzuschauen; das kostete nichts und war ein echtes Schauspiel mit Lichtern und Schmuck aller Art. Weihnachten war seit jeher seine bevorzugte Jahreszeit, er mochte die in diesen Tagen in Havanna herrschende Atmosphäre, besonders am Heiligabend, er mochte den geschmückten Weihnachtsbaum, die unvermeidliche Krippe und die rauschende Silvesternacht. Und ein paar Tage später die Geschenke am Dreikönigstag, eine Tradition, die sein Vater auch in Kanada beibehielt, weil sie eben Kubaner waren, während dort der Weihnachtsmann den Kindern ihre Geschenke am Heiligabend überreichte. Das einzige Problem bei den Fernández während der Feiertage war, dass Manuel darauf bestand, auf seinem in Kanada gebraucht erstandenen Grammophon die alten Weihnachtslieder anzuhören, während der Rest der Familie protestierte, man könne nicht mehr alle Jahre dieselben Lieder ertragen. Die Abendessen zu Weihnachten und zum Jahresabschluss in dem Haus in der San Lázaro waren Höhepunkte des Jahres. Aber er war nicht in Havanna, er war allein mit seinem Vater in einer fremden, riesigen Stadt. Zum Glück waren sie zum Heiligabend von einer Familie aus Matanzas eingeladen worden: Bekannte aus dem Konsulat, die in der Bronx wohnten.

Die kubanische Gemeinde in der Stadt setzte sich ganz unterschiedlich zusammen. Die meisten waren Wirtschaftsemigranten der zwanziger Jahre, aber es gab unter ihnen auch einige Exilanten, die aus politischen Gründen der Machado-Diktatur den Rücken gekehrt hatten und geblieben waren. Im Unterschied zu den Europäern, die sich gewöhnlich je nach Herkunftsland in bestimmten Stadtvierteln oder Straßenzügen zusammenfanden, waren die Kubaner über die ganze Stadt verstreut; in jeder Gegend konnte man eine Familie finden. Ihre Landsleute, wie auch so viele andere Gruppen von Einwanderern, rangen ebenfalls mit dem Widerspruch, in einem anderen Land zu leben. Sie hatten zwar Heimweh, doch widerstrebte es ihnen, heimzukehren, weil sie sonst ihren Lebensstandard und die Vorzüge eingebüßt hätten, die sie in den Vereinigten Staaten erlangt hatten.

José Antonio bekam bald mit, dass jede neue Bekanntschaft mit einem Kubaner demselben Muster folgte. Zuerst musste er sich anhören, mit welchen Erfolgen im Land der unbegrenzten Möglichkeiten sich der andere brüstete, dann kamen die Erinnerungen an die beste Insel der Welt, gefolgt von Versicherungen, in die Heimat zurückzukehren, was niemals geschah. Wenn man schließlich intim wurde – bei seinen Landsleuten stets zehn Minuten nach dem Kennenlernen –, setzte ein Barmen über die zu rasche Assimilation der Kinder in die nordamerikanische Gesellschaft und den Verlust der Bräuche und Traditionen ein.

Der Wagen der Metro war nach wie vor voller Leute. Plötzlich stand neben ihm ein Riese, der einen Hut mit Ohrenschützern und einen Pelzmantel trug und seinen Atem über seinem Kopf ausstieß. Der Mann musste um die zwei Meter messen und hatte ein furchteinflößendes Gesicht mit hervortretenden Backenknochen und dunkelblauen Augen. Da Tony sich nicht bewegen konnte, versuchte er, sich gedanklich abzulenken.

Getrudis hatte nicht mehr geschrieben, was er als Erleichterung empfand. Er fragte sich, ob sie wohl einen anderen gefunden hatte; sie hatte immer mehrere Bewerber um sich gehabt. Sie war die Art von Frau, die die Aufmerksamkeit auf sich zog, nach der sich die Männer umdrehten. Tony wusste nicht, warum sie gerade ihn erwählt hatte anstelle eines anderen in besserer Position. Er dachte bei sich, eine Frau wäre perfekt mit Lucrecias Sinnlichkeit und Kraft, mit Gertrudis' Frohgemut und dem Gesicht der Garbo.

Er war nun mehr als vier Monate in New York und hatte noch nie ein Mädchen ausgeführt. Anfangs war er knapp bei Kasse gewesen und wollte seinen Vater nicht um Geld bitten. Jetzt, mit der Arbeit im Labor, befand er sich in einer besseren Situation. Das Gehalt war zwar gering, und er musste etwas in die gemeinsame Haushaltskasse einzahlen, aber Manuel bestand darauf, dass er die Hälfte seines Verdienstes für sich behielt, und das reichte, um mehrmals im Monat ausgehen zu können. Das Problem war, dass er nicht wusste, mit wem.

Die berühmte Freiheit der Nordamerikanerinnen war eine Tatsache. Tag für Tag gingen sie allein zur Arbeit oder zur Schule, an den Wochenenden gingen sie ohne Anstandsdame aus, um sich zu vergnügen. Zum ersten Mal in seinem Leben konnte Tony ungehindert dutzende, hunderte, tausende Frauen ansprechen, noch dazu in einer Vielfalt, von der jeder Sultan nur hätte träumen können. Es gab sie in allen Hautfarben, sie kamen aus aller Herren Länder, schlanke, hochgewachsene Geschöpfe mit üppigen Körperformen, Naturblonde mit nordischem Profil, Schwarze und Mulattinnen mit einmaliger Figur, sinnliche mediterrane Frauen und begehrenswerte Angelsächsinnen. Nur, wie konnte man sie erobern? In Queens hatte er mehrere wunderschöne Mädchen gesehen, aber er kam nur sehr schwer an sie heran; es war nicht wie in Kuba, wo man auf der Straße eine Unterhaltung beginnen konnte. Auch in dem Haus, wo er wohnte, grüßte niemand, und stets blieb ihm das Wort im Hals stecken, wenn er einem Nachbarn einen guten Tag wünschen wollte. Im Konsulat hatte sich ihm keine Möglichkeit geboten; die beiden Angestellten waren älter und verheiratet, und mit ihm redeten sie nur über das Notwendigste. Als er seine Arbeit in dem Labor aufnahm, hatte er geglaubt, hier eine Gelegenheit zu finden, aber er musste feststellen, dass es da nur wenige Beschäftigte gab, und die waren überdies alle männlich. Der Chef war ein amerikanischer Akademiker, den er nie zu Gesicht bekam, sein Stellvertreter ein österreichischer Professor, der zwar sympathisch und höflich, aber doch immer distanziert war, und schließlich gab es da die beiden schwarzen Assistenten, die ihn misstrauisch beäugten und sich untereinander in einem unverständlichen Slang unterhielten.

Aber auch ohne Begleitung ging er an den Samstagen und Sonntagen aus dem Haus, immer nach Manhattan, wo er lange Spaziergänge machte. Meistens endete er im Kino, oder er aß etwas in einer Cafeteria, während er vor Neid verging, wenn er die vielen Jungen Pärchen sah, die sich ohne ›Leibwächter‹ vergnügten. Mehrmals versuchte er, mit dem anderen Geschlecht ins Gespräch zu kommen, doch nie hatte er Erfolg. Abgesehen von den Pärchen, waren die meisten Mädchen in Gruppen unterwegs, und die, die allein waren, bewegten sich mit der für New Yorker charakteristischen Eile, so dass es zwecklos war, sie anzusprechen.

Die jüngere Tochter der kubanischen Familie, die sie für den Weihnachtsabend zum Essen eingeladen hatte, war ein Mädchen unter zwanzig mit vollem schwarzem Haar und einer üppigen kreolischen Figur. An dem Tag, an dem sie einander im Konsulat vorgestellt wurden, wich sie nicht von seiner Seite und schwatzte ununterbrochen fast eine halbe Stunde lang. Aber das Letzte, woran Tony dachte, war, in New York mit einer Kubanerin anzubändeln. Es schien ihm absurd, in das Land der Freiheit gekommen zu sein, um eine Beziehung einzugehen, die auf den alten Bräuchen der Insel beruhen würde. Die Leute aus Matanzas schienen noch nicht sehr amerikanisiert zu sein, und ein Verlobtsein, das darauf hinauslief, dass er nur bei den Leuten im Sessel hockte, war das Allerletzte.

Mit diesen Gedanken langte er an der Metro-Station an, an der er aussteigen musste. Endlich konnte er sich von dem Koloss mit dem Hut und den Ohrenschützern freimachen, und er verließ den Bahnhof. Draußen empfingen ihn noch immer die Dunkelheit und ein schneidend kalter Wind. Er knöpfte den Mantel zu und zog seinen Schal enger, aber Hände und Kopf waren eiskalt. Er sollte auf seinen Vater hören und sich warm anziehen. Mit Einbruch des Winters sollte er sich endlich einen Hut besorgen und die Handschuhe anziehen, die Manuel ihm gegeben hatte. Halbtot vor Kälte betrat er das Laborgebäude, wo er sich zunächst aufwärmen wollte, ehe er den Mantel auszog. Zum Glück hatte man vor einer Woche die Heizung angestellt. Als er sich an seine Arbeit begeben wollte, sah er Prof. Kreiner, der mit einem Mädchen sprach, das er noch nie gesehen hatte und das an der Schreibmaschine saß.

Tony änderte seinen Weg und ging mit einem Käfig, in dem eine Ratte hin und her fegte, dicht an ihnen vorüber.

»Guten Tag, José«, grüßte der Professor in gewohnt freundlichem Ton. »Ich möchte Ihnen meine Tochter Rebeca vorstellen.«

»Ich freue mich, Sie kennenzulernen«, sagte José Antonio und blickte in das wunderschöne Gesicht des Mädchens, in dem zwei blaugrüne Augen leuchteten.

»Ganz meinerseits«, erwiderte die junge Dame lächelnd.

»José ist Kubaner und studiert Medizin in Havanna. Er ist eine Weile hier in New York bei seinem Vater, der als Diplomat seines Landes hier arbeitet. Er spricht hervorragend Englisch«, fügte Kreiner hinzu.

»Glauben Sie nicht Ihrem Vater, mein Fräulein, mein Englisch muss noch besser werden«, begehrte José Antonio auf und verharrte einige Augenblicke, aber da niemand etwas sagte, entschuldigte er sich und ging mit seiner Ratte weiter.

Den ganzen Vormittag beobachtete er von fern das Mädchen, das ununterbrochen in die Maschine tippte. Die junge Frau gefiel ihm. Er konnte zwar ihre Figur nicht sehen, aber irgendetwas sagte ihm, dass sie schön sein musste. Außerdem konnte er ihren regen und zugleich sanften Blick nicht vergessen, mit dem sie ihn während der kurzen Vorstellung angesehen hatte.

Nun wartete Tony auf eine Gelegenheit, die Unbekannte anzusprechen, aber er fand keinen Vorwand, bis er schließlich Mut fasste und den Professor und seine Tochter fragte, ob sie einen Kaffee wollten; er würde welchen holen. Sie sah ihn wieder ungeniert an, lehnte jedoch dankend ab. Der Professor indes nahm das Angebot an, vergaß sogar, ihm Geld mitzugeben. Als er ins Labor zurückkehrte, war das Mädchen schon gegangen.

Der nächste Morgen ließ sich noch kälter an, aber Tony war besser gewappnet. Er hatte sich an der Metro-Station für fünfzig Cent eine Baumwollmütze gekauft, und er hatte die Handschuhe seines Vaters. Bevor er in Queens aus dem Haus ging, versuchte er, sich besser zu kleiden; er zog ein schöneres Hemd an und bat Manuel, ihm eine Krawatte zu leihen. Im Labor fand er lediglich Bernie und Andy vor, die seinen Gruß lustlos erwiderten. Es blieb ihm also nichts weiter übrig, als sich seinen Aufgaben zu widmen und zu warten, bis Dr. Kreiners Tochter auftauchte.

Nach einer Weile traf der Professor ein, ohne seine Tochter. Er begrüßte Tony korrekt wie immer und verschwand sofort in seinem Büro. Nach der Mittagspause gab Kreiner den Assistenten ein paar Anweisungen und bat José Antonio, ihm bei einem Experiment behilflich zu sein. Als sie damit fertig waren, ergriff Tony die Gelegenheit zu einer Unterhaltung und fragte seinen Chef nach der Lage in Österreich. Kreiner blickte ihn überrascht an und begann, von seiner Heimat zu sprechen, nachdem er ihm erklärt hatte, dass er zwar schon mehrere Jahre in New York lebe, aber seine kürzlich angekommenen Kinder ihn auf den neuesten Stadt gebracht hätten. José Antonio wartete ein wenig, ehe er nach den Kindern fragte und danach, wie sie sich in den Vereinigten Staaten eingewöhnt hätten. Kreiner sah ihn über die

Brille hinweg an, lächelte und sprach dann in bedächtigem Tonfall stolz von Rebeca und Emmanuel, ihre Neigung zu Kunst und Literatur, von der Entdeckung des American Way of Life aus mitteleuropäischer Sicht und bedauerte, dass es seiner Tochter nach mehr als einem halben Jahr in Nordamerika noch nicht gelungen war, ihr Universitätsstudium wieder aufzunehmen.

Tony hörte aufmerksam zu und bemerkte, auch er habe sein Medizinstudium in New York nicht fortsetzen können. Der Professor interessierte sich für die Universität von Havanna, und sofort brach es aus José Antonio heraus, und er erzählte mit aller Leidenschaft seine Lebensgeschichte bis zur jüngsten Schließung der Universität.

»Dann bist du ja ein Revolutionär.«

»Eigentlich weiß ich es nicht, vielleicht ja, ein wenig, aber auf kubanische Art«, gab Tony zurück. Danach fragte er sich selbst, was zum Teufel er mit seiner Antwort gemeint haben könnte und wie er auf diesen Ausdruck gekommen war.

16. KAPITEL

Fern aller judenfeindlichen Reportagen und Artikel, die vom Propagandaministerium mit den umfangreichen Ressourcen des ideologischen Apparats des Dritten Reiches verbreitet wurden, setzten die St. Louis und ihre Passagiere ihre Reise über den Atlantik mit einer Geschwindigkeit von sechzehn Knoten fort. Alle Pressemedien, die deutschen Vertretungen, die Abwehr, die Nazi-Gruppierungen im Ausland wurden angewiesen, die Fotos der Passagiere beim Anlegen und die Falschmeldungen über die aus Europa fliehenden Juden in alle Welt zu senden. Die Juden seien als menschlicher Abschaum, als Diebe, die mit dem geraubten Vermögen entwischen, als unheilbar Kranke, als todkranke Greise und junge Straftäter darzustellen.

Der einzige Ort auf dem Planeten, an dem man von der Kampagne nichts mitbekam, war das Kreuzfahrtschiff. Der Kapitän hatte entschieden, die zahlreichen per Funk eintreffenden Nachrichten nicht weiterzugeben, und die Passagiere erfuhren nichts von dem Drama, deren Hauptprotagonisten sie selber waren. Keiner der Reisenden war sich der bevorstehenden Gefahren bewusst; sie fühlten sich sicher und genossen mit großer Zuversicht die Überfahrt und ein Klima, das sich von Tag zu Tag erwärmte. Es herrschte strahlender Sonnenschein, und durch die ständige Brise waren die Temperaturen auszuhalten.

Rebeca war nun frei von der Seekrankheit, und systematisch, wie sie es gewohnt war, organisierte sie ihre Tage. Sie stand morgens geräuschlos auf, um Gretel nicht zu wecken, und ging allein frühstücken. Dann schaute sie bei einem Kaffee an Deck oder auf einer der Schiffsterrassen ein Weilchen aufs Meer hinaus. Daran schlossen sich die Fitness-Übungen an; sie duschte sich und aß zu Mittag in Gesellschaft ihrer Freunde. Nachmittags las sie und beteiligte sich an einem der vor der Besatzung organisierten Spiele.

Am Abend zog sie sich um, nahm das Abendbrot gemeinsam mit den Goldsteins ein und beschloss den Abend auf der Tanzfläche, bis sie sich schließlich kurz vor Mitternacht zurückzog und ihre Begleiter sich unter Protest beschwerten, dass sie schon so früh zu Bett ging.

Rebeca hatte immer gern getanzt, aber sie teilte nicht Gretels Leidenschaft. Gretel durfte keinen einzigen Tanz versäumen; auf die Jungen, die eine Reisegesellschaft suchten, wirkte sie wie ein Magnet. Es traf ein, was Max vorhergesagt hatte: jeden Abend fanden neue Paare zueinander, die diskret den Tanzsaal verließen und in der Dunkelheit der verschiedenen Decks untertauchten.

Gretels letzter Tanzpartner war immer Jürgen; dass Gretel ihm den Vorzug gab, bereitete Rebeca ein wenig Sorge, doch sie entschloss sich, darüber hinweg zu gehen. Es war nicht ihr Problem, und es lag ihr fern, sich in das Leben anderer einzumischen, geschweige denn in einer befreienden Atmosphäre, wie sie auf der St. Louis herrschte. Sie selbst brachte den größten Teil des Abends damit zu, den Bewunderern jeglichen Alters und Standes aus dem Weg zu gehen; diese unternahmen nach jedem Tanz Annäherungsversuche und luden sie ein, was sie ablehnte, ohne dem eine Bedeutung beizumessen. Max war trotz seiner Komplimente eine Ausnahme; sie hatte eine Ahnung, dass es nichts Flüchtiges war. Wenn sich Rebeca zu sehr belagert fühlte, eilte der Sachse spontan herbei und wandelte sich zu einem zuverlässigen, sie beschützenden Kavalier, der jeden Anwärter begutachtete, sich über ihn lustig machte und seinen Spaß daran hatte, dass sie sich auf keinen einließ.

Ackermann kam nie zu den Tanzveranstaltungen. Als sie an einem Nachmittag auf den Atlantik hinausschauten, fragte Rebeca ihn, ob er nicht gern tanze, und die Antwort war nicht recht eindeutig. Sie traf sich gern mit ihm; er war ganz anders als die jungen Männer, die sie bestürmten und immer nur das eine wollten. Er war ein reifer Mann, zuvorkommend und strahlte Zuverlässigkeit und Sicherheit aus. Immer wieder entdeckten sie neue Gemeinsamkeiten. Sie fragte sich, warum sie einen älteren Mann den Dutzenden auf der St. Louis reisenden gut aussehenden Jünglingen vorzog, und erinnerte sich, dass Elisabeth einmal gesagt hatte, sie sei so wählerisch, dass sie am Ende einen alten Mann heiraten würde. Diese Bemerkung hatte sich ihr eher als Ermahnung denn als Omen eingeprägt.

Trotz der anfänglichen Absagen Rebecas bestanden die Goldsteins darauf, dass sie stets mit ihnen zu Abend aß. Als die beiden Mädchen eines Abends den Speisesaal betraten, saßen da Gretels Eltern in Gesellschaft eines Paars aus Stuttgart, das unaufhörlich von der Zukunft und den Möglichkeiten in der neuen Welt sprach.

Martin Sheinbaum und seine Frau sahen einander so ähnlich wie Geschwister. Die Beiden hatten die Fünfzig überschritten, trugen runde Brillen, waren von kleiner, rundlicher Statur. Der einzige offenkundige Unterschied war das gefärbte Haar, ihres dunkelblond, seins schwarz glänzend. Sheinbaum hatte in seiner Stadt als bedeutender Händler gegolten. Mit der Machtergreifung Hitlers Anfang 1933 wurde er sich der Gefahr bewusst, der die Juden ausgesetzt sein würden, und so entschloss er sich entgegen dem Rat vieler anderer, sein Geschäft zu verkaufen und seine Familie ins Ausland zu schicken. Mit Geduld und Geld gelang es ihm, seine drei Söhne aus dem Land zu bringen. Der Jüngste ging als erster, reiste zunächst nach Holland und dann nach Buenos Aires, wo er sich abmühte, eine Importfirma zu gründen. Die Tochter ließ sich in Montreal nieder und wartete auf die Ankunft ihrer Eltern, um sich dann zu verheiraten. Der Älteste half dem Vater bei der Auflösung des verbliebenen Vermögens; danach gelang es ihm, mit seiner eigenen Familie nach London auszureisen. Schließlich konnten die Eltern selbst auf der St. Louis das Land verlassen. Das Paar zeigte sich erleichtert und glücklich darüber, dass die letzten Sheinbaums Deutschland endlich den Rücken kehren konnten.

Als Rebeca ihnen vorgestellt wurde, stimmte Martin Lobeshymnen auf Wien an, wo er sich vor dem Krieg aufgehalten hatte.

»Mir ging es dort so gut, dass meine Frau eifersüchtig wurde und in allen Briefen fragte, wann ich zurückkäme«, sagte Sheinbaum und schaute seine Frau lächelnd an, während diese errötete. »Natürlich war die Eifersucht unbegründet, mein Aufenthalt hatte sich aus geschäftlichen Gründen verzögert, und bis zu jenem Sommer liefen die Geschäfte sehr gut.«

»In welchem Jahr war das?«, fragte Rebeca.

»Im Sommer 1914, einem der schönsten Sommer, an die ich mich erinnern kann; er begann früh, und das Wetter war perfekt. Es waren friedliche Tage; die vielen Wiener genossen das Leben und spazierten in den Parks, bis sich diese Tragödie ereignete.«

»Sarajevo«, warf Gretels Vater ein.

»Eigentlich meinte ich den Krieg. Anfangs wunderte ich mich, dass die Österreicher der Ermordung des Erzherzogs keine große Bedeutung beimaßen. Sie gingen weiter spazieren, besuchten Konzerte, Cafés und Theater, als sei nichts Besonderes geschehen. Aber dann setzte die Pressekampagne ein, und man forderte eine abschreckende Bestrafung Serbiens. Die Ereignisse überschlugen sich, ich musste nach Hause zurückkehren, und es war vorbei mit dem herrlichen Sommer.« Sheinbaum hielt im Erzählen inne, nahm einen Schluck Wein und vergewisserte sich, dass alle auf die Fortsetzung seiner Rede warteten, und fuhr dann fort:

»Als ich in Stuttgart ankam, überraschte mich die Begeisterung der Deutschen für den Krieg. Niemand hatte auch nur eine entfernteste Vorstellung von dem, was kommen würde; alle dachten, es würde für das Militär ein Spaziergang werden. Viele sprachen von einem kurzen Feldzug, wie sie es von Bismarck kannten. Der Kaiser verabschiedete die Truppen, die an die Front geschickt wurden, mit der Zusicherung, sie würden wieder zu Hause sein, ehe noch das Laub von den Bäumen falle. Und natürlich war alle Welt vom Sieg überzeugt. Niemand hatte an das Gegenteil geglaubt.«

»Unsere Truppen standen kurz vor dem Sieg. In nur einem Monat hätten sie beinahe Paris eingenommen«, fügte Goldstein hinzu.

»Ja, anfangs schien es, als würden die Prophezeiungen eintreffen. Aber die Russen rückten heran und griffen an, ohne dass ihre Mobilisierung abgeschlossen war. Obwohl Ludendorff ihnen eine vernichtende Niederlage bereitete, zwang ihn die Offensive des Zaren, einen Teil der Armee nach Osten zu schicken. Wenn der an der Westfront geblieben wäre, dann hätte das für die Franzosen den Tod bedeutet. So ergab sich ein Zwei-Fronten-Krieg, den die Deutschen auf lange Sicht nicht erfolgreich führen konnten.«

»Obwohl wir an der Ostfront eigentlich gewonnen hatten«, wandte Gretels Vater ein.

»Aber das war schon zu spät. 1918 landeten hunderttausende amerikanische Soldaten in Frankreich. Trotz aller Opfer und Millionen Toter und Verwundeter blieb uns der Sieg versagt. Eine ganze Generation ist in den Schützengräben verreckt. Noch heute kriege ich Gänsehaut, wenn ich an jene Jahre zurückdenke. Sie sind noch sehr jung und haben das nicht erlebt. Das Schlimmste ist, dass ich glaube, die Geschichte wird sich wiederholen, mit dem Unterschied, dass diesmal die Tragödie noch viel größer sein wird.«

»Sie glauben an einen neuen Krieg?«, fragte Gretels Mutter.

»Ich glaube, ja. Hitler wird sich nicht aufhalten lassen.«

»Aber warum sollte er das riskieren, wo er doch schon alles hat, was er wollte: das Rheinland, Österreich, das Sudentenland«, rief Goldstein aus.

»Nein, er will noch viel mehr. Er will noch Elsass-Lothringen, und er will noch die Ostgebiete erobern. Außerdem glaube ich, dass Hitler dort nicht haltmachen wird; er will ganz Europa.«

»Aber das ist unmöglich. England und Frankreich werden das nie zulassen«, wandte Rebeca ein.

»Zum Glück wird das alles an uns vorbeigehen. Und nach allem, was die Nazis uns angetan haben, ist die Gefahr eines neuen Kriegs für uns ein guter Grund, den Atlantik zu überqueren und möglichst weit weg zu sein«, sagte Gretels Mutter mit dem ihr eigenen Pragmatismus.

»Berta, vergiss nicht, dass wir Deutsche sind und es nicht so ist, dass es uns nichts mehr angehen kann, was in unserem Land passiert«, bemerkte ihr Gatte.

»Du bist unverbesserlich. Wie oft muss ich dich noch daran erinnern, dass das, was du unser Land nennst, uns die Staatsbürgerschaft aberkannt hat.« Frau Goldstein starrte ihren Mann an und fuhr fort: »Deine geliebten Landsleute verjagen alle möglichen Juden. Die Armen, die nicht weggehen können …«

Rebeca und die Sheinbaums waren peinlich berührt von dem bissigen Meinungsstreit des Ehepaars. Martin versuchte zu besänftigen.

»Wenn Sie mir gestatten: Ich glaube, Sie beide haben Recht. Wir sind Juden und Deutsche zugleich. Wer sich irrt, sind die Nazis, die uns unsere Nationalität nehmen wollen. Die Juden haben im Großen Krieg ehrenhaft gekämpft, ihnen wurden dreißigtausend Eiserne Kreuze verliehen, und über Zwölftausend sind für das Vaterland gefallen.«

»Für das Vaterland oder für den Kaiser?«, unterbrach ihn Frau Goldstein in unverändert kämpferischem Tonfall. »Und letztlich, wofür? Mit der Dolchstoßlegende haben sie doch den Juden die Schuld für die Niederlage angehängt.«

»Wurden Sie eingezogen?« fragte Rebeca und wollte damit die Diskussion beenden.

Sheinbaum antwortete nicht sofort. Zunächst sah er Gretels Mutter an, ehe er sich wieder Rebeca zuwandte und langsam weitersprach. »Ja, Ende 1915. Zuerst war ich an der Westfront, wo ich an der Somme verwundet wurde. Im Frühjahr darauf, als ich mich wieder erholt hatte, steckten sie mich in eine Versorgungseinheit, in der ich für den Rest des Krieges diente.«

»Wie viele junge Männer in der Blüte ihres Lebens! Welch ein Schrecken! Welcher Hass!«, brach es aus Frau Sheinbaum heraus. »Ich erinnere mich noch an den ‚Hassgesang gegen England'; meine Kinder mussten das Gedicht in der Schule auswendig lernen, und der Verfasser wurde vom Kaiser geehrt.«

»Gutes Beispiel. Ernst Lissauer war ein größerer Patriot als der Kaiser selbst, aber er ist Jude, und trotz seines Gedichts und der Medaillen hat Hitler ihn ausgewiesen«, fügte Berta hinzu und sah ihren Mann und Sheinbaum herausfordernd an.

»Wenn Sie gestatten, Rebeca und ich, wir gehen jetzt. Wir müssen tanzen.« Es war Gretel, die sich unvermittelt erhob; das erste Mal an dem Abend hatte sie etwas gesagt.

****

Die Entscheidung von Laredo Brú, das An-Land-Gehen der Passagiere der St. Louis zu untersagen, löste in Havanna einen politischen Sturm aus. Die gesamte kubanische Presse befürwortete diese Entscheidung, ausgenommen die englischsprachige Havana-Post, die sich dagegen aussprach, die Flüchtlinge nach Deutschland zurückzuschicken.

Wie zur Bekräftigung des harten Kurses gegen jegliche illegale Einwanderung wies der Präsident das Justizministerium an, die Untersuchungen zu einigen Fällen der Passfälschung zu beschleunigen.

Obwohl man Benítez bereits abgesetzt hatte, versuchten Hakim und die anderen Mitglieder des Ausschusses zwei Tage lang, ihn zu erreichen, bis sie ihn dann endlich in seiner Residenz aufsuchen durften. Voller Zorn redeten alle Vorstandsmitglieder gleichzeitig. Benítez hörte sich alle Vorwürfe ungerührt an, antwortete ausweichend unter Verweis auf seine Entlassung und versuchte die Gruppe zu beruhigen, indem er die Bedeutung der Lage, die die neuen Flüchtlingsgruppen erwartete, verharmloste. Er sprach lang und breit darüber, dass er stets Sympathie für die Juden empfunden habe, dass er immer gut mit ihnen zusammengearbeitet habe, und betonte abschließend, dass Laredo Brú nachgeben und das Dekret 937 zurückziehen werde.

Bei einem zweiten Treffen am folgenden Tag zeigte sich der ehemalige Chef der Einwanderungsbehörde nicht so optimistisch und verlangte zweihundertfünfzigtausend Dollar, um seinen Verhandlungen mit dem Präsidenten Nachdruck verleihen zu können. Benítez benahm sich erneut so, als sei er nicht abgesetzt worden, erwähnte mit keinem Wort seine gescheiterte Begegnung mit Larado Brú, geschweige denn, dass ihm der Zugang zum Präsidenten der Republik gänzlich versperrt war. Die Ausschussvertreter waren empört über Benítez' Ansinnen, bedrängten ihn aber weiter, obwohl sie, wie ganz Havanna, wussten, dass Laredo Brú ihn wegen des Verkaufs der Einreisegenehmigungen in die Mangel genommen hatte.

Wenige Stunden später erreichte Benítez die Mitteilung aus dem Präsidentenpalast, dass seine Absetzung endgültig und unumstößlich sei. Um die Demütigung komplett zu machen, war sein Büro von der Armee besetzt worden, und ungeachtet seiner Proteste hielt man an dem Verbot fest, ihm Zugang zu den Räumlichkeiten zu gewähren, in denen er noch vor wenigen Tagen der alleinige Hausherr gewesen war. Er versuchte, erneut mit Batista zu sprechen, aber das wurde ihm verwehrt. Als Antwort erhielt er die Mitteilung, er möge sich ruhig verhalten und nicht die Geduld verlieren; der Mann würde Kontakt zu ihm aufnehmen, sobald er könne.

Benítez überprüfte rasch seine Konten, sein Vermögen und seine Geldanlagen. Als er feststellte, dass alles noch in Ordnung war, beruhigte er sich; das Problem war nicht gravierend, niemand hatte an seine Besitztümer gerührt, die er als Chef der

Einwanderungsbehörde gehortet hatte. Er überdachte seine Optionen und gelangte zu dem Schluss, dass er ohne Batistas Hilfe gegenüber Laredo Brú machtlos war. Am besten würde es sein, wenn er sich rechtzeitig zurückzöge; er durfte sich nicht entmutigen lassen. Mit den Wahlen im nächsten Jahr würde der Mulatte in den Präsidentenpalast einziehen, und dann würden sich ihm die Tore für neue Möglichkeiten öffnen. Er beschloss, Havanna zu verlassen und auf seiner Finca abzuwarten, bis sich der Sturm gelegt hatte. Seinen Adjutanten wies er an, niemandem, ausgenommen Batista, seinen Aufenthaltsort preiszugeben, vor allem nicht den Juden, die mit Sicherheit wieder nach ihm suchen würden.

****

Mehrere Tage lang tauchte die Tochter des Professors nicht im Labor auf, bis José Antonio sie eines Morgens wieder an der Schreibmaschine sitzen sah. Sein erster Impuls war, direkt auf sie zuzugehen und ein Gespräch anzufangen, aber er hielt sich zurück und dachte erst ein paar Sekunden darüber nach, wie er an sie herantreten konnte. Aber ihm kam keine Idee. Sie trug einen dicken schwarzen Pullover, und er fand sie noch schöner als beim ersten Mal. Mit dem nach hinten zusammengebundenen Haar sah sie noch jünger aus.

»Hallo, ich dachte, Sie seien schon wieder in Österreich.« Tony meinte, ein besonderes Leuchten in Rebecas Augen festzustellen.

»Nein. Ich bleibe noch ein Weilchen hier.«

»Ich auch.« Sofort bedauerte er, etwas gesagt zu haben, wonach ihn niemand gefragt hatte. Es entstand ein Schweigen, das José Antonio zu übergehen beschloss. Er wollte die Gelegenheit nutzen. »Ich habe die Absicht, irgendeinen Kurs zu belegen, um mich beruflich auf dem Laufenden zu halten, aber bisher habe ich nichts gefunden. Und Sie, was haben Sie vor?«

»Ich möchte eigentlich weiterstudieren, aber da ich die Immatrikulation nicht bezahlen kann, werde ich auf ein Stipendium oder eine sonstige Beihilfe warten.«

Tony gefiel, dass sie die Geldknappheit gestand, zumindest war sie nicht arrogant. Er vermerkte, dass sie gut Englisch sprach, obwohl etwas langsam und mit einem deutschen Akzent.

»Ja, es ist schwierig. Was haben Sie in Österreich studiert?«

»Deutsche Literatur. Aber sollte ich es an eine Universität schaffen, denke ich daran, das Fach zu wechseln. Vielleicht englische Literatur, aber ich habe mich noch nicht entschieden. Mein Vater sagt, Sie sind in Ihrem Land ein Revolutionär.«

Tony lachte schallend.

»Nein, nein, ich gehöre nicht zu dieser Kategorie, ich habe mich lediglich an einigen Demonstrationen gegen die Diktatur der letzten Regierung beteiligt, wie viele andere Studenten auch.«

Rebeca bedauerte ihre naive Bemerkung, aber ihr gefiel seine Bescheidenheit. Sie sah ihr Gegenüber prüfend an. Er war groß und schlank und doch breitschultrig; auffallend waren seine dunkle Hautfarbe und sein pechschwarzes welliges Haar. Er hatte ansprechende Gesichtszüge; seine kaffeebraunen Augen blickten sie auf ungewöhnliche, aber nicht unangenehme Weise an.

»Gut, ich glaube, wir müssen arbeiten«, sagte das Mädchen.

»Ja, natürlich, mit Verlaub.«

Rebeca blieb noch den Rest des Vormittags im Labor, und Tony machte sich die ganze Zeit Gedanken, wie er sie noch einmal ansprechen konnte. Er dachte daran, ihr einen Kaffee anzubieten, aber da sie ihn beim ersten Mal abgelehnt hatte, entschloss er sich, den Stier bei den Hörnern zu packen und sie zum Mittagessen einzuladen. Er kalkulierte, seine vier Dollar müssten für die Cafeteria der Universität ausreichen. Doch seine Hoffnungen wurden zunichte gemacht, denn kurz vor Mittag stand Rebeca auf, packte ihre Papiere zusammen und ging.

Am nächsten Tag traf Tony, völlig durchnässt von einem eiskalten Regen, der die ganze Fahrt über angedauert hatte, in der Universität ein. Im Labor waren nur Bernie und Andy, also zog er sich die nassen Schuhe aus und stellte sie unter den spöttischen Blicken der beiden zum Trocknen neben die Heizung. Just in diesem Moment traten der Professor und seine Tochter ein, die offenbar verwundert waren, ihn in Strümpfen anzutreffen.

»Guten Tag, José.« Kreiner war der Erste in seinem ganzen Leben, der ihn lediglich mit seinem ersten Vornamen anredete. »Können wir dir irgendwie helfen?«

»Nein, danke, Herr Professor. Verzeihen Sie meinen Aufzug, aber meine Schuhe sind vom Regen völlig nass geworden.«

Als eindeutigen Beweis seines Missfallens blickte Kreiner ihn ernst an und behielt seine Antwort für sich. Rebeca wünschte lächelnd einen guten Tag und verschwand im Büro.

Tony ärgerte sich über sein Missgeschick. Er zog die noch nassen Schuhe wieder an und machte sich an seine Arbeit. Selbst wütend über seine Ungeschicklichkeit, versuchte er sich zu konzentrieren. Nach einer Weile vernahm er Rebecas Stimme. Sie fragte an, ob er eine Tasse Tee oder lieber einen Kaffee wünsche. Tony sah sich um, und da stand die junge Frau vor ihm, auf eine Antwort wartend.

»Möchten Sie, oder möchten Sie nicht?«

»Ja, ja, vielen Dank.«

»Was mögen Sie lieber? Tee oder Kaffee?«

»Ich weiß nicht, was einfacher ist.«

»Der Tee ist aus dem Büro meines Vaters, den Kaffee hole ich aus der Cafeteria.«

»Dann Kaffee, aber unter einer Bedingung.«

Rebeca schaute ihn überrascht an.

»Und die wäre?«

»Wir gehen gemeinsam einen Kaffee trinken.« Eine bange Pause entstand, und dann kam die Antwort:

»Einverstanden. Ich sehe, Sie haben Ihre Schuhe wieder angezogen. Ich hole einen Schirm, es nieselt noch ein wenig.«

Gemeinsam machten sie sich auf zur Cafeteria, wechselten unterwegs ein paar Worte über das schlechte Wetter und darüber, ob der Nieselregen später wohl in Schnee übergehen würde oder nicht. Als der Kaffee bereitet war, schlug Tony vor, ihn gleich dort zu trinken, und sie setzten sich an einen Tisch.

José Antonio begann das Gespräch mit der Frage, wie sie Weihnachten verbringen würden, und Rebeca antwortete, sie würden Weihnachten nicht feiern. Da erinnerte er sich, dass der Professor ja Jude war, verwünschte seinen erneuten Fauxpas, entschied sich aber, weiter in der Offensive zu bleiben. Um mit dem Mädchen auf einer Wellenlänge zu sein, erklärte er hastig, einer seiner Lieblingsschriftsteller sei Stefan Zweig, von dem er während seiner langen Arbeitszeiten im Fausto fast alles gelesen hatte. Rebeca war nicht sehr beeindruckt von der Anspielung auf die Literatur, fragte aber nach seiner Arbeit in Kuba, bei der er lesen konnte. Tony sprang sofort darauf an und erzählte von seinen Filmvorführungen und dem Geschrei, das im Kino anhob, wenn er durch das Lesen abgelenkt wurde. Das Mädchen schaute ihn ungläubig an, lächelte dann aber rasch, und dieses Lächeln nahm ihn sofort gefangen.

Rebeca fragte, ob er Österreich kenne. Tony grübelte angestrengt und wog seine Worte ab, um mit der Antwort einen guten Eindruck zu hinterlassen; er lobte die Schönheit Wiens, sprach von Freud und endete, um als Romantiker zu erscheinen, was auf Frauen immer anziehend wirkte, mit einer Geschichte voller Leidenschaft: dem tragischen Schicksal des Kronprinzen Rudolf, der angesichts des Widerstands des Kaisers gegen seine Beziehung zu einem von einem verarmten Adelsgeschlecht abstammenden jungen Mädchen beschloss, zusammen mit seiner Geliebten auf Schloss Mayerling Selbstmord zu begehen. Rebeca schaute ihn mit einem Anflug von Überlegenheit an und bemerkte dann, in Rudolfs Leben spielten noch andere, kompliziertere Dinge eine Rolle, denn die Kontroversen zwischen ihm und Franz Joseph beschränkten sich nicht auf seine Beziehungen zu der Baronesse. Da schon mehr als zehn Minuten vergangen waren und sie ins Labor zurückkehren mussten, schlug José Antonio vor, zusammen zu Mittag zu essen, um die Unterhaltung fortzusetzen. Nach einer kurzen, für Tony unangenehmen Pause willigte sie ein.

In der einstündigen Mittagspause sprachen sie über die Habsburger, über Österreich und Europa. Rebeca missfiel, dass er sie, wenn sie redete, immer mit neuen Fragen unterbrach, aber sie war überrascht, wie viel er über Europa wusste und dass er so ausgezeichnet Englisch sprach. Tony blieb keine Zeit, auch noch von Kuba zu sprechen, so dass er vorschlug, sich am nächsten Tag wiederzusehen, weil es doch so viel über seine Insel zu erzählen gebe, was sie ganz sicher interessieren würde. Auch diesmal antwortete Rebeca nicht sofort, und die Pause erschien ihm noch länger, aber schließlich kam von ihr doch ein Ja. An jenem Nachmittag fiel auf seinem Weg zur Metro der erste Schnee des Winters. Es war ein ganz anderes Gefühl; die sanft niedergehenden Schneeflocken faszinierten ihn.

Am darauf folgenden Tag aßen sie wieder gemeinsam zu Mittag. Tony wusste, es war ein Wettlauf gegen die Zeit; er musste dieses Treffen für einen konkreten Vorstoß bei der Österreicherin nutzen. Neue Gelegenheiten, so dachte er, würde es nicht geben, wenn er sie nicht irgendwie zu packen bekam. Er fand sie noch schöner als zuvor; die schwarze Bluse stand in herrlichem Kontrast zu ihrer hellen Haut, und ihr leicht gerötetes Gesicht kam einer Provokation gleich. Unter dem grauen Baumwollrock konnte man vollkommen geformte Beine erahnen, auch wenn sie in dicken Strümpfen steckten.

Begeistert begann er von Kuba zu erzählen, von der unglaublichen Schönheit der Insel, dem außergewöhnlichen Klima, den schönsten Stränden des Erdballs, den herrlichsten grünen Feldern des Planeten, den größten Zuckerrohrplantagen der Welt, dem längsten Unabhängigkeitskrieg auf dem gesamten Kontinent, der eklektischen, wunderschönen Architektur Havannas, dem fröhlichen Charakter der Kubaner, dem ausgelassensten Karneval der Karibik und einer Musik, die selbst Tote zum Tanzen brachte. Sie hörte aufmerksam zu und wartete auf das Ende der langen und umfassenden Beschreibung, um ein paar Fragen stellen zu können, ohne allerdings weitere Bemerkungen zu machen. Tony war ein bisschen irritiert ob ihrer Zurückhaltung; sein Instinkt sagte ihm, dass sein ausführlicher Vortrag nicht gut angekommen war. Und er hatte Recht. Seine Schilderung hatte Rebeca nicht beeindruckt. Sie hatte nicht die Hälfte von dem, was er gesagt hatte, verstanden, und der Rest schien ihr bestenfalls übertrieben zu sein. Andererseits imponierte ihr, wie euphorisch er sein Land beschrieb und mit welchem Temperament er redete und doch aufrichtig schien trotz aller Adjektive, mit denen er zweifellos übertrieb.

Allerdings gefiel Rebeca, wie liebevoll er von seinen Eltern sprach, und sie war überrascht, wie offen und direkt er sich über die multikulturellen Wurzeln seiner Mutter äußerte. Für jemanden aus dem alten Europa, in dem die Abstammung viel bedeutete, war die Tatsache, dass Tony so unverhohlen über sein Mestizentum sprach, mehr als nur eine neuartige Sichtweise.

Die Mittagessenzeit kam Tony so kurz wie nie vor, und er war sich nicht sicher, ob er ein weiteres Treffen vorschlagen dürfte. Er fürchtete, ein ungebührliches Drängen könnte sich als kontraproduktiv herausstellen. Außerdem war Rebeca während seines langen Redeflusses ernst und reserviert geblieben, so dass er dachte, er habe vielleicht zu viel geredet. Er sah sie an und wartete darauf, dass sie etwas sagen würde. Aber Rebeca meinte lediglich, sie müssten jetzt zurück ins Labor, und verabschiedete sich wortlos.

An diesem Nachmittag erschien ihm der Schnee auf der Heimfahrt nach Queens nicht so wunderbar, er fror und kritisierte im Stillen seine armseligen Bemühungen um die Österreicherin. Er hatte eine ausgezeichnete Chance verspielt, und eine neue Gelegenheit zu finden, würde schwierig werden.

17. KAPITEL

Die Reise der St. Louis näherte sich ihrem Ende; nur noch ein paar Tage, und man würde in Kuba sein. Schon begannen die Vorbereitungen für das Anlegen in Havanna. Wie vorgeschrieben, wurden die Einreiseformulare ausgeteilt, und viele Passagiere packten sogar schon ihre Habe. Der Zeitpunkt fiel zusammen mit dem Ende des Schawuots. Gemäß der Tradition ernährte sich ein Teil der Reisenden während des Festes nur mit Käse und Milch, auch einige junge Leute, die das zum ersten Mal machten.

Um den Kostümball zum Abschluss der Kreuzfahrt entspann sich zwischen Rebeca und Gretel ein Streit. Rebeca lehnte es ab, sich zu verkleiden, während ihre Freundin darauf bestand, sich wenigstens ein paar Betttücher umzuhängen und als Haremsdienerinnen zu gehen. Doch Gretel gelang es nicht, sie zu überreden, und letztendlich einigten sie sich darauf, an dem Abend, der der vergnüglichste der gesamten Reise zu werden versprach, einfach ihre besten Kleider anzuziehen.

Sie betraten den Riesensalon im Bewusstsein ihrer Schönheit und ihrer Jugendlichkeit. Alle Passagiere waren dort versammelt, es herrschte eine festliche Atmosphäre, und zu beider Enttäuschung trafen sie auf eine starke Konkurrenz. Alle Mädchen waren strahlend schön, viele von ihnen in improvisierten Verkleidungen. Gretel konnte sich einen suchenden Blick nicht verkneifen, was Rebeca ärgerte. Aber das Warten dauerte zum Glück nicht lange, denn bald näherten sich mehrere Jungen, die sie zum Tanzen aufforderten und nicht innehielten, als bis das Orchester die bevorstehende Ankunft in Kuba mit einer Conga begrüßte. Rebeca zog sich diskret zurück, aber Gretel wollte zu Dritt mit Max und Jürgen tanzen, die sich beide als Matrosen verkleidet hatten. Die Ergebnisse ihrer Bemühungen fielen recht bescheiden aus; sie mussten sich eingestehen, dass sie nicht die geringste Vorstellung hatten, wie man sich zu diesem Rhythmus bewegt. Danach spielte die Kapelle die langsameren Schlager, zu denen Rebeca nur mit Friedrich und Max tanzte, die sich, halb im Scherz, halb im Ernst, um sie stritten.

Es war schon nach Mitternacht, als der Sachse abtauchte und Friedrich mit einer als Vampir verkleideten Dunkelhäutigen zu tanzen begann. Rebeca nutzte die Gelegenheit, um sich aus dem überhitzten Saal zurückzuziehen und an Deck ein wenig frische Luft zu atmen. Als erstes traf sie in einem Halbschatten auf Gretel, die in Jürgens Armen lag, weshalb sie sich auf die gegenüber liegende Terrasse begab, wo eine frische Brise wehte und sie tief durchatmete.

»Eine wundervolle Nacht.« Es war Ackermann. Rebeca überlief ein Schauder.

»Ja, sehr schön.«

»Unglaublich, wie viele Sterne heute am Himmel zu sehen sind.«

»Ja, es ist ein einzigartiges Schauspiel. Schläft Leni?«

»Ja, schon seit einer Weile. Rebeca, ich möchte dir für alles danken, was du für Leni tust. Es war sehr angenehm, dich kennenzulernen und in einer so schweren Zeit auf deine Hilfe zählen zu können. Ich glaube, langsam überwindet sie den Trennungsschmerz.«

Rebeca fiel der vertrauliche Tonfall auf; zum ersten Mal duzte Ackermann sie.

»Du brauchst mir nicht zu danken, Leni ist ein wunderbares, ganz süßes Kind. Auch ich habe mich gefreut, sie kennenzulernen.«

»Doch, ich habe dir zu danken; du bist wirklich ein außergewöhnliches Mädchen.«

Rebeca wusste, sie musste jetzt auf der Hut sein, ließ sich aber nichts anmerken; sie antwortete einfach nicht.

»Auch für mich war es sehr wichtig, dir begegnet zu sein«, fügte Ackermann hinzu und blickte sie an. Sie hielt seinem Blick stand, und so fuhr er fort.

»Es ist seit langem das Beste, was mir widerfahren ist.«

»Übertreib nicht, Gustav. Ein Mann wie du hat gewiss sehr intensiv gelebt.«

»Kein Vergleich zu unserer Bekanntschaft.« Dabei berührte er sanft ihre Hand.

Rebeca zauderte, aber nur einen kurzen Moment. Er zog seine Hand nicht zurück. Ein Pärchen ging eng umschlungen und lächelnd an ihnen vorüber.

»Der Tanz scheint die Leute aufgemuntert zu haben; sie sehen alle sehr zufrieden aus. Du warst sicher die Schönste von allen.«

»Du übertreibst schon wieder. Der Saal war voller hübscher Mädchen. Ich habe den Eindruck, es werden jeden Tag mehr. Hast du auch getanzt?«

»Ich habe dich gesucht, und als du gingst, bin ich dir gefolgt.«

Gustav hob ihre Hand an seine Lippen und küsste sie sacht.

»Warum tust du das?«

»Du weißt es.«

Ackermann nahm sie in seine Arme und küsste sie, während der Kapellmeister im Saal einen Tango ankündigte.

****

Meyer Lansky begutachtete in aller Ruhe den Veranstaltungsort, den man in Kürze eröffnen würde. Bis zur Fertigstellung fehlten noch ein paar Details, aber was er sah, gefiel ihm. Er erinnerte sich daran, was der Geschäftsführer gesagt hatte, als er ihn einlud, sich einmal kurz umzusehen. Die Einrichtung sollte nach seinen Vorstellungen das größte Freiluft-Varieté der Welt werden – ein auf der Insel typischer Kommentar. Nach fast zehn Jahren, in denen Meyer Lansky wieder und wieder nach Havanna gereist war, überraschte ihn noch immer das Ego der Kubaner, aber diesmal schien es sich zu bewahrheiten. Auf der Bühne probte das Orchester mit einer stimmgewaltigen Sängerin für den Auftritt. Vom spanischen Liedtext verstand er kein einziges Wort; das müsste sich zukünftig ändern, nahm er sich vor. Die neuen Nachtclubs, die er für die Touristen aus dem Norden bauen würde, mussten ein Repertoire mit nordamerikanischen Stücken bieten. Die einheimische Kultur würde jedem Spektakel lediglich einen gewissen Touch verleihen. Es würde nicht schwierig sein, einige Stars aus den USA zu engagieren. Die Nähe der Insel machte es möglich, dass sie für ein paar Tage preisgünstig hierher reisen würden, um zwei oder drei Mal in einem gut ausgewählten Varieté aufzutreten.

Jetzt betraten die Ballettmädchen die Bühne in kurzen Höschen, mit über dem Bauchnabel zusammengeschnürten Blusen und hochhackigen Schuhen. Sie stellten sich vor einem untersetzten Mann auf und begannen, sich in einem eindeutig erotisierenden Rhythmus zu bewegen. Er hielt inne, um dieses Schauspiel zu genießen. Die Balletteusen waren hübsch, hatten bildschöne Körper, schönere als die Revuesängerinnen vom Broadway. In Kuba hatten die Frauen ausgeprägte Kurven und eine natürliche Sinnlichkeit, die sie besonders attraktiv machte, und das war ganz wichtig für die Touristenhochburg, die in seinen Gedanken erblühte. Ein Ort, an dem jede Art von Sex geboten wurde; die verrücktesten Träume sollten sich hier erfüllen.

Lansky vermochte den Blick nicht von den Mädchen abzuwenden; besonders hatten es ihm zwei Mulattinnen angetan, die so schön waren, dass sie fast unwirklich schienen. In den Vereinigten Staaten war diese Mischung in einer künstlerischen Show undenkbar. Er fragte sich, ob diese rassische Vielfalt der einheimischen Künstler Besucher aus den Südstaaten beleidigen könnte. Nun, wahrscheinlich nicht, ganz im Gegenteil, sie wäre nur eine weitere Attraktion. Das Sex-Angebot musste vielfältig sein, musste auch Schwarze und Mulattinnen einschließen, damit seine Landsleute in Havanna ihre zu Hause unterdrückten Gelüste, mit Frauen dunkler Hautfarbe ins Bett zu gehen, befriedigen konnten; viele hatten in ihrer frostigen Heimat nicht den Mut dazu.

Unauffällig, nur in Begleitung eines Bodyguards und eines Oberkellners des Varietés, lief er rasch durch die verschiedenen Ebenen, wo man die Tische aufstellen würde; einiges war noch zu tun, auch der Anstrich fehlte noch. Die Veranstaltungsstätte war groß und für kubanisches Klima perfekt. Abends und nachts wehte eine erfrischende Brise durch die üppige Vegetation. Hauptsächlich tropische Bäume und Pflanzen bildeten die Dekoration; auf die Besucher anderer Breiten dürfte das zweifellos verführerisch wirken.

Der Oberkellner fragte ihn, ob er sich setzen und der Probe zuschauen oder in einem privaten Speisezimmer lieber etwas trinken oder essen wolle; er sei Gast des Hauses. Lansky lehnte dankend ab, er wolle lieber den Rundgang fortsetzen, er habe nicht viel Zeit. Der Gastgeber bat ihn, ihm in den kürzlich eröffneten Spielsalon zu folgen. Lansky bekam leuchtende Augen, als er die vielen Spielautomaten am Eingang sah; dann trat er in den weiträumigen, luxuriösen Spielsalon ein, der mit Tischen ausgefüllt war, an denen man Roulette, Baccarat, Poker und anderes spielen konnte. Er sah kaum Ausländer. Auffallend waren die Professionalität der Spieler, die alle Kubaner zu sein schienen, und die vielen Frauen, von denen einige sogar setzten.

Er konnte ein Lächeln nicht unterdrücken. Was er sah, bestätigte lediglich, dass sein Projekt eines Tourismus mit Spiel und Sex für das Publikum seines Landes ein unwiderstehliches Angebot sein würde. Schon jetzt flogen Flugzeuge mit nur einer technischen Zwischenlandung von New York nach Havanna, und von allen Häfen an der Küste waren es nur wenige Tage per Schiff. Es wäre leicht, Marinas zu bauen, in denen nordamerikanische Yachten mit ihren Passagieren vor Anker gehen könnten, und in Zukunft könnte man sogar spezielle Wochenendausflüge nach Kuba organisieren.

Lansky stellte sich die enormen Geschäftsmöglichkeiten vor, die die Insel bot, als sich ihm eine Frau näherte. Sie war mittelgroß, hatte schwarzes Haar, ein schönes Gesicht und durchdringende blaue Augen. Sie war elegant in schwarzen Samt gekleidet, was in einem anderen Klima angemessener gewesen wäre. Das Kleid unterstrich ihre tadellose Figur und kontrastierte mit ihrem perlmuttfarbenen Teint. Irgendetwas Besonderes an der jungen Frau sagte ihm, es müsse eine Tochter der Diaspora sein.

Sein Bodyguard reagierte umgehend und stellte sich vor ihn. Lansky beruhigte ihn und gab ihm ein Zeichen, dass alles in Ordnung sei.

»Herr Lansky«, sprach ihn das Mädchen an.

»Ja, bitte, was wünschen Sie, Señorita?«

»Ich bin Fräulein Bittner. Kann ich Sie einen Augenblick sprechen? Ich weiß, Sie sind ein vielbeschäftigter Mann, aber es dauert nur einige wenige Minuten.« Die junge Frau sprach Englisch mit deutschem Akzent.

»Ja, bitte, sprechen Sie nur.«

»Ich bin Ilse Bittner. Vor vier Jahren habe ich Deutschland verlassen, und von Frankreich aus bin ich dann nach Kuba gereist, und hier warte ich nun auf mein Einreisevisum in die Vereinigten Staaten.«

»Ja und?«, fragte Lansky.

»Auch meine Eltern konnten endlich ausreisen und sind auf dem Weg nach Havanna.« Hier machte sie eine Pause.

Lansky erfreute sich am Anblick des Mädchens, als sich ihnen eine große und dicke Person mit Geheimratsecken und pomadisiertem schwarzen Haar näherte, gefolgt von einem Paar.

»Sie kommen mit der St. Louis, und es gibt Probleme mit der Einreise der Passagiere, obwohl sie ordnungsgemäße Papiere haben. Wissen Sie davon?«

Lansky nickte leicht und schwieg, während der Dicke sich einmischte und, an Ilse gerichtet, mit übertrieben lauter Stimme fragte:

»Nena, gibt's ein Problem?«

Der Bodyguard hatte sich vor den Dicken gestellt, aber der Oberkellner antwortete auf Spanisch:

»Nein, kein Problem, Herr Hauptmann. Der Herr ist ein besonderer Gast des Hauses. Wenn Sie mögen, begleitet ich Sie in ein Privatbüro. Dort können Sie sich weiter unterhalten.« Dann machte er Lansky dasselbe Angebot auf Englisch.

»Danke, das ist nicht nötig. Sprechen Sie weiter, Fräulein Bittner«, erwiderte Lansky.

»Vielen Dank, sehr freundlich. Angesichts der Probleme, die die Reisenden auf der St. Louis haben, dachte ich, eine Vermittlung Ihrerseits könnte die Einreise meiner Eltern erleichtern. Seit vier Jahren habe ich sie nicht gesehen. Aber was mir noch mehr Sorgen bereitet, ist, was ihnen passiert, wenn sie nicht nach Kuba einreisen dürfen.«

Das andere Paar hatte sich der Gruppe zugesellt: ein kräftiger, hellhäutiger Mulatte von mittlerer Statur und mit militärischem Haarschnitt und eine Blondine in einem grünen, hautengen Kleid, die von ihrem Begleiter unbedingt wissen wollte, wer der Gesprächspartner von Ilse sei.

»Fräulein Bittner, ich weiß von der Lage, in der sich die St. Louis befindet, und ich weiß auch, dass man dabei ist, eine Lösung auszuhandeln. Ich hoffe, dass sich alles regelt und Sie bald mit Ihren Eltern zusammen sein können. Habe mich gefreut, Ihre Bekanntschaft gemacht zu haben, und stehe zu Ihrer Verfügung. Vielleicht sehen wir uns wieder, hier oder in den Vereinigten Staaten.«

Damit betrachtete Lansky das Gespräch als beendet; er machte eine Geste mit dem Kopf zu dem Mädchen hin und ignorierte ihren beleibten Begleiter.

»Vielen Dank, Herr Lansky, ich hoffe, Sie wiederzusehen.« Das waren die letzten Worte, die er von der hübschen jungen Frau vernahm.

****

Am folgenden Montag betrat José Antonio das Büro mit dem festen Entschluss, seinen unglücklichen Auftritt beim letzten Treffen wieder wettzumachen. Er würde Rebeca ins Kino oder irgendwo anders hin einladen und dazu die freien Tage um Weihnachten nutzen. Zu seiner Enttäuschung tauchte das Mädchen den ganzen Tag nicht auf; er dachte daran, Dr. Kreiner zu fragen, traute sich aber nicht. Eine direkte Nachfrage wäre dem Professor verdächtig vorgekommen, dem es wohl kaum gefallen hätte, dass sich eine Aushilfskraft für seine Tochter interessierte.

Der Dienstag begann mit einem bis auf die Knochen dringenden Eisregen. Tony hielt das Wasser für ein gutes Zeichen; er erinnerte sich daran, was die schwarze Rosa immer sagte, wenn in Havanna der Himmel seine Schleusen öffnete. Doch die Orischas arbeiteten nicht in der New Yorker Kälte; Rebeca erschien nicht, auch nicht der Professor. Am Mittwoch, dem letzten Arbeitstag vor dem Fest, blieben Dr. Kreiner und seine Tochter ebenfalls von der Arbeit fern. Die Universität schloss bis zur ersten Januarwoche, und so konnte er seinen Wunsch nach einer neuen Gelegenheit, sich mit der Österreicherin zu treffen, begraben.

Am Heiligabend begleitete Tony seinen Vater in die Bronx; die Leute aus Matanzas hatten sie eingeladen. Sie aßen früh zu Abend, taten sich an kreolischen Speisen gütlich: Schweinebraten, Reis, rote Bohnen und Pommes frites. Yucca, schwarze Bohnen oder Kochbananen zum Frittieren hatte niemand auftreiben können, aber die Gruppe der Kubaner und Puerto Ricaner sowie ein italienisches Paar aßen, tranken, sangen und tanzten zu kubanischer Musik von Schallplatten, die auf dem Grammophon eines Nachbarn abgespielt wurden, der sich dazu gesellte, als er von der Arbeit heimkehrte, und der verwundert fragte, warum man schon einen Tag vorher zu feiern begann. Der Amerikaner verstand keine der Antworten, lachte aber den ganzen Abend, obwohl er nicht Spanisch sprach, und versuchte, mit einer fast einen Kopf kleineren Puerto Ricanerin zu tanzen.

Die Tochter der Gastgeber-Familie, eine opulente Dunkelhäutige und Dauerrednerin, ernannte sich selbst zu José Antonios Tanzlehrerin und kritisierte ihn, er sei der einzige Kubaner in ganz New York, der den Son nicht gut tanzte. Tony versuchte den ganzen Abend, den Anzüglichkeiten des Mädchens aus dem Weg zu gehen. Sie war nicht sein Typ, und er wollte sich nicht in eine Beziehung zu einer Kubanerin verstricken. Nach drei Bieren kam der Moment, an dem sein Widerstand zu bröckeln begann, und gerade wollte er sich dem Anblick der großen Brüste, die beim Tanzen hin und her wogten, ergeben, als plötzlich ein Dominotisch aufgestellt wurde, was ihm die Rettung brachte.

Die Fernández schlugen nacheinander zwei Paare, die das ganze Spiel über miteinander diskutierten und lachten, bis die Hausherrin und ihre alte Mutter, die bislang kein Wort gesagt hatte, an der Reihe waren. Das neue Paar gewann 100:0. Manuel konnte es nicht glauben, und obwohl es schon spät war, sagte er, er würde erst gehen, wenn er gewonnen hätte. Die Revanche gegen die beiden Damen war nicht erfolgreich; im Unterschied zu den Männern sprachen sie beim Spiel kein Wort; sie kreischten nicht, protzten nicht, lachten nicht. Beim Abschied wollte die Dunkelhäutige, dass er sie anrufe, um mit ihr auszugehen, und die Hausherrin lud ihn zur nächsten Feier am einunddreißigsten ein, wofür sich Tony bedankte, ohne schon zuzusagen.

Während der Weihnachtstage musste sich José Antonio mit den anderen Gehilfen beim Füttern der Tiere im Labor abwechseln. Am ersten Tag, an dem die Reihe an ihm war, zur Universität zu fahren, wachte er fluchend auf: bei der Dunkelheit und der Kälte hätte man eigentlich im Bett bleiben müssen. Die Metro war menschenleer, und er fragte sich, was wohl seine Freunde, seine Schwestern und seine Mutter in Havanna machten. In ihm kam Heimweh auf: was um alles in der Welt machte er in New York, wo er Nagetiere fütterte und sich vor Kälte fast den Tod holte.

Als er nach den Schlüsseln für das Labor fragte, sagte ihm die Dame im Foyer, jemand habe sie schon geholt. Verdutzt stieg er zu den Büroräumen hinauf, wo er zu seiner Überraschung Rebeca antraf. Tony war wie gelähmt; das hatte er am wenigsten erwartet. Einen Augenblick lang wusste er nicht, wie er reagieren sollte, und blickte verwundert auf die Tochter des Professors, die an der Schreibmaschine saß. Noch dazu empfing ihn das Mädchen mit einem strahlenden Lächeln.

»Guten Tag, José.«

»Rebeca, wie kommt es, dass Sie hier sind?«

»Ich helfe meinem Vater bei den unerledigten Arbeiten. Wie haben Sie Weihnachten verlebt?«

»Gut, gut. Vergangene Woche waren Sie nicht hier. Was war geschehen?«

»Ich habe ein paar Tage bei der Familie meines Vaters in New Jersey verbracht.«

»Und der Professor?«

»Der hat es vorgezogen, zu Hause zu arbeiten.«

José Antonio konnte sein Glück nicht fassen. Rebeca an einem freien Tag, da keine Seele hier war, im Labor anzutreffen, vor allem nicht der Professor! In diesem Moment konnte er es nicht wissen, aber später gestand ihm Rebeca, sie habe, da sie den Dienstplan der drei Gehilfen kannte, den Tag gewählt, an dem Tony Dienst haben würde, um Liegengebliebenes aufzuarbeiten und bei der Gelegenheit auch Tony wiederzusehen.

Fast eine Stunde lang war jeder mit seiner Arbeit beschäftigt, ohne zu offensichtlich dem anderen Beachtung zu schenken. Während José Antonio die Kaninchen und die Ratten fütterte, zerbrach er sich den Kopf, wann wohl der beste Moment sei, sie anzusprechen, bis er schließlich all seinen Mut zusammennahm und Rebeca seine Hilfe anbot.

»Nein, vielen Dank, ich bin gleich fertig«, entgegnete das Mädchen.

Tony fragte sich, ob das wirklich so sei oder ob er das als Ablehnung auffassen sollte. Diesen Zweifel wollte er ausräumen.

»Rebeca, darf ich für eine Minute um Ihre Aufmerksamkeit bitten?«

Eher erwartungsvoll als überrascht blickte das Mädchen José Antonio mit wachen Augen an. Tony entschloss sich, aufs Ganze zu gehen.

»Ich möchte mich gern mit dir weiter unterhalten. Ich lade dich zum Mittagessen ein.«

Rebeca zögerte etwas, was ihm erneut Qualen bereitete. Der Grund für das Zögern war allerdings nicht, dass sie unschlüssig war, sondern sie wollte den Augenblick auskosten; es gefiel ihr, dass der Kubaner sie so direkt angesprochen hatte.

»Einverstanden, aber unter einer Bedingung.«

»Die wäre?«

»Going Dutch.«

»Entschuldige, aber das verstehe ich nicht.«

»Jeder zahlt für sich selbst, wie es die Holländer tun.«

»Das bedeutet ‚Going Dutch'? In Kuba sagt man ‚a la americana'.« Er lachte laut auf, während Rebeca den Mund zu einem Lächeln verzog.

Draußen war es sehr kalt, so dass sie in das erstbeste Restaurant gingen, das ihnen einigermaßen preiswert erschien.

Das Mittagessen zog sich hin, obwohl jeder nur ein Gericht bestellt hatte. Sie tranken ein Glas Wein und sprachen über Gott und die Welt. Am Anfang ging es um Kunst, wobei es José Antonio schwer fiel, an ihr Niveau anzuknüpfen, bis sie auf das Kino zu sprechen kamen. Rebeca fragte, ob er »Panzerkreuzer Potemkin« gesehen habe, einen der besten Filme der letzten Jahre. Tony kannte ihn nicht, in Havanna war er nicht gezeigt worden, aber er ließ sich nicht aus der Fassung bringen und breitete sein enzyklopädisches Wissen über den internationalen Film aus, lobte insbesondere auch das deutsche Kino.

Rebeca hielt Fritz Lang für den besten Regisseur und sprach über die Bedeutung des deutschen Expressionismus und über »Metropolis« als einem Meisterwerk. Tony kannte diesen Film, aber da er ihm nicht gefallen hatte, gab er zur Antwort, er finde den »Blauen Engel« mit Marlene Dietrich besser, woran sich eine Diskussion über Literatur und Film anschloss und darüber, welches Medium wohl größeren Einfluss auf das Publikum habe. Tony wurde sich bewusst, wie produktiv seine Stunden im Fausto zwischen Film und Lektüre gewesen waren; jetzt retteten sie seine Ehre vor der Österreicherin, die ihn unaufhörlich mit Fragen und Antworten bombardierte. Zum Schluss waren sie sich lediglich in ihrer Bewunderung für Chaplin einig, obwohl sie unterschiedlicher Meinung waren, welcher seiner Filme der beste war: für ihn war es »Goldrausch«, für sie »Lichter der Großstadt«.

Sie unterhielten sich noch weiter über die Welt, das Leben, sich selbst und was sie von der Zukunft erhofften. Als der Kellner sie zum zweiten Mal fragte, ob es noch etwas sein dürfe, beschlossen sie aufzubrechen. José Antonio wollte sein Glück weiter auf die Probe stellen und schlug vor, bis zum Times Square zu laufen, wo in einem der Kinos noch immer Frank Capras »Es geschah in einer Nacht« gegeben wurde. Diesmal nahm Rebeca die Einladung sofort an.

Im Kino verpasste José Antonio den halben Film, weil er Rebeca im Dunkeln immer wieder anschauen musste und dabei überlegte, ob eine Geste angebracht sei. Schließlich entschied er sich, zurückhaltend zu sein, der Nachmittag war so gut verlaufen, mehr als gut, und es war besser, sich ein neues Treffen nicht zu verbauen. Als sie aus dem Kino traten, war es bereits völlig dunkel, und es herrschten eisige Temperaturen.

»José, vielen Dank für die Einladung, es war ein angenehmer Nachmittag.«

»Für mich war es ein herrlicher Nachmittag. Aber wir wollen uns doch nicht schon hier verabschieden? In welche Richtung gehst du jetzt?«

»Ich gehe nach Hause, nach Brooklyn. Du brauchst mich nicht zu begleiten. Außerdem ist es sehr kalt, und du bist nicht warm genug angezogen.«

»Unmöglich. Ich kann dich hier nicht allein lassen. Ich muss dich nach Hause begleiten, das gehört sich so. Und überhaupt, so können wir uns weiter unterhalten; es macht Spaß, mit dir zu reden.« Er nahm sie beim Arm und steuerte auf die Metro zu.

Rebeca sträubte sich nicht; ihr gefiel, wie er als Mann auftrat, und sie empfand auch die Unterhaltung mit ihm als angenehm. Schnell erreichten sie die Station und stiegen zu den Bahnsteigen hinunter. Nur wenige Leute standen auf der Plattform; José Antonio hätte sie gern umarmt, aber er beherrschte sich.

»Wie hat dir der Film gefallen?«, fragte Tony.

»Gut, eine hübsche Komödie.«

»Ja, finde ich auch. Er hat mehrere Oscars gewonnen. Die Schauspieler waren gut, vor allem Paulette Colbert.«

»Ja, wirklich. Auch Clark Gable war gut. Ich habe gelesen, der Verkauf von Unterhemden sei nach dem Film zurückgegangen wegen der Szene, in der er kein Unterhemd trägt und sich mit nacktem Oberkörper zeigt.«

»In diesem Land ist alles möglich.«

»Aber er ist ein hervorragender Schauspieler und zudem sehr attraktiv.«

Tony fühlte sich bei dieser Bemerkung etwas unwohl und ignorierte sie. Ihm gefiel nicht, dass seine Begleitung so über einen anderen Mann sprach, selbst wenn er ein Schauspieler war. In diesem Moment vernahmen sie das Pfeifen der heranbrausenden Metro. Der Wagen war nicht voll, so dass sie nebeneinander sitzen konnten. Für einen Augenblick entstand ein unangenehmes Schweigen, doch dann brach er das Eis.

»In diesem Jahr gab es aus Hollywood mehrere Kassenschlager.«

»Ich bin keine Expertin, aber ich mag das europäische Kino lieber.«

»Es gibt sehr gute europäische Filme, aber Hollywood verfügt über mehr Ressourcen«, gab Tony zu bedenken.

»Weißt du, dass die meisten Produzenten der großen amerikanischen Filmstudios Juden aus Osteuropa sind? Alle sind als Kind oder in jungen Jahren in die Vereinigten Staaten emigriert, wo sie in New York das Geschäft mit den Ladenkinos begannen und sich dann in diesem Vorort von Los Angeles niederließen.«

»Wo hast du das gelesen? Das höre ich zum ersten Mal. Ich zweifle, dass sich die Nordamerikaner solch ein gutes Geschäft von einer Gruppe von Ausländern nehmen lassen«, wandte er ein.

»Anfangs haben die hiesigen Geschäftsleute den Film nicht als ernsthaften Beruf angesehen. Auch spielten das kulturelle Niveau eine Rolle und der Unternehmergeist dieser Juden, die einfach die Gelegenheit nutzten. Sind viele Emigranten auch nach Kuba eingewandert?«

»Ja, fast die gesamte Bevölkerung stammt von Einwanderern ab.«

»Aus welchen Ländern kamen die?«

»Die meisten aus Spanien. Aber eigentlich kamen sie von überall her.«

Tony kostete es große Mühe, dem Gespräch zu folgen. In Gedanken war er mit etwas anderem beschäftigt. Die ganze Fahrt über hatte er versucht, Rebecas Fragen zur Vielfalt der Kubaner zu beantworten, während er sich den Kopf zermarterte, ob jetzt wohl der Zeitpunkt gekommen war, sie zu küssen. Noch als sie in Brooklyn ankamen, war er unentschlossen; sie gingen die beiden Querstraßen bis zu Rebecas Haus und wollten sich gerade verabschieden, da hob Rebeca den Kopf und drückte ihre Lippen auf die seinen. José Antonio vergaß die Kälte und verspürte die ganze Magie einer dunklen Winternacht.

18. KAPITEL

Am sechsundzwanzigsten Mai, als die St. Louis nur noch eine Tagesreise von ihrem Ziel entfernt war, bereiteten sich die Passagiere auf das Ausschiffen vor und gaben auch ihr letztes Geld aus. Einige kauften Souvenirs, andere verwendeten es darauf, Telegramme an ihre Angehörigen und Freunde in den Vereinigten Staaten und Deutschland abzusetzen, in denen sie das Ende der Überfahrt und die bevorstehende Ankunft in Kuba ankündigten.

Rebeca wachte mit einem größeren Appetit auf als gewöhnlich, weshalb sie sich mit dem Zurechtmachen und Anziehen beeilte, um rasch zu frühstücken. Gretel war spät zu Bett gegangen und schlief noch tief und fest, als Rebeca die Kajüte verließ. Im Speisesaal unterhielt sie sich ein Weilchen mit dem Kellner mit der Valentino-Frisur. Der junge Mann fragte sie, wie lange sie in Havanna bleiben würde, und empfahl ihr mehrere Sehenswürdigkeiten. Er war auf einer seiner früheren Reisen schon einmal dort gewesen. Die Stadt hatte ihm gefallen, mit Ausnahme der Hitze; er fand sie faszinierend, vor allem die Architektur und die Menschen; sie sei so ganz anders als die europäischen Städte. Er bedauerte, dass die St. Louis diesmal nur für einen Tag anlegen und er kaum Zeit für ein paar Stunden an Land haben würde.

Nach dem opulenten Frühstück verabschiedete sich Rebeca von dem jungen Mann und ging aufs Deck hinaus. Es war ein strahlend heller Tag, und es wehte eine frische Brise. Sie beschloss, sich den Reisenden zuzugesellen, die an Steuerbord den sich schon abzeichnenden südlichen Küstenstreifen von Florida erspähten. Sie kam an dem Paar aus Königsberg vorüber, das bereits zu dieser Stunde so tadellos gekleidet war, als wollte es in der Berliner Stadtmitte spazieren gehen; die Beiden grüßten sie höflich, wie immer, nahmen aber kaum Notiz von ihr. Rebeca setzte ihren Gang an Deck fort, bis sie auf Gretels Vater und die Sheinbaums traf, die sich angeregt unterhielten.

»Guten Tag, Fräulein Kreiner«, begrüßten die Drei sie fast einstimmig.

»Guten Tag. Sie sind bestimmt froh, bald bei Ihren Kindern zu sein«, sagte Rebeca zu dem Ehepaar gewandt.

»Ja, wir sind glücklich«, erwiderte Frau Sheinbaum.

»Ist es wirklich ein Land der unbegrenzten Möglichkeiten?«, fragte ihr Mann, den Blick auf die Küste gerichtet.

Rebeca und Gretels Vater sahen sich an, ohne zu antworten. Es war nicht klar, an wen sich diese Frage richtete.

»Was meinen Sie, Herr Goldstein?«, hakte Sheinbaum nach und wischte sich mit einem Tuch den Schweiß von der Stirn.

»Um ehrlich zu sein, ich weiß es nicht. Viele behaupten es; sie sagen, es ist ein Land, in dem sich für die, die sich anstrengen, das Arbeiten lohnt. Es gibt Leute, die vom schnellen Reichwerden erzählen, was mir eher als Fantasie vorkommt. Aber ich weiß es nicht wirklich.«

»Rebeca, Sie haben doch dort gelebt. Was denken Sie?« fragte Sheinbaum.

»Die Geschichten, die ich in Österreich über das schnelle Glück in den USA gehört habe, sind mir immer übertrieben vorgekommen. Ich habe niemals geglaubt, dass die Einwanderer den berühmten amerikanischen Traum verwirklichen könnten. Aber nachdem ich in New York gelebt habe, denke ich doch, dass viele etwas erreicht haben. Es ist zweifellos ein Land mit großen Möglichkeiten. Natürlich schaffen es nicht alle; man muss sehr hart arbeiten und auch etwas Glück haben. Es ist nicht perfekt, und wie überall gibt es dort auch Armut. Auch lassen sich nicht alle Einwanderer für immer dort nieder; ein Teil kehrt nach Europa zurück, wobei das wohl auch davon abhängt, aus welchem Land sie kommen. Das ist meine Meinung. Waren Sie schon mal in den Vereinigten Staaten?«, fragte Rebeca.

»Nein. Wir sind nie aus Europa herausgekommen. Vor vielen Jahren, noch vor dem Großen Krieg, ist mein bester Freund nach New Jersey ausgewandert und hat versucht, mich zu überreden, mit ihm zu gehen. Er sagte, es sei eine Reise in den Wohlstand und die beste Entscheidung, die ich für die Zukunft meiner Kinder treffen könnte. Ich bin nicht mitgegangen, sondern in Stuttgart geblieben. Anfangs dachte ich, ich hätte mich richtig entschieden, und dann, als der Krieg ausbrach und wir die Folgen zu tragen hatten, habe ich es bedauert, seinem Rat nicht gefolgt zu sein. Dann erholte sich Deutschland wieder, ich konnte mein Geschäft erweitern, und wieder habe ich geglaubt, dass es gut gewesen war zu bleiben. Schließlich haben die Nazis meinem Freund Recht gegeben.«

»Die Entscheidung, auszuwandern und alles, was einem vertraut ist, zurückzulassen, ist ein altes Dilemma. Es ist Teil der Menschheitsgeschichte. Man sollte meinen, wir Juden sind Experten in dieser Frage. Trotz allem ist mir die Entscheidung, aus Breslau fortzugehen, nicht leicht gefallen, und ich habe immer noch Zweifel. In meinem Alter ist es nicht leicht, von vorn anzufangen. Ich weiß wirklich nicht, was mich in Zukunft erwartet«, sagte Gretels Vater.

»Ja, es ist eine schwierige Entscheidung. Ich glaube, es gibt für jedes menschliche Dilemma unterschiedliche Wege und Ergebnisse, und auf die wirken so viele Faktoren ein, dass die endgültige Antwort schließlich doch von jedem Einzelnen abhängt. Aber in diesem Moment haben die deutschen Juden keine Alternative. Auswandern ist die einzige Möglichkeit. Ich glaube, weder Sie noch Ihre Familien werden das bereuen. Außerdem sind Sie ja noch jung, Sie sind Universitätsprofessor und gut ausgebildet. Millionen haben es in Nordamerika zu einem besseren Leben gebracht; ich sehe keinen Grund, warum Sie es nicht auch schaffen sollten«, fügte Sheinbaum hinzu.

»Ihr Optimismus ist gut, aber ich glaube nicht, dass es leicht sein wird, besonders in meinem Fall. Für die Professoren spielt das Dienstalter die wichtigste Rolle, und meins ist in Deutschland zurückgeblieben.«

»Rebeca, fährst du gleich weiter in die Vereinigten Staaten? Wie lange bleibst du in Kuba?«, fragte Frau Sheinbaum.

»Nur wenige Tage. Wenn ich das Organisatorische erledigt habe, reise ich nach New York weiter.«

Rebeca hatte nicht alles gesagt. Während der ganzen Überfahrt hatte sie niemandem von José Antonio erzählt, geschweige denn von einem möglichen Treffen in Havanna. Am Abend zuvor war sie nahe daran gewesen, es Ackermann zu erzählen. Nachdem sie sich geküsst hatten, war sie versucht, von Tony zu sprechen, aber sie tat es nicht; sie wusste nicht, wie sie es sagen sollte. Gustav erklärte ihr, wie sehr sie ihm gefalle. Er hatte ihr sogar gestanden, in sie verliebt zu sein, und ihr vorgeschlagen, an einen dunkleren Ort zu gehen. Rebeca schwieg ein Weilchen, dachte aber dann doch, dass es genug sei für den Abend, und antwortete, sie würde lieber in die Kabine zurückgehen. Die Antwort enttäuschte Ackermann, was er nicht verbergen konnte, und so versuchte er, Zeit zu gewinnen. Nach einigem Hin und Her entfernte er sich.

Als sie die Kabine betrat, freute sie sich, dass Gretel noch nicht da war, und beim Ausziehen fragte sie sich, ob sie richtig gehandelt hatte oder ob sie lediglich einem Impuls gefolgt war, als sie sich von Gustav küssen ließ. Sie ließ sich nicht gern von den Umständen treiben, geschweige denn, dass sie einem Wunsch nachgab, ohne überzeugt zu sein. Sie hatte sich immer bemüht, ihr Leben unter Kontrolle zu halten und ihre eigenen Entscheidungen bewusst zu treffen. Andererseits war das, was geschehen war, keine große Geschichte, und deshalb versuchte sie, so schnell wie möglich einzuschlafen. Aber der Schlaf wollte so bald nicht kommen. Sie fühlte sich unwohl mit dieser Situation; nicht wegen des Geschehenen – ein Kuss bedeutete nichts. Was sie wirklich beunruhigte, war, dass sie zum ersten Mal seit langer Zeit einem Mann begegnet war, der ihr gefiel; genau jetzt, da sie auf dem Weg zu einem anderen Mann war, dem einzigen, der ihr wirklich etwas bedeutet hatte.

****

Mit seinen Kollegen vom Ausschuss wartete Hakim in der luxuriösen Diplomatenresidenz im exklusiven Stadtviertel Biltmore auf den Botschafter der Vereinigten Staaten. Woher der Name des Viertels kam, wusste niemand, nur dass er gut klang für die neue Siedlung, die sich gerade im Westen der Stadt entwickelte. Hakim bewunderte den riesigen blühenden Garten und dachte zurück an die Frühlingstage seiner Kindheit im fernen Ostthrakien.

Noch musste er die Überraschung verdauen, die man ihm bei seiner Rückkehr aus Santiago de Cuba bereitet hatte. Er war zur Beerdigung seines Cousins Anton dorthin gefahren und hatte keine andere Möglichkeit gesehen, als seiner Tochter und deren Mann die Führung des Geschäfts zu überlassen. Anstatt bei seiner Rückkehr das erwartete Chaos vorzufinden, war alles in perfekter Ordnung, auch die Höhe des Umsatzes und des Gewinns. Deborah war stets schwierig und unberechenbar gewesen. Nach Abschluss der Grundschule wollte sie sich, anstatt sich auf die

Heirat vorzubereiten, um eine kaufmännische Ausbildung bemühen, was Anlass für eine Familienkrise war, die nur beigelegt werden konnte, indem sich Hakim und Sara mit der Idee abfanden, aber unter der Bedingung, dass sie sich nach Abschluss der Ausbildung keine Arbeit suchen und der Tradition entsprechend zu Hause bleiben und auf ihre Verheiratung warten würde.

Sie schloss die Lehre mit ausgezeichneten Noten ab und hielt sich an die Vereinbarung. Aber der Eheanwärter war nicht der, den sich ihre Eltern erhofft hatten. Statt mit einem Sepharden, der ein gut gehendes Familiengeschäft erben würde, erschien Deborah mit einem Hänfling, der keinen Centavo besaß und Spanisch mit einem starken jiddischen Akzent sprach. Anfangs weigerten sich die Hakims, die Möglichkeit einer Ehe überhaupt in Erwägung zu ziehen, denn abgesehen davon, dass der Bewerber arm war, gehörte er auch zu den Ashkenazim. Aber die Tochter beharrte darauf und war offenbar in den kleinen Polen verliebt, und um dem Schlimmsten zuvorzukommen, kam Pepe zu dem Schluss, dass das kleinere Übel vorzuziehen sei. Er besiegte Saras Widerstand, in die Heirat einzuwilligen.

Das junge Paar hatte zwei Kinder in dichter Folge, seine ersten und einzigen Enkel. Da entstand erneut ein Streit, denn Deborah wollte im Bekleidungsgeschäft der Familie arbeiten. Endlose Diskussionen wurden geführt, doch mit Rückendeckung durch den Ehemann und die beiden Brüder, die mit dem Mädchen eine gemeinsame Front bildeten, setzte die Tochter wieder einmal ihren Willen durch. Pepe war zwar skeptisch, doch Deborahs buchhalterische Fähigkeiten waren vom ersten Tag an untadelig. Niemand in der Familie wagte, das Thema noch einmal anzusprechen, bis Sammy ankündigte, er würde seiner musikalischen Berufung folgen; diese letzte Krise war ein Glücksfall für Deborah, die nun während Pepes Reise in den Osten das Geschäft leitete.

Das Eintreten des Botschafters riss ihn aus seinen Gedanken über die Familie; der Diplomat gab sich selbstsicher wie die meisten in Kuba tätigen Amerikaner. Hakim fragte sich, wie es den Vereinigten Staaten gelang, bei allen ihren Repräsentanten diese Haltung herauszubilden.

Eigentlich war der Diplomat bemüht, sein Unwohlsein zu unterdrücken; er hatte starkes Sodbrennen und ärgerte sich, am

Morgen zwei Tassen kubanischen Kaffees getrunken zu haben. Er war wieder einmal schwach geworden, als ihm beim Frühstück das exquisite Aroma aus der Kaffeekanne in die Nase stieg, und jetzt hatte er die Konsequenzen zu tragen. Schon beim Aufstehen hatte er geahnt, der Tag würde nicht gut verlaufen. Die Hitze und die Feuchte vermiesten ihm die Atmosphäre. Er erinnerte sich, wie man ihn zu seiner Ernennung beglückwünscht hatte. Viele sagten ihm lang andauernden Urlaub auf einer herrlichen Tropeninsel mit den besten Stränden der Karibik und der am freundschaftlichsten verbundenen Regierung auf dem gesamten Kontinent voraus. Das stimmte alles, aber das Glück währte nur kurz; einige Wochen nach seiner Ankunft in Havanna entfalteten sich wahnsinnige Spionageaktivitäten der Nazis, und dann bedrängten ihn das Heer, die Marine und das FBI – alle wollten sie die Besten sein in der Spionageabwehr, ohne zu wissen, wie schwierig es in einem Land wie Kuba war, eine solche Abwehr zu organisieren.

Danach kamen Anweisungen des State Departments; am wichtigsten für das Außenministerium waren Informationen über die Aktivitäten krimineller New Yorker Banden in Havanna, die ihre Operationsbasis auf der Insel, ausgehend von den während der Prohibition geknüpften Verbindungen, auszuweiten beabsichtigten. Angesichts dieser neuen Anforderungen aus Washington bat er um eine Aufstockung des Personals, aber dies wurde so brüsk abgelehnt, dass er sich schwor, seine Vorgesetzten nie wieder damit zu behelligen. Zu allem Unglück würde er bald die Bequemlichkeit seiner Diplomatenresidenz, einer der Vorzüge des Botschafterpostens in Havanna, verlieren, denn im Haus würde in Erwartung eines möglichen Besuchs Präsident Roosevelts, der wegen seiner Invalidität keine Treppen steigen konnte, ein Fahrstuhl eingebaut werden. Und als ob das noch nicht genug wäre, musste er sich jetzt auch noch mit dem Judenschiff herumärgern, das in wenigen Stunden in Havanna anlegen würde. Sein Büro empfing ständig Besucher, es gingen Anrufe, Telegramme und Briefe aus allen Bundesstaaten der USA ein, in denen man sich besorgt um das Schicksal der Flüchtlinge äußerte. Der Konsul hatte versucht, ihm zu erklären, worum es bei dem verflixten Kreuzfahrtschiff ging, aber er konnte noch immer nicht begreifen, warum man das Problem der Ausschiffung der

Passagiere der St. Louis nicht lösen konnte. In Kuba ließ sich doch alles mit einem Telefonanruf und einem Geldbetrag regeln.

Um dieses Rätsel aufzuklären, hatte er eingewilligt, die Vertreter der hiesigen jüdischen Organisation zu empfangen; so würde er Informationen aus erster Hand erhalten und sich auf eine nachfolgende Besprechung mit verschiedenen Botschaftsangehörigen vorbereiten können. Von seinen Mitarbeitern würde er Vorschläge erbitten, und er würde einen Bericht für das State Department schreiben.

»Guten Tag und willkommen in der offiziellen Residenz der Vereinigten Staaten in Kuba. Es ist mir eine Freude, Sie zu empfangen.«

Der Ausschussvorsitzende begann sein ausführliches Referat in perfektem Englisch. Bei dieser Gelegenheit beschränkte sich Pepes Rolle auf die eines einfachen Begleiters als Vorstandsmitglied. Während sein Kollege sprach, erinnerte sich Hakim an Isaacs Einwände gegen dieses Treffen. Sein Freund hielt das für Zeitverlust und lehnte es ab, daran teilzunehmen. Das Ende der einführenden Darlegungen holte ihn aus seinen Gedanken in die Wirklichkeit zurück, und er war gespannt auf die Antwort des Botschafters.

»Vielen Dank für die Information und dafür, dass Sie uns über die Entwicklung der Ereignisse auf dem Laufenden halten. Wie Sie wissen, ist die Position der Regierung der Vereinigten Staaten ganz klar: sie ist darauf gerichtet, allen aus politischen oder religiösen Gründen Verfolgten jede mögliche Hilfe zukommen zu lassen. Sie wissen auch, dass in den letzten Jahren die Quoten für die Einwanderung deutscher Staatsbürger nach Nordamerika fast ausschließlich den Verfolgten vorbehalten waren. Dies war und ist die Politik der gegenwärtigen Administration, die zahlreiche intensive Verhandlungen auf internationaler Ebene geführt hat, um zu erreichen, dass sich auch andere Nationen an diesen Bemühungen beteiligen, unter anderem auf der Konferenz von Evian, die auf Initiative der Vereinigten Staaten einberufen wurde. Sie wissen, dass sich dieses Problem nur auf dem Wege der Zusammenarbeit und der Beteiligung der internationalen Gemeinschaft lösen lässt; dies ist die Position, die wir in internationalen Foren vertreten haben und zu der wir weiterhin stehen.« Der Botschafter hielt inne; er machte den Eindruck, als schwanke er angesichts der duftenden Tasse Kaffee, die man serviert hatte; dann nahm er einen Schluck aus dem Glas mit dem Eiswasser.

Hakim war versucht, dem Diplomaten ins Wort zu fallen; dieses »wie Sie wissen« wurde ihm zu viel. Die ganze Welt wusste, dass Evian keine konkreten Ergebnisse gebracht hatte, und es war ein offenes Geheimnis, dass vor Konferenzbeginn eine geheime Vereinbarung zwischen Washington und London abgeschlossen worden war. Mit ihr sollte vermieden werden, dass die Nichterfüllung der Quoten für deutsche Einwanderer in die Vereinigten Staaten zur Sprache kommt; als Gegenleistung würde man auch nichts über die britischen Aufnahmebeschränkungen für die jüdische Auswanderung nach Palästina verlauten lassen. Doch er unterbrach den Botschafter nicht, der mit seiner Rede fortfuhr.

»Von Havanna aus gibt es nach wie vor einen legalen, stabilen und ständigen Strom von Flüchtlingen in mein Land. Aber das Gesetz erlaubt keine Erhöhung der zugelassenen Einwandererzahlen. Noch weniger können wir akzeptieren, dass man versucht, auf ungesetzliche Weise nordamerikanisches Territorium zu erreichen. Uns liegen zuverlässige Berichte über eine Zunahme illegaler Ausreisen aus Kuba und über Flüchtlinge vor, die auf alle erdenkliche Weise die Meerenge von Florida überqueren. Sie werden heimlich auf Schiffen dorthin gebracht, und es fliegen auch Sportflugzeuge mit blinden Passagieren an Bord. Daher ersuchen wir Sie um Ihre Kooperation und um die der hiesigen jüdischen Gemeinde, um diesem illegalen Flüchtlingsstrom Einhalt zu gebieten.«

Die Worte des Botschafters riefen unter den Anwesenden ein betretenes Schweigen hervor. Der Ausschussvorsitzende versuchte von Neuem zu begründen, wie wichtig es sei, dass die Vereinigten Staaten etwas unternähmen, um die Einreise der Flüchtlinge zu genehmigen, oder zumindest mit der kubanischen Regierung zu verhandeln, damit die Passagiere der St. Louis aufgenommen würden. Aber der Konsul sunterbrach ihn.

»Wie Sie wissen, können wir uns nicht in die inneren Angelegenheiten Kubas einmischen.«

Hier entschuldigte sich der Botschafter mit den Worten, er habe noch einen anderen Termin, und erklärte das Treffen für beendet.

›Wie wir alle wissen‹, dachte Hakim mit einigem Sarkasmus, drehen die Amerikaner immer den Spieß um: Wir beginnen das Gespräch mit der Bitte um Hilfe, und am Ende entlässt man uns mit einer Aufgabe. Er rief sich die Worte Weizmanns ins Gedächtnis, der nach der Konferenz von Evian gesagt hatte, die Welt zerfalle in zwei Hälften – in eine, in der Juden nicht leben könnten, und in eine andere, in die man sie nicht hereinließ.

****

José Antonio und Rebeca vereinbarten, sich nach drei Tagen wieder zu treffen, wenn er zur Universität müsste, um die Tiere im Labor zu füttern. Die Zeit bis dahin verbrachte Tony damit, in einer alten Encyclopedia Britannica über Österreich nachzulesen. Den Band hatte er sich trotz des heftigen Schneefalls in New York aus dem Konsulat geholt.

Am vereinbarten Tag war die Stadt in Weiß gehüllt. Als sich Tony aus dem Fenster lehnte und die Straßen und Bürgersteige verschneit und vereist sah, dachte er, Rebeca würde nicht kommen. Beim Verlassen des Hauses blies ihm ein schneidender, eiskalter Wind entgegen. Die Wagen der Metro blieben die ganze Fahrt über leer, und er dachte, im Labor würde er mit den Meerschweinchen allein sein. Er erwog verschiedene Vorwände, um Rebeca zu Hause zu kontaktieren; ihm würde es nichts ausmachen, bis nach Brooklyn zu fahren, das Problem wäre nur, Kreiner auszuweichen, vor dem er sein Interesse für seine Tochter noch verbergen musste. Sie hatten noch nicht offen darüber gesprochen, aber aus Rebecas Verhalten hatte er geschlossen, dass auch sie ihrem Vater lieber nichts von ihren Treffen erzählte. Er dachte daran, vor Rebecas Haus Wache zu stehen und eine zufällige Begegnung zu vorzutäuschen, aber bei der an diesem Morgen herrschenden Kälte wäre er bald zu einer Eissäule gefroren. Als er am Campus ankam, war dort nicht geräumt, und er versank bis zu den Knien im Schnee. Er verwünschte sich selbst und fragte sich, was zum Teufel er am Jahresende in dieser Eiseskälte tat, wo er sich doch unter der Sonne Havannas auf das Neujahrsfest hätte vorbereiten können.

Er ging langsam, Schritt für Schritt, um nicht auf dem Eis auszurutschen, bis er vor dem Labor stand und merkte, dass er den Schlüssel nicht bei sich hatte. Wieder verfluchte er die Kälte, den

Winter und die Meerschweinchen, als er in Kreiners Büro Licht brennen sah. Noch wollte er an seinen guten Stern nicht glauben; er drehte am Türknauf, und die schwere Tür öffnete sich. Rebeca empfing ihn mit einem Lächeln.

»Guten Morgen. Du kommst spät.«

»Ich dachte, du würdest nicht kommen, wegen des Schnees.«

»In Wien darf man nicht wegen ein paar Schneeflocken die Arbeit versäumen. Also los, kümmere dich um deine Aufgaben, und mach' so schnell wie möglich Schluss, denn die Heizung ist nicht angestellt.«

Aber anstatt dieser Aufforderung nachzukommen, ging José Antonio auf Rebeca zu, umarmte sie und küsste sie zärtlich auf die Lippen. Jetzt war die Überraschung an ihr, und sie entzog sich ihm taktvoll.

»Nicht hier, wir sind hier im Labor. Bist du immer so?«

»Nein, nur bei den Österreicherinnen.«

»Hast du schon viele kennengelernt?«

Tony antwortete nicht und versuchte, sie erneut zu küssen, aber Rebeca hielt ihn auf Distanz.

»Nicht drängen. Geh arbeiten, und dann gehen wir schnell irgendwo einen Kaffee trinken.«

José Antonio verstand, dass er sie nicht weiter bedrängen durfte, und widmete sich mit Elan der Fütterung der Tiere und der Säuberung der Käfige. In Rekordzeit war er fertig, und dann gingen sie direkt zur Metro-Station und fuhren in Richtung Times Square. Dort begaben sie sich in das erste annehmbare Restaurant. Das Gespräch drehte sich zunächst um ihre jeweiligen Erfahrungen in New York und dann um die Vereinigten Staaten. Rebeca hatte kein so idyllisches Bild von Amerika wie viele Europäer, aber Big Apple gefiel ihr. Sie war neugierig auf Tonys Meinung; einerseits lehnte sie die Rolle ab, die die Vereinigten Staaten in Kuba spielten; andererseits begeisterten sie die Effizienz, der Pragmatismus, die Musik, das Kino und viele andere Dinge im Leben Nordamerikas, sogar das Pelota-Spiel, von dem sie noch immer nichts verstand.

Während sie sich unterhielten, waren seine Nervenzellen im Streit miteinander, ob er ihre Hand halten solle oder nicht; einerseits war das Restaurant fast leer, andererseits war die Anordnung der Stühle am Tisch ungünstig, so dass die Geste zu aufdringlich erscheinen konnte. Es war das erste Mal, dass er mit einer Europäerin ausging; alle Welt in Kuba sagte, diese seien sehr liberal und ganz anders als die Kubanerinnen, aber genau wusste er es nicht. Schon bei der ersten Begegnung war ihm aufgefallen, dass Rebeca anders war als die Frauen, die er kennengelernt hatte; ihr Verhalten war immer sehr natürlich, und sie war es gewesen, die die Initiative ergriffen und ihn beim letzten Abschied geküsst hatte. An jenem Abend, als er den Abschied hinauszögern wollte, hatte sich Rebeca langsam von ihm gelöst und ihn verabschiedet. Als er sie am Morgen im Labor wiedersah, hatte sie sich anfangs der Umarmung und dem flüchtigen Kuss hingegeben, aber weiter wollte sie nicht gehen. Und jetzt tat sie, als sei nichts zwischen ihnen gewesen, aber es war doch nicht möglich, dass sie das Geschehene vergessen hatte. Vielleicht war es eine Aufforderung an ihn, sich mehr zu trauen, vielleicht auch nicht.

Als sie aus dem Restaurant traten, konnte José Antonio nicht mehr an sich halten; er zog sie an sich und küsste sie kurz auf den Mund. Sie regte sich nicht, sagte auch nichts, sah ihn lediglich einen Moment an und zog sich zurück.

»Du bist sehr impulsiv. Frierst du sehr? Wenn du es aushältst, würde ich gern noch ein wenig spazieren gehen«, schlug Rebeca vor.

»Ja, gehen wir, ich friere nicht.«

Die Straße war menschenleer; er legte seinen Arm um ihre schlanke Taille, und trotz der Winterkleidung meinte er ein leichtes Erschauern zu spüren. Rebeca wies diesen Vorstoß ab und entwand sich ihm, diesmal brüsk.

»José, ich glaube, du hast es sehr eilig.«

Jetzt war es an Tony, verwirrt zu sein, mehr als verwirrt; er verstand den Widerspruch zwischen dem Kuss in Brooklyn und ihrem Widerstreben, mit dem sie ihm den ganzen Tag begegnet war, nicht. Er entschied sich für einen rechtzeitigen Rückzug.

»Du hast Recht, bitte verzeih mir. Es ist nur so, dass du mir sehr gefällst. Gehen wir?«

Sie wanderten den Broadway entlang, zuerst schweigend, dann fing er an von den Wintern in Saint John zu erzählen, die so anderes waren als die herrliche Winterzeit in Kuba. Sie beschränkte sich aufs Zuhören bis sie zu einem Kino kamen, das einen englischen Film ankündigte, der ihm interessant erschien, und er schlug vor, hineinzugehen. Rebeca antwortete nicht sofort, was José Antonio für ein schlechtes Zeichen hielt, aber schließlich willigte sie ein. Tony konnte sich auf die Wochenschau nicht konzentrieren; er zerbrach sich den Kopf darüber, wie er weiter vorgehen sollte. Es war eine ausgezeichnete Gelegenheit für einen nächsten Annäherungsversuch, nicht nur weil es dunkel, sondern weil der Kinosaal praktisch leer war; es saßen da nur zwei ältere Leute und ein Pärchen, dem der Film egal war, weil es in einen nicht enden wollenden Kuss versunken war. Aber nach der kühlen Reaktion vom Vormittag meinte er, ein falscher Schritt könnte sich als fatal erweisen.

Noch als der Film begann, war er sich nicht schlüssig, ob er es wagen sollte oder nicht. Plötzlich spürte er, wie Rebecas Hand die seine suchte. Er erstarrte, konnte nicht glauben, was geschah; vielleicht irrte er sich, aber die weiblichen Finger verschränkten sich mit seinen. Mehrere Augenblicke lang blieb er stocksteif sitzen, dann begann er die Hand des Mädchens zu drücken. Er hatte das vage Gefühl, als erwiderte sie das, so dass er sich weiter vorwagte, zärtlich Rebecas Gesicht in seine Hände nahm und es langsam, ganz langsam küsste, ganz sacht, fast hauchend, und diesmal traf er auf keine Gegenwehr, so dass er ihre zarte Haut mit den Lippen liebkoste, bis er ihren Mund mit einem langen kräftigen Kuss verschloss, den sie zur Freude Tonys ebenso hingebungsvoll erwiderte.

Jetzt hatte Tony wieder zu sich selbst gefunden, jetzt fühlte er sich seiner sicher und ging erneut zum Angriff über, aber diesmal wurde er abgewiesen, und sie war ganz deutlich; sie wollte den Film sehen. José Antonio fühlte sich gekränkt, nicht wegen der Zurückweisung, sondern wegen der Begründung. In Havanna war er bei den ersten Malen mit einem Mädchen stets auf Widerstand gestoßen. Nach dem ersten Kuss protestierten die Kubanerinnen, kehrten ihre moralischen Prinzipien hervor und erklärten, sie seien anständige Mädchen, aber wegen eines Films war er nie abgewiesen worden.

Der Grund für seine Enttäuschung war Hitchcocks »Die 39 Stufen«. Er gestand ein, dass das ein Film mit einer neuartigen Handlung war, einer Mischung aus Unterhaltung und Spionage, aber er konnte nicht begreifen, warum sie sich den ganzen Rest der Vorstellung dem Film widmen musste. Nur ab und zu drückte er einen Kuss auf Rebecas Hand, die einzige Freiheit, die sie ihm zugestand.

Ein eisiger Wind zwang sie nach der Vorstellung, zur ersten Metro-Station zu eilen, um direkt nach Brooklyn zu fahren, wo sie es kaum bis an die Haustür schafften. Mit einem raschen Kuss verabschiedeten sie sich bis zur nächsten Woche, wenn die Universität wieder öffnen würde. Das neue Jahr würden sie jeder für sich erwarten.

José Antonio brachte die Tage mit den Gedanken an Rebeca zu. Das Mädchen ging ihm nicht aus dem Sinn, mit jeder Begegnung erschien sie ihm anziehender. Aber es war beileibe nicht nur Rebecas Äußeres, das ihn so faszinierte, er war von ihrem regen Geist und von der Persönlichkeit der Wienerin begeistert. Niemals hatte er eine Beziehung zu einer Frau gehabt, die beide Qualitäten in sich vereinte. Zweifellos besaß sie einen starken Charakter, der zu einem Hindernis für jedwede Beziehung werden, aber auch ein Zeichen für eine starke Sexualität sein könnte. Er fragte sich, wie sie im Bett sein würde. In Havanna hatte er alles Mögliche, ja sogar Widersprüchliches über das erotische Verhalten der Europäerinnen gehört. Seine Erfahrung mit dem alten Kontinent beschränkte sich auf eine Polin und eine Galizierin in den Bordellen der Calle Colón, und da hatte er keine großen Unterschiede zu den kubanischen Prostituierten feststellen können, wenngleich das bezahlter Sex war, der eigentlich nicht zählte.

Die Unabhängigkeit, die Rebeca ausstrahlte, könnte auch ein Problem sein, aber nicht in New York, geschweige denn bei der Art informeller Beziehung, auf die er aus war. Noch fragte er sich, was sie in ihm sah, einem armen Latino mit geringen Chancen in den Vereinigten Staaten, aber so war das Leben, und vielleicht wäre es das New Yorker Abenteuer, das er für sich ersehnt hatte. Er durfte nur nichts übereilen, durfte keinen irreparablen Fehler begehen, der ihr Interesse an weiteren Einladungen beeinträchtigen würde. Er musste Zeit gewinnen, um sie ins Bett zu kriegen. Das dürfte im Falle einer anspruchsvollen Europäerin aber nicht schwierig sein. Er fragte sich, ob sie wohl noch Jungfrau war, wahrscheinlich nicht. Rebeca war zwanzig, und auf dem alten Kontinent begannen sie recht früh und warteten nicht bis zur Heirat, so glaubte er wenigstens. Er war entschlossen, seine Pläne weiter zu verfolgen. Andererseits hatte er auch keine Alternative. Nach über vier Monaten war er immer noch ohne Freunde in dieser Stadt, und sein soziales Umfeld beschränkte sich auf die wenigen Kubaner, die Verbindungen zum Konsulat hatten. Mit Rebeca konnte jetzt alles anders werden.

19. KAPITEL

Die Nacht zum 27. Mai war die letzte der Überfahrt. Die St. Louis hatte auf dem Atlantik einen Vorsprung von sechs Stunden vor der »Orduña« und von einem ganzen Tag vor der »Flandre« herausgeholt. Im Morgengrauen musste Kuba in Sicht kommen; bei Tagesanbruch würde man an Land gehen. Auf dem Schiff herrschte eine freudige Stimmung, in die sich eine gewisse Spannung mischte, weil sich nun die Reise ihrem Ende näherte. Einige Passagiere warteten sehnsüchtig darauf, am Kai in Havanna ihre Angehörigen zu sehen, andere plagte die Ungewissheit, was mit ihnen in Kuba werden würde, aber allen gemeinsam war eine große Erleichterung darüber, dass die Ankunft unmittelbar bevorstand und ihre Leiden im Dritten Reich ein für alle Mal der Vergangenheit angehörten.

Vor dem Abendessen hatte sich Rebeca von mehreren Passagieren, die sie auf der Reise kennengelernt hatte, verabschiedet. Die überglücklichen Sheinbaums luden Rebeca zur Hochzeit ihrer Tochter in Montreal ein und bestanden auf ihrem Kommen. Dr. Finstein versicherte, man würde sich irgendwann wiedersehen. Umsichtig, wie die Weiners immer waren, wünschten sie ihr alles Gute. Armando sagte, es sei noch zu früh, um sich zu verabschieden, man würde am Sonntag einen gemeinsamen Spaziergang durch Havanna machen. Max war unruhig, und Jürgen tat so, als würde alles normal weitergehen, und die St. Louis ihre Reise am nächsten Tag mit allen Passagieren an Bord fortsetzen.

Am Schwierigsten war es mit Gretel. Als sie gegen Mittag aufwachte, gestand sie, dass sie am Vorabend, nach dem Tanzen, drauf und dran gewesen sei, mit dem Berliner bis zum Äußersten zu gehen, und sie wollte von Rebeca wissen, ob sie es nach der Ankunft in Kuba tun solle oder nicht. Zunächst wollte Rebeca ihr sagen, dass Jürgen und Max ihrer Meinung nach mehr als nur Freunde seien, aber sie hielt sich zurück und antwortete lediglich, dass Gretel sich das gut überlegen möge, die Entscheidung liege allein bei ihr.

Schließlich belagerte Ackermann sie den ganzen Abend. Er hatte schon den ganzen Tag über versucht, mit ihr allein zu reden. Dank der auf dem Schiff wegen der Vorbereitung auf die Ankunft herrschenden Unruhe hatte sie ihm bis nach dem Abendessen mit den Goldsteins ausweichen können. Aber als sie mit Gretel den Speisesaal verließ, stieß sie mit ihm zusammen. Er hatte auf sie gewartet und bat sie um ein vertrauliches Gespräch. Gretel bedachte die Beiden mit einem plumpvertraulichen Lächeln und war sekundenschnell verschwunden.

Sie gingen auf das Deck hinaus, wo sie von einer angenehmen Brise empfangen wurden. Ackermann fasste sie am Arm und führte sie zu einem der wenigen noch freien Plätze an Bord. An diesem Abend war auf dem Schiff keine Veranstaltung geplant; die Passagiere sollten frühzeitig zu Bett gehen, aber viele nahmen sich vor, das Ende der Reise auf ihre eigene Art zu begehen. Einige wollten vor dem Abschied noch eine Liebesnacht verbringen, andere wollten den letzten Abend noch zusammensitzen und feiern.

»Ich hatte nicht erwartet, heute Abend so viele Leute an Deck zu sehen«, sagte Ackermann in einer Mischung aus Überraschung und Enttäuschung.

»Es ist die letzte Nacht; verständlich, dass man sich verabschieden will«, erwiderte Rebeca.

»Und wir, was machen wir?«

Rebeca antwortete nicht und blickte Ackermann an, der zärtlich nach ihrer Hand griff.

»Rebeca, habe ich dich gestern Abend gekränkt?«

Sie schwieg weiter und zog ihre Hand zurück.

»Eigentlich muss ich um Verzeihung bitten. Ich habe mich wie ein dummer Junge benommen. Meine einzige Entschuldigung ist die, dass du mir sehr gefällst und ich die Beherrschung verlor. Ich will dich nicht verlieren.

»Ich glaube, du bist vorschnell, Gustav; wir kennen uns doch kaum.«

»Mir ist, als hätte ich dich schon immer gekannt. Mein Leben lang habe ich mich nach einer Frau wie dir gesehnt. Ich habe viel erlebt und viel gesehen, und niemals bin ich jemandem begegnet, der mir so sehr gefallen hat.«

Der Gesprächsverlauf behagte Rebeca nicht. Nie hatte sie etwas an diesen hochtönenden Schwüren finden können, man sei die einzige oder die ganz besondere Liebe. Es war eine Sache,

Zeit mit einem netten Menschen zu verbringen, und eine andere, eine unechte, süßliche Turtelei ertragen zu müssen.

»Du übertreibst schon wieder. Ich bin sicher, du hast in deinem Leben viele Frauen kennengelernt und wirst auch noch viele andere kennenlernen.«

»Aber keine wie dich. Rebeca, bitte, was wird aus uns?«

»Was meinst du mit ‚uns'?«

»Muss ich dir das erklären? Du weißt, was ich für dich empfinde. Ich habe es dir gestern Abend gesagt, und heute bekräftige ich es: Ich mag dich sehr.« Dabei griff er wieder nach ihrer Hand.

»Gustav, du hast gestern Abend viel gesagt, das Meiste schien mir der Situation geschuldet zu sein.«

»Nein, alles, was ich gesagte habe, ist die Wahrheit. Ich bin ein erwachsener Mann, der Stabilität braucht. Keineswegs bin ich auf das schnelle Vergnügen aus. Ich weiß, es ist nicht die Zeit, Pläne zu schmieden oder Verpflichtungen einzugehen, und vor uns liegen viele Unwägbarkeiten, aber ich kann mir nicht den Luxus leisten, jemanden wie dich zu verlieren. Ich will nur, dass wir eine Chance haben.«

Rebeca zog feinfühlig ihre Hand zurück und schaute auf den dunklen Ozean hinaus, wo man nur die Schaumkämme der gegen das Schiff schlagenden Wellen erkennen konnte. Sie fragte sich, warum sie sich zu einem so ungewöhnlichen und auch unpassenden Zeitpunkt auf eine solche Situation einlassen musste. Einerseits übte Ackermann eine gewisse Anziehungskraft auf sie aus, aber sein Tonfall war zu kategorisch, seine Wortwahl übertrieben.

»Gustav, wie du schon richtig sagst, es ist nicht die geeignete Zeit. Morgen müssen wir uns auf eine neue Etappe in unserem Leben einstellen. Das ist das Wichtigste.«

»Und wir?«

»Ich weiß nicht. Dies ist auch nicht das Ende der Welt, es ist lediglich das Ende der Reise. Wenn wir von Bord gegangenen sind, werden wir besser wissen, welche Pläne jeder von uns hat. Natürlich möchte ich mich von Leni verabschieden, bevor ich nach New York weiterreise.«

»Selbstverständlich. Mach dir keine Sorgen. Wir sehen uns in Havanna und organisieren irgendetwas. Sie hat dich sehr lieb gewonnen. Wann gedenkst du weiterzureisen?«

»Ich weiß nicht, das hängt von mehreren Dingen ab.«

»Du bist ein Sonderfall, kannst jederzeit in die Vereinigten Staaten. Die meisten von uns müssen in Havanna auf ihre Visa warten.« Ackermann verstummte.

Bei der Erwähnung der Einreise in die Vereinigten Staaten wurde Rebeca hellwach. Eine Sekunde lang ging ihr durch den Kopf, dass Gustav – neben einer neuen Eroberung – auch die Möglichkeit nutzen wollte, seine Einwanderung in den Norden zu beschleunigen. Doch rasch wies sie diesen Gedanken von sich; in den letzten Stunden auf der St. Louis wollte sie jemandem, der sie mochte, so etwas nicht unterstellen. Ein solches Bild von Ackermann wollte sie nicht in Erinnerung behalten.

»Heute ist der letzte Abend. Die Jungen, die dich immer zum Tanzen holten, werden sich einsam fühlen.«

»Halb so schlimm, die meisten haben bereits eine Freundin gefunden.«

»Aber einige hätten bestimmt lieber dich zur Freundin.«

»Ich wusste nicht, dass du das so genau verfolgst.«

»Das ist keine Verfolgung.«

»Bitte, fang nicht wieder an.«

»Kann ich mir Hoffnungen machen?«

Rebeca ließ die Frage unbeantwortet und verabschiedete sich.

»Bis morgen, Gustav. Gib Leni einen Kuss von mir, und versuch, dich auszuruhen, morgen wird ein schwieriger Tag sein.«

»Keine Sorge, das werde ich tun. Soll ich dich nicht begleiten?«

»Nein, vielen Dank, ich gehe noch ein Stück auf dem Deck entlang und dann in meine Kabine.«

Während sie über das Deck schlenderte, kam sie an mehreren Pärchen vorüber, die lachten, sich küssten oder eng umschlungen miteinander redeten. Einige hatten sich in die dunkelsten Winkel geschlichen, um allein und ungestört zu sein. Rebeca beneidete sie. Warum konnte sie nicht eine von ihnen sein; es war immer so: ihre Beziehungen waren nie einfach und unkompliziert gewesen. José Antonio war eine Ausnahme, vom ersten Tag an fühlte sie sich von ihm angezogen; er war ein Mann mit ebenso interessanten wie neuartigen Eigenschaften. Sie rief sich sein verführerisches Aussehen, seinen olivfarbenen Teint ins Gedächtnis. Er hatte ein schönes Gesicht, war zweifellos gutaussehend, ohne ein Apoll zu sein. Sowohl in

Wien als auch in New York war sie mit Männern ausgegangen, die noch besser aussahen. Anfangs bedeutete der Kubaner für sie eher eine Ablenkung; es stachelte ihre Neugier an, etwas ganz Anderes kennenzulernen. Seinerzeit hatte sie noch Toms Einladungen angenommen. Das hatte aber nichts zu bedeuten, weshalb sie auch kein Problem damit hatte, weiterhin gelegentlich mit dem Professor auszugehen. Rational, wie Rebeca dachte, sah sie auch keinen Widerspruch darin, sich mit beiden zu treffen. José Antonio war wie eine Flucht in eine ihr bislang fremde Welt. In wenigen Stunden würde sie ihn sehen können. Aber an diesem Abend, dem letzten ihrer Reise, dem letzten vor einem Neubeginn hatte sie in dem Geplänkel mit Ackermann die Existenz des Kubaners ebenfalls nicht erwähnt. Die Überfahrt und die lange Reise ab Wien näherten sich ihrem Ende, und mit niemandem hatte sie von dem einzigen Thema, das ihr von Wichtigkeit war, gesprochen, nicht einmal mit Gretel. Geschwiegen hatte sie nicht nur, weil sie an sich diskret und zurückhaltend war, sondern auch wegen der Ungewissheit ihrer bevorstehende Begegnung mit Tony. Außerdem hatte hatte in den letzten Tagen die Furcht zugenommen, keine Gelegenheit zu haben, ihn wiederzusehen; immerhin waren mehr als zwei Jahre vergangen, und vieles war inzwischen geschehen, von dem sie nichts wusste.

Rebeca wurde in ihrer Kabine bereits von Gretel erwartet.

»Du kommst spät. Schon seit Tagen habe ich das Gefühl, zwischen euch ist etwas. Gustav ist ein erwachsener und attraktiver Mann. Mit so einem wäre ich auch gern ausgegangen. Du musst mir alles erzählen, obwohl ich weiß, dass du das nicht gern tust, aber ich lass' dich nicht gehen, ehe du mir alles erzählt hast, bis ins letzte Detail.«

Rebeca wollte etwas erwidern, aber Gretel gab ihr keine Gelegenheit und plapperte weiter.

»Morgen früh musst du mir alles berichten. Vor dem Aussteigen. Jetzt werde ich Jürgen suchen. Du hattest Recht: die Entscheidung liegt ganz bei mir. Und ich habe mich entschieden. Ich gehe ihn suchen und bleibe heute Nacht mit ihm zusammen.«

Gretel umarmte sie, betrachtete sich im Spiegel und ging. Bevor sie die Tür hinter sich zumachte, steckte sie noch einmal den Kopf herein.

»Ich habe was vergessen, für dich ist ein Telegramm angekommen. Der Kellner hat es gebracht und sich für die Verspätung entschuldigt; er sagte, es gebe in diesen Tagen viel Hin und Her mit den Nachrichten.«

»Ein Telegramm?«

»Ja, es muss von deinem Vater sein, aber ich weiß nicht genau, es liegt auf dem Tisch.«

Rebeca sah den weißen Umschlag, schaute eine Sekunde lang darauf und riss ihn hastig auf. Die Nachricht bestand nur aus vier Wörtern: *Ich erwarte dich, Tony.*

****

Henry Morgenthau Jr., der Finanzminister der Vereinigten Staaten, war noch immer verärgert; er fragte sich, warum der Präsident es abgelehnt hatte, beim Einwanderungsgesetz eine Ausnahme zuzulassen, die die Einreise der Passagiere der St. Louis ermöglicht hätte. Außerdem hatte er klargestellt, dass er nicht beabsichtige, die Einwandererquoten zu ändern, um einer größeren Zahl deutscher Flüchtlinge die Einreise zu gestatten. Er fürchtete, bei einer erleichterten Einreise in die USA würde eine Welle von Spionen und Saboteuren ins Land kommen. Doch nach Morgenthaus Auffassung gäbe es andere Möglichkeiten, um dieser Gefahr zu begegnen. Er hatte den Verdacht, dass der wahre Grund darin bestand, sich ein unbequemes Thema vom Hals zu halten, denn Roosevelt plante im noch Stillen, sich um die Kandidatur für eine erneute Präsidentschaft zu bewerben, was Morgenthau für ziemlich schwierig hielt. Die beiden Ex-Präsidenten, die sich entgegen der von Washington etablierten Tradition um ein drittes Mandat beworben hatten, waren gescheitert, und das, obwohl sie das nicht einmal aus dem Weißen Haus heraus angestrebt hatten, wie es Roosevelt jetzt vorhatte.

Morgenthau war überzeugt, dass bei den Wahlen im nächsten Jahr eine erneute Kandidatur den Republikanern ein mächtiges Argument gegen den Präsidenten an die Hand geben würde. Die Wahlen würden wegen des Rückgangs der Wirtschaft und der internationalen Spannungen ohnehin schwierig verlaufen.

Mit den Maßnahmen, die Roosevelt nach seinem Einzug ins Weiße Haus ergriffen hatte, brach er mit alten Schemata und machte deutlich, dass für ihn Wirtschaft und Beschäftigung Priorität hatten. Sechs Jahre nachdem er einige der klügsten Köpfe des Landes für die Regierung rekrutiert hatte, debattierten die Akademiker und Experten inmitten der Intrigen der Republikaner noch immer, ob der Aufschwung, der während des ersten Mandats eingesetzt hatte, den Maßnahmen der Regierung im Zusammenhang mit dem »New Deal« zu verdanken war oder nicht. Doch ohne Zweifel hatte sich die Lage in den ersten Jahren der Präsidentschaft Roosevelts verbessert, und 1936 wurde er mit einem Rekordergebnis wiedergewählt. Viele dachten an eine Wiederkehr der glücklichen Tage, bis die Krise im folgenden Sommer erneut einsetzte.

Im Jahr 1939 schien das Schlimmste überwunden, doch die Arbeitslosigkeit verharrte auf sehr hohem Niveau, und es häuften sich weiterhin enorme Staatsschulden an. Morgenthau war der Überzeugung, dass ein Kurswechsel erforderlich war; die Ausgaben der Regierung mussten drastisch gesenkt werden, man brauchte einen ausgeglichenen Staatshaushalt, und das Unternehmertum musste gefördert werden. Das waren Vorschläge, die dem Präsidenten nicht behagten. Als Finanzminister würde er bald vor dem Committee on Ways and Means des Repräsentantenhauses Rede und Antwort stehen müssen, und da würde er nicht lügen oder verschweigen können, wie er über die Krise dachte. Seine Erklärung würde Roosevelt ganz gewiss missfallen, und vielleicht würde er sie sogar als persönlichen Verrat werten.

Mit dem Präsidenten verband ihn seit den gemeinsamen Jahren in New York eine alte Freundschaft, wenngleich sie in ihren Auffassungen nicht immer übereinstimmten. Als Morgenthau bei einer Besprechung im Weißen Haus davor warnte, dass Deutschland eine Gefahr für die Vereinigten Staaten sei und das Land sich auf einen bevorstehenden Krieg vorbereiten müsse, in dem man erneut an der Seite Frankreichs und Großbritanniens würde kämpfen müssen, wies Roosevelt ihn zurecht, er solle seine persönliche Meinung für sich behalten, sie entspreche nicht der offiziellen Position der Regierung.

Aber Morgenthau gehörte zu den Andersdenkenden. Nach dem Anschluss, dem Münchner Abkommen, der Abtrennung und Besetzung des restlichen Staatsgebiets der Tschechoslowakei war er davon überzeugt, dass es einen neuen Krieg geben würde und es für die Interessen der USA am besten wäre, nicht neutral zu bleiben, sondern die Hitlergegner zu unterstützen. Deshalb sah er mit Sorge, dass amerikanische Banken und Unternehmen im Dritten Reich Projekte finanzierten und dort investierten, nur um einen wahrscheinlichen Feind zu stärken.

Im anschließenden privaten Gespräch versicherte ihm Roosevelt, dass er derselben Meinung sei, aber nicht zulassen konnte, dass ein Kabinettsmitglied eine Position vertrete, die, wenn sie nach außen dringe, den Republikanern neue Munition geben würde, denn diese bestanden darauf, das Land aus Konflikten in anderen Teilen der Welt herauszuhalten. Dazu gehöre auch, sich nicht zur Politik der Nazis gegenüber den Juden zu äußern. Die Republikaner kritisierten die Regierung, dass sie sich nicht an das Abschottungsprinzip halte, das von der großen Mehrheit der US-Amerikaner vertreten werde, die nicht in ein neues Blutbad auf der anderen Seite des Atlantiks hineingerissen werden wolle. Die Begründung des Präsidenten enttäuschte Morgenthau. Er konnte sich nun ungeachtet seiner langjährigen Freundschaft mit Roosevelt nicht mehr dessen bedingungsloser Unterstützung sicher sein. Einmal mehr sah sich der Finanzminister trotz seiner brillanten Karriere mit der Realität konfrontiert, dass er noch immer ein Außenseiter war und ungeheuer vorsichtig mit seinen Äußerungen innerhalb der Regierung sein musste. Außerdem durfte er nicht den Eindruck erwecken, dass seine nazifeindliche Haltung lediglich seiner jüdischen Abstammung geschuldet sei.

Nach diesem Vorfall war ihm klar, dass es wohl nicht der beste Zeitpunkt war, vom Präsidenten eine Ausnahmeregelung bei den strengen Einwanderungsquoten und die Einreisegenehmigung für eine größere Anzahl von Juden aus Deutschland zu erwirken. Angesichts von fast zehn Millionen arbeitsloser Amerikaner gab es nur wenige Befürworter einer Politik der offenen Tür gegenüber einer Welle von Immigranten, die sich am Kampf um die wenigen freien Arbeitsplätze beteiligen würden. Dazu kam die Ablehnung durch jene Sektoren, die von jeher gegen die Einwanderung weiterer Ausländer waren, weil sie die ethnische und religiöse Zusammensetzung eines angelsächsischen und protestantischen Nordamerikas weiter verändern würden.

Für Morgenthau war das ein sensibles Thema. Sein Großvater war ein deutscher Jude gewesen, der mit seiner Familie aus

Mannheim nach New York ausgewandert war, wo sein Sohn, Henry Morgenthau Sr., in der Immobilienbranche reich und zum Botschafter der Vereinigten Staaten ernannt wurde, zuerst in der Türkei und danach in Mexiko. Der junge Henry sah seinen amerikanischen Traum erfüllt, vergaß allerdings niemals seine Wurzeln. Zweifellos und wie man es auch betrachtete: er war ein ausgezeichneter Student, und nach dem Abschluss seines Studiums stieg er mit Geduld und Hingabe im komplexen bürokratischen System der US-Regierung zum Finanzminister auf. Als die Tragödie der deutschen Juden ihren Anfang nahm, beschloss Morgenthau, nicht öffentlich Stellung zu nehmen, um zu vermeiden, dass man ihn der Günstlingswirtschaft bezichtigte. Aber als die Judenverfolgung immer größere Ausmaße annahm, versuchte er, den Opfern zu helfen. Er unterbreitete dem Präsidenten verschiedene Vorschläge, unter anderem den Erwerb von Britisch- und Französisch-Guayana als Refugium für die von den Nazis Verfolgten. Aber sein Projekt fand keine Zustimmung. Einer der Wenigen, die sich bereitfanden, ihn zu unterstützen, war Senator Robert Wagner, der – so paradox ist die Politik mitunter – in Deutschland geboren wurde und als Kind aus dem Rheinland nach New York gekommen war. Wagner brachte auch eine Gesetzesvorlage zur Aufnahme von zwanzigtausend jüdischen Kindern aus Deutschland und Österreich ein. Aber er fand im Kongress wenig Unterstützung für seinen Plan, und der Präsident war überhaupt dagegen.

Als die ersten Meldungen über die St. Louis eingingen, überlegte Morgenthau, welche Möglichkeiten er hätte, um den Passagieren zu helfen. Nur wenige, das war sein Fazit. An die Presse konnte er sich nicht wenden, die meisten Medien waren offen feindlich gegenüber der Roosevelt-Administration eingestellt, und viele Zeitungen und Rundfunkanstalten sprachen sich unverhüllt gegen die Juden aus. In Washington hatte er wenige Verbündete, und einige Kollegen verbargen nicht ihre antisemitische Einstellung. So hatte er beschlossen, sich direkt an den Präsidenten zu wenden. Doch jetzt, nachdem die Antwort abschlägig ausgefallen war, wusste er einfach nicht, was er noch unternehmen könnte.

****

José Antonio und Rebeca konnten sich erst im neuen Jahr wiedersehen. Um beim Professor keinen Verdacht zu erregen, setzte sie im Labor eine strenge Disziplin durch, ohne Gespräche oder gemeinsame Mittagessen, was Tonys Unmut hervorrief. Rebeca ging stets als erste, verabschiedete sich mit einem feinen Lächeln und wünschte ihm einen angenehmen Feierabend. Tony störte dieses nichtssagende Adieu; sein natürlicher Impuls drängte ihn, sie zu umarmen und ihr einen Kuss zu geben, aber bei der ersten Verabschiedung hatte sie klargestellt, dass es innerhalb der Universität keine Liebesbezeigungen geben dürfe. Trotz aller Vorsichtsmaßnahmen vermochten sie die anderen Assistenten nicht zu täuschen. Diese nahmen wahr, dass irgendetwas Seltsames vor sich ging, so dass sie Tony mit ständigen Kommentaren über seinen guten Geschmack aufzogen.

José Antonio war enttäuscht, dass Rebeca mit ihm nur an den Sonntagen ausgehen wollte. Da es Winter war, gingen sie stets ins Kino; diese Leidenschaft hatten sie gemeinsam. Sobald sie sich trafen, diskutierten sie die Auswahl des Films. Zu beider Überraschung stellte es sich als schwierig heraus, in den zahlreichen Kinos im Zentrum von Manhattan Filme aus dem Ausland zu finden, fast alle kamen aus Hollywood, und jeder bevorzugte ein anderes Genre. Tony sah am liebsten Kriminal- und Gangsterfilme, während sie die musikalischen Komödien, die so genannten Musical Comedies, bevorzugte. Nur bei den historischen Filmen waren sie sich einig.

Fesselnd fanden sie die »Meuterei auf der Bounty«, der mit Charles Laughton als einem der Hauptdarsteller ein Kassenschlager war. Beim Verlassen des Kinos führten sie eine lange Diskussion über menschliche Bosheit und das Recht, gegen Unrecht aufzubegehren. Sie sahen auch »Die scharlachrote Kaiserin« mit Marlene Dietrich, die Tony sehr gefiel, Rebeca dagegen gar nicht; ihrer Ansicht nach enthielt der Film viele Geschichtsfälschungen bezüglich Katharina der Großen und des russischen Hofes.

In der Dunkelheit des Kinos suchte José Antonio die größtmögliche Nähe zu Rebeca, doch ihn verwirrte, wie sie sich verhielt. Wenn die Vorstellung begann, akzeptierte sie seine Küsse und Zärtlichkeiten, ja, sie erwiderte sie sogar heftig. Aber das dauerte nur wenige Minuten; dann stoppte sie ihn mit dem

Argument, sie seien hier, um sich den Film anzusehen und zu nichts Anderem. Eine Zeitlang fand sich Tony damit ab, aber nach mehreren Kinobesuchen fühlte er sich frustriert; er war überzeugt, dass Rebeca trotz ihrer Jugend eine erfahrene Frau war, eine weltgewandte Europäerin, die ihm mit einer erregenden Natürlichkeit entgegentrat. Die Tatsache, dass sie keine moralischen Bedenken gegenüber seinen Avancen äußerte, bestärkte ihn in seiner Meinung, dass es nicht schwer sein würde, sie dazu zu bewegen, mit ihm ins Bett zu gehen; man müsste nur einen Ort finden, wo man allein wäre, nicht in einem menschenvollen Kinosaal.

Mit Rebeca schlafen – dieser Gedanke ließ ihn inzwischen nicht mehr los. Tagelang zerbrach er sich den Kopf, wohin man gehen könnte. Am bequemsten wäre es in einem der vielen hundert Hotels von Manhattan, aber für ein erstes Treffen schien ihm das nicht angemessen zu sein; die Absicht wäre zu offensichtlich, und er könnte auf Ablehnung stoßen, was das Liebesidyll gefährden würde. Besser wäre es, einen anderen Ort zu finden, auf den sie sich leichter einlassen würde. Danach könnte es durchaus ein Hotel sein, aber für eine erste intime Begegnung musste er eine andere Möglichkeit suchen, eine natürlichere.

Anfang März ergab sich eine Möglichkeit. Sein Vater kündigte ihm an, er werde den Sonntag in der Bronx verbringen. Die Gelegenheit wollte Tony sich nicht entgehen lassen, und so lud er Rebeca zu einem kubanischen Mittagessen zu sich nach Hause ein. Die Österreicherin sagte sofort zu und fragte lächelnd, was es denn geben werde. José Antonio antwortete, sie möge sich überraschen lassen, und nahm ihre Frage als ein gutes Vorzeichen. Von da an konnte Tony an nichts anderes mehr denken. Nachdem Manuel die Einladung zähneknirschend gebilligt hatte, machte sich Tony ganz konkret an die Vorbereitungen. Er kaufte sogar eine Flasche kalifornischen Weißweins, wahrscheinlich aus der ersten Ernte nach der Aufhebung des Alkoholverbots.

An jenem Sonntag wachte er früh auf, bereitete seinem Vater einen Kaffee und traf Vorkehrungen für den Besuch. Manuel fiel die ungewöhnliche Sorgfalt auf, und so fragte er, wer die Eingeladene sei. Und sogleich fügte er hinzu, Tony möge sich nicht wagen, eine Nutte ins Haus zu lassen. Tony beschloss, nicht zu antworten. Es war ihm unangenehm, mit seinem Vater über solche Dinge zu reden; er hatte darüber stets lieber mit Paco als seinem Vertrauten gesprochen. Manuel ließ sich Zeit mit dem Gehen, was Tony noch unruhiger machte. Als er endlich das Haus verließ, war es beinahe zehn Uhr. Von da an zogen sich die Stunden endlos hin, es schien, als würde die Zeit stillstehen. Während des Kochens brachte er mehrmals sein kleines Zimmer in Ordnung, und er nahm sich die umfangreiche Sonntagszeitung vor, aber die Ungeduld machte ihn fast wahnsinnig.

Rebeca erschien Punkt zwölf. Sie war so schön wie nie. Unter dem Mantel trug sie ein dunkelblaues, eng anliegendes Kleid. Sie küssten sich auf den Mund, und bei der Umarmung schoss Tonys Puls in die Höhe.

»Sind wir allein?«, fragte Rebeca.

»Ja, mein Vater verbringt den Tag heute in der Bronx.«

»Und bleibt es dabei, dass du mich heute zu einem kubanischen Mittagessen einlädst?«

»Natürlich. Mit Musik. Heute bringt NBC ein Programm mit sehr guten Songs.«

Tony schaltete das Radio ein, fand aber nicht, was er suchte. Die meisten Sender brachten Gespräche und Kommentare, darunter auch eine Kritik am Präsidenten, die Rebeca interessierte.

»Das ist Coughlin, ein Priester, der am Ende immer in antisemitische Tiraden verfällt. Vorher war er für Roosevelt, aber dann hat er seine Haltung geändert«, sagte Rebeca.

»Mein Vater hat mir von ihm erzählt, er vergleicht ihn mit Mussolini, aber wir haben nie seine Rundfunkpredigten gehört«, erwiderte Tony. »Möchtest du ihn wirklich hören? Er passt nicht so recht zum Essen, das ich gekocht habe. Wir schalten das Radio lieber aus, bis die Musiksendung kommt.«

Rebeca aß wie immer mit gutem Appetit, lobte diskret den Reis mit Hühnchen, wie sie ihn so noch nie gegessen hatte, sagte nichts über den Wein und fand die gerösteten Kochbananen köstlich.

Das Radio brachte noch immer keine Musik, und Rebeca rührte das Gebäck, das er als Nachtisch gekauft hatte, nicht an. Aber Tony schaffte es immerhin, dass sie auf dem kleinen Sofa Platz nahm, wo er sie küsste und liebkoste, bis sie ihn plötzlich stoppte.

»Was ist los? Hier gibt es keinen Film.«

»Das ist wahr, aber ich will nicht weitermachen damit.«

»Warum nicht? Habe ich etwas falsch gemacht?«

»Nein, du hast nichts falsch gemacht.«

»Also, was ist mit dir?«

»Ganz einfach, ich will das nicht.«

»Versteh ich nicht, du gehst mit mir aus, kommst zu mir nach Hause, aber im entscheidenden Moment machst du einen Rückzieher. Du gefällst mir sehr, aber ich brauche auch noch etwas anderes.«

Rebeca machte sich von Tony frei und sah ihm in die Augen.

»Entschuldige, du gefällst mir auch, aber ich habe dir nichts versprochen.«

»Es geht nicht um Versprechen; wir sind beide jung, und wir mögen uns. Die Zeiten haben sich geändert. Ich dachte nicht, dass eine Europäerin so reagieren würde.«

»Und wie reagieren Europäerinnen?«, fragte Rebeca in einem verändertem Tonfall.

José Antonio merkte, dass er den falschen Weg eingeschlagen hatte und beschloss, seine Taktik zu ändern.

»Darum geht es genauso wenig. Ich mag dich sehr und möchte mit dir schlafen. Wo ist da das Problem?«

Rebeca schwieg ein Weilchen, sah Tony an und erhob sich allmählich, wobei sie ihr Kleid glatt strich. Eigentlich war sie beeindruckt, mit welcher Offenheit Tony zu ihr sprach, und sie entschloss sich, es ihm gleich zu tun.

»Ich bin nicht darauf eingestellt.«

Jetzt war die Überraschung an ihm.

»Wie meinst du das? Was willst du damit sagen, du bist nicht darauf eingestellt?«

»Mein Englisch ist zwar nicht so gut wie deins, aber ich glaube, ich habe die richtigen Worte gefunden. Das Problem ist einfach. Ich bin nicht bereit, wir kennen uns noch nicht lange, sind nur ein paarmal ausgegangen, ich fühle mich wohl bei dir, aber das ist auch alles.«

»Warst du noch nie mit einem Mann zusammen?«

Rebeca war unschlüssig, ob sie antworten solle, entschied sich dann aber doch, Klartext zu sprechen.

»Ich war schon verliebt und bin mit verschiedenen Jungen ausgegangen, aber diese spezielle Erfahrung habe ich nicht.«

Zum ersten Mal sprach sie mit einem Mann so direkt. Tony verblüffte die Antwort; das hatte er nicht erwartet. Sie stand so sehr im Gegensatz zu dem Eindruck, den er von Rebeca als einer freien, entschlossenen Frau hatte, dass ihm diese Möglichkeit als abwegig erschienen war. Ihm mangelte es an Erfahrung, wie er mit einer solchen Situation umgehen sollte. José Antonio war absolut unerfahren, was Jungfräulichkeit anging. Alle seine Versuche, mit seinen Geliebten, die er in Havanna hatte, ins Bett zu gehen, waren ein Reinfall gewesen, aber da er ungern verlor, hatte er sich immer damit getröstet, dass er sich nie richtig bemüht hatte. Jetzt hatte er es mit einem ganz anderen Mädchen zu tun, mit einem Mädchen, das alle Eigenschaften zu haben schien, die er immer gesucht hatte, mit einer Frau, die ihm immer besser gefiel, je mehr er sie kennenlernte.

Ihm ging die Möglichkeit durch den Kopf, ihr ewige Liebe zu schwören, ihr zu beteuern, dass sie die Frau seines Lebens sei, und sie damit zu drängen, dass sie sich ihm hingab. Aber er fühlte sich unwohl in dieser Rolle; so weit war er nie gegangen, und er hatte das Gefühl, dass dieser Trick bei der Österreicherin nicht funktionieren würde. Ein Rückzug wäre am vernünftigsten. Die Schlacht war nicht so leicht zu gewinnen, wie er es sich vorgestellt hatte. Aber er würde von seinem Ziel nicht ablassen, er brauchte nur mehr Zeit. Sie selbst hatte es gesagt; noch kannte sie ihn nicht genug.

Rebeca unterbrach ihn in seinem Grübeln:

»Was denkst du? Bist du enttäuscht?«

Tony sah sie erneut an.

»Nein, ich bin nicht enttäuscht. In Wahrheit bin ich überrascht, aber ich respektiere deine Entscheidung.«

»Überrascht? Wieso?«

»Ach nichts, mach dir keine Gedanken. Komm, setz dich zu mir.«

»Fang nicht wieder an. Ich ändere meine Meinung nicht.«

»Ich sagte, ich respektiere deine Entscheidung, obwohl ich hoffe, dass sie nicht endgültig ist.«

»Du gibst nicht auf? Ich weiß nicht, ob sie endgültig ist oder nicht. Ich weiß es nicht. Aber ich akzeptiere keine Frist. Wenn du weiter mit mir ausgehen willst, darfst du mich nicht bei jeder

Gelegenheit bitten, mit dir zu schlafen, schon gar nicht, mich dazu drängen.«

»Einverstanden. Aber du musst auch zur Kenntnis nehmen, dass ich nicht aus Stein bin und dass ich dich sehr mag.« Nachdem Tony seine Haltung klargestellt hatte, hielt er es für am klügsten, das Thema zu wechseln. »Hat dir mein Reis mit Hühnchen nicht geschmeckt?«

Rebeca antwortete mit einem Lachanfall.

»Du hast großes Glück. Gerade hast du mich in eine der besten Küchen der Welt eingeführt.«

20. KAPITEL

Am Samstag, dem 27. Mai, wurden die Passagiere der St. Louis um vier Uhr morgens von der Schiffssirene des Transatlantikdampfers geweckt. Viele hatten nur wenige Stunden geschlafen, weil sie das Ende der Überfahrt gefeiert hatten. Einige hatten sich überhaupt nicht schlafen gelegt, andere hatten wegen der bevorstehenden Ankunft vor Aufregung keinen ruhigen Schlaf finden können, aber alle beeilten sich mit dem Aufstehen, um nicht den ersehnten Moment des An-Land-Gehens noch weiter hinauszuzögern.

Rebeca hatte nur wenig geschlafen – nicht so sehr wegen des Endes der Reise, als vielmehr wegen José Antonios Telegramm. Sie hatte es nicht erwartet; es war wie ein Beben, ein Zustand äußerster Erregung und gleichzeitig Erleichterung, so dass sie fast die ganze Nacht wach lag. Als die Sirene erklang, war sie gerade tief eingeschlafen, doch sie stand sofort auf. Sie legte ein Sommerkleid an, das sie für diesen Anlass aufgehoben hatte, und schminkte sich in aller Ruhe, wiewohl Gretel sie zur Eile drängte. Ihre Kabinengefährtin war mit einer überraschenden Übellaunigkeit aufgestanden; später, als sie aus der Kabine traten, gestand sie Rebeca, dass sie Jürgen am Abend zuvor auf dem ganzen Schiff nicht gefunden hatte.

Gretel schlug vor, auf das Frühstück zu verzichten und gleich an Deck zu gehen, doch Rebeca überredete sie, kurz im Frühstücksraum vorbeizuschauen; der Tag würde lang werden. Der Salon war übervoll, und allgemein war das Gemurmel der Passagiere zu vernehmen, die sich mit einer für eine so frühe Stunde ungewöhnlichen Lebhaftigkeit unterhielten. Fast alle Stühle waren besetzt, und so standen sie ein Weilchen herum, bis sie Leni und ihren Vater allein an einem Tisch sahen und auf sie zusteuerten.

»Guten Morgen.« Rebeca gab dem Mädchen einen Kuss. Leni stand auf und umarmte sie, und auch Ackermann erhob sich und bat sie, Platz zu nehmen. In diesem Moment war ein unverwechselbares Geräusch zu vernehmen: der Anker tauchte in das Wasser ein.

»Guten Morgen. Endlich sind wir da«, sagte Ackermann.

»Es wird schon hell, und die Aussicht ist herrlich.« Gretels Bruder hatte sich ihnen zugesellt; er verschlang sein Frühstück im Stehen.

Alle beeilten sich mit dem Essen und begaben sich gemeinsam auf das Deck hinaus. Im Gang stießen sie auf Dr. Finstein, der sie zurückhielt.

»Guten Morgen. Ackermann, wissen Sie, warum wir nicht an der Mole festmachen? Gibt es da irgendein Problem?«

Keiner der jungen Leute beachtete die Frage, geschweige denn, dass sie sich Sorgen gemacht hätten. Gretel und Klaus blieben nicht stehen, sondern setzten ihren Weg an Deck fort. Rebeca indes blieb mit Ackermann zurück. Sie hatte Leni an die Hand genommen.

»Das glaube ich nicht, Doktor. Das muss wohl so sein; in jedem Hafen gelten eigene Vorschriften«, entgegnete Gustav, ohne den Fragen größere Bedeutung beizumessen.

»Vielleicht haben Sie Recht, aber mir kommt das seltsam vor.«

»Machen Sie sich keine Sorgen; wir werden bald von Bord gehen. Wichtig ist, dass wir angekommen sind. Gestatten Sie, wir möchten gern an Deck gehen.«

Auf dem Weg beugte Ackermann sich zu Rebeca und flüsterte ihr ins Ohr: »Vor dem Aussteigen müssen wir miteinander reden.«

»Gustav, bitte, jetzt ist nicht der Zeitpunkt.«

Als sie auf's Deck traten, empfing sie eine ganz besondere Morgendämmerung. Noch herrschte ein zögerliches Halbdunkel vor, der Himmel, an dem nach Westen zu noch einige Sterne leuchteten, wurde allmählich heller und färbte sich dunkelblau, während das Meer eine spiegelglatte Fläche bildete. An Deck standen die Passagiere eng gedrängt und freudig erregt. Einige beteten, ein alter Mann dankte mit lauter Stimme dem Allmächtigen, ein orthodoxer Jude erinnerte alle daran, dass man während des Sabbaths in See gestochen und nun, wieder während des Sabbaths, angekommen sei. Ein Ehepaar weinte still vor sich hin, während zwei sehr elegant gekleidete Damen dem Spektakel mit Gleichmut zuschauten. Viele Kinder lehnten an der Reling, schwatzten und genossen den Augenblick. Und um das Wunder komplett zu machen, gab das noch schwache Licht den sich an Deck drängenden überraschten Reisenden ein atemberaubendes Panorama preis, von dem jeder möglichst viel erfassen wollte. Das Kreuzfahrtschiff war in eine der schönsten Buchten Amerikas eingelaufen, und wie zum Schutz der engen Durchfahrt erhob sich die imposante Festung, die Fortaleza de la Cabaña, und etwas weiter weg konnte man das Castillo del Morro ausmachen, während sich auf der anderen Seite die Silhouette der hellen Gebäude am Küstenstreifen von Havanna abzeichnete.

Rebeca konnte Leni sehen, die an der Reling stand, und während sie versuchte, etwas von der Stadt zu erkennen, die ihr José Antonio so viele Male beschrieben hatte, flüsterte ihr jemand, der ganz eng an sie herangetreten war, ins Ohr: »Ich muss mit dir sprechen.«

Rebeca missfiel Ackermanns Beharrlichkeit. Nichts ärgerte sie mehr, als wenn man sie in einer angenehmen Beschäftigung unterbrach, und noch weniger wollte sie eine neuerliche Beichte Gustavs über sich ergehen lassen. Als sie gerade nach einer Antwort suchte, wurde unter den gedrängt an Deck stehenden Passagieren ein Raunen immer stärker: ein kleines Boot kam auf den Kreuzer zu. Bald machte es am Schiff fest, und ein in einen makellosen weißen Anzug gekleideter Herr kletterte das Fallreep zur St. Louis hinauf. Die Schiffskapelle spielte vom Oberdeck ein Lied zur Begrüßung, was die Begeisterung der Reisenden steigerte. Mehrere trällerten sogar den Text des Liedes.

»Ackermann, wie schön, dass ich Sie treffe.« Es war wieder Dr. Finstein. »Ich glaube, wir haben wegen der Gesundheitskontrollen noch nicht an der Mole festgemacht, sie haben die gelbe Quarantäneflagge gehisst.«

In diesem Moment wurden alle Passagiere über die Schiffslautsprecher zur ärztlichen Untersuchung in den Hauptsalon gerufen.

»Ich ahnte schon, dass da noch etwas fehlte vor dem Ausschiffen«, bemerkte Finstein.

Rebeca nutzte die Ankündigung, um sich von Gustav zu lösen, und begab sich in ihre Kabine, um ihre Dokumente zu holen. Sie fragte sich, wie lange es wohl noch bis zum Von-Bord-Gehen dauern würde und ob Tony bereits an der Mole auf sie wartete. In der Kabine traf sie Gretel an, die noch immer missgelaunt war.

»Du bist die einzige Passagierin auf dem ganzen Schiff, die sich offenbar nicht über die Ankunft in Havanna freut.«

»Mach dich nicht lustig; du weißt, was mit mir ist. Jürgen ist noch immer verschwunden. Ich habe keine Ahnung, wo er stecken könnte.«

»Keine Sorge, er wird schon wieder auftauchen. Lass uns in den Hauptsalon gehen; man hat alle Passagiere zu einer ärztlichen Untersuchung gerufen, bevor wir an Land gehen.«

»Warum? Ist das normal, dass sie uns untersuchen?«

»Ich weiß nicht, aber wir müssen hin. Also los.«

Als sie den Salon betraten, wartete bereits eine lange Schlange, in die die Schiffssanitäterin Ordnung zu bringen versuchte. Sie fragten nach dem Ende der Schlange und trafen auf die Goldsteins, die vor sich Platz machten. Gretels Mutter verhörte die Tochter sofort und wollte wissen, wohin sie am Vorabend so plötzlich verschwunden war, was Rebeca Gelegenheit gab, sich mit ihren eigenen Gedanken zu befassen. Sie war zufrieden, sogar sehr zufrieden, sie fühlte in sich eine Freude wie lange nicht mehr. Zum allgemeinen Jubel über die Ankunft in Kuba kam noch José Antonios Telegramm hinzu. Während der ersten Monate in Wien hatte sie ständig daran gedacht, wie es wäre, wenn sie Tony wiedersehen könnte, und dann, als sie glaubte, das würde nie sein, hatte sie sich bemüht, das Bild des Kubaners aus ihrem Kopf zu verbannen. Aber es war ihr nicht gelungen, die Erinnerungen an New York wollten nicht weichen. Und jetzt sollte sie ihn endlich wiedersehen. Da plötzlich war sie an der Reihe. Der Mann in dem weißen Anzug bedachte sie mit einem Lächeln, ganz im Unterschied zu der Ernsthaftigkeit des Schiffsarztes, der die Tätigkeit seines kubanischen Kollegen schweigend verfolgte. Die Untersuchung war schnell und beschränkte sich auf eine einfache Kontrolle.

Nach Beendigung der Untersuchung aller Passagiere entstand eine Zwangspause, die aber nichts an der guten Laune der Flüchtlinge änderte. Überall wurde gelacht, man verabschiedete sich zum wiederholten Mal und sicherte einander zu, in Kontakt zu bleiben – entweder in Havanna oder in den Vereinigten Staaten. An diesem Morgen waren die Gottesdienste zum Sabbath nicht gut besucht; die meisten Reisenden warteten darauf, an Land gehen zu können, nur die Orthodoxen kamen zur traditionellen Andacht zusammen.

Nach einer Weile schlug Gretels Mutter vor, auf eines der Decks hinauszugehen, aber alle waren überfüllt. Die Hitze begann schon lästig zu werden, da lenkte jemand die Aufmerksamkeit auf mehrere Boote, die sich der St. Louis näherten. Kurze Zeit später machten sie am Schiff fest, und über das Fallreep stiegen Polizisten und Inspektoren der Einwanderungsbehörde an Bord. Ein Beamter befahl, eine neue Schlange zur Dokumentenkontrolle zu bilden, und eilig stellten sich die Passagiere in Erwartung der Abwicklung der Formalitäten in einer Reihe auf. Nach einer kurzen Pause begann man mit der Kontrolle der Pässe und der Einreisegenehmigungen, und damit schwand die Besorgnis über den verzögerten Ausstieg. Die Reisenden, die mit den Inspektoren sprechen wollten, scheiterten an der Sprachbarriere. Am Anfang einer jeden Befragung setzten die Beamten eine ernste Miene auf, die aber rasch einem lustigen Austausch von Gesten wich. Als eine Gruppe von Passagieren die Kontrollen bereits hinter sich hatte und bereit stand, um an Land zu gehen, wurde der Vorgang plötzlich eingestellt, und unter den verstörten Blicken der Flüchtlinge verließen die Inspektoren hastig das Schiff.

Auf der St. Louis verblieb lediglich eine Gruppe von Polizisten, die die Zugänge zum Kreuzfahrtschiff besetzten, was bei einigen Leuten Unruhe hervorrief, wenngleich die meisten sich sicher waren, dass kein Grund zur Beunruhigung bestand und es sich nur um eine bürokratische Hürde handelte. Doch mit der Zeit machte sich unter den Passagieren eine gewisse Beklemmung breit. Zudem wurde die Hitze immer drückender, und den Leuten brach der Schweiß aus. Kurze Zeit darauf wurde über die Lautsprecher verkündet, dass sich der Ausstieg verzögern würde; die Information rief Bestürzung hervor, die Flüchtlinge standen wie gelähmt. Zweifellos ging irgendetwas schief, doch noch ahnte niemand etwas von der schweren Krise, in der sich die St. Louis befand. Mehrere Menschen versuchten, sich mit Scherzen aufzuheitern, andere wiederum hielten die Verzögerung noch immer für wenig bedeutsam; nichts Schlimmes konnte mehr geschehen, denn man war ja am Ziel, und Europa lag in weiter Ferne.

Im Laufe des Vormittags wurde die Hitze unerträglich; es war eine feuchte, klebrige Hitze, die den Passagieren neu war. Man legte nach und nach Jacketts, Sakkos und Krawatten ab. Unsicherheit bemächtigte sich der Flüchtlinge, die über die Gründe für die Verzögerung spekulierten. Rebeca verwünschte ihr Missgeschick und sorgte sich um ihr Äußeres. Sie musste einen kühleren Ort finden und ließ die Goldsteins allein.

Von einer Terrasse aus beobachtete sie die Ankunft eines weiteren Schiffes, das kleiner war als die St. Louis und das ebenfalls in der Bucht die Anker warf. Später erfuhr sie, dass das die »Orduña« war, deren Passagiere, obwohl es sich um ein englisches Schiff handelte, an diesem Tage von der kubanischen Regierung ebenfalls keine Genehmigung erhielten, an Land zu gehen. Enttäuscht von der langen Wartezeit blieb Rebeca auf der Terrasse, ohne zu wissen, was sie tun sollte, bis zum Mittagessen gerufen wurde. Im Speisesaal herrschte eine völlig andere Atmosphäre als noch beim Frühstück. Kein Wort war zu hören, und alle Tischgäste schienen in ihre Gedanken versunken. Angesichts ihrer Sorgen, der stickigen Hitze und eines Menüs, das für andere Breiten gedacht war, nahmen die Reisenden kaum einen Bissen zu sich.

Vor Müdigkeit und Langeweile versuchten Rebeca und Gretel, nach dem Mittagsessen etwas zu schlafen, aber die Temperatur in der Kabine war unerträglich, und so gingen sie wieder auf's Deck hinaus, wo sie plötzlich vor einem riesigen Mulatten in Polizeiuniform standen, der ihnen ein freundliches Lächeln schenkte. Hinter seinen Lippen blitzte ein Goldzahn. Bald gesellte sich ihm ein weiterer, knirpsiger Polizist mit einem kleinen Schnauzbart zu, der mit ihnen in schlechtem Englisch zu sprechen versuchte und ihnen mit einem maliziösen Blick seine Hilfe anbot, sobald die Señoritas an Land sein würden.

»Das erste Mal, dass ich einen Neger von Nahem sehe«, bemerkte Gretel, nachdem sie die beiden Polizisten stehen gelassen hatten.

»Das war nicht eigentlich ein Neger, sondern ein Mulatte«, gab Rebeca zurück.

»Wie auch immer, jedenfalls ist es das erste Mal, dass ich so einen von Nahem sehe. In Breslau war einmal eine amerikanische Jazz-Band, alles Schwarze, aber ich habe sie nur von Weitem sehen können. Dieser war nicht hässlich. Hast du einen in New York kennengelernt?«

»Tausende, in der Stadt sieht man viele. Es gibt ein ganzes Stadtviertel voller Schwarzer.«

»Harlem. Vor einer Weile sah ich einen amerikanischen Film mit verschiedenen Szenen, die in diesem Viertel spielten. Bist du mal mit einem ausgegangen?«

»Nein, das ist nicht so leicht.« Rebeca wandte sich ihrer Freundin zu und fragte sich, was gerade in ihr vorging.

»Stimmt es, dass sie gute Liebhaber sind?«

»Ich weiß nicht.« Rebeca wusste nicht, was sie antworten sollte. Ihre Gefährtin war wohl doch nicht so geistreich, wie sie ihr am ersten Tag erschienen war.

»Diese Polizisten sind nicht wie die Deutschen, sie sind sympathisch«, bemerkte Gretel entschieden.

Rebeca hörte ihrer Freundin schon nicht mehr zu. Dem Telegramm vom Vorabend zufolge musste Tony unten auf sie warten. Sie fühlte sich wieder einmal unter einem ungünstigen Stern geboren. Endlich hatte sie eine Nachricht von José Antonio, und in wenigen Stunden würde der ersehnte Augenblick eintreten, da geschah das Unvorstellbare, und das an Land Gehen verzögerte sich. Aber sie beschloss, dass nichts ihre Freude trüben sollte. Die Nachricht war kurz ausgefallen, typisch für ihn, und besagte nichts weiter. Aber die drei Wörter bedeuteten, dass er sie erwartete und sie sich wiedersehen würden – eine Antwort, die alle Möglichkeiten offen ließ. Trotz des Aufschubs wollte Rebeca ihren Optimismus behalten, den Tonys Nachricht in ihr geweckt hatte, und nicht zulassen, dass irgendeine Nebensächlichkeit ihre gute Laune beeinträchtigte.

Sie versuchte, ihn an der Mole zu entdecken, wo die St. Louis hätte anlegen sollen, aber das war sehr weit weg, und man konnte die einzelnen Personen nicht unterscheiden. Also genoss sie den wunderbaren Blick auf die Stadt, die in einem überaus hellen Licht erstrahlte. Im Vordergrund sah sie eine breite Esplanade, dahinter einen Park und ein herrliches Bauwerk, den Präsidentenpalast, in dem man, ohne dass die Passagiere es wussten, über das Schicksal der St. Louis entschieden hatte. Zum Zentrum der Stadt hin konnte sie eine kompakte Masse von Gebäuden erkennen, aus denen die Kuppel des Kapitols herausragte, und zur Linken die Bauten der Altstadt, darunter die Kathedrale.

»Viele Autos.« Gretels Bemerkung riss sie aus ihren Gedanken. »Was schrieb dein Vater im Telegramm?«

Rebeca dachte über eine Antwort nach und kam zu dem Schluss, dass es nun keinen Sinn mehr hatte, den Absender zu verschweigen.

»Es war nicht von meinem Vater. Es war von einem Freund.«

»Einem Freund?« Es war jetzt ein anderer Tonfall, in dem Gretel die Frage stellte.

»Ja, nicht so wichtig, ein kubanischer Freund, den ich in New York kennengelernt hatte.«

»Du hast einen kubanischen Freund? Du überraschst mich jeden Tag aufs Neue. Gestern Abend mit Ackermann, heute mit einem kubanischen Freund. Wenn wir von Bord gehen, musst du ihn mir vorstellen.«

Aus der Gruppe an Deck löste sich Leni, gefolgt von ihrem Vater. Das Mädchen warf sich in Rebecas Arme.

»Ich habe euch gesucht. Es gibt offenbar Probleme mit unserer Einreise nach Kuba.«

»Was ist los?«, fragte Rebeca.

»Genaues weiß ich auch nicht.«

»Aber wir haben doch alle die Einreiseerlaubnis der kubanischen Regierung«, wandte Gretel ein.

»Es liegt wahrscheinlich an den Dokumenten. Aber wie dem auch sei, das Problem dürfte bald gelöst sein«, fügte Ackermann mit freundlichem Blick hinzu.

Rebeca fragte sich, ob Ackermann sich vielleicht sogar über die Verzögerung freute. Plötzlich ereignete sich ein ungewöhnliches Schauspiel, auch ungewöhnlich für einen Hafen mit so viel Geschichte wie den von Havanna. Mehrere Boote und Kähne kamen auf die St. Louis zu und umkreisten das Kreuzfahrtschiff. Ihre Insassen riefen den Passagieren an Deck etwas zu. Nach wenigen Minuten begann eine Frau in ihrer Nähe einem kleinen Boot mit einem Mann zuzuwinken, und zwei Mädchen auf der St. Louis sprangen in die Höhe und grüßten zu einem anderen Mann hin, der sich in einem zweiten Boot in die Höhe reckte. Weitere Passagiere erkannten Angehörige oder Freunde auf den Booten, und es hob ein lautstarker Dialog mit ihren Lieben an, die sie nach Jahren zum ersten Mal wiedersahen.

Niemals hatte man auf den ruhigen Wassern der Bucht von Havanna so viele deutsche Stimmen vernommen.

****

Johannes Müller wurde vom hellen Morgenlicht geweckt, ihm war heiß, und er musste aufstehen, hatte aber eigentlich keine Eile; die St. Louis würde nicht zu einem anderen Ziel aufbrechen, so dass er genügend Zeit hatte, um zum Hafen zu gelangen, die Situation vor Ort einzuschätzen und zu sehen, ob die Umstände ihm einen Besuch des Schiffes erlauben würden.

Er hatte Kopfschmerzen, wegen der Mischung von Rum und Bier am Vorabend; er hatte auch nicht viel geschlafen, aber der Abend hatte sich gelohnt und Remigia war wieder einmal sensationell gewesen. Er hätte eine Aspirin gebraucht, wusste aber weder wo, noch wie er sie bekommen konnte. Schließlich stand er auf und widmete sich in aller Ruhe seiner Morgentoilette. Er beschloss, in den Speisesaal des Hotels hinunter zu gehen; mit einem starken Kaffee und einem kräftigen Frühstück würde sich sein Unwohlsein legen. Es gab nichts Besseres auf der Welt gegen einen Kater und einen bevorstehenden langen Arbeitstag.

Für den Korrespondenten mehrerer deutscher Zeitungen in Amerika war dies immer einer der schönsten Momente des Tages. Seit seiner Kindheit in München liebte er ein ausgiebiges Frühstück. Seine Mutter hatte ihm eingeschärft, das Frühstück sei die wichtigste Mahlzeit am Tag, und an dieses Familienrezept hatte er sich stets gehalten. In Havanna war er sich nicht sicher gewesen, ob er Wurst und Käse von guter Qualität auftreiben könnte, aber ein junger Mann aus Asturien, der im Hotelrestaurant angestellt war, löste das Problem mit einem guten Sortiment an spanischen Erzeugnissen.

Er ließ die Ereignisse des Vortags Revue passieren. Die Aufregung begann, als die Hafenbehörde verkündete, sie habe noch keine Erlaubnis für das Einlaufen der St. Louis in die Bucht von Havanna erhalten, weshalb sie vor der Stadt ankern oder einen anderen Hafen anlaufen sollte. Den Verlautbarungen zufolge bedeutete das Verbot eine ungeahnte Krise. Den ganzen Vormittag versuchte er, an Informationen heranzukommen, aber er stieß auf eine unüberwindliche Mauer. Niemand wollte mit einem ausländischen Korrespondenten sprechen, nur irgendein Verwaltungsangestellter gab zu, dass der Befehl, dem Schiff das Anlegen zu verweigern, von ganz oben kam. In der Nacht erfuhr er von einer Änderung; die kubanischen Behörden hätten endgültig entschieden, dass das Schiff in die Bucht einfahren, aber nicht an der Mole festmachen könne, und dass den Passagieren das an Laqnd Gehen weiterhin grundsätzlich untersagt sei.

Müller war vor einem Monat in Havanna eingetroffen, nachdem er zwei Jahre lang in New York gelebt hatte, einer Stadt, die ihm von Mal zu Mal besser gefiel. Nur Paris mit seinem besonderen Charme und seinen zahllosen Sehenswürdigkeiten war unübertroffen. Gerade die Vielfalt machte das Wesen Frankreichs und allen Französischen aus. New York war etwas völlig anderes, schwer zu beschreiben und unmöglich zu erfassen. Ohne Manhattan verlassen zu müssen, gelangte er an alle möglichen Informationen, und er hatte jeden Tag genügend Material für mehrere Sendungen, ja sogar für eine gute Reportage. Es gab Momente, in denen er meinte, sich schon zu sehr an das Ausland gewöhnt zu haben, und er musste aufpassen, dass er bei seinen Begegnungen mit den Konsularbeamten und den deutschen Emigranten, die immer noch Heimweh nach dem besten Land der Welt empfanden, die Vereinigten Staaten nicht zu sehr lobte.

Der Auftrag, nach Havanna zu reisen, ärgerte ihn. Im Winter wäre es vielleicht anders gewesen, aber New York zum Frühlingsanfang zu verlassen, kam einem Verbrechen gleich. Zum anderen war der Zweck der Reise unklar; im Telegramm aus Berlin hieß es lediglich, er würde weitere Instruktionen bei seiner Ankunft erhalten. Ihm machte Sorgen, dass es sich um eine Sache ohne Bedeutung, ohne Tragweite handeln könnte. Was konnte sich auf einer Karibikinsel schon ereignen, das die Aufmerksamkeit seiner Zeitungen verdiente? Eigentlich nichts. Anfangs gedachte er, einen Vorwand zu suchen, um die Reise zu umgehen, aber dann hatte er sich doch entschieden, der Anweisung Folge zu leisten. Es war nicht die Zeit für Rechtfertigungen oder Disziplinlosigkeiten, und die Missachtung einer Anweisung in einer Atmosphäre, wie sie im Dritten Reich herrschte, könnte tödlich sein. Schon seit Monaten war ihm ein härterer Ton in den Redaktionen der Zeitungen, für die er arbeitete, aufgefallen. Von ihm wurden nur Artikel oder Reportagen veröffentlicht, in denen er negativ über die Vereinigten Staaten berichtete. Alles Material hatte den amerikanischen Way of Life zu kritisieren, und im Vergleich zu Deutschland musste alles nachteilig ausfallen. Vor allem musste man den schädlichen Einfluss der Juden verurteilen und die Ablehnung, die sie hervorriefen, betonen.

Ein Problem war auch die Behandlung der Nazi-Organisationen in New York. Anfang des Jahres hatte man ihn darauf hingewiesen, er möge über die Aktivitäten dieser Gruppen vorrangig berichten. Der Text der Nachricht beunruhigte ihn. Offensichtlich dachten seine Chefs, er schenke der amerikanischen nationalsozialistischen Bewegung nicht genügend Aufmerksamkeit; solch eine Unzulänglichkeit könnte man in Berlin auf eine gefährliche Weise fehlinterpretieren.

Völlig desinteressiert hatte er sich auf die lange Fahrt nach Miami begeben. Es gab schon einige Flüge dahin, aber er stieg nicht allzu gern in diese Flugapparate, so dass er sich wieder einmal für die zuverlässige amerikanische Eisenbahn entschied, die fast so pünktlich fuhr wie die deutschen Züge. Über Kuba wusste er so gut wie nichts. Er dachte, er würde auf ein Land voller Neger und halbwilder Indios treffen, in dem er um sein Leben fürchten müsste und in dem er den zahllosen Tropenkrankheiten ausgesetzt sein würde, abgesehen von den Hurrikans oder Erdbeben – er konnte sich nicht erinnern, welches der beiden Phänomene die Insel alle Jahre heimsuchte.

Müde und widerwillig traf er mit der Nachtfähre in Havanna ein. Rasch waren die Einreise- und Zollformalitäten erledigt; die Schnelligkeit war auffällig. Möglicherweise war die Eilfertigkeit dem frühen Morgen und der Tatsache geschuldet, dass die Inspektoren ihren Dienst beenden und sich schlafen legen wollten. Er fuhr direkt ins Hotel Sevilla, wo ihn die Effizienz der Bediensteten und der Komfort des Hotelzimmers überraschten. Er duschte sich und ging sofort zu Bett, um für die Arbeit am nächsten Tag frisch zu sein.

Am Morgen machte er sich auf Entdeckungstour: die Stadt versetzte ihn in Bewunderung. Statt eines zurückgebliebenen, verschlafenen Dorfes empfing ihn eine vibrierende Stadt von ausgesuchter Schönheit. Die ausgesucht schöne Architektur, das spektakuläre Meerespanorama und der lebhafte Handel verliehen der Hauptstadt ein modernes, kosmopolitisches Flair, wo man alle Annehmlichkeiten des modernen Lebens genießen und jeglichen Luxus kaufen, sich allen Freuden hingeben konnte.

Nachdem er einen ersten Eindruck gewonnen hatte, begab er sich zur Diplomatischen Mission des Dritten Reiches in dem herrlichen Stadtviertel Vedado. Erstaunlich fand er die Anlage des Viertels, die Fülle von Parks und Bäumen. In der Gesandtschaft händigte ihm ein maulfauler Telegrafist mit wenig Vertrauen erweckendem Gesicht ein Telegramm seiner Chefs in Berlin aus, in dem überraschenderweise mitgeteilt wurde, er möge auf weitere Anweisungen warten und sich an die deutschen Diplomaten halten. Noch am selben Vormittag empfing ihn der Konsul und informierte ihn über die Lage im Land, insbesondere über die zunehmende Ablehnung der jüdischen Flüchtlinge und der Juden im Allgemeinen durch die Kubaner. Für Müller roch das nach Propaganda, aber er verstand die Botschaft.

Am folgenden Tag schrieb er eine Reportage und schickte sie ab; in ihr versuchte er, seine Kuba-Eindrücke zusammenzufassen, und er erwähnte auch die vorgebliche antisemitische Stimmung der Kubaner. Er fühlte sich unwohl, als er über die Rassenvorurteile einer so vermischten, vielfältig zusammengesetzten Bevölkerung schrieb, aber ihm blieb nichts anderes übrig. Nach zwei Tagen kehrte er wieder bei der Gesandtschaft ein, wo der Konsul ihm mitteilte, dass es nichts Neues gebe, und sich mit anderen Verpflichtungen entschuldigte. Müller zog daraus den Schluss, dass es im Moment nicht die wichtigste Aufgabe des Diplomaten war, sich um einen Journalisten zu kümmern. Er fühlte sich frei und beschloss, die Zeit zu nutzen, um die Stadt kennenzulernen. Was half es, sich über seine Mission zu ärgern? Er sollte die goldene Gelegenheit dieser Reise mit Bezahlung aller seiner Spesen beim Schopfe packen, seinen Aufenthalt maximal genießen und, wenn man ihn dazu aufforderte, die erwarteten Informationen nach Berlin senden. Noch am selben Tag begann er, durch die Stadt zu streifen und Sehenswürdigkeiten zu besuchen, was ihn bald voll in Anspruch nahm. Auf Englisch konnte er sich leicht verständigen; man hielt ihn für einen Amerikaner. Die Kubaner waren sehr kommunikativ und extrovertiert; sie unterhielten sich jederzeit gern mit einem Besucher aus dem Norden.

Er spazierte über die wundervollen Plätze von Alt-Havanna, ließ sich vor dem Kapitol fotografieren, wanderte bei Sonnenuntergang den Malecón entlang, bewunderte die Frauen auf dem Prado, besuchte Konzerte im Teatro Payret und fand sich auf den Plätzen entlang des Prado wieder, wo ein Orchester von Mulatinnen spielte, die wie vom Himmel gefallen schienen. Die Kubanerinnen waren für ihn eine atemberaubende Entdeckung. Abgesehen von ihrer Farbe hatten sie etwas besonders Anziehendes an sich mit ihren sinnlichen Körpern, wie sie sich ganz ungezwungen in ihren eng anliegenden Kleidern gaben, und mit einem wollüstigen Gang, wie er es nie zuvor gesehen hatte.

Müller war unverheiratet, obwohl er schon einmal verlobt gewesen war. Aber zur Heirat war es nicht gekommen. Er wollte lieber keine Familie gründen, sondern sich ganz seiner abwechslungsreichen Arbeit als Korrespondent hingeben; ein solches Leben gefiel ihm. Da er in Havanna über so viel Freizeit verfügte, verwendete er seine Energie darauf, es mit Nutten aller Hautfarben zu versuchen, war dann aber enttäuscht, dass er keinen Unterschied zu dem feststellte, wofür er in den Bordellen in Europa und New York bezahlt hatte. Bis er Remigia kennenlernte, eine Farbige mit kräftigem Hintern und üppigen Brüsten, die als Operationsbasis eine Bar in Alt-Havanna hatte, in der sie sich bemühte, möglichst viele nordamerikanische Touristen zu angeln. Müller fiel sie auf wegen ihres strahlenden, ansteckenden Lachens. Sie schleppte ihn in ein drittklassiges Hotel, wo der Deutsche, nachdem er sich wie verrückt mit ihr vergnügt hatte, völlig erschöpft war. Er war wie besessen von der Schwarzen, und jedes Treffen war ein Besuch im Paradies. Er konnte sich nicht satt sehen an ihrem nackten Körper, bewunderte ihren Körperbau und ihre glänzende Haut. Zwar brachte sie ihm keine Techniken und Stellungen bei, die er nicht schon vorher ausprobiert hätte, aber sie machte alles mit einer Begeisterung und Ungezwungenheit, die er bei einer Frau nie erfahren hatte und die sein Ego bis ins Walhall erhob.

Seinen Aufenthalt in Havanna kostete er bis zum Letzten aus, bis man ihn in die Botschaft beorderte, wo der Telegrafist ihm mit noch ernsterem Gesicht als am ersten Tag ein Telegramm mit der Anweisung aushändigte, über die Ankunft der St. Louis zu schreiben. Anfangs erschien ihm diese Weisung seltsam. Als er jedoch mehr über die Reise des Transatlantikschiffes erfuhr, verstand er, worum es sich handelte; er hatte genug gesehen, um zu wissen, dass die Rolle der deutschen Regierung und die Zusammensetzung der Passagiere der Überfahrt einen außergewöhnlichen Charakter verliehen. Als er die zahlreichen Informationen über die Ausreise der Unerwünschten las, fand er seine Vermutungen bestätigt. Die verschärfte antisemitische Pressekampagne im Land rundete das Bild ab, und bald begriff er, dass die einzelnen Teile sich zu etwas Großem zusammensetzten, zu etwas Übergeordnetem, das nicht nur seine Anwesenheit in Havanna rechtfertigte, sondern auch eine journalistische Herausforderung sein konnte.

Von da an bemühte er sich, alles zu diesem Thema zu erfahren; er klopfte an jede mögliche Tür, sprach mit allen, die ihm noch zusätzliche Informationen geben konnten. Beflissen und scharfsinnig schrieb er Artikel, die dann in deutschen Zeitungen veröffentlicht wurden. Die einzige Indiskretion, die er sich zugestand, war eine Eskapade mit Remigia alle zwei oder drei Abende.

Er lehnte sich aus dem Zimmerfenster. Der Morgen brach an, und die Aussicht war spektakulär: Meer, Küste und beginnendes städtisches Treiben – alles zusammen bildete ein bewunderungswürdiges Ganzes, alles war in helles, kräftiges Sonnenlicht getaucht, und dazu wehte jetzt noch eine erfrischende Brise vom Ozean her. Ja, Havanna war ein guter Ort zum Arbeiten, mehr noch, um sich zu vergnügen. Müller legte sein Sakko an, rückte den Schlipsknoten zurecht, nahm den Hut und verließ seine Unterkunft, um sich zu seinem Stelldichein mit der St. Louis zu begeben.

****

Ende des Winters 1936 fühlte sich José Antonio in einer ihm sinnlos erscheinenden Lage gefangen: Er befand sich in der neuen Welthauptstadt, einer Stadt, in der alles möglich war, und dennoch war er den Zielen, die er sich für sein weiteres Leben gestellt hatte, nicht näher gekommen, geschweige denn, dass er sie erreicht hätte. Er hatte sich in keinen Kurs, der irgendetwas mit seiner medizinischen Laufbahn zu tun gehabt hätte, einschreiben können, und die derzeitige Beschäftigung hatte keine

Zukunft und war ermüdender, als im Fausto Filme vorzuführen. Die einzige Frucht seines New Yorker Aufenthalts war Rebeca, aber das ähnelte mehr einer Jugendromanze als einer leidenschaftlichen Affäre mit der Liebe seiner Träume. Das Fiasko mit dem Mittagessen in Queens wirkte sich besonders schmerzhaft auf sein Ego aus, obwohl er sich bemüht hatte, darüber hinweg zu kommen und Verständnis zu zeigen; er zermürbte sich mit dem Gedanken, dass er diese jüngste Schlappe nicht in seinem friedlichen Havanna, sondern an keinem geringeren Ort als im liberalen New York erlitten hatte, von dem er annahm, dass jeder Kubaner eine Rekordzahl von Eroberungen für sich verbuchen konnte, wie alle seine Freunde vor seiner Abreise vorhergesagt hatten.

Gewissermaßen als Genugtuung nahm er am Freitag nach dem verunglückten Reis mit Hühnchen die Einladung Bernabés an, des Cousins der kleinen Kreolin vom Heiligabend, eines kubanischen Lebenskünstlers, der in New York aufgewachsen war. Der Junge sprach ein akzentfreies Englisch und prahlte damit, alles zu kennen, was man über die Stadt wissen musste. Zuerst gingen sie in ein Tanzlokal nahe dem Broadway, wo er mit mehreren Mädchen tanzen konnte und die Telefonnummer einer fast ein Meter achtzig großen Dunkelhäutigen mit grünen Augen ergatterte, die gegen Mitternacht wie Aschenputtel verschwand. Danach gingen sie in eine Bar und landeten schließlich in einem Bordell in Lower Manhattan, wo er sich eine schlanke Blondine mit traurigem Lächeln auswählte. Auf der Rückfahrt nach Queens in einer kalten, leeren Metro dachte er, die Huren seien doch überall gleich. Trotz der volltönenden Versprechungen Bernabés und des Preises unterschied sich die Qualität dieser Art Dienstleistung nicht von der in den Bordellen Havannas.

Angesichts seiner Enttäuschung an allen Fronten entschloss sich José Antonio, mit seinem Vater über eine mögliche Rückkehr nach Havanna zu reden. Er wählte für das Gespräch einen verschneiten Abend Anfang März. Nachdem sie zu Abend gegessen und das Geschirr gespült hatten, begaben sich beide in das kleine Zimmer, um vor dem Schlafengehen noch etwas Radio zu hören.

»Papa, kann ich mit dir etwas besprechen?«

»Klar, mein Junge, natürlich.«

»Ich bin jetzt schon sieben Monate in New York, und wir haben noch nichts gefunden, was mich in der Medizin weiter bringt. Denkst du nicht, es wäre besser, wenn ich nach Kuba zurückkehrte?«

Manuel trank seinen Kaffee aus und kaute an seiner Zigarre.

»Du hast Recht, wir haben es nicht geschafft, dass du dein Studium hier fortsetzen kannst, aber in Havanna ist die Universität noch immer geschlossen, und wie die Dinge dort stehen, ist es auch schwierig, einen guten Job zu finden.« Manuel machte eine Pause und zog an seiner Zigarre. »Ich denke, die Möglichkeiten hier in New York sind noch nicht ausgeschöpft. Vielleicht haben wir Glück, wenn das nächste Semester beginnt. Außerdem hast du ja eine Arbeit im Labor, und hier zu leben ist eine Erfahrung, die dir für die Zukunft nützlich sein kann.«

»Ja, aber ich werde schon fünfundzwanzig und habe noch nichts erreicht im Leben. Ich fühle mich fehl am Platz, ich verliere einfach Zeit.«

»Du verlierst keine Zeit. Außerdem ist das, was dir geschehen ist, nicht deine Schuld; du bist einfach ein Opfer der Zeit, in der du lebst. Du hast immer alles richtig gemacht, und wir alle in der Familie sind sehr stolz auf dich. Ich zweifle nicht daran, dass du dein Studium mit einem guten Abschluss beenden kannst, sobald sich die erste Möglichkeit ergibt. Ich will mal bei meinen Beziehungen in New Jersey oder in der Bronx nachhaken; vielleicht finden wir im Frühjahr eine Arbeit, die dir besser gefällt. Hast du schon die Zeitungsannoncen durchgesehen?«

»Ja, habe ich, aber ich habe nichts gefunden.«

»Gut, gleich morgen werde ich nacheinander alle anrufen, die uns behilflich sein können.«

José Antonio hatte es zwar nicht erwähnt, aber da war immer noch Rebeca. Er fragte sich, ob er verliebt war; er war sich nicht sicher. Er wusste lediglich, dass ihm die Österreicherin sehr gefiel, mehr als jede andere Frau, doch bislang hatte er bei dem Mädchen nicht allzu viel erreicht, und außerdem war er sich nicht sicher, ob sie das Gleiche für ihn empfand.

Während Tony über seine Zukunft in New York entschied, war sich Rebeca unschlüssig über die Beziehung. Sie mochte den Kubaner und genoss es, mit ihm auszugehen, aber das private Mittagessen war ein Warnzeichen. Worauf José Antonio aus war, würde ihr Verhältnis komplizieren, und noch war sie nicht davon überzeugt, dass der Kubaner der Richtige war. Außerdem war da Kreiner; bislang hatte sie es vor dem Professor verbergen können, aber sie wusste, das würde nicht mehr lange so gehen. Auch wollte sie ihren Vater nicht belügen, und ihr war klar, dass er ungehalten sein würde, wenn er erführe, dass sie mit einem Laborgehilfen ausging.

Am Wochenende nach dem Abenteuer in Queens beschloss Rebeca, sich nicht mit José Antonio zu treffen, und weil Tom sie so inständig bat, willigte sie ein, ihn in ein Theater am Broadway zu begleiten. Es folgte ein Abendessen in einem griechischen Restaurant, wo der Professor sich die Hälfte der Zeit darüber beklagte, dass er sie seit zwei Monaten nicht gesehen habe. Obwohl sie wusste, dass es sinnlos war, konnte sie der Versuchung nicht widerstehen, ihre beiden Bewerber zu vergleichen. Tom kam schlecht dabei weg. Die Konversation war den ganzen Abend über langweilig, und als er im Taxi versuchte, ein neues Treffen mit ihr zu vereinbaren, sagte sie nichts zu und hielt ihn hin.

Am Vormittag des letzten Sonntags im März traf sie sich wieder mit José Antonio, der, als er sie sah, nicht an sich halten konnte.

»Ich habe dich vergangenes Wochenende vermisst.«

»Tut mir leid, ich hatte eine Verabredung.«

»Bist du mit jemandem ausgegangen?«

»Ja, mit einem Professor von der Universität.«

Tony zog sich der Magen zusammen, aber er behielt seine Enttäuschung für sich.

»Ist etwas?«

Rebeca schaute Tony mit einem Blick an, dass er lieber im Erdboden versunken wäre. Er hatte gegen den sakrosankten Grundsatz verstoßen, eine Frau nie nach einem anderen Mann zu fragen.

»Entschuldige, ich wollte dir nicht zu nahe treten. Sieh mal, die Sonne scheint; ich schlage vor, dass wir ein wenig spazieren gehen.«

Es war ein klassischer Morgen am Ausgang des Winters; die Kälte nahm ab, aber der Frühling ließ noch auf sich warten. Tony versuchte, seinen Fehler wiedergutzumachen, und erzählte von den Wintern in Saint John, kaufte geröstete Mandeln und ertrug es jedes Mal mit stoischer Ruhe, wenn Rebeca vor einem Schaufenster in der Fifth Avenue verweilte, um sich schweigend die Modelle der kommenden Saison anzuschauen.

Je weiter sie gingen, umso mehr Leuten begegneten sie, die den Sonntag zu genießen schienen. Vor der 42. Straße blieben sie stehen und bestaunten das Gebäude der Public Library, die mit ihrer beeindruckenden von zwei Löwen aus Stein bewachten Treppe lange Jahre das größte aus Marmor errichtete Bauwerk ganz Nordamerikas war. José Antonio wollte ein Gespräch über die riesigen Bestände der Bibliothek beginnen, erhielt aber nur einsilbige Antworten, so dass er vorschlug, sie an einen interessanteren Ort zu führen.

Schon bald gelangten sie zum Rockefeller Center, einem gerade fertig gestellten enormen Gebäudekomplex im Art-déco-Stil.

»Du hast Recht, es ist überwältigend«, bemerkte Rebeca, und ihr Blick wanderte die Wolkenkratzer hinauf.

»Man will diesen Abschnitt den Channel nennen, weil er die beiden Frankreich und England gewidmeten Gebäude voneinander trennt. Auch ein Deutschland-Haus wurde vorgeschlagen, aber ich glaube nicht, dass dem zugestimmt wird. Da drüben soll eine Eislaufbahn gebaut werden«, fuhr José Antonio fort und versuchte, in den Eispanzer einzudringen, der sie umgab.

»Kannst du Schlittschuh laufen?«, fragte Tony.

»Na klar. In Wien lernen fast alle Kinder Schlittschuh laufen«, entgegnete Rebeca schroff.

»Sprich bitte nicht so mit mir. Gib mir eine Chance.« Er hielt sie zurück und sah ihr in die Augen. »Entspanne dich, und genieße den Tag. Einverstanden?« Und ohne eine Antwort abzuwarten, fuhr er mit dem Erzählen fort. »Du hast mich zwar nicht danach gefragt, aber ich habe es wirklich in Saint John gelernt. Auf dem Eis bin ich natürlich seit vielen Jahren nicht gelaufen, aber auf Rollschuhen war ich in ganz Havanna unterwegs, vor allem den Malecón entlang. Das ist eine Uferstraße, die unmittelbar am Meer entlang führt. Von dort hat man eine herrliche Aussicht, wie kaum irgendwo auf der Welt.«

»Du musst immer alles mit Kuba vergleichen. Wien ist auch wunderschön, aber ich lasse Wien nicht mit New York konkurrieren.«

»Weil du keine Kubanerin bist. Wenn du erst einmal Havanna siehst, wirst du dich ganz sicher in die Stadt verlieben. Komm, wir gehen ins RCA Building, die Lobby muss man gesehen haben.«

Tony nahm sie beim Arm, und sie betraten den Wolkenkratzer. Innen betrachteten sie ein riesiges, fast zwanzig Meter großes Wandgemälde, das dem amerikanischen Fortschritt gewidmet war.

»Das ist nicht das Originalgemälde«, bemerkte Tony.

»Wovon redest du? Ich verstehe nicht«, gab Rebeca zurück.

»Ursprünglich war da ein anderes Wandgemälde, mit dem der mexikanische Maler Diego Rivera beauftragt worden war.«

»Den kenne ich nicht. Und was ist passiert?«

»Rivera ist ein außergewöhnlicher Maler, aber er ist Kommunist und hat auch Lenin auf dem Wandgemälde dargestellt, und da hagelte es Kritik in den Zeitungen. Er hat sich dann mit einem der Rockefellers gestritten, der befohlen hatte, es zu entfernen. Rivera weigerte sich und versuchte, zu einer Einigung zu gelangen. Er schlug vor, in das Wandgemälde auch Lincoln und weitere Persönlichkeiten aus der amerikanischen Geschichte einzufügen. Aber die Besitzer bestanden darauf, dass er Lenin entfernt.«

»Und dann?«

»Am Ende haben sie Rivera bezahlt und das Wandgemälde zerstört. Die Wenigen, die es sehen konnten, fanden es wunderbar. Dann hat man es durch dieses hier ersetzt.«

»Und die Moral von der Geschichte ist, dass die Kunst dem Geld immer unterlegen ist.«

»Das ist die eine Interpretation, aber das Letzte, was ich darüber gelesen habe, ist, dass Diego Rivera sein Wandgemälde in einem Gebäude in Mexiko-Stadt von Neuem malt«, schloss Tony.

»Tony, woher weißt du das alles?« José Antonio fühlte sich besser, als er hörte, wie sie ihn jetzt nannte. Es bestätigte ihm, dass er sich auf dem richtigen Weg befand.

»Aus der Presse. Bevor ich im Labor gearbeitet habe, verbrachte ich, wenn ich ins Konsulat ging, den größten Teil der Zeit damit, Zeitungen und Zeitschriften zu lesen.«

Zum ersten Mal an diesem ganzen Vormittag ließ sie zu, dass Tony sie bei der Hand nahm. Sie traten in die Sonne hinaus, die schon ein wenig wärmte. Sie beschlossen, die Straße zu überqueren und St. Patrick's Cathedral zu erkunden. Die Kathedrale ist ein Symbol des wachsenden Einflusses der Katholiken in der Stadt. Beim Betrachten der religiösen Gemälde bemerkte Tony, um Rebeca zu ärgern:

»Die Kathedrale von Havanna ist schöner.«

»Fängst du schon wieder an? Kannst du dich nicht an etwas erfreuen, ohne es zu vergleichen?«

»Nein, Chica, kann ich nicht«, erwiderte José Antonio lächelnd.

»Sei still, in Kirchen redet man nicht. Du bist nicht gläubig, oder?«

»Nun, es kommt darauf an, was du darunter verstehst. Ich wurde getauft und konfirmiert, aber es stimmt schon: ich gehe nicht zur Kirche.«

»Und deine Familie?«

»Mein Vater auch nicht. Meine Mutter ist ein besonderer Fall; sie glaubt an Gott, hat eine Figur der Barmherzigen Jungfrau in ihrem Zimmer und bittet sie ständig um etwas, aber sie geht nie zur Kirche, geschweige denn zur Messe.«

»Und deine Schwestern?«

»Die größere ja, die geht ziemlich oft zur Kirche, Margarita ist mehr oder weniger wie meine Mutter, und die kleinere hat sich nie um Religion geschert. Aber jetzt du. Wie sind die Kreiners?«

»Der Professor war nie religiös. Nachdem meine Mutter geheiratet hatte, ging sie auch nicht mehr in die Synagoge, und wir sind nicht besonders religiös erzogen worden, obwohl wir die jüdischen Festtage immer gefeiert haben. Meine Großeltern besuchten eine Reformsynagoge; sie waren nie sehr streng religiös, wie die meisten Juden in Wien. Aber in den letzten Jahren hatte sich mein Großvater verändert; er selbst sagte, der religiöse Glaube sei in ihm geweckt worden, und von da an ging er jeden Freitag in die Synagoge.«

Sie wanderten noch ein Weilchen durch die gigantische Kathedrale, und als sie wieder draußen waren, aßen sie an einem Stand zwei Hamburger, und Tony erklärte ihr währenddessen, wie man in Kuba Karneval feiert. Sie setzten ihren Weg durch die Fifth Avenue fort, hielten sich an der Hand und erzählten, entdeckten Gemeinsamkeiten in ihren Wünschen und Hoffnungen, stießen auch auf Differenzen, über die Tony, gut gelaunt, wie er stets war, hinwegging, und am Ende des Tages verabschiedeten sie sich in Brooklyn mit einem langen Kuss. Der beste Moment des langen Ausflugs!

21. KAPITEL

Die Nacht vor der Ankunft der St. Louis schlief Tony schlecht. Eine Unruhe hatte sich seiner angesichts des bevorstehenden Wiedersehens mit Rebeca bemächtigt. Er konnte schwer einschlafen, weil er sich fragte, wie er ihr nach so langer Zeit entgegentreten sollte; und zu allem Überdruss wehte kein Lüftchen, es war fürchterlich heiß, bis in der Morgendämmerung ein Regenguss endlich Erfrischung brachte und er einschlief.

Die Bedeutung des Zwischenaufenthalts in Havanna war ihm noch immer nicht klar. War er das Ergebnis einer längeren Planung oder einfach nur ein Zufall? Einerseits war Rebeca nicht die Frau, die sich von den Ereignissen treiben ließ; im Gegenteil, sie hatte immer ein Ziel und versuchte, ihre Entscheidungen durchzusetzen. Andererseits hatten die Juden nur wenige Möglichkeiten, Deutschland zu verlassen, und vielleicht war die Fahrt der St. Louis ihre einzige Alternative. Einerlei, das Schicksal bot ihm eine neue Chance. Doch es gab noch viele Unbekannte und Probleme, die er im Zusammenhang mit Rebecas Eintreffen ausräumen musste. Da war zunächst der eingeschränkte Zeitrahmen, der ihm zur Verfügung stand; er war sich sicher, dass sie nur für kurze Zeit in Havanna bleiben und schnell nach New York zu ihrem Vater und ihrem Bruder weiterreisen würde. Also bliebe nur wenig Zeit, um herauszufinden, was Rebeca mit einem neuen Treffen beabsichtigte. Er wollte sich keinen Illusionen hingeben, aber mit der Nachricht von ihrer Ankunft erwachten die Erinnerungen, und die starke Anziehungskraft der Österreicherin lebte wieder auf.

Die Tage zuvor hatte José Antonio versucht, ein paar Vorbereitungen für den Empfang zu treffen, aber am Ende kam nichts Konkretes dabei heraus, er hatte nicht einmal eine Unterkunft reserviert, weil er sich unschlüssig über die Hotelkategorie war, und schließlich hatte sie ihn um diese Hilfe gar nicht gebeten. Überdies gab es in Havanna Angebote zur Genüge. Einen Moment lang hatte er an die Möglichkeit gedacht, Rebeca bei sich zu Hause einzuquartieren, aber er wagte es nicht, das an Eloísa heranzutragen. Nie hatte er seiner Mutter von seiner New Yorker Romanze erzählt; sie wusste davon von Manuel, und es hatte ihr ganz und gar nicht gefallen, wie Victoria meinte. Sie hatte Angst, dass José Antonio die Ausländerin heiraten und nicht nach Kuba zurückkehren würde.

Seine Schwestern nahmen die Nachricht wohlwollend auf, jede entsprechend ihrem Charakter. Blanquita, die bereits ein Baby hatte, sagte ihm mit der ihr eigenen Gelassenheit, er solle sich keine Sorgen machen, sie sei sicher, alles würde gut verlaufen, und bot ihm sogar ihre winzige Wohnung für den Gast an. Margarita setzte eine ernste Miene auf, während Tony erzählte. Anfangs sagte sie kein Wort, und erst am nächsten Tag umarmte sie ihren Bruder mit Tränen in den Augen und wünschte ihm alles Glück, das er verdiene. Victoria lachte nur, für sie war alles ein großes Abenteuer; sie überhäufte Tony mit Fragen über Rebeca und bot ihm ihre Hilfe an, wenn es nötig sein sollte. Sie würde auch den Blumenstrauß kaufen, den José Antonio am Tag der Ankunft zur Mole mitnehmen müsse, und bemerkte, sie würde ebenfalls mitkommen, um ihre Schwägerin zu empfangen. Eloísa äußerte sich nicht, ihr Schweigen war als klare Missbilligung zu verstehen. Paco lachte und hielt ihm einen Vortrag, wie er sich bei den neuerlichen intimen Zusammenkünften verhalten sollte. Rosa sagte zunächst kein Wort, erklärte dann aber allen gegenüber, dass das ein Zeichen der Götter sei.

Tony stand am Samstag bei Tagesanbruch auf, sein Frühstück fiel angesichts von Eloísas Schweigen bescheiden aus, und trotz der Hitze in seinen besten Anzug gekleidet, begab er sich zum Hafen. Er hatte gehört, dass die St. Louis am Vormittag ankommen sollte, aber es war nicht klar, was aus den Passagieren würde. Wegen dieser Unsicherheit wollte er früh an der Mole sein. Er fragte sich, warum sich Rebeca diesem Wirrwarr ausgesetzt hatte und nicht mit einem der Dutzenden anderen Schiffe gekommen war, die regelmäßig problemlos in Havanna anlegten. Mit ihr war nichts leicht, nicht einmal normal; seit er sie kannte, war alles im Zusammenhang mit der Österreicherin kompliziert.

Er entschied sich, die San Lázaro hinunter zu wandern, um die Frische zu genießen, die der Platzregen in der Nacht mit sich gebracht hatte. Bald erreichte er das Denkmal für die Medizinstudenten und konnte das ruhige Meer sehen, in dem sich das Castillo del Morro spiegelte. Er wusste nicht, dass die St. Louis bereits im Morgengrauen eingetroffen war, und dachte, Rebeca würde die Einfahrt an einem so hellen Morgen genießen können und bestätigt finden, dass er nicht übertrieben hatte, als er ihr in New York die Schönheit Havannas beschrieb.

Eine Frau verkaufte Blumen, und er erinnerte sich, dass Victoria ihn gedrängt hatte, unbedingt einen Blumenstrauß zum Empfang zu kaufen. Was er wohl kosten könnte? Nichts ging über ein paar Blumen, wenn man eine Frau für sich einnehmen wollte; unglaublich, was man mit wenigen Rosen erreichen konnte. Aber er entschied sich, sie nicht zu kaufen, da er nicht wusste, wie lange es dauern würde, bis Rebeca an Land gehen konnte. Er fürchtete, sich lächerlich zu machen, wenn er den ganzen Vormittag mit einem Blumenstrauß dastehen würde. Außerdem glich das alles fast einem Blind Date. Und wenn alles gut ausging, würde er immer noch Zeit haben, die Blumen zu kaufen. Zum Glück hatte er seine Schwester am Abend zuvor überzeugen können, dass es besser wäre, wenn sie ihn nicht begleitete.

Und noch war da Alicia. Nachdem er eine Woche lang fern geblieben war, besuchte er sie. Sie bekam einen fürchterlichen Wutanfall, die Begrüßung war eisig, und aus ihren Augen schossen dämonische Blitze. Sie setzten sich, und sie fragte, ob sein Fernbleiben damit zu tun habe, dass er bereue, um ihre Hand angehalten zu haben. José Antonio fand nicht den Mut, ihr die Wahrheit zu sagen, er bemerkte lediglich, dass ein Notfall eingetreten sei und er, wenn alles vorüber sei, wie vereinbart mit ihren Eltern sprechen werde. Mit dieser Erklärung machte Tony die Situation noch komplizierter. Alicia wollte wissen, worin das Problem bestehe, und als die Antwort ausblieb, wurde sie noch wütender und beschuldigte ihn, eine andere Geliebte zu haben. Sie sagte, sie habe keine Zeit zu verlieren, er solle es sich gut überlegen und nur wiederkommen, wenn er wirklich entschlossen wäre, sich mit ihr zu verloben. Schließlich verabschiedete ihn die Schwiegermutter, die mit Sicherheit auf dem Laufenden war, mit einer ungewöhnlichen

Liebenswürdigkeit und so etwas wie einem Lächeln, während ihn die Großmutter zum ersten Mal nur mit einem forschenden Blick und einem offenkundigen Mangel an Begeisterung grüßte.

Alicia war zu einem Problem geworden. Tony wusste, dass er die Beziehung nur aufrechterhalten konnte, wenn er um ihre Hand anhielt – mit allen Komplikationen, die mit einer solchen Entscheidung verbunden waren. Und jetzt hatte er weder Lust noch Zeit, an solch ein Versprechen zu denken.

Als er an der Mole anlangte, an der die internationalen Kreuzfahrtschiffe festmachten, war er überrascht, eine solche Menschenmenge vorzufinden. Verwirrt bahnte er sich einen Weg durch die wartende Menge und fragte einen Polizisten am Ausgang des Zolls, ob Passagiere der St. Louis bereits an Land gegangen waren. Der Beamte musterte ihn von oben bis unten, antwortete mit einem lakonischen »Nein« und kehrte ihm den Rücken zu. Tony wollte den Mann erneut fragen, als er eine heisere Stimme mit starkem deutschem Akzent, aber in perfektem Spanisch vernahm:

»Junger Mann, wenn Sie sich für die St. Louis interessieren, kann ich Ihnen sagen, dass sie im Morgengrauen ankam, aber nicht an der Mole anlegte sondern am Ende der Bucht vor Anker ging. Das Problem ist, dass der Ausschiffung der Passagiere noch nicht genehmigt worden ist.«

Der Mann war untersetzt, stämmig, hatte eine extrem weiße Haut, dunkle Augen hinter einer kleinen Brille mit Goldeinfassung, war tadellos gekleidet in einen braunen Anzug und mit einem Filzhut auf dem Kopf.

»Vielen Dank. Und was passiert jetzt?«

»Das weiß hier keiner. Es heißt, die Einreise der Leute auf der St. Louis verstößt gegen ein kürzlich erlassenes Dekret, das die Einreise von Ausländern nach Kuba regelt.«

»Ich wusste, dass es Probleme gab, aber ich habe nie gedacht, dass man bis zum Äußersten gehen würde. So etwas ist hier noch nie passiert.«

»So habe ich das auch gehört, aber mit der St. Louis ist das wohl etwas anderes.«

Das Ganze überraschte José Antonio, der sich nun fragte, was er machen sollte. In diesem Moment bremste in der Avenida del Puerto eine Luxuslimousine, ein zweifarbiger Hispano Suiza J12, aus dem eine sehr elegante junge Frau stieg und sich zum Tor des Zolls wandte, wo sich auch Tony befand.

»Guten Tag. Bitte, tun Sie mir den Gefallen, und sagen Sie mir, was Sie über die Reisenden auf der St. Louis wissen«, bat sie in einem ebenfalls von einem starken deutschen Akzent geprägten Spanisch.

»Die Ausschiffung verzögert sich,« erwiderte der Polizist schwerfällig und verschlang die junge Frau mit seinen Blicken.

»Was ist los?«

Tony fixierte das schöne Gesicht, das schwarze Haar und die blauen Augen des Mädchens. Als er schon antworten wollte, kam ihm der Mann in dem dunklen Anzug zuvor:

»Señorita, die Reisenden auf dem Kreuzfahrtschiff dürfen auf Anordnung der Regierung nicht an Land gehen.«

Sie fragte etwas auf Deutsch, und sofort entspann sich ein intensives Zwiegespräch in der Sprache Schillers. José Antonio verstand gar nichts, so dass er sich mit einem schüchternen »Hasta luego«, das nicht erwidert wurde, diskret zurückzog.

Tony wusste nicht, was er tun sollte; er war verwirrt und frustriert. Etwas ganz Schwerwiegendes musste sich ereignet haben, um so eine extreme Maßnahme zu ergreifen. Er ärgerte sich, dass er so nachlässig gewesen war und die Pressekampagne gegen die Ankunft neuer Flüchtlinge nicht aufmerksamer verfolgt hatte. Vielleicht hätte er dann in diesem Moment einen Ausweg gewusst. Er fühlte sich kalt erwischt, und ihm fiel auch nicht ein, wen er um Hilfe bitten könnte; er war allein und trostlos. Schließlich entschied er sich, in der Nähe zu bleiben und abzuwarten; irgendetwas musste ja an diesem Vormittag mit der St. Louis geschehen. Samstags war das Büro seines Onkels geschlossen. Er kaufte sich ein Exemplar der Tages-Zeitung »El Crisol« und setzte sich in ein nahe gelegenes Café, bestellte sich eine Tasse Kaffee und nahm sich die Zeitung vor.

Gleich auf der ersten Seite stieß er in der linken Spalte auf eine Schlagzeile:

»500 Juden heute eingetroffen: Wie mehrfach, aber immer mit unterschiedlichem Datum angekündigt, traf heute am frühen Morgen um 4 Uhr, aus Europa kommend, der deutsche Transatlantikdampfer St. Louis in Havanna ein. Seine zu später Stunde am gestrigen Abend bekanntgegebene Ankunft löste bei den Schifffahrtsbehörden, die das Schiff nicht für heute erwartet hatten, große Überraschung aus.«

»An Bord der St. Louis befinden sich 900 Passagiere, von denen über 500 Juden, unter ihnen Alte, Frauen und Kinder, die vor der Verfolgung durch die Nazis in verschiedenen Teilen des alten Kontinents geflohen sind, in das Aufnahmelager Triscornia gebracht wurden. Dort leben sie unter schrecklich engen Verhältnissen; in Triscornia gibt es zu wenig Unterkünfte, um alle Flüchtlingen unterzubringen. Man weiß nicht, wie das Problem der Einreise aller dieser Personen in das Land zu lösen ist.«

Die Nachricht war eine Falschmeldung; die Deutschen waren nicht an Land gegangen. Die Verwirrung war zweifellos groß, was die Ankunft der St. Louis und das Schicksal ihrer Passagiere betraf. Tony kaufte noch eine andere Zeitung, das »Diario de la Marina«, in der das Eintreffen des Schiffes ebenfalls Titelthema war und die umfassend über die Situation des Kreuzfahrtschiffes und der Flüchtlinge informierte. Er schlürfte seinen Kaffee und las noch einmal die Artikel; jetzt begriff er, vor welch kompliziertem Problem die Flüchtlinge standen. Er entschied sich, zur Mole zurückzugehen, wo er die elegante Dame in der inzwischen brütenden Hitze wiedersah.

»Gibt es was Neues von der St. Louis?«, fragte Tony in einem Anflug von Kühnheit.

Die junge Frau musterte ihn mit ihren hellen Augen und antwortete zögernd:

»Nein, nichts Neues.«

»Ich habe gerade in einer der Zeitungen gelesen, dass über die Hälfte der Passagiere in Triscornia interniert wurden, aber das muss ein Irrtum sein.«

»Triscornia? Was ist das?«

»Das Lager für die illegalen Ausländer.«

»Aber diese hier sind nicht illegal. Sprechen Sie deutsch?«

»Nein, aber wenn Sie wollen, können wir uns auf Englisch unterhalten. Darf ich mich vorstellen? José Antonio Fernández Pardo; ich bin Arzt, zu Ihren Diensten.«

Das Mädchen antwortete nicht sofort, dann schaute sie ihn noch einmal forschend an:

»Vielen Dank. Ich bin Ilse Bittner.« Und dann fügte sie in korrektem Englisch, auch mit deutschem Akzent, hinzu: »Was wissen Sie über die Lage?«

»In der Presse heißt es, der Präsident habe entschieden, die Einreise von Ausländern zu verbieten, deren Dokumente nicht den neuen Einwanderungsbestimmungen entsprechen.«

Die hübsche junge Dame stieß etwas auf Deutsch hervor, vermutlich ein Schimpfwort, und sah ihn wütend an. »Also haben sie es doch getan; ich hätte nicht gedacht, dass sie so weit gehen würden. Jetzt werden sie mehr Geld fordern.« Sie schloss wieder mit einem Wort auf Deutsch, das in Tonys Ohren noch härter klang.

»Entschuldigen Sie, Sie haben anscheinend mehr Informationen als ich. Ich wusste zwar um den Widerstand gegen die Einreise von noch mehr Einwanderern, aber ich hätte nie geglaubt, dass man das Ausschiffen der Passagiere verbieten würde. Ich bin wirklich befremdet und kann mich nicht erinnern, dass so etwas schon mal in Kuba vorgekommen ist.« Ilse sah ihn an und fuhr etwas ruhiger fort: »Klar, Sie haben teilweise Recht. Aber die Sache ist noch komplizierter. Ich dachte, die Regierung würde am Ende nachgeben, aber ich habe mich geirrt. Dieses Land ist von Tag zu Tag weniger berechenbar, hier kann alles passieren. Es kümmert sie nicht, dass die Flüchtlinge vor etwas Schrecklichem fliehen, dass sie verfolgt werden. Außerdem weiß jeder hier in Kuba, dass ihr eigentliches Ziel die Vereinigten Staaten sind; hier bleiben sie nur so lange, bis sie weiter können.«

Tony schloss, dass das Mädchen vielleicht Recht hatte, aber er fühlte sich von dem Tonfall unangenehm berührt, in dem sie über Kuba sprach.

»Hören Sie, ich würde gern weiter mit Ihnen reden. Ich schlage vor, dass wir in den Schatten gehen oder, noch besser: Möchten Sie etwas Kühles oder einen Kaffee trinken?«

»Nein danke, ich habe dafür keine Zeit. Besser, ich gehe; hier werde ich sowieso nichts ausrichten können, und die Sonne ist drückend. Ich muss eine Lösung finden, muss schnell handeln. Ich werde mir ein Taxi suchen.«

Die Deutsche hätte ihr Desinteresse an Tony nicht deutlicher zum Ausdruck bringen können. Er fragte sich, was sie in Havanna tat. Vielleicht hatte Ilse Recht, auch er würde nichts erreichen, wenn er am Tor des Zolls wartete. Er musste ebenfalls nach einer Möglichkeit suchen, damit Rebeca an Land gehen konnte. Er entschloss sich, seinen Onkel aufzusuchen und begab sich zur Straßenbahnhaltestelle. An der Ecke hielt er einen Moment inne, ehe er die Straße überquerte. Dabei hörte er das Gespräch zweier Männer, die mit dem Rücken zu ihm standen.

»Ja, das ist sie.«

»Wirklich appetitlich, diese Polin. Du hast nicht übertrieben.«

»Ich hab's dir ja gesagt, in Doña Justas Haus ist sie einer der Stars, und sie ist natürlich die Teuerste.«

José Antonio blickte in dieselbe Richtung und sah, wie das Mädchen in ein Auto stieg. Mehr hörte er nicht; es war auch nicht nötig. In diesem Augenblick bewegte sich etwas in der Menge am Ausgang des Zolls, und Tony wandte sich zurück. Ein Beamter der Einwanderungsbehörde hatte gerade verlautbart, dass die Passagiere der St. Louis bis auf Weiteres nicht an Land könnten. Ein dicker Glatzkopf, der das hörte, begann in einem Kauderwelsch aus englischen, deutschen und spanischen Wortbrocken zu protestieren, bis ihn eine Frau in seiner Begleitung laut unterbrach und ihn aus der Gruppe wegzog. Eine blonde Frau in ein für die Maihitze in Havanna völlig unangemessenes Tuchkostüm gekleidet, begann wortlos zu schluchzen, während der Rest der Menge schweigend und wie versteinert verharrte. Hier blieb nichts mehr zu tun, und so begab sich José Antonio die Avenida del Puerto entlang in Richtung La Punta. Am Malecón angekommen, blieb er stehen und versuchte, die St. Louis auszumachen. In der Bucht lagen alle möglichen Schiffe, aber das Kreuzfahrtschiff erkannte er sofort. Es war das einzige Schiff mit einer Hakenkreuzfahne.

****

Am Tag nach der Ankunft der St. Louis bemühte sich der Chef des Spionagezentrums der Nazis in Havanna um eine objektive Analyse der entstandenen Krise. Die Umstände waren ungewöhnlich, und er konnte sich an keinen vergleichbaren Vorfall erinnern; in seinen Jahren bei der Abwehr hatte es nie eine ähnliche Situation gegeben. Einerseits konnte er zufrieden sein mit der Arbeit seiner Agenten und der der aus Berlin angereisten

Gruppe, die mit ihrer antisemitischen Kampagne in der öffentlichen Meinung einen Sturm gegen die Ausschiffung der Flüchtlinge ausgelöst hatte. Andererseits lief er Gefahr, eine Mission von absoluter Priorität nicht erfolgreich zu Ende führen zu können. Den Anweisungen aus Berlin zufolge hatte er dem mit dem Kreuzfahrtschiff angereisten Kurier der Abwehr die Dokumente zu übergeben, die ihm von den beiden in der Vorwoche in Havanna eingetroffenen Agenten ausgehändigt worden waren. Die persönliche Weitergabe der Informationen war deren einziger Reisezweck gewesen.

Die Anforderungen an ihn als Chef ließen ihm keine Wahl: die in seiner Hand befindlichen Dokumente mussten mit der St. Louis unverzüglich nach Deutschland gebracht werden. In der autoritären Welt des deutschen Geheimdienstes ließen die Umstände, unter denen er den Befehl erhalten hatte, keinen Zweifel an der Wichtigkeit der Information. Als er sich einzeln und getrennt mit den beiden Agenten getroffen hatte, war ihm klar geworden, dass es sich bei ihnen nicht um einfache Kuriere handelte. Zuerst erschien ein Autorität ausstrahlender Beamter, der ein perfektes Englisch mit einem ausgeprägten New Yorker Akzent sprach und alle Einladungen Krügers zu Vergnügungen im nächtlichen Havanna ablehnte. Die andere war eine schöne Frau mit ungarischem Pass, die aus Mittelamerika kam und nur das Notwendigste sprach. Als Krüger die Dokumente fotografierte, sagte sie kein Wort. Das erste Dokument war ein offizieller Vorschlag zur Entwicklung der US-Marine in den nächsten fünf Jahren, das andere ein Bündel von Fotos und Memoranden zu den Schleusen des Panama-Kanals. Nie zuvor waren Informationen von solcher Wichtigkeit durch seine Hände gegangen.

Es war ein offenes Geheimnis, dass Deutschland, sollte es zu einem Konflikt in Europa kommen, wieder gegen Frankreich und England, seine alten Feinde aus dem vorangegangenen Krieg, zu Felde ziehen würde. Die große Unbekannte war, ob sich die Vereinigten Staaten an einem neuen Krieg beteiligen würden. Krüger gehörte zu denen, die meinten, dass die Niederlage des Reiches im Weltkrieg nicht dem Verrat der Juden zu einem Zeitpunkt, als der Sieg schon nahe schien, geschuldet war. Er fand diese Theorie, die auf eine erneute antisemitische Kampagne hinauslief, lächerlich. Er war fest davon überzeugt, dass Deutschland, nachdem es die Russen an der Ostfront geschlagen hatte, die Franzosen und Engländer besiegt hätte, wären nicht die Vereinigten Staaten in den Krieg eingetreten.

Zwei Jahrzehnte danach, als sich das Dritte Reich auf die Revanche vorbereitete, stellte ein erneutes Eingreifen der Amerikaner eine Möglichkeit dar, die ihn erschaudern ließ. Im Unterschied zu anderen Leuten in Berlin, die die Vereinigten Staaten aufgrund ihrer Rassenvielfalt, ihrer begrenzten Heeresstärke und ihres korrupten politischen Systems unterschätzten, kannte Krüger den amerikanischen Riesen zur Genüge, um zu wissen, dass dieser bei einer zweiten Gelegenheit der ausschlaggebende Faktor sein könnte, damit sich die Waage zugunsten der Alliierten neigt. Deshalb musste Deutschland darauf vorbereitet sein, und dafür waren die Informationen von entscheidender Bedeutung. Die in seiner Hand befindlichen Dokumente waren eine Zeitbombe und bürdeten ihm eine enorme Verantwortung dafür auf, dass sie auf die St. Louis gelangten. Wenn das Kreuzfahrtschiff am Ende nicht anlegen konnte und die Besatzung nicht die Genehmigung bekam, an Land zu gehen, wäre die Übergabe nicht möglich.

Zu allem Überdruss hatte die kubanische Polizei schon begonnen, mehrere seiner Agenten zu belästigen. Krüger war überzeugt, dass diese Belästigung auf den von den Amerikanern ausgeübten Druck zurückzuführen war. Die ganze Sache eskalierte; begonnen hatte es mit der Offensive des FBI gegen die deutschen Spionagenetze in den Städten an der Ostküste der Vereinigten Staaten, dann verstärkten die amerikanischen Geheimdienste ihre Büros in Havanna und engten den Aktionsradius der Organisation ein, die er mit so viel Mühe in der kubanischen Hauptstadt aufgebaut hatte, immer mehr ein. Andererseits war er Opfer seines eigenen Erfolgs; die große Öffentlichkeit, die die Ankunft der St. Louis gewonnen hatte, konnte er für die Erfüllung einer Mission, die größtmögliche Diskretion und Normalität verlangte, am allerwenigsten gebrauchen.

So kam er zu dem Schluss, dass er, sollte der Kurier nicht an Land gehen können, einen Weg finden musste, wie man die Sendung auf dem Schiff übergeben könnte. Er ging die Namen seiner Agenten durch und fragte sich, wer einen berechtigten Grund haben könnte, an Bord zu gehen. Die Antwort fiel negativ aus, und außerdem konnte er einen Auftrag von dieser Tragweite nicht irgendwem überantworten. So blieb er als Einziger übrig, mit allen den mit einem solchen Schritt verbundenen Risiken.

****

Im Frühjahr 1936 hatte die Stadt New York ein umfassendes Programm zur Errichtung öffentlicher Bauten in Angriff genommen. Gefördert wurde es von dem illustren Bürgermeister Fiorello La Guardia, einem Nachfahren italienischer und jüdischer Einwanderer. Zeitgleich mit den Verschönerungen in der Stadt konnten die New Yorker erleichtert ihre Wintermäntel in den Schrank hängen, und bald ließen sie sich von der wiederbelebten Natur und den herrlichen Sonnentagen anstecken.

Auch in den Tropen kam das Echo der neuen Jahreszeit an. Blanquita beschloss zu heiraten, der Termin hing lediglich von der Rückkehr der männlichen Familienmitglieder nach Havanna ab. Gertrudis schrieb wieder, jetzt waren es Eilbriefe: im ersten verlangte sie, dass José Antonio heimkehrte, im zweiten schlug sie eine Trauung per Stellvertreter vor, und anschließend würde sie nach New York kommen. Den letzten Brief beantwortete er mit einer kurzen Bemerkung, in der er klar und deutlich feststellte, dass eine Heirat nicht möglich sei.

José Antonio teilte nicht den mit dem Frühling einhergehenden Optimismus. Er steckte weiterhin fest in einer Arbeit, die ihm nicht gefiel, und er sorgte sich um seine Zukunft. Der einzige Lichtblick war Rebeca, die er allerdings nur an den Wochenenden sah, weil die Österreicherin jetzt einen Englisch-Kurs an der Universität besuchte und deshalb ein neues Zeitregime eingeführt hatte. Für diese Einschränkung brachte er kein Verständnis auf, musste sie aber hinnehmen.

Zweifellos mochte er sie, sogar sehr. Doch er fühlte sich bei einer Frau, die auf ihn immer anziehender wirkte und die ihm gleichzeitig so vielen Rätsel aufgab, auf unbekanntem Terrain. Sie trafen sich jetzt zwar regelmäßig, aber er konnte nicht von sich behaupten, dass er sie sozusagen erobert hatte. Da war nicht nur sein gescheiterter Versuch, sie dazu zu bewegen, mit ihm zu schlafen; sondern irgendetwas in seinem Innern signalisierte ihm, dass das schöne Mädchen kein wirkliches Interesse an ihm hatte. Sein Instinkt sagte ihm, dass jedes Stelldichein das letzte sein konnte, ohne dass das Rebeca größere Probleme oder Schwierigkeiten bereiten würde. Eine neue, unangenehme Situation für Tony. Bei allen seinen vorangegangenen Abenteuern hatte er es geschafft, dass sich die Frauen in ihn verliebten. Anders die Europäerin; und José Antonio wusste nicht, was in ihrem Kopf vor sich ging.

In Wirklichkeit fühlte auch sie sich zu dem Kubaner hingezogen. Bei jeder Begegnung fühlte sie sich wohler in Tonys Gegenwart. Diese Mischung aus Männlichkeit und Machismo einerseits und Zärtlichkeit, Höflichkeit und gutem Charakter andererseits war verführerisch. Er entsprach nicht genau dem Bild eines »Latin Lover«, von dem sie, als sie noch jünger war, geträumt hatte, aber er war völlig anders als die Männer, die sie bisher kennengelernt hatte. Nie war sie auf einen Gesprächspartner gestoßen, der ihr ebenbürtig war und der gewisse kulturelle Defizite mit einer Freude und einem Optimismus so ausgiebig kompensierte, dass jede Begegnung mit ihm zu einem Vergnügen wurde. Nach mehreren Monaten war Tony für sie zu einem wichtigen Partner geworden; der erste Mann in ihrem Leben, bei dem sie sich hinreichend wohl fühlte, um etwas mehr mit ihm zu teilen als nur einen angenehmen Augenblick.

Dennoch war nicht alles im Zusammenhang mit dem Kubaner rosarot. Erwartungsgemäß stieß sie auf Probleme, als sie ihrem Vater sagte, sie würde mit José Antonio ausgehen. Einen Augenblick lang glaubte der Professor, es handele sich um einen Scherz, und als er mitbekam, dass seine Tochter es ernst meinte, versuchte er, ihr einzureden, dass José in den Vereinigten Staaten keinerlei Zukunft hatte. Auch würde es für ihn sehr schwierig werden, so Kreiner, sein Studium abzuschließen. Doch Rebeca traf sich weiter mit Tony.

Manuel verhielt sich genau umgekehrt. Als er merkte, dass in seinem Sohn etwas vor sich ging, wollte er die, die dafür verantwortlich war, kennenlernen. Er bedrängte ihn so sehr, dass José Antonio nicht anders konnte, als die Einladung zu einem sonntäglichen Mittagessen in einem italienischen Restaurant in Brooklyn anzunehmen. Zu seiner Überraschung entwickelte sich sofort eine ausgezeichnete Chemie zwischen dem Diplomaten und der Europäerin. Rebeca fand Tonys Vater mit seiner Kavaliershaltung und althergebrachten Manieren faszinierend.

Den älteren Mann seinerseits entzückte das Mädchen, das schön und überdies gebildet und intelligent war.

Für den darauf folgenden Sonntag verabredeten sie sich am Eingang des Metropolitan Museum of Art. José Antonio kam als erster, und während er auf Rebeca wartete, bestaunte er die imposante neoklassizistische Fassade des Gebäudes mit ihren hohen Säulen. Es war ein milder Frühlingsmorgen mit angenehmen Temperaturen, und die Bäume im Central Park erwachten zu neuem Leben. Tony lehnte sich an das Treppengeländer und vertrieb sich die Zeit, indem er die zahllosen Museumsbesucher beobachtete.

»Du vergnügst dich?« flüsterte ihm Rebeca ins Ohr und küsste ihn auf die Wange.

»Nicht so sehr, aber jetzt, mit dir, hoffe ich, mich zu vergnügen.«

»Schmeichler. Los, ich möchte möglichst viele Räume sehen.«

Sie traten in die Vorhalle, in der sich die Menschen dicht drängten. In der Schlange vor dem Ticketschalter ging es rasch voran, und sie beschlossen, über die kleine Innentreppe direkt zum zweiten Stockwerk mit der Abteilung für europäische Malerei hochzugehen. Die Sammlungen waren herrlich, vor allem die italienische und die holländische. Aber während Rebeca jedes Gemälde in allen Einzelheiten betrachtete, schaute Tony immer nur sie an, mit ihrem kastanienbraunen Haar, das ihr leicht über die Schultern fiel, mit ihren leuchtenden Augen und ihrer sinnlichen Figur, die sich unter dem Kleid abzeichnete.

»Gefallen dir die Bilder nicht?«

»Ja, doch, aber du gefällst mir mehr. Du bist schöner als die Venus«, und dabei wies Tony auf ein großes Ölgemälde von Veronese.

»Immer musst du vergleichen. Das Modell war ohne Zweifel ein schönes Mädchen. Mars ist auch nicht schlecht, ich finde ihn sehr männlich.«

»Der Kriegsgott sieht müde aus, als ob er von der Liebesgöttin in einem Kampf Körper an Körper besiegt worden ist.«

»José Antonio, was für eine Interpretation! Du denkst immer nur an sowas. Vielleicht wollte Veronese mit Venus und Mars etwas anderes symbolisch darstellen.«

»Ich habe nicht dein Wissen. Erkläre mir, was der Engel mit dem Pferd macht.«

»Das Ross, das von dem bewaffneten Engel gebändigt wird, könnte für gezäumte Leidenschaft stehen.«

»Gezähmte Leidenschaft? Dann sympathisiere ich mit dem Pferd.«

Rebeca sah Tony mit einem vernichtenden Blick an und blieb die Antwort schuldig. Geschmeichelt, aber doch unangenehm berührt von der ständigen Anspielung ihres Freundes auf Sex, wandte sie sich einem anderen Gemälde zu. Sie fragte sich, welche Schlüsse wohl Freud aus Tonys beharrlichem Drängen ziehen würde, wenngleich sie zweifelte, dass er die Scherze des Kubaners ausstehen könnte. José Antonio war nicht der erste, der mit ihr schlafen wollte, aber gerechterweise musste sie ihm zugestehen, dass er sich taktvoll und feinfühlig verhielt. Nach dem gescheiterten Versuch beim Mittagessen in Queens hatte Tony ihr gesagt, er würde sie nicht drängen, sondern warten, bis sie sich entscheiden würde. Und seitdem hatte er sich geduldig an sein Wort gehalten. Sie sah ihren Freund an und bewunderte einmal mehr seine Männlichkeit. Nachts hatte sie sich zuweilen seinen schlanken und muskulösen Körper vorgestellt, seine reizvolle braune Haut und dieses Lächeln, das sie gefangen nahm. Sie hatte sich zwar noch nicht definitiv entschieden, aber seit Tagen dachte sie, José Antonio könnte, wenn alles so gut weiterlief, der Auserwählte für das erste Mal sein; sie war bereits zwanzig, und früher oder später musste es geschehen.

»Sie mal dieses Gemälde. Es ist wundervoll.« Tonys Worte holten sie aus ihren Gedanken ins Museum zurück. Sie hatten alle Räume des zweiten Stockwerks mit ihren Gemälden durchlaufen und gingen hinunter in das erste Stockwerk mit der Abteilung für ägyptische Kunst, wo Tony ihre Hand nahm und beide zwischen jahrtausendealten Objekten herumschlenderten. Seine Geste überraschte Rebeca, und anfangs war sie versucht, sich dieser Annäherung zu widersetzen, doch dann entspannte sie sich und akzeptierte den Köperkontakt. Für Rebeca waren Bezeugungen der Zuneigung in der Öffentlichkeit ein Problem; sie fühlte sich dabei unwohl und hatte es bei früheren Freundschaften stets vermieden. Mit Tony war es anders, er tat es auf eine entschlossene, natürliche und doch diskrete Art.

Tony konnte nicht mehr, als sie zum Schluss noch die Schätze der Pharaonen bestaunten.

»Ich schlage vor, dass wir Mittag essen gehen.«

»Wird es dir langweilig?«

»Nein, mit gefällt das Museum wirklich, aber ich habe Hunger. Wir könnten nach Harlem fahren, es ist nicht weit, da gibt es gute Restaurants.«

»Können wir dahin laufen? Ich war noch nie in Harlem.«

»Natürlich können wir.«

Es war ein herrlicher Nachmittag, als sie auf die Fifth Avenue hinaustraten.

»Wir gehen ein Stück. Der Nachmittag ist wundervoll, aber zuerst muss ich noch etwas erledigen.« José Antonio ging zu einer älteren Blumenverkäuferin hinüber und kaufte eine weiße Tulpe, die er Rebeca mit einem zärtlichen Kuss auf den Mund schenkte.

Am frühen Nachmittag gelangten sie in das berühmteste Schwarzenviertel der Welt und lenkten ihre Schritte in ein kleines Restaurant in der 125. Straße. Einen Augenblick blieben sie vor dem Hotel Teresa stehen, dem höchsten Gebäude in Harlem, in dem nur weiße Gäste und ausnahmsweise schwarze Berühmtheiten unterkamen. Achtlos gingen sie am Apollo Theater vorüber, das ein Jahr zuvor eingeweiht worden war und im Begriff war, als Bühne für die besten schwarzen Musiker berühmt zu werden.

Sie fanden das Restaurant in der Lennox Avenue. Von außen sah es klein aus, aber als sie eingetreten waren, stellten sie fest, dass es ein großes, aber gemütliches Lokal mit mehreren Räumen voller Tische und Gäste war. An den Wänden hingen Fotos und Plakate mit schwarzen Künstlern, und ein Trio spielte leichten Jazz. Es war bereits nach drei Uhr, und die meisten Gäste, fast alles Weiße, waren mit dem Essen fertig. Ein Tisch wurde frei, und eilfertig wies ihnen ein Kellner die Plätze zu und nahm die Bestellung entgegen.

»Woher wusstest du von diesem Restaurant?«

»Von meinem Vater. Es ist eines seiner Lieblingsrestaurants.«

»Ich bin zum ersten Mal in Harlem. Ich wollte es schon immer mal kennenlernen, aber mein Vater wollte nie mitkommen. Danke, dass du mich hierher geführt hast.«

»Gern geschehen. Wusstest du, dass Ende des vorigen Jahrhunderts die Mehrheit der Bevölkerung hier Juden aus Osteuropa waren, obwohl es auch Iren und sogar eine finnische Gemeinde gab. Aber die Schwarzen, die wegen rassistischer Übergriffe aus anderen Gegenden in Manhattan geflohen waren, haben sie mit der Zeit verdrängt, bis die Welle aus dem Süden das Viertel zu dem machte, was es heute ist.«

»Und du? Woher weißt du so viel über Harlem? Hast du dir das ausgedacht?« José Antonio lachte laut auf. »Nein, ich denke mir das nicht aus, es ist alles wahr, ich habe es in Kuba in einem Buch über New York gelesen.« Tony hörte jäh auf zu lachen, und sein Gesicht wurde ernst.

»Was ist?« fragte Rebeca.

Mehrere Sekunden vergingen.

»Mein Vater ist hier.« Er machte eine Pause. »Und er ist nicht allein.«

Rebeca folgte dem Blick ihres Freundes und sah, wie Manuel auf den Ausgang zuging und mit einer Frau mittleren Alters sprach. Sie sah wie eine Latina aus und hatte eine gute Figur. Aus Respekt schwieg sie eine Weile, bis Tony wieder zu reden begann.

»Ich wusste, dass er kein Heiliger ist, aber ich war auf so eine Begegnung nicht vorbereitet. Sie ist Puertorikanerin, die Freundin einer kubanischen Familie in der Bronx, die oft ins Konsulat kommt. Ich habe sie Heiligabend kennengelernt; da fiel mir auf, dass mein Vater und sie sich fast die ganze Zeit unterhalten haben, aber später habe ich das vergessen.«

»Was wirst du tun?«

»Ich weiß nicht, ich muss das erst verdauen; das war etwas völlig Unerwartetes. Jetzt wollen wir erst einmal essen.«

Der Nachmittag ging langsam vorüber. Es war anders als sonst. Rebeca versuchte, Tony aufzumuntern, aber der fand nicht zu seiner Redseligkeit zurück. Vom Restaurant aus begaben sie sich direkt nach Brooklyn.

Als José Antonio in der Wohnung in Queens ankam, war sein Vater bereits da und widmete sich einer seiner Lieblingsbeschäftigungen, der Lektüre der umfangreichen Sonntagsausgabe der New York Times. Im Radio war eine neue Stimme zu hören: die junge Billie Holiday sang »Summertime«, und in dem kleinen Zimmer mischte sich der herbe Duft einer kubanischen Zigarre mit dem Aroma eines frisch gebrühten Kaffees.

Manuel begrüßte ihn freundlich und beugte sich wieder über die Zeitung. In diesem Moment wusste Tony, dass er nie etwas von der Begegnung in Harlem erwähnen würde.

22. KAPITEL

Trotz der Müdigkeit und des langen Tages fand Rebeca in ihrer ersten Nacht in der Karibik keinen Schlaf. Wieder einmal speiste sie zu Abend mit den Goldsteins. Es war ein trübseliger Abend, ganz anders als die Abende davor, eine bedrückende Atmosphäre, in der man nur wenig sprach. Alle schwitzten und hingen ihren eigenen Gedanken nach. Als sie den Speisesaal verließen, entschieden sich Rebeca und Gretel, ein Plätzchen an der frischen Luft zu suchen, und so begaben sie sich auf eine der Terrassen, wo sie auch ein paar Liegestühle fanden, die man wieder aufgeklappt hatte. Es vergingen nur wenige Minuten, bis Gretel sagte, sie könne diese Stille nicht mehr aushalten, sich erhob und in der Kabine verschwand.

Rebeca machte sich Sorgen um ihre Freundin, gewiss war das Problem des Mädchens winzig im Vergleich zu der Krise, in der sich die St. Louis befand, aber in diesem Moment war es für sie das Wichtigste. Wie konnte sie ihr helfen? Sie fand keine Antwort und zog es vor, die dunkle Silhouette der gewaltigen Festung auf der anderen Seite der Bucht zu betrachten. Auf der Terrasse waren nur noch wenige Leute verblieben; eine leichte, zarte Brise wehte allmählich von der Küste her. Sie war dankbar für die Stille nach einem so bewegten Tag und wollte in Ruhe nachdenken und ihre Möglichkeiten abschätzen, vor allem die Wahrscheinlichkeit, so bald wie möglich Kontakt zu José Antonio aufzunehmen. Doch ihre Gedanken kehrten zu Gretel zurück. Inzwischen zweifelte sie daran, ob es richtig war, mit ihrer Meinung über Max und Jürgen hinter dem Berg zu halten. Ungeachtet der Galanterien des Sachsen hatte sie vom ersten Tag an begriffen, dass es sich nicht um einen weiteren Eroberungsversuch seinerseits handelte, und deshalb hatte sie zugelassen, dass Max sie begleitete. Mit einer für sie ungewöhnlichen Schnelligkeit wurde Max für sie zu einem Begleiter, der sie mit seinen Geschichten und Erlebnissen unterhielt. Nach der ersten Begegnung hatte er nie wieder das Konzentrationslager und die Schrecken erwähnt, denen er ausgesetzt war. Immer war er versucht, jeder Situation etwas Positives abzugewinnen. Andererseits, wenn Max homosexuell war, so hatte das für sie keine Bedeutung, sie hegte keine Vorurteile gegen diese Menschen, sie waren, wie sie meinte, einfach anders.

»Wie gefallen dir die Tropen?« Es war Max, der unbemerkt herangetreten war und ihre Gedankengänge unterbrach.

»Zu heiß«, gab Rebeca trocken zurück, als sei sie gerade aus ihren Gedanken geweckt worden.

»Sei nicht böse. Ich wollte nur deine Meinung hören.«

»Entschuldige, ich wollte nicht schroff sein.«

»Entschuldigung angenommen. Du hast offensichtlich keine Lust zum Reden. Ist auch verständlich, dass du so reagierst bei dem Empfang, den man uns bereitet hat. Ich überlasse dich der Tropennacht.«

»Geh noch nicht.«

»Willst du wirklich, dass ich bleibe? Und wenn ich dich küssen wollte?

»Das glaube ich nicht.«

Max schwieg mit seinem immerwährenden Lächeln, das jetzt in einem Ausdruck der Verlegenheit zu erstarren schien. Rebeca hatte das Gefühl, als zögere er mit einer Antwort.

»Warum nicht? Meinst du, ich kann das nicht?«

Jetzt zögerte Rebeca. Es war unklug, dem Gespräch diesen Verlauf zu geben. Am wenigsten wollte sie sich in diesem Moment in das Leben des Jungen einmischen.

Plötzlich hörte er auf zu lächeln und zog beklommen eine Zigarette hervor. »Hast du es gemerkt?«, fragte er und nahm einen langen Zug. »Wenn du irgendwelche Überlegungen über mich anstellst, sag' mir die Wahrheit.«

Rebeca blieb stumm. Also begann Max zu reden, langsam und verhalten, wie es sonst nicht seine Art war.

»Sie haben mich nicht nur deshalb ins Konzentrationslager gesteckt, weil ich Jude, sondern weil ich homosexuell bin, besser gesagt, ich weiß immer noch nicht, welches der Hauptgrund war. Ich weiß nicht, auf wen die Nazis einen größeren Hass haben, ich weiß es einfach nicht. Eines meiner Vorbilder in der Schulzeit war Goethe, und immer habe ich davon geträumt, Weimar zu sehen. Nie war ich dort, und am Ende bin ich nur wenige Kilometer von dort entfernt gelandet, aber in einem Konzentrationslager. Ich dachte nicht, dass ich aus Buchenwald lebend herauskommen würde, immer fanden die Schweinehunde einen Grund, mich zu schlagen. Sie genossen das, einige aus purem Hass, andere vielleicht aus anderen Gründen. Eines Abends wurde ich von einem Wachposten vergewaltigt. Das war die schlimmste Erfahrung in meinem Leben. Ich komme aus einem sehr konservativen Hause; meine Familie hätte nie einen homosexuellen Sohn akzeptiert. Ich dachte, ich hätte schon alles hinter mir und die schlimmsten Demütigungen überwunden, aber ich hatte mich geirrt. Was ich im Lager durchgemacht habe, wünsche ich keinem einzigen Menschen.«

An dieser Stelle begann Max zu weinen, und Rebeca legte ihren Arm um ihn. Sie sagte nichts, wusste nichts zu sagen, und so saßen sie umarmt und schwiegen unter einem mit Sternen übersäten Himmel, vor ihnen der Schatten einer gigantischen Festung.

****

Der Finanzminister unternahm einen erneuten Vorstoß beim Präsidenten in der Frage der St. Louis, erhielt aber dieselbe abschlägige Antwort, nur dass Roosevelt diesmal zustimmte, das Problem mit dem Außenminister zu beraten.

Da Morgenthau keine Unterstützung fand, war er sich nicht schlüssig, ob er seine Verhandlungen zur Aufnahme der Flüchtlinge in den Vereinigten Staaten fortsetzen sollte. Trotz aller seiner Bemühungen war er nicht vorangekommen, und die Konsultation, auf die der Präsident verwiesen hatte, war alles andere als leicht. Cordell Hull war eine der wichtigsten Persönlichkeiten in der Regierung, nicht nur wegen seines Amtes, sondern auch wegen seines einstigen Postens als Senator und seines politischen Einflusses auf die Demokraten aus den Südstaaten, die eine der Säulen bildeten, auf denen die heterogen zusammengesetzte, widersprüchliche Koalition ruhte, die Roosevelt ins Weiße Haus befördert hatte. Außerdem war er ein potentieller Präsidentschaftskandidat, und jede mit den Juden im Zusammenhang stehende Angelegenheit war in Washington ein sensibles Thema für die Zukunft eines ehrgeizigen Politikers. Morgenthau war sich nicht sicher, wie der Außenminister zu den Juden stand. Doch das Schicksal dieser Leute ging ihm nicht aus dem Kopf. Seine Familie hatte den gleichen Ursprung, und vielleicht befände sie sich jetzt auch auf der St. Louis, wäre sein Großvater nicht emigriert.

Er verließ das imposante Gebäude des Finanzministeriums in der 14. Straße, um sich ins State Department zu begeben, verließ den Haupteingang, ging an den riesigen Säulen im griechischen Stil vorbei und schritt langsam die majestätische Treppe hinab. Dort erwartete ihn die Statue des brillanten Hamilton, eines Einwanderers aus der Karibik und ersten Finanzministers. Rasch näherte sich der Fahrer mit seiner Limousine, aber ein Handzeichen von ihm ließ den Fahrer anhalten, und er ging zu Fuß weiter. Die Bewegung würde ihm helfen, bei der bevorstehenden Unterredung etwas entspannter zu sein. Er bog in die Pennsylvania Avenue ein und durchquerte den Lafayette Park, in dem die Bäume mit Macht ergrünten. Einen Moment verharrte er vor der Statue des preußischen Generals von Steuben, einem der vier Europäer, die man im Park vor dem Weißen Haus ehrte. Es war warm, aber durchaus angenehm – ein herrliches Wetter. Er hatte gut daran getan, zu Fuß zu gehen. Bald würde die Hitze Washington ersticken, es wäre nicht angenehm, durch die Hauptstadt zu laufen. Er musste plötzlich stehen bleiben, um nicht über ein Eichhörnchen zu stolpern, das geschwind auf einen Baum kletterte.

Er schaute zum Weißen Haus hinüber und fragte sich, was Roosevelt wohl gerade tat; bei diesem Präsidenten konnte man nie wissen. Schon bald gelangte er an sein Ziel in der 17. Straße. Das Gebäude beherbergte das State Department, das Kriegs- und das Marineministerium und war ein gewaltiger Bau im Stil des Second Empire und eine ständige Quelle von Konflikten. Die Büros waren vollgestopft mit Personal, und das Zusammenleben der drei Ministerien gestaltete sich schwierig. Der Kriegsminister drohte stets damit, irgendwo anders hinzuziehen, und der Außenminister klagte, das Gebäude sei für die Arbeit und die diplomatischen Verpflichtungen ungeeignet und unbequem.

Jetzt stand er vor der Tür des Außenministeriums, wo ihm ein korpulenter schwarzer Türwächter einen guten Tag wünschte. Ein Assistent des Außenministers erwartete ihn und führte ihn durch das Foyer, wo er Dutzende Blicke von Beamten und Bediensteten auf sich gerichtet sah, und er glaubte wahrzunehmen, dass sein Eintreten einige Bemerkungen hervorrief. Er kam zu einem speziell reservierten Fahrstuhl, und der Fahrstuhlführer begrüßte ihn mit Titel und Namen. Es ging langsam aufwärts, und oben angekommen, wurde er zum Büro des Außenministers geleitet. Cordell Hull empfing ihn an der Tür mit ausgestreckter Hand und einem Lächeln.

»Guten Tag, Henry. Wie geht's?«

»Sehr gut, Cordell, danke, dass du mich so schnell empfängst.«

»Ich hätte dich gern zum Mittagessen eingeladen, aber von deinem Büro hörte ich, dass du wenig Zeit hast.«

»Ja, das stimmt, entschuldige, dass ich so in Eile bin, ich will dich auch nicht lange in Anspruch nehmen.«

»Setz dich, bitte. Ich höre zu.«

»Der Präsident hat mich beauftragt, gemeinsam mit dir den Fall der mit dem Kreuzfahrtschiff St. Louis in Havanna angekommenen jüdischen Flüchtlinge und die Krise zu besprechen, die durch die Ablehnung der kubanischen Regierung, ihnen die Einreise auf die Insel zu erlauben, entstanden ist. Du kennst ihre Situation in Deutschland, da kann ich mir die Einzelheiten ersparen. Andererseits sind die Vereinigten Staaten das Ziel der Flüchtlinge, und fast alle stehen auf Wartelisten für ein Visum. Es geht darum zu prüfen, welche Varianten es gibt, um ihre Einreise auf unser Territorium zu beschleunigen.«

»Der Fall ist mir bekannt, Henry. Das Problem ist, dass wir nicht die Reihenfolge auf der Warteliste ändern dürfen. Das wäre ungerecht gegenüber den Tausenden, die vor ihnen auf den Listen stehen und das gleiche Problem in Deutschland haben oder in vielen anderen Ländern festsitzen und darauf warten, dass sie an der Reihe sind.«

»Kann man ihnen nicht Touristenvisa erteilen?«

»Nein, rechtlich gesehen kann man das nicht machen, wenn sie keine Meldeadresse im Herkunftsland haben.«

»Cordell, hier handelt es sich um einen Sonderfall. Wenn sie weder nach Kuba noch nach Amerika einreisen dürfen, kann es sein, dass sie nach Deutschland zurückgeschickt werden, und wer weiß, welche neuen Schrecken sie erleiden müssen. Außerdem nutzen die Nazis die Situation für eine erneute antisemitische Kampagne in der amerikanischen und europäischen Presse und versuchen damit, ihren Leuten und der Welt zu zeigen, dass sie nicht die Einzigen sind, die die Juden nicht haben wollen.«

»Ich verstehe dich, Henry. Aber das ist ein Problem zwischen der kubanischen Regierung und den Passagieren. Für die Kubaner ist das eine heikle Sache. Soviel ich weiß, sind ihre Gesetze mißachtet worden, und sie reagieren auf solche Dinge sehr empfindlich. Ich kenne das Land; die Menschen dort sind sehr stolz, trotz der Armut. Ich habe im spanisch-amerikanischen Krieg in Kuba als Hauptmann im Vierten Freiwilligenregiment von Tennessee gedient. Anfangs war es hart, aber nachdem wir gesiegt hatten, ging es uns besser.«

»Diesen Teil deines Lebens kannte ich nicht. Aber zurück zur St. Louis. Kann man den Passagieren irgendwie helfen?«

»Ich glaube nicht. Priorität hat für uns, in Lateinamerika die bilateralen Handelsverträge, die wir brauchen, abzuschließen und auszuweiten. Das ist eines der Hauptziele der Politik der guten Nachbarschaft. Viele Jahre lang haben wir wegen der verfehlten Politik der Republikaner auf dem Kontinent Boden eingebüßt; auch die Deutschen haben unsere Versäumnisse ausgenutzt und Märkte an sich gerissen, die eigentlich uns gehören. Deshalb müssen wir die Souveränität der Lateinamerikaner, auch die der Kubaner, soweit wie möglich respektieren.«

Bei diesem letzten Argument konnte sich Morgenthau ein Lächeln nicht verkneifen: der Außenminister sorgte sich um die Souveränität einer kleinen Tropeninsel, die in jeder Hinsicht von ihrem mächtigen Nachbarn abhängig war.

»Eine interessante Position. Also, was antworte ich dem Präsidenten?«

»Du kannst ihm antworten, dass wir zu der Regierung in Havanna erneut Kontakt aufnehmen, um uns über ihre endgültige Entscheidung informieren zu lassen.«

»Kann man noch irgend etwas tun?«

»Ich glaube nicht. Das ist im Moment das Einzige, was wir tun können.«

»Vielen Dank für deine Zeit, Cordell.«

»Danke, dass du mich aufgesucht hast. Und denke daran, du hast noch eine Einladung zum Mittagessen offen. Das Essen hier ist nicht allzu besonders, aber man kann immer noch etwas daran verbessern.«

»Ich werde daran denken, Cordell. Vielen Dank.«

Beim Verlassen des Gebäudes empfing Morgenthau intensiver Sonnenschein. Aber diesmal bestieg er die Limousine und bedeutete dem Chauffeur, vor der Rückkehr in sein Büro einen kleinen Umweg durch die Gegend mit den Monumenten zu machen. Er kurbelte das Fenster herunter und betrachtete die Kirschbäume, die schon vor Wochen geblüht hatten. Diese Bäume, die inzwischen im Frühling zu einer der Attraktionen der Hauptstadt der Vereinigten Staaten geworden waren, stellten ein peinliches Symbol dar. Anfang des Jahrhunderts hatte sie der Bürgermeister von Tokio der Stadt als Zeichen der Freundschaft zwischen den beiden Ländern geschenkt. Heute war die Situation eine völlig andere. Durch die japanische Invasion in China und die wachsende Seemacht des Reichs der aufgehenden Sonne waren die Beziehungen angespannt und stellten eine unmittelbare Herausforderung für die Hegemonie der Vereinigten Staaten im pazifischen Becken dar. Und das beunruhigte den Präsidenten viel mehr als das Schicksal einer Gruppe von Flüchtlingen aus Europa.

Als er am Lincoln Memorial vorüberfuhr, fielen ihm die vielen Touristen auf, und er beneidete sie dafür, an einem so herrlichen Tag durch Washington spazieren gehen zu können. Trotz seines Amtes und seiner erreichten Stellung war er traurig und enttäuscht; er fühlte sich unfähig, denjenigen beizustehen, die gerade in diesem Moment dringender, vielleicht über ihr Leben entscheidender Hilfe bedurften.

****

Eine Hitzewelle brach im Sommer 1936 in New York alle Rekorde. Die Wirkung der Hundstage wurde nur noch durch die Erschütterung übertroffen, die die Stadt heimsuchte, als der bis dahin unbesiegbare Joe Louis im Yankee Stadium von dem Deutschen Max Schmeling geschlagen wurde. Schmeling hatte den Mulatten aus Detroit in der zwölften Runde per K.o. besiegt und krönte damit seine Karriere als Boxweltmeister im Schwergewicht. Den Sieg nahmen die Nazis zum Anlass, einmal mehr die Überlegenheit der arischen Rasse hervorzuheben.

José Antonio sprach sich jeden Morgen erneut Mut zu, aber die Umstände erschwerten seine Bemühungen. Manuel konnte ihm keine neue Arbeitsstelle besorgen, und so sah er sich gezwungen, bei seinem Routinejob im Labor zu bleiben, wo er sich jetzt der kühlen, ja feindseligen Haltung Professor Kreiners gegenüber sah, der noch immer nicht glauben konnte, dass ein einfacher Gehilfe die Chuzpe aufbrachte, mit seiner Tochter auszugehen.

Rebeca kehrte nicht ins Labor zurück, nachdem sie ihrem Vater eröffnet hatte, dass sie sich mit Tony traf. Sie wollte das Missfallen des Professors nicht noch anheizen und beschloss, ein von einer jüdischen Hilfsorganisation ausgereichtes Stipendium für das bevorstehende Semester an einer New Yorker Universität in Anspruch zu nehmen. Die Einschreibung am College war an die Bedingung gebunden, dass sie die Aufnahmeprüfung mit guten Noten bestand, so dass sie sich uneingeschränkt der Vorbereitung auf die Prüfungen widmete. Die einzige Ausnahme bildeten die sonntäglichen Treffen mit Tony, die aber nicht ausreichten, um die Langeweile von José Antonio zu lindern, der nicht wusste, was er mit seiner freien Zeit anfangen sollte.

Trotz der unbegrenzten Möglichkeiten in New York fühlte er sich im Big Apple nicht heimisch; er war weiterhin knapp bei Kasse und hatte keine Freunde. Zählen konnte er nur auf Bernabé, der sich jetzt Bernie nannte und es als Organisator eines illegalen Lotteriespiels zu etwas gebracht hatte. Der neue Unternehmer lud ihn mehrmals am Freitagabend in die Tanzlokale am Broadway ein, und die Zwei versuchten den ganzen Abend, mit jemandem anzubändeln. Aber die attraktiveren Frauen ignorierten sie, und diejenigen, die sich mit ihnen gegebenenfalls eingelassen hätten, interessierten Tony nicht sonderlich. Ihm behagte es nicht, Frauen zu verführen, die ihm eigentlich nicht gefielen und von denen er am Ende des Abends bestenfalls ein paar billige Liebkosungen erwarten konnte.

Bernie machte sich lustig über Tonys Gehabe und gebärdete sich stets euphorisch, wenn er irgendeine Frau herumbekam. José Antonio bestaunte die Leistungsfähigkeit seines Freundes mit einem gewissen Neid. Diesen störte es nicht, ob die Mädchen dünn oder dick waren, ob sie einen Kopf größer waren oder ihm nur bis zur Schulter reichten. Für Bernabé war jede Frau, die auf seine Avancen hereinfiel, eine Konkurrentin von Jean Harlow oder Mae West. Mehrere Male landeten sie in einem Bordell in Lower Manhattan, wo er sich einfach nur abreagierte, während

Bernabé sich sofort in die diensthabende Nutte verliebte und Tony danach unbedingt von seinen sexuellen Meisterleistungen berichten musste, als handelte es sich um eine echte Eroberung und nicht nur um eine einfache Transaktion.

Eines Nachmittags kam Tony auf den Gedanken, die Dunkelhäutige mit den grünen Augen anzurufen, die zu seiner Überraschung die Einladung annahm und sogar eine Freundin für seinen Bekannten mitbringen wollte. An jenem Freitag gingen sie in ein Tanzlokal in der Nähe des Times Square. Das Mädchen hatte ein katzenhaftes Gesicht, einen üppigen Körper und beinahe seine Statur. Sie hieß Ann, lernte Krankenschwester und war die Tochter einer neapolitanischen Schneiderin und eines polnischen Stauers.

Obwohl der Swing José Antonio nicht so lag, machte er auf der Tanzfläche eine gute Figur. Beim zweiten, langsamen Stück küsste er das Mädchen sogar auf den Mund. Im Taxi fuhren sie Arm in Arm, während sie ihn mit Fragen über sein Leben und seine Zukunftspläne löcherte. Es gefiel ihr zu hören, dass er Katholik war und Medizin studierte, und sie meinte, sie würden wegen ihrer Ausbildung zur Krankenschwester ein gutes Paar abgeben. Tony überraschte Anns Gesprächigkeit, ihr offenes, fröhliches Wesen, wie er es von einer Amerikanerin nicht erwartet hatte. Auf der Treppe des Hauses, in dem sie wohnte, küssten und liebkosten sie sich ein Weilchen, bis Ann sich verabschiedete und in ihre Wohnung hinaufging. Auf der Rückfahrt fühlte Tony sich immer noch unbehaglich; er empfand das gleiche Gefühl der Leere, eine Katerstimmung, die sich bei vielen seiner Begegnungen mit dem anderen Geschlecht eingestellt hatte.

Am nächsten Tag begleitete er Manuel ins Konsulat, wo er seinem Vater am Vormittag bei der Aufarbeitung einiger liegen gebliebener konsularischer Angelegenheiten half. Um die Mittagszeit kehrten sie nach Queens zurück. Während des Essens schalteten sie das Radio ein, um die Übertragung des an diesem Nachmittag stattfindenden Pelota-Spiels zu verfolgen. Von den drei Mannschaften der Stadt zog Manuel die Giants und Tony die Dodgers aus Brooklyn vor – wegen Rebeca, meinte sein Vater. Keiner der beiden war für die mächtigen Yankees – wie so auch die Hälfte der Bevölkerung in New York und im übrigen Land. Die Giants schlugen Chicago vernichtend.

»Diese Mannschaft ist nicht dieselbe seit dem Skandal bei der World Series von 1919«, sagte Manuel und erhob sich, um Kaffee zu bereiten. »Hör mal, wie geht's mit der Deutschen voran?«

»Gut, aber sie ist Österreicherin.«

»Sie ist wirklich hübsch. Magst du sie sehr?«

»Ja, ich mag sie wirklich.«

»Fühlst du dich wohl bei ihr?«

José Antonio antwortete nicht sofort und überlegte einen Moment. In den letzten Tagen hatte er sich diese Frage selbst mehrmals gestellt und war zu einem Schluss gelangt. »Ja, ich fühle mich wohl bei ihr. Sie ist anders als die anderen Mädchen, die mir begegnet sind. Nie ist sie mir lästig, ich bin gern mit ihr zusammen, und es ist immer eine Herausforderung, ihr gewachsen zu sein.«

»Wie gewachsen? Verstehe ich nicht.«

»That makes the difference, wie man hier sagt. Sie ist ein sehr intelligentes Mädchen, hat einen ausgeprägten Charakter und eine viel umfassendere Bildung als ich.«

»Das glaube ich nicht. Du gehst zur Universität, hast viel gelesen und sprichst perfekt Englisch.«

»Ja, aber auf vielen Gebieten weiß sie mehr, vor allem in der Kunst. Manchmal kommt sie mir wie eine Enzyklopädie vor.«

»Scheint mir nicht so angenehm, sich mit solch einer Frau zusammenzutun, aber wenn dir das gefällt... Wann werde ich sie wiedersehen?«

»Ich weiß nicht, irgendwann dieser Tage. Zurzeit bereitet sie sich auf die Aufnahmeprüfungen für die Universität vor.«

»Das freut mich für sie. Sie hat mir seit dem Tag gefallen, an dem ich sie kennenlernte.«

Für den Rest des Tages kamen sie nicht wieder auf das Thema zu sprechen.

Am folgenden Vormittag fuhr Tony ins Naturkundemuseum zu seinem wöchentlichen Treffen mit Rebeca. Wenige Minuten später kam sie in Begleitung eines hochgewachsenen Jungen im Maßanzug.

»Tony, das ist Earl. Earl, das ist Tony.«

»Freut mich«, gab Tony zurück. Während der Junge ihm die Hand reichte, schien es ihm, als stehe er einem Rivalen gegenüber, der, abgesehen davon, dass er ein guter Typ war, auch noch Klasse und Geld hatte. Zum Glück verabschiedete sich der junge Mann höflich und ging.

»Wer war das?«

»Earl, wie ich schon sagte. Ich habe ihn vergangenen Sommer kennengelernt, als ich hier ankam. Ich bin ein paarmal mit ihm ausgegangen; er war es, der mich zum Pelota-Spiel mitgenommen hat, erinnerst du dich? Ich habe dir davon erzählt.«

Ja, natürlich, sie hatte ihn erwähnt, und natürlich erinnerte er sich. Rebecas Offenheit war grausam und verwirrte ihn. Keine Kubanerin hätte so deutlich und direkt reagiert; sie unternahm nicht einmal den Versuch, zu verbergen oder herunterzuspielen, dass sie sich mit einem anderen Mann getroffen hatte. Den ganzen Vormittag über blieb José Antonio ernst und verschlossen. Nachdem sie sich mehrere Ausstellungsräume angeschaut hatten, traten sie ins Freie hinaus. Die sommerliche Nachmittagssonne schien, und sie spazierten Richtung Süden durch Central Park West. Schweigend gingen sie am Dakota Building vorüber, dem ersten exklusiven Appartementhaus der Stadt, als Rebeca plötzlich nach seiner Hand griff; als die Ampel umschaltete, überquerten sie die Straße zum Central Park hin. Hunderte Menschen in Paaren, Gruppen oder allein spazierten dort, fuhren Rad, spielten Pelota oder lagen einfach auf dem Rasen ausgestreckt, unterhielten sich oder lasen.

»Ich gehe immer wieder gern durch diesen Park«, sagte Rebeca.

»Ja«, gab Tony lakonisch zurück.

»Er ist größer als das Fürstentum Monaco.« Dabei sah sie Tony verstohlen an.

»Viel größer als dieses Fürstentum ist Alt-Havanna«, erwiderte José Antonio ohne sein Lächeln, das gewöhnlich seine Scherze gegenüber Rebeca begleitete.

»Mich hatte schon gewundert, dass du den ganzen Tag nicht ein einziges Mal Havanna erwähnt hast. Was ist mit dir? Du warst so schweigsam.«

»Glaub ich nicht.«

»Du redest gern, und heute warst du so still.«

»Musst du immer so direkt sein?«

»Jetzt bin ich es, die nichts versteht. Warst du eifersüchtig auf Earl?«

»Habe ich einen Grund, auf diesen Typ eifersüchtig zu sein?«

»Ich habe zuerst gefragt. Jedenfalls hast du keinen Grund, eifersüchtig zu sein, schließlich bin ich hier mit dir und nicht mit ihm. Ist das nicht das Wichtigste? Wäre es besser gewesen, ich hätte es vor dir verheimlicht, dass ich mit ihm schon einmal ausgegangen bin? Würdest du dich dann besser fühlen?«

Tony war sich unsicher; man konnte den Argumenten der Österreicherin nur schwer etwas entgegensetzen. Natürlich war er eifersüchtig gewesen, obwohl er das nicht gern eingestand, und auch jetzt war ihm Rebecas unwiderlegbare Logik unangenehm. Er ertrug es nicht, der Unterlegene zu sein, auch nicht in einem nebensächlichen Gespräch.

José Antonio beschloss, seine Taktik zu ändern, legte seinen Arm um die Taille des Mädchens und zog sie zu sich heran. Er spürte ihren Körper unter dem einfachen Baumwollkleid und küsste sie auf den Mund. Einen Augenblick lang erwiderte sie den Kuss, aber dann schob sie ihn auf einmal sanft von sich.

»Du bist unglaublich, du ärgerst dich, und schon in der nächsten Sekunde bist du völlig anders.«

»Wir Kubaner sind eben so. Das machen die Hitze, die Hurrikans, die Spanier, was weiß ich.« Dabei wollte er sie wieder küssen.

»Nicht, Tony, die vielen Menschen.«

»Möchtest du woanders hingehen?«

Rebeca schaute ihn an. »Nein, nicht heute.«

»Wann dann?«

»In vier Wochen. Wenn ich die Prüfungen hinter mir habe.«

Tony blieb stehen; er war nicht sicher, ob er das Gehörte richtig verstanden hatte. »Im Ernst? Ist das ein Witz?«

»Nein, es ist kein Witz.«

»Du bist so europäisch. Unglaublich, dass du so haargenau den Tag planst, an dem wir zusammen sein werden.«

»Ich verstehe dich nicht.« Rebeca sah ihm ernst in die Augen. »Ich dachte, meine Antwort würde dich freuen. Was willst du damit sagen, ich sei so europäisch?«

Tony fürchtete, mit seinen Worten alles ruiniert zu haben. Er beschloss, die Dinge so zu nehmen, wie sie waren. Zum ersten Mal wies sie seine Wünsche nicht ab, und besser spät als nie. Er durfte nicht riskieren, das zu verderben, was er gehört hatte.

»Nichts, keine Sorge. Ich hatte diese Antwort nicht erwartet. Einverstanden, ich werde weiter warten. Noch einmal – mach' dir keine Sorgen über das, was ich gesagt habe. Sehen wir uns den Eisbären an, der auf dem Rücken schwimmt. Es heißt, dass ihm die Stadtverwaltung schon eine Psychiaterin schicken wollte. Früher weideten Ziegen im Central Park, aber man hat sie weggeschafft, weil man fürchtete, die Leute würden sie aufessen.

Rebeca lachte laut auf. »Tony, denk dir nicht noch mehr Märchen aus.«

23. KAPITEL

Die Hitze in der Kabine ließ erst am frühen Morgen nach, so dass Rebeca ein paar Stunden schlafen konnte, bis das helle Morgenlicht sie weckte. Gretel war bereits aufgestanden und zog sich in aller Stille an. Rebeca wünschte ihr einen guten Tag und suchte unter ihren Sachen ein leichtes Kleid, konnte aber keins finden und wählte stattdessen das am wenigsten Warme, das sie finden konnte. Gemeinsam gingen sie in den mit schweigenden Passagieren voll besetzten Speisesaal. Die entspannte und angeregte Atmosphäre während der Überfahrt hatte sich radikal geändert. Die Leute schauten düster und sorgenvoll drein, nur einige wenige Optimisten sprachen sich selbst Mut zu und waren immer noch sicher, dass sie an diesem Sonntag an Land gehen würden.

Als die beiden Mädchen gefrühstückt hatten, begaben sie sich an Deck und schauten auf das erwachende Havanna hinüber. Es war ein faszinierendes Schauspiel; aus der Ferne sah es aus, als würde ein Aquarell zum Leben erwachen, aber keine der beiden sagte ein Wort. Rebeca war in Gedanken versunken; sie war eher wütend als traurig. Nach allem, was sie in Wien durchgemacht hatte, nachdem ihr die Ausreise aus dem Dritten Reich geglückt und sie in Havanna ankommen war, konnte sie sich nur schwer damit abfinden, dass sie nicht an Land durfte und mitten in einer Bucht gestrandet war. Für alle Passagiere bedeutete die Situation ein ernstes Problem, aber für sie bedeutete es auch, dass sie José Antonio nach zwei Jahren und nach einer halben Weltumrundung nicht wiedersehen konnte. Noch wollte sie es nicht glauben.

Lenis Stimme rief sie in die Wirklichkeit der St. Louis zurück. Gretel verzog sich, bevor die Ackermanns näher kamen, und Rebeca fürchtete einen erneuten Frontalangriff Gustavs. Danach war ihr im Moment nicht zumute, noch weniger konnte sie das gebrauchen. Doch der Journalist hielt sich zurück und war vernünftig genug, sich mit seiner Tochter zu beschäftigen, indem er versuchte, einige Gebäude der Stadt zu erkennen und sie ihr zu zeigen. Er bezog Rebeca in das Spiel ein, und einige Minuten lang suchten sie die Silhouette Havannas ab, vermochten aber lediglich die imposante Kuppel des Kapitols und zur Linken den Glockenturm der Kathedrale auszumachen. Dann versuchte Gustav, seine beiden Zuhörerinnen aufzumuntern, indem er ihnen die ihm bekannten Geschichten über Kuba erzählte. Er sprach von den spanischen Flotten und den mit Gold beladenen Galeonen, von Piratenüberfällen und europäischen Kriegen, von denen auch die Karibik nicht verschont blieb.

In dem Moment, da Ackermann auf die Einnahme Havannas durch die Engländer zu sprechen kam, dröhnte ein Kanonenböller durch die Bucht, als würden die Briten erneut angreifen. Die Drei verharrten regungslos, Leni umarmte Rebeca, während sich ihr Vater nach allen Seiten umschaute und nach einer Erklärung für die Kanonenschüsse suchte. Schließlich erschien ein Beamter an Deck und informierte die erstaunten Passagiere, die Salven seien zur Begrüßung eines in den Hafen einlaufenden amerikanischen Kriegsschiffes abgefeuert worden, und ein paar Minuten später sah man das Schiff mit wehenden Flaggen und vielen an der Reling stehenden Marinesoldaten an der St. Louis vorbeiziehen.

Sie verharrten in Schweigen, bis Leni auf eine kleine Flotille zeigte, die auf das Schiff zukam. Die Boote versuchten, der St. Louis möglichst nahe zu kommen, während ein Polizeiboot alles tat, um sie fern zu halten. Von einigen Barkassen hörte man wieder Rufe von Personen, die nach ihren Angehörigen und Bekannten Ausschau hielten und auf sich aufmerksam machen wollten. Auf anderen Kähnen bot man auf Englisch oder Spanisch tropische Früchte an, und wieder andere Boote waren offensichtlich mit Ausflüglern besetzt, die einfach nur das Kreuzfahrtschiff bestaunen wollten.

»Es scheint, wir sind zu einer Attraktion geworden«, sagte Rebeca.

»Vom Land aus beobachtet man uns auch«, fügte Ackermann hinzu und wies auf eine Menschengruppe auf dem Malecón.

»Glaubst du, wir werden heute an Land gehen?«, fragte Rebeca.

»Ich wollte, ich könnte dir darauf antworten.«

****

Meyer Lansky wurde noch vor der Morgendämmerung wach. Trotz der Annehmlichkeiten seiner Suite im Hotel Nacional und der in der Etage für Geschäftsleute herrschenden Stille hatte er kaum vier Stunden geschlafen. Seit Monaten schlief er sofort ein, kaum, dass er sich hingelegt hatte, aber vier oder fünf Stunden später war er schon wieder wach, und alle möglichen Gedanken schossen ihm durch den Kopf. Zuerst waren es die Ereignisse des Vortags, die ihn beschäftigten, und dann analysierte er, welche Fehler ihm dabei unterlaufen waren. Es spielte keine Rolle, ob es sich um bedeutungslose Details handelte oder um Irrtümer, die durch nichts zu rechtfertigen waren und die er mit seiner Erfahrung hätte vermeiden können. Diese Selbstanalyse nahm einige Zeit in Anspruch, und er bemühte sich, damit aufzuhören, um noch einmal einzuschlafen, bis er, verärgert, dass er nicht abschalten konnte und so wenig geschlafen hatte, doch aufstand.

Er wusste, später würde er müde sein, aber vom Mittagsschlaf hielt er nichts; das war für ihn verlorene Zeit, und die wenigen Male, die er sich nach dem Essen doch hinlegte, machten ihn nicht ausgeruht, im Gegenteil, er fühlte sich den Rest des Nachmittags schläfrig und antriebslos. Das war ein Luxus, den er sich nicht erlauben konnte – den halben Tag zu verlieren, wo er doch so viel zu tun hatte.

Er erinnerte sich an das Mädchen im Kabarett und fragte sich, was er tun sollte. Er war unschlüssig. Einerseits wollte er helfen, andererseits sagte ihm sein Instinkt, dass es eine aussichtslose Sache war, und nie hatte er gern zu den Verlierern gehört. Die Bezeichnung »Verlierer« war eine der ersten Beleidigungen, die er in seiner New Yorker Kindheit hören musste, und damals schwor er, immer auf der anderen Seite zu sein, niemals zu verlieren. Außerdem könnte es, wenn er sich in dieser Angelegenheit engagierte, seine Geschäfte in Kuba gefährden. Er musste in Betracht ziehen, dass sich zum ersten Mal eine judenfeindliche Stimmung ausgebreitet hatte. Klar war, dass die Leute, die seine Hilfe suchten, ihn überschätzten. Natürlich hatte er Beziehungen zu Batista, aber noch hatte er keinerlei Einfluss auf andere Kreise, die die Macht im Lande innehatten; er war ein Ausländer, und einige lokale Aristokraten und Potentaten hielten ihn auch nicht für einen Amerikaner. Sie behandelten ihn wie einen weiteren Juden, als einen der Vielen, die in Havanna das Eldorado zu entdecken hofften.

Von der ersten Begegnung an war er sich der Möglichkeiten des Armeechefs bewusst. Er hatte die Verbindungen zu diesem derzeit starken und grenzenlos ehrgeizigen Mann zu pflegen versucht, der zu zu einem strategischen Verbündeten für seine großen Projekte werden konnte. Auch liebte er nicht die Öffentlichkeit, sondern versuchte möglichst nicht aufzufallen und die Presse zu meiden. Noch viel weniger wollte er mit der Lokalpolitik zu tun haben; sie war ihm meistens unverständlich und Logik war nicht immer eine Sache der Kubaner.

Am Abend zuvor hatte er Batista in seine eigene Suite zum Essen eingeladen. Es war eine Demonstration kulinarischer Köstlichkeit; dank des neuen Kochs, eines jungen Mulatten, der versprach, einer der besten Chefköche Kubas zu werden. Der Hummer Thermidor war exquisit, die französischen Weine passten perfekt zu dem kräftigen Geschmack des Hauptgerichts und zu den anderen Delikatessen, über die sein Gast sich gierig hermachte.

Beim Kaffee kam Lansky direkt auf das Thema zu sprechen, das der Anlass zu diesem Treffen war. Er wollte wissen, ob Batista schließlich für die Präsidentschaftswahlen kandidieren würde, die nach der Annahme der neuen Verfassung stattfinden sollten. Der Oberst bestellte beim Kellner einen zweiten Cognac und nahm sich Zeit mit der Antwort. Er ersuchte seinen Gastgeber um äußerste Diskretion, denn die Entscheidung musste noch eine Weile geheim bleiben. Auch die meisten seiner Mitarbeiter kannten sie nicht.

Die Geheimnistuerei sollte die Spannung erhöhen, und am Ende bestätigte Batista, ja, er werde kandidieren, und er fügte hinzu, er würde die Wahlen problemlos gewinnen.

»Meyer, in Kuba gibt es keinen anderen Politiker, dessen Kandidatur so konsensfähig ist wie meine. Vielleicht gewinne ich sogar die Unterstützung der Kommunisten.« Und dabei brach er in lautes Lachen aus.

Lansky beglückwünschte ihn und kündigte ihm an, dass er mit seiner persönlichen und finanziellen Unterstützung rechnen könne, und sagte ferner, er sei sicher, dass seine Bewerbung um das Amt in Washington mit Wohlwollen aufgenommen und sein

Erfolg die Möglichkeiten, neue Geschäfte mit Kuba abzuschließen, vervielfachen würde. Batista verzog sein breites Gesicht wieder zu einem Lächeln, dankte für die Unterstützung und sprach zur Überraschung des Gastgebers ein Thema an, zu dem er Meyer Lanskys Meinung hören wollte.

»Meyer, wenn es in Europa Krieg gibt, wie werden sich die Vereinigten Staaten verhalten?«

Lansky durfte seinen Gast nicht unterschätzen. Die Frage war schwierig und bedeutsam zugleich. Er nippte an seinem Pernod und begann zu sprechen.

»Herr Oberst, niemand weiß die Antwort auf Ihre Frage. Es gibt unterschiedliche und widersprüchliche Meinungen. In England und Frankreich hat man immer noch schreckliche Erinnerungen an den Großen Krieg, deshalb haben sie allen Forderungen Hitlers nachgegeben. Ohne einen Schuss abzugeben, hat er alles bekommen, was er wollte.« Lansky legte eine Pause ein und beobachtete, dass sein Gast ihm aufmerksam zuhörte. »Was die Vereinigten Staaten angeht, so ist die öffentliche Meinung gegen einen Krieg. Die Isolationisten sind in den letzten Jahren stärker geworden, und fast alle Republikaner sind gegen eine Einmischung in die Probleme Europas. Wie die Dinge stehen, halte ich eine amerikanische Beteiligung für schwierig, sollte auf der anderen Seite des Atlantiks am Ende der Krieg ausbrechen. Worüber machen Sie sich Sorgen? Denken Sie, dass Kuba davon irgendwie betroffen sein könnte?«

»Klar, Meyer. Ein neuer Krieg hätte ungeahnte Auswirkungen auf unsere Wirtschaft. Denken Sie daran, wir sind ein Exportland und sind vom internationalen Handel abhängig. Auch ohne direkte Teilnahme der USA müssen wir darauf vorbereitet sein. Im Großen Krieg wusste die kubanische Regierung die entstandenen wirtschaftlichen Möglichkeiten gar nicht zu nutzen, und ich möchte nicht, dass sich derselbe Fehler wiederholt.«

Für Lansky war das Thema erschöpfend behandelt, und er entschloss sich, den Augenblick zu nutzen, um nach der St. Louis zu fragen.

»Herr Oberst, was wird aus den Passagieren des Kreuzfahrtschiffes St. Louis?«

»Meyer, das ist ein sehr schwieriger Fall. Die Krise mit den Flüchtlingen ist so weit gediehen, dass es praktisch unmöglich ist, eine alle Seiten zufrieden stellende Lösung zu finden.« Batista brach hier ab und sprach dann in verändertem Tonfall weiter. »Also, vielen Dank für die Einladung. Der Hummer war exquisit. Ich muss gehen.«

Nachdem Lansky seinen Gast verabschiedet hatte, kehrte er in seine Suite zurück, wo er sich noch ein Gläschen Pernod einschenkte und in Gedanken den Abend auswertete. Batistas Antwort zur St. Louis hatte ihm nicht gefallen, sie war nicht typisch für ihn. Heiklen Themen wich der Oberst gewöhnlich aus und vermied es, Stellung zu beziehen. In diesem Fall hatte er eindeutig ablehnend reagiert, woraus Lansky den Schluss zog, dass sich der Armeechef entschieden hatte, sich herauszuhalten. Das ließ ihm keine Wahl.

Übrigens hatte er schon Probleme genug. Dewey, der Staatsanwalt von New York, erhöhte weiter den Druck auf seine Geschäfte. Der Republikaner hatte zweifellos politische Ambitionen und versuchte, sein Bild in der Öffentlichkeit mit einer werbewirksamen Kampagne gegen das organisierte Verbrechen und die unbeliebten italienischen und jüdischen Banden zu stärken. Aus Vorsicht hatte Meyer Lansky daher im vorangegangenen Monat den Transfer des größten Teils seines Geldes auf ein Konto bei einer Berner Bank abgeschlossen, wo Anonymität garantiert war. Seiner sprichwörtlichen Strenge und Sorgfalt in Detailfragen war es zu verdanken, dass er vor Jahren eine Klage wegen Beteiligung an der Exekution des Mafiabosses Salvatore Maranzano abwenden konnte. Die Staatsanwaltschaft hatte ihm nichts nachweisen können. Aber darauf durfte man sich nicht ausruhen; Dewey hatte ihn auf seiner Liste. Deshalb hatte er in den letzten Monaten mit seinem Anwalt an seinen Steuerproblemen gearbeitet, um nicht Al Capones Fehler zu wiederholen.

Außerdem wurde er immer wieder von Lucky bedrängt. Der befand sich weiterhin wegen des lächerlichen Verbrechens, ein Prostitutionsnetz organisiert zu haben, im Gefängnis, und mit der ihm eigenen Ungeduld hatte er aus seiner Zelle heraus angeordnet, dass der Bundesregierung ein Verhandlungsangebot für seine Freilassung vorzulegen sei. Als ob das so einfach wäre. Seit Lansky die Anweisung erhalten hatte, war ihm nichts eingefallen, was er Washington anbieten könnte, um die Strafe des Bosses umzuwandeln. Zu allem Überfluss ersuchte ihn sein

Intimfreund Bugsy Siegel um Unterstützung und Geld für den Bau eines Casinos mitten in der Wüste von Nevada, eine wenig erfolgversprechende Idee, die außerdem Ressourcen und Kraft von seinem Projekt, Havanna zum größten Spielcasino auf dem gesamten Kontinent zu machen, abziehen könnte; und viele Bemühungen wären so vergeblich gewesen.

Lansky ließ sich einen Kaffee bringen. Er stand vor dem Fenster seiner Suite und genoss den spektakulären Blick auf Havanna, das sich nach drei Himmelsrichtungen hin ausdehnte. Zweifellos eine herrliche Stadt voller Möglichkeiten, Geld zu machen. Und Havanna war nicht nur Hauptstadt; nach Osten hin gab es Dutzende jungfräulicher Strände, die mit den schönsten der Welt konkurrieren konnten. Er durfte das Erreichte nicht gefährden – und noch weniger seine Zukunftspläne. In die Sache mit der St. Louis durfte er sich nicht einmischen. Er würde dem örtlichen jüdischen Komitee eine zweite Finanzspende – eine etwas großzügigere als die erste – schicken und seine Abreise nach New York vorverlegen, so dass er nicht in Kuba sein würde, wenn die Krise um das Kreuzfahrtschiff so richtig ausbrach.

****

Im Juli 1936 litt New York unter einer Hitzewelle, die weite Teile Nordamerikas erfasst hatte. In mehreren Städten erreichten die Temperaturen Rekordhöhen, und es gab sogar Todesfälle aufgrund der Hitze. Zu Beginn eines jeden Sommers bildete die Wärme das Hauptgesprächsthema der New Yorker. Tony konnte über solche Klagen nur lachen, sie kannten keinen richtigen Tropensommer. Als sie eines Sonntagvormittags durch Manhattan spazierten, stöhnte Rebeca über die New Yorker Hitze und verglich sie mit den angenehmen Sommern Wiens mit seinen grünen Parks und den Freiluftkonzerten.

»Aber in Kuba ist der Sommer patriotisch, und er war ausschlaggebend im Unabhängigkeitskrieg«, gab Tony zurück.

»Wovon redest du?«

»Máximo Gómez, der Befehlshaber des Befreiungsheeres, sagte einmal, seine drei besten Generäle seien Juni, Juli und August, weil die Hitze und die Moskitos den spanischen Soldaten den Garaus machten.«

»Ist das wahr, oder ist das wieder einer von deinen Witzen?«

»Natürlich ist es wahr.«

Die Beiden lachten laut auf.

»Weißt du, ich werde Spanisch lernen. Mit meinem Französisch und deiner Hilfe werde ich in ein paar Monaten zumindest lesen können, und ich werde alles, was du über Kuba sagst, überprüfen.«

Die Worte prägten sich José Antonio sofort ein: »deine Hilfe, in ein paar Monaten«. Was hatte das zu bedeuten? Verfolgte Rebeca einen Plan mit ihm? Oder sollte das nur ihren Wunsch andeuten, die Beziehung zu den gegenwärtigen Bedingungen zu verlängern? Wie auch immer, der Satz war eine positive Botschaft. Er war noch immer in Gedanken versunken, als sie beim Empire State Building ankamen. Das Gebäude aus Granit und Kalkstein aus Indiana, berühmt in aller Welt durch den Film, in dem King Kong von einer blonden Frau besessen ist, ragte hoch in den Himmel.

Bevor sie Tickets für die Aussichtsplattform kauften, wollte Rebeca die große Eingangshalle besichtigen, die mit Marmor, der speziell aus den besten Steinbrüchen Europas herangebracht worden war, ausgekleidet ist. José Antonio nutzte den Moment, fasste sie sanft bei der Hand und küsste sie zärtlich. Sie lächelte und verschränkte ihre Finger mit den seinen.

Nach einer kurzen Wartezeit stiegen sie in den Fahrstuhl, der sie zur Aussichtsplattform brachte. Die schnelle Fahrt zum sechsundachtzigsten Stockwerk verursachte einen starken Druck in den Ohren, und Tony zeigte Rebeca, wie man dagegen angehen kann. Sie waren zum ersten Mal in diesem Gebäude, das fünf Jahre zuvor eingeweiht worden war. Die Plattform war voller Menschen, die die Aussicht auf die Stadt genossen. In dieser Höhe brachte ein heftiger Wind Frische in das Sommersonnenwetter. Tony führte Rebeca zur Südseite, wo sie das beeindruckende Panorama bestaunten. Zur Spitze der Insel Manhattan hin konnte man den Landstrich erkennen, auf dem einst Neu-Amsterdam gegründet worden war. Sie bewunderten die grünen Kupferdächer und den im Stil niederländischer Gotik gestalteten schlanken Turm des Woolworth-Wolkenkratzers, der Anfang des Jahrhunderts das höchste Gebäude der Welt gewesen war. Gut zu erkennen waren auch die Hafenmole neben dem Fischmarkt, die Manhattan Bridge und die Brooklyn Bridge. Weiter hinten erhob sich die Freiheitsstatue. Bei diesem Anblick konnte José Antonio nicht mehr an sich halten und küsste ihre Lippen. Rebeca ließ es einen Moment geschehen, aber dann trat sie einen Schritt zurück.

»Nicht hier.«

Tonys Adrenalinspiegel schoss bei der Reaktion in die Höhe, aber er sagte nichts, sondern zog es vor, zu warten. Sie beendeten ihren Rundgang im Westen, blieben ein Weilchen stehen und schauten eine Weile auf den Madison Square Garden, den Hudson River und New Jersey hinunter.

»Unglaublich, die Aussicht. Ich schlage vor, dass wir noch einmal auf die andere Seite gehen. Ich konnte mein Haus in Brooklyn nicht finden«, sagte Rebeca.

»Soll ich ein Fernglas ausleihen?«

»Nein, nicht nötig. Ich möchte die Stadt unmittelbar sehen. Das alles ist ein Beweis für die Schöpferkraft des Menschen.«

»Ja, von hier oben sieht alles schön aus, obwohl da unten nicht alles so schön ist«, bemerkte José Antonio. »Aber du hast Recht, wir sollten einen solch herrlichen Tag nutzen. Komm her zu mir, ich schenke dir einen Stratosphärenkuss.« Und damit zog er sie an sich.

»Dies ist nicht die Stratosphäre«, widersprach das Mädchen, gab sich aber der Umarmung hin.

»Chica, musst du immer so exakt sein? Das war nur so eine Redensart.« Und er küsste ihren Mund.

»Hör auf, Tony, hör auf, wir sind hier in aller Öffentlichkeit.«

»Diese Amerikaner stört es nicht. Außerdem sind wir immer in der Öffentlichkeit. Komm, wir drehen noch eine Runde, ehe wir wieder hinunterfahren. Wenn man es richtig bedenkt, ist heute ein guter Tag; niemand hat versucht, sich von hier oben auf die Straße zu stürzen. Weißt du, seit man das Empire State eingeweiht hat, ist es zu einem begehrten Ort für Selbstmorde geworden.«

»So wie der Eiffel-Turm in Paris.«

»In Havanna gibt es nicht viele hohe Gebäude, aber bei dem Klima denken die Leute nicht an Selbstmord; allein die Hitze ist mörderisch.«

Rebeca brach in Lachen aus.

»Am Ende bringst du mich immer zum Lachen.«

»Wenn du lachst, bist du noch schöner. Wenn du dich im Spiegel sähest, würdest du die ganze Zeit lachen. Ich schlage vor, wir fahren hinunter; ich habe schon Hunger.«

Lachend versuchten sie während der Abfahrt, die Ohren vom Druck zu befreien. Die Leute sahen sie verwundert an, und darüber mussten sie noch mehr lachen; sie waren glücklich. Als sie in die Vorhalle kamen, fragte Tony:

»Wo essen wir zu Mittag? Hier in der Nähe gibt es eine Cafeteria.«

»Hast du zu Hause etwas zu essen?«

»Bei mir zu Hause?«

»Heute ist Sonntag. Dein Vater ist doch in der Bronx.«

»Ja.«

»Wann kommt er zurück?«

»Am späten Nachmittag.« Tony zweifelte, ob er richtig gehört hatte. »Meinst du es ernst?«

»Ich meine es immer ernst. Am Freitag hatte ich meine letzte Prüfung.«

»Sollte die nicht erst in der nächsten Woche sein?«

»Ja, aber ich habe die Französisch-Prüfung vorverlegt und bin schon fertig. Gehen wir zu dir nach Hause? Oder hast du es schon bereut?«

»Warum zum Teufel sollte ich etwas bereuen? Na klar, gehen wir zu mir. In der Fifth Avenue bekommt man leichter ein Taxi.«

»Tony, das ist zu teuer. Wir gehen zur Metro.«

Während der Fahrt, die eine Ewigkeit dauerte, glaubte José Antonio noch nicht, was gerade passierte. Endlich war der Augenblick gekommen. Er drückte Rebecas Hand, um sich zu vergewissern, dass er nicht träumte. Sie lächelte und verschränkte ihre Finger mit den seinen. Tony sagte kein Wort; er wusste auch nicht, was er hätte sagen sollen. Er hatte Angst, ein Satz, ja schon ein Wort könnte alles zunichte machen. Zweifellos war das die schweigsamste aller ihrer Fahrten. Auch Rebeca sprach nicht, sie schien die sonntägliche Stille in der Metro zu genießen, und als sie den Fluss überquerten, schaute sie aus dem Fenster.

Als sie aus der Metro ausstiegen, empfing sie ein warmer, herrlicher Mittag. Auf den Straßen wimmelte es von Menschen.

An mehreren Straßenecken trafen sie auf Gruppen von Kindern mit freiem Oberkörper, die sich in dem Wasser der geöffneten Hydranten erfrischten. Auf den Gehwegen veranstalteten Jung und Alt, wie jeden Sommer in New York, ein regelrechtes Schauspiel.

Tony dachte an die Unordnung, in der er die Wohnung am Morgen verlassen hatte, und warnte Rebeca vor dem Wirrwarr, der sie erwartete. Aber als sie ankamen, fanden sie alles sauber und ordentlich vor, dank Manuel, der das Chaos, das sein Sohn hinterließ, nie ertragen konnte. Rebeca fragte nach der Toilette, und als Tony allein war, schaute er in der Küche nach und stellte fest, dass es nichts zu trinken gab. Das Mädchen kam aus dem Bad und stellte sich vor ihn.

»Und jetzt?«

»Soll ich nach unten gehen und eine Flasche Wein kaufen?«, fragte Tony.

»Nein, jetzt nicht.«

Tony umarmte sie heftig und küsste sie auf den Mund. Er streichelte ihren festen Po unter dem Musselinkleid; seine Hand wanderte an ihre Scham, und sie schreckte ein wenig zurück.

»Setzen wir uns?«, fragte Rebeca.

Tony küsste sie wieder und genoss ihre Lippen; plötzlich stolperte er, und sie musste ihn festhalten.

»Beruhige dich, Tony. Setzen wir uns auf das Sofa?«, fragte Rebeca zum wiederholten Mal.

Er sagte sich selbst, er müsse sich beruhigen. Bei all seiner Erregung durfte er nichts übereilen. Ein Fehler wäre jetzt unverzeihlich. Er überlegte, ob er das Sofa ausklappen sollte, erinnerte sich aber, dass die Mechanik mitunter geklemmt hatte, und er wollte keine Zeit verlieren. Er ließ sich neben Rebeca nieder und küsste sie langsam, ganz langsam, zuerst die Wangen, dann ihren Hals, ihren Nacken. Die Haut duftete und war seidig, sie lud zu mehr ein. Tony küsste ihren Mund und streichelte ihre Schenkel. An der Taille zog er sie an sich und legte sie sanft auf den Rücken. Dann legte er sich selbst auf sie, während sein Mund über die Schultern bis hinab zu ihren Brüsten wanderte, die er zu enthüllen versuchte.

»Besser, wir ziehen uns aus«, sagte Rebeca und entzog sich ihm sanft.

»Ja, natürlich«, erwiderte José Antonio, erhob sich und streifte im Nu seine Kleidung ab. Mitten im kleinen Wohnzimmer stand er da in Unterwäsche.

Rebeca sah ihn an und lachte. »So siehst du komisch aus.«

»Was ist daran lustig?«, fragte Tony zurück. Aber er musste sich entspannen und zwang sich zu einem Lächeln.

Sie begann sich langsam auszuziehen, zu langsam angesichts der Erregung, die José Antonio gepackt hatte. »Hast du einen Kleiderbügel?«

Tony konnte nicht glauben, dass sie ihn in einem Moment wie diesem um einen Kleiderbügel bat. Aber er beherrschte sich und holte einen aus dem Schlafzimmer. Als er zurückkam, hatte Rebeca ihr Kleid ausgezogen. Sie hängte es sorgfältig über den Bügel, während Tony sie mit den Augen verschlang. Aber sie unterbrach ihn erneut.

»Bist du so nett, und hängst ihn auf?«

Innerhalb einer Sekunde trug er das verwünschte Kleid ins Schlafzimmer, wo er es hinter der Tür aufhängte. Er war hingerissen, als er wieder ins Wohnzimmer trat. Rebeca hatte den Unterrock abgelegt und stand mitten in der kleinen Wohnung; ihre Unterwäsche war von einem makellosen Weiß, das mit dem Hellrosa einer ihm vollkommen erscheinenden Haut harmonierte.

José Antonio betrachtete sie, wie sie zum ersten Mal halbnackt vor ihm stand, und fand bestätigt, dass seine Einbildung ihn nicht getäuscht hatte; der Körper, den er vor sich sah, schien ihm, wie man in Kuba sagt, wie von Hand geformt: lange, kräftige, schlanke Beine, starke Oberschenkel, breite Hüften, ganz schmale Taille, kleine Brüste. Er fühlte sich unglaublich erregt, aber einmal mehr zwang er sich zur Ruhe.

»Hast du ein Bettlaken?«

»Wollen wir nicht lieber ins Schlafzimmer gehen? Da ist es bequemer.«

»Ich möchte aber lieber im Wohnzimmer bleiben. Hier schläfst du. Das Schlafzimmer gehört deinem Vater.«

Zum Glück konnte Tony rasch ein Bettlaken finden, das er eilig auf dem Sofa ausbreitete. Sie legte sich in aller Ruhe darauf, und José Antonio küsste sie, zuerst die Füße, dann wanderte sein Mund an den wohlgeformten Beinen weiter nach oben, verweilte auf den süß duftenden Schenkeln, sprang dann zum Bauch, während seine Hand durch den dünnen Stoff ihrer Unterwäsche hindurch ihre Scham streichelte und er dann ihren Brustansatz küsste. Tony hielt inne, um den Büstenhalter zu lösen, aber er kam nicht mit dem Verschluss zurecht.

Sie löste sich sanft von ihm und richtete sich auf. »Lass nur, ich mach' ihn ab.«

Als sie den Büstenhalter ablegte, kamen zwei kleine Brüste mit hellrosa Brustwarzen zum Vorschein, die Tony ganz sanft küsste. Ohne damit innezuhalten, legte er Rebeca auf das Sofa zurück, zog ihr langsam den Schlüpfer aus, öffnete die Schenkel und betrachtete einen Moment lang ihr helles, weiches Schamhaar. José Antonio schaute in ihr Gesicht, und zu seiner Überraschung fand er darin keinerlei Bedenken und schon gar keine Angst; im Gegenteil, es strahlte Sicherheit und Vertrauen aus. Mit sanfter Hand berührte er ihre feuchten, straffen Schamlippen. Rebeca stöhnte leicht, und ihr Körper spannte sich plötzlich. Tony hatte das Gefühl, dass er alles richtig machte, und nahm alle seine Kraft zusammen, um nichts zu übereilen. Er streichelte sie ein ums andere Mal, berührte sie an allen Stellen ihres Körpers, und seine Finger bewegten sich sanft und gefühlvoll an ihrem Körper auf und ab, der wie erwartet reagierte. Sie schloss die Augen und begann, kräftiger zu atmen, leise, fast unhörbar, während er ihre Brust, ihren Hals, ihr Gesicht, ihren Mund küsste.

José Antonios Herz quoll über, er zog sich ganz aus und unternahm eine letzte Anstrengung, um nicht zu schnell vorzugehen. Seine Hand wurde nun abgelöst von seinem angeschwollenen Glied, das er sanft und stetig an ihren Schamlippen rieb. Das erregte ihn sehr; also wurde er langsamer und drang schließlich in sie ein. Ein Schauder durchströmte sie, und sie öffnete ihre Schenkel weiter. Er küsste jetzt ihren Nacken und ihre Ohren, kitzelte ihr Ohr mit der Zungenspitze und drang tiefer und tiefer in sie ein, bis er auf Widerstand stieß und innehielt. Sie stöhnte auf.

»Alles gut?« fragte Tony mit verhaltenem Atem.

Sie antwortete mit einem Kuss, was ihn zu einem raschen, kräftigen Stoß bewog, der Rebeca laut aufstöhnen ließ. Tony fühlte sich in einem feuchtheißen Universum und bewegte sein Glied langsam weiter, um den Glücksmoment auszukosten, bis er nicht mehr an sich halten konnte und einen Orgasmus hatte, der von einem Freudenschrei begleitet war. Mehrere Minuten verharrten sie so eng umschlungen und regungslos. José Antonio war ein Weilchen völlig benommen, doch das ging vorüber, und er küsste erneut die Wangen des Mädchens, bis es ihn plötzlich wie ein Blitz traf.

»O Gott, ich bin drinnen gekommen.«

»Mach dir keine Sorgen, gestern ging meine Menstruation zu Ende. Es wird keine Probleme geben«, erwiderte das Mädchen.

Die Antwort gab ihm die Ruhe zurück und bestätigte, dass Rebeca alles bis ins Einzelne geplant hatte. Sie war zweifellos ein ganz besonderes Mädchen. Jetzt erst merkte Tony, dass sie beide schweißgebadet waren und das Zimmer sich in einen Ofen verwandelt hatte.

José Antonio hatte sich noch nicht erholt, als Rebeca aufstand, im Bad verschwand und die Dusche anstellte. Tony war verblüfft über dieses so natürliche Verhalten. In ein Badetuch gehüllt, kam sie ins Zimmer zurück, und sie erschien ihm wie eine Göttin, die vom hellen Nachmittagslicht angestrahlt wurde. Ihre harmonischen Gesichtszüge verliehen ihr eine besondere Schönheit. José Antonio erinnerte sich, dass die Schönheit eines Menschen im Wesentlichen in seiner Symmetrie lag, und Rebeca mit ihrem welligen kastanienbraunen Haar und ihren Augen, die heute heller leuchteten als sonst, war ein Musterbeispiel dafür. Tony ging ins Bad und duschte sich ebenfalls. Als er wiederkam, saß sie, halb in das Badetuch gehüllt, mit übergeschlagenen Beinen und abwesendem Blick auf dem Sofa.

»Woran denkst du?«, fragte José Antonio.

»Ich dachte, es wäre anders.«

»Wie meinst du das?«

»Es tat gar nicht so weh. Ich habe auch nicht die äußerste Extase gefühlt, von der alle reden.«

»Also, für das erste Mal fand ich es richtig gut, mehr als gut. Bereust du's?«

»Nein. Es war nur anders, als ich es von anderen gehört hatte. Vielleicht übertreiben manche. Lass mich mal das Bettlaken sehen. Ah, es ist schmutzig. Es muss gewaschen werden. Hilf mir mal, Tony.«

Tony wollte einen Scherz machen, wollte vorschlagen, das Laken ins Fenster zu hängen, wie man es im Mittelalter machte, aber er hielt sich zurück, die Bemerkung hätte als ordinär aufgefasst werden können.

»Was ist los, Tony? Such ein anderes Laken heraus, ich werde dieses inzwischen auswaschen.«

Er sprang auf; so ein pedantisches Mädchen hatte er noch nie gesehen, obwohl ihr Reinlichkeitssinn ihm nicht missfiel.

Tony bekam allmählich Hunger, aber er hatte nichts vorbereitet. Rebeca hatte das Laken zum Trocknen aufgehängt und kam nun aus dem Bad zurück.

»Um wie viel Uhr ist dein Vater wieder hier?«

»Niemals vor sechs, wie haben noch Zeit. Möchtest du etwas essen?«

Tony bereitete eine Tortilla mit Kartoffeln und Zwiebeln zu, die sie mit Brot und Erdnussbutter verschlangen. Ihm fiel auf, dass sie sich noch nicht angezogen hatte und noch immer mit dem locker umgehängten Badetuch da saß. Sie kehrten zurück zum Sofa, und Tony begann, sacht ihre Füße zu küssen, dann die Beine. Sie genoss es mit Wonne, als er sie mit beiden Händen streichelte. Dann küsste er ihre Schenkel, bis sie ihn sanft aufhielt, seinen Mund küsste, während sie ihn an sich zog und sich auf den Rücken legte. Tony drang in sie ein, und sie stöhnte, als er tief drinnen war, und er versuchte trotz seiner Erregung, seine Bewegungen unter Kontrolle zu behalten, um ihr nicht weh zu tun. Nach dem Orgasmus umarmte er sie, und so blieben sie liegen, bis er begann, langsam ihr Gesicht zu küssen.

Jetzt war es an Rebeca, überrascht zu sein. Sie hatte diese Reaktion von ihrem frisch gebackenen Geliebten nicht erwartet. In allen Büchern, die sie gelesen hatte, in allen Berichten, die sie von ihren Freundinnen gehört hatte, war nie die Rede von einem zärtlichen Moment nach dem männlichen Orgasmus gewesen. Mit geschlossenen Augen gab sie sich José Antonios Küssen und Liebkosungen hin. Für sie war dies der schönste Augenblick des ganzen Nachmittags.

24. KAPITEL

Rebeca konnte José Antonio zwar nicht erkennen, aber er befand sich unter den Leuten, die den Transatlantikdampfer vom Malecón aus beobachteten. An diesem Morgen war Tony früh aufgestanden, und nachdem er einen Milchkaffee getrunken und Eloísas Vorhaltung, warum er sich am Sonntag nicht ausruhen wolle, über sich hatte ergehen lassen, begab er sich zum Hafen. Am Tor zum Zoll traf er auf zwei wachhabende Polizisten, die ihm auf seine Frage hin lustlos antworteten, dass es im Zusammenhang mit der St. Louis nichts Neues gebe. Enttäuscht und unentschlossen ging er zum Malecón zurück und mischte sich unter die Dutzende von Leuten, die zum Schiff hinüberschauten.

Mehrere Boote in der Bucht umkreisten das Kreuzfahrtschiff. Einen Moment lang erwog er, von einem der Boote aus zu versuchen, Rebeca zu entdecken. Aber er verwarf die Idee, es schien ihm lächerlich, einander nach mehr als zwei Jahren und allem, was geschehen war, von einem mit Fremden beladenen Boot aus etwas zuzurufen. Dann sah er ein Ehepaar, das die Show mit einem Fernglas verfolgte. Wegen ihrer Blässe nahm er an, es konnten keine Kubaner sein, und trat auf sie zu. Der Mann war um die fünfzig, nicht groß, im Maßanzug und mit Strohhut, das Gesicht schweißnass. Sie, schlank, distinguiert, ein wenig größer als ihr Partner, hielt sich, unbeeindruckt von der starken Hitze, tadellos, in einem eleganten weißen Kleid mit einem Hut gleicher Farbe.

José Antonio sprach sie zunächst auf Spanisch an, und der Mann antwortete auf Englisch mit einem leichten deutschen Akzent, er wünsche nichts zu kaufen. Tony wechselte ins Englische und stellte klar, dass er kein Verkäufer sei, sondern sie lediglich um einen Gefallen bitten möchte. Beide schauten ihn fragend an.

»Es ist nichts weiter, ich möchte Sie nur bitten, mir für einen Augenblick das Fernglas zu leihen: Ich muss zur St. Louis hinübersehen.«

Die Frau reichte ihm daraufhin wortlos das Fernglas, während sich der Mann nicht rührte. José Antonio bedankte sich und nahm das Kreuzfahrtschiff in Augenschein. Die Decks waren voller Menschen, einige beugten sich sogar über die Reling und riefen etwas zu den Booten hinüber, die die St. Louis nach wie vor umkreisten. Er versuchte, Rebeca auszumachen, hatte aber keinen Erfolg, also reichte er das Fernglas mit nochmaligem Dank zurück.

»Haben Sie gefunden, was Sie gesucht haben?«, fragte die Dame.

»Nein, es war nicht möglich.«

»Erwarten Sie jemanden auf der St. Louis?« fragte der Mann.

»Ja, eine Freundin. Aber gestatten Sie, dass ich mich vorstelle: José Antonio Fernández.«

»Sehr freundlich. Wir sind Regina und David Wischer aus Philadelphia«, sagte die Dame und gab Tony die Hand, der auch dem Mann die Hand zum Gruß reichte.

»Danke, Sie sind sehr liebenswürdig, ich wünsche Ihnen einen glücklichen Aufenthalt in Havanna.«

»Junger Mann, warten Sie. Können Sie uns sagen, wo man hier in der Nähe einen guten Kaffee bekommt?«, fragte die Dame.

»Hier gibt es viele Möglichkeiten, einen guten kubanischen Kaffee zu trinken. Kubanischer Kaffee ist einer der besten der Welt.« Rebeca hätte ihn für diese Auskunft bestimmt gerügt. »Sie gehen über die Straße, und vor dem Gebäude dort – das ist die Lonja del Comercio – ist eine Cafeteria, wo Sie einen ausgezeichneten Kaffee bekommen.

»Sie sind eingeladen. Uns wäre es eine Freude, und es wird Sie nur ein paar Minuten kosten«, sagte Herr Wischer.

Tony dachte kurz nach, aber an diesem Sonntagvormittag hatte er nichts anderes zu tun, so dass er die Einladung annahm.

Das Ehepaar hatte bereits zwei erwachsene Kinder. Sie stammten ursprünglich aus Hamburg, wo sie ein gut gehendes Import- und Großhandelsgeschäft betrieben hatten und klug genug gewesen waren, Deutschland wenige Monate vor Hitlers Machtergreifung zu verlassen. Sie hatten in den zehn Jahren davor die judenfeindliche Politik der Nationalsozialisten verfolgt und daraus geschlossen, dass der Führer noch über den traditionellen Antisemitismus vieler rechtsgerichteter deutscher Politiker hinausging. Diskret hatten sie ihre Firma und das Haus verkauft, und nach einem gut einjährigen Aufenthalt in London erhielten sie die Genehmigungen zur Einreise in die Vereinigten Staaten. Sie ließen sich in Philadelphia nieder, wo sie ein kleines Bekleidungsgeschäft aufmachten, das dank angestrengter Arbeit der vier Familienmitglieder nach drei Jahren begann Gewinn abzuwerfen. Mehrere Angehörige waren in Deutschland geblieben, so dass sie alles Geld zusammenkratzten und die Kosten für die Reise von Davids Schwester und Reginas Eltern mit der St. Louis bestreiten konnten. Die Wischers waren in der vorangegangenen Woche in Havanna eingetroffen, kannten niemanden in der Stadt und waren bestürzt über die vorgefundene Situation.

Den Beiden mundete der kräftige, aromatische Kaffee und auch das Guayaba-Gebäck, das zu probieren Tony ihnen unbedingt empfohlen hatte. Sie unterhielten sich angeregt; das Ehepaar fragte ihn ausgiebig über Kuba aus. Sie begriffen nicht, was da gerade geschah, und auch nicht, wie die Dinge auf der Insel abliefen. Tony bemühte sich, ihnen alles, soweit er konnte, zu erklären. Die Besucher hörten aufmerksam zu, aber am Ende war er mit einigen seiner Antworten selbst unzufrieden. Er hielt sie für unvollständig oder verwirrend für jemanden, der gar nichts über Kuba wusste. Er notierte sich das Hotel, wo sie wohnten, und die Zimmernummer, und man vereinbarte, Kontakt zu halten.

Gerade als er sich von dem Ehepaar verabschiedete, sah er Fräulein Bittner hereinkommen. Nachdem die Wischers gegangen waren, ging José Antonio auf den Tisch zu, an dem die junge Frau Platz genommen hatte.

»Guten Tag, Señorita.«

»Ah, Sie sind es.... Guten Tag.«

»Darf ich mich zu Ihnen setzen?«

»Wenn Sie mögen...«

»Vielen Dank. Darf ich Sie zu einem Kaffee einladen?«

»Nein, danke, ich habe mir gerade etwas Kühles bestellt. Ich vertrage nicht so viel Kaffee wie die Kubaner. Sie trinken zu viel Kaffee. Außerdem ist der Kaffee hier sehr stark.«

»Ja, das stimmt, das ist Teil unserer Wesensart. Haben Sie Nachricht von Ihren Eltern?«

»Macht es Ihnen etwas aus, Englisch zu sprechen? Mit dem Spanischen fühle ich mich nicht so sicher.«

»Nein, natürlich nicht, obwohl Sie sehr gut Spanisch sprechen.«

Tony musterte die junge Dame von Neuem; auch diesmal war sie makellos gekleidet und geschminkt. Der Kellner kam und unterbrach José Antonio in seiner genussvollen Betrachtung; Tony bestellte ein Batido de Mamey.

»Was haben Sie gerade bestellt?«

»Eine Spezialität des Hauses, Batido de Mamey, ein Shake aus einer köstlichen kubanischen Frucht, Mamey, ähnlich einer Aprikose. Haben Sie das noch nie probiert?«

»Nein.«

»Wie lange sind Sie schon in Havanna?«

Die junge Frau überging die Frage und sah ihn an. Was für ein Land war doch Kuba, wo jeder, der Hosen trug, meinte, sich in alle weiblichen Wesen, die ihm begegneten, verlieben zu müssen.

»Warum fragen Sie so viel?«

Tony ließ sich von der Widerborstigkeit der Deutschen nicht einschüchtern. So lief das Spiel unter den Geschlechtern eben.

»Weil ich Ihnen helfen möchte.«

Das Angebot des Kubaners überraschte Ilse nicht; sie war an solcherart Ausreden, die die kreolischen Galane benutzten, schon gewöhnt. Sie fragte sich, ob der Junge wohl wusste, welcher Art Tätigkeit sie sich widmete. Wenn ja, dann erregte seine gleichbleibende Freundlichkeit und Höflichkeit ihre Aufmerksamkeit. Wenn er aber von ihrem Beruf nichts wusste, war es ein Zeichen von Naivität, was unterhaltsam sein konnte.

Sie entstammte einer Frankfurter jüdischen Familie aus der Mittelschicht und hatte sogar das Gymnasium abgeschlossen. Ende 1935, nach der Verabschiedung der Nürnberger Gesetze, hatten ihre Eltern sie und ihren jüngeren Bruder nach Straßburg geschickt, wo eine Tante lebte. Aber was als kurzer Aufenthalt gedacht war, erwies sich als zu lang. Das Warten und die Versuche des Ehemanns der Tante, sie zu verführen, veranlassten sie, mit einem Elsässer, der ihr ewige Liebe und ein bequemes Leben in der Stadt des Lichts versprach, nach Paris zu fliehen.

Sie war siebzehn Jahre alt, als Albert ihr in einem billigen Hotel im Quartier Montparnasse die Unschuld raubte. Eine Woche lang trieb es der Liebhaber mit ihr, ehe er ihr mit kurzen Worten und in der Pose eines Allwissenden den Plan für die Zukunft erläuterte. Sie würde, von ihm beschützt, auf den Strich gehen, und so könnten sie genügend Geld verdienen, um nach Argentinien auszuwandern, und dort würden sie in weniger als einem Jahr die nötigen Mittel zusammenhaben, um ihren Eltern und ihrem Bruder die Ausreise zu ermöglichen.

Ilse wollte nicht wieder nach Straßburg, und eine Rückkehr nach Deutschland war ausgeschlossen. In der riesigen Stadt kannte sie niemanden, und sie sah auch keine anderen Möglichkeiten für sich, also nahm sie schließlich Alberts Vorschlag an. Albert seinerseits hielt sich nicht an sein Versprechen und suchte das Weite, nachdem er sie an Pierre verkauft hatte, einen Zuhälter aus der Provence, der sich brüstete, das Geschäft in dem Viertel um die Place Pigalle herum zu kontrollieren. Das Erste, was ihr neuer Liebhaber tat, war, sie drei Tage in einem Rausch der Begierde zu benutzen, was, wie er sagte, ein Intensivkurs sein sollte, damit sie die grundlegenden Fertigkeiten ihres Berufs erlerne.

Pierre erkannte bald, dass er eine Ware von hohem Wert erworben hatte, nicht nur weil sein Mündel jung und hübsch war, sondern auch wegen der Gelassenheit, mit der das Mädchen sein neues Leben annahm. Man konnte sie zu einer Prostituierten erster Güte machen; deshalb entschloss er sich, sie für einen anspruchsvollen und stark umkämpften Markt heranzubilden. Anstatt dass er sie auf die Pariser Straßen schickte, warb er um reiche Gelegenheitskunden und hielt sie als Favoritin in der Gruppe von Huren, die für ihn arbeiteten.

Diese Situation währte mehrere Monate, bis Pierre im darauf folgenden Winter eine Pechsträhne hatte; auch hatten sich verschiedene Spielschulden angehäuft, so dass er das Angebot eines Kollegen annahm, der für eine nicht unerhebliche Summe mehrere Mädchen übernahm, um sie in die Neue Welt zu schicken, wo man viel Geld machen konnte. Ilse wurde gar nicht gefragt, aber der Wechsel missfiel ihr durchaus nicht. Abgesehen von den gelegentlichen Schlägen; sie war ohnehin zu dem Schluss gelangt, dass sie bei Pierre niemals das Geld zusammenbringen konnte, das nötig war, um ihre Eltern aus Deutschland herauszuholen.

So gelangte sie nach Havanna, wo sie vom ersten Tag darum kämpfte, sich aus der Kontrolle des französischen Zuhälters zu befreien, der das Freudenhaus im Viertel Colón, ihrer ersten Bleibe in Kuba, leitete. Sie wartete auf die Gelegenheit, einen Kunden zu treffen, der bereit wäre, ihr zu helfen. Diese Gelegenheit war ein respektabler Herr von fünfzig Jahren, Besitzer zweier Apotheken, der Ilse mit Hilfe der Polizei von einem übellaunigen Antoine kaufte, der sich ungern einem seiner wertvollsten Besitztümer trennen wollte. Der Apotheker dachte anfangs, das Mädchen als seine Geliebte zu halten, aber er hatte – neben seiner Familie – bereits eine. Nachdem er mehrere Monate lang zweimal die Woche seine Freude an ihr gehabt hatte, beschloss er daher, sie an eine Puffmutter weiterzuverkaufen, die den ehrgeizigen Plan hatte, in Havanna ein Netz von Luxusbordellen einzurichten.

Ilse war sprachbegabt, und in weniger als einem Jahr hatte sie genügend Spanisch gelernt, um den Umgang mit Kunden zu pflegen, was sie zusammen mit der Pariser Erfahrung und ihren Kenntnissen im Klavierspiel und im Gesang zu einer erstrangigen Prostituierten des auserwählten Kreises der Doña Justa machte. Diese machte eine Ausnahme mit der Deutschen und bot ihr eine Sonderbehandlung an, die einen höheren Prozentsatz an den Einnahmen einschloss, die das Mädchen erzielte. Unter diesen Bedingungen und ohne einen Zuhälter, der sie ausbeutete, konnte sie genügend Geld für die Reise ihrer Eltern und ihres Bruders zusammensparen, die sich nun endlich an Bord des Schiffes in der Buchtvon Havanna befanden und auf das Ende der langen Reise warteten.

Sie beäugte den jungen Mann, der unbedingt Kontakt mit ihr haben wollte. Er war ein typischer Kubaner, wenn auch viel größer als der Durchschnitt, mit einer ansprechenden Figur und einer Hautfarbe, die verriet, dass er das Produkt der Vermischung der Rassen in der Karibik war. Für ihn sprach ein ausgewogenes Verhältnis zwischen tropischem Ungestüm auf der einen und Höflichkeit und gesittetem Benehmen auf der anderen Seite.

»Gut, Doktor, ich muss gehen. Ich glaube nicht, dass die Passagiere der St. Louis noch heute von Bord gehen.«

Sie verabschiedeten sich, und Tony folgte der schönen Frau mit seinen Blicken, während diese erhobenen Hauptes und mit festen Schritten in Richtung der Plaza de San Francisco entschwand.

****

Hakim musterte den Vertreter des Zentralbüros des American Jewish Joint Distribution Committee, der einflussreichen amerikanischen Organisation zur humanitären Hilfe für die Juden in aller Welt, kurz JOINT. Der Mann war angesichts der beispiellosen Krise im Zusammenhang mit den Flüchtlingen auf der St. Louis auf Bitte des JOINT-Büros in Havanna hin hier eingetroffen. Der Abgesandte sprach Englisch mit leichtem New Yorker Tonfall, und seine Haltung drückte die Selbstsicherheit der Mächtigen aus.

Der Mann war gern nach Havanna zurückgekehrt, wo er bei früheren Besuchen gute Geschäfte abgeschlossen hatte und als Präsident der kubanisch-amerikanischen Handelskammer und Rechtsberater von Oberst Batista stets mit Wohlwollen empfangen worden war. Nachdem er sich vorgestellt hatte, hielt der Amerikaner kurz inne und legte dann seinen Plan zur Lösung des Problems der St. Louis dar. Er sei, wie er sagte, bereit, mit den kubanischen Behörden die Ausschiffung der Passagiere der St. Louis auszuhandeln. Die Verhandlungen, die er bald aufnehmen würde, bereiteten ihm keine Sorgen. Als Firmenanwalt an der Wall Street, erklärte er, habe er die erforderlichen Voraussetzungen und Erfahrungen, um sein Ziel zu erreichen. Auch scherten ihn die lokalen Schwierigkeiten nicht; für ihn stellten sie kein Problem dar, er kannte Kuba gut, sprach Spanisch, und vor allem hatte er wichtige Verbindungen auf der Insel, angefangen bei seiner Freundschaft mit dem Oberbefehlshaber der Armee.

Die eigentliche Herausforderung bestand darin, die Mindestsumme zu errechnen, die für die Kubaner akzeptabel wäre und davon ausgehend den Anfangsbetrag festzulegen, den er bei Aufnahme von Verhandlungen anbieten würde. Auch musste er entscheiden, mit wem zu verhandeln war; ein falscher Schritt würde einen unverzeihlichen Zeitverlust bedeuten, und vor allem würde die Einbeziehung unnötiger Personen den Geldbetrag erhöhen. Auch musste er sorgfältig die erforderliche Zeit einschätzen und durfte keine übermäßige Eile an den Tag legen. Zum Glück besaß er die nötige Erfahrung und würde den geeigneten Moment zu wählen wissen, um seine Karten auf den Tisch zu legen. Zum Schluss bekräftigte er, dass er sich schon bald mit Präsident Laredo Brú treffen und noch am selben Abend Kontakt zu seinem Freund Furgencio Batista aufnehmen würde.

Hakim wunderte sich, dass ein gerade erst Angekommener mit solcher Sicherheit über das Wie der Lösung des Flüchtlingsproblems redete. Auch fiel ihm auf, dass einer, der sich als Intimfreund von Batista ausgab, nicht einmal den Vornamen des Obristen richtig aussprach. Batistas Vorname lautete Fulgencio und nicht Furgencio. Er sah zu Isaac hinüber und nahm das spöttische Lächeln seines Freundes zur Kenntnis. Ihm selber war zum Lachen zumute; deshalb wandte er seinen Blick wieder dem Gast zu, der erneut zu sprechen anhub. Was hatte er eigentlich gemein mit diesem Anwalt von dem großen Kollegium in Manhattan? Nichts, hätte Sara, die immer nur das Schlechte sah, geantwortet.

Seit er aus Santiago gekommen war, hatte er seine Ehefrau nur schelten und klagen gehört. Samuelito empfing ihn mit der Nachricht, dass Sara während seiner Abwesenheit unerträglich gewesen sei und Davids Braut erneut mit Beschimpfungen belegt habe. Als ihn sein älterer Sohn nach dem Chanukka-Fest beiseite nahm und ihm gestand, dass er zum ersten Mal im Leben verliebt sei, ohne ihm zu sagen, wer die Glückliche war, witterte Hakim ein Problem. Als Erstes bereitete ihm Kopfzerbrechen, dass die Auserwählte vielleicht keine Jüdin war. Seit Jahren hatte er sich auf dieses Dilemma gefasst gemacht. Das gehörte zu dem Preis, den man zu zahlen hatte, wenn man in der Neuen Welt unter Heiden lebte, und in Kuba gab es schon die ersten Mischehen unter den Kindern der Einwanderer; noch waren es wenige, aber immer wenn man davon hörte, nahm die Unruhe in der gesamten Gemeinde zu.

Seine Söhne waren Kubaner und fühlten sich als solche. Die Hakims hatten ein kompliziertes Gleichgewicht geschaffen, damit diese Haltung nicht im Widerspruch zur Religion stünde. Das war ein großer Erfolg für die Zeit, in der sie lebten. In der Synagoge beglückwünschte man ihn zu der Erziehung und zu dem Benehmen seiner drei Jungen. Natürlich wusste niemand seiner Freunde von Sammys Abenteuern. Dieser suchte sich für jede Jahreszeit eine andere Frau aller Hautfarben und Schattierungen, und keine war Jüdin.

Er war darauf vorbereitet, von David zu hören, dass das Objekt seiner Liebe nicht jüdisch war. Für diesen Augenblick hatte er ein langes Gespräch mit seinem Sohn über die Schwierigkeiten und Probleme von Mischehen geplant und wollte erreichen, dass dieser es nochmal überdenkt. Er vermied es, so zu reagieren wie Sara. Seine Frau würde sicher explodieren und den Jungen in ihrer sprichwörtlichen Misslaunigkeit mit Tadeln überschütten. Er dagegen würde ihn nicht verurteilen, obgleich es eine heikle Angelegenheit war, sondern würde im Gespräch einen milderen und möglichst gemäßigten Ton anschlagen. Sein Sohn war intelligent, und er erwartete Verständnis für seine Argumente. Er vertraute darauf, dass in dem Gespräch die Rede nicht auf Isaac kommen würde, ein Schwachpunkt in Hakims Position. Der Pole war schon seit fast zwanzig Jahren glücklich mit Gloria verheiratet, einer Tochter von Leuten von der Insel, die Isaac stets geliebt und ihm in guten wie in schlechten Zeiten immer zur Seite gestanden, und die ihre drei Töchter gegen alle Widrigkeiten tadellos erzogen hatten.

Aber als sein Sohn sich anschickte, ihm zu erklären, wer die Adressatin seiner Zuneigung war, blieb Hakim das Herz stehen: das Mädchen war tatsächlich jüdisch, eine Polin, die Anfang der zwanziger Jahre als Kind mit ihrer Familie nach Kuba gekommen war. Sie war zwar eine aschkenasische Jüdin, aber besser als nichts. Das Problem war ein anderes, eines, das er nicht in Betracht gezogen hatte. Ruth war geschieden und hatte einen Sohn. Zuerst war Hakim so verlegen, dass er nichts zu antworten wusste. Als er seinem Sohn dann darlegte, was es bedeutete, sich mit einer Frau zu verheiraten, die eine solche Vergangenheit hatte, bemerkte er in dessen Augen eine derartige Enttäuschung, dass er am liebsten im Boden versunken wäre. In diesem Moment schob er alle Vorurteile beiseite und bot David seine Unterstützung an. Tränenden Auges umarmte ihn der Junge und sagte, er sei sicher, dass sein Vater ihn verstehen würde.

Wer ihn allerdings nicht verstand, war Sara, die sich zur Verbitterung der gesamten Familie ein hartes Gefecht mit Ruth lieferte.

Hakim kehrte zu der Unterredung und den Worten des Abgesandten des JOINT zurück, der beteuerte, dass der Präsident ihn bald empfangen und das Problem der St. Louis mit Unterstützung seines Freundes Furgencio gelöst würde.

****

Für den Rest des Sommers 1936 war José Antonio weiterhin an seine monotone Arbeit im Labor gebunden. Die Nachrichten aus Kuba waren auch nicht ermutigend; die Universität war noch geschlossen, und niemand wagte vorherzusagen, wann die Vorlesungen wieder beginnen würden. Aber diese Probleme traten in den Hintergrund, hatte er doch bei Rebeca alles erreicht; die Welt hatte für ihn einen neuen Sinn bekommen, sein Leben hatte eine andere Richtung eingeschlagen. Aus Mangel an anderen Beschäftigungen verwendete er seinen kreolischen Elan darauf, die Eroberung der Österreicherin zu festigen.

Wie immer hatte er nicht viel Geld, doch dank der Regelung mit Manuel blieb ihm immer noch genug für seine persönlichen Ausgaben. Er übertrieb sein Kavaliersgehabe, indem er darauf bestand, bei jedem Ausflug zu bezahlen. Aber Rebeca ließ das nicht zu, und mittels einer strengen Buchführung, die höherer Aufgaben würdig gewesen wäre, übernahm sie nach wie vor die Hälfte der Ausgaben.

Zum ersten Mal fand das Paar Zeit für sich. Nachdem Rebeca die Aufnahmeprüfungen bestanden hatte, brauchte sie nur noch auf den Beginn des Unterrichts an der Universität zu warten. Zwei oder drei Mal die Woche gingen sie aus, wenn Tony seine Arbeit beendet hatte. Da die Abende noch lange hell waren, nutzten sie die sommerlichen Temperaturen für einen Bummel durch Manhattan, und einige Male gönnten sie sich den Luxus, den Tag mit einem Abendessen in einem Restaurant in Little Italy zu beschließen. Die Wochenenden waren ein Fest, und an einigen Samstagen gingen sie nach Sonnenuntergang in eines der Tanzlokale in der Nähe des Times Square. Trotz seiner kubanischen Wurzeln tanzte Tony nicht so gut wie Rebeca, die sich zu einer Expertin des Swing entwickelt hatte. Zweimal versuchten sie, in Harlem tanzen zu gehen, aber die Schlangen vor den beliebtesten und nicht so teuren Clubs waren einfach zu lang.

Es war ein heißer Sommer, aber voller Freude für die Beiden; sie unterhielten sich, diskutierten, redeten vor allem miteinander. Rebecas starkes, unabhängiges Wesen ließ José Antonio noch immer erschauern, doch ließ er sich von ihrer Intelligenz und Ausgeglichenheit verführen. Die anfängliche Zurückhaltung der Europäerin wich mehr und mehr einer intimen Kommunikation. Das Lachen fiel ihr mitunter nicht leicht, aber wenn sie dann doch lachte, löste das in Tony eine solche Freude aus, dass man mit Sicherheit von einem gelungenen Tag sprechen konnte. Das Mädchen sorgte ständig für Überraschungen. Nachdem sie ihn mehrere Monate auf Distanz gehalten hatte, war sie es gewesen, die den Zeitpunkt bestimmt hatte, und noch immer fühlte er sich etwas unwohl bei dem Gedanken, dass es keine klassische Eroberung einer Jungfrau, sondern eher der Sieg einer Walküre gewesen war.

Eines Nachmittags mieteten sie ein Zimmer in einem billigen Hotel in Lower Manhattan, aber die Örtlichkeit gefiel ihr nicht, sie fand sie vulgär und schmutzig. Da sie sich kein besseres Hotel leisten konnten, bat Tony Manuel ganz offen, er möge ihm die Wohnung an den Sonntagen überlassen. Manuel war nicht gleich einverstanden und Tony musste seine ganze Überredungskunst aufwenden. Schließlich gab sein Vater zähneknirschend unter der Bedingung nach, dass seine Erlaubnis nur für Rebeca gelte und der Besuch von Nutten und ähnlichen weiblichen Wesen weiterhin streng verboten sei.

Anfangs waren die Treffen nicht so spektakulär wie Rebeca erwartet hatte; auch das erste Mal hatte sie etwas ernüchtert, aber nach mehrmaligem Beisammensein empfand sie allmählich Lust – es war noch nicht die andere Welt, löste bei weitem kein Erdbeben der Gefühle und Emotionen aus, wie man es ihr so oft vorhergesagt hatte. Aber die Ruhe der kleinen Wohnung, vor allem aber José Antonios Geduld riefen einen Wandel in ihr hervor, zunächst noch fast unmerklich, aber mit jedem Sonntag wurde er spürbarer.

Tony hatte sich immer unter Kontrolle – keine Eile, kein Drängen. Er verhielt sich wie ein reifer Liebhaber, dem es nicht darum ging, seine Wünsche zu befriedigen, sondern der sich bemühte, seiner Partnerin Freude zu schenken. Diese Fähigkeit, verbunden mit einer Zärtlichkeit, die sich nicht auf die paar Minuten des Geschlechtsverkehrs beschränkte und die Tony ganz natürlich ausstrahlte, nahm Rebeca gefangen. Die Intimität bestärkte ihren Genuss an dem braunen, muskulösen Körper, und sie gab sich ungehemmt der Entdeckung eines neuen Universums der Sinnlichkeit und der Erotik hin, in das sie sich führen ließ. Es waren Nachmittage, an denen sie wegen der sommerlichen Hitze wie Sklaven schwitzten und an denen sie vergaßen zu zählen, wie viele Male sie sich liebten.

Wenn der Kalender es ihnen erlaubte, schliefen sie ohne Einschränkungen miteinander, aber nicht an den unpassenden Tagen. Von Anfang an hatte Rebeca klargestellt, dass sie nicht schwanger werden wollte, was keine ungewöhnliche Erklärung war. Was Tony jedoch erstaunen ließ, war die eiserne Disziplin, an die sie sich hielt, wenn der Mond ihnen nicht günstig war. Während ihrer Treffen in Queens hatten sie es sich angewöhnt, mehrmals zu duschen, und in den Pausen lagen sie halbnackt da, hörten Radio und vertieften sich in endlose Gespräche, bis er wieder begann, ihre Füße zu küssen, ihre Beine zu liebkosen, und alles von vorn begann. Die Zuneigung, die ihr Geliebter jederzeit für sie empfand, war eine neue Erfahrung, die sie zutiefst befriedigte. Sie konnte sich nicht erinnern, ihre Gedankenwelt jemals in ihrem Leben auf solch eine Weise geöffnet zu haben wie in diesem Sommer. Niemals hatte sie die Gesellschaft eines Mannes so genossen, und Tony war, abgesehen davon, dass sie ihn anziehend fand, ein Gesprächspartner, der ihrem Niveau entsprach und der gleichzeitig unterhaltsam war. An diesen Nachmittagen vergaßen sie die Father Coughlins Tiraden und hörten nur noch Musikprogramme auf Manuels RCA-Victor.

Tony reichten die sonntäglichen Treffen bald nicht mehr aus, und er wollte sie auf andere Wochentage ausweiten, aber Manuel lehnte das kategorisch ab. So schlug Tony Rebeca einen Tag nach der Gehaltszahlung vor, ein Zimmer in einem gehobeneren Hotel in Midtown Manhattan zu mieten. Sie willigte ohne große Begeisterung ein. Alles lief normal ab, aber dem Beisammensein fehlte die Magie der Treffen in der heißen Wohnung von Queens, und sie bat ihn, es bei diesem einen Mal zu belassen.

Wenn sie ausgingen, nutzten sie gewöhnlich das schöne Wetter, um durch Manhattan zu schlendern; deshalb gingen sie wenig ins Kino, obwohl sie ein paar Ausnahmen machten, so bei »Moderne Zeiten« von Chaplin, ihrem gemeinsamen Idol. Lieber unterhielten sie sich ausgiebig über Kino, Literatur, Geschichte und das Leben überhaupt; beide waren sich darin ähnlich, und sie genossen es. Für Tony war der Austausch unter Ebenbürtigen etwas Neues, eine Beziehung, in der sich zum ersten Mal die Freude an einer Frau nicht darauf beschränkte, mit ihr ins Bett zu gehen.

Alles lief gut für das Liebespaar, außer dass Dr. Kreiner nach wie vor nicht hinnehmen wollte, was da geschah. Er konnte einfach nicht verstehen, dass sich seine Tochter mit dem Kariben traf, einem armen Immigranten ohne Zukunft in den Vereinigten Staaten, der nie seinen Hochschulabschluss machen würde und sein ganzes Leben dazu verdammt wäre, schlecht bezahlte Jobs anzunehmen. Er begriff auch nicht, welche Affinität zwischen ihnen bestehen sollte angesichts der enormen Unterschiede, die er zwischen den beiden zu sehen glaubte. Der Professor wusste, dass er die Treffen seiner Tochter mit dem Laborgehilfen nicht verhindern konnte, versuchte aber, die Angelegenheit bei mehreren Gelegenheiten zu besprechen, bis Rebeca sich weigerte, das Thema anzuschneiden, und ihn daran erinnerte, was beim Widerstand der Gelmans gegen seine Verlobung mit Elisabeth herausgekommen war. Kreiners Haltung wurde zu einem ernsthaften Hindernis und Tonys Anwesenheit im Labor von Tag zu Tag unbequemer. Doch die jungen Leute beschlossen, das Problem nicht zu beachten und sich an einer Beziehung zu erfreuen, die mit jedem Treffen enger wurde. Beide wollten lieber nicht über die Zukunft sprechen; sie wussten, dass vieles gegen eine gemeinsame Zukunft sprach, und lebten für den Augenblick.

Eines Samstagabends zum Ende des Sommers hin hatten sie sich an einem der Ausgänge der Pennsylvania Station verabredet, um nach Greenwich Village zu Bernabés Geburtstag zu fahren. José Antonio war als Erster da und verkürzte sich die Wartezeit, indem er das herrliche Gebäude aus rosa Granit mit den vielen imposanten dorischen Säulen betrachtete. Wenige Minuten später kam Rebeca, und als sie gerade die Eighth Avenue überqueren wollten, trafen sie auf mehrere Grüppchen, die von einer Versammlung im Madison Square Garden kamen. Mehrere Jugendliche sangen etwas auf Deutsch, einer verteilte Flugblätter, und als er Rebeca eins geben wollte, erstarrte sie und streckte die Hand nicht danach aus. Tony nahm es an ihrer Stelle, während der Junge und Rebeca kalte Blicke tauschten.

»Das sind Nazis«, sagte Rebeca.

»Was? Nazis? Hier?«

Tony las die Überschriften; das Blatt war vom Amerikadeutschen Bund. Später erfuhr er, dass das die bedeutendste nationalsozialistische Gruppierung in den Vereinigten Staaten war. Er zerknüllte das Papier und warf es schnell weg.

»Unglaublich, dass die hier Sympathisanten haben«, fügte sie hinzu.

»In New York findest du alles. Im italienischen Viertel gibt es Lokale mit Mussolinis Bild.«

»Der ist auch ein Diktator, aber anders als Hitler. Ich sympathisiere mit keinem Faschisten, aber Mussolini verfolgt die Juden nicht; es gibt sogar italienische Juden, die ihn unterstützen. Als Einziger hat er Österreich gegen die expansionistischen Bestrebungen Hitlers verteidigt. Viele Amerikaner sind nicht kritisch gegenüber dem Duce eingestellt, aber gegenüber Hitler und Stalin schon.«

»Das kommt wohl daher, weil Mussolini eine jüdische Geliebte hat.«

»Woher weißt du so etwas? Das ist nicht wichtig. Ich weiß nicht, wie du das machst, aber du kommst am Ende immer auf dasselbe Thema zu sprechen.«

»Das ist etwas Grundsätzliches. Die Liebe hat die Geschichte verändert.«

Ein Lächeln erhellte Rebecas Antlitz. Einige Querstraßen weiter gelangten sie zu der Bar, wo das Geburtstagskind sie mit einer Gruppe von Freunden erwartete, unter ihnen ein hochgewachsener, kräftiger Junge, den Bernabé lachend vorstellte:

»Das ist mein Freund Seamus, er stammt von einem irischen König ab.«

Tony und Rebeca sahen sich ungläubig an und reichten der illustren Persönlichkeit nur zaghaft die Hand. Bernie fuhr fort: »Seamus, erkläre meinen Freunden, wer dein königlicher Vorfahr war.«

»King Niall, der mit den neun Geiseln, ein irischer Souverän aus dem 5. Jahrhundert.«

José Antonio hatte das Gefühl, dass Bernabé ihn zusammen mit dem anderen auf den Arm nehmen wollte, fragte aber dennoch:

»Wie kommt die Verwandtschaft zustande? Würden Sie mir das erklären?«

»Ganz einfach, meine Familie väterlicherseits sind Nachfahren Nialls«, erwiderte Seamus mit einem Gesichtsausdruck, der José Antonio etwas spöttisch vorkam. »Ehrlich gesagt, im Norden und Westen Irlands behauptet jeder, dass er von Niall abstammt. Keiner weiß, ob es wahr ist oder nicht, aber es ist eine Tradition, die mein Großvater hierher mitbrachte, als er nach New York auswanderte, und Bernie hat das sehr ernst genommen«, fügte Seamus lächelnd hinzu und zuckte mit den Achseln.

In diesem Moment hörte man eine Musikgruppe, die die Fiesta mit einer Version von »Cheek to Cheek« belebte, und José Antonio forderte Rebeca zum Tanz auf, wobei er ihr ins Ohr flüsterte:

»Komm mir nicht zu nahe, wir müssen bis morgen warten.«

Rebeca wollte schon gegen diese Bemerkung protestieren, doch Tony lachte, umarmte sie kräftig und küsste ihre Lippen.

25. KAPITEL

Am Montag, dem 29. Mai, wussten die Passagiere der St. Louis bereits, dass die Dokumente, die sie bei sich trugen, der Grund waren, weshalb ihnen die Einreise nach Kuba verweigert wurde. Die Einzelheiten des Konflikts spielten dabei keine Rolle, und man verstand auch nicht, warum eine Erlaubnis der kubanischen Regierung für eine Einreise ins Land nicht ausreichte, aber die meisten vertrauten noch immer auf eine baldige Lösung, die es ihnen ermöglichen würde, das Schiff zu verlassen. Ein Teil der Flüchtlinge blieb die ganze Zeit auf den Decks und den Terrassen und schaute schweigend zur Stadt hinüber, die jetzt unerreichbar schien. Andere wiederum, deprimiert vor Enttäuschung, von der Hitze und dem Gestank, der aus dem Gewässer der Bucht stieg, schlossen sich in ihre stickigen Kabinen ein.

Einige suchten sehnsüchtig nach jemandem, mit dem sie reden konnten, um sich von dem seelischen Druck zu befreien, der auf ihnen lastete. Andere verfolgten die unterschiedlichsten Hypothesen und Spekulationen über die bestehende Situation. Die echten Optimisten weigerten sich zu glauben, dass sie niemals würden an Land gehen können, und spekulierten, die Verzögerung sei der Tatsache geschuldet, dass der Kreuzer an einem Wochenende eingelaufen war, wo in der Karibik nichts funktionierte, und dass sich am Montag alles regeln und die kubanische Regierung die Einreise ins Land genehmigen würde. Vereinzelt wurden Stimmen laut, die von anderen Zielhäfen sprachen, in denen die Ausschiffung möglich sei und wo man dann ein für allemal den Albtraum des Dritten Reiches hinter sich lassen könnte. Diejenigen, die ihren Angehörigen in den Vereinigten Staaten Telegramme geschickt hatten, in denen sie ihre problemlose Ankunft in Havanna ankündigten, schwankten jetzt, ob sie eine zweite Nachricht, in der sie über die sich verzögernde Ausschiffung informierten, absenden oder ob sie die schlechte Botschaft noch ein wenig zurückhalten sollten.

An diesem Morgen bemühte sich Rebeca darum, Leni von der drückenden Hitze abzulenken, indem sie wieder die Boote beobachteten, die das Schiff umkreisten, und dabei das Durcheinander auf dem Beiboot der Hamburg-Amerika-Linie, das kubanische Beamte und Angestellte der Schifffahrtsgesellschaft zum Kreuzfahrtschiff beförderte, betrachteten. Nach wenigen Minuten gesellten sich Ackermann und Dr. Finstein zu ihnen mit der Neuigkeit, man habe eine Besprechung des Passagierausschusses mit mehreren der unlängst auf dem Schiff eingetroffenen Personen einberufen.

»Ich höre erst jetzt, dass es einen Passagierausschuss gibt. Wer hat den gewählt?« fragte Rebeca daraufhin.

»Offenbar hat der Kapitän die Mitglieder ausgesucht«, erwiderte Gustav.

»Ein sehr demokratisches Vorgehen.«

»Du hast Recht, aber es ist eine Notsituation«, wandte Finstein ein. »Ein dem Ausschuss angehörender Anwalt sagte mir, dass seit unserer Ankunft in Kuba in verschiedenen Ländern, vor allem in den USA, Artikel über die St. Louis veröffentlicht wurden und amerikanische Korrespondenten nach Havanna gekommen sind, um über die Ereignisse zu berichten.«

»Und ist das gut? Hilft uns das, an Land zu kommen?«, fragte Rebeca.

»Ich glaube, ja, je mehr öffentliche Aufmerksamkeit die St. Louis in der Welt erfährt, umso besser für uns; dann werden wir schneller an Land gehen können«, entgegnete Ackermann.

»Ein Schiffsoffizier hat mir gesagt, in der Zusammenfassung der deutschen Presse, die dem Schiff per Funk übermittelt wird, sei die St. Louis die erste Nachricht. Das Problem ist nur, dass die deutschen Zeitungen die Rückkehr der Unerwünschten nach Hamburg fordern, damit uns die verdiente Behandlung zuteilwird.«

Nach dieser Bemerkung Finsteins trat Schweigen ein, das von Leni unterbrochen wurde, als sie auf einen Mann zeigte, der von einem der Boote aus den Passagieren Bananen, Ananas und andere tropische Früchte anbot. Von da an widmeten Rebeca und ihre Begleitung ihre Zeit der Beobachtung der Boote im Umkreis des Schiffes, die irgendetwas verkaufen oder Kontakt zu einem Angehörigen oder Bekannten aufnehmen wollten.

Am Nachmittag trug sich das einzig wichtige Ereignis des Tages zu. Die Behörden gestatteten die Ausschiffung der knapp zwei Dutzend Passagiere, die reguläre Visa besaßen und nicht die von

Benítez unterschriebenen Genehmigungen. Fast alle waren Spanier und Kubaner, die in Cherbourg an Bord gegangen waren.

Als Armando die Genehmigung zum Aussteigen erhielt, suchte er Rebeca, um sich zu verabschieden. Er fand das Mädchen zusammen mit Gretel an der Reling stehen; beide schauten auf die Bucht und den Hafen hinaus.

»Rebeca, ich habe dich gesucht, um mich zu verabschieden. Ich darf an Land gehen.«

»Ich freue mich für dich.«

»Wie kommt das? Was für ein Einreisedokument habt ihr?«, radebrechte Gretel auf Französisch.

»Uns hat die kubanische Botschaft in Paris Visa ausgestellt. Kann ich etwas für euch tun?«

»Ich weiß nicht, Armando, ich weiß nicht, ob man etwas tun kann«, erwiderte Rebeca.

»Ich kann mit meinem Onkel sprechen. Er lebt schon viele Jahre in Kuba, und ich bin sicher, dass er Bekannte hat, die helfen können. Vielleicht schaffe ich es, dass ihr beide an Land gehen könnt.«

»Vielen Dank«, stammelte Gretel.

»Mir passiert schon nichts. Jedenfalls danke ich dir. Warte, ich glaube, du kannst doch etwas tun. Wenn ich dir eine Adresse in der Stadt gebe, kannst du mir den Gefallen tun, einem Freund eine Nachricht auszuhändigen?«, fragte Rebeca.

»Natürlich kann ich das. Gib mir die Adresse, und wenn nicht heute, dann werde ich den Freund gleich morgen aufsuchen. Habt keine Sorge, ich bin Optimist; für dieses Problem muss es eine Lösung geben. Ich bin sicher, dass ich euch nächste Woche auf ein Gläschen in die Bodega meines Onkels einladen werde.«

»Bei dieser Hitze lieber ein Bier. Ich hole die Anschrift aus meiner Kabine.«

Nachdem sich die beiden Mädchen von Armando verabschiedet hatten, blieben sie an Deck, um zu verfolgen, wie das Boot mit den Glücklichen, die an Land gehen durften, ablegte.

»Ich glaubte, dich langsam zu kennen, und da überraschst du mich schon wieder mit etwas Neuem und Unerwarteten. Jetzt hast du also einen Freund in Havanna. Wer ist es?« fragte Gretel ungeduldig.

»Ein Freund.«

»War das der, der dir das Telegramm geschickt hat?«

»Ja.«

»Wie hast du ihn denn kennengelernt? Du hast mir gesagt, du seist niemals in Kuba gewesen.«

»Das stimmt auch. Ich habe ihn in New York getroffen«, erwiderte Rebeca zögernd.

»Wer ist es?«

»Ein Medizinstudent, der im Labor meines Vaters arbeitete.«

»Wie ist er?«

»Gretel, frag nicht weiter. Da gibt es nicht viel zu erzählen.«

»Wehre doch nicht gleich ab. Ich habe gefragt, weil du meine Freundin bis. Außerdem glaube ich nicht, dass viele Passagiere Bekannte in Havanna haben.«

»Ist schon gut. Mach dir keine Gedanken. Sieh mal, da kommt wieder ein Boot, vielleicht bringt es neue Nachrichten.«

Auch bei dieser Gelegenheit öffnete sich Rebeca gegenüber Gretel nicht. Zu der Zurückhaltung, mit anderen über persönliche Dinge zu sprechen, kam nun noch die Ungewissheit über das Treffen mit José Antonio hinzu. Nach der anfänglichen Freude stiegen jetzt Zweifel in ihr auf. In dem Telegramm, das sie erhalten hatte, stand lediglich, dass er sie empfangen würde; sachlicher und lakonischer hätte es nicht sein können. Typisch für Tony, der es immer schaffte, sie mit irgendeiner Variante zu überraschen, mit der sie nicht gerechnet hatte. Aus dem Telegramm ging nicht hervor, dass er sich Sorgen machte, es drückte keinerlei Gefühl aus; der kurze Text hätte die Antwort auf eine geschäftliche Verabredung sein können. Andererseits, was konnte sie nach so langer Zeit erwarten? Sie selbst hatte geglaubt, sie würden sich niemals wiedersehen, und José Antonio dachte bestimmt dasselbe. Sie fragte sich wieder einmal, ob er inzwischen wohl verheiratet war? Und nun musste sie nicht nur mit den Zweifeln hinsichtlich eines Treffens mit Tony umgehen, sondern dazu kam jetzt noch das Problem mit dem Verlassen des Schiffs. Die Umstände waren so kompliziert, und ihre Situation im Besonderen machte sie unsicher. Sie verlor nicht gern die Kontrolle über ihr Leben. Sie fragte sich, was sie tun könnte, und fand keine Antwort.

»Guck mal, das Boot dort«, rief Gretel aus.

Rebeca lenkte ihren Blick auf eines der Boote nahe der St. Louis, und zu ihrer Verwunderung hielt da ein Mann einen

Hund in die Höhe, der unablässig bellte, während vom Deck aus ein Paar mit Gesten und Lachen zu antworten schien.

»Unglaublich. Wenn ich es nicht selbst sehen würde, ich würde es nicht glauben.«

****

Der Kapitän der St. Louis erlaubte der Besatzung den Landgang nicht eher, als bis das Problem der Einreise der Passagiere in kubanisches Territorium gelöst wäre. Damit verursachte er für den deutschen Spionagechef in Havanna ein ernsthaftes Problem, weil seine Entscheidung verhinderte, dass der Kurier der Abwehr an Land die Dokumente für Berlin in Empfang nehmen konnte. Krüger überdachte seine Optionen und kam zu dem Schluss, dass die einzige Möglichkeit darin bestand, dass er selber die Papiere auf dem Schiff übergab. Nie zuvor hatte er etwas Derartiges gemacht, aber er wollte sich diesem Dilemma stellen. Er hatte keine andere Alternative. Abgesehen von der notwendigen Abschaffung seiner – Krügers – geheimdienstlicher Tätigkeit; der Geschäftsträger der Botschaft hatte ihm am Vortag mit seiner ihm eigenen Arroganz erklärt, er selbst habe nichts zu schaffen mit einem Schiff voller dreckiger Juden! In jedem Fall sei das ein Problem der Hamburg-Amerika.

Zur Erfüllung seiner Mission musste Krüger also zunächst die Genehmigung einholen, an Bord gehen zu dürfen. Das war nicht leicht angesichts der von der kubanischen Regierung verhängten Restriktionen. Aber wenn er seine Stellung als Konsul als Fassade benutzte und ein paar Dollar an einige Schlüsselfiguren verteilte, war das sicher zu bewerkstelligen. In Kuba hatte alles einen Preis, wenn man geschickt und taktvoll genug vorging. Dann würde er den Mikrofilm verstecken müssen. Darüber machte er sich keine Sorgen; er hatte die technischenMittel und war entsprechend ausgebildet, und die kubanischen Zollinspektoren gehörten nicht zu den schwierigsten Leuten, mit denen er in seiner Laufbahn zu tun gehabt hatte.

Am Sonntagvormittag begann er mit den Formalitäten im Hafen, und zu seiner Verwunderung stieß er auf eine undurchdringliche Mauer. Alle Türen blieben verschlossen, und stets erhielt er dieselbe abschlägige Antwort. Es war das erste Mal, dass ihm in Kuba so etwas widerfuhr, aber er ließ sich nicht entmutigen, und am Montag wurde er beim Außenministerium vorstellig, wo er in seiner Eigenschaft als diplomatischer Vertreter des Herkunftslandes des Kreuzfahrtschiffes und der Passagiere darauf bestand, an Bord zu gehen. Aber auch das klappte nicht, und so blieb ihm ein allerletzter Ausweg: der Präsidentenpalast. Mittags erhielt er die Erlaubnis zu einem kurzen Besuch auf der St. Louis, ebenso wie der Vertreter des JOINT, der ebenfalls an diesem Tag an Bord gehen durfte. Krüger wusste nicht, dass die Genehmigung das Ergebnis einer Entscheidung des Präsidenten war, der so die Erlaubnis für die jüdische Organisation zu kompensieren glaubte.

Noch am selben Nachmittag begab er sich zum Hafen. Die Mikrofilme hatte er in einem kleinen Koffer mit doppeltem Boden versteckt. Beim Zoll sah er keine amerikanischen Agenten, was ihn beruhigte. Überrascht war er jedoch über die kategorische Weigerung der kubanischen Inspektoren, ihn irgendeinen Gegenstand mit an Bord nehmen zu lassen. Nach einigem Feilschen wurde ihm klar, dass die Beamten keinen Millimeter von ihrer Haltung abweichen würden. Er musste sich schnell entscheiden und dabei das Äußerste wagen. Wenn er jetzt zurückblieb und es ablehnte, auf die St. Louis zu gehen, nur weil man ihm die Mitnahme eines Koffers verbot, würde er gewiss den Argwohn der Inspektoren und, noch gefährlicher, den der amerikanischen Geheimdienste wecken und damit die gesamte Operation gefährden. Die Mission abzubrechen würde aber auch bedeuten, dass es sehr schwierig wäre, eine andere Gelegenheit zu finden, um an Bord zu gehen, den Kurier zu kontaktieren und, vor allem, vom Kapitän zu verlangen, den Landgang derjenigen Besatzungsmitglieder zu gestatten, die nicht dem generellen Verbot des Verlassens des Schiffes unterlagen. Er entschloss sich, dem ursprünglichen Plan zu folgen, sich normal zu verhalten und das enorme Risiko auf sich zu nehmen, das fragliche Objekt mit seinem wichtigen Inhalt in die Obhut der Zollangestellten zu geben.

Während der Fahrt durch die Bucht versuchte er, sich zu entspannen, und atmete die salzige Seeluft tief ein. Er fragte sich, wie seine Zukunft nach dem Ende der Mission in Havanna wohl aussehen würde. Der Ort missfiel ihm durchaus nicht, im Gegenteil, Havanna wäre ein ausgezeichneter Ort, um sich mit seiner Familie hier niederzulassen und ein anderes Leben zu beginnen; ohne die Komplikationen und den Stress, die seine Arbeit mit sich brachten. Aber dieser Traum war unerreichbar; sein Schicksal war besiegelt, als er sich entschied, für die Abwehr zu arbeiten, aus der sich niemand zurückziehen konnte, bevor nicht das Oberkommando es so entschied.

Das Anlegen an der St. Louis riss ihn aus seinen Gedanken. Ein Offizier begleitete ihn zum Kapitän, der sich ärgerte, als er merkte, dass der deutsche Konsul keine Neuigkeiten brachte, und von ihm verlangte, dass die Gesandtschaft und das Büro der HAPAG unverzüglich eine Vereinbarung mit der kubanischen Regierung aushandeln sollten, damit die Passagiere von Bord gehen konnten. Krüger entschied sich, den Stier bei den Hörnern zu packen, er stellte sich als Chef der Abwehr in Havanna vor und forderte, dass der Kapitän der Besatzung noch am selben Nachmittag erlaube, an Land zu gehen. Der Kapitän war sprachlos angesichts der Enthüllung der Identität des Konsuls, der die Antwort nicht abwartete und die Kajüte verließ, ohne sich zu verabschieden.

Auch die Unterredung mit Schmidt verlief nicht erfreulich. Der Kurier machte die ganze Welt schlecht, namentlich den Kapitän und die Passagiere, und beschwerte sich, dass er erst jetzt kontaktiert werde. Krüger gab eine schroffe Erwiderung und befahl ihm, indem er seinen höheren Rang herausstellte, noch am selben Nachmittag mit der ersten Gruppe von Besatzungsmitglieder zur Übergabe an Land zu gehen. Er betrachtete seinen Besuch auf der St. Louis als beendet und begab sich zur Gangway – unter den ängstlichen Blicken der an Deck versammelten Passagiere, die ihm Platz machten. Niemand wagte, einen Diplomaten des Dritten Reiches um Hilfe zu bitten oder ihm eine Frage zu stellen.

Auf der Rückfahrt fühlte er mehr Ärger denn Verdruss darüber, dass er mit solch unsympathischen Menschen wie diesem Schmidt zu tun haben musste. Mehr denn je wünschte er sich, bei seiner Frau und seinen Kindern zu sein. In Augenblicken wie diesem sehnte er sich besonders nach ihnen, und er fragte sich, wie lange er sie noch vermissen musste; er war sich nicht sicher, ob das Opfer der Mühe wert war. An der Mole angekommen, wurde ihm der Koffer ohne Probleme ausgehändigt, und er begab sich in sein Büro, um die Übergabe an den Kurier vorzubereiten.

Am Nachmittag gehörte Schmidt zu den ersten Besatzungsmitgliedern, die an Land gingen. Nach Erledigung der Zollformalitäten steuerte er direkt auf das Restaurant eines schon seit Jahren in Havanna ansässigen Deutschen zu, wo ihn Krüger erwartete, der die erneute Begegnung mit einem Gläschen Rum Añejo versüßen wollte, den er als den besten Rum der Karibik anpries. Der Konsul bemühte sich, so liebenswürdig wie möglich zu sein und ihren Zusammenprall beim ersten Kontakt zu überspielen, aber Schmidt lehnte den Schnaps ab und war während der gesamten Unterredung schlecht gelaunt: Er klagte über die Hitze, den Lärm, das Geschrei und die vielen Neger in der Stadt. Da der Gast keinerlei Begeisterung zeigte, übergab der Chef des Abwehrzentrums nur die Materialien und befahl dem Kurier, sich nicht in den Straßen von Havanna zu verlustieren, sondern unverzüglich zur St. Louis zurückzukehren.

Der Kurier hätte dieses Befehls nicht bedurft; er empfand die Stadt als unerträglich. Also begab er sich direkt zur Mole, passierte problemlos den Zoll und kehrte auf das Kreuzfahrtschiff zurück. In der Kabine verwahrte er die Mikrofilme in einem Geheimfach und dachte, jetzt käme es nur noch darauf an, möglichst rasch Richtung Hamburg aufzubrechen. Die St. Louis sollte so schnell wie möglich auslaufen, und ob die Juden nach Deutschland zurückkehren würden, war ihm scheißegal.

Krüger war Schmidt heimlich gefolgt. Als er sah, dass der Kurier ohne Probleme in das Boot stieg, das ihn zur St. Louis zurückbringen sollte, verspürte er eine große Erleichterung. Er hatte die Übergabemission erfüllt, und für die Dokumente war er nun nicht mehr verantwortlich, der Transatlantikdampfer musste nur noch so früh wie möglich auslaufen. Er atmete tief durch und beschloss, noch ein Weilchen den Malecón entlang zu wandern. Der Abend dämmerte schon herauf, und die Hitze ließ etwas nach. Er ging an den Gruppen von Menschen vorbei, die zur St. Louis hinüberschauten, vernahm einige deutsche Stimmen und erkannte einen seiner Agenten, der die Aufgabe hatte, das Überseeschiff zu überwachen.

Das Panorama war herrlich, ganz wundervoll, vor allem die Blautöne des Meeres und die Farben am Himmel. Mit einer Handbewegung vertrieb er einen Straßenhändler. Er dachte, vielleicht war jetzt der Zeitpunkt gekommen, Berlin zu ersuchen, seine Ablösung zu schicken. An Kandidaten für einen so wichtigen und attraktiven Posten wie den in Havanna mangelte es nicht, und er wollte zurück, wollte nicht im Ausland sein, wenn letztlich ein Krieg in Europa ausbräche. Er musste einige Zeit bei seinen Kindern und seiner Frau verbringen.

****

Die New Yorker begrüßten den Herbst des Jahres 1936 mit Erleichterung. Die frischeren Temperaturen fielen zeitlich zusammen mit der Intensivierung der wütenden Angriffe der Republikaner auf Roosevelt, den seine Gegner wegen des »New Deal« nach wie vor des Bolschewismus und der Anstiftung zum Sozialismus beschuldigten. Die übergroße Mehrheit der Zeitungen war gegen den Präsidenten eingestellt, und die neuesten Meinungsumfragen sahen seinen republikanischen Gegner in den bevorstehenden Präsidentschaftswahlen vorn.

Die Nachrichten aus Kuba waren nicht gut. Der im Exil befindliche Grau sagte, »man muss zu warten wissen«. Batista festigte seine Position als eigentlicher Machthaber auf der Insel und befand sich im Streit mit dem neu gewählten Präsidenten Miguel Mariano Gómez, der von sich glaubte, das Land zu regieren und der sich dem Vorschlag des Armeechefs widersetzte, eine neue Steuer auf jeden Sack Zucker zu erheben, um ein Projekt im Zusammenhang mit den Landschulen zu finanzieren.

Rebeca nahm schließlich ihr Studium an der Universität auf. Sie widmete sich mit gewohnter Beharrlichkeit dem Lernen, und das Paar kehrte zu den Zeiten zurück, da sie sich nur an den Wochenenden gesehen hatten. Diese Änderung frustrierte José Antonio, aber er konnte nichts tun, durfte seinen Missmut auch nicht Rebeca gegenüber zeigen, die mit der größten Selbstverständlichkeit der Welt klarstellte, dass das Studium für sie Priorität hatte.

Tony hatte wieder viel Zeit. Die Langeweile leitete eine neue Phase in seinen Überlegungen ein, wie es mit seinem Leben weitergehen sollte. Trotz der zahlreichen Attraktionen, die Big Apple zu bieten hatte, vermochte er sich nicht an ein Leben außerhalb Kubas zu gewöhnen. Er vermisste den Malecón, die Familie, die Freunde, den Tumult. Der Wetterwechsel erinnerte ihn daran, dass die Kälte im Anmarsch war. Nicht dass ihm das missfallen hätte; er hatte immer die Schönheit einer verschneiten Landschaft bewundert, aber er hielt nichts davon, einen ganzen Winter hier zuzubringen.

Zweifellos war sein Aufenthalt in New York eine gute Erfahrung, aber er fühlte sich gefangen in einer Situation, die es ihm nicht erlaubte, die Ziele zu verfolgen, die er in seinem Leben anstrebte: Zunächst den Abschluss als Allgemeinmediziner zu machen und sich dann auf Kardiologie zu spezialisieren. Zu Beginn des Studiums hatte er Chirurg werden wollen, doch bald hatte er festgestellt, dass er nicht die unerlässlichen manuellen Fertigkeiten besaß, und außerdem verspürte er ein wachsendes Interesse für die Klinik. Tony hatte den Ehrgeiz, es in seinem Beruf weit zu bringen. Er konnte sich weder auf einem Erbe ausruhen, noch war da jemand, der ihn zu Wohlstand führen würde. Seinen Weg zum Erfolg musste er sich selber bahnen, und ihm war klar, dass er sehr hart arbeiten und studieren musste, um seine Ziele zu erreichen.

Jetzt war da Rebeca, und seine Beziehung zu der Österreicherin weckte in ihm gemischte Gefühle. Seit der frühesten Jugend hatte er nach der idealen Partnerin gesucht. Anfangs wollte er nur einer schönen Frau begegnen. Mit der Zeit gesellte sich auch das Bedürfnis hinzu, dass seine Traumfrau auch die Eigenschaften aufweisen möge, die sie zu seiner Freundin und Gefährtin machen würden. Nie hatte er solch eine Frau gefunden, war er seinem Ideal nicht einmal nahegekommen. Vielleicht hatte er nicht genug unternommen, oder aber sein Ideal gab es einfach nicht. So hatte er gedacht, ehe Rebeca in sein Leben getreten war. Doch was der Quell seiner Zufriedenheit hätte sein sollen, war zu einem neuen Problem geworden. Die Österreicherin kam allem nahe, was er sich von einer Frau erträumt hatte. Zum ersten Mal hatte er jemanden gefunden, der seiner Vorstellung in allen wichtigen Punkten entsprach; andererseits widersetzte sich sein ausgeprägter Machismus Rebecas starkem Charakter, ihrer emotionalen Reserviertheit, dem logischen Denken und einem für eine Frau zu unabhängigen Handeln. Aber diese Unannehmlichkeiten waren kein Problem in einer Beziehung, die auf seinen New Yorker Aufenthalt beschränkt sein würde. Alles würde mit der Wiedereröffnung der Universität von Havanna und seiner Rückkehr nach Kuba ein Ende finden. Als er sich mit Rebeca anfreundete, war es sein Ziel, sie an sich zu binden, mit ihr zu schlafen und ein Abenteuer mit einem schönen, exotischen Mädchen zu genießen.

Alle seine Ziele hatte er erreicht. Aber eine Paarbeziehung ist keine leichte Sache. Die Ereignisse gehorchen keinem Plan, die Emotionen und Wünsche lassen sich nicht organisieren, und für gewöhnlich verkomplizieren sich die Dinge. Seit über einem halben Jahr war er nun mit der Europäerin zusammen, und jeden Tag fand er sie anziehender; sie gefiel ihm wie keine andere Frau, die ihm in seinem Leben begegnet war, nie langweilte er sich mit ihr, und sie war jemand, die nie Zweifel hinsichtlich eines gemeinsamen Lebens aufkommen ließ. Sein Konflikt bestand darin, dass Rebeca eine Sackgasse bedeutete. Wann immer er an die Möglichkeit dachte, der Beziehung eine Zukunft zu geben, kam er zu dem Schluss, dass die Chance gleich Null war.

Was konnte er ihr bieten? Praktisch nichts. Wenn er nach Kuba zurückkehrte, brauchte er auch im besten Fall ein paar Jahre, um sein Studium zu beenden; dann würde der Kampf um einen Arbeitsplatz beginnen, er würde sich in seinem Beruf einrichten und eine Fachrichtung studieren müssen. So lange würde sie nicht warten, nur wenige Frauen würden das tun. Außerdem war es fraglich, ob Rebeca ihm überhaupt nach Kuba folgen würde; nie hatten sie über diese Möglichkeit gesprochen, und eine Reise der Europäerin nach Havanna erschien ihm tatsächlich wie ein Hirngespinst.

Die Alternative, in New York zu bleiben – etwas, was ihm nie durch den Kopf gegangen war –, drängte sich ihm jetzt angesichts der Art seiner Beziehung auf. Aber wenn er es nicht schaffte, sein Studium an einer amerikanischen Universität fortzusetzen, konnte er Rebeca auch keine vielversprechende Zukunft bieten. Außerdem war ihm nicht klar, ob sie an ihren Plänen, nach Wien zurückzukehren, festhalten würde. Als sie sich kennenlernten, meinte Rebeca, nur für eine gewisse Zeit in den Vereinigten Staaten bleiben zu wollen, doch dann hatte sie nie mehr darüber gesprochen, und mit jedem Tag hatte sie sich mehr an das Leben in New York gewöhnt. Und schließlich war da Doktor Kreiners Widerstand, der so gut wie gar nicht mehr mit ihm sprach und der ihm den Verbleib im Labor unerträglich machte. Als er daher von Manuel erfuhr, dass der mexikanische Konsul einen zweisprachigen Rezeptionisten suche, überlegte er nicht zweimal und stellte sich vor. Zu seiner Überraschung wurde er sofort angenommen. Die Bezahlung war nicht viel besser als im Labor und die Arbeit anstrengender; den ganzen Tag hing er am Telefon oder empfing Dutzende von Personen, aber der Wechsel war ihm nicht unangenehm, er fühlte sich wohl bei solchem Trubel, und vor allem war er erleichtert, nicht mehr dem feindseligen Verhalten des Professors ausgesetzt zu sein.

Auch Rebeca hatte sich geändert. Zum ersten Mal hatte sie ihr Leben in geordnete Bahnen lenken können. Mit ihrem Eintritt in die Universität eröffneten sich ihr neue Möglichkeiten für die Zukunft, und sie hatte eine Balance in ihrer Beziehung zu José Antonio gefunden, die sie voll zufrieden stellte. Der Kubaner war intelligent, brachte Freude in ihr Leben, und als wenn das nicht genug wäre, er war gut, ja sehr gut im Bett. Jeden Sonntag fand sie mehr Genuss an den Treffen in Queens.

Alles war gut, außer dass ihr die Mutter fehlte. Als sie ihr von José Antonio schrieb, ermutigte Elisabeth sie – im Gegensatz zu Kreiner –, die Gelegenheit, die ihr das Leben bot, zu ergreifen; sie möge sich keine Gedanken über die Differenzen zwischen ihnen beiden machen und versuchen, glücklich zu sein. Rebeca und Emmanuel bemühten sich, die Mutter zu überreden, zu ihnen nach New York zu kommen, aber Elisabeth wollte lieber in Wien bleiben. So sehr sie ihre Kinder auch vermisste, sie wollte kein neues Leben beginnen und sich von Kreiner aushalten lassen, und noch hegte sie die Hoffnung, dass sich die Lage in Österreich bessern würde.

Tony versuchte, sich an die neue Situation anzupassen und erwartete ungeduldig jedes Wochenende. Einige Male ließ sich Rebeca darauf ein, mit ihm an einem Samstagabend ins Kino oder in eines der Lokale nahe dem Times Square tanzen zu gehen. Aber gewöhnlich sahen sie sich nur an den Sonntagen. Anfangs wollte Tony bereits am Vormittag mit ihr in der Wohnung allein sein, aber Rebeca wollte nicht; sie drängte ihn zu einem Spaziergang durch Manhattan, ehe sie sich nach Queens begaben.

So setzten sie ihre Wanderungen durch die Stadt fort, während sich die Blätter an den Bäumen färbten und die Temperaturen sanken. Sie suchten South Street Seaport auf, diskutierten vor der Börse in der Wall Street über die Errungenschaften und die Probleme des Kapitalismus, entdeckten auf dem Friedhof der Trinity Church die Gräber von berühmten Persönlichkeiten, mischten sich beim Straßenfest des San Genaro, des Schutzheiligen von Neapel, in Little Italy unter die vielen Italiener und New Yorker und begeisterten sich an dem Umzug und den Musikbands. In Chinatown schlürften sie eine chinesische Suppe, die Rebeca köstlich fand, was Tony erneut zu einem Vergleich mit den Suppen im Zentrum von Havanna veranlasste, die seiner Meinung nach besser schmeckten.

In der Lower East Side erläuterte sie den Prozess der Assimilation von Millionen von Einwanderern aus Osteuropa und die Gegensätze und Widersprüche, die es mit den jüngeren Generationen gab, die sich nach Auffassung ihrer Eltern zu schnell amerikanisierten. Am Ende dieses Vortrags, als sie in Houston Street anlangten, geriet Rebeca mit einer Frau aneinander, die in Tony einen Sepharden aus dem Mittelmeerraum zu erkennen glaubte und, obwohl das Paar sie aufzuklären versuchte, mit ihm unbedingt auf Ladino sprechen wollte und Rebeca dabei auf arrogante Weise überging.

Die Nachmittage in Queens wurden immer besser und intimer. Das einzig Unangenehme war, dass Rebeca das kreolische Essen, das José Antonio mit übertriebener Begeisterung zubereitete, bald langweilig fand und ihn bat, nicht weiter auf dem Kochen zu bestehen. Er schlug vor, einige der berühmten Wiener Speisen kennenzulernen, doch sie weigerte sich kategorisch, sich den Sonntagnachmittag mit solchen Dingen zu beschäftigen, so dass sie sich auf hausgemachte Sandwiches einigten, weil Tony sich wiederum weigerte, Zeit in einem Restaurant zu verlieren.

In der Wohnung angelangt, suchte José Antonio Musik im Radio, lud sie ein, auf dem Sofa Platz zu nehmen, um sie zu küssen. Dann liebkosten sie einander, und Tony musste sie erregen, um weiterzumachen; eine für Tony neuartige Situation, die er von seinen früheren Geliebten nicht kannte. Rebeca war anders, und jeden Sonntag wollte sie in einem Spiel von Verführung und Erotik neu erobert sein, was seine männliche Leidenschaft aber nicht dämpfte, sondern noch mehr entfachte. Zu Anfang hatte ihn das lange Vorspiel irritiert, doch bald wurde er sich bewusst, dass das kein künstlicher Widerstand oder nur vorgetäuschtes Handeln war, sondern einfach ein anderes weibliches Verhalten, das am Ende in einen besonderen Genuss für beide mündete.

Im November, als sich die Kälte New Yorks bemächtigte, feierten sie mit einer Flasche Chianti den überwältigenden Sieg Roosevelts in den Präsidentschaftswahlen und lachten über die anschließende Debatte unter Experten, die sich bemühten, den Irrtum in den Prognosen vom Sommer mit dem Argument zu rechtfertigen, die Umfragen seien per Telefon geführt worden. Niemandem war es eingefallen, an die weniger betuchten Bevölkerungsschichten zu denken.

In diesem Herbst standen die Fernández vor einem Problem: Blanquitas Hochzeit in Havanna. Die Heirat war eigentlich bis zu Manuels und Tonys Rückkehr aufgeschoben worden, doch da der Aufenthalt der männlichen Familienangehörigen in New York andauerte, hatte Eloísa aufgrund der schon unruhig werdenden Braut und aus Angst, das Paar könnte des Wartens auf die Hochzeitsnacht überdrüssig werden, eine Lösung gefordert.

Da wurde Manuel zu einer Arbeitsbesprechung nach Kuba beordert, und Blanquita schlug vor, die Gelegenheit dieser Reise für ihre Hochzeit zu nutzen. Für Tony war die Sache wegen der Reisekosten komplizierter. Andererseits konnte er im mexikanischen Konsulat auch keinen Urlaub einreichen, weil er dort noch nicht lange genug beschäftigt war. Und so blieb als einzige Möglichkeit, dass er sich opferte und in New York zurückzublieb. Nach einem intensiven Briefwechsel wurde man sich einig, die Hochzeit ohne Tonys Anwesenheit zu feiern.

26. KAPITEL

Am Montag, dem 29. Mai, ging José Antonio als Erstes zur Cuban Telephone Company, Ecke Águila und Dragones, um seinen Vater in New York anzurufen. Ihn beindruckte der herrliche neoklassizistische Bau, der dem der Schwestergesellschaft in Madrid ähnelte. An diesem Morgen hatte er Glück; die Telefonverbindung baute sich rasch auf, obwohl man wegen des Rauschens nicht allzu gut hörte. Wie erwartet, war Manuel bereits im Konsulat, und Tony erläuterte ihm in aller Kürze Rebecas Situation. Sein Vater hatte von der St. Louis aus der Presse und über die Angehörigen der Passagiere, die angerufen hatten oder ins Konsulat gekommen waren, erfahren. Dennoch bat er seinen Sohn, ihn auf dem Laufenden zu halten, denn die Informationen waren verwirrend und erlaubten es nicht, zwischen Wahrheit und Spekulationen zu unterscheiden.

Nachdem er die Telefongesellschaft verlassen hatte, nahm er die Straßenbahn und begab sich zu Pacos Büro im Hafen. Zuerst schaute er an der Mole der Hamburg-Amerika-Linie vorbei, wo eine Menschengruppe in Erwartung neuer Informationen ausharrte. Die Wischers sah er nicht, wohl aber die elegante Blondine, die er fragte, ob es etwas Neues über die St. Louis gäbe, erhielt aber als Antwort nur ein lakonisches Nein.

Seinen Onkel traf er in einem angeregten Gespräch mit zwei Angestellten an, so dass er das Ende der Unterhaltung abwartete und ihn erst dann mit der Frage begrüßte, ob er Nachricht im Zusammenhang mit dem Kreuzfahrtschiff habe.

»Nein, nichts Neues. Die Sonntagszeitungen haben Laredo Brús Haltung begeistert unterstützt und mir bestätigt, dass Benítez, der Chef der Einwanderungsbehörde, abgesetzt worden ist. Die gute Nachricht ist, dass eine Delegation aus New York eingetroffen ist, um auf höchster Ebene mit der Regierung eine Vereinbarung auszuhandeln«, erwiderte Paco.

»Wer sind die?«

»Vertreter einer jüdischen Organisation. Sicher wird man von ihnen Geld haben wollen. Das wird am Ende gewiss eine hohe Summe sein.«

»Onkel, ich muss auf das Schiff. Ich brauche deine Hilfe.«

»Wie soll das gehen? Die Hafenbehörden haben Besuche auf dem Kreuzfahrtdampfer verboten, nicht einmal die Angehörigen der Passagiere dürfen rauf.«

»Aber es muss doch irgendwie möglich sein. Sieh mal, ich bin Arzt.«

»Ich weiß, aber es ist nicht leicht.«

»Onkel, ich muss sie sehen.«

»Wie ein Mädchen dich doch verrückt macht!« Paco sah seinen Neffen lächelnd an. »Warte hier auf mich, ich werde mich mal gleich darum kümmern. Ich habe ein paar Freunde im Hafenbüro.«

Paco blieb über eine Stunde weg, und als er wiederkam, sagte sein Gesichtsausdruck alles.

»Tony, es tut mir leid für dich, aber ich konnte nichts erreichen. Solch eine Situation habe ich noch nicht erlebt. Wenn du die St. Louis erwähnst, gehen alle Türen zu, und du bekommst überall dieselbe Antwort: das Verbot, das Kreuzfahrtschiff zu verlassen oder es zu betreten, kommt von oben, von ganz oben. Jedenfalls verspreche ich dir, es weiter zu versuchen.«

»Danke, Onkel, bitte bleib dran. Ich muss auf das Schiff und sie sehen.«

»Keine Sorge, ich werde es nochmal versuchen; irgendeine Lösung muss es geben. In Kuba findet sich immer eine Lösung für die Probleme. Es ist schon spät, ich lade dich zum Essen ein.«

»Danke, ich möchte lieber nach Hause. Wenn es etwas Neues gibt, sag mir bitte gleich Bescheid.«

»Mach ich. Ich bin sicher, wir finden eine Möglichkeit, dass du die Polin sehen kannst.«

»Onkel, sie ist Österreicherin. Wir sehen uns.«

Als José Antonio auf die Plaza de San Francisco hinaustrat, entschloss er sich, noch einmal am Ausgang des Zollgebäudes vorbeizuschauen. Die Sicherheitsmaßnahmen rund um die Mole waren verschärft worden. Auch die Menschenmenge hatte sich vervielfacht. Zu der Gruppe der Angehörigen und Freunde der Passagiere hatte sich eine wachsende Zahl Schaulustiger gesellt. Inzwischen herrschte Jahrmarktstimmung. Die Zahl der Straßenhändler hatte zugenommen. Mit lauter Stimme boten sie alles Mögliche an, von Obst und Süßigkeiten bis zu kunsthandwerklichen Havanna-Souvenirs. Andere priesen Boots- und Kahnfahrten durch die Bucht und rund um die St. Louis zu moderaten Preisen an.

Nach einer Weile ging Tony; er hatte genug von der Atmosphäre. Weitere Nachrichten gab es nicht, und er ärgerte sich über seine Ohnmacht. Er wollte sich nicht damit abfinden, dass Rebeca in Havanna war und er sie nicht sehen konnte. Die Situation war absurd und erschien ihm wie in einem viertklassigen Film.

In Gedanken ging er noch einmal die Namen aller seiner Freunde und Bekannten durch, die ihm eventuell helfen konnten. Er dachte an Moro, der nach einem Exil in Mexiko ebenfalls sein Studium beendet hatte und jetzt in einem Kollegium im Manzana de Gómez arbeitete. Als die beiden wieder in Kuba waren, hatten sie sofort ihren Kontakt zueinander wieder aufgenommen, und Anfang des Jahres war Tony Elías' Trauzeuge gewesen. Er hatte keinen Zweifel, dass sein Freund alles tun würde, um ihm zu helfen, aber ihm war auch klar, dass die Möglichkeiten für einen einfachen, gerade erst von der Universität gekommenen Anwalt begrenzt waren.

Tomás wäre ideal gewesen. Nach dem Sturz Machados hatte er sein Studium abgebrochen und war in die Politik gegangen, wo er jede sich ihm bietende Gelegenheit ergriff, alle Bekanntschaften aus dem Kampf gegen die Diktatur nutzte und eine meteoritenhafte Karriere machte. Nunmehr war er nichts Geringeres als der Vertreter seiner Provinz im Abgeordnetenhaus. Er war jetzt eine Persönlichkeit und hatte sogar ein Mädchen aus der oberen Gesellschaft von Havanna geheiratet. Er könnte tatsächlich helfen, aber Tomás wollte von seinen alten Freundschaften nichts mehr wissen. El Moro verfluchte ihn, nannte ihn einen Verräter und Lebemann. Bei seiner Ankunft in Havanna war Tony sogar selbst ins Kapitol gegangen, um herauszufinden, ob es stimmte, was Elías sagte. Das erste Mal konnte er ihn sehen, und das zweite Mal musste er fast eine ganze Stunde warten, bis man ihn vorließ. Der Empfang durch seinen alten Kumpel hätte nicht frostiger sein können. Der Provinzvertreter hielt sich die ganze Zeit bedeckt und sagte nach einigen Minuten, er müsse zu einer dringenden Abstimmung in den Kongress; anderentags würden sie mehr Zeit haben, um miteinander zu sprechen. José Antonio gab Moro Recht und schwor sich, dieses Büro nie wieder aufzusuchen. Jetzt allerdings, da sich Rebeca in der Bucht befand, zog er Tomás doch in Erwägung, verwarf diese Möglichkeit jedoch bald wieder. Sein alter Freund würde ihn nur schwerlich empfangen, geschweige denn ihm helfen.

Als er nach Hause kam, erwähnte Eloísa die St. Louis nicht. Aber sie sagte ihm, Miguel, sein Studienkamerad, habe ihn gesucht und müsse ihn dringend sprechen. Das hatte gerade noch gefehlt. Miguel war der Mann von Alicias Cousine, und die Nachricht hatte sicher mit ihr zu tun. Er beschloss, sich zu duschen und sich danach darum zu kümmern. Wortlos aß er zu Abend in der Gesellschaft seiner Mutter, bis Margarita kam und ihn fragte, ob er Rebeca gesehen habe. Sein düsterer Blick sagte alles, und sie konnte nicht verhindern, dass ihre Augen feucht wurden; sie gab Tony einen Kuss. In diesem Moment stürzte Victoria wie ein Wirbelwind herein und plapperte ohne Unterlass von der St. Louis, mit Bemerkungen und Hypothesen jedweder Art. Da seine jüngere Schwester nicht aufhörte zu reden, wollte José Antonio in sein Zimmer entfliehen, doch er fand keinen Schlaf, so dass er sich wieder anzog und sich in die Rettungsstation begab, wo er ungewöhnlich früh eintraf.

Der Notdienst war schwer, obwohl es ein Montag war. Er hatte alles Mögliche zu versorgen: eine schwangere Fünfzehnjährige, die sich mit einem Fläschchen voller Pillen umbringen wollte, zwei Asthmatiker, einen Galizier mit einer Fischgräte in der Kehle, einen alten Mann mit einem Infarkt, eine Dame mit Verstopfung. Tony freute sich über die Aufregung. So fand er keine Zeit, an die Ereignisse in der Bucht von Havanna zu denken. Als er am frühen Vormittag zum Frühstücken und Duschen nach Hause kam, empfing ihn seine Mutter mit einem Brief, den man für ihn abgegeben hatte.

Tony erkannte Rebecas Schrift in der auf Englisch geschriebenen Notiz. Für einen Augenblick überkamen ihn die Emotionen beim Lesen der kurzen Nachricht. Sie wiederholte, sie würde ihren Aufenthalt in Havanna gern nutzen, um ihn wiederzusehen, sofern es möglich wäre und er nichts dagegen hätte.

Der kurze Text enttäuschte Tony. Nach so langer Zeit erhielt er statt eines leidenschaftlichen Liebesbriefs eine Mitteilung, die einer höflich-nüchternen diplomatischen Note gleichkam. Wie gewöhnlich verlangte Rebeca nichts, und sie ließ auch nichts über ihre Absichten oder ihre Zukunftspläne verlauten.

José Antonio ging nicht zu Bett, er wusste, er würde nicht schlafen können. Nachdem er gefrühstückt und geduscht hatte, suchte er mit Rebecas Nachricht in der Tasche eine Straßenbahn zum Hafen. Während der Fahrt sah er entlang des Malecóns Neugierige in Gruppen zusammenstehen, die zur St. Louis hinüberschauten. Das Schiff war für die Hauptstädter zu einer Attraktion geworden.

An der Mole San Francisco traf er auf die gewohnte Menschenansammlung vor dem Haupttor des Zolls, die meisten von ihnen Familienangehörige der Passagiere, zu denen sich jetzt, wie immer bei menschlichen Tragödien, eine Gruppe von Reportern und Neugierigen gesellt hatte. Tony erkannte niemanden in der Menge. Er trat an zwei Jugendliche heran und fragte, ob es etwas Neues gäbe. Sie verneinten, und so entschloss er sich, Paco aufzusuchen, aber in dessen Büro sagte ihm die Sekretärin, sein Onkel sei Mittag essen. Tony ging weiter zu Pacos Lieblingsrestaurant in der Calle Oficios, und dort traf er ihn vor einem herzhaft duftenden Bohnengericht sitzend an.

»Hallo, mein Neffe, setz dich, ich bestelle dir auch einen Teller.«

»Nein, danke, Onkel, ich habe keinen Hunger. Gibt es etwas Neues?«

»Die Lage ist kompliziert, und mit jedem Tag werden es weniger, die an eine mögliche Regelung glauben. Laredo Brú hat eine sehr harte Haltung zur Ausschiffung der Passagiere.«

»Kann ich aufs Schiff?«

»Das ist noch immer grundsätzlich verboten. Aber ich halte es für möglich, dass du zusammen mit dem Sanitärteam des Hafens dort hoch kannst. Zu dem Team dürfen zwar nur amtliche Inspektoren und Funktionäre gehören, aber ich glaube, wir können dich als Arzt da einschleusen, um die sanitären Bedingungen zu überprüfen und die kranken Passagiere zu behandeln. Als ich das erste Mal dort vorsprach, sagte man mir, mit hundert Pesos könnte man das einfädeln. Ich hielt das für ziemlich viel und habe ihnen klar gemacht, dass es sich um einen Arzt handle, und heute Nachmittag werde ich weiter feilschen. Ich denke, morgen kann es etwas werden, am Mittwoch. Sie haben mir eingeschärft, dass auf keinen Fall Artikel für die Presse geschrieben werden dürfen oder man mit der Presse spricht. Wenn alles klappt, gebe ich dir Bescheid.«

»Vielen Dank, Onkel.«

»Gern geschehen, ist halb so wild.«

José Antonio verabschiedete sich von Paco, ging wieder am Zoll vorüber, um zu erfahren, ob es inzwischen Neuigkeiten gebe. Alles war wie vorher, nur die Menschenmenge war geschrumpft. Er überquerte die Avenida del Puerto und wollte schon weitergehen, als er in der Bar del Marino eine elegante weibliche Figur wahrnahm. Es war Ilse, die allein an einem Tisch saß und sich von der Brise erfrischen ließ, die von der Einfahrt zur Bucht wehte. Tony war unschlüssig, ob er sie ansprechen sollte; es war eine teure Bar. Da plötzlich, als er gerade im Geist nachzählte, wie viel Geld er bei sich hatte, winkte sie ihn zu sich.

»Guten Tag. Wie geht es Ihnen?«

»Guten Tag. Haben Sie Neuigkeiten?«, fragte das Mädchen. »Setzen Sie sich doch.«

»Nein, alles wie immer.«

Tony bemerkte etwas zu viel Schminke auf dem Gesicht der jungen Frau; sie trug einen hellblauen zum Kleid passenden Hut und duftete nach einem teuren, kräftigen Parfüm.

»Sie sehen sehr elegant aus.«

Ilse sah ihm fest in die Augen und vermied eine Bemerkung.

»Zumindest ist es hier angenehm frisch. Die Hitze ist schwer auszuhalten. Ich versuche, auf die St. Louis zu kommen; ich muss meine Eltern sehen.«

»Wie lange haben Sie sie nicht gesehen?«, fragte Tony.

»Seit mehr als vier Jahren, seit ich aus Deutschland weg bin.«

»Wohin sind Sie zuerst gegangen?«

»Nach Straßburg und dann nach Paris. Kennen Sie Frankreich?«

»Nein, ich wollte immer schon einmal dorthin, und eines Tages werde ich auch fahren. Paris muss eine herrliche Stadt sein.«

»Ja, das ist sie. Aber auch hart, wie überall.«

»Kann ich mir denken. Es muss eine sehr kosmopolitische Stadt sein, wie New York.

»Kennen Sie die Vereinigten Staaten?«

»Ja, ich habe zwei Jahre in New York gelebt.«

»Da möchte ich mich niederlassen.«

»Aber in Kuba ist es Ihnen doch nicht schlecht ergangen. Warum möchten Sie hier weg?«

Die junge Frau fragte sich, ob er auf ihren Beruf anspielte oder ob es eine ernsthafte Frage war.

»Unser Ziel ist New York; da haben wir Angehörige. Darf ich Sie etwas fragen?«

»Selbstverständlich.«

»Haben Sie irgendeinen Einfluss, oder wissen Sie, an welche Tür man klopfen muss, um an Bord zu kommen? Ich muss dringend meine Eltern sehen. Ich werde mich auch erkenntlich zeigen.«

»Im Moment habe ich keine positive Antwort; ich versuche selber, an Bord zu gelangen. Aber wenn es eine Möglichkeit gibt, werde ich an Sie denken. Wo kann ich Sie finden?«

Ilse schwankte, ob sie ihm ihre Adresse geben sollte. Sie konnte ihm nicht die Telefonnummer des Bordells geben und wollte ihm auch nur ungern sagen, wo sie wohnte, aber weil sie in Not war und so viel auf dem Spiel stand, entschloss sie sich, ihre Adresse preiszugeben.

»Gut, Antonio, wenn Sie etwas erfahren sollten, wäre ich Ihnen dankbar, wenn Sie sich melden würden. Für mich ist das sehr wichtig.«

Tony erhob sich, um das Mädchen an der Tür zu verabschieden, er konnte es nicht lassen, noch einmal ihre Figur zu bewundern und wartete ein paar Minuten, bis er sie aus den Augen verloren hatte; dann schickte er sich an, nach Hause zurückzugehen.

****

In seinem Beruf als Korrespondent in verschiedenen Ländern war Müller niemals unmittelbarer Zeuge eines so seltsamen Vorfalls gewesen. Er hatte viel erlebt, einiges war von historischer Tragweite, anderes von geringer Bedeutung gewesen, aber an so etwas wie mit der St. Louis konnte er sich nicht erinnern. Was wie eine alltägliche Reise in die Karibik begonnen hatte, konnte zu der goldenen Gelegenheit werden, auf die alle Journalisten scharf waren: eine spektakuläre Story, die sie zu Starreportern machen würde. Auf einmal freute er sich, in Havanna zu sein, aber er hatte genug gesehen, um zu begreifen, dass die Gelegenheit, die sich ihm jetzt bot, keinem Glückstreffer geschuldet war.

Die Krise verschärfte sich mit rasanter Geschwindigkeit. Müller konnte gar nicht alle Informationsquellen nennen, es gab ihrer viele und vielfältige; die Kubaner waren gesprächig, besonders gegenüber der Presse, und immer fand sich jemand, der zu reden bereit war. Das Problem bestand im Filtern der Informationen; fast alles, was ihm zu Ohren kam, waren Gerüchte, die sich sehr rasch verbreiteten und ebenso schnell wieder verstummten, und in nicht wenigen Fällen widersprachen sie einander. Aber dank seiner Erfahrung und seines guten Riechers gelang es ihm, jeden Tag mehrere Artikel zu schreiben und abzusenden, die in den deutschen Zeitungen veröffentlicht wurden.

Gedanken machte er sich lediglich über das Telegramm, das er am Vortag erhalten hatte und in dem man ihn nochmals nachdrücklich darauf hinwies, dass die Information über die ablehnende Haltung gegenüber den Juden in Kuba Priorität habe. Der Text seiner Vorgesetzten in Berlin war in einem Ton formuliert, der ihm nicht gefiel. Er schloss daraus, dass er bei den nächsten Artikeln besser aufpassen und eine stärker antisemitische Sprache verwenden müsse.

Als Müller von der Ankunft eines Sondergesandten der JOINT-Zentrale zur Aushandlung einer Vereinbarung mit der kubanischen Regierung in Havanna erfuhr, hatte er ein Ende der Krise vermutet. JOINT war immerhin eine der wichtigsten jüdischen Hilfsorganisationen der Welt. Der Abgesandte war ein hohes Tier, ein Anwalt auf hoher Ebene mit Einfluss in Kuba. Trotz all der lautstarken deutschen Propaganda über die Abweisung der Unerwünschten in Kuba, glaubte er, der amerikanische Emissär würde tatsächlich zu einer Regelung gelangen können. Seine Intuition wurde bestärkt, als er erfuhr, dass für den Mittwoch eine außerordentliche Sitzung der kubanischen Minister mit dem Präsidenten angesetzt war, auf der über die Lage der St. Louis beraten werden sollte. Rasch schrieb er einen langen Nachrichtentext, in dem er die Ereignisse des Tages zusammenfasste und die Kabinettsitzung ankündigte, und schickte ihn ab.

Den Rest des Vormittags brachte er mit der Lektüre der lokalen Presse zu, die die Einreise der Ausländer mehrheitlich ablehnte. Die Hauptargumente der Zeitungen Havannas waren, dass den kubanischen Arbeitern die Arbeitsplätze weggenommen und durch ausländische Einmischung die heilige nationale Souveränität bedroht würden. Müller blieb von den nach Propaganda riechenden Beiträgen und Leitartikeln unbeeindruckt. Ebenso wenig beeindruckte ihn die von der kubanischen Regierung getroffene Entscheidung, die Maßnahmen gegen illegale Einwanderung zu verschärfen, wozu auch eine Untersuchung des Justizministeriums zu deutschen Staatsbürgern gehörte, die vermeintlich mit gefälschten Pässen nach Kuba eingereist waren. Auch die Ankündigung des Außenministeriums, wonach insgesamt fünf kubanische Konsuln vor Gericht gestellt werden sollten, weil sie unerlaubt Einreisepapiere ausgestellt hatten, beachtete er nicht. Einziges konkretes Ergebnis der mit Pauken und Trompeten verkündeten Maßnahmen war die Festnahme einer Gruppe von Chinesen, die nichts mit der St. Louis zu tun, aber das Pech hatten, wenige Tage zuvor ohne ordentliche Papiere an Land gegangen zu sein.

Am Nachmittag rief ihn ein Informant aus dem Außenministerium an, ein mit Deutschland sympathisierender Beamter, der ihm mitteilte, man handele im Moment mit der Regierung eine neue Möglichkeit für die Passagiere der St. Louis aus. Der Abgesandte des JOINT hatte vorgeschlagen, die Flüchtlinge auf der Isla de Pinos unterzubringen. Müller war der Ort unbekannt, also recherchierte er den Rest des Tages, um etwas über die ehemalige Isla de las Cotorras, die Papageieninsel, zu erfahren. Er begeisterte sich an den Geschichten über Piraten und Schätze an dem Ort, an den Gefangene und Verbannte verbracht wurden, der mit spektakulären Ausbrüchen verbunden war, der als Streitobjekt zwischen Kuba und den Vereinigten Staaten herhalten musste und auf dem das modernste Gefängnis Lateinamerikas gebaut worden war. Er dachte, damit Material für mehrere Artikel zu haben, und beschloss, der Insel bei nächster Gelegenheit einen Besuch abzustatten. Der Vorschlag machte Sinn, denn die Insel war kaum besiedelt. Anfang des Jahrhunderts hatten Gruppen aus den USA, Europa und Japan mit geringem Erfolg landwirtschaftliche Plantagen anzulegen versucht. Erst kürzlich hatte der Senat der Vereinigten Staaten, nachdem die Angelegenheit sich mehrere Jahre hingezogen hatte, einen zweiseitigen Vertrag gebilligt, in dem Kuba die Souveränität über die

Insel zuerkannt wurde. Daraus schloss er, dass er sich nicht geirrt hatte und man am Ende eine Lösung finden würde. Dennoch zwang er sich zur Vorsicht. Zwar zog er eine zweite Quelle zur Überprüfung der Information heran, aber er nahm zunächst davon Abstand, in einem Telegramm über einen Vorschlag zu berichten, der die Krise beenden könnte, ein Ergebnis, das bei den deutschen Behörden bestimmt nicht gut ankommen würde.

Am Abend entschloss er sich, ins Sloppy Joe's, die beliebteste Bar in Havanna, zu gehen. Der Ort wurde vor allem von Künstlern und amerikanischen Touristen besucht. Müller hatte ihn wenige Tage nach seiner Ankunft entdeckt und fand die belebte Atmosphäre mit so vielen unterschiedlichen Leuten, die an dem riesigen schwarzen Mahagoni-Tresen hingen, faszinierend. An diesem Abend war das Lokal voller amerikanischer Korrespondenten, die nach Kuba gekommen waren, um über die St. Louis zu berichten. Bei Rum und Whiskey tauschten seine Kollegen mit ihm die Informationen aus, die sie hatten, um sich im Gegenzug über die in Deutschland umlaufenden Nachrichten und die Position des Dritten Reiches zum Schicksal des Kreuzfahrtschiffes auf den neuesten Stand bringen zu lassen.

Die angeblichen Geheimnisse und Gerüchte schienen reine Fantasie zu sein. Abgesehen von der Isla de Pinos waren neue Vorschläge aufgetaucht, denen zufolge die Flüchtlinge in andere Länder im karibischen Raum gebracht werden sollten. Man hatte von ermutigenden Reaktionen der Regierungen von Honduras und der Dominikanischen Republik gehört. Trujillo war begeistert von der Möglichkeit, fast tausend Europäer zur Errichtung landwirtschaftlicher Betriebe ins Land zu lassen, was seine Kampagne, die dominikanische Bevölkerung »weißer« zu machen, eine Besessenheit des Diktators, befördern würde. Auch ging eine positive Nachricht von einer Quarantänestation aus Balboa in der von den Vereinigten Staaten kontrollierten Panamakanalzone mit dem Angebot ein, die Flüchtlinge gegen einen Dollar fünfzig pro Tag und Person aufzunehmen. Nach mehreren Gesprächen mit seinen amerikanischen Kollegen meinte er, genügend Material zu haben, und ging zu Fuß zum Hotel zurück. Trotz der späten Stunde waren noch viele Menschen auf der Straße, einige kamen aus Bars und Restaurants, andere genossen einfach die nächtliche Frische.

Zurück im Sevilla, ging er geradewegs in die Cafeteria. Er musste etwas essen, etwas gegen sein Hungergefühl tun. Der Angestellte aus Asturien begrüßte ihn, als würden sie sich schon ein Leben lang kennen, und empfahl ihm eine gute Hühnersuppe. Müller nahm das Angebot an, und die Suppe belebte ihn wieder. Noch vor Ort beschloss er, handschriftlich zusammenfassend alles aufzuschreiben, was er in der Bar erfahren hatte, um es am folgenden Tag für seine Nachrichtenübermittlung zu verwenden. Beim Schreiben wurde ihm bewusst, dass er mit der Information über eine mögliche Lösung für die Passagiere der St. Louis vorsichtig umgehen musste. Diese Nachrichten entsprachen nicht den Erwartungen in Berlin. So entschloss er sich, nicht weiter zu schreiben und den nächsten Morgen abzuwarten, um die Mitteilung fertigzustellen; die deutschen Zeitung waren an dem Tag ohnehin schon erschienen. Gern hätte er Remigia aufgesucht, aber er beherrschte sich und ging schlafen; er musste für den nächsten Tag, der entscheidend sein konnte, ausgeruht sein.

****

An einem kalten und grauen Nachmittag im Dezember 1936 lud Rebeca José Antonio ins Theater ihrer Universität zu einem Konzert klassischer Musik ein. Sie kam als Erste und wartete im Vestibül.

»Du kommst spät.«

»Entschuldige, aber heute war einer dieser Tage, an denen alles schief läuft. Und außerdem sind es nur fünf Minuten.«

José Antonio küsste sie sanft auf die Wange. Rebeca schminkte sich für gewöhnlich nur sparsam und trug ihr Haar offen, so dass es um ihre Schultern spielte.

»Du bist wunderschön.«

»Hör auf mit diesen Adjektiven; gib lieber deinen Mantel ab, damit wir in den Saal gehen können, die Vorstellung beginnt gleich.«

Der Saal war klein und brechend voll. Mit viel Glück ergatterten sie noch zwei zusammenhängende Plätze in der vorletzten Reihe.

»So ist es, wenn man zu spät kommt«, flüsterte sie.

»Das stimmt nicht, wir sind nicht zu spät gekommen. Das Konzert hat noch nicht angefangen.«

»Sprich leise.«

Ihr Gespräch wurde durch den Applaus des Publikums unterbrochen, das die Musiker begrüßte. Es war ein studentisches Streichensemble, das anlässlich des Jahresendes ein Konzert gab.

José Antonio war überzeugt, dass ihn der Nachmittag langweilen würde. Die klassische Musik war ihm fremd; nie hatte er solch ein Konzert gehört. An dem Tag, als Rebeca ihn einlud, hatte er versucht, sie zu einem Kinobesuch zu überreden, aber als er sah, wie begeistert sie von dem Konzert sprach, hatte er – bereit, das Opfer auf sich zu nehmen – die Einladung angenommen.

Das erste Musikstück war ein Konzert von Händel, das zu Tonys Erleichterung annehmbar war. Er applaudierte diskret und wollte schon eine Bemerkung machen, aber sie legte zum Zeichen, dass er schweigen möge, den Zeigefinger an die Lippen. Dann wurde eine Komposition von Bach gespielt, die ihm überraschenderweise gefiel. Er wollte es Rebeca sagen, sie aber sah so konzentriert aus, dass er sie lieber nicht in ihren Gedanken unterbrach. Diesmal klatschte er schon etwas stärker Beifall, sah aber ihren fragenden Blick auf sich gerichtet, als zweifle sie an der Ernsthaftigkeit seiner Begeisterung. Zum Schluss aber vernahm er Akkorde, die ihn sofort packten. Die Melodie war wie betäubend. Er schloss die Augen, fühlte nach der Hand seiner Freundin und lehnte sich zurück. Eine solche Musik hatte er noch nie gehört. Das Stück war kurz, und als es zu Ende war, küsste Tony Rebecas Hand, während sie ihn verwundert anschaute.

»Ich wusste nicht, dass Barockmusik dir so sehr gefällt.«

»Wie hieß das Stück?«

»Das war der Kanon in D-Dur von Pachelbel.«

»Das kannte ich nicht. Ich habe es zum ersten Mal gehört. Es ist wunderschön«, sagte Tony und küsste wieder ihre Hand.

»Ja, der Kanon ist wirklich schön«, setzte Rebeca hinzu. Tony war schon etwas Besonderes. Nie hatte sie einen so machohaften Mann kennengelernt, aber seine Reaktion auf ein klassisches Musikstück überraschte sie jetzt.

Zwei Tage nach dem Konzert verabschiedete José Antonio seinen Vater mit einer kräftigen Umarmung auf der Pennsylvania Station, wo Manuel den Zug in Richtung Süden bestieg, um dann weiter nach Havanna zu reisen. Als er auf die Straße hinaustrat, hatte es angefangen zu schneien. Er hielt einen Moment inne, um das Schauspiel zu betrachten. Noch war nicht viel Schnee gefallen, und auch die Bürgersteige waren nicht vereist, so dass er bei seiner Absicht blieb, zu Fuß zum mexikanischen Konsulat zu gehen.

Während er seine Schritte beschleunigte, dachte er daran, dass dies nun sein zweiter Jahreswechsel in New York sein würde. Die Zeit raste dahin, die letzten Monate waren wie im Flug vergangen. Im Vergleich mit dem Jahr davor hatten sich die Umstände seines New Yorker Lebens geändert. Er hatte eine neue Arbeit, viel weniger langweilig als die im Labor. Und vor allem war da Rebeca – obwohl er sich noch nicht ganz im Klaren war über ihre Beziehung und noch nicht alle Rätsel der Österreicherin hatte entwirren können. Er erinnerte sich daran, wie er ihr gegenüber verkündet hatte, dass er nicht zur Hochzeit seiner Schwester nach Havanna fahren würde.

»Du bleibst also?«, hatte sie erwidert.

»Ja.«

»Warum?«

»Die Reise ist teuer, und du bist hier.«

»Das heißt, du bleibst auch meinetwegen?«

»Ja. Ich hoffe, wir verbringen die meiste Zeit gemeinsam. Wir haben die Wohnung für uns allein.«

Rebeca antwortete nicht sofort, und es entstand ein Schweigen, das José Antonio nicht zu deuten vermochte. Schließlich sagte sie:

»Warten wir die Ferien zum Jahresende ab. Dann bin ich frei, und wir entscheiden.«

Mit diesem Satz war für Rebeca das Gespräch über dieses Thema beendet. Er hatte eine liebevollere Antwort auf die Einladung erwartet, doch das Mädchen teilte seine Begeisterung nicht, was er ganz und gar nicht verstand. Entscheiden, worüber? Wie war es möglich, dass sie nicht in Jubel ausbrach angesichts der Aussichten, Manuels Wohnung mehrere Wochen für sich allein zu haben? Das waren Sachen, die ihn aus dem Häuschen brachten. Aber so war sie. Mit seinem ererbten Stolz erwähnte er seine Pläne, sich mit ihr in Queens zurückzuziehen, nicht mehr. Aber vielleicht hätte er ihr doch eine Zusage abringen sollen? Ob sie andere Pläne hatte? Wenn sie ihn, nachdem er die Reise nach

Havanna aufgegeben hatte, im Stich ließ – das wäre ein schreckliches Jahresende.

Die ersten Tage nach Manuels Abreise vergingen schleppend. Die Kälte bemächtigte sich der Stadt, und allerorten kündigte Weihnachtsschmuck bereits die bevorstehenden Feiertage an. Während José Antonio auf Rebecas Ferien zum Jahresende wartete, versuchte er, sich mit allem Möglichen zu beschäftigen. Nach der Arbeit im Konsulat fuhr er nicht unmittelbar nach Queens; trotz der niedrigen Temperaturen wanderte er ein Weilchen durch Manhattan und schaute sich die Dekoration der Geschäfte und der Bürohäuser an. Bei jedem weihnachtlichen Spektakel auf den Straßen machte er Halt, und so langte er erst spät zu Hause an. Wenn er dann endlich da war, schaltete er, um etwas Gesellschaft zu haben, das Radio ein und begann mit seinem Körpertraining; mit der Zeit verdoppelte er die Zahl seiner Liegestütze und Bauchmuskelübungen. Er duschte in aller Ruhe, schmierte sich zum Abendbrot ein Sandwich und las im Bett eines der Bücher aus der Bibliothek, bis ihn die Müdigkeit übermannte.

Endlich hatte Rebeca Ferien, und sie fuhren nach Queens. José Antonio war so nervös wie am ersten Tag, während sie sich völlig natürlich gab. Sie blieben vom Mittag bis zum Dunkelwerden in der Wohnung. Mehrmals liebten sie sich; er ängstlich, als ginge es bei jedem Höhepunkt um sein Leben, sie ruhig und sanft. Auf der Rückfahrt nach Brooklyn versuchte José Antonio, ein neues Treffen in der Wohnung zu vereinbaren, aber Rebeca weigerte sich und wandte ein, sie sollten die Festtage nutzen, um spazieren zu gehen und Neues zu sehen. Tony war schockiert von ihrem Verhalten, aber er bedrängte sie nicht weiter.

Zwei Tage später brachten sie einen ganzen Nachmittag in Manhattan zu. Mit stoischer Gelassenheit ertrug er, dass sie vor den zahllosen Schaufenstern mit Dekorationen und Angeboten stehenblieb. Er versuchte, den Spaziergang zu genießen, dachte aber die ganze Zeit darüber nach, wann wohl der geeignete Moment wäre, um seine Einladung nach Queens zu erneuern. Er tat es nicht, nicht einmal beim Abschied, als sie vereinbarten, am Heiligabend wieder auszugehen.

An diesem Abend war José Antonio zum Abendessen im Hause der Familie aus Matanzas in der Bronx eingeladen, dieses Jahr ohne Komplikationen, denn die opulente Dunkelhäutige hatte sich endlich einen Geliebten angeln können, einen gerade angekommenen Puerto Ricaner, so dass er mit Bernabé verabredete, sich dort zu treffen und danach zum Broadway zu fahren. Der Spaziergang mit Rebeca wäre am Vormittag gewesen, also hätte er genügend Zeit, ein Weilchen durch Manhattan zu schlendern und den Rest des Tages wie geplant zu verbringen.

Sie trafen sich wie immer am Ausgang der Pennsylvania Station. Nach dem Begrüßungskuss fragte Rebeca:

»Wohin gehen wir? Es ist so ein herrlicher Wintermorgen.«

»Wohin du willst. Es gibt noch so viele Schaufenster zu sehen.«

»Wenn du willst, gehen wir zu dir nach Hause.«

Der Vorschlag verblüffte Tony, der versuchte, seine Freude zu verbergen, und Rebeca beim Arm nahm, um wieder in den Bahnhof zu gehen.

José Antonio ließ das Abendessen in der Bronx ausfallen und ging auch nicht mit Bernie aus, verlebte aber einen Heiligabend, den man nie vergisst. Mit einer Flasche Wein und den Weihnachtsliedern im Radio als Hintergrundmusik liebten sie sich den ganzen langen Tag. Aber das Wichtigste war, dass sie während der Ruhepausen wie nie zuvor miteinander redeten. Rebeca war ungewöhnlich gesprächig, erzählte Anekdoten aus ihrem Leben, die er nicht kannte und gestand ihm ihre persönlichen Wünsche und Träume, von denen er vorher nicht gewusst hatte. Als sie an jenem Abend in einem nahezu menschenleeren Metrowagen nach Brooklyn fuhren, hielten sie sich eng umschlungen und redeten in einer Intimität miteinander, wie sie keiner der Beiden jemals erlebt hatte.

Von diesem Tag an hatten beide das gleiche Gefühl, dass zwischen ihnen etwas Anderes, etwas Besonderes gewachsen war. Den Rest der Woche gingen sie täglich aus, und ihre Spaziergänge wechselten mit der Zweisamkeit in Manuels Wohnung ab. Alle Umstände schienen dem Paar gewogen zu sein, auch die Kälte, die zunächst mit Eisregen und dann mit starkem Schneefall in die Stadt einzog, bis der Schnee die ganze Stadt in Weiß gehüllt hatte. Rebeca gewann weiter an Reife, wurde zu einer Liebenden, die jede Berührung genoss. Wenn er ihr etwas Neues vorschlug, ließ sie sich zunächst gern bitten, willigte dann aber ohne jede Hemmung ein. Tony fühlte sich wie im siebten Himmel. Endlich hatte er eine Frau gefunden, die ihm mit jedem Tag besser gefiel und die seinen Träumen entsprach. Es fehlte nur noch daran, dass auch sie beim Sex ihren echten Höhepunkt erlebte, aber er vertraute darauf, dass auch das kommen würde.

Die Beiden genossen nicht nur die Momente der Erregung und der Leidenschaft, sondern jede Stunde, die sie zusammen verbrachten. Die Zweisamkeit in diesem Winter beseitigte alle Hindernisse, man fand neue Seiten, in denen man sich ähnlich war, und vor allem lernten sie sich besser kennen. Rebeca legte ihre bisherige Scheu ab und erzählte ihm die kleinen Geheimnisse ihres Lebens und ihrer Familie, von ihren engen Bindungen an Elisabeth, vom Auf und Ab in der Beziehung zu ihrem Vater, von ihren Wünschen und Ängsten.

An einem besonders kalten Nachmittag hörten sie, als sie sich gerade ein paar Sandwiches schmierten, die Nachricht von der Abdankung Edwards VIII. als Herrscher über das Vereinigte Königreich von Großbritannien, Irland und die britischen Dominions sowie als Kaiser von Indien, um eine geschiedene US-Amerikanerin heiraten zu können. Für die Königsfamilie und die politischen Führer in England war diese Ehe inakzeptabel. Rebeca hörte aufmerksam zu, bis der Nachrichtensprecher geendet hatte.

»Unglaublich. Aus Liebe auf das größte Imperium der Welt zu verzichten, das gibt es nur im Film.«

»Das ist nichts im Vergleich zur Geschichte des Prinzen Alfonso de Borbón y Battenberg, des Prinzen von Asturien und Erben des spanischen Throns.« Tony machte eine Pause, in der Rebeca ihn mit einem ungläubigen Blick strafte. »Alfonsito, so nennt man ihn in der Familie, hat vom Exil aus auf seine Thronrechte verzichtet, um Edelmira heiraten zu können, eine Schönheit aus Sagua La Grande, die dem Prinzen vom ersten Tag an den Kopf verdreht hat.«

»Wo liegt Sagua La Grande?«

»In Kuba natürlich. Wo sonst? Die Frauen aus Sagua sind in der ganzen Welt für ihre Schönheit berühmt.«

»Warum musst du über alles witzeln? Außerdem weiß du, dass es mich stört, wenn du jede Situation mit etwas in Kuba vergleichst. Das einzig Gute an deiner Geschichte ist die Geschwindigkeit, mit der du sie erfunden hast.«

»Hör mal, ich erfinde nichts, die Geschichte ist wahr und noch nicht zu Ende. Der König, Alfonso XIII. hatte die Heirat mit einer Plebejerin nicht akzeptiert und seinen Sohn daraufhin enterbt. Aber die Ehe mit Edelmira ging nicht gut, und der von der Frau aus Sagua geschiedene ehemalige Prinz von Asturien, nunmehr Graf von Covadonga, findet keinen Gefallen an einer Frau, sofern sie nicht Kubanerin ist: also ging er auf die Suche und bändelte mit einem Model aus Havanna an, das hier in New York lebt, wieder eine Schönheit. Die Insel hat den spanischen Fürsten zweifellos zu einem leidenschaftlichen tropischen Liebhaber gemacht. Ich habe das Mädchen einmal im Konsulat gesehen, sie ist wirklich sehr hübsch, hat meine Statur und mehr Kurven als die Carretera Central.«

»Mehr Kurven als wer?«

»Die längste Landstraße Kubas.«

»Der spanische Prinz hat sich also nicht nur in eine, sondern in zwei Kubanerinnen verliebt? Ich glaube dir kein Wort.«

»Das ist deine Sache, wenn du mir nicht glaubst. Ich werde dir zeigen, warum wir Kubaner verrückt nach königlicher Pracht sind.« Und er begann zuerst ihre Beine und dann ihre Schenkel mit solcher Ausdauer zu küssen, dass das Gespräch beendet war.

Am Silvesterabend überredete José Antonio Rebeca, sich nicht unter die Menschenmenge auf dem Times Square zu mischen, um das Neue Jahr zu begrüßen. Sie blieben in Queens mit einer Flasche Rotwein und Weintrauben, die sie, wie es Tony vorhatte, Punkt zwölf essen wollten. Aber die Erklärung der Tradition befriedigte Rebeca nicht.

Wenige Minuten vor Mitternacht bestand Tony darauf, die zwölf Trauben zu verzehren und zum neuen Jahr einen Eimer Wasser auf die Straße zu schütten. Rebeca lehnte die Verschwendung von Wasser ab; diesen Brauch kannte sie nicht, wusste auch seine Herkunft nicht, er klang nach Aberglauben. Sie begann dann, einige europäische Rituale zur Wintersonnenwende zu erläutern, als José Antonio anfing ihren Hals zu küssen.

»Tony, was machst du? Müssen wir nicht die Trauben essen?«

»Ich habe eine bessere Idee. In Kuba haben wir noch einen anderen Brauch zum Neujahrsfest. Was jemand um Mitternacht, um zwölf Uhr, tut, das wird er das ganze Jahr über tun.«

Sie antwortete nicht und ließ es zu, dass er sie entkleidete, ihren ganzen Körper liebkoste, ihre Scham küsste und sie mit einem Feingefühl liebte, das in einen Rausch überging. Und zum ersten Mal erlebten sie einen gemeinsamen Orgasmus, während man in der Nachbarwohnung »Auld Lang Syne« anstimmte, jenes alte schottische Lied, von dem Tony nicht wusste, warum die Amerikaner darauf bestehen, es zu Beginn eines jeden Jahres zu singen.

27. KAPITEL

Am Dienstag, dem 30. Mai, breiteten sich Verzweiflung und Enttäuschung auf der St. Louis aus. Die Ereignisse des Vortags setzten den Illusionen und Hoffnungen der Geflohenen ein Ende. Allen war inzwischen klar, dass der Grund des langen Wartens nicht das Wochenende oder bürokratische Hemmnisse waren. So schwankten die Diskussionen der Passagiere zwischen Ungläubigkeit und völliger Ratlosigkeit; niemand war auf eine solche Situation gefasst. Sie konnten nicht glauben und noch viel weniger hinnehmen, dass ihnen nach der Flucht aus dem Dritten Reich, der Überquerung des Ozeans und der Erreichung des Zielhafens die Rettung verwehrt war.

Der Tag begann mit einer Unterredung des Kapitäns des Kreuzfahrtschiffes mit dem Passagierkomitee. Unter den Mitgliedern des Komitees herrschte Misstrauen, sie fühlten sich desinformiert und manipuliert, ohne zu wissen, wem sie die Schuld daran geben sollten. Ein Passagier bezichtigte den Kapitän und die Hamburg-Amerika-Linie des Betrugs, weil ihnen beim Verkauf der Fahrscheine versichert worden war, dass sie mit den Einreisegenehmigungen in Kuba an Land gehen könnten. Ein anderer meinte, die Krise wäre vermeidbar gewesen, hätte man die Einreisegenehmigungen mit dem kubanischen Konsul in Hamburg ausgehandelt, der gute Beziehungen zu den Nazi-Behörden unterhielt. Mehrere Flüchtlinge kritisierten, dass die Besprechung erst einberufen wurde, nachdem man bereits vier Tage lang in der Bucht vor Anker gelegen hatte. Der Kapitän versuchte, die Situation und die Bemühungen der Schifffahrtsgesellschaft zu erläutern, fand aber keine Argumente, um auf die Fragen zu antworten. Das einzige Ergebnis der Besprechung bestand darin, die Passagiere über das Komitee aufzufordern, Telegramme an einflussreiche Persönlichkeiten, Familienangehörige und Freunde in Europa und den Vereinigten Staaten mit der Bitte zu schicken, die Regierungen in Havanna und Washington zu bewegen, ihre Verhandlungen um eine Lösung zu intensivieren.

Nach dem Mittagessen erfuhr Rebeca über Ackermann von dem Aufruf zum Versenden von Bittgesuchen. Wie die meisten

Passagiere war auch sie noch immer erstaunt über die Existenz des Komitees, aber das Wichtige war jetzt, einen Ausweg aus der Krise zu finden, die schon so lange andauerte und für die niemand eine Lösung wusste. Die Bitte erschien ihr logisch, für sie ergab sich aber ein Problem: Professor Kreiner erfüllte gewiss alle Anforderungen an eine solche Zielperson für ein Hilfsersuchen, nur wusste er gar nicht, dass sich seine Tochter auf der St. Louis befand.

Unter der Nazi-Herrschaft war jegliche Kommunikation mit dem Ausland schwierig, aber dank Friedländers Hilfe hatte sie den Professor informieren können, dass Elisabeth eingewilligt hatte, das Land zu verlassen. Als sich die Möglichkeit der Fahrt mit der St. Louis mit Zielhafen Havanna ergab, hatte Rebeca lediglich mitgeteilt, sie würden mit einem Kreuzfahrtschiff reisen, ohne über weitere Einzelheiten zu informieren. Ihr Vater würde nicht verstehen, warum sie von allen Schiffen, die regelmäßig den Atlantik überquerten, eins mit Kurs auf Kuba gewählt hatte. Und schon gar nicht würde er glauben, dass es sich um einen Zufall handelte und nicht um einen ausgeklügelten Plan für ein Wiedersehen mit José Antonio.

Mit Elisabeths Tod wurde das alles zweitrangig, und erst bei der Abreise aus Wien hatte sie Friedländer gebeten, ihrem Vater in einem Telegramm mitzuteilen, sie sei in der letzten Maiwoche an Bord eines Kreuzfahrtschiffes von Hamburg aus in die Karibik aufgebrochen, ohne den Namen des Schiffes oder den Zielhafen anzugeben, und sie würde am Ende der Reise, wenn sie eine Fahrkarte nach New York hätte, zu ihm Verbindung aufnehmen. Am wichtigsten war gewesen, dass er von ihrer Abreise aus Deutschland erfuhr; in Havanna würde noch genügend Zeit sein, den Professor zu informieren, sobald sie Tony gesehen hätte und klar wäre, wann sie ihre Reise fortsetzen könne.

Jetzt schien es ihr unangebracht, dass der Professor aus einem – angesichts der eingetretenen Krise – an ihn gerichteten Hilfeersuchen von ihrem Aufenthalt auf Kuba erfuhr. Ihr Vater könnte sich betrogen fühlen.

»Brauchst du Geld für ein Telegramm nach New York?«, fragte Ackermann.

»Nein, danke, ich habe noch welches.«

»Rebeca, ich muss mit dir sprechen.« Es war Gretel, die die Beiden unerwartet unterbrach.

»Ja, natürlich. Entschuldige, Gustav«, antwortete Rebeca erleichtert. So brauchte sie nicht zu erklären, warum sie kein Telegramm an Dr. Kreiner senden würde. »Was ist mit dir? Gestern Abend bist du sehr spät gekommen, und heute früh hast du noch ganz tief geschlafen.«

»Wir haben es getan, Rebeca, wir haben es endlich getan. Jetzt brauche ich deine Hilfe. Du musst mir sagen, wie ich mich verhalten soll.«

Rebeca schaute ihrer Kabinennachbarin in die Augen. Sie fand sie strahlend schön, wusste aber nichts zu sagen, sie hatte keine Erfahrung als Ratgeberin in solchen Fragen, die sie immer als sehr persönlich angesehen hatte. Was sie selbst anging, so wusste nur Elisabeth von ihrer Erfahrung mit Tony; ihre Mutter wusste aus ihren Briefen von der Existenz des Kubaners. Nachdem Rebeca nach Wien zurückgekehrt war, hatte Elisabeth nicht weiter nachgefragt; erst als sie aus dem Krankenhaus entlassen worden war, fragte sie noch am ersten Abend in der Wohnung unvermittelt und ohne jede Vorrede, wie José Antonio denn so sei. Rebeca war bemüht, der Beziehung wenig Bedeutung beizumessen, und sie hatte nur ganz allgemein, ohne große Erklärungen, geantwortet. Aber am darauf folgenden Tag kam Elisabeth noch einmal darauf zu sprechen, und von da an erzählte Rebeca hier und da von dem Kubaner, und eines Abends, nach dem Essen, erwähnte sie die Treffen in der Wohnung in Queens.

»Wie ist er danach zu dir gewesen?«, hatte ihre Mutter gefragt.

»Die Frage verstehe ich nicht.«

»Nachdem ihr zusammen wart, hat sich da sein Verhalten dir gegenüber irgendwie verändert?«

»Ja, es hat sich was geändert.« Rebeca überlegte, was sie antworten sollte.

»Hat sich die Beziehung abgekühlt?«

»Nein, ganz im Gegenteil. Er war liebevoller und aufmerksamer als vorher.«

»Ist das wahr? Oder willst du mich nur beruhigen?«

»Du weißt, ich lüge nie.«

»Er ist immer nett zu dir?«

»Ja, Mama. José Antonio ist sehr männlich, aber gleichzeitig liebenswürdig und ein Kavalier.«

»Dann hast du dich wirklich wohlgefühlt bei ihm?«

»Ja, mehr als das. Bei keinem anderen Mann habe ich mich so gefühlt.«

»Wichtig ist, dass du glücklich bist. Was wirst du jetzt tun?«

An jenem Tag dachte Rebeca lange über ihre Antwort nach. Sie wollte nicht, dass sich ihre Mutter an der Trennung schuldig fühlte.

»Mach dir keine Sorgen. Wir haben versprochen, uns zu schreiben. Später wird das Leben entscheiden.«

»Einen Mann wie den, den du mir beschrieben hast, findest du nicht alle Tage. Du hast ihn verdient.«

»Rebeca, was soll ich tun? Ich kann mit niemand anderem darüber reden.« Gretel riss sie aus ihren Erinnerungen.

»Wirst du es deiner Mutter erzählen?«, fragte Rebeca.

»Bist du verrückt? Das wäre das Letzte. Ich brauche deinen Rat. Was mache ich jetzt?«

»Ich bin keine Expertin in diesen Dingen, aber ich glaube, du musst nichts Besonderes tun. Handle nach deinem Gefühl, ganz natürlich. Ich freue mich für dich. Zumindest gibt es inmitten dieses Chaos' jemanden, der einen Augenblick des Glücks findet.«

Da plötzlich vernahmen sie einen Schrei und einen Aufschlag auf das Wasser. Die Schiffssirene gab einen mächtigen Pfeifton von sich, und Besatzung und Passagiere rannten aufgeregt an Deck und sahen einen Mann im Wasser, der seine blutigen Arme in die Höhe hielt und schrie, man möge ihn sterben lassen. Voller Schrecken verfolgten Rebeca und Gretel, wie der Selbstmordkandidat untertauchte und sich an der Wasseroberfläche ein Blutfleck ausbreitete. Rasch sprang ein Besatzungsmitglied ins Wasser, schwamm auf das Opfer zu und hielt es fest, bis man es auf ein schnell herbeigekommenes Polizeiboot hieven konnte. Als man glaubte, der Vorfall sei abgeschlossen, entstand auf dem Boot erneut Aufregung; der blutende Mann stieß den Polizisten, der ihm Staubinden an den Armen anlegen wollte, weg und wollte wieder ins Wasser springen. Schließlich wurde er von dem Seemann, der ihn gerettet hatte, überwältigt, und das Boot entfernte sich in Richtung Mole.

Später erzählte Max ihnen, dass das Verhalten des Mannes für seine Frau und die Tochter von Anfang an Anlass zur Besorgnis gewesen sei, und heute Morgen habe der Arme gesagt, auf dem Schiff befänden sich Agenten der SS und der Gestapo, die sich verschworen hätten, um ihn zu verhaften und in ein Konzentrationslager zu stecken. Er hätte sich von seinen Angehörigen verabschiedet und sei auf eine Toilette gegangen, die er mit aufgeschnittenen Pulsadern verlassen habe, um sich ins Wasser zu stürzen.

Der Vorfall zerstörte die Flüchtlinge völlig am Boden; er bewies auf dramatische Weise, in welcher Gefahr sie selber schwebten. Die Aufrufe zur Geduld verstummten, und unter den Passagieren herrschte eine düstere, pessimistische Atmosphäre, die zum Abend hin noch bedrückender wurde, als bekannt wurde, dass die kubanischen Behörden es ablehnten, die Ehefrau und die kleine Tochter des gescheiterten Selbstmörders an Land zu lassen, damit sie ihm am Krankenbett beistehen könnten. Noch dazu begannen einige Besatzungsmitglieder, die Passagiere zu schikanieren – eine veränderte Haltung, die die Angst der Flüchtlinge noch verstärkte.

Am Abend versuchten die beiden Mädchen, das Geschehene zu vergessen und sich aufzuheitern, aber es war unmöglich, sich der grausamen Realität zu entziehen. Der Abend begann miserabel: das Abendessen passte nicht zu dem Tropenklima; sie aßen kaum, und als sie an Deck hinausgingen, um sich zu erfrischen, sahen sie die St. Louis von starken Scheinwerfern umgeben, die das Schiff von Polizeibooten aus anstrahlten, um von jedwedem neuen Versuch, sich ins Wasser zu stürzen, abzuschrecken.

»Dies ist kein Kreuzfahrtschiff mehr. Mit den Scheinwerfern und den Bewachern gleicht es einem Konzentrationslager.« Es war Max, der zusammen mit Jürgen aus der Dunkelheit zu ihnen getreten war. Die Mädchen gaben keine Antwort, sondern verharrten in Schweigen.

»Ich kann nicht glauben, dass wir nach Deutschland zurückkehren. Was meinst du, Rebeca?«, fragte Jürgen.

»Ich weiß nicht. Ich halte das für eine Ungeheuerlichkeit. Und für absurd dazu. Die Absicht der Nazis ist doch, uns loszuwerden«, entgegnete Rebeca.

»Wenn wir zurückkehren, stecken sie mich wieder ins Konzentrationslager, und ich werde sterben«, sagte Max.

Keiner der Drei brachte den Mut auf, dem Jungen zu widersprechen; alle wussten sie, dass dies im Falle von Max dessen Schicksal sein würde. Daher fühlten sie sich erleichtert, als Ackermann zu ihnen trat.

»Guten Abend miteinander. Störe ich?«

»Nein, natürlich nicht«, gaben Jürgen und die beiden Mädchen im Chor zurück.

»Die Passagiere reagieren auf den Aufruf des Komitees. Es sind schon hunderte Mitteilungen abgegangen, vor allem an Präsident Roosevelt und die Regierungen Frankreichs und Großbritanniens, einige haben sogar Schmuck an die Besatzungsmitglieder verkauft, um die Telegramme bezahlen zu können.«

»Irgendjemand muss uns helfen. Ich glaube, die Botschaften können etwas bewirken«, sagte Jürgen.

Rebeca war sich darin nicht sicher, aber sie hielt sich mit ihrer Meinung zurück.

»Ich habe auch das Gerücht gehört, dass die kubanische Regierung denjenigen, die zum katholischen Glauben konvertieren, erlauben würde, an Land zu gehen«, fügte Ackermann hinzu.

»Das ist Quatsch«, rief Rebeca aus.

»Wäre nicht das erste Mal, dass das geschieht«, sagte Jürgen.

»Aber ich bitte dich, wir sind nicht im Mittelalter, wir leben im zwanzigsten Jahrhundert.« Rebeca war zunehmend gereizt.

»Wer hätte gedacht, dass man heutzutage in dem gebildeten, modernen Deutschland hunderttausende Bürger auf schreckliche Weise verfolgen würde, nur weil sie Juden sind?«

»Das ist wahr, Max, aber Rebeca hat auch Recht, es ist eine andere Zeit, deshalb konnten wir gehen und bis hierher gelangen.« Ackermann versuchte, die mit seiner Bemerkung erzeugte Spannung zu mildern.

»Entschuldigen Sie mich, aber ich kann das alles nicht mehr hören.« Damit erhob sich Gretel. Jürgen versuchte, sie zurückzuhalten, aber sie begann, auf dem Deck herumzuwandern, und der Junge folgte ihr.

»Ich gehe auch.« Max stand auf und verschwand in der Dunkelheit.

»Er ist ziemlich nervös.«

»Nicht verwunderlich nach allem, was ihm im Lager zugestoßen ist«, gab Rebeca zurück.

»Aber ich bin ihm dankbar, dass er uns allein gelassen hat. Anfangs war ich eifersüchtig auf ihn, aber er ist ein intelligenter Junge.« Ackermann versuchte, Rebecas Hand zu ergreifen, doch sie zog sie zurück.

»Gustav, bitte, das ist nicht der Zeitpunkt.«

»Das sagst du immer. Wann wird der Zeitpunkt sein? Auf der Rückfahrt nach Deutschland?«

»Mal nicht den Teufel an die Wand. Ich weiß nicht, wann, aber nicht jetzt. Entschuldige, ich möchte lieber in die Kabine zurückgehen. Gute Nacht, und gib Leni einen Kuss von mir.« Rebeca erhob sich, ohne eine Antwort abzuwarten. Ackermanns Drängen gefiel ihr nicht, es schien ihr fehl am Platz, und es war nicht das, was sie brauchte, geschweige denn, was sie suchte.

Auf dem Rückweg sah sie mehrere umschlungene Pärchen; einige hatten sich in den dunkelsten Winkeln auf Deck verkrochen. Sie dachte an Gretels Geständnis und empfand eine gewisse Freude für ihre Freundin. Zumindest hatte sie einen glücklichen Moment in einer so schwierigen Situation erlebt. Ob José Antonio ihre Nachricht schon erhalten hatte? Was würde geschehen? Sie war nicht die Einzige, auf die Freunde oder Angehörige an der Hafenmole warteten, aber die Möglichkeit eines Wiedersehens mit Tony verlieh ihrer Situation etwas Besonderes, vielleicht etwas unter allen Passagieren Einzigartiges.

****

Während Rebeca angestrengt nach einer Möglichkeit suchte, sich mit José Antonio zu treffen, fand im Präsidentenpalast eine außerordentliche Kabinettsitzung statt, um die Krise der St. Louis zu diskutieren. Der Staatschef legte einen Lagebericht vor, in dem er zwei Punkte hervorhob: Erstens – Vor dem Auslaufen der St. Louis in Hamburg hatte Kuba ein Dekret mit neuen Einwanderungsvorschriften erlassen, und – zweitens – die Hamburg-Amerika-Linie hatte entschieden, das Gesetz zu missachten und die Überfahrt nach Havanna veranlasst, wissend, dass die Passagiere mit Dokumenten reisten, die sie mittels Bestechung erhalten hatten und die bereits bei der Abreise nicht mehr gültig waren. Daher trug die Schifffahrtsgesellschaft die Verantwortung dafür, dass die Flüchtlinge auf dem Transatlantikdampfer nicht in das Land einreisen durften. Die kubanische Regierung handelte lediglich im Einklang mit der verabschiedeten Gesetzgebung und nach dem Grundsatz der nationalen Souveränität. Abschließend rief er seine Minister auf, nicht zuzulassen, dass ausländische Einflüsse über kubanische Angelegenheiten entscheiden.

Als der Präsident geendet hatte, herrschte angespannte Stille im Konferenzraum; die Regierungsbeamten sahen einander an, aber niemand wollte sprechen, bis schließlich der Außenminister Juan Remos ums Wort bat.

»Herr Präsident, der Fall ist klar, und Ihre Argumente sind mehr als überzeugend. Aber wir haben das Problem, dass in Havanna zweihundertfünfzig Personen mit Reservierungen auf die Rückfahrt der St. Louis nach Deutschland warten. Ich schlage vor, die Möglichkeit zu prüfen, dass die gleiche Anzahl Passagiere von Bord gehen kann, damit die hier befindlichen Reisenden an Bord können.«

In Erwartung einer Äußerung richteten alle Anwesenden ihre Blicke auf Laredo Brú. Der Präsident schaute in die Gesichter seiner Untergebenen und kam zu dem Schluss, dass er zur Wahrung seiner Autorität Härte zeigen musste.

»Remos, wir dürfen nicht nachgeben. Wenn wir die Ausschiffung eines Teils der Passagiere erlauben, ist das Dekret 937 nicht die Druckerschwärze wert, mit der es gedruckt ist und die Entscheidungen dieser Regierung verlieren ihre Glaubwürdigkeit. Die hier wartenden Reisenden sitzen nicht fest, sie können gegebenenfalls mit anderen verfügbaren Schiffen reisen.«

Die Minister wandten sich wieder ihrem für die Außenpolitik zuständigen Amtskollegen zu.

»Ich verstehe, Herr Präsident. Wenn Sie erlauben, möchte ich bemerken, dass der amerikanische Botschafter mir gegenüber Bedenken hinsichtlich des humanitären Aspekts dieses Problems geäußert hat. Die Lage der Juden in Deutschland ist sehr schwierig, und wir sollten an den Appell der Konferenz von Evian denken. Es handelt sich dabei zwar nicht um eine offizielle Meinung, aber da es um die Vereinigten Staaten geht, sollten wir sie berücksichtigen.«

»Wenn ein Land den deutschen Juden geholfen hat, dann ist es unseres; trotz unserer wirtschaftlichen Probleme haben wir sie jahrelang aufgenommen. In Kuba gibt es Tausende von ihnen; wir haben mehr geholfen als alle anderen. Ich kenne die Ergebnisse von Evian; es gab dort keine konkreten Vereinbarungen, und nach der Konferenz haben nicht einmal die Vereinigten Staaten ihre Einreisequoten für die Juden erhöht. Eigentlich erwarten sie, dass andere die Juden aufnehmen. Ich schlage vor, bei unserer Position zu bleiben und die Einreise der Passagiere der St. Louis nach Kuba nicht zu gestatten. Das trifft auch für jeden anderen Ausländer zu, der nicht die Anforderungen für die Einreise entsprechend den kubanischen Gesetzen erfüllt.«

Der Vorschlag wurde einstimmig angenommen.

****

Die Nachrichten, die New York Anfang 1937 aus anderen Teilen der Welt erreichten, waren beunruhigend: Nicht zufrieden damit, bereits die Kontrolle über die Mandschurei zu haben, drohten die japanischen Militärs mit einer Invasion in China; Mussolini wandte sich endgültig von seinen einstigen Verbündeten im Ersten Weltkrieg ab, und obwohl er Hitler als einen Emporkömmling verachtete, festigte er die Allianz mit Deutschland; der unerwartete Widerstand der Republikaner verlängerte den blutigen Bürgerkrieg in Spanien; Roosevelts Politik stieß auf einen heftigen Widerstand seitens des Obersten Gerichtshofs, und in Kuba hatte der Kongress am Heiligabend des Vorjahres den Anweisungen Batistas Folge geleistet und Präsident Miguel Mariano Gómez abgesetzt.

Doch José Antonio berührten alle diese Ereignisse nicht, von den meisten wusste er auch nichts; nie zuvor war er so sehr mit seinen persönlichen Dingen beschäftigt gewesen. Er fühlte sich im Nirvana und kostete seine Romanze mit Rebeca ausgiebig aus. Die verführerische Kraft der Österreicherin beschränkte sich nicht auf ihre körperlichen Attribute oder ihre Sinnlichkeit. Die unergründliche Persönlichkeit des Mädchens war weiterhin ein mächtiger Magnet, der ihn belebte. Rebeca ordnete sich nie unter, gab sich nie völlig hin. Sie musste von allem überzeugt sein, angefangen bei der Verabredung, an welchem Tag sie gemeinsam ausgehen, bis zu der Entscheidung darüber, welchen Film sie sich ansehen würden.

Ende Januar, als Tony es am wenigsten erwartete und seine Suche bereits aufgegeben hatte, ergab sich die Möglichkeit einer besseren Arbeitsstelle. Ein kubanischer Arzt, der sich in New Jersey niedergelassen hatte, suchte für seine Privatpraxis einen Assistenten. Die Bezahlung war besser als die im Konsulat, und Dr. Linares bot ihm darüber hinaus seine Hilfe bei den Prüfungen und bei der Einschreibung an der Medizinischen Fakultät an. José Antonio überlegte nicht zweimal und nahm die neue Arbeit an dem Tage auf, da Roosevelt sein zweites Mandat errang.

Mit einer besseren Arbeitsstelle und der Aussicht, sein Studium fortsetzen zu können, begann Tony allmählich darüber nachzudenken, in den Vereinigten Staaten zu bleiben. So könnte er seine Beziehung zu Rebeca aufrechterhalten, und keiner wusste, wohin das führen würde. Vielleicht hatte er gefunden, wonach er so lange gesucht hatte. Als daher Manuel die Nachricht von der bevorstehenden Wiedereröffnung der Universität mitbrachte, reagierte Tony mit einer seinen Vater überraschenden Gleichgültigkeit. Tony hatte ihm von dem Angebot, für Dr. Linares zu arbeiten, erzählt, aber Manuel glaubte noch immer, die Rückkehr nach Hause sei für seinen Sohn das absolut Wichtigste. Als er ihn aus Kuba herausholte, um ihn vor der Repression zu bewahren, hatte er gewusst, dass er das Risiko einging, sein Sohn könnte mit der Zeit Gefallen am Verbleib in den Vereinigten Staaten finden. Aber damals dachte er, dieser Gefahr begegnen zu können. Die Lage auf der Insel würde sich früher oder später beruhigen, und Tonys Aufenthalt wäre nur von kurzer Dauer. Außerdem vertraute er darauf, dass die engen Familienbande der Fernández und Tonys kreolische Wurzeln die Vorteile, die New York bot, immer aufwiegen würden.

Doch der Aufenthalt im Norden zog sich hin, Rebeca war aufgetaucht, und nun hatte Tony die Möglichkeit, sein Studium an einer amerikanischen Universität fortzusetzen, was die Waage zur anderen Seite hin neigen konnte. In ein oder zwei Jahren würde Manuel nach Kuba zurückkehren müssen, und getrennt von seinem Sohn zu leben, war nie seine Absicht gewesen. Aber er durfte sich in dessen Leben nicht einmischen. Also fragte er ihn bei der ersten Gelegenheit direkt, was er im Sinn habe.

»Ich weiß noch nicht, aber angesichts des Angebots von Dr. Linares denke ich daran, hier zu bleiben. Wie denkst du darüber?«

»Tony, das ist eine sehr wichtige Entscheidung, so wichtig, dass nur du allein sie treffen kannst. Niemand kann dir die Entscheidung abnehmen. Was du auch tust, du kannst immer auf meine Hilfe zählen. Wenn du hier bleibst, wird deine Mutter aufschreien, aber in diesem Fall werden wir sehen, wie wir sie besänftigen können, denn ebenso wie ich will auch sie dein Bestes.«

Nach dieser Antwort wechselte Manuel das Thema, und José Antonio fand bestätigt, dass der Gedanke seinem Vater nicht unbedingt gefiel, dieser sich aber seiner Entscheidung nicht widersetzen würde.

Zum Ende des Winters hin, als José Antonio noch mit dem Gedanken daran beschäftigt war, was er mit seinem Leben anfangen sollte, kam eine ganz neue Aufgabe auf ihn zu, nämlich die Betreuung einer Gruppe junger Kubaner, unter ihnen ein ehemaliger Kommilitone, die auf ihrem Weg nach Spanien, wo sie sich den auf Seiten der Republik kämpfenden Internationalen Brigaden anschließen wollten, in New York einen Zwischenaufenthalt einlegten. Er ging mit ihnen zum französischen Konsulat, wo sie sich Einreisevisa für Frankreich holten, beriet sie beim Kauf von Winterkleidung in Billigläden und wanderte mit ihnen durch New York, um ihnen die berühmtesten Sehenswürdigkeiten der Stadt zu zeigen. Seinen Freund Luisito, einen Sympathisanten der Kommunistischen Partei, brachte er in Queens unter. Der Junge führte Abend für Abend endlose Diskussionen mit Manuel über die Zukunft Kubas, und da sie sich nie einigen konnten, beschlossen sie, nach dem Sieg der Republik in Havanna weiter zu diskutieren.

An einem Sonntagnachmittag schlug Tony Rebeca vor, sich der Gruppe anzuschließen, und die Eingeladene fühlte sich geschmeichelt, im Mittelpunkt der jungen Leute zu stehen, die taktvoll um ihre Aufmerksamkeit wetteiferten. Tony war unwohl dabei, und er bedauerte schon, sie zum Spaziergang mitgenommen zu haben. Auf dem Times Square bestaunten sie all die Film- und Theaterreklame, und als es zum Abend hin kühler wurde, beschlossen sie, ihr Geld zusammenzukratzen und in einer halbleeren Cafeteria eine heiße Schokolade zu trinken. Rebeca verfolgte mit Vergnügen die angeregte Unterhaltung der Kubaner, obwohl sie nur die Hälfte verstand. Alle wollten gleichzeitig reden, und alle hatten zu allem etwas zu sagen. Zunächst ging es um Filme und Aufführungen am Broadway, dann um Lieblingsschauspielerinnen und -schauspieler. José Antonio merkte an, dass Greta Garbo die Hauptrolle in »Ninotschka« übernehmen würde, und Luisito fragte, ob jemand den Roman gelesen hätte. Nur Rebeca kannte ihn, und alle baten sie im Chor um eine Kurzfassung, die Tony übersetzte. Die Geschichte der harten Kommissarin, die nach Paris reist, um die in der Stadt des Lichts von den Freuden des Kapitalismus geblendeten und auf Abwege geratenen sowjetischen Funktionäre zu kontrollieren, löste eine Diskussion über den Verkauf wertvoller russischer Kunst durch die Sowjetunion, über Stalin, Trotzki und die Moskauer Prozesse aus, die bald in eine Auseinandersetzung zwischen den Jugendlichen ausartete – je nachdem, welche unterschiedlichen Meinungen innerhalb des politischen Spektrums sie vertraten. Mit großer Mühe konnte José Antonio die hitzige Debatte dolmetschen, während er einen Jungen aus Santiago beobachtete, der seine Augen nicht von Rebeca ließ. Die Diskussion führte zu keiner Einigung, wurde aber beendet, weil man aus Geldmangel keine zweite Runde Schokolade bestellen konnte. Zwei Tage später verabschiedete Tony seine Freunde, die das Kreuzfahrtschiff Saint Antoine mit Ziel Cherbourg bestiegen.

Auch von Luisito hörte José Antonio, dass die Wiedereröffnung der Universität von Havanna kurz bevorstand. Das wurde durch neue Nachrichten, die Ende Februar eintrafen, bestätigt. Angesichts dieser Alternative entschloss sich Tony, mit Rebeca zu reden und ihr zu erklären, dass er ihretwegen in New York bleiben würde. Sie vereinbarten, sich auf dem Washington Square zu treffen; an einem kalten, aber strahlend hellen Nachmittag, der das nahe Ende des Winters ankündigte. Während der ganzen Bahnfahrt von New Jersey aus machte sich Tony eingehend Gedanken darüber, wie er auf das sensible Thema zu sprechen kommen sollte. Er wollte nicht zu entschieden auftreten. Aber über eine Heirat wollte er auch nicht sprechen, das schien ihm noch verfrüht zu sein, obwohl er diese Möglichkeit zum ersten Mal im Leben erwogen hatte. Andererseits war ihm daran gelegen, Unklarheiten auszuräumen, er musste es ganz deutlich sagen; sie, Rebeca, war der Grund, weshalb er in den

Vereinigten Staaten bleiben würde. Ungeachtet der Kälte lief er zu Fuß von der Pennsylvania Station bis zum Washington Square, wo sie sich verabredet hatten. Den ganzen Weg über war er freudig gestimmt und optimistisch. Er sah sie bereits auf einer Bank nahe dem Triumphbogen sitzen. Sie begrüßte ihn mit ihrem gewohnten Lächeln und sagte nur einen Satz:

»Tony, ich muss nach Wien zurück.«

28. KAPITEL

Am Mittwoch wachte Rebeca wegen der drückenden Hitze in der Kabine bereits vor Sonnenaufgang auf; Gretel hatte woanders geschlafen. Ohne große Lust aufzustehen und erschöpft von den hohen Temperaturen machte sie sich zurecht und kleidete sich an. Der Speisesaal war trotz der frühen Stunde bereits voll besetzt. Die Stille dort beeindruckte sie; alle frühstückten, ohne auch nur ein einziges Wort zu wechseln, nur das Klappern des Geschirrs, das die Kellner abräumten, war zu vernehmen. Die Gesichter waren eher düster als ernst. An einem Tisch sah sie Friedrich, und sie setzte sich zu ihm und einem anderen, ihr unbekanntem Jungen. Rebeca wünschte ihnen einen guten Tag und versuchte ein Lächeln, das aber nicht erwidert wurde.

»Hat man deine Kabine durchsucht?« fragte Friedrich.

»Ich weiß nicht, was du meinst«, gab Rebeca zurück.

»Seit gestern sucht eine Gruppe von Besatzungsmitgliedern in den Kabinen nach Sprengstoff. Offenbar hat man Angst, ein Passagier könnte versuchen, das Schiff in die Luft zu sprengen, um die Ausschiffung zu erzwingen.«

»Das ist Blödsinn. Ich glaube nicht, dass jemand auf eine solche Idee kommen kann. Selbst wenn ein Passagier das beabsichtigen sollte, woher hätte er den Sprengstoff?«

»Natürlich haben Sie Recht.« Es war der andere Junge. »Meiner Meinung nach handelt es sich um eine Provokation. Komisch, dass es nur eine kleine Gruppe von Besatzungsmitgliedern ist, die die Durchsuchungen durchführt, dieselben, die immer so aggressiv sind. Aber verzeihen Sie, ich habe mich nicht vorgestellt: Paul Heller, auch aus Düsseldorf.«

»Angenehm. Gibt es was Neues über die Ausschiffung?«

»Nein. Man hat nur noch einmal wiederholt, dass Telegramme mit der Bitte um Hilfe abgeschickt werden sollen. Ich kenne keine einflussreiche Person, und ich habe auch kein Geld mehr«, sagte Friedrich.

»Gestern habe ich gehört, man hätte eine Botschaft an den kubanischen Präsidenten und seine Frau geschickt«, sagte Paul beiläufig.

»Was hat seine Frau damit zu tun?«, fragte Friedrich.

»Weiß nicht. Aber es gibt eine Neuigkeit. Der Vertreter des JOINT, der sich gestern mit dem Passagierkomitee getroffen hat, sagte, an den Verhandlungen sei jetzt ein namhafter Rechtsanwalt aus New York mit guten Beziehungen zur kubanischen Regierung beteiligt«, erwiderte sein Freund.

»Das ist immerhin etwas«, bemerkte Rebeca.

»Gestern hat es einen neuen Selbstmordversuch gegeben.« Das war wieder Friedrich.

»Noch einer?« wollte Rebeca wissen.

»Ja. Ich weiß nichts Näheres, aber es gab einen weiteren Versuch. Deshalb sind seit gestern Abend alle Stunden Patrouillen unterwegs, um Selbstmordversuche zu unterbinden.«

»Das Schiff ist weiterhin die ganze Nacht durch Scheinwerfer erhellt. Man fürchtet auch, dass viele von uns sich ins Wasser stürzen, um an Land zu schwimmen«, fügte Paul hinzu. In diesem Moment trat Max an ihren Tisch.

»Ein Seemann hat mir gerade gesagt, dass wir nach Deutschland zurückkehren. Wir müssen etwas unternehmen; es darf nicht sein, dass sie so etwas mit uns machen.«

»Setz dich, Max, ich glaube nicht, dass sie so weit gehen, irgendein Land muss uns aufnehmen«, wandte Rebeca ein. Sie nahm noch einen Schluck Kaffee und schickte sich an, aufzustehen. Die Hitze im Speisesaal war unerträglich geworden, und sie war es leid, noch mehr schlechte Nachrichten zu hören.

»Entschuldigt bitte, ich brauche frische Luft.«

Sie ging an Deck, wo sich ein fürchterlicher Gestank ausgebreitet hatte, der vom Wasser der Bucht herrührte. Auch sie glaubte nicht an eine Rückkehr nach Deutschland; das war einfach nicht möglich. An Deck hielten sich Dutzende Passagiere auf; einige versuchten, mit den Insassen der Boote zu kommunizieren, die schon wieder das Schiff umkreisten.

Erneut bewunderte sie die Ansicht von Havanna, die sie vor Augen hatte. Zweifellos war es eine wunderschöne Stadt. Einzig und allein die Hitze war unangenehm. Sie fragte sich, wo Tony war. Noch konnte sie nicht akzeptieren, dass sie ihn, nachdem sie bis hierher gelangt war, nun nicht sehen sollte. Das wäre ein ganz bitterer Schicksalsschlag. Würde die St. Louis einen anderen Hafen anlaufen, wäre es anschließend sehr schwierig, nach

Kuba zurückzukehren. Was würde sie tun? Sie hätte keine andere Wahl, als nach New York zu ihrem Vater und ihrem Bruder weiterzureisen.

Angesichts des Ernstes der Lage und ihrer eigenen Ohnmächtigkeit zog sie es vor, sich nicht mit einem Szenarium zu quälen, das sowohl ungewiss als auch unvorhersehbar war. Aber an Bord der St. Louis gab es kein anderes Gesprächsthema, und als mögliche Ziele war von Häfen die Rede, deren Namen ihr unbekannt waren. Sie wusste nicht, ob diese Häfen in der Karibik, in Mittelamerika oder gar in Südamerika lagen. Obwohl sie lieber nicht an diese Alternative denken wollte, eilten ihre Gedanken immer voraus und malten von selbst die verschiedenen Szenarien aus. Aber wenn sie letztendlich nicht in Kuba an Land gehen konnte und sie sich in die Vereinigten Staaten begeben musste, dann wäre es sehr schwierig, noch einmal nach Havanna zu reisen. Vielleicht könnte sie Verbindung zu José Antonio aufnehmen und ihn bitten, nach New York zu kommen. Doch ohne vorherigen Kontakt zueinander, ohne zu wissen, was sich in seinem Leben ereignet hatte, ohne persönlich miteinander zu sprechen, um über das zu reden, was während der langen Trennung geschehen war, würde es sehr heikel für sie, diese Bitte in einem Telegramm oder einem Brief zu äußern. Außerdem wäre es für ihn schwer, in die Vereinigten Staaten zu reisen, nur um sie zu sehen.

Ihr Problem war Tony. Niemand auf der St. Louis, niemand in der Welt wusste von ihrem persönlichen Dilemma. Ihre Lage war so absurd, dass sie unwirklich schien, wie die Handlung in einer Seifenoper, das Drehbuch zu einem Film. Erneut betrachtete sie die lebendigen Farben Havannas in der gleißenden Tropensonne; sie erkannte den Malecón, von dem José Antonio so viel erzählt hatte. Sie musste Tony einfach sehen. Zweimal hatte sie die Beamten auf dem Schiff gefragt, ob sie für ein paar Stunden an Land könnte, um jemanden zu treffen, der auf sie wartete; sie würde auch ihren Pass und all ihre Habe an Bord lassen, als Garantie, dass sie zurückkommen würde. Aber beide Male war das rundweg abgelehnt worden.

Sie durfte sich nicht entmutigen lassen, sich nicht von der Situation mitreißen lassen; sie musste nachdenken und eine Lösung finden, um die unglaubliche Chance zu nutzen, die das

Schicksal ihr bot, sich mit José Antonio zu treffen. Eine andere würde es kaum geben.

****

Hakim nahm wieder an einer Besprechung des Komitees mit dem Vertreter des JOINT teil, aber er konnte sich nur schwer auf das Thema, das zur Diskussion stand, konzentrieren. Ihn bedrückten familiäre Probleme. Er brauchte Ruhe zum Nachdenken, um die Entscheidungen in Bezug auf jedes einzelne seiner Kinder zu treffen.

In der vorangegangenen Woche hatte seine Tochter ihn um ein Gespräch unter vier Augen gebeten. Mit klaren und überlegten Argumenten hatte sie ihm vorgeschlagen, dass sie und ihr Mann sich um den Laden und den Absatz des Unternehmens kümmern würden, damit er sich auf die Fabrik und die Erschließung neuer Geschäftsmöglichkeiten konzentrieren konnte. Der Vorschlag war sinnvoll, ein interessanter Gedanke, den sich auch Hakim schon einmal hatte durch den Kopf gehen lassen. Die langen Jahre harter Arbeit hatten Spuren hinterlassen, und er musste sein Arbeitstempo drosseln. Aber er hatte nie erwogen, dass Deborah anstelle eines der Jungen das Geschäft leiten würde. Er hatte auf den Vorschlag nicht gleich geantwortet, sondern sich Bedenkzeit erbeten. Sein erster Impuls war, die Idee abzulehnen und ihr zu erklären, dass eine Frau diese Verantwortung nicht übernehmen könne, aber je mehr er darüber nachdachte, umso weniger Gegenargumente fand er und umso unlogischer erschien ihm eine Absage.

Als sei das nicht genug an Problemen, bat ihn am Abend zuvor auch Sammy um ein Gespräch, und bei einem Kaffee im Wohnzimmer erklärte dieser ihm begeistert, er habe eine Gruppe junger Musiker aufgetan und bald würden sie zu den besten Orchestern Havannas zählen. Sein Plan war, die Chance zu nutzen, um traditionelle kubanische Musik zu spielen. Mit einem Club am Strand von Marianao hatte er für den Sommer bereits ein Programm von Tanzmatineen vereinbart; er brauchte nur noch ein Darlehen von fünfhundert Pesos, um loszulegen. Überrascht von dem unerwarteten Anliegen, hatte Hakim geantwortet, er könne ihm das Geld nicht leihen. Aber sein Sohn hatte die Absage nicht akzeptiert und ihn noch eine

Weile gedrängt, bis Pepe ihn bat, das Gespräch am nächsten Tag fortzusetzen.

Im Schlafzimmer erwartete ihn schon Sara.

»Was wollte Sammy?«

Hakim wollte zu dieser nachtschlafenden Zeit nicht unbedingt eine Diskussion über seinen Sohn. Er wollte zu Bett gehen und sich ausruhen; am wenigsten lag ihm im Moment daran, sich Saras lange Tiraden gegen die Launen des Jungen anzuhören. Als seine Frau von Deborahs Vorschlag erfuhr, musste er eine volle Breitseite gegen das Verhalten und die Wünsche der jungen Leute ertragen, die keine Achtung vor den Traditionen hätten und die Welt von heute auf morgen ändern wollten. Aber nachdem er ihr Sammys Anliegen in aller Kürze erläutert hatte, äußerte sie sich nicht, und als er begründete, warum er sich nicht anpumpen lassen wolle, fuhr Sara dazwischen.

»Du musst ihm das Geld geben.«

»Was?«

»José, wenn wir es nicht hätten, bräuchten wir nicht zu diskutieren, aber wir haben es. Ich würde lieber Sammy helfen. Ich will nicht daran schuld sein, dass er seine Träume nicht verwirklichen kann und für den Rest seines Lebens glaubt, ihm sei eine Gelegenheit entgangen, nur weil seine Eltern ihm nicht geholfen haben, und er sei nun zu einem Leben von Misserfolgen und Enttäuschungen verurteilt.«

Hakim konnte die Worte, die er gerade gehört hatte, nicht glauben. Sammy war schon immer der Liebling seiner Frau gewesen; er war der Einzige, der sie zum Lachen brachte, und sie lauschte gern den Anekdoten und Erlebnissen ihres jüngsten Sohnes, mit dem sie nicht so streng umging wie mit David und den sie nicht mit einer derart eisernen Disziplin behandelte wie Deborah.

»Niemals haben wir einem unserer Kinder so etwas zukommen lassen.«

»Das ist kein Argument. Bisher hat es auch keines nötig gehabt.«

»Sara, ich weiß nicht. Wenn wir ihm dieses Geld geben, könnten wir ihm eher schaden als helfen. Sammy wird denken, alle Probleme im Leben lassen sich dank Mama und Papa lösen.«

»Das muss nicht so sein. Wir geben es ihm unter zwei Bedingungen. Erstens, dass es eine Ausnahme ist, nur dieses eine Mal.

Zweitens, dass es ein Darlehen ist, das er je nach seinen Einnahmen Stück für Stück zurückzahlen muss. Natürlich mit sehr niedrigen Zinsen.«

»Du verlangst von deinem Sohn Zinsen?«

»Warum nicht? Er bekommt unsere Hilfe, ohne diese Summe kann das Orchester nicht starten, und er soll lernen, dass alles seinen Preis hat.«

»Sara, ich verstehe dich nicht. Wir schlafen jetzt, und morgen reden wir mit klarem Kopf weiter.«

Am folgenden Morgen stand Hakim mit dem Orchester seines Sohnes im Kopf auf. Er verbrachte ganzen Tag in dem Gedanken, die Summe sei eigentlich nicht das Problem, und Sara könnte Recht haben. Im Grunde bestand der Konflikt darin, dass er noch immer nicht einsehen wollte, dass sein jüngster Sohn sich der Musik widmen wollte.

Schließlich war er David noch eine Antwort zu dessen Hochzeit mit Ruth schuldig. Sein großer Sohn hatte ihn um die elterliche Zustimmung gebeten, wenn auch in einer Art, die klar gemacht hatte, dass er das Mädchen auf jeden Fall heiraten würde. Da Sara sich der Heirat nach wie vor mit aller Kraft widersetzte, könnte eine positive Antwort von Seiten Hakims zu einer Spaltung der Familie und dazu führen, David zu verlieren, der die Geschiedene ja in jedem Fall heiraten würde.

Er beobachtete den New Yorker Anwalt, der unaufhörlich redete. Seine Anwesenheit beim zweiten Treffen mit dem JOINT-Vertreter war ein Fehler. Die Zusammenkunft war verlorene Zeit, während er so viele Probleme zu lösen hatte.

Der Sondergesandte informierte gerade über sein nächstes Treffen mit Laredo Brú:

»Meine Herren, es ist so, wie ich bereits angekündigt hatte: Der Präsident wird mich höchstpersönlich in seiner Residenz empfangen. Ich denke, unsere Argumente sind überzeugend, und die kubanische Regierung wird eine Übereinkunft akzeptieren müssen. Ein Freund von mir, ein Kabinettsmitglied, informierte mich vertraulich, man werde uns um einen bestimmten Betrag für den Unterhalt der Flüchtlinge, solange sie hier bleiben, bitten.« An dieser Stelle sah der Amerikaner die kubanischen Zuhörer an und fuhr dann fort: »Die Unterredung mit dem höchsten Amtsträger der Republik bestätigt uns, dass eine Lösung möglich ist. Denn es ist lediglich eine Geldfrage.«

»Das heißt, man will uns wieder einmal schröpfen.« Alle blickten auf Isaac, der sich nach seiner Bemerkung nicht erschüttern ließ.

»Aber das Komitee hat kein Geld; es ist uns unmöglich, neue Mittel aufzutreiben«. Das war der Präsident des Komitees, der Isaacs Einwand überhörte.

»Wir wissen um Ihre Grenzen. Auch wir haben Probleme. Die Mittel des JOINT in New York sind aufgebraucht, und wir müssen Zehntausende Flüchtlinge in aller Welt unterstützen; wir haben Schulden, und die Bittgesuche nehmen zu. Aber wir werden alle Kraft aufwenden und die sich aus den Verhandlungen ergebende finanzielle Verpflichtung übernehmen. Der maximale Betrag, bis zu dem wir gehen können, liegt bei hundertfünfundzwanzigtausend Dollar. Die einzige Möglichkeit, diese Summe so schnell wie nötig aufzutreiben, ist ein kurzfristiger Kredit zu hohen Zinsen. Deshalb müssen wir mit großer Vorsicht verhandeln. Auf jeden Fall halte ich eine Vereinbarung für möglich; zum Glück weiß ich, wie man mit kubanischen Funktionären feilscht.«

»Man hat den Mythos verbreitet, wir Juden würden die Banken der Welt kontrollieren«, wandte ein Pole ein, Inhaber einer Schuhfabrik in Luyanó.

»Benítez hat mit seinen Geschäften auch den Präsidenten übergangen. Weiß man etwas über die Kabinettssitzung? Hat man nicht das Einreiseverbot für die Passagiere der St. Louis bestätigt?«, fragte Isaac.

»Die Übereinkunft der Minister ist lediglich eine Nebelkerze zur Beruhigung der Öffentlichkeit. Das kann gar nicht anders sein«, entgegnete der Anwalt unwillig.

»Und die Unterredung mit Batista? Er hat genügend Macht, den Präsidenten unter Druck zu setzen und zu einer Einigung zu gelangen.«

Auf Hakims Frage folgte ein peinliches Schweigen; schließlich antwortete der New Yorker.

»Sein Büroleiter hat mir mitgeteilt, dass er sich nicht in der Stadt aufhalte. Aber es ist nicht nötig, sich mit Batista zu treffen, wichtig ist meine Unterredung mit dem Präsidenten.«

»Ich denke, es ist immer gut, Batistas Unterstützung zu haben. Laredo Brú verdankt ihm die Präsidentschaft.« Hakim ließ sich nicht davon abbringen.

»Wir befinden uns in einer schwierigen Zeit. Nie hatte ich gedacht, dass in Kuba eine solche Situation entstehen würde. Hier hat man uns immer mit offenen Armen empfangen, nie hat es antisemitische Aktionen gegeben. Mit dem Gesetz der Regierung Grau über die fünfzig Prozent kubanischer Arbeitnehmer ist dieses Land komplizierter geworden«, wandte ein anderes Komiteemitglied ein.

»Ja, das stimmt, aber noch davor hat Machado 1932 die jüdischen kulturellen Aktivitäten verboten«, fügte der Präsident des Komitees hinzu.

»Wenn wir so weitermachen, müssten wir mit dem Niederlassungsverbot der spanischen Krone für Juden in Kuba beginnen«, bemerkte Hakim.

»Gut, lassen Sie die Geschichte beiseite, und konzentrieren wir uns auf unser Problem. Ich denke, es wäre gut, wenn wir vor meinem Treffen mit dem Präsidenten Kontakt zum Chef der Einwanderungsbehörde aufnähmen«, sagte der Amerikaner.

»Der hat nichts zu sagen; Benítez ist weg vom Fenster.« Isaac lachte bissig auf. »Niemand weiß, wo er sich aufhält, und in seinem Haus ist lediglich zu hören, dass er sich nicht in Havanna befindet.«

»Außerdem ist er jetzt kein Chef mehr, von gar nichts«, setzte Hakim hinzu.

»Und wird uns Lansky am Ende helfen?«, fragte der Besitzer der Schuhfabrik.

»Ich glaube nicht, er hatte uns einen Anfangsbetrag übergeben, und gestern hat er uns noch einmal eine Spende zukommen lassen, aber wir konnten ihn nicht ausfindig machen. Im Hotel Nacional sagte man uns an einem Tag, er sei in Miami, und am nächsten, er sei nach New York abgereist«, gab Isaac zurück.

Hakim fühlte sich unwohl in dieser Sitzung. Er teilte die Selbstsicherheit des JOINT-Vertreters nicht. Etwas sagte ihm, dass dieses Mal die Dinge anders lägen. Kuba war an sich kein so schwieriges Land, aber das Problem der St. Louis hatte sich so verkompliziert, dass es keine einfache Lösung geben konnte. Er fragte sich, was aus den kubanischen Juden nach dieser

Krise würde. Trotz allem konnte er nicht hinnehmen, dass sich Antisemitismus auf der Insel breit machen würde. Er kannte die Kubaner gut, bei der Mehrheit von ihnen war kein Platz für Rassenhass oder religiösen Eifer. Er dachte an die Zukunft seiner Kinder, an seine beiden Enkel, und kam zu dem Schluss, dass er jetzt mehr denn je die Konflikte in der Familie der Hakims ausräumen und angesichts der bevorstehenden unsicheren Zeiten die Angelegenheiten in Ordnung bringen müsse.

****

Elisabeth hatte Krebs und war im Krankenhaus. Sie musste sich einer heiklen Operation unterziehen, und die Prognose war ungewiss. Rebeca besprach die Situation mit ihrem Vater an einem kalten Nachmittag zu Ende des Winters. Wie sie es auch betrachteten, stets gelangte sie zu demselben Schluss: Sie musste zurück nach Österreich, um ihre Mutter zu pflegen. Die Großeltern waren gestorben, und ihre Tante, die sich schließlich hatte scheiden lassen, hatte vor, in Paris zu leben, und damit war die Liste der Familienmitglieder schon zu Ende.

Dr. Kreiner hatte Bedenken; angesichts der Entwicklung der Ereignisse in Mitteleuropa sorgte er sich um Rebecas Sicherheit. In Österreich blieb die Lage angespannt. Kanzler Kurt Schuschnigg regierte mit diktatorischen Maßnahmen sowohl gegen die Nazis als auch gegen die Sozialisten. Mit Blick auf die Ambitionen Hitlers war Mussolini der Einzige, der von außen her für die Unabhängigkeit des Landes eintrat. Im Vergleich zu vorangegangenen Epochen war sein Schutzgebaren ein historisches Paradoxon. Zur ohnehin komplexen politischen Szene kam die Rückkehr Tausender österreichischer Juden aus dem benachbarten Deutschland hinzu, die infolge der Repression und der Anwendung der Nürnberger Gesetze Schreckliches erlebt hatten.

Ungeachtet der Ungewissheit und der Gefahren setzte sich Rebeca gegen Kreiner durch, der einsehen musste, dass er seine Tochter unmöglich zurückhalten konnte. Auch Emmanuel wollte mitreisen, aber es machte keinen Sinn, dass beide fuhren, und außerdem waren die Kosten zu hoch, so dass Rebeca die Reise allein antreten musste.

Der Professor übernahm erneut die Kosten für die Reise. Er musste sich Geld leihen und mit Emmanuel vereinbaren, den

Gürtel bis zur Begleichung der Schulden enger zu schnallen. Rebeca beantragte eine Freistellung von der Universität und machte sich an die Reisevorbereitung. Gern wäre sie über Italien gereist, aber das wäre teurer gewesen und hätte länger gedauert als über Frankreich. So erstand sie ein Ticket für den erstbesten Transatlantikdampfer nach Cherbourg, von wo aus sie nach Paris weiterfuhr und dort den Zug nach Wien nahm. Mit dem für sie charakteristischen vorausschauenden Organisationsvermögen war sie in wenigen Tagen reisefertig. Blieb nur noch José Antonio.

Die Gelegenheit, über die Zukunft zu sprechen, ergab sich erst einen Tag vor der Abreise, als Tony zur Verabschiedung ein Hotelzimmer in Manhattan buchte. Sie liebten sich ausgiebig mit einer Mischung aus Kummer und Verzweiflung, aber keiner der beiden fand uneingeschränkte Freude daran. Am Ende des Nachmittags fühlte sich Tony wie zerschlagen.

»Wie lange gedenkst du, in Wien zu bleiben?«

»Ich weiß nicht. Das hängt vom Gesundheitszustand meiner Mutter ab. Ich weiß es wirklich nicht.«

»Und wir? Was wird aus uns?«

»Wir werden auf uns warten und uns schreiben. Hast du einen anderen Vorschlag?«

Tony dachte über die Antwort nach. Er konnte sich nicht durchringen, von seiner Absicht zu sprechen, mit ihr in den Vereinigten Staaten zu bleiben. Er sprach auch nicht von der Möglichkeit, die sich ergeben hatte, sein Medizinstudium an einer amerikanischen Universität fortzusetzen.

»Nein, mir fällt nichts anderes ein.« Es entstand ein verlegenes Schweigen. Dann fuhr er fort: »Das Problem ist, dass die Vorlesungen an der Universität von Havanna bald wieder aufgenommen werden, und wenn du gehst, werde ich nach Kuba zurückgehen und mein Studium dort beenden.«

Die Nachricht überraschte und schockierte Rebeca gleichermaßen. Als sie anfingen, miteinander auszugehen, sagte ihr Tony einmal, er würde irgendwann nach der Wiedereröffnung der Universität nach Havanna zurückgehen, um sein Studium zu beenden, aber danach ging er nie wieder auf das Thema ein. Deshalb war die Tatsache, dass auch José Antonio von New York weggehen würde, etwas Unerwartetes, ein völlig anderes

Szenarium. Sie wollte in diesem Moment nicht über die Alternativen diskutieren, die sich ihnen für die Zukunft böten. In den letzten Tagen hatte sie oft an Tony gedacht. Zum ersten Mal in ihrem Leben empfand sie für einen Mann mehr als nur Zuneigung. War es Liebe? Sie wusste es nicht, aber jetzt war nicht der Zeitpunkt, um das herauszufinden. Sie war nicht darauf vorbereitet, sich über die Zukunft ihrer Beziehung im Klaren zu werden, und schon gar nicht bei all der Ungewissheit, die sich durch Elisabeths Krankheit und ihre bevorstehende Reise nach Wien ergeben hatte. Noch dazu kam, dass sie Tonys plötzliche Ankündigung, nach Kuba zurückzukehren, nicht recht deuten konnte.

»Was du sagst, verändert die Situation«, sagte Rebeca.

»Wenn du gehst, kehre ich lieber nach Havanna zurück.«

»Warum sagst du das? Ich finde das ungerecht. Ich habe keine Wahl, ich muss nach Wien fahren.«

»Ja, ich weiß. Ich stelle auch nicht deine Entscheidung infrage. Das steht mir nicht zu.«

»Was schlägst du also vor?«

»Ich nehme an, dass du nach New York zurückkehrst, sobald die Gesundheit deiner Mutter das erlaubt, nicht wahr?«

»Ich denke, ja. Aber seit ich die Nachricht erhalten habe, denke ich eigentlich weniger an die Zukunft. Du musst verstehen, dass ich mehr Zweifel und Fragen als Antworten habe. Ich begebe mich ins Ungewisse, ich weiß nicht, was mich in Wien erwartet, und noch weniger weiß ich, wie lange ich dort bleiben werde. Als ich in die Vereinigten Staaten kam, hatte ich einen klaren Plan: Ich würde nur eine Zeitlang in New York bleiben, bis sich die Lage in Österreich normalisiert hätte. Hier haben sich die Dinge geändert, ich habe mich leichter angepasst, als ich gedacht hatte, und mit meiner Aufnahme an der Universität haben sich neue Möglichkeiten ergeben. Und die Lage in Österreich hat sich auch nicht verbessert. Deshalb hatte ich die Möglichkeit in Betracht gezogen, in den Vereinigten Staaten zu bleiben, und ich habe auch meiner Mutter geschrieben, sie möge zu uns kommen. Aber jetzt ist alles anders.«

»Bei deinen Gründen spiele ich keine Rolle.« José Antonio verfluchte sich, dass er ausgesprochen hatte, was in seinem Kopf vor sich ging. Er durfte nicht so feige sein. Schwäche gegenüber Frauen führte zu nichts Gutem. Ihn störte, dass Rebeca ihre Beziehung nicht einmal erwähnt hatte. Aber er konnte sie nicht zu etwas zwingen, was sie nicht selbst fühlte.

Rebeca sah Tony an. Er hatte Recht, ihre herkömmlichen Mechanismen der Selbstverteidigung funktionierten spontan, und sie hatte nicht erwähnt, dass auch José Antonio ein Grund für ihren Wunsch, in New York zu bleiben, gewesen war.

»Das stimmt. Entschuldige, du zählst natürlich auch.« Rebeca legte eine Pause ein. »Du zählst sehr.«

José Antonio hatte diese Aufrichtigkeit nicht erwartet. Die Österreicherin hatte ihn wieder einmal überrascht. Im Unterschied zu ihm zögerte sie nie, ihre Gefühle auszudrücken.

»Hör mal, Rebeca, ich muss dir etwas sagen.«

»Hast du noch mehr schlechte Nachrichten als die, dass du von New York fortgehst?«

»Nein, ich glaube nicht, dass das noch eine schlechte Nachricht ist.«

»Was ist es dann?«

»An dem Nachmittag, als wir uns am Washington Square trafen und du über deine Rückkehr nach Wien sprachst, hatte ich eine Neuigkeit für dich.«

»Ich verstehe nicht. Was wolltest du mir sagen?«

»Dr. Linares hat mir angeboten, mir bei der Einschreibung für das nächste Studienjahr an der Universität zu helfen, damit ich mein Studium abschließen kann.«

»Das ist ja wunderbar! Warum hast du mir das an dem Tag nicht gesagt?«

»Weil ich wegen deiner Nachricht von der Krankheit deiner Mutter und deiner Abreise dachte, meine Pläne seien zweitrangig geworden.«

Rebeca antwortete nicht. Sie erhob sich vom Bett und begann sich anzukleiden. »Dann verstehe ich nicht, warum du nach Havanna zurückgehst. Es ist schon spät, wir müssen gehen.«

José Antonio wurde in diesem Augenblich gewahr, dass er das Wichtigste nicht gesagt hatte.

»Warte einen Moment. Ich hatte mich entschieden, deinetwegen zu bleiben. Das Angebot von Linares ist schon wichtig, aber der Hauptgrund, weshalb ich daran dachte, hier zu bleiben, warst du.«

Rebeca hielt inne und sah Tony mit einer Miene an, aus der er nichts erschließen konnte.

»Tony, dies ist nicht die beste Gelegenheit, so etwas zu sagen.«

»Verdammt nochmal, wann soll ich es denn sagen? Ich wäre deinetwegen hier geblieben«, wiederholte José Antonio etwas lauter. »Der Grund, weshalb ich nicht nach Kuba zurückgekehrt wäre, warst du. Ist dir das klar oder nicht?«

»Sprich leise, du brauchst nicht wütend zu werden. Jetzt begreife ich noch weniger, warum du zurückgehen musst. Das ist ein Geständnis, das ich nicht erwartet habe, schon gar nicht jetzt.«

»Entschuldige die Überraschung.« Tony war enttäuscht. Zum ersten Mal in seinem Leben gestand er einer Frau seine Gefühle, und die Antwort war, dass seine Worte zur falschen Zeit kamen.

»Sei nicht so, versteh mich nicht falsch. Ich bin einfach nur überrascht. Komm her.« Und sie wandte sich zu ihm und küsste ihn zärtlich.

Als sie aus dem Hotel herausgingen, spazierten sie in aller Ruhe zur Metro-Station. Er umarmte sie so fest, als wollte er verhindern, dass irgendetwas ihre beiden Körper trennte. Sie legte ihrerseits den Arm um seine Taille, und als sie in der Metro saßen, lehnte Rebeca ihren Kopf an Tonys Schulter. Auf der ganzen Fahrt wechselten sie nur wenige Worte, und in Brooklyn gingen sie wieder eng umschlungen. Als sie am Haus anlangten, gaben sie sich einen langen Kuss.

»Keine Angst, ich komme zurück aus Wien.«

»Wenn du zurückkommst, komme ich auch.«

Ein erneuter Kuss beschloss den Abend.

Der Abschied am folgenden Tag auf dem Cruise Terminal war wegen Dr. Kreiners Anwesenheit unerfreulich. Nach einer flüchtigen Begrüßung ignorierte er Tony während der ganzen Zeit des Wartens.

Nachdem Rebeca die Formalitäten erledigt und man zum Einsteigen gerufen hatte, nahm sie Tony beiseite.

»Wann reist du ab nach Kuba?«

»Ich weiß nicht, noch habe ich nichts vorbereitet. Obwohl die Reise in meinem Fall viel leichter ist.«

»Schreibst du mir?«

»Ich werd's versuchen, aber ich muss dich warnen, ich bin nicht sehr gut im Schreiben, und ich habe auch keine Übung darin. Meine Mutter und meine Schwester beklagen sich immer, dass ich ihnen nicht schreibe.«

»Also, was machen wir?«

»Wir haben keine andere Wahl, als abzuwarten und uns zu schreiben. Ich will dich nicht verlieren.«

In diesem Moment ertönte noch einmal die Aufforderung, an Bord zu gehen.

»Ich dich auch nicht. Sobald es meiner Mutter besser geht, komme ich zurück.« Sie küsste ihn auf den Mund und ging. Tony wusste nichts zu sagen und blieb schweigend stehen. Auch der Professor sagte die ganze Zeit über kein Wort, und ein paar Minuten nachdem Rebeca das Schiff bestiegen hatte, murmelte er ein »Wiedersehen« und ging. José Antonio beschloss, bis zum Ablegen des Ozeandampfers zu warten. Dann sah er Rebeca, wie sie an Deck nach ihm suchte, und als sich ihre Blicke trafen, lächelte sie. Das Schiff legte langsam ab und entfernte sich auf den grauen Wassern des Flusses.

Tony blieb noch, bis das Schiff vor Ellis Island und an der Freiheitsstatue vorbeifuhr und er es dann schließlich an der Einfahrt zur Bucht aus dem Blick verlor. Anschließend verspürte er eine ungeheure Leere, und er dachte, er würde sie nie wiedersehen. Er hatte es nicht geschafft, ihr zu sagen, dass er sie liebe, auch nicht, dass er daran gedacht hatte, sie zu heiraten. Er hatte es vorgezogen zu schweigen, und jetzt bereute er es. Ein kalter Luftstrahl ließ ihn erschauern. Er wandte sich in Richtung Battery Park und sah auf dem Weg mehrere Gruppen in Grün gekleideter Menschen, die sangen und laut lachten. Je weiter er kam, umso zahlreicher wurden die Feiernden. Zwei Mädchen lösten sich aus einer Gruppe und kamen auf ihn zu. Sie waren hochgewachsen, hatten eine schöne Figur, eine war ein bisschen dunkler mit grünen Augen, die andere hatte kastanienbraunes Haar und ebensolche Augen. Die Beiden lachten und reichten ihm ein grünes Kleeblatt aus Papier, wünschten ihm im Chor einen schönen St. Patrick's Day und liefen zu ihrer Gruppe zurück.

Von da an überschlugen sich die Ereignisse. Am Tag nach Rebecas Abreise zeigte Manuel José Antonio eine Zeitung aus

Havanna, in der darüber informiert wurde, dass am 6. März der Rektor und der Vizerektor der Universität von Havanna gewählt worden waren und die Vorlesungen bald beginnen würden.

Drei Wochen später erhielt Tony den ersten Brief, den Rebeca auf der Fahrt über den Atlantik geschrieben und am selben Tag, da sie in Cherbourg an Land gegangenen war, aufgegeben hatte. Der Brief umfasste sieben Seiten, in wettbewerbsreifer Schönschrift und in einem Ton geschrieben, der die Traurigkeit der Absenderin beim Schreiben während der einsamen Fahrt über den Ozean bei Kälte und schlechtem Wetter nicht verhehlen konnte. Am selben Tag brachte Manuel vom Konsulat eine amtliche Notiz mit, in der die Eröffnung des Studienjahres an der Universität von Havanna bekannt gegeben wurde. José Antonio beschloss, nicht länger zu warten, und begann mit seinen Vorbereitungen für die Rückkehr nach Kuba.

Am Tag vor seiner Abreise aus New York traf ein zweiter Brief von Rebeca ein, diesmal aus Wien, in dem sie ihm von der Zwischenstation in Paris berichtete, wo sie nur eine Nacht geblieben war, und von der langen Zugfahrt nach Österreich, größtenteils durch deutsches Territorium, wo sie sich bei den Kontrollen und wegen der feindseligen Blicke der Nazi-Beamten nicht wohl gefühlt hatte. In diesem Brief erzählte Rebeca kurz und ohne auf Einzelheiten einzugehen vom Besuch bei ihrer Mutter, die man operiert hatte und die nach wie vor im Krankenhaus war. Auch über Wien schrieb sie wenig, betonte aber, dass sie auf einen Brief von ihm warte. Tony hatte noch nicht einmal auf den ersten Brief geantwortet; an den Tagen, die er noch in New York war, hatte er sich nicht in der Verfassung gefühlt, zu schreiben, und er war sich auch unsicher, wie er das tun sollte. Er beschloss, bis zu seiner Ankunft in Havanna zu warten und von dort zu schreiben, wo er sicher mehr Lust und mehr zu erzählen haben würde.

An einem herrlichen Frühlingsmorgen und zwanzig Monate nach seiner Ankunft, umarmte er Manuel fest, und mit einem Koffer und zwei Taschen bepackt, stieg er in die Metro zur bereits vertrauten Pennsylvania Station. Dort musste er nicht erst ins Freie; die Metro-Station befand sich im selben Terminal, von wo die Züge abfuhren, und so begab er sich inmitten des Gewühls von Tausenden ankommenden und abreisenden Menschen zum Ausgang. Während José Antonio auf den Zug wartete, beobachtete er die wogende Menschenmenge, die sich in einförmiger Eile bewegte. Es war ein wahres Babel von Gesichtern, die von allen Ecken des Planeten stammten. Er erinnerte sich, dass dies sein erster Eindruck von New York gewesen war. Schließlich öffneten sich die Türen zum Bahnsteig, und Tony stieg in den Wagen.

29. KAPITEL

Mit der Unterstützung seines Onkels und der Zahlung von zwanzig Pesos schaffte es Tony, dass man ihn in das Ärzteteam einbezog, das am Mittwoch, dem 31. Mai, vormittags eine Hygieneinspektion auf der St. Louis vornehmen sollte. Im letzten Moment, unmittelbar vor dem Einsteigen ins Boot, weigerte sich der Chef der Gruppe, ihn mitzunehmen, weil er zuvor nicht konsultiert worden sei. Ein Gespräch von Paco mit dem Beamten unter vier Augen und noch einmal zehn Pesos reichten aus, um ihn zu überzeugen.

Es war schon nach zehn, und die Sonne brannte unbarmherzig. Tony, in weißem Kittel und mit einem schwarzen Koffer in der Hand, stieg schließlich ins Boot, wo er von dem Trupp aus Beamten und Inspektoren schweigend empfangen wurde. Zu seiner Überraschung befand sich auch Ilse in dem Boot, gekleidet in makelloses Weiß und steif wie eine Statue. Sie grüßten einander mit einer leichten Kopfbewegung, und Tony fragte sich, wie die Deutsche es wohl auf das Boot geschafft hatte.

Die kurze Fahrt durch die Bucht erfrischte ihn, und die Ankunft auf dem Kreuzfahrtschiff verlief problemlos. Unter den erwartungsvollen Blicken Dutzender Passagiere wurden sie rasch in den Speisesaal des Schiffes geführt, wo die Gruppe sich aufteilen würde, um ihre verschiedenen Aufgaben zu erfüllen. Während sie über das Deck liefen, wandte sich Tony auf Englisch an den Schiffsarzt und bat ihn darum, Rebeca ausfindig zu machen. Der Deutsche nickte diskret und entfernte sich von der Gruppe, um mit einem Offizier zu sprechen.

Im Speisesaal empfing der zweite Offizier die Gruppe, und zwei Kellner begannen, Kaffee, Tee und Süßigkeiten zu servieren. Was Tony betraf, so wurden er und ein Hafenarzt, der ihn einfach ignorierte, sowie ein Inspektor, der die ganze Zeit wie aufgedreht redete, in die Küche und die Laderäume geführt, um sie zu inspizieren. Überall fanden sie eine tadellose Ordnung und Sauberkeit vor, und die Drei waren sich einig, dass eine erneute körperliche Untersuchung der Besatzung oder der Flüchtlinge nicht nötig wäre, so dass sie in den Speisesaal zu den anderen

Beamten zurückkehrten und auf die Passagiere warteten, die einer ärztlichen Behandlung bedurften.

Trotz der Hitze und der Sprachbarrieren entspann sich zwischen den kubanischen Beamten und ihren deutschen Gastgebern ein Dialog mit Zeichen und Wörtern aus verschiedenen Sprachen. Der Einzige, der sich mit einigen Schiffsoffizieren auf Englisch unterhalten konnte, war José Antonio, der bald zum Dolmetscher des Inspektorenteams wurde, und auch dessen Chef vergaß ziemlich schnell seine Einwände gegen den gerade erst Hinzugestoßenen und nahm ihn für sein Gespräch mit dem zweiten Offizier in Beschlag. Niemand schien es eilig zu haben, was Tony, der darauf wartete, dass Rebeca auftauchte, dankbar vermerkte.

Seinen wässrigen Kaffee hatte er noch nicht ausgetrunken, als er vom Schiffsarzt unterbrochen wurde, der ihn bat, ihn zur Behandlung eines Passagiers zu begleiten. Auf dem Weg schockierte ihn der Anblick Dutzender ängstlicher Gesichter. Erleichtert atmete er auf, als sie in eine kleine Kabine kamen, wo ein übergewichtiger Mann von etwa sechzig Jahren mit akutem Bluthochdruck lag. Bei ihm saß seine Frau, eine kleine ältliche, gebrechliche Dame mit starrem Blick. Tony untersuchte ihn gewohnheitsgemäß und stellte fest, dass der Blutdruck trotz korrekter Behandlung weiterhin hoch war. Da das Paar nicht Englisch sprach, versuchte er die Beiden mit Hilfe des deutschen Arztes zu beruhigen, bis sich zwischen ihnen ein Gespräch ergab, das der Arzt nicht übersetzte.

»Was sagen sie?«, fragte Tony.

»Sie diskutieren, ob sie Sie zur Lage der Passagiere befragen sollten oder nicht.«

José Antonio wusste nicht, was er antworten sollte. Er entschloss sich, Optimismus auszustrahlen.

»Ich weiß nicht viel, aber ich bin sicher, dass Sie früher oder später an Land können.«

Das Paar blickte weiter besorgt drein, bis sie die Übersetzung von Tonys Worten hörten, die ein Lächeln auf dem Gesicht des Kranken hervorrief und die Dame zu einer Frage veranlasste.

»Verzeihen Sie, Doktor, aber die Dame möchte wissen, ob das Ihre ehrliche Meinung ist oder ob Sie sie mit Ihren Worten nur beruhigen wollen.«

»Sie dürfen die Hoffnung nicht aufgeben. Man wird eine Lösung finden. Bis dahin muss ihr Mann ruhen, die Medikamente einnehmen und salzlose Diät halten. Mehr kann ich Ihnen nicht sagen.«

Der Kranke murmelte einen Dank und streckte seine Hände nach José Antonio aus, der sie drückte und ihm viel Glück wünschte. Tony richtete sich auf, und als er sich von der Frau verabschieden wollte, wandte er sich noch einmal an den Patienten:

»Sie müssen rasch wieder auf die Beine kommen, damit Sie sich um Ihre Frau kümmern können; sie ist eine wundervolle Frau.« Damit bat er seinen Kollegen, dem Paar seine Worte zu dolmetschen.

Der Arzt zögerte eine Sekunde, übersetzte dann aber. Ein verstohlenes Lächeln erschien auf dem Gesicht der Frau, und auch der Kranke lachte und fügte hinzu: »Ja, ja, Sie haben Recht.«

Beim Verlassen der Kabine wandte sich Tony an den Schiffsarzt:

»Doktor, wenn Sie einverstanden sind, werde ich bei meiner Rückkehr zum Hafen mitteilen, dass der Zustand des Patienten kritisch ist und er in ein Krankenhaus eingeliefert werden muss. So kann das Paar vielleicht an Land gehen. Die Erlaubnis der Behörden zu bekommen, wird nicht leicht sein, aber wir haben nichts zu verlieren, wenn wir es versuchen.«

»Ich werde den Kapitän informieren, aber ich denke, der hat nichts dagegen. Vielen Dank für Ihre Zusammenarbeit.«

»Keine Ursache, es ist das Mindeste, was ich tun kann. Ich schlage vor, dem Patienten oder seiner Frau nichts davon zu sagen, um keine falschen Erwartungen zu wecken.«

»Einverstanden.«

Als sie in den Speisesaal kamen, war Rebeca noch nicht aufgetaucht, und die kubanischen Beamten diskutierten, ob sie die Einladung zum Mittagessen auf dem Schiff annehmen sollten oder nicht. Ungefragt mischte Tony sich ein.

»Wir müssen bleiben, sonst würde man es als Unhöflichkeit auslegen.«

Der Leiter des Teams verzog das Gesicht.

»Wenn wir mit unserer Arbeit fertig sind, müssen wir von Bord.«

»Mein Gott, warum so eilig? Wir essen etwas, trinken ein paar deutsche Biere, und dann gehen wir«, sagte ein dicker Einwanderungsbeamter und sah den Chef mit ernster Miene an. Dieser willigte murrend ein, aber nur, wenn man sofort essen würde.

In diesem Augenblick stieg ein seltsames Gefühl in Tony hoch und er drehte sich um. In der Tür zum Speisesaal stand Rebeca.

****

Präsident Roosevelt fühlte sich nach der Sitzung mit seinem Beraterteam ausgelaugt. Die Diskussion über die wirtschaftliche Lage war lang und anstrengend gewesen. Schlimmer als die Müdigkeit war jedoch die Enttäuschung angesichts ausbleibender Ergebnisse in der amerikanischen Wirtschaft. Zwar hatte es einige Fortschritte gegeben, doch seine Berater konnten sich nicht auf den Kurs einigen, den die Administration einschlagen müsste, um die Depression ein für allemal zu überwinden.

Ohne eine deutliche und endgültige Erholung, so dachte er, würde es schwierig werden, für eine dritte Amtsperiode zu kandidieren. Aber mit jedem Tag hielt er ein neues Mandat für unabdinglicher; die internationale Lage verschlechterte sich weiter, das Land hatte die Krise noch nicht überwunden, und er war davon überzeugt, dass in der gesamten Demokratischen Partei er, und nur er, in der Lage wäre, eine Koalition aus so unterschiedlichen Sektoren wie den Weißen des Südens, den Gewerkschaften, den europäischen Einwanderern in den Großstädten und den jüngst in den Norden gekommenen Schwarzen zusammenzuhalten.

Roosevelt ahnte voraus, dass sich ein erneuter Weltenbrand anbahnte, und ungeachtet des von den meisten seiner Mitstreiter befürworteten Isolationismus war ihm klar, dass die Vereinigten Staaten keine andere Wahl haben würden, als in den nächsten Krieg einzugreifen. Trotz aller Zugeständnisse, die er von den Staaten des Westens erhalten hatte, war Hitler unersättlich und betrieb die Wiederaufrüstung Deutschlands in einem unglaublichen Tempo. Im Pazifik standen die Dinge nicht besser. Die Japaner hegten imperiale Ambitionen, und nach der Invasion in China verfolgten sie weiterhin ihre Pläne zur Beherrschung Asiens und des Pazifikbeckens.

Zu all dem war auch noch die Hitze in Washington eingezogen. Der flüchtige Frühling hatte das alte Sprichwort bestätigt, dass es in der Hauptstadt nur zwei Jahreszeiten gab: den Winter und den Sommer. Roosevelt sehnte sich nach dem Familiengrundstück in Hyde Park. Dort war der Frühling angenehm und erfrischend, ein hervorragender Ort zum Ausspannen, vor allem zum Nachdenken, fernab von den Problemen und der Hitze der Hauptstadt.

»Herr Präsident, bitte denken Sie daran, dass ich noch gern ein anderes Thema mit Ihnen besprechen wollte.«

Roosevelt schaute den Finanzminister über seine Brille hinweg an und zog an seiner Zigarettenspitze.

»Ja, Henry, natürlich, ich höre.«

»Herr Präsident, es geht um die St. Louis. Entschuldigen Sie, dass ich noch einmal darauf zurückkomme, aber wie Sie mir geraten haben, habe ich mit Hull gesprochen.«

»Und?«

»Der Außenminister hat mir gegenüber den Standpunkt des State Department bekräftigt, die kubanische Regierung nicht zu drängen, das Ausschiffen der Flüchtlinge zu genehmigen. Er sagte ferner, dass es nicht möglich sei, eine Ausnahme bezüglich unserer Einwanderungsvorschriften zu machen, damit diese Gruppe in die Vereinigten Staaten einreisen könnte.«

»Ja, ich weiß davon. Cordell hat mir eine Mitteilung zukommen lassen, in der er seine Auffassung bekräftigt.« Seine hellen Augen fixierten Morgenthau.

»Also, Herr Präsident, was machen wir?«

»Henry, das ist ein schwieriges Problem. Es geht nicht nur um diese Gruppe von Flüchtlingen. Hunderttausende warten in Europa darauf, in unser Land einreisen zu können. Wenn wir in diesem Fall eine Ausnahme machen, hätte das unmittelbare Auswirkungen. Der Druck, hierher zu kommen, wird zunehmen, und wir werden den Republikanern auf dem Silbertablett einen Vorwand liefern, uns als Feiglinge anzugreifen und uns vorzuwerfen, die Arbeitsplätze der amerikanischen Arbeiter nicht zu schützen.« Der Präsident nahm noch einen Zug aus seiner Zigarettenspitze. »Und wie ich dir schon sagte, besteht darüber hinaus die Gefahr, dass wir auf diese Weise unser Territorium für deutsche Spione öffnen, die mit den Flüchtlingen eingeschleust werden. Das haben die Nazis bereits früher getan, sowohl hier als auch in anderen Ländern. Ich fürchte, wir müssen die Entscheidung der kubanischen Regierung im Zusammenhang mit den Passagieren auf der St. Louis respektieren; es ist ihr Territorium, und es ist ihre Verantwortung.«

Morgenthau schwieg und sah den Staatschef in seinem Rollstuhl an.

»Henry, ich verstehe, was das für dich bedeutet. Auch Eleanor hat mit mir darüber gesprochen; du weißt, dass sie sich für solche Sachen einsetzt. Aber ich glaube fest daran, dass es für die Vereinigten Staaten das Beste ist, sich nicht einzumischen.« Nachdem Roosevelt den Satz beendet hatte, bedachte er seinen Finanzminister mit einem Lächeln. »Hör mal, Henry, ich brauche deine Meinung zu einem anderen Problem.« Ohne eine Antwort des Ministers abzuwarten, fuhr der Präsident fort: »Wie du weißt, wird uns das englische Königspaar bald einen Besuch abstatten; es ist der erste offizielle Besuch eines britischen Souveräns in den Vereinigten Staaten, und ich dachte daran, die Beiden nach New York, zu mir nach Hause, nach Hyde Park, einzuladen. Das ist etwas persönlicher, man kann frei reden, ohne Einschränkungen. Was denkst du?«

»Ich weiß nicht, Herr Präsident. Das englische Protokoll ist sehr streng, man könnte die Einladung falsch auffassen.«

»Das stimmt, aber es wäre eine ehrliche, natürliche Geste. Die Presse könnte das als Ausdruck der Aufrichtigkeit unseres Landes und der demokratischen Gepflogenheiten der Amerikaner nutzen. Andererseits brauche ich größtmögliche Abgeschiedenheit, um mit dem König über die Situation in Europa zu sprechen und aus erster Hand zu erfahren, welchen Standpunkt das Vereinigte Königreich einnehmen wird, wenn sich die Lage weiter verschärft.« Roosevelt legte eine Pause ein und lächelte wieder. »Weißt du, Henry, ich werde sie zu einem Picknick auf dem Lande mit Hot Dogs einladen. Ich denke, das ist eine gute Gelegenheit, dass sie etwas von den Vereinigten Staaten kennenlernen. Außerdem stelle ich mir vor, wie die Presse und die Republikaner reagieren werden.« Der Präsident schloss mit einem lauten Lachen.

****

Bei der Ankunft in Wien fand Rebeca ihre Tante wie immer vor: tadellos gekleidet, als wäre sie im Begriff, sich auf einen Spaziergang auf der Avenue des Champs Élysées zu begeben. Rebeca wollte kaum glauben, wie gut sie sich gehalten hatte. Sie schien zehn Jahre jünger und war noch immer eine attraktive Frau. Aber nach der ersten Begrüßung brach Margot fast zusammen, umarmte sie und begann zu weinen. Rebeca hatte eine lange Reise hinter sich, war sehr erschöpft und wollte erst einmal etwas über den Gesundheitszustand ihrer Mutter erfahren, doch sie musste zunächst ihre Tante trösten. Nach einer Weile erholte sie sich und gewann ihre gewohnte Beherrschung zurück. Dann erzählte sie von Elisabeth, davon, wie kompliziert die Operation gewesen war und wie sie versucht hatte, trotz ihrer Aversion gegen Spitale und Krankheiten alles gut zu überstehen.

Es vergingen angespannte Tage, bis Elisabeth das Krankenhaus verlassen durfte. Dann begann die härteste Zeit; ihre Mutter war sehr schwach, und Rebeca musste Elisabeth betreuen und sich gleichzeitig um den Haushalt kümmern. Margot verschob ihre Reise nach Paris und besuchte täglich ihre Schwester. Aber die ganze Last der Situation hatte Rebeca zu tragen. Elisabeth verlangte nichts und ertrug die Schmerzen, ohne zu klagen, lehnte es aber rundheraus ab, dass sich jemand anderes als Rebeca um sie kümmerte.

Am Ende des Sommers hatte sich der Gesundheitszustand ihrer Mutter stabilisiert, und Rebecas Leben wurde etwas leichter. Die Besserung Elisabeths war Anlass für Margot, abzureisen. Die Sehnsucht nach der französischen Hauptstadt war ebenso groß wie ihre Furcht vor der Aggressivität der österreichischen Nazis.

Karl tauchte wieder auf. Er war inzwischen Anwalt einer Wiener Firma geworden und hatte nicht geheiratet. Er kam jetzt öfter zu Besuch, bot zunächst seine Hilfe an und versuchte später, die alte Beziehung wieder aufleben zu lassen.

Rebeca vermisste José Antonio, aber das lange Warten auf einen Brief frustrierte sie. Anfangs dachte sie, Tony habe sie vergessen, und dann, als regelmäßig Briefe aus Havanna eintrafen, fiel es ihr schwer, sie zu beantworten.

Da war auch Karl mit seinem Drängen, zu alten Zeiten zurückzukehren. In den ersten Monaten widerstand Rebeca der Belagerung, aber im Herbst, als Elisabeth so weit war, allein bleiben zu können, nahm sie eine Einladung ins Kino mit anschließendem Abendessen in einem Restaurant im Stadtzentrum an. Nach sechs aufreibenden Monaten ging sie zum ersten Mal wieder aus. Es war eher ein Ausruhen als Vergnügung, und eine Weile fühlte sie sich von der schweren Last, die sie erdrückte, befreit. Sie musste der Enge der Wohnung entfliehen, und bald ging sie regelmäßig mit Karl aus; es war ihr einziger Kontakt zur Außenwelt.

Sie beschloss, das neue Jahr zusammen mit Elisabeth zu begrüßen, und Karl gesellte sich zu ihnen. Es war ein trister Abend, obwohl die Drei bemüht waren, einander aufzuheitern. Beim Abschied gab sich Rebeca den sehnsuchtsvollen Küssen des jungen Mannes hin, mehr aus dem Bedürfnis nach Zuneigung heraus als aus Verlangen.

Eines Abends gingen sie ins Theater und anschließend in ein Restaurant. Auf dem Nachhauseweg begann es zu schneien. Karl kam mit in die Wohnung, und nach einem Gläschen Cognac zum Aufwärmen gaben sie sich im Wohnzimmer der Liebe hin. Doch hin und hergerissen zwischen seiner Verzweiflung und ihrer Sorge, Elisabeth nicht zu wecken, vermochte sie den Augenblick nicht zu genießen. Später gab es noch mehrere Treffen mit besserem Ausgang, aber keines hatte die Intensität der Nachmittage in Queens.

In diesem Winter fragte sich Rebeca mehrmals, ob sie die Liebe ihres Lebens verloren hätte. Sie versuchte, sich in die Betreuung ihrer Mutter und in die Lektüre zu flüchten, aber sie fand keine Ruhe. Elisabeth merkte wohl, dass in ihrer Tochter etwas vorging, und versuchte, sie zum Reden zu bewegen. Anfangs verweigerte sich das Mädchen, bis sie an einem kalten Nachmittag nicht mehr an sich halten konnte und zwei Stunden lang von José Antonio erzählte.

Elisabeth versuchte nicht, sie zu trösten, das lag ihr nicht; auch gab sie sich nicht die Schuld an Rebecas Rückkehr. Zuerst stellte sie neue Fragen über Tony, und dann redete sie lange auf ihre Tochter ein, um ihr das Gefühl zu geben, dass nicht alles verloren sei mit dem Kubaner und sie ein Wiedersehen nicht von vorn herein ausschließen solle.

Plötzlich entstand in Wien erneut eine Krise. Die Konfrontation zwischen den Nazis und der Regierung eskalierte. Der österreichische Kanzler wurde nach Berchtesgaden, Hitlers Lieblingsrefugium, zitiert, wo ihm der Führer ein Ultimatum stellte. Er solle die Macht mit den Nazis teilen. Schuschnigg ging auf Hitlers Forderungen ein, änderte seine Meinung aber bei seiner Rückkehr nach Wien, weil seine enormen Zugeständnisse in Österreich auf Widerstand stießen. Er setzte eine Volksbefragung zur Unabhängigkeit des Landes an. Dabei war den Bürgern unter vierundzwanzig Jahren die Stimmabgabe untersagt, und damit war die Teilnahme der Jugendlichen, die eine entscheidende Stütze der Nazis bildeten, ausgeschlossen.

In dieser Situation trat der dicke Göring in Aktion. Er reiste an Hitlers statt nach Wien und forderte die Aufschiebung des Plebiszits. Einmal mehr gab sich Schuschnigg den Deutschen gegenüber willfährig und dachte, mit dem erneuten Zugeständnis die Krise lösen zu können, aber so wie es bei den Raubtieren ist, die die zurückweichende Beute zu Tode hetzen, forderte Göring den Rücktritt des österreichischen Kanzlers, und so geschah es. Hitler machte an dieser Stelle noch nicht Halt, sondern forderte, dass der Führer der Nazi-Partei Regierungschef würde, was beim österreichischen Bundespräsidenten das Fass zum Überlaufen brachte. Der nämlich widersetzte sich der Ernennung, konnte aber den Einmarsch der deutschen Truppen nicht verhindern, die bereits die Grenze überschritten.

Als letzte Geste befahl Schuschnigg dem österreichischen Heer, keinen Widerstand zu leisten, und so wurde das Land besetzt, ohne dass ein einziger Schuss abgefeuert wurde. Diesen Konflikt bezeichnete man als den Blumenkrieg wegen des begeisterten Empfangs, den ein Teil der Bevölkerung der deutschen Armee bereitete. Als Dank für sein Handeln wurde der einstige Kanzler von den Deutschen in ein Konzentrationslager verschleppt.

Hitler marschierte in Österreich nahe seinem Geburtsort ein. Empfangen wurde er von begeisterten Menschenmassen, die seinen haarsträubenden Reden fasziniert lauschten. Die ersten Tage nach dem Anschluss waren verwirrend und widersprüchlich. Gleich zu Anfang setzte eine brutale Repression gegen potenzielle Gegner des neuen Regimes ein, während ein anderer Teil der Bevölkerung den deutschen Soldaten weiterhin zujubelte.

Die Länder des Westens nahmen die Annexion Österreichs hin; diese Schwäche bestärkte Hitler noch in seiner Verachtung für diese Regierungen. Mussolini machte eine totale Kehrtwendung und sandte ein Glückwunschtelegramm, mit dem die Allianz der Achse Berlin-Rom besiegelt wurde.

Die Österreicher wurden zu Untertanen des Dritten Reiches, doch den Juden wurde die deutsche Staatsangehörigkeit verwehrt; sie wurden ganz offiziell zu Parias ohne Rechte, ohne Status, sogar ohne Nationalität. Ihre Pässe wurden als wertlose Dokumente eingestuft, und man zwang sie, stets eine sogenannte Kennkarte als Legitimationspapier bei sich zu tragen. Man verbot ihnen zu wählen, ein öffentliches Amt zu bekleiden oder die deutsche Fahne zu tragen. Sie durften keinen Beruf ausüben, und es war ihnen untersagt, mit Ariern die Ehe einzugehen, soziale Beziehungen oder gar Geschlechtsverkehr mit ihnen zu haben. Am Tag nach dem Einmarsch der Invasionstruppen begannen die Demütigungen und Misshandlungen der Wiener Juden; das reichte von der zwangsweisen Verpflichtung zur Straßenreinigung bis zur Plünderung ihrer Läden und Geschäfte. Da man anfangs noch die Ausreise oder Ausweisung der Unerwünschten beförderte, setzte ein Exodus von Tausenden Familien ein, jener die über die nötigen Mittel verfügten; doch viele, die zu fliehen versuchten, mussten feststellen, dass sich die Türen vor ihnen schlossen.

Der Anschluss bedeutete das Aus für die Kommunikation mit Kuba. Im Dritten Reich wurde der Postverkehr mit dem Ausland streng kontrolliert, und es kamen keine Briefe mehr aus Havanna. Angesichts all dieser Geschehnisse dachte Rebeca, sie würde José Antonio nie wiedersehen und das New Yorker Idyll würde nur eine schöne Jugenderinnerung bleiben.

Karl besuchte sie insgeheim weiter. Obwohl Rebeca als Arierin durchging, lehnte sie es ab, mit ihm auszugehen, um ihn nicht größeren Risiken auszusetzen. Sie sahen sich ausschließlich in Elisabeths Wohnung unter Einhaltung extremer Vorsichtsmaßregeln. Mehrmals dachte Rebeca daran, die Beziehung wegen der Karl drohenden Gefahren zu beenden; aber auf Drängen des jungen Mannes tat sie es nicht, und sie brauchte jemanden in ihrer Nähe, der sich um sie sorgte. Sie brauchte etwas menschliche Wärme, um das Gefühl zu haben, noch am Leben zu sein.

30. KAPITEL

Rebeca und José Antonio befanden sich im Speisesaal eines Transatlantikdampfers, der mitten in der Bucht von Havanna vor Anker lag; unter Umständen, die sie sich bei ihrem Abschied in New York nie hätten vorstellen können. Tony ging auf sie zu und umarmte sie fest, die umstehenden Beobachter kümmerten ihn nicht. Rebeca, die sich gewöhnlich mit öffentlichen Bekundungen der Zuneigung zurückhielt, bot diesmal keinen Widerstand und drückte sich eng an ihn.

Die deutschen Offiziere und anderen Besatzungsmitglieder schauten kurz hin und wandten sich dann wieder ihren Arbeiten zu, ohne ein Wort zu verlieren. Die kubanischen Funktionäre schauten etwas länger zu dem Paar hinüber.

»Deshalb wollte dieser Halunke unbedingt hier rauf«, stieß der Chef der Gruppe hervor.

»Sei nicht neidisch auf das hübsche Mädchen«, wies ihn der Dicke zurecht.

»Na ja, schön ist sie ja«, bemerkte ein Polizist mit gedämpfter Stimme.

Allen indiskreten Bemerkungen und Blicken entrückt, verharrten José Antonio und Rebeca und sahen einander an. Sie war schlanker, aber schön wie eh und je. Rebeca fand ihn etwas korpulenter, mit seinen einsachtzig hochgewachsen und elegant in seinem weißen Kittel, mit kurzem schwarzem Haar und einem Lächeln, das die Anspannung löste. Trotz der Emotionen, die in diesem Moment in ihr aufstiegen, versuchte Rebeca wie immer, sich zu beherrschen und sich sicher und gelassen zu geben.

»Herr Doktor, welche Überraschung! Ich bin beeindruckt von der Aufmachung.«

»Mach dich nicht lustig. Es hat mich Gott weiß was gekostet, hier hoch zu kommen. Wie geht es dir?«

»Gut, aber die Situation ist so verwirrend. Und dir, wie geht es dir?«

»Jetzt, da ich dich sehe, geht es mir besser, aber ich bin wütend über die Sache mit diesem Schiff. Nach so langer Zeit gelingt es dir, aus Deutschland auszureisen, kommst nach Tausenden Kilometern auf dem Meer bis hierher, nur um festzustellen, dass du wegen eines Durcheinanders, das keiner so recht erklären kann, nicht an Land darfst.«

Rebeca antwortete nicht, sondern schaute Tony wieder an. Einmal mehr hatte er sie verblüfft; er hatte das scheinbar Unmögliche geschafft. Der Kubaner war ihretwegen an Bord der St. Louis gekommen. Erstmals seit langer Zeit spürte sie ein angenehmes Gefühl der Erleichterung und des Zutrauens.

»Komm, setzen wir uns. Lass uns in Ruhe miteinander reden.«

»Können wir nicht irgendwo hingehen, wo wir allein sind? In deine Kabine?«

»Nein. Außerdem reist in meiner Kabine noch jemand anderes.«

»Wer?« Bei dieser Frage verdüsterte sich Tonys Antlitz.

»Interessiert es dich, mit wem ich reise?«

»Natürlich. Sag mir nicht, dass du geheiratet hast.«

»Fällt dir nichts anderes ein?«

»Hast du nun geheiratet oder nicht?«

»Und du?«

»Coño. Ich habe zuerst gefragt.«

»Seit zwei Jahren habe ich dieses Schimpfwort nicht gehört. Bist du verheiratet oder nicht?«

Tony schaute in die Augen, die ihn vom ersten Tag an, da er sie gesehen hatte, so gefangen genommen hatten. Er fand sie jetzt ein wenig dunkler und mit einem Anflug von Türkis auch anders. Am Ende führte Rebeca ihn doch immer wieder an der Nase herum.

»In New York habe ich dir mehrmals gesagt, dass ›coño‹ kein Schimpfwort ist. Nein, ich habe nicht geheiratet. Ich bin immer noch ledig.«

Das war alles, was sie wissen wollte.

»Komm, setzen wir uns.« Rebeca zeigte zu einem Tisch am Ende des Speisesaals.

»Du schuldest mir noch eine Antwort.«

»Stimmt. Auch ich habe nicht geheiratet.«

Tonys Gesicht hellte sich auf, und er ging wieder zum Angriff über.

»Also, mit wem reist du dann?«

»Mit niemandem, ich reise allein; ich teile lediglich die Kabine mit einem Mädchen. Komm, wir setzen uns an diesen Tisch.«

In diesem Moment kam der Kellner mit Valentino-Haarschnitt auf das Paar zu. Er lächelte verschmitzt und überrascht.

»Haben Sie einen Wunsch? Einen Kaffee?«

»Nein, danke, ich möchte nichts. Möchtest du etwas, Tony?«

»Nein, ich auch nicht. Vielen Dank.«

Mit einem flüchtigen Kopfnicken entfernte sich der Junge.

»Sag, wie geht es deinem Vater? Deiner Mutter und deinen Schwestern?«

»Es geht ihnen allen gut. Ich bin Onkel geworden; meine Schwester Blanquita hat ein wunderschönes Mädchen und ist schon wieder schwanger. Victoria, die Jüngere, denkt auch daran, bald zu heiraten.«

»Und dein Vater ist noch immer in New York?«

»Ja, obwohl er immer wieder sagt, es sei das letzte Jahr. Was weißt du von Professor Kreiner und deinem Bruder? Dein Vater findet die Idee, dass du nach Havanna kommst, wahrscheinlich toll.«

Rebeca verkniff sich eine Bemerkung.

»Meinem Vater geht es gut. Emmanuel geht jetzt auf ein College. Danach will er Rechtswissenschaft studieren.«

»Entschuldige, dass ich dir das nicht gleich gesagt habe: Um deine Mutter tut es mir sehr leid. Es muss für dich sehr hart gewesen sein.«

»Danke. Ja, es war hart, aber jetzt möchte ich lieber nicht darüber sprechen. Tony, was machen wir? Werden wir an Land können?«

»Ich weiß nicht. Das Problem ist sehr schwierig, und niemand weiß, was aus der St. Louis wird.«

Jetzt trat der Schiffsarzt zu ihnen und fragte Tony, ob sie gern zu Mittag essen würden.

»Nein, vielen Dank, wir bleiben hier«, gab Tony zurück.

»Ich nehme an, du hast deinen Abschluss gemacht«, fragte Rebeca.

»Ja, endlich. Ich müsste dir viel erzählen, aber ich glaube, wir haben keine Zeit dafür. Was hast du für Pläne?«, fragte Tony seinerseits und nahm ihre Hände.

Rebecas erste Regung war, sich in ihrer Umgebung umzusehen weil sie fürchtete, beobachtet zu werden. Aber sie fühlte sich wohl und behaglich, als Tonys Hände die ihren drückten. »Welche Pläne? Das Erste ist, an Land zu gehen und diese Reise zu beenden.«

»Und dann? Was machen wir?«

Rebeca sah in seine wachen dunklen Augen, und die Erinnerungen wirbelten ihr durch den Kopf.

»So stürmisch wie immer. Du hast dich überhaupt nicht verändert.«

»Warum sollte ich? Damals hatte es dir gefallen.«

»Es geht nicht darum, ob es mir gefällt oder nicht. Dies ist eine besondere Situation. Vor allem müssen wir wissen, was mit dem Schiff wird.«

Tony fasste sie an den Armen und versuchte, so ruhig wie nur möglich zu sprechen.

»Hör zu, Rebeca. Als ich hier auf das Schiff kam, ging es mir in erster Linie darum, dich zu sehen und zu versuchen, dir zu helfen, damit du an Land kannst. Aber ich wollte auch klären, was mit uns wird. Hoffentlich gibt es eine Ausweg. Aber ich weiß nicht, was mit der St. Louis geschehen wird, früher oder später wird man irgendeine Lösung finden, und schlimmstenfalls setzt das Schiff die Reise fort und steuert einen anderen Hafen an. Dann kannst du nach Havanna zurückkommen, oder vielleicht komme ich nach New York oder sonst wohin. Wichtig ist unsere Zukunft. Bist du zufällig, wegen einer Fügung des Schicksals, hier oder wolltest du mich sehen und über uns sprechen?«

Eine Frage, die Rebeca durch den Kopf ging, vermochte sie nicht zu unterdrücken.

»Warum hast du mir nicht mehr geschrieben?«

»So war das nicht. Du selber hast aufgehört zu schreiben. Ich denke, wir haben uns viel zu erzählen und zu erklären, aber dies ist wohl nicht der Moment dafür. Du bist hier, in Havanna, was mir noch immer wie ein Traum vorkommt. Es ist eine unglaubliche Gelegenheit, die wir nutzen müssen. Was hat man euch hier auf dem Dampfer über eure Ausschiffung gesagt?«

»Die Situation ist konfus. Wir haben Hamburg mit Einreisegenehmigungen verlassen, und als wir hier ankamen, sagte man uns, diese Dokumente seien ungültig, und wir dürften nicht an Land gehen.«

»Und die Gruppe, die am Dienstag an Land ging?«

»Die hatten richtige Visa, von der kubanischen Regierung autorisiert. Einem von ihnen hatte ich ja eine Nachricht an dich mitgegeben. Hast du sie bekommen?«

»Ja, dank deiner Nachricht war ich sicher, dass du auf dem Schiff bist. Was hast du vor? Was können wir tun?«

»Ich weiß wirklich nicht. Offiziell hat man uns nicht groß informiert. Wir wissen lediglich von dem Problem mit den Einreisepapieren. Die Passagiere haben Telegramme an die Regierungen der Vereinigten Staaten und Europas geschickt, in denen sie um Hilfe gebeten haben. Heute hieß es, es seien Hunderte Nachrichten abgegangen. Aber soviel ich weiß, hat noch niemand geantwortet. Gestern kam der Vertreter einer internationalen jüdischen Organisation auf das Schiff und sagte uns, dass mit der kubanischen Regierung weiter verhandelt würde und man hoffe, dass man am Ende zu einer Lösung gelangt. Er sprach auch von Verhandlungen mit anderen Ländern über unsere Aufnahme, aber bis jetzt gibt es keine positive Antwort.«

»Da hast du mehr Informationen als ich. Hier bekräftigen die Zeitungen, die Regierung würde nur diejenigen von Bord gehen lassen, die ordnungsgemäße Papiere haben; andererseits führen sie eine gewaltige Kampagne gegen die Einreise neuer Flüchtlinge. Aber ich werde eine Lösung finden, damit du an Land gehen kannst; irgendwie muss das möglich sein.«

Ein Offizier unterbrach ihr Gespräch:

»Doktor, das Mittagessen ist beendet. Ihr Team muss gehen und wartet schon auf Sie.«

José Antonio sah Rebeca an, erhob sich und umarmte sie.

»Wir sehen uns wieder, das verspreche ich dir«, versicherte Tony und umarmte sie noch einmal.

****

Der Anruf seines Sohnes erfüllte Manuel mit Besorgnis. Die New Yorker Presse verfolgte die Tragödie der St. Louis mit ungewöhnlicher Aufmerksamkeit, und seit das Kreuzfahrtschiff in Havanna angekommen war und man von der Ablehnung der kubanischen Regierung, die Passagiere von Bord gehen zu lassen, wusste, standen Angehörige und Freunde der Reisenden im Konsulat Schlange. Wie üblich, delegierte sein Chef alle Gespräche und Anrufe an ihn weiter, ausgenommen einen Fall, nämlich den des Anwalts einer bedeutenden Chicagoer Firma, um den sich der Konsul umgehend selbst kümmerte.

Manuel empfing alle, die darum baten, ihn zu sehen. Er hörte von getrennten Familien, von den Opfern derer, die als Vorhut gekommen waren und alle Mühe darauf verwendet hatten, die Reise der noch nicht Geflüchteten zu bezahlen; er hörte von jetzt gefährdeten Träumen und Hoffnungen. Es waren herzzerreißende Geschichten, und – was das Schlimmste war – er hatte keine Antworten. Zu alledem erhielt das Konsulat aus Havanna den Hinweis, keine Informationen oder Anträge im Zusammenhang mit der St. Louis weiterzugeben; die Angelegenheit sei nicht Sache des Außenministeriums, und es sei dahingehend nichts zu unternehmen.

Am Tag nach José Antonios Anruf bekam er unerwarteten Besuch. Als seine Sekretärin ihm ankündigte, dass Dr. Kreiner ihn zu sehen wünsche, war er unschlüssig, ob er den Professor nach all den Feindseligkeiten gegenüber seinem Sohn empfangen sollte. Einige Augenblicke dachte er nach und kam dann zu dem Schluss, dass er trotz allem Rebecas Vater war und er mit ihm sprechen musste.

Der Besucher machte den distinguierten Eindruck eines intellektuellen Europäers. Er sah gut aus und war fein gekleidet. Hochgewachsen, fast so groß wie Tony, sprach er Englisch mit einem leichten deutschen Akzent, und seine hellen Augen – das war trotz der Brille offenkundig – strahlten Angst aus.

»Guten Tag. Sie sind der Vizekonsul? Der Vater von José?«

Manuel erinnerte sich, was Tony ihm über den Professor erzählt hatte; von der anfänglich freundlichen Aufnahme und der jähen Veränderung, als er erfuhr, dass der Laborgehilfe mit seiner Tochter ausging.

»Guten Tag. Ja, der bin ich. Bitte, nehmen Sie Platz. Was kann ich für Sie tun?«

»Ich bin Professor Kreiner, Sie wissen mich sicher einzuordnen.«

»So ist es«, erwiderte Manuel kurz.

»Dann gestatten Sie mir bitte, gleich das Problem anzusprechen, weshalb ich hier bin. Das spart Zeit. Meine Tochter ist auf der St. Louis, dem Kreuzfahrtschiff, das sich, wie Sie wissen, in Havanna in einer ungeklärten, komplizierten Situation befindet, und ich bin hier in der Absicht, mit Ihnen zu besprechen, wie man es ihr ermöglichen kann, das Schiff zu verlassen. Wenn Geld nötig ist, können wir uns, glaube ich, einig werden.«

Manuel errötete bei dem Angebot, hielt sich aber zurück.

»Ich kenne Rebeca. Geld ist nicht nötig, darum geht es nicht.«

»Sie kennen meine Tochter?«, fragte der Professor erstaunt.

»Ja, ich hatte das Vergnügen. Ein wunderbares Mädchen. Ich wusste bereits, dass sich Rebeca auf der St. Louis befindet.«

»Wie haben Sie das erfahren?«

»Durch meinen Sohn; er hat mich gestern angerufen.«

Der Professor war erneut überrascht. Sein Gesprächspartner wusste genauso viel wie er, vielleicht noch mehr. Er hatte dem kubanischen Vizekonsul gegenüber nicht erwähnt, dass er von der Reise Rebecas auf der St. Louis aus einer Mitteilung Friedländers erfahren hatte, der in Unkenntnis der besonderen Bedeutung, die diese Reise nach Havanna für das Mädchen besaß, Rebecas Hinweis nicht befolgt und ihrem Vater den Namen und den Zielhafen des Schiffes genannt hatte. Erst als die Passagiere massenweise Telegramme an ihre Angehörigen und Freunde sandten, erhielt auch er ein kurzes Telegramm von seiner Tochter, die sich schließlich doch entschieden hatte, ihm mitzuteilen, dass sie sich in der Bucht von Havanna auf der St. Louis befände. Der Text war, wie man es von Rebeca gewohnt war, knapp gehalten und beschränkte sich auf die Erläuterung der Lage der Passagiere, ohne dass sie um irgendwelche Hilfe bat.

Aber Kreiner unternahm doch etwas. Zunächst sandte er ein Telegramm an das Weiße Haus, dann nahm er Kontakt zur JOINT-Zentrale und anderen jüdischen Organisationen auf, und schließlich bat er um ein Gespräch mit dem Präsidenten seiner Universität, der ihn allerdings nicht empfing. Alle Bemühungen waren vergebens. Die Tore der Vereinigten Staaten blieben verschlossen. Erst dann fiel es ihm ein, seinen Stolz zu überwinden und sich an den Vater der Person zu wenden, die er für seine Tochter als nicht passend ansah.

»Was hat José noch gesagt?«

»Nicht viel. José Antonio wollte mich eigentlich nur auf dem Laufenden halten.«

»Ihre Kenntnis erspart mir weitere Erklärungen. Was meinen Sie? Werden die Passagiere in Havanna an Land gehen dürfen?«

»Ich weiß nicht. Die Lage hat sich verkompliziert, und es gibt starke Kräfte im Lande, die sich gegen die Einreise weiterer Immigranten wenden.«

»Aber sie wandern doch nicht nach Kuba ein, sie wollen eigentlich weiter in die Vereinigten Staaten. Rebeca hat sogar schon eine Genehmigung, dass sie wieder ins Land einreisen darf.«

»Nach meiner Erfahrung ist das, was hier passiert, sehr ungewöhnlich. Es ist das erste Mal, dass eine derartige Krise entsteht. Ich persönlich glaube, dass hier neue Faktoren eine Rolle spielen.«

»Ich verstehe nicht. Was meinen Sie damit?«

»Es muss noch andere Akteure geben, die ihre Hand im Spiel haben. Ich kann Ihnen nicht genau sagen, welche das sind. Aber ich kenne mein Land. Diese Krise hat eine zu große Tragweite angenommen; in Kuba verlaufen die Dinge normalerweise anders. Außerdem fällt mir die Passivität der US-Regierung auf. Es tut mir leid, es Ihnen sagen zu müssen, aber wenn aus Washington die klare Botschaft käme, dass man die Flüchtlinge aufnehmen solle, wäre die Situation ganz schnell geklärt.«

»Ich verstehe. Glauben Sie, dass man in dem speziellen Fall von Rebeca etwas tun könnte?«

Manuel sah den Professor an. Angesichts der Angst eines Vaters, der um sein Kind kämpft, entschloss er sich, alles was er von den Vorfällen zwischen Kreiner und José Antonio gehört hatte, zu vergessen und seine Antwort so abzuwägen, dass sie nicht völlig abschlägig ausfiel.

»Das ist schwierig, Herr Professor. Auf jeden Fall wäre ich Ihnen dankbar, wenn Sie mir Rebecas Angaben daließen, vor allem ihre Passnummer für den Fall, dass sich eine Möglichkeit ergibt, Ihrer Tochter zu helfen. Sagen Sie mir auch, wie ich Sie erreichen kann, möglichst auch unter einer Telefonnummer.«

»Ich wäre Ihnen dankbar, wenn Sie irgendetwas für sie unternehmen könnten.«

»Lassen Sie mich eines ganz klar sagen, Herr Professor. Ich versuche immer, denen zu helfen, die meiner Hilfe bedürfen, umso mehr, da es um Rebeca geht.« Hier hielt Manuel inne und sah dem Professor in die Augen. »Außerdem ist da auch mein Sohn.« Er hielt erneut inne, wandte aber seinen Blick nicht ab. »Sie wissen, was José Antonio für Rebeca empfand; deshalb werde ich alles tun, um den Beiden zu helfen.«

Kreiner wusste nicht, was er antworten sollte.

»Vielen Dank. Hier haben Sie die gewünschten Angaben, und nun will ich Ihre Zeit nicht länger in Anspruch nehmen. Vielen Dank.«

Der Professor erhob sich und reichte Manuel die Hand, der die Geste erwiderte.

»Gut, wenn ich etwas habe, setze ich mich mit Ihnen in Verbindung.«

Von da an machte Manuel sich Gedanken darüber, was er von New York aus unternehmen könnte, um Rebeca zu helfen. An diesem Tag wurde das Konsulat mit Gesuchen und Anrufen zur St. Louis geradezu überschwemmt. Aufgrund der aus Havanna erhaltenen Anweisungen zwang ihn der Konsul, die unangenehme Aufgabe zu übernehmen und allen, die um Hilfe oder Informationen ersuchten, kategorisch zu antworten, sie sollten sich nicht weiter bemühen, denn von New York aus könne man unmöglich etwas bewirken.

Am Nachmittag empfing sein Chef zum zweiten Mal den Vertreter der Chicagoer Firma, telefonierte zweimal mit Havanna und verlangte dann von ihm fünf Formblätter für Visaanträge für die Einreise nach Kuba. Manuel horchte auf, fragte aber in diesem Moment nicht weiter. Ihre Beziehung zueinander war nicht besser geworden; im Gegenteil, sie befand sich auf einem Tiefpunkt angesichts der offenkundigen Vetternwirtschaft des Konsuls und der Weigerung Manuels, Vorgänge zu bearbeiten, die nicht schriftlich genehmigt waren.

Morales war ein typischer Opportunist. Dank des Einflusses seines Patenonkels, eines Kriegsveteranen, der ein hohes Tier in der Provinzpolitik war, hatte er seine Karriere im Außenministerium unter der Regierung Menocal begonnen. Er hatte als einfacher Assistent in der Konsularabteilung angefangen und dann alle Gelegenheiten genutzt, um Stück für Stück aufzusteigen. Seine Spezialität war, die Chefs zu umschmeicheln und ihnen zu Gefallen zu sein, eine Eigenschaft, die er mit schlechter Behandlung und Verachtung gegenüber seinen unglücklichen Untergebenen kombinierte. Auch war er ein Meister in politischem Opportunismus. Er hatte als Konservativer angefangen. Beim Sieg von Zayas war er einer der Wenigen, die sich der »Partei der Vier Katzen«, der kubanischen Volkspartei, anschlossen, und als Machado an die Macht gelangte, war er zuerst ein militanter Liberaler, der sich dann zu einem Wortführer des Regimes wandelte, bis dieses schließlich gestürzt wurde und er sich als überzeugter Gegner Machados gab. Bei all seinem Handeln dachte er an Aufstieg und Beförderungen, nie übte er Kritik an der offiziellen Politik, geschweige denn an seinen Chefs, und vor allem zeichnete ihn eine besondere Neigung aus, seinen Vorgesetzten und einflussreichen Persönlichkeiten zum rechten Moment einen Gefallen zu erweisen.

Vorrangiges Ziel des Konsuls war es, die besten Posten im Auswärtigen Dienst zu ergattern, und nebenbei nutzte er jede Gelegenheit, Einnahmen aus konsularischen Dienstleistungen oder anderen diplomatischen Vorgängen in seine eigene Tasche abzuzweigen. Seine Ernennung zum kubanischen Konsul in New York bildete einen Glanzpunkt in seiner Karriere; und er füllte dieses Amt mit aller Eitelkeit und Pedanterie der Welt aus.

In diesem Moment betrat Morales Manuels Büro und übergab ihm eine Liste.

»Manuel, bereiten Sie diese fünf Visa vor, damit sie unverzüglich unterschrieben werden können; und ein dringendes Telegramm an die Einwanderungsbehörde in Havanna, mit dem die Einreise dieser Personen nach Kuba genehmigt wird; mit Kopie an das Außenministerium.«

»Ich brauche die Pässe.«

»In diesem Fall ist das nicht nötig, bereiten Sie die Visa vor. Die Passnummern stehen neben jedem Namen.«

»Wer holt sie ab?«

»Niemand. Es sind Passagiere der St. Louis. Deshalb müssen wir eiligst Havanna benachrichtigen. Es handelt sich um Fälle, über die ich direkt mit dem Außenminister gesprochen und von dem ich gerade die Zustimmung erhalten habe. Aber wir müssen das amtlich in die Wege leiten; deshalb beeilen Sie sich. In einer Stunde muss alles fertig sein.«

****

José Antonio traf an einem Aprilmorgen des Jahres 1937 in Havanna ein. Die Reise war endlos und langweilig gewesen; zunächst ging es mit der Bahn bis Florida, dann weiter von Key West mit der Nachtfähre, mit mehr Autos darauf als Menschen. Das Schlingern der Fähre und seine Gedanken ließen ihn nicht schlafen. Die Langeweile nervte ihn; nachdem er mehrere Stunden mit seinem unbequemen Sitzplatz gekämpft hatte, beschloss er, an Deck frische Luft zu schnappen. Während er sich zum Ausgang begab, stellte er fest, dass alle anderen Passagiere friedlich schliefen, und einmal mehr beneidete er alle, die in Autos und anderen Gefährten leicht einschlafen konnten; er hatte das nie gekonnt. Unter den Schlafenden war ein Dicker, der schnarchte und ihm den Weg versperrte. Er sah keine andere Möglichkeit, als mit einer akrobatischen Bewegung über ihn hinweg zu steigen, was beinahe gescheitert wäre, weil das Schiff plötzlich schwankte.

Draußen begann es zu dämmern; backbords zeigte sich bereits ein schwaches rosarotes Licht. Tief atmete er die frische, salzige Brise der Meerenge von Florida ein; er lehnte sich an die Reling und betrachtete die Spur im Kielwasser, die die Fähre auf dem noch dunklen Wasser hinterließ. Zum vierten Mal machte er diese Reise, und immer war ihm dabei aufgefallen, dass die Überfahrt bei ihm so gar nicht das Gefühl einer Auslandsreise erweckte. Zur Kürze der Strecke kam die Leichtigkeit des An-Bord- und An-Land-Gehens hinzu. Er hatte den Eindruck, als wäre es ein bloßes Übersetzen zu einem nahen, vertrauten Ziel.

Allmählich wurde es heller, und das Meer bekam Farbe und bot ein Schauspiel von ganz besonderer Schönheit. Möwen überflogen das Schiff und kündigten die nahe Küste an. Bald würde er in Havanna sein, und ein neuer Lebensabschnitt stand bevor. Er kehrte nach Hause zurück, aber es war nicht der triumphale Einzug, den er sich für die Rückkehr in seine Stadt nach einem erfolgreichen Auslandsaufenthalt vorgestellt hatte. Während seiner Zeit in New York war er in seinem Leben nicht groß vorangekommen, er hatte die Ziele, die er sich bei seiner Abreise aus Kuba gesteckt hatte, nicht erreicht; praktisch war er am gleichen Punkt wie vor zwei Jahren.

Doch eigentlich hatte er keine schlechten Erfahrungen gemacht. Er war jetzt ein anderer Mensch, hatte zweifellos gelernt, war reifer geworden und hatte eine andere Weltsicht. Und es gab Rebeca; noch kostete es ihn Mühe zu glauben, dass er sich mit einer Frau wie der Österreicherin verbunden hatte. Als er sie kennenlernte, hatte alles darauf hingedeutet, dass sie für ihn unerreichbar wäre, keine Frau für ihn; aber wie man in seinem Viertel zu sagen pflegte: Nichts im Leben ist in Stein gemeißelt. Doch diese Geschichte sollte ein anderes Ende haben. Je mehr er darüber nachdachte, umso mehr gelangte er zu der Überzeugung, dass der Abschied an der Hafenmole von Manhattan endgültig war und die Chancen, sie wiederzusehen, auf Null standen.

Am Horizont konnte er bereits einen Küstenstreifen ausmachen. Nach einer Weile zeichneten sich das Castillo del Morro und die hellen Bauten ab. Die Müdigkeit schwand, und auch das Unwohlsein aufgrund des Schlafmangels ließ nach. Vom Meer aus bot Havanna ein unvergleichliches Panorama, und bei der Einfahrt in die Bucht war er überwältigt von der Schönheit und Harmonie einer lebendigen Stadt, die immer alle Ankommenden freudig willkommen hieß.

Im Unterschied zu Key West war das Hafenterminal von Havanna voller Getöse und Menschengewimmel. Die Formalitäten waren rasch erledigt, und Autos und Passagiere verließen die Fähre. Man hatte seine Schwester Victoria auserwählt, ihn zu empfangen, und temperamentvoll wie sie war, rief sie ihn schon von der Mole aus. Als sie sich umarmten, überschüttete sie ihn mit Küssen, und sie hörte nicht auf zu reden, als bis sie zu Hause ankamen. Dort erwarteten ihn Eloísa und die anderen beiden Schwestern, die ihn umarmten und ihm Komplimente machten, während seine Mutter ihn schweigend musterte. Bald gesellten sich auch Paco und die schwarze Rosa zu ihnen, und man bereitete ein Willkommensessen. Zum Glück für Tony hatte sein Vater ihm Geschenke für die ganze Familie mitgegeben, die er verteilte, während er mit Fragen nach Manuel, New York, dem Broadway und den Geschäften in der Fifth Avenue überhäuft wurde.

Noch am Nachmittag füllte sich das Haus mit den Freunden aus dem Viertel. Alle wollten den Ankömmling begrüßen und seine Geschichten über das Land im Norden hören. Einige fragten, warum er zurückgekommen sei, einer, warum er nicht Millionär geworden sei, und wieder ein anderer, ob die Amerikanerinnen so schön wären wie im Film.

Am nächsten Morgen hatte er beim Frühstück ein unerwartetes Gespräch mit seiner Mutter.

»Tony, geh nicht wieder ins Fausto. Wir alle werden dich unterstützen, damit du nicht arbeiten musst und deine ganze Zeit auf den Abschluss deines Studiums verwenden kannst.«

»Aber Mama, wir haben nicht genügend Geld, damit ich mir diesen Luxus leisten kann.«

»Die Dinge haben sich geändert. Neben dem Geld, das dein Vater schickt, habe ich für mein kleines Nähgeschäft eine ganze Reihe von Kunden gewonnen. Blanquita lebt bei ihrem Mann, Margarita denkt zwar noch immer daran, in die Vereinigten Staaten zu gehen, aber sie hat ihren Schreibmaschinenkurs abgeschlossen, eine Arbeitsstelle als zweisprachige Sekretärin bekommen und hat ein Gehalt. Und Victoria beendet in diesem Jahr die Normalschule und müsste eigentlich eine Arbeitsstelle finden, zumindest als Englisch-Lehrerin.«

»Mama, ich weiß nicht, ich habe gearbeitet, seit ich dreizehn war.«

»Eben deshalb. Niemand zweifelt an deinem Willen, vorwärtszukommen. Aber jetzt hat der Abschluss deines Studiums Vorrang.«

»Vielleicht dauert das aber noch zwei Jahre.«

»Macht nichts, das kriegen wir schon hin.«

In der darauf folgenden Woche schrieb sich Tony ohne Schwierigkeiten an der Universität ein und nahm sich ein ambitioniertes Programm von Prüfungen und Praktika vor, um möglichst rasch seinen Doktortitel zu bekommen. Er fand einen veränderten Hügel – eine veränderte Universität – vor, und mehrere seiner Kommilitonen konnten nicht an die Universität zurück. Der Eifer des politischen Kampfes gegen Machado und der auf den Sturz der Diktatur folgenden Zeit war erloschen, und für die Studenten war es nun wichtiger, die verlorene Zeit aufzuholen und ihr Studium abzuschließen. Viele waren skeptisch und enttäuscht. Alle Welt klagte oder protestierte gegen irgendetwas, die meisten gegen ihre wirtschaftliche Lage und einige gegen die aktuelle Politik. Trotz allen Gejammers nahm José Antonio Veränderungen wahr, meist zum Guten, und er traf auf ein Umfeld und auf Bedingungen, die sich von dem Chaos, das bei seinem Weggang geherrscht hatte, unterschieden. Eine der beeindruckendsten Änderungen war die Zahl der Frauen und Mädchen, die jetzt arbeiteten oder studierten.

Schließlich schrieb er doch einen Brief an Rebeca, in dem er von der Reise, von seinen ersten Eindrücken nach seiner Rückkehr und vom Studienbeginn an der Universität erzählte, und zu seiner Verblüffung wurden es fünf ganze Seiten. Am folgenden Tag trug er ihn persönlich zur Post, wo er eine Dunkelhäutige mit schelmischem Gesichtsausdruck fragte, wie lange es dauern würde, bis der Brief ankäme. Das Mädchen riss ihre ausdrucksstarken Augen noch weiter auf und erwiderte, sie habe nicht die geringste Ahnung, wie lange ein Brief nach Mitteleuropa unterwegs sei.

Er nahm sich vor, all seine Energie dem Studium zu widmen; zum ersten Mal stand ihm seine gesamte Zeit dafür zur Verfügung. Er dachte, so würde er nicht so oft an Rebeca denken. Wieder an der Universität zu sein, fiel ihm nicht leicht. Anfangs kostete es ihn große Mühe, sich auf die Bücher zu konzentrieren, und einige unkten, er würde es nicht schaffen, seine Ausbildung zu beenden. Aber sein Wille war so stark, dass er sich bald in einem Wirbel von Vorlesungen, Notdiensten und Praktika wiederfand, die ihn voll in Anspruch nahmen. Die Erinnerung an die Österreicherin war nicht ausgelöscht; die Sehnsucht nach seiner Geliebten widerstand dem Vergessen und lebte zu jeder Tageszeit und vor allem nachts wieder auf, wenn er versuchte, trotz der Hitze und der Feuchtigkeit in seinem Zimmerchen einzuschlafen.

Von Rebeca traf ein dritter Brief ein, den ihm Manuel aus New York schickte. Dieses Mal war es ein kurzer Brief, trauriger als die ersten, und sie fragte ihn, warum er nicht geschrieben habe. Tony antwortete gleich am nächsten Tag und bat sie, die Post direkt nach Havanna zu schicken. Doch der Briefwechsel gestaltete sich nicht so, wie er es sich vorgestellt hatte. Anfangs waren ihre Briefe sehr ausführlich, in wunderbarer Schönschrift, aber aus ihnen sprach nicht die Leidenschaft, die er erwartet hatte. Trotz seiner Aversion gegen das Schreiben bemühte er sich, so gut wie möglich zu antworten, aber die Briefe aus Wien gingen immer spärlicher ein, sie fielen kürzer aus und muteten fremd an. Nach dem Anschluss kam überhaupt keine Post mehr an. José Antonio erfuhr nie, ob das an den Nazis lag oder einfach daran, dass Rebeca vielleicht das Interesse am Schreiben verloren hatte. Nach wenigen Monaten versuchte er, sich einzureden, dass es das Beste wäre, das Mädchen zu vergessen, ohne sich weiter zu fragen, ob die Beziehung möglicherweise dem Dritten Reich oder der Entfernung zum Opfer gefallen war.

In den ersten Tagen baten ihn sowohl seine Kommilitonen als auch seine Freunde aus dem Viertel, von seinen Eindrücken in New York zu erzählen, vor allem über seine Erfahrung mit den Amerikanerinnen. José Antonio behielt die Geschichte mit Rebeca für sich, er wollte nicht lügen und beschränkte sich darauf, über das Geplänkel mit der Schwesternschülerin zu berichten, was die Neugierigen enttäuschte, die nicht begriffen, wie ein Kubaner in Big Apple derart schwache Leistungen aufweisen konnte.

An einem Samstag ging er zu Moro, der überrascht war, ihn wiederzusehen und ihn für den Rest des Tages nicht wieder gehen ließ. Elías' Mutter bereitete Lammbraten, mit Reis gefülltes Gemüse und himmlisches Honiggebäck zu. El Moro ging auch wieder auf die Universität und bemühte sich ebenfalls um einen möglichst raschen Studienabschluss. Er hatte seine politischen Aktivitäten aufgegeben, hatte sich verliebt und wollte heiraten, aber die Eltern des Mädchens machten die Heirat davon abhängig, dass er sein Studium abschloss und eine Anstellung fand.

In rasantem Tempo widmete sich José Antonio dem Studium. Auch zog er einige Fächer zeitlich vor, um so schnell wie möglich fertig zu werden und seinen Abschluss zu machen. Obwohl seine Freunde ihn bedrängten und die Versuchungen in Havanna zahlreich waren, ging er nur samstags- oder sonntagsabends aus. Fast immer ging er ins Kino, wie üblich fehlte ihm das Geld für andere Vergnügungen.

Er versuchte, Lucrecia zu sehen, aber als er zu dem Haus kam, stellte er fest, dass die Mulata nicht mehr dort wohnte; sie lebte jetzt in der Nähe des Bahnhofs mit ihrem Lokführer. Tony dachte daran, dort vorbeizugehen und den Zeitpunkt abzupassen, da der Indio auswärts war, aber dann verwarf er den Gedanken; das wäre zu aufwendig gewesen. Es war eine schöne Erfahrung mit Lucrecia gewesen, und dabei wollte er es lieber belassen.

Diejenige, die ihn wieder ins Leben zurückholte, war Gertrudis. Trotz der langen Zeit und der nicht beantworteten Briefe tauchte das Mädchen an einem regnerischen Nachmittag im Juli im Krankenhaus auf. Sie hatte sich verändert, war eine richtige Frau geworden. Sie trug das Haar anders, hatte sich geschminkt, und die Pfunde, die inzwischen hinzugekommen waren, ließen ihren Körper sinnlicher erscheinen. Sie verabredeten sich für den folgenden Tag an der Bucht nahe der Festung; dort ließ Tony ihre Kritiken und Beschwerden, dass er nicht geschrieben habe, gelassen über sich ergehen, und nach einer Stunde voller Vorwürfe küssten sie sich schließlich, während die Sonne allmählich eine orangene Farbe annahm und im Meer versank.

Sie verabredeten sich für ein neues Stelldichein, kehrten auf den Malecón zurück, wo ihm Gertrudis nach weiteren Küssen und Liebkosungen anbot, mit ihm ohne eine Gegenleistung ins Bett zu gehen. José Antonio überlegte, er wollte keine neuen Erwartungen wecken. Nie hatte er großartige Versprechungen gemacht, nur um eine Frau zu erobern. Für Gertrudis hingegen war alles klar: ihr ging es darum, ihm einen Beweis ihrer Liebe zu liefern. Angesichts dieser Offenheit und seines sexuellen Verlangens führte Tony sie an einem Samstagmittag in eine Absteige in Vedado, wo sie einen ganzen Nachmittag miteinander schliefen. Für sie war es nicht das erste Mal, obwohl sie noch viel lernen musste. Beim zweiten Treffen gestand das Mädchen, dass sie, weil er auf ihre Briefe nicht geantwortet hatte, mit einem Studienfreund ausgegangen war, der sich gleich bei der ersten Begegnung in sie verliebt hatte. Aus Groll und Enttäuschung hatte sie sich dem Jungen hingegeben, um dann aber später sein Heiratsangebot abzulehnen und kurz vor Tonys Rückkehr mit ihm zu brechen; sie hatte eingesehen, dass sie ihn nicht liebte.

Ohne Gertrudis Zusagen zu machen, ging er weiter mit ihr aus, fast immer in eine der vielen Absteigen Havannas. Kurz vor Weihnachten verlangte das Mädchen eine Entscheidung. José Antonio gab zur Antwort, er könne sich im Moment nicht festlegen, da der Abschluss seines Studiums Vorrang hätte. Nach diesem bitteren Gespräch sahen sie sich nie wieder, und ein Jahr später erfuhr er, dass sie ihren einstigen Freund geheiratet hatte.

Tony widmete sich weiter mit Leib und Seele der Medizin; den Tag verbrachte er im Krankenhaus, und an den Abenden und

Wochenenden studierte er. Er lernte mehrere Mädchen kennen, die anfangs auch sein Interesse weckten; er besuchte sie zwei oder drei Mal zu Hause, aber dann war es immer dasselbe: die Anziehungskraft erlosch, und man sah sich nie wieder. So vergingen Tage, Wochen und Monate, in denen der Briefwechsel mit Rebeca immer spärlicher und die Sprache immer sachlicher wurde, bis im März 1938, nachdem sich Hitler Österreich einverleibt hatte, die Briefe ganz ausblieben.

In Havanna erzählte man sich Geschichten über die Misshandlung der Juden im Dritten Reich, zu dem Österreich nun gehörte. Die kubanische Presse war gespalten, und eine erhebliche Anzahl von Zeitungen, angeführt vom Diario de la Marina, sang Loblieder auf die Nazis und ihre antisemitische Politik, während einige Journalisten die Geschehnisse in Mitteleuropa anzweifelten. Die Ankunft Tausender deutscher Juden in Havanna, die selbst Zeugnis ablegten von der Verfolgung, gab der Insel eine besondere Rolle in dem Drama, das sich auf der anderen Seite des Atlantiks abspielte.

Die Ereignisse verwirrten Tony. Die Kommunikation mit Rebeca war abgebrochen, und ein Wiedersehen mit ihr schien unmöglich. Das Beste, was er tun konnte, war, sein Studium zu beenden, zu versuchen, Rebeca zu vergessen, und auf den Moment zu warten, da ihm unter der karibischen Sonne eine andere Frau begegnen würde, die seinem Ideal nahekam.

31. KAPITEL

Von Deck aus verfolgte Rebeca mit ihren Blicken das Boot, das José Antonio zum Hafen zurückbrachte. Nie hätte sie gedacht, dass die St. Louis der Ort ihres Wiedersehens sein würde. Als sie sich in den einsamen, kalten Nächten in Wien an Tony erinnerte und sich von ihren Gedanken leiten ließ, fand ihr Wiedersehen in New York statt, fast immer in der kleinen Wohnung in Queens oder im Central Park oder wo sie sonst noch zusammen gewesen waren. Als sich die Möglichkeit ergab, Deutschland auf der St. Louis zu verlassen, und während der Überfahrt hatte sie sich viele Male vorgestellt, wie sie nach der Einreisekontrolle in die strahlende Sonne hinaustreten und Tony mit seinem vertrauten Lächeln an der Hafenmole auf sie warten würde. Aber niemals wäre sie auf die Idee gekommen, dass es an Bord eines in einer Bucht gefangenen Kreuzfahrtschiffes sein würde.

Wenn sie jetzt daran dachte, wie sie sich verhalten hatte, fühlte sie sich schlecht. Die meiste Zeit hatte sie ihn mit Fragen bedrängt, anstatt ihm klar und deutlich zu sagen, dass sie ihn seit dem verschneiten Morgen, an dem sie sich verabschiedeten, vermisst hatte; dass sie sich seit jenem Tag einsam gefühlt hatte und allein die Erinnerungen an New York ihr Mut gemacht hatten in einem kalten, grausamen Wien in der schwersten Zeit ihres Lebens. Schlimmer noch war, dass sie ihm das Wichtigste nicht gesagt, ja nicht einmal angedeutet hatte, nämlich dass sie sich eine zweite Chance ersehnte.

Sie bereute selten, was sie tat, im Gegenteil, sie war sich jederzeit ihrer sicher, doch dieses Mal wusste sie, dass sie sich nicht richtig verhalten hatte. Selbst beim Abschied hatte sie ihre Gefühle unterdrückt, und jetzt bedauerte sie, dass sie nicht mehr aus sich herausgegangen war, dass sie sich nicht liebevoller gezeigt hatte. Sie machte sich Vorwürfe wegen ihres unverbesserlichen Charakters. Jetzt wusste sie nicht, wann sie Tony wiedersehen würde.

Für einen Moment kehrte sie zu den Sonntagen in Queens zurück und wie sie sich immer gefreut hatte, wenn er sie lieben wollte. Sein Drängen hatte sie stets erregt, und sie erbebte, wenn er sie beim Abschied umarmte. Die Erinnerungen an die Nachmittage im Winter, an denen sie nackt auf dem Betttuch lagen und er ihren Körper liebkoste und sie dann zärtlich küsste, kehrten zurück.

»Wer war das, Rebeca? Dein kubanischer Freund?«

Fast immer brachte es Gretel fertig, die wenigen Momente, die sie für sich allein hatte, zu stören. Jetzt war es ganz besonders unangebracht. Auf keinen Fall wollte sie irgendwelche Erklärungen abgeben, aber die reine Höflichkeit verlangte, dass sie eine Antwort gab.

»Es war der Freund, von dem ich dir erzählt habe.«

»Der mit dem Telegramm?«

»Ja.«

»Sag die Wahrheit: er ist nicht einfach nur ein Freund, oder? Ihr habt euch umarmt, und so wie ihr euch angesehen habt – da ist etwas zwischen euch. Du musst es mir erzählen.«

»Einverstanden, aber nicht jetzt.«

»Er macht einen guten Eindruck, ist groß und hat was Besonderes an sich mit dieser Hautfarbe. Er hat dir etwas über das Ausschiffen gesagt.«

»Nein. Er weiß eigentlich auch nicht mehr als wir. Er sagt, in der Presse gibt es eine heftige Kampagne gegen die Einreise von Ausländern nach Kuba.«

Rebeca beschloss, nicht weiter auf die schwierige Situation der St. Louis einzugehen; sie wollte lieber noch weiter an José Antonio denken, aber Gretel gab sich nicht geschlagen.

»Während du mit deinem Freund oder wem auch immer zusammen warst, hat der Kapitän das Passagierkomitee einberufen. Sie tagen noch immer. Aber man weiß nicht, worüber sie diskutieren.«

Gretel holte Luft. »Mehrere Passagiere haben gesagt, wenn wir nicht in Havanna an Land gehen, würden wir nach Deutschland zurückkehren.«

Es entstand ein erneutes Schweigen.

»Jürgen meint, es gibt eine Gruppe junger Leute, die nicht zulassen werden, dass das Schiff nach Hamburg zurückfährt. Und der arme Max sagt, wenn wir nicht an Land können, wird es eine Welle von Selbstmorden geben. Ich kann immer noch nicht glauben, dass man uns die Einreise verweigert, wo wir doch schon hier sind.«

Ein Schauder überlief Rebeca. Zurück nach Deutschland? Nein, das war unmöglich. Das Gefühl der Freude über das Treffen mit José Antonio verflog angesichts dieser Vorstellung.

»Hallo, ihr Mädels, da ist eine Gruppe, die vorschlägt, dem Kapitän einen von allen Passagieren unterschriebenen Brief zu überreichen, in dem wir warnen, dass wir uns, wenn wir nicht an Land dürfen, alle lieber ins Meer stürzen, als nach Deutschland zurückzukehren.« Jürgen war völlig aufgelöst und gestikulierte wie wild. Er kam in Begleitung von Max, der mit verlorenem Blick schwieg.

Die beiden Jungen und Gretel begannen, über die Alternativen zu diskutieren, die den Passagieren der St. Louis noch blieben. Rebeca ergriff die Gelegenheit, um sich in ihre Kabine zurückzuziehen, wo es zwar drückend heiß war, aber sie für sich allein sein konnte, um wieder ihren Erinnerungen an New York nachzuhängen. Beim Gehen sah sie Ackermann, der auf sie zutrat.

»Wie geht es dir, Rebeca?«

»Gut.«

»Du hattest Besuch.«

Rebeca schlussfolgerte, dass alle auf dem Schiff José Antonio gesehen hatten.

»Ja, von einem Freund.«

»Nur ein Freund?«

»Entschuldige, Gustav, aber ich muss in meine Kabine.«

Sie wollte allein sein, musste in Ruhe über das, was geschehen war, nachdenken. Am Wenigsten wollte sie in diesem Moment angesichts der drohenden Möglichkeit einer Rückkehr nach Deutschland über die Alternativen diskutieren, und genauso wenig wollte sie Ackermanns Gerede ertragen müssen. Sie wollte sich lieber noch einmal ihre Begegnung mit Tony in Erinnerung rufen, einen Traum zweier langer Jahre und etwas, was noch vor wenigen Stunden unmöglich erschien.

****

Während Rebeca versuchte, den Augenblick ihres Treffens mit Tony lebendig zu halten, bestieg dieser wütend das Boot, das ihn zur Mole zurückbringen sollte. Er fühlte sich ohnmächtig, dachte, eine einmalige Chance verpasst zu haben. Ja, er hatte Rebeca sehen können, aber er war mit allen seinen Zweifeln und Problemen nicht viel weiter gekommen. Er sah keine Möglichkeit, das Mädchen an Land zu bringen und ebenso wenig war ihm klar, was sie von der Zukunft erwartete. Andererseits hatte er sein Vorhaben, auf das Kreuzfahrtschiff zu gelangen, perfekt umsetzen können, und Rebeca gesehen zu haben kam einem Wunder gleich. Er atmete tief ein und fühlte sich schon etwas besser. Als die Österreicherin sich schon in eine bloße Erinnerung verwandelt hatte, war sie völlig unvorhergesehen in Havanna aufgetaucht. Nicht nur, dass er sie gesehen hatte, er hatte sie auch in den Arm genommen, und unter den gegebenen Umständen war es wirklich ein schönes Wiedersehen gewesen.

»Wie ist es Ihnen ergangen, Doktor?«

Es war Ilse, die er schon auf dem Boot gesehen hatte und die ihn mit dem Lächeln der Frauen bedachte, die um ihre Schönheit und ihren Erfolg wissen.

»Gut. Und Ihnen? Seit wir auf dem Schiff waren, habe ich Sie nicht mehr gesehen.«

»Ich habe mich rasch zu meinen Eltern geschlichen.« Sie dämpfte ihre Stimme und fuhr auf Englisch fort:

»Ich konnte ihnen etwas Geld geben, das war wichtig. Man weiß nicht, was noch passiert, und sie müssen auf alles gefasst sein.«

Das Boot stieß leicht an die mit Autoreifen behängte Mole.

»Gut, da sind wir.«

»Haben Sie Zeit für einen Kaffee? Ich lade Sie ein«, sagte Ilse.

Tony wollte eigentlich schnell zu seinem Onkel, um noch einmal mit ihm zu beraten, was man für Rebeca tun könne, aber die Deutsche hatte vielleicht noch ein paar nützliche Informationen. Er nahm die Einladung an, und sie gingen in dasselbe Café, in dem sie sich am ersten Tag begegnet waren. Als sie die Plaza de San Francisco überquerten, wandten sich mehrere Männer nach Ilses sinnlicher Figur um. Sie nahmen am erstbesten Tisch Platz; sie bestellte einen ungezuckerten Orangensaft, so kalt wie möglich, und Tony einen Kaffee mit wenig Milch.

»Was wollen Sie jetzt machen?«, fragte Ilse.

»Ich weiß nicht. Zuerst will ich mich auf den neuesten Stand bringen. Was sagen Ihre Eltern?«

»Sie wissen weniger als wir. Unter den Passagieren laufen alle möglichen Gerüchte um, einige sind völlig absurd.«

»Wie haben Sie es geschafft, auf das Schiff zu kommen?«

Ilse überging die Frage.

»Eigentlich ist die Lage nach wie vor ungeklärt. Gestern Abend traf ich einen Minister, und der sagte mir, vielleicht werde es eine weitere Kabinettsitzung geben, um die Situation der St. Louis zu analysieren. Aber der Mann war nicht sehr optimistisch.«

»Verzeihen Sie, wenn Sie Kontakt zu einem Minister haben, könnten Sie vielleicht erreichen, dass Ihre Eltern an Land dürfen.«

»Vielleicht«, gab das Mädchen zurück, während ein tadellos gekleideter Mulatte die Getränke servierte. Ilse erwähnte nicht, dass der hohe Beamte ihr seine Hilfe anbot, nachdem sie ihm zu einem Orgasmus verholfen hatte, dem zweiten am selben Abend trotz seiner fast sechzig Jahre. Und an diesem Morgen hatte der Minister sein Versprechen eingelöst, indem er ihr die Erlaubnis verschafft hatte, auf die St. Louis zu gehen.

****

Am Donnerstag, dem 1. Juni, wurde Müller von einem Anruf der Rezeption geweckt. Er schaute auf die Uhr: es war sieben Uhr, und er hatte nicht einmal fünf Stunden geschlafen. Trotz der Mitternachtssuppe hatte er Kopfschmerzen; er schob es darauf, dass er alles durcheinander getrunken hatte. Er brauchte eine Frau; die Enthaltsamkeit bekam ihm nicht gut. Seit sechs Tagen hatte er Remigia nicht gesehen, er hatte einfach keine Zeit gehabt. Dabei gab es nichts Besseres als Sex, um sich zu entspannen und seine Arbeitsproduktivität zu heben. Heute Abend musste er die Schwarze unbedingt sehen. Er schickte sich an, aufzustehen; dies war ein wichtiger Tag, und er musste ihn maximal nutzen.

Nach einer kalten Dusche fühlte er sich besser, und er fuhr hoch zum Dachgarten des Hotels, wo ihn eine angenehme Meeresbrise empfing. Beim Frühstück probierte er auf gut Glück ihm unbekannte Speisen. Er bestellte eine spanische Tortilla, die er köstlich fand, und Gebäck, das aus einer tropischen Frucht mit unaussprechlichem Namen bestand. Zusammen mit dem starken kubanischen Kaffee linderte das seine Kopfschmerzen; also konnte er sich auf den Weg zum Hafen machen. Er wählte die längere Strecke, um ein Stück auf dem Paseo del Prado entlang zu gehen, auf dem sich Straßenhändler, Passanten, unter der Aufsicht ihrer Kindermädchen spielende Kinder und sogar noch ein vom Vorabend Betrunkener drängten. Er lief bis zum Malecón hinunter, wo er mehrere Angler sah, auch einen älteren, elegant gekleideten hochgewachsenen Mann, der in Eile war; er sah eine Gruppe von Kindern ohne Hemd, die den Gehweg nach irgendwelchen Dingen absuchten, die sie gebrauchen konnten.

Bald befand er sich in einem Getümmel von Dutzenden Menschen, und als er sich der Hafenmole näherte, wurden es Hunderte. Es war wie auf einem Jahrmarkt; einige hatten Fernrohre oder Feldstecher bei sich, andere verhandelten mit den Bootsverleihern, um eine Fahrt durch die Bucht zu machen. Straßen händler boten alles Mögliche an, mehrere Jungen sogar Souvenirs von der St. Louis. Da kam ihm eine Idee: er sollte eine Chronik über das spezielle Verhalten der Habaneros angesichts des Schauspiels schreiben, dass sich ihnen vor der Küste darbot.

Er verweilte ein wenig in der Menschenmenge vor dem Tor zum Zoll und bemerkte, dass die sehnsüchtige Erwartung in Verzweiflung umgeschlagen war. Am Nachmittag des Vortages hatte die Hamburg-Amerika am Anschlagbrett der Gesellschaft eine Mitteilung ausgehängt, in der darüber informiert wurde, dass die St. Louis am Donnerstag auslaufen würde – zurück nach Deutschland. Die Ankündigung löste Panik unter denen aus, die auf ihre Lieben warteten. Einige bestürmten alle möglichen kubanischen Beamten, um sie zu bestechen, andere wandten sich an die US-Botschaft in der Hoffnung auf eine humanitäre Geste in letzter Minute. Alles ohne Erfolg. Später wurde die Nachricht vom Ablegen des Transatlantik-Liners zwar dementiert, aber von da an hatte sich die Angst vor einer möglichen Rückkehr des Kreuzfahrtschiffes der Angehörigen der Passagiere bemächtigt.

Müller gedachte, ins Hotel zurückzugehen, um eine Meldung über den Vorfall abzusetzen, aber er änderte seine Meinung, nachdem er alle Einzelheiten der Geschehnisse noch einmal überdacht hatte. Er musste vermeiden, dass die Flüchtlinge und ihre Angehörigen als Opfer hingestellt wurden; solche Meldungen waren in Berlin unerwünscht. Also wandte er sich zum nahegelegenen Außenministerium, wo er niemanden antraf, der ihm eine Information oder sogar eine amtliche Stellungnahme zu den Ereignissen geben konnte. Er überlegte, ob er sich zur deutschen Gesandtschaft in Vedado begeben sollte, aber am Ende ging er doch ins Sevilla zurück – die Hitze war unerträglich, er hatte Durst und beschloss, sich ein Bier zu genehmigen und in Ruhe nachzudenken, was zu tun sei. Im Hotel angekommen, sah er mehrere amerikanische Korrespondenten, die an einer improvisierten Pressekonferenz des Abgesandten des JOINT teilnehmen wollten. Müller pries sein Glück und schloss sich seinen Kollegen an, um zu hören, was der Amerikaner zu verkünden hatte. Der Anwalt erklärte, er würde mittags vom Präsidenten in dessen Privatresidenz empfangen werden – als Zeichen des Respekts des Amtsinhabers ihm gegenüber. Der Sondergesandte strotzte vor Selbstgewissheit und betonte, er sei sicher, dass man mit der kubanischen Regierung zu einer Übereinkunft bezüglich der Passagiere der St. Louis kommen würde und dass sie alle – sowohl er selbst als auch die Korrespondenten – nach New York zurückkehren könnten.

Müller nahm diese Ankündigung mit Erleichterung auf. Sein Spürsinn hatte ihn nicht getäuscht, am Ende würde man eine Lösung für die Krise finden. Im Grunde freute er sich für die armen Menschen, die auf ihre Angehörigen warteten. Er war kein Nazi, nur ein Journalist, der seine Arbeit zu machen versuchte, und einige Maßnahmen des Dritten Reiches hatten ihn schockiert, vor allem der virulente offizielle Antisemitismus. In München wie auch in Berlin hatte er Juden gekannt und mit ihnen zusammengearbeitet, und nie hatte er Probleme mit ihnen gehabt, und in mehreren Fällen erfuhr er erst von der Abstammung seiner Kollegen oder Bekannten, als Hitler an die Macht gelangte und sie entlassen wurden. Außerdem hatten die Nazis selbst immer wieder verkündet, Deutschland stände besser da ohne die Juden; deshalb war ihm nicht klar, weshalb solch ein Tamtam um die Ausreise eines Kontingents von ihnen gemacht wurde.

Aber alle Zeitungen, die seine Berichte brachten, waren auf der amtlichen Linie; deshalb musste er vorsichtig sein mit seiner Meldung über das bevorstehende Gespräch des Sondergesandten mit dem kubanischen Staatschef und seinem diesbezüglichen

Optimismus. Sie würde nicht nach dem Geschmack seiner Vorgesetzten sein. Andererseits musste er über ein Ereignis solcher Tragweite natürlich informieren.

Es ging auf Mittag zu; deshalb musste er rasch die Meldungen des Tages zusammenstellen, damit sie noch am Abend vor Redaktionsschluss in Berlin wären. Trotz der gebotenen Eile zwang er sich zur Ruhe; er durfte keinen Fehler begehen und musste sich jeden Satz gut überlegen, um eine Ausgewogenheit zwischen der Wahrheit und dem, was die deutschen Zeitungen erwarteten, zu erreichen. Nach zwei langen Stunden hatte er seine Arbeit abgeschlossen, und er begab sich nach oben ins Hotelrestaurant. Einmal mehr bewunderte er das spektakuläre Panorama der Stadt, und während er die Aussicht genoss, erfreute er sich an einem wohlschmeckenden Mittagessen, das ihn schließlich von seinem Kopfschmerz befreite, der ihn den ganzen Vormittag geplagt hatte.

Er fuhr in die Hotelhalle hinunter, wo er von der ersten großen Nachricht des Nachmittags erfuhr: das Gespräch des JOINT-Vertreters mit Laredo Brú war ein Reinfall gewesen. Nach der Unterredung machte ein neuer Präsidentenerlass die Runde, dem zufolge die St. Louis noch am selben Tag die kubanischen Hoheitsgewässer zu verlassen hatte. In dem Dokument hieß es, die Passagiere des Kreuzfahrtschiffes seien keine Touristen, und es wurde bekräftigt, dass jeder Ausländer bei der Einreise nach Kuba den geltenden gesetzlichen Regelungen unterliege; und da die Reisenden auf der St. Louis nicht die erforderlichen Visa besaßen, konnte man ihre Einreise in das Land nicht genehmigen.

Müller begab sich unverzüglich zum Präsidentenpalast, wo man ihm zu seiner Überraschung eilig eine Kopie des Erlasses aushändigte. Ein beflissener Beamter bemerkte, dass es sich nicht um ein politisches, sondern um ein rechtliches Problem handele, dass in erster Linie natürlich Laredo Brú nicht gegen die Gesetze der Republik verstoßen dürfe und dass Kuba unter Berücksichtigung seiner verfügbaren Mittel und seiner Bevölkerung mehr als jede andere Nation seinen Teil dazu beigetragen habe, anderen Flüchtlingen Gastfreundschaft zu gewähren. Das Kreuzfahrtschiff müsse noch heute ablegen; die genaue Uhrzeit hänge von technischen Details ab.

Der Korrespondent hatte das Gefühl, dass er jetzt genau die Nachricht habe, die man in Berlin so sehr erwartete, also eilte er über die Straße und durch den kleinen Park zu seinem Hotel, fasste die im Präsidentenpalast erhaltenen Informationen zusammen und schickte die Meldung unverzüglich ab. Am Ende des Nachmittags erfuhr er, dass die kubanische Regierung den Termin der Ausfahrt auf zehn Uhr morgens am nächsten Tag verschoben hatte, um die Verproviantierung des Schiffes zu gewährleisten. Auch wurde bekräftigt, dass das Verlassen der kubanischen Hoheitsgewässer unerlässliche Voraussetzung für die Fortführung von Verhandlungen über die Ausschiffung der Passagiere der St. Louis sei.

Er wartete nicht länger und meldete in der Telefonzentrale des Hotels ein Gespräch nach Berlin an. Wenn er Glück hatte, würde das Gespräch noch zustande kommen, ehe die Morgenausgaben in den Druck gingen. Aber eine Verbindung war nicht möglich, und so verfasste er eine telegrafische Mitteilung, die er mit höchster Priorität abzusenden bat. Mit einem Taxi ließ er sich zur deutschen Gesandtschaft fahren, wo man die Information bereits kannte und kaum Notiz von ihm nahm. Zurück im Sevilla, musste er sich mit seinem Kontaktmann im Außenministerium treffen. Der Beamte erwartete ihn bereits. Sie setzten sich an die Bar, und bei mehreren Whiskeys ließ er sich mit der typischen Eloquenz der Kubaner über die Situation aus. Seiner Meinung nach sahen die jüdischen Organisationen nicht ein, dass sie es im Fall der St. Louis mit Verhandlungen besonderer Art zu tun hatten und es nicht um ein erneutes Geschacher mit den kubanischen Behörden ging. Tatsächlich lehnte die Öffentlichkeit die Einreise weiterer Ausländer ab, und Laredo Brú musste das zur Kenntnis nehmen, wenn er weiterhin hoffte, zum Präsidenten gewählt zu werden.

Nach mehr als einer Stunde beendete Müller das Treffen und verabschiedete den gesprächigen Kubaner. Es war dunkel geworden, und die Drinks hatten seinen Appetit geweckt. Im Lift zum Restaurant traf er auf einen amerikanischen Korrespondenten, der ihm mit geheimnisvollem Lächeln mitteilte, dass er – wiewohl die St. Louis am nächsten Morgen den Hafen verlassen würde – aus sicherer Quelle erfahren habe, dass alles geregelt sei; das JOINT habe von einem Bankhaus in New York ein

Darlehen von einhunderttausend Dollar erhalten, die Verhandlungen würden weitergehen, und man würde bald zu einer Einigung über die Ausschiffung der Flüchtlinge in Kuba gelangen.

Als sich sein amerikanischer Kollege mit einem weiteren Lächeln verabschiedete, fragte sich Müller, ob die Information ein weiteres Telegramm wert war. Dagegen sprach, dass es für seine Chefs eine schlechte Nachricht wäre und im Widerspruch zu der am Nachmittag abgesandten Information stand. In diesem Moment öffnete sich die Tür des Lifts, und er fragte sich, ob er bei seiner Absicht, in dem angenehmen Restaurant zu speisen, bleiben oder sich unverzüglich an die Arbeit für eine neue Pressemitteilung machen sollte. Am Ende bedeutete er dem teilnahmslosen Liftboy, ihn wieder in die Hotelhalle zu fahren. Er war überzeugt, dass es das Beste wäre, Remigia einen Besuch abzustatten.

32. KAPITEL

Nach seinem Besuch auf der St. Louis bemühte sich José Antonio unablässig, die Einreiseerlaubnis für Rebeca zu bekommen. Er klopfte an alle Türen, erhielt aber stets dieselbe Antwort: das Schicksal der Flüchtlinge hänge von einer Entscheidung des Präsidenten ab, nur auf höchster Ebene könne man etwas erreichen. Am Donnerstag setzte er seine verzweifelte Offensive fort. Im JOINT-Büro traf er auf Ilse, die gemeinsam mit einer Gruppe von Familienangehörigen einen letzten Versuch unternahm, die Einreise der Passagiere nach Kuba zu erreichen. Zum ersten Mal sah er das Mädchen nicht so selbstsicher wie bei den vorangegangenen Gelegenheiten. Nachdem sie einsehen musste, dass sie bei keiner ihrer Kontaktpersonen Erfolg hatte, sagte sie, sie würde es bei jemandem versuchen, dessen Namen Tony nicht verstand, und dann stammelte sie etwas auf Deutsch und verschwand.

Da José Antonio keine weiteren Informationen und bisher auch nichts erreicht hatte, ging er zum Hafen zurück, wo sich die Menschenmenge vervielfacht hatte. Unter den Hunderten Personen, die dort aus den unterschiedlichsten Gründen herumstanden, konnte man die Angehörigen der Passagiere leicht an ihren angsterfüllten Mienen erkennen. Einige schluchzten still vor sich hin. Tony zerbrach sich den Kopf, ob er noch etwas tun könnte, als sich die Nachricht über die optimistischen Äußerungen des amerikanischen Abgesandten und über dessen bevorstehendes Treffen mit dem Präsidenten verbreitete. Jubel brach aus, und ein Teil der Leute zog davon.

Paco hatte ihn gebeten, ihn sofort zu benachrichtigen, wenn es etwas Neues gäbe; also überquerte Tony die Plaza hin zu dem Gebäude der Lonja. Paco telefonierte gerade, und in seinem Büro stapelten sich die Papiere. Rasch informierte José Antonio seinen Onkel über das Letzte, was er gehört hatte, aber der reagierte nicht mit der erwarteten Begeisterung, sondern schwieg eine Weile.

»Ich freue mich für dich, mein Neffe. Ich schlage vor, wir gehen essen. Wir gehen in meine Lieblingsgaststätte.«

Beim Mittagessen versuchte Paco, über andere Dinge zu sprechen: den letzten Brief von Paquito, Victorias baldige Hochzeit, die Gründe, warum Margarita keinen Geliebten hatte, und dass es endlich regnen möge, damit die Hitze erträglicher würde. Die St. Louis erwähnte er nicht, bis sie in die Lonja zurückkamen und ein Kollege von Paco sie fragte, ob sie schon den Präsidentenerlass zum Kreuzfahrtschiff kennen würden. Die Beiden verneinten, und der Mann erläuterte mit einer unangebrachten Begeisterung die über den Rundfunk verbreitete Nachricht. Paco bat José Antonio, in seinem Büro auf ihn zu warten, während er prüfen wollte, ob die Information stimmte. Sein Onkel ließ über eine halbe Stunde auf sich warten, und dann kam er mit einem Gesichtsausdruck zurück, der nichts Gutes verhieß.

»Es stimmt. Man hat einen Präsidentenerlass verbreiten lassen, der die Situation verändert. Die St. Louis muss die kubanischen Hoheitsgewässer verlassen. Tut sie es nicht, wird sie mit Gewalt dazu gezwungen. Entschuldige, Tony, aber ich hatte so etwas befürchtet. Schon als du am Morgen von einer möglichen Lösung sprachst, hatte ich Zweifel, dass sich die Krise so leicht lösen ließe; dazu ist sie schon zu weit gediehen.«

Tony vermochte auf die neue Nachricht nicht zu reagieren. Das war zu viel. Anfangs hatte er geglaubt, es handle sich um ein Missverständnis, und wollte es nicht wahrhaben. Sein Onkel verließ wortlos noch einmal das Büro. Nach wenigen Minuten kehrte er zurück und bestätigte erneut die Abfahrt des Kreuzfahrtschiffes. Jetzt wähnte er sich auf einmal weit weg von allem Geschehen. Alles wandelte sich allmählich in ein ihn erdrückendes Gefühl der Ohnmacht. Er konnte sich nicht damit abfinden, dass Rebeca wieder aus seinem Leben entschwinden würde und er es nicht verhindern konnte. Einen Augenblick lang dachte er, er hätte die Begegnung vom Vortag nutzen müssen, um sie an Land zu bringen. Aber wie? Es war unmöglich.

Er verabschiedete sich von Paco, und ohne zu wissen warum, kehrte er zum Eingang des Zolls zurück. Dort standen sie alle: Ilse, die elegante Blondine, die Wischers. Die Kunde vom Ablegen der St. Louis hatte sie wie ein Erdbeben getroffen. Einige Angehörige versuchten, Boote zu mieten, um ihre Lieben vom Wasser der Bucht aus ein letztes Mal zu sehen, andere brachen zusammen. Gerüchte aller Art waren im Umlauf, auch eines, demzufolge unter den Flüchtlingen eine Suizidwelle ausgebrochen sei. Nach einer Weile informierte man über die Verschiebung des Termins für das Auslaufen des Transatlantikdampfers aus technischen Gründen auf den Freitagvormittag, aber diese Ankündigung änderte nichts an der Situation, erfüllte niemanden mit Hoffnung; alle dachten, das Ende sei gekommen, auch Ilse, die zum ersten Mal ihre Haltung verlor und sich, in drei Sprachen fluchend, entfernte.

Auf der St. Louis wurden die Menschen am Vormittag zunehmend unruhiger. Es gab keine neuen Nachrichten, außer dass ein Wasserflugzeug in der Bucht landete, was auf dem Kreuzfahrtschiff eine Erwartungshaltung erzeugte. Das Fluggerät hatte aber nichts weiter mit der Krise zu tun, außer dass es den Passagieren Zeitungen und Post aus den Vereinigten Staaten brachte.

Nach dem Mittagessen, als die Hitze am drückendsten war und viele der Reisenden in ihren Kabinen Schutz suchten, war zum ersten Mal seit sechs Tagen das Anlassen und das monotone Rattern der Schiffsmotoren zu vernehmen. Anfangs wussten die Flüchtlinge dieses Geräusch nicht zu deuten, aber als sie begriffen, dass das der erste Akt der Vorbereitungen zum Auslaufen war, brach die Hölle los; vielen wurde letztlich bewusst, dass die Möglichkeit einer Rückkehr ins Dritte Reich real war. Die Gruppe Jugendlicher, die sich zusammengefunden hatte, um eine Rückkehr nach Deutschland zu verhindern, bereitete eine Meuterei vor, um sich des Schiffes zu bemächtigen; einige sprachen von Selbstmord, und andere planten, sich in der Bucht ins Meer zu stürzen.

Wenige Minuten nach Einsetzen des Motorengeräuschs stürzten sich mehrere Frauen nahe der Gangway auf die drei Polizisten, die den Zugang bewachten. Die Frauen wandten ihre ganze Kraft auf, um von Bord zu kommen, und beinahe hätten sie ihr Ziel erreicht, aber letztendlich wurden sie doch von den Beamten überwältigt, die sogar ihre Pistolen zogen und sie auf die Frauen richteten; die aber blieben standhaft, bis mehrere Offiziere und Besatzungsmitglieder hinzukamen und sie zwangen, zurückzuweichen.

Der Vorfall zeigte, wie ernst die Krise und wie verzweifelt die Passagiere waren. Der Kapitän versuchte, die Flüchtlinge mit der Ankündigung zu beruhigen, dass man zwar die Territorialgewässer der Insel verlassen werde aber die Verhandlungen mit der kubanischen Regierung weitergehen würden, ebenso die Suche nach anderen Alternativen, um nicht nach Deutschland zurückkehren zu müssen. Doch diese Mitteilung brachte keine Ruhe, und bei niemandem erweckte sie Vertrauen.

Rebeca hielt sich den ganzen Tag fern von den Ereignissen und ihren Freunden. Sie wollte sich an keiner Maßnahme, keinem Plan beteiligen; alles was sie hörte, war ihrer Meinung nach zum Scheitern verurteilt. Sie verschwendete ihre Zeit auch nicht darauf, bei all den Gesprächen und Andeutungen derjenigen, die ihr Schicksal schon für besiegelt hielten, in Traurigkeit zu verfallen. Noch fühlte sie sich durch das Wiedersehen angespornt und wollte ihre Gedanken lieber darauf richten, ihre Chancen bei den unterschiedlichen Szenarien, in die die Krise am Ende münden könnte, auszuloten. Nachdem sie Tony gesehen hatte, bestand für sie kein Zweifel, dass sie wieder mit dem Kubaner zusammenkommen musste. Das Wo und Wie war vom Gang der Ereignisse abhängig und von dem Hafen, den das Schiff anlaufen würde. Doch ihre Bemühungen, sich auf Alternativen für die Bewältigung ihres persönlichen Dilemmas zu konzentrieren, wurden von ihren Freunden ständig sabotiert. Alle sagten immer wieder, die St. Louis würde nach Hamburg zurückkehren.

Als Tony erschöpft und frustriert nach Hause kam, erwartete ihn ein bekümmerter Miguel, der ihm eine Nachricht von Alicia überbrachte: sie wolle nichts mehr von ihm wissen. José Antonio beschränkte sich darauf, seinem betrübten Freund für die Übermittlung der traurigen Nachricht zu danken und verabschiedete sich von ihm mit einem leichten Lächeln. In diesem Moment interessierte ihn Alicias Entscheidung absolut nicht. Er aß allein zu Abend, ohne mit irgendjemandem ein Wort zu reden, nahm ein ausgedehntes Bad und legte sich zu Bett. Die ganze lange Nacht fand er keinen Schlaf.

****

Am Freitag, dem 2. Juni, erwachte Havanna unter einem bleifarbenen Himmel; Hitze und Feuchtigkeit klebten an den Körpern wie ein gigantischer Saugnapf. José Antonio stand bei Sonnenaufgang auf, trank allein eine Tasse Kaffee und begab sich zur Mole San Francisco. Er verspürte eine solche Beklemmung, dass er die gesamte Luft Havannas für sich brauchte. Wieder legte er die ganze Strecke zu Fuß zurück. Er hatte keine Eile; nun konnte er nichts mehr tun, das Auslaufen der St. Louis war für zehn Uhr angekündigt. Bis zur festgesetzten Zeit waren es noch über zwei Stunden. Während er die San Lázaro hinunterging, war er ganz in seine Gedanken an Rebeca versunken. Nach zwei Jahren kehrte sie auf einem Kreuzfahrtschiff zu ihm zurück, aber auf dramatische, unerwartete Weise. Auf dem Malecón standen Hunderte Menschen entlang der Ufermauer und warteten auf etwas. Worauf? Was war passiert? Erst dann begriff er, dass sie wegen des Schauspiels gekommen waren, das das Auslaufen der St. Louis bieten würde.

Als er an der Mole der Hamburg-Amerika-Linie ankam, war dort bereits eine große Menschenmenge versammelt, darunter auch ein Schwarm von Journalisten und Fotografen. Die Angehörigen der Passagiere machten einen verzweifelten Eindruck. Er traf auch die elegante Blondine, die ihn mit tränenverschleierten Augen ansah, und zum ersten Mal sprach sie ihn auf Englisch an und fragte, ob er etwas für ihre Familie auf dem Kreuzfahrtschiff tun könne. Die Bitte überraschte ihn, aber er musste ihr leider antworten, dass er machtlos sei.

Er musste seinen Onkel sehen. Am Nachmittag zuvor war dieser noch länger im Büro geblieben und hatte versucht zu erreichen, dass José Antonio noch einmal auf das Schiff könne; aber seine Bemühungen waren gescheitert; die Behörden hatten sämtliche Besuche auf der St. Louis untersagt. Als er beim Gebäude der Lonja anlangte, trafen erst allmählich die Arbeiter ein; es war noch zu früh, um seinen Onkel anzutreffen. So überquerte er die Plaza de San Franciso, um noch einen Kaffee zu trinken. Zu seiner eigenen Überraschung war er ruhig. Er versuchte, die quälenden Gedanken von sich zu schieben, aber es wollte ihm nicht gelingen. Ohne einen Schluck aus der dampfenden Tasse zu nehmen, zahlte er und kehrte zum Büro seines Onkels zurück. Paco sprach gerade mit einem Herrn; er wollte ihn nicht unterbrechen und stellte sich an ein Fenster, das auf den Malecón hinaus ging. Ihm blieb der Mund offen stehen, als er sah, dass sich entlang der Küste inzwischen mehrere Tausend Menschen angesammelt hatten. Er suchte die St. Louis, die noch immer majestätisch in der Bucht ankerte, obwohl es in ihrem

Umkreis, im Unterschied zu den Tagen davor, recht leer aussah. Bald bemerkte er, dass mehrere Boote der Polizei alle anderen daran hinderten, sich dem Schiff zu nähern. Sein Onkel unterbrach ihn in seinen Gedanken.

»José Antonio, die St. Louis läuft in einer Stunde aus. Aber das ist nicht endgültig; noch laufen Verhandlungen zwischen den jüdischen Organisationen und der Regierung.«

Tony antwortete nicht und schaute wieder zum Schiff hinüber.

»Ich gehe wieder zur Mole.«

»Gut, ich muss noch etwas Dringendes erledigen, dann komme ich auch.«

»Ist nicht nötig; du hast doch so viel zu tun.«

»Nein, heute ist es für mich das Wichtigste, bei dir zu sein. Wir sehen uns an der Mole.«

Mehrere Polizisten schützten das Zollgebäude vor der Menschenmenge. Einige Leute versuchten wieder, ein Boot zu mieten, um in die Nähe der St. Louis zu kommen und ihren Liebsten Lebewohl zu sagen, andere wollten lediglich aus nächster Nähe ein Ereignis verfolgen, das sie schon jetzt als historisch ansahen. Plötzlich entstand Bewegung in der Menge, und als Tony nach der Ursache fragte, gab ihm ein Zollbeamter an der Tür zur Antwort, dass vor dem Auslaufen noch einige Passagiere von Bord gehen würden, aber das sei nur eine ganz kleine Gruppe.

Nach wenigen Minuten rief ein großer stämmiger Mann etwas auf Deutsch und wies mit dem Finger auf ein kleines Boot, das vom Schiff abgelegt hatte und nun auf die Mole zukam. Schweigen breitete sich aus, während sich das Boot langsam näherte. Die hinter dem Steuermann und mehreren Polizisten sitzenden Insassen waren nicht zu erkennen. Die Sicht auf das Boot war versperrt, als es an der Mole anlegte. Überall setzten nun Gespräche ein, wurden Stimmen laut. Nach kurzer Zeit ertönte die Schiffssirene, die das Auslaufen ankündigte, und die Leute suchten sich nun Orte, von wo aus sie das Auslaufen des von einem Schwarm von Polizeibooten begleiteten Kreuzfahrtschiffes am besten verfolgen konnten. Immer noch waren die Polizeiboote damit beschäftigt, andere Boote vom Schiff fernzuhalten.

José Antonio empfand die Situation als unwirklich, wie in einem Film, der mit dem Abspann endet; im Kino würden die

Lichter angehen, und er würde in die Realität zurückkehren. Aber dies war kein Traum, keine Fantasie; die St. Louis würde in Kürze die Bucht verlassen, und Rebeca würde, nachdem sie Nazi-Deutschland entkommen war, den Atlantik überquert und eine Woche in Havanna zugebracht hatte wieder abreisen, und er hätte die letzte Gelegenheit, mit ihr nach Hause zurückzukehren, verpasst. Diesmal wäre die Trennung endgültig.

Es tönte noch zwei Mal von der St. Louis herüber, und das Schiff setzte sich langsam in Bewegung. In der Menge, die mit der Ankunft weiterer Journalisten und Neugieriger noch angewachsen war, wurden Schreie laut. Eine Frau fiel in Ohnmacht, und ihr Begleiter rief um Hilfe, viele weinten, und die Polizisten zogen ihre Schlagstöcke und beobachteten nervös die Menge. Erhaben und gewaltig zog die St. Louis in dem grellen Licht der Karibik vorüber. Das Schiff bewegte sich ganz langsam, begleitet von Booten der Marine und der Polizei, die verhindern sollten, dass die Passagiere in letzter Minute ins Wasser sprangen.

Von der Küste aus sah man die Menschen dicht gedrängt an Deck stehen. Viele Passagiere hatten sich weit über die Reling gebeugt und riefen ihren Angehörigen, die dem Schiff in Booten zu folgen versuchten, etwas zu. Andere hatten Kinder auf den Schultern und zeigten mit den Armen auf die Menge an der Mole und auf dem Malecón. Neben Tony stammelte eine große, grauhaarige Frau etwas auf Deutsch, was sich wie ein Gebet anhörte, während ein recht beleibter Herr sein Sakko auszog und sich die schweißgetränkten Hemdsärmel aufkrempelte.

José Antonio spürte, dass jemand seinen Arm drückte; es war sein Onkel, der ihm fest in die Augen sah und ein paar tröstende Worte zu sagen versuchte. In diesem Moment schrie jemand etwas auf Deutsch; fast gleichzeitig riefen englische und spanische Stimmen, es würde jemand aus dem Zollgebäude kommen. Fünf Personen, offenbar Mitglieder derselben Familie, standen der Menge gegenüber, ohne zu wissen, was sie tun sollten, bis ein untersetzter Mann auftauchte, dem unter seinem Strohhut der Schweiß in Strömen lief und der die Ankömmlinge umarmte. Diese lachten jetzt zum ersten Mal und redeten mit dem Mann, der nicht aufhörte, sie zu begrüßen, während er sie in Richtung Straße drängte. Ein Paar mittleren Alters ging auf die Gruppe zu und fragte etwas; zwei der Passagiere schüttelten den Kopf, während ein Dritter nach hinten zeigte. Die gerade Angekommenen wurden gleich zu zwei Autos gebracht, die sich rasch entfernten. In diesem Moment ertönte noch einmal die Sirene der St. Louis, und Tony sah, wie sich das Schiff auf die Ausfahrt der Bucht zubewegte; er verspürte eine riesige Leere und war wie gelähmt, bis er es schließlich nicht mehr aushielt und sich anschickte, zu gehen. Er wandte sich zu Paco um, um sich zu verabschieden, aber dieser schenkte ihm keine Beachtung, er sah wie abwesend zur Tür des Zolls hinüber. José Antonio folgte seinem Blick und stand wie versteinert. Was er in diesem Augenblick sah, konnte nicht wahr sein. Da stand Rebeca in einem hellblauen maßgeschneiderten Kostüm und mit einem kleinen Hut gleicher Farbe, neben sich zwei Koffer, und suchte mit den Augen die erste Reihe der sie umringenden Personen ab.

Tony arbeitete sich mit beiden Ellbogen zu dem Mädchen vor, das ihn mit ihren hellen Augen ruhig ansah und auf Spanisch radebrechte:

»Aquí estoy, hier bin ich.«

»Carajo«, brach es aus Tony heraus.

»Tony, nicht schon wieder Schimpfwörter.«

****

Als Manuel am Nachmittag vor dem Auslaufen der St. Louis vom Konsul die Liste mit den Namen der fünf Passagiere erhielt, denen Einreisevisa ausgestellt werden sollten, fand er bestätigt, dass es sich um die Gruppe handelte, um die sich der Anwalt der Chicagoer Firma seit mehreren Tagen bemüht hatte. Rasch überdachte er seine Möglichkeiten und kam zu einem Entschluss. Mit gewohnter Gewissenhaftigkeit bereitete er die Dokumente und die Mitteilung an das Außenministerium in Havanna vor, überprüfte sie zweimal, öffnete schließlich das unterste Fach seines Schreibtisches und zog einen Revolver hervor, einen glänzenden Colt, den er selber bei seiner Ankunft in New York erstanden hatte, um sich vor eventuellen Angriffen der exilierten Machado-Anhänger in der Stadt zu schützen. Mit der Waffe am Gürtel setzte er sich wieder, um in aller Ruhe die New York Times zu lesen, während er die Rückkehr des Konsuls erwartete, der sein Büro zum Mittagessen verlassen hatte.

Nach fast einer Stunde kam sein Chef, betrat ohne anzuklopfen sein Büro und fragte ihn sogleich in schroffem Ton, ob er die Dokumente und den Entwurf des Telegramms an das Außenministerium fertig habe. Manuel bejahte; er würde sie ihm sofort vorlegen. Mit einer ärgerlichen Geste ging der Konsul in sein Büro. Manuel folgte ihm mit den Dokumenten in der Hand, trat ein und schloss die Tür hinter sich. Er stellte sich vor den Konsul hin, der sich auf seinem Sessel niedergelassen hatte und – ohne seinen Untergebenen eines Blickes zu würdigen oder ihn aufzufordern, Platz zu nehmen – mit einer Handbewegung nach den Dokumente verlangte. Manuel, Veteran des Unabhängigkeitskrieges, reichte sie ihm in aller Ruhe und blieb schweigend stehen.

»Was soll das? Hier ist ein Name zuviel.«

»Ja.«

»Wer hat Sie dazu aufgefordert?

»Niemand, Señor, das ist eine persönliche Angelegenheit.«

»Was glauben Sie denn, wer Sie sind? Das wird Sie teuer zu stehen kommen.«

»Es ist eine Familienangehörige, die Braut meines Sohnes, die auf der St. Louis nach Havanna gereist ist.«

»Es interessiert mich wenig, wer sie ist. Und wenn es die Königin von Holland oder Amelia Earhart wäre. Das kümmert mich keinen Deut.«

»Morales, ich denke nicht, dass Sie so reagieren sollten.«

»Sie sind verrückt geworden. Das ist unfassbar. Ich werde dieses Visum nicht unterschreiben, und außerdem werden Sie wegen dieser gravierenden Disziplinlosigkeit unverzüglich nach Havanna zurückkehren. Ich will Sie hier nicht mehr sehen.«

»Hören Sie, Konsul, reden Sie mir nicht von Disziplinlosigkeit. Wie viel Geld haben Sie für diese fünf Visa bekommen? Haben Sie das Außenministerium bereits darüber informiert, was man Ihnen gezahlt hat? Außerdem verfüge ich über Beweise, dass Sie in den letzten Monaten Dutzende Einreisedokumente für Kuba ausgestellt und dafür unrechtmäßig Geld verlangt haben. Über tausend Dollar wurden auf Ihr Privatkonto bei der Chase Manhattan Bank überwiesen. Ich verlasse dieses Büro nicht ohne dieses Visum.«

Mit diesen Worten öffnete Manuel sein Sakko und legte den Revolver in seiner Reichweite auf den Schreibtisch, aber so, dass

Morales ihn nicht erreichen konnte. Dieser erblasste für ein paar Sekunden; sein Mund stand offen, ohne dass er einen Ton herausbrachte.

»Sie können wählen. Sie können das sechste Visum nicht unterschreiben, aber dann verlassen weder Sie noch die anderen fünf Visa diesen Raum. Die andere Option ist, dass Sie alle Visa unterschreiben, und dann ist hier nichts passiert.«

Morales wandte den Blick nicht vom Revolver; er war schweißgebadet.

»Hören Sie, Fernández, vielleicht können wir eine Lösung finden; aber als ich mit Havanna sprach, war nur von fünf Namen die Rede. Ich glaube nicht, dass sie noch einen weiteren akzeptieren.«

»Das spielt keine Rolle. Ich riskiere es. Und überhaupt, wenn Sie aus Havanna die Genehmigung für fünf Passagiere der St. Louis erhalten haben, glaube ich nicht, dass es mit einer zusätzlichen Person Probleme geben würde. Wichtig ist, dass das Mädchen von Bord kann. Danach werden wir alles andere regeln. Unterschreiben Sie die Visa, und ich kümmere mich um den Rest. Ich werde Sie in Zukunft nicht behelligen, und wie Sie wissen, denke ich daran, noch in diesem Jahr in den Ruhestand zu gehen, so dass ich vielleicht früher aus New York weggehe. Das Unvermeidbare soll man nicht aufschieben.«

Die Augen des Konsuls schossen wütende Blicke auf Manuel, der von seinem eigenen Auftreten und von der Gelassenheit, mit der er sprach, überrascht war. Wenige Sekunden vergingen, die Manuel wie Stunden vorkamen, aber er rührte sich nicht vom Fleck und sah seinem Chef fest in die Augen.

»Einverstanden, ich werde die Visa unterschreiben. Lassen Sie mir alles auf meinem Schreibtisch.«

»Nein, Morales, unterschreiben Sie sie jetzt, und ich selbst werde Havanna anrufen.«

Der Konsul starrte ihn noch einmal an, und leise fluchend unterschrieb er die sechs Dokumente.

»Machen Sie sich keine Sorgen, ich werde unverzüglich das Außenministerium informieren und die Formalitäten erledigen. Ich wünsche einen Guten Tag.«

EPILOG

Nachdem die St. Louis die Bucht von Havanna verlassen hatte, blieb sie noch drei Tage lang in der Nähe der Insel – außerhalb der Territorialgewässer, so wie es Laredo Brú gefordert hatte. In dieser Zeit liefen die Verhandlungen zwischen dem JOINT und der kubanischen Regierung weiter. Der jüdischen Organisation gelang es, eine Summe von 270 000 Dollar aufzutreiben, aber sie versuchte weiterhin zu feilschen, was den kubanischen Staatschef in Rage versetzte. Und da man sich nicht auf den von ihm geforderten Betrag einigen konnte – nämlich die Gesamtsumme der Garantiebeträge, die gemäß dem Dekret 937 für jeden einzelnen Reisenden zu hinterlegen waren – wurden die Verhandlungen am vierten Tag für beendet erklärt, und man lehnte jede weitere Zusammenkunft mit den Vertretern der jüdischen Organisation ab.

Am 5. Juni, noch vor der endgültigen Antwort der kubanischen Regierung, steuerte das Kreuzfahrtschiff Florida an, wo es einen ganzen Tag vor Miami Beach in Sichtweite des Strandes blieb. Man war bemüht, erneut mit der amerikanischen Regierung über die Aufnahme der Flüchtlinge zu verhandeln. Die Roosevelt-Administration bekräftigte jedoch ihre Weigerung, für die Passagiere auf dem Schiff eine Ausnahme bezüglich der Einwanderungsgesetze zu machen und entsandte ein Küstenwachboot und ein Flugzeug, die den Transatlantik-Liner aus den amerikanischen Gewässern herauseskortieren und jeglichen Versuch der Abgewiesenen, ins Wasser zu springen und so die Küste zu erreichen, vereiteln sollten.

Da eine Lösung nicht in Sicht war und die St. Louis nicht einmal in einem amerikanischen Hafen Wasser und Proviant bunkern konnte, nahm das Schiff am 6. Juni wieder Kurs auf Europa. Die Rückreise war das genaue Gegenteil zur Überfahrt nach Havanna. Die Passagiere verharrten in einer Atmosphäre der Traurigkeit und Verzweiflung, die sich ihrer bemächtigte, während das Schiff den Atlantik überquerte. Angesichts dessen befahl der Kapitän, die Patrouillen der Besatzung zu verstärken, um Selbstmorde zu verhindern. Das Passagierkomitee versandte erneut eine Reihe verzweifelter Botschaften an die Regierenden in Westeuropa und an Persönlichkeiten in aller Welt, während zur selben Zeit das JOINT und andere jüdische Organisationen alles unternahmen, um in einer letzten Anstrengung die Tragödie zu verhindern.

Die Tage wurden kälter und trüber, während die Flüchtlinge versuchten, sich auf das Schlimmste vorzubereiten und der Kapitän im Alleingang einen verzweifelten Plan schmiedete, um das Schiff irgendwo an der englischen Küste auf Grund zu setzen.

Als alles verloren schien, kam endlich eine Lösung in Sicht. Am 10. Juni einigten sich der belgische Premier und König Leopold III. darauf, zweihundert Passagiere in ihrem Land aufzunehmen. Am folgenden Tag verkündete die holländische Regierung ihre Absicht, einer weiteren Gruppe von Flüchtlingen Asyl zu gewähren. Wenige Stunden später beschlossen die Regierungen des Vereinigten Königreiches und Frankreichs, die restlichen Unerwünschten einreisen zu lassen. Die Aufteilung wurde im Hafen von Antwerpen vorgenommen, wo das Kreuzfahrtschiff am 17. Juni anlegte; 215 Passagiere blieben in Belgien, 181 reisten nach Holland weiter, 227 gingen nach Frankreich und 284 nach England. Nur diese letzte Gruppe rettete sich vollzählig vor dem Holocaust.

Letztlich konnten nicht einmal dreißig der ursprünglich 937 Passagiere der St. Louis in Havanna von Bord gehen. Zweiundzwanzig besaßen ordnungsgemäße kubanische Visa, wie von der kubanischen Regierung gefordert; einigen wenigen wurde nach Verhandlungen mit kubanischen Diplomaten in New York in letzter Minute die Einreise gewährt. Der Passagier, der in der Bucht von Havanna versucht hatte, Selbstmord zu begehen, wurde in Havanna in ein Krankenhaus eingeliefert. Über sein Schicksal ist nichts bekannt.

ENDE

Fernando Remírez de Estenoz
Havanna, Kuba, am 25. Mai 2018

Titel der Originalfassung: »DESTINO: CUBA«

Bildnachweise:
Titelfoto: mit freundlicher Genehmigung von Herbert Karliner
Autorenfoto: Camilla Seidelbach
4. Umschlagseite: Archiv Hapag Lloyd AG

ISBN 978-3-86557-445-9

Pettenkoferstraße 16-18 D-10247 Berlin
Fon: +49 30 20454990 Fax: +49 30 20454991
E-mail: kontakt@nora-verlag.de
Web: www.nora-verlag.de

Druck und Bindung: SDL – Digitaler Buchdruck, Berlin
Printed in Germany